国际教育史手册

INTERNATIONAL HANDBOOK ON HISTORY OF EDUCATION

【俄罗斯】萨利莫娃 【荷兰】多 德 |编|

诸惠芳 方晓东 邹海燕 |主译|

吕 达 诸惠芳 刘立德 |审校|

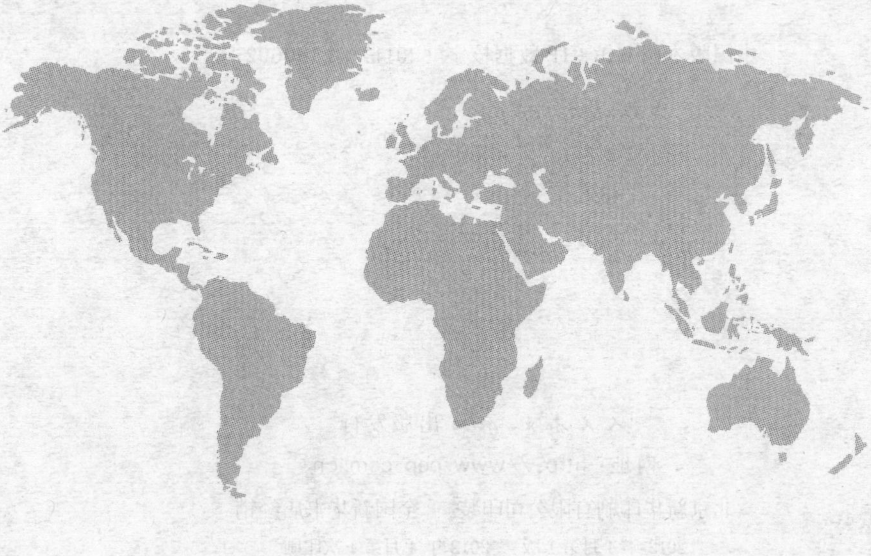

人民教育出版社

图书在版编目（CIP）数据

国际教育史手册/［俄罗斯］萨利莫娃，［荷兰］多德编；诸惠芳，方晓东，邹海燕主译. —北京：人民教育出版社，2011.6

ISBN 978-7-107-23682-2

Ⅰ.①国… Ⅱ.①萨… ②多… ③诸… ④方… ⑤邹… Ⅲ.①教育史—世界—手册 Ⅳ.①G519-62

中国版本图书馆 CIP 数据核字（2011）第 190692 号

人民教育出版社 出版发行

网址：http://www.pep.com.cn

北京新华印刷有限公司印装　全国新华书店经销

2012 年 4 月第 1 版　2012 年 4 月第 1 次印刷

开本：787 毫米×1 092 毫米　1/16　印张：41.25　字数：562千字

定价：52.90 元

KADRIYA SALIMOVA and NAN L. DODDE
(EDITORS)

INTERNATIONAL HANDBOOK ON HISTORY OF EDUCATION

Model-Nikolai Rykov

著作权登记号
图字：01—2001—2287

译者的话

《国际教育史手册》是国际教育史常设会议的专家组织各国教育史专家撰写的一部教育史专著，它是国际合作的成果。

收入《国际教育史手册》的国家共18个。国别按国家的英译名的首字母的顺序排列，它们是澳大利亚、阿塞拜疆、中国、英国、芬兰、法国、德国、希腊、印度、日本、荷兰、波兰、俄罗斯、南非、瑞士、叙利亚、土耳其、美国。各章的作者已在篇末注明，毫无疑问，文中所述是该章作者的学术观点和研究成果。

《国际教育史手册》有英文本和俄文本两个版本。中文本根据英文本译出。为了有助于读者的理解，在中译本中，译者对一些历史事件、历史人物和地点作了注解。诸惠芳还参照俄文本对全书进行了校订并增补了若干译者注。中译本中楷体字部分是俄文本中有而英文本中没有的文字。

除英国、美国和澳大利亚三国的作者外，本书作者都来自非英语国家，他们都不是用自己的母语进行写作，这样，势必给中译本的翻译工作增加了一定的难度。此外，一些非英语国家的某些人物、事件、机构等专用名词，英文本采取了音译的办法。在翻译成中译本时，若将英文的音译再转音译成中文，必然会造成更大的失真，因此，我们保留了英文的音译。

译者分工如下。诸惠芳：前言，第一、二、六、八、十一、十二、十三、十七章，结束语；方晓东、张兰馨：第三章；蒋凯、罗云：第七、九、

十、十六章；邹海燕：第五、十四、十五章；韩华球：第四章；方晓东、郭红霞、刘巧丽：第十八章。

历经数年的努力，《国际教育史手册》的中译本终于与读者见面了。我们既兴奋，又忐忑不安。本书中的一些国家，例如，阿塞拜疆、芬兰、希腊、荷兰、波兰、南非、瑞士、叙利亚、土耳其等国的教育史状况，译者比较生疏，加上译者知识背景的局限，中译文肯定会出现一些错误和疏漏。我们诚心诚意地希望读者予以批评指正，以便在将来适当的时机纠正译文中的不当之处。

诸惠芳

2011 年 9 月

目录

前言

读者手上的这本书是由一个国际作者集体编写的。每一章写一个国家，由这个国家的教育史专家的代表执笔。编者要求作者用第一手的资料来论述他们的国家自古以来是怎样培养和教育他们的年轻一代的。书名采用“国际”一词有两点理由：第一，这些国家是从世界的各个部分挑选出来的；第二，全书贯穿了国际的视角。作者们不仅描述了本国教育发展的历史，而且注意了本国人民对世界教育史遗产所作出的贡献。

世界教育史并非是没有特色的过程：它是具体的、来自特定民族的活动。每个民族都有自己的特性。同时，历史事件（包括教育领域内的历史事件）可能是属于一个特定民族的历史，其重要性要通过对整个人类共同的教育史的理解才能被揭示出来。

编者深信，建立在这些原则基础上的这本手册是今天迫切需要的。今天，几乎所有的国家在教育年轻一代的过程中都面对着要解决即使不是完全相同的但也是相似的问题的需要。这些相似的任务主要都是相似的经济发展和社会政治经历的产物。例如，最大限度地利用一个国家的“人力资源”的必要性已成为一个非常敏锐的问题，因为教育越来越明显地为社会的渐进发展起着培养所有人的作用。初等教育甚至中等教育显然是不够的。

“永久的”或“终身教育”的时代来到了。

即使在高度发达的国家仍存在一个非常迫切的问题，即扫盲问题，既有真正的文盲，也有功能性文盲。另一些问题包括要研究新的教学内容和教学方法，从而把知识的标准和质量提高到更高的水平。学校教育所面对的这些和其他许多重要任务表明，我们今天不必如此多地谈论教育改革（教育改革贯穿于整个历史进程中），而应研究为年轻一代的教育创造新的教育学范例或教育模式。本书的作者们相信，像教育史，即世界教育史这样的科学信息源的重要性提高了，教育史是世界所有国家和民族的教育学遗产。

当代的教育学理论是长期的历史发展（从古代到现代）的产物。在教育儿童和青年的过程中，每一代都是站在前人的肩膀上，继续着前人经受了时间考验的积极经验，或者扬弃过去的一些经验而找到了更能符合自己的时代需要的解决办法。

在21世纪之初，对教育中那些永恒的、现实的问题的解决，与严重的社会政治矛盾发生冲突。一方面，解决生态的、经济的、社会的和其他问题的必要性，要求全世界人民齐心合力，彼此达成更好的理解，交流自己在所有的活动领域内包括教育年轻一代的活动中的积极的经验和知识。另一方面，这种积极的过程会加剧某些地区性的民族和宗教冲突并常常导致流血的战争。个人所从属的社会团体的强硬措施被削弱了，从而使个人有可能按自己的思想生活。这种个人主义有可能导致侵略性的行为和利己主义的态度。

如何使年轻一代避免这样明显的论战？怎样教导他们去尊重其他民族的文化？如何培养他们去尊重其他国家的人民和他们的宗教？今天所有的教育家都要面对这样的和另外更多的问题，这些问题要求各民族之间采用新的交流方式、新的接触机会，以及发展新的睦邻关系。

本书作者相信，了解其他民族的教育史显然能在以下方面发挥积极的作用：它能给予有关其他民族的文化的知识，使人了解其他民族在教育新一代人方面的目标，这些目标与自己本民族的人文精神有许多共同点。

仅仅对年轻人说“应该与其他各国人民和睦相处”、“要尊重其他国家的人民”、“要尊重他们的文化”就足够了吗？当然不够。成人的诸如此类的教导只不过是停留在日常觉悟的水平上。一个人如停留在这样的觉悟水平上，他就只能肤浅地感知和评价周围的世界，不能洞察事物及其相互关系的本质。停留在这样有局限的日常觉悟水平上就会对其他民族产生不正确的认识，民族主义者的偏见就来自关于其他民族的错误的陈词滥调。现代教育的任务就是要更深刻地反映客观现实。教育史能对完成这一任务作出自己的贡献。

本书的作者深信，关于全球教育历史的知识能直接影响学生科学观点的形成，直接影响他们对世界，对世界的过去、现在和将来的认识，影响他们对自己本国人民和世界各国人民的态度。了解教育史有助于揭示人民之间的共同的精神纽带，揭示把他们团结起来的共同的因素，这种因素是民族文化同时也是整个人类文化的必不可少的组成部分。教育史最清晰地反映了种族之间的联系，而没有民族之间的联系，种族的联系是不可能的。所以，世界教育史一方面形成未来教师的国际品质，另一方面尊重自己的民族性，尊重本民族为培养年轻一代的世界遗产所作出的贡献。

以上所述决定了作者向自己提出的以下任务：

——揭示世界不同国家的教育遗产的共同的根源；

——阐明教育思想和实践所具有的跨国的和普遍的人类内涵及其所具有的各民族的特性和传统；

——考察从古至今在各个国家的学校体系中教育知识和学校经验的不断丰富；

——分析历史经验，研究运用这种经验去解决全世界青年一代教育中的现代问题的可能性。

为了达到这些目的，本书建立了以下的结构体系。每一章对决定教育理论和实践的重要的经济、社会和政治特点作出分析。很重要的下一步就是至少要对各个历史时期的最基本的个性特征作出简要的描述。个性既是历史发展的产物，也是历史发展的创造者。这就是每个时代都要提出特定要求的原因。个性适应这些要求，但是它也影响社会背景并改变它。因此，教育是使个性适应一定的社会结构的最重要的因素之一，同时个性又是改变这种社会结构的手段。我们认为，这一方面说明了教育理论和实践的持续的进步运动和创新；另一方面说明了对伴随着这些创新的当代的教育水平的不满和批评。在大部分章的结尾，简要地回顾当代正规教育制度的主要特点和问题，以及解决这些问题可能的策略，以创造面向未来的新的教育范例。

本书作者以这些原则为指导，介绍了他们本国的教育史。我们认为，作者们在各章中所遵循的共同原则和逻辑是：考察各个国家的和国际的首创精神是如何有机地交织在一起，而作为其结果，世界教育遗产是如何形成的，这种遗产是全世界人类智慧的非常宝贵的源泉。

本书介绍了各个不同的国家，其中既有发达国家，也有发展中国家，它们都有着自己独特的民族文化。这就使材料有足够的代表性，使下面这个结论有确实的科学根据，即世界教育的进程就是各国教育遗产相互渗透的产物。

编者希望读者注意到这样一个事实，即国家是按英文字母顺序排列的。他们采用这种方式是要强调，所有国家和民族，不管其规模大小和历史长短，他们的教育经验都是平等的。

本书所选择的国家数量足以让读者了解教育历史是多么地不同，仿佛都穿上了自己的民族服装，并具有自己的传统、习惯、兴趣和对未来的渴望。同时，这些国家又有许多共同点：这些不同民族的教育史表达着共同的目的和目标，表达着一种共同的热切愿望，即想把年轻一代培养成勤奋的、仁慈的、诚实的人，具有我们今天称之为“普遍的人类价值”的其他积极的品质。

本书是一本手册。它的对象主要是未来的教师以及一切从事对年轻一代进行教育教学的人。编者希望这本手册能在两个千年之交问世。它包含了一种分析，或对人类在其最困难的一个活动领域，即教育年轻一代的领域中的两千年的经历。作者们迫切想表现，至少是部分地表现各国人民在这一活动领域中所积累的知识和实际经验的全貌。他们肯定不是说，要把过去的成功经验，比如中世纪时期的经验，机械地搬到今天的课堂上来。正如伟大的俄罗斯教育家乌申斯基曾指出的，从这种经验中吸取的思想仅仅可以成为注意、反思、同意或反对的对象。

编者邀请本书的读者坐在世界教育史的“圆桌”旁。所有时代和所有民族的杰出的“智者”在整个人类历史的过程中围在“圆桌”旁进行着谈话，他们相互沟通痛苦的探索，倾听邻居的睿智的思想，与他们辩论，证明自己的正确性，捍卫自己的希望，而这种希望就是人类的希望。

编者要衷心地感谢他们的同事，最好的和最知名的教育史专家之一布雷恩·西蒙。为本书工作的作者们能相互了解，要感谢国际教育史常设会议（ISCHE）。布雷恩·西蒙是教育史专家们这种国际主义的兄弟关系的发起人之一。ISCHE的成员们在一起工作已有二十多年了，为许多国家的教师和学生出版了几部有关教育史的敏感问题的著作。《国际教育史手册》就是其中的一本。布雷恩·西蒙是本书的顾问，他帮助编者和作者确定各章的提纲、意义、结构和内容。他的帮助是无价的。

萨利莫娃（Kadriya Salimova）于俄罗斯莫斯科
多德（Nan L. Dodde）于荷兰鹿特丹乌得勒支

第一章　澳大利亚*

学校传授给学生前辈希望他们知道、相信和做的事。虽然这一主张看上去很明确，但是关于什么知识是最有价值的问题，澳大利亚社会并未达成一致的意见；在其政治、社会、经济和道德信念方面是存在分歧的。一旦行动起来，在许多问题上不可能不经过论战，也不可能没有矛盾。其结果就是意识形态论战的愤怒的乌云盘旋在最偏僻的和最质朴宜人的农村学校周围，其范围之广，与在一所被污染的城市中的墙上满是涂鸦的学校周围一样。像纯教育问题这样的事情是没有的；政治热情、偏见、既得利益、经济规则和理想主义，在澳大利亚的每一间教室中展开着激烈的、争夺控制权的竞争。

不管后来的发展是多么地不同，占压倒优势的欧洲盎格鲁—凯尔特族①殖民主义者，1788 年开始抵达澳大利亚。他们都患有一种毛病，即对英国的生活方式和包括枪炮在内的尖端技术的优越性深信不疑。对这块大陆来说，这是一种新的毛病。他们带着这些优势

---

* 这里以及后面的数据（面积、人口、首都、宗教），选自《国家和民族·大众百科全书》（Страны и народы. Популярная энциклопедия），圣彼得堡，1977 年（俄文版）。

① 凯尔特人，公元前一千年左右居住在中欧、西欧的部落，其后裔今散布在爱尔兰、威尔士、苏格兰等地。——译者注

迅速地，有时甚至是凶残地驱逐当地的居民，并建立一种新的文明，在此过程中土著文化几乎被破坏殆尽。于是在 1852 年，有教养的查尔斯·尼科尔森（Charles Nicholson），悉尼大学的副教务长，在该大学的开学典礼上发表评论："澳大利亚没有过去，但她有将来。"这番话完全无视在英国人占领澳大利亚之前就存在的已有四千年历史的土著文明。澳大利亚的一些教育机构追随他的榜样，它们大部分都无视土著文化，教授的全是欧洲文化，似乎除此之外没有其他任何文化可教。它们在这方面做得是比较成功的，因为迟至 20 世纪七八十年代，国家允许，有时甚至鼓励把土著孩子安置在由教会管理的传道区中或政府机构中。在那里，这些土著孩子所受的教育和他们所过的生活，使之进一步脱离自己的家庭、乡土和文化。

如果殖民主义者对土著人的企图是昭然若揭的，那么，"澳大利亚"一词直至 20 世纪初一直含有模棱两可的意义，虽然这个词标志了一定的地理的和文化的分界线，但它并不具有一个政治的统一体的含义。19 世纪旅行者乘火车从墨尔本到悉尼，不得不在墨累河畔①止步，墨累河是维多利亚和新南威尔士之间的界河，旅行者要在这里上岸，然后在这里换乘新的在不同的轨距上行驶的火车。不同的轨距有力地表明了这样一个事实：澳大利亚不是一个民族的国家，而是分割的、自治的英国殖民区——新南威尔士、塔斯马尼亚（早期称为范迪门地区）、昆士兰、维多利亚、南澳大利亚和西澳大利亚——的组合。那里居住着大量的来自欧洲大陆的人口，但他们不属于同一个政治体系。他们继承着英国的传统并忠诚于英国的君主政体，但不满意常使他们受挫的不方便的铁路轨距，当他们的边界相交时，他们就增加了不同的关税章程，他们采用不同的立法和议会制度。如果正当这个假想的旅行者登上一列火车时几艘不友善的船舶驶进悉尼港，这位旅行者就能亲眼目睹，新南威尔士的移民们不得不自己去进行交涉，因为没有澳大利亚海军去向这些船舶挑战；如果敌人的士兵登陆并向布里

① 墨累河，位于澳大利亚东南部，是澳大利亚最长、流域面积最大的河流。——译者注

斯班①进军，则没有澳大利亚军队去封锁他们前进的道路。那时澳大利亚人生活在散布在该国海岸线周围的城市中（至今他们大部分人仍生活在那里），他们阅读的报纸告诉他们发生在欧洲尤其是发生在伦敦的事情，多于发生在他们的殖民区邻居中的事情。

一、1870 年前的教育机构

19 世纪 70 年代是澳大利亚教育的一个分水岭：在各个集权的、由政府控制的殖民区中开始建立初等教育体系。从 18 世纪末到 19 世纪四五十年代，每个殖民区都发展了自己的学校体系。其中大部分学校是由个人管理的，目的是为了谋生。从这个意义上说，这些学校是私立学校。这些学校通常规模很小，往往是由妇女经管的。丧偶的、被遗弃的或未婚的妇女发现，开办她们自己的学校能使她们在经济上获得一定的自主性；而那些已婚的妇女发现，创办自己的学校能使她们为自己的家庭经济、孩子的抚育作出贡献。许多学校提供的课程都是经过压缩的，首先教阅读，教一点书写和少量的算术；有时管理这样的学校的男人和妇女，是因为时运不济才来执教的。嘲讽这些“妇人学校”确实已成为一种习俗，尤其在现代那些提倡政府介入的人中间。这种习俗在经济上是两种偏见的结合：不受政府控制的学校提供的是一种低劣的教育，教育质量差的原因就在于这些学校是由妇女管理的。事实上，大多数这样的私立学校作为一种规模很小的学校，为了取悦于家长而使自己能够生存下去，它们是灵活的，能对地区的要求迅速作出反应，提供令自己的顾客满意的课程。

这样的学校办得成功的并不是很多，学生多得足以要求建造专门的校舍的学校也是凤毛麟角；这样的学校设在其所有者的家中，由此表现出自己的非正式性、家庭指向性及其与地方社区关系的密切性。为了获得成功，它们依赖邻居和家庭的支持，如果它们提供宗教教学的话，它们就会根据自己力图拉拢的家长的信仰去剪裁宗

① 布里斯班是澳大利亚的港口城市。——译者注

教教学。当然，这样的学校也是分成等级的，其中处于最高层次的是少数几所迎合了殖民地居民中的上层和中层阶级需要的威望很高的学校。在这种学校中授予男孩古典的或功利的教育，授予女孩音乐、绘画、英语和艺术方面的技艺。然而，虽然由不同类型的私立学校提供的教育经历被深深地打上了阶级的和性别的印记，但这些私立学校仍然有着相同的结构：它们是私人拥有的；它们为自己的所有者提供生计；它们得不到政府的资助，虽然它们尊重牧师的保护人身份，但在教会拥有或受教会控制的意义上它们通常不是教会学校。

从19世纪40年代末至19世纪70年代，澳大利亚的各殖民区居民从不同的路径、以不同的速度改变了自己的教育安排，他们创造了集中的、官僚政治的体制，用以取代建立在当地基础上的、由个人控制的私立学校的组合。19世纪40年代末，政府采取了最初的一些措施，政府相信传播学校教育可能有助于使一个难于驾驭的社会走上正轨。1851年，在维多利亚发现金矿后发生的一系列喧嚣的事件，使当时的社会危机四伏。在击败了许多较自由主义的或雄心勃勃的计划之后，政府开始了以谨慎的、务实的方式建立学校。宗教的力量及其挑起纷争和引起分裂的能力，反映在关于教师工资的决定上，还反映在作出对由教会创办的学校建筑物给予一定的成本补助的决定上。与此同时，政府对被称做国民学校的教育机构予以支持，这种学校提供所谓的非教派的宗教教学，但实际上这是一种泛新教的教学。这是它们与教会学校唯一的重要区别，在教会学校中，宗教教学反映控制它们的教派的信仰。

国民学校与教派学校具有相似的组织结构。它们都服从一个委员会的管理，这个委员会由少量的有钱有势的男人组成，根据委员会制定的章程把补助金分配给当地的学校。包括为保证学校获得补助金而殚精竭虑的巡回督导在内的这些小小官僚机构，工作得很有成效。大量专门建造的校舍开始出现，它们往往是由这个官僚机构规划的，这就宣布了学校教育是公共的责任，并脱离了私立学校的非正式性而发展起来。

正如矩形的教室所表明的那样，新学校是建立在下面这个假设的基础上的：由一名老教师在一名或几名小先生的辅助下教整个班级。这些刚刚完成了自己的初等教育的年轻男子和女子，白天在老教师的监督下工作，练习自己的教学技艺。在学校上课前或放学后，他们也可以尽其所能获得所谓的“中等”或职业教育，也可以从老教师那里获得教育。这种教师培训体制是从 19 世纪中期的英国借鉴来的，直到 20 世纪初一直是澳大利亚各殖民区的规范。与许多学徒制形式一样，这种培训体制由于提供了既廉价又保守的劳动力而带来一箭双雕的好处：小先生的报酬很低，他们不仅不对这种体制提出质疑，反而把老教师作为自己的榜样，而那些老教师自己曾经也是小先生。

把这种教师培训形式制度化的官僚们，还将构建的拘泥的世俗课程——“3R”的范围规定得非常狭窄；语法、地理，有时还有历史，也规定得很窄；由于政府提供经费的学校反映了社会对性别差异的观点，所以为女孩提供了缝纫课程。与某些官僚机构不同的是，公立学校懂得培养教师的方法，它们坚持要有严格的课堂纪律、整洁的教室和顺从的儿童，以及同样顺从的教师。要求正规的学校教育把殖民地社会潜在的反抗的、破坏的分子，变成受到尊敬的、守法的社区成员，而且企图对土著民儿童如法炮制。土著孩子被驱入保护领地，但这些保护领地并没有保护他们；或者被驱入由殖民者管理的其他机构，这些殖民者深信其习俗的优越性，并自以为是地攻击土著文化的根基。19 世纪在政府援助的教育中没有隐蔽课程：当局知道自己想要些什么，当局在自己设置的学校中，通过自己培养的教师，通过自己所赏识的教育学理论，直截了当地实现自己的愿望。没有学校被明确的职业需要所驱动。儿童将成为未来的妻子或工人、职员、警察和教师，他们也将是守法的，能够读和写，并稍稍懂一点算术。但是职业训练不在教学计划之中。

中央委员会和一些官僚机构尽管产生了一些影响，但它们的职权范围是很有限的，因为聘用和解聘教师的权力在地方董事会或委员会手上，要求每所学校，不管是教派学校还是国民学校都要建立这样的委员会。地方委员会由于有权雇用和解雇教师，它们也就控制了课程尤其是宗教教学，也控制了世俗的学科。实际上，地方委员会和中央委员会在对教育学的观点上是相似的，核心课程或国家课程的概念令它们迷惑不解，但在统一课程方面它们达成了共识。人们在入学和纪律问题上存在着重大的意见分歧，这也是无可否认的。例如，在强迫入学问题上持反对立场的人仅处于外围，工人或农民家长满足于甚至希望他们的孩子在其空闲的时候就上这么长时间的学，因为家庭的经济需要孩子们的帮助。关于纪律问题常常也能看到类似的争论，家长们声称，某些教师的严格或残忍是没有必要的，但是这些争论并未从根本上构成对流行的教育学的挑战。

不管这场争论如何，很大的灵活性还是保留了下来，主要是因为得不到国家经费的私立学校仍然是大多数，因为教师能够相当容易地在这些私立学校和政府办的学校之间来回流动，还因为教派学校与国民学校之间的竞争使教师和家长能够用一个去对抗另一个。女教师尤其从这种灵活性中获益，她们利用这种灵活性使养家糊口和从事教师职业这两种需要达到了和谐一致。

19 世纪 50 年代至 70 年代之间的初等学校，不管是政府资助的学校还是私立学校，都形成了一种一致的教育学的观点：私立学校迎合了面对令人困扰的、有挑战性的上层和中层社会的男孩的需要。19 世纪 50 年代初，在悉尼和墨尔本建立了大学。对于私立女子学校和由女家庭教师在家中授课的女孩来说，没有发生任何变化，因为大学不对她们开放。但是这对于男子学校来说就大不相同了。在开办大学之前，这些学校就响应了家长的要求，提供现代的和实践的课程：古希腊和罗马的语言文学当然是有的，但还有英语、数学、历史和现代语言，某些科学和有用的活动，如农业、航海和天文学。新大学给新西兰和澳大利亚带来了古典教育占优势的牛津和剑桥的模式。在英国，这些内容丰富的、学识渊博的、有教育意义的学科履行着重要的政治任务：它们有助于使踞统治地位的贵族与刚出现的中产阶级团结起来，并把他们与被他们统治的人分开，而对那些被统治者来说，初等教育已足够了。

英国的阶级体制不能像流放罪犯那样被输入到殖民地去，但是当澳大利亚中产阶级终于重视大学教育的社会和经济意义时，男子学校不得不改变自己的课程，去迎合大学的需要。不必让自己的学生为升入大学作准备的女子学校，编制了一种“造诣课程”，但这种课程的严肃性和丰富性被大大地低估了。在澳大利亚、英国、美国或其他说英语的国家中，嘲笑女子学校比富于想象力地进入她们的世界要容易得多。除最好的女子学校外，在她们的世界中通常不包含男性的、以大学为导向的学科，例如，古希腊和罗马的语言文学、数学。它们常常轻蔑地认为这种学校只要提供给学生一些“纯造诣”类课程即可，例如，英语、文学、历史、地理、科学、算术、现代语言、音乐、绘画等，这些课程在许多方面比过去提供给男孩的课程要丰富一些，虽然这种课程带有当时的阶级和性别期望的烙印，因此不像男子学校中的课程那样，能为自己的学生打开通向政治权力和经济权力的大门。

从19世纪中期几乎直至19世纪末，古典课程对澳大利亚的男孩来说始终是至关重要的，虽然随着科学开始向古典学科的优越地位挑战，在中学和大学中一场大战已开始展开。大学既很难让人相信科学确实是教育活动，也很难把科学排斥在课程之外或者将它置于低级地位。由于采用了诋毁科学知识的性质和价值的论据，大学保护了古典课程及古典课程所给予的社会和经济特权。它们成为如此自欺欺人的专家，在澳大利亚，其特权维持至今，具有不可动摇的、自以为是的地位，它们折磨着有优越感的人，这种优越感使这些人不想去凝视他们自己的历史。它们也倾向于庆祝它们的百年纪念或更短的周年纪念，并赋予它们自已的历史和它们自己以特殊的重要性。

19世纪的大学在课程方面是如此保守，这确实有点令人吃惊。公众疑惑地注视着过去成立的四所大学——悉尼大学成立于1852年，墨尔本大学成立于1855年，阿德莱德大学成立于1876年，霍巴特大学成立于1893年——这些大学的建筑物很清楚地说明，它们是在模仿英国的先例，尤其是模仿牛津和剑桥的建筑物。1857年11

月的《悉尼先驱晨报》①说："国内的舆论多年来一直在把古典著作和数学降低到人文研究学科中的相应地位，使之更好地适应于人类生活的目的。"其间，悉尼大学的学程中"古典著作和纯数学过多，从而排斥了许多实用学科"。凯普（W. T. Cape），悉尼大学的一位杰出校长，也在该年的11月给报纸写了篇文章，他的意见更具轻蔑性。殖民地为建立大学所作出的所有的努力都表明："可以这样来陈述：——一支有三名教授、两三名下级教师的教师队伍，一幢精致的、狭窄的建筑物，只是完成了一半——仅仅是一只空空如也的现金箱!"他后来又作了补充，指出课程"至少落后于我们所生活的时代十年"。其他殖民区也发表了类似的观点，这些殖民区在开办大学时没有严肃地削弱古典学科的主导地位，或者没有尽力抓住赫伯特·斯宾塞②的格言不放，斯宾塞最终公开申明，科学是最有价值的知识。

大学在维护支持特权的课程的同时，却以其他方式对特权发起进攻。大学从一开始就是世俗的机构，墨尔本大学就是一所有进取心的大学，它禁止任何神职人员担任本校教师，即使在校园外也不允许它的教授们教授神学。联系欧洲大学与宗教的纽带，尤其是把牛津和剑桥与国教捆在一起的纽带，被慎重而彻底地扯断了。由于没有了宗教测试，大学向所有教派的人士或不信教的人开放。而且，对国教的拒绝，缺少"旧的"富豪（虽然澳大利亚的财富使旧的富豪惊人地壮大起来），缺少谋求通过向大学提供捐赠而使自己受人尊敬的拥有大量财富的家庭，意味着当澳大利亚殖民者希望建立一所大学时，他们就要求助于政府，就像他们决定建造中小学校时（有一段时间甚至建造教堂时）所做的那样。澳大利亚没有建立私立大学的传统，建立在悉尼、墨尔本、阿德莱德、霍巴特的大学都是公立大学，它们都是通过殖民地立法机关颁布法律并用国库的钱建

---

①《悉尼先驱晨报》（*Sydney Morning Herald*），1831年创刊，当时为周报，1840年改为日报。它以保守观点著称，既严肃报道国内和国际消息，也报道有关法律、警察活动和各种事故的新闻。——译者注

② 斯宾塞（Herbert Spencer，1820—1903），英国哲学家、社会学家、早期的进化论者。

立的。

大学之外的其他继续教育或高等教育机构——这些术语的含糊不清导致了机构本身的模棱两可——是由地方社区建立的或脱胎于地方社区。各殖民区政府有时给予土地补助金以帮助建立学校，并以因殖民区和因时间而不同的方式为运转费用作出某些贡献，但工学院所得到的政府帮助比大学得到的帮助少得多。以 1827 年在霍巴特开办的范迪门地区工学院为肇端，19 世纪至 20 世纪初建立了约两百所工学院。它们遵循着其英国榜样的历史曲线。这些学校的目的是为技工提供有关贸易和职业的科学基础知识方面的教育，并最终由机械师们来管理学校，这些学校很少支持中产阶级，但通过图书馆、讲座和其他学习活动去为中产阶级服务，而不是去迎合未来的机械师们，虽然为了表示对他们的尊重而取名工学院。

技术教育或工艺教育（这两个名称是可以互换使用的）是与工学院同时发展起来的，但起因不同。推动技术学院发展的显然是功利主义，技术学院常常模仿大学所提供的教育。至少在一定程度上技术学院是对澳大利亚社会经济变革的一种反响。金子的开采对 19 世纪下半叶经济的发展作出了重要贡献，尤其在淘金衰落和开矿采金成风之后，它也带来了技术问题，这些问题要求工人掌握新的技能来解决。机械工业有了长足的发展，虽然与英国相比澳大利亚殖民地几乎没有什么机械制造工业。大部分熟练劳动力来自国外，但是，常常在当地还没有足够的需要使用这些工业技能的工业之前，就已要求当地社区提供工业技能教育，甚至还要求与英国开展竞争。正如维多利亚的技术教育的主要倡导者塞缪尔·宾登（Samuel Bindon）所说：“这个国家的工人阶级……必须与英国的工人竞争，如果他们不具备与英国工人同样的知识和优势，又如何去竞争呢?”

同样的知识和优势的获得，比宾登预期的要慢一些，但是各个殖民区都犹犹豫豫地开始建立各种类型的技术学校或技术学院——矿学院、艺术和设计学校、农学院和男工人学院，其中某些完全模仿英国的模式，另一些则是土生土长的。虽然它们形态各异，但具有共同的重实效的、功利主义的观点，都有接受来自当地的捐赠者、政府、企业的捐款的愿望。他们的学生与那些进入大学的学生也不一样，他们的眼睛盯着更实用的和更工业化的职业。

因此，技术学校比大学更能对市场的需要作出反应，大学依然坚持自己的培养国家经济和政治领袖的自我封闭的、半受保护的任务。墨尔本工人学院企业秘书坎贝尔（F. A. Campbell）说："首要的目标是得到学生，而得到学生的最好的方法是把他们想要的东西给予他们。"他的声明是坦诚的，是实用主义的，具有民主主义的敏感性以及这一时期和后续时期的澳大利亚技术教育的商业的相对性。把技术学院与大学紧密地联系起来的企图遇到了社会矛盾，因为澳大利亚发展了不同的高等教育形式，以达到不同的社会、经济和教育目的。

澳大利亚教育体系的基础是在 19 世纪 70 年代以前打下的。政府办的初等学校和大学、私立中学和技术学校、各种类型的学院（一部分由政府提供经费，另一部分由当地社区和个人提供经费），肩并肩地发展起来，在它们之间没有明显的隔离带。在以后的百年中，各种各样的改革者在考察这一零乱地或毫无管理逻辑地发展起来的体系时都感到迷惑不解。这反映了这个社会是充满着朝气的，但又是杂乱的、不平等的，对自己的历史缺乏了解，从而使改革教育制度的许多企图都是模糊的。

二、向中央集权的推进（1870～1900 年）

在 19 世纪的最后 25 年里，澳大利亚各殖民区调整了自己的教育体系，使之统一为一种类型，而这种类型保留了早期的许多不平等，直到第二次世界大战后才被粉碎。到 19 世纪 70 年代，大部分殖民区都已确信，双轨制的国立的和教派的初等学校教育是失败的。因为宗教冲突并未减少，或者，出现这样一种不经济的重复：在一个小小的地区中充斥着四所相互争斗的教派学校和一所国民学校，而另一个地区所能提供的学校数量却不足，这不能满足城市人口的增长和城市疆域的扩张对教育的需求。这是有关学校教育价值的有力证明，尽管教育引起了宗派的和政治的喧嚣，但政治家们不会退出斗争。于是，1872 年，最初在维多利亚，后来在其他殖民区中，在不同的时间、以不同的方式、在不同的程度上，人们再也不能忍受宗教的争斗，并在一系列教育法令中作出了一些极其重要的决定：由政府提供经费的教育应该是义务的、免费的和世俗的；教会学校可以继续存在，但它们得不到国家的资助。

只有天主教学校仍在国家教育体系之外，它们还在鼓吹恢复国家的资助，并为澳大利亚社会特有的反天主教偏执行为加油，这种偏执行为为免费的、世俗的和义务的教育法的通过作出了贡献。天主教学校表征了这样一种观点的胜利：天主教的信条对真理的把握是无懈可击的，宗教教学与世俗教学是不可分离的；或者像天主教的神甫们通常所做的那样，挑起更具煽动性的论争，即全部的世俗教育都是错误的教育。但是，天主教学校具有不同的起源，这有助于说明这种学校为什么能长期存在。19 世纪澳大利亚的天主教徒中工人阶级占绝对多数，而且是爱尔兰人。他们具有宗教的、阶级的和种族的凝聚力。对他们而言，国立学校是世俗的，因此是不信神的；但同时又十分自相矛盾的情况是，他们受到反映中产阶级利益的英格兰新教徒的价值观的反复灌输并受到这种价值观的控制。以 20 世纪的观点来看，天主教学校构成了澳大利亚最初的种族学校体系。

19 世纪末的教育法废除了国家对教会学校和国立学校中的宗教教育的资助。这些教育法所做的立新工作比破旧工作更有成效：这些教育法在每个殖民区中建立了对部长负责的教育部。为了确保议会在宗教与教育分离方面所取得的胜利不遭到局部的损害，这些教育法剥夺了地方管理部门或学校委员会的权力。为了避免出现会与教师或中央委员发生争斗的惹麻烦的群体，法令把这样的群体降低到筹款团体，教育部门不必仰赖它们的服从，因为它们的不服从不会引起麻烦。通过这种不同寻常的嘲弄，正是这些使送孩子上学成为家长的义务的法令，将家长排斥在学校的外面长达一个世纪左右，并让家长们相信，对于学校将教什么给他们的孩子，他们不可能产生任何影响。

到 20 世纪初，提供初等教育的小规模的私立学校已退出了历史舞台，因为它们没有能力与免费的公立学校竞争，也没有能力与用学费维持的天主教学校竞争，这种天主教学校是宗教信念、阶级和民族性的强大的混合物。在每个澳大利亚的州中都发生了一个根本的变化：一大群万花筒式的按家长的愿望建立的、个人拥有的地方学校，让位给集权的、州拥有的官僚控制的体系。一个从英国的榜样中吸取了那么多东西的国家，一个继续盗窃英国的教育思想的国家，它所采用的教育结构却否定了英国的分权体制，而引用欧洲大陆尤其是法国和普鲁士的集权制。官僚体制让教师受了不少苦，但它并不强加于他们。他们欢迎官僚体制，因为这种体制使他们摆脱了家长的干预，这些家长希望把自己个人的奇思怪想强加给教师，或者认为自己的孩子特别重要，或者不承认教师的专长。随着官僚体制而来的是职业化和下面这种观点：关于孩子们应该知道些什么、相信些什么和做些什么，教师能比家长作出更好的判断。

在 19 世纪的最后 25 年中，也就是在出现这种官僚体制的最初 25 年中，有权的新官僚们对自己的前任确定的课程计划几乎未作任何改动。他们忙着建造学校，他们设立的学校比从前的学校大，但是他们没有改变教室的基本结构，教室依然是教生制的矩形遗迹。但是，他们的确改变了评价教师工作效率的方法。某些殖民区在不同的时期内以不同程度的热情采用了根据工作效果支付薪水的方法，这就是说，教师的一部分薪水是由儿童的出勤状况和儿童在由督学安排的考试中的成绩决定的。这种卑鄙的和机械的制度增强了新官僚们的影响力，使督学手握大权，可以用自己的怪念头和中央管理部门的愿望更紧地束缚教师。他们可以以自己对学生知识的评价为托词减少教师的薪水。虽然教师们对根据工作效果支付薪水的制度深恶痛绝，但还是服从了这一制度所提出的要求，因为教师将来的经济状况完全取决于督学。那些极端腐败的官员们开始按自己的标准评价教学效果。即使在那些未采取按成绩付酬的地区或偶尔使用这种办法的地区，督学的权力也是很大的。他（一般都是一位男性）

不是作为一个无决定权的委员会的代表，而是作为中央官僚机构的代表来到学校中，他具有他本人和官僚机构都想使用的不可一世的权势。在教师的薪水不由督学说了算的殖民区中，其进步之处表现为，教师的薪水通常依据教育管理部门的意见而定。

甚至教师的胜利也变成了酸果子。在最初成立教育部时，部长有权任命教师。教师渐渐废除了部长的任命权；任命、晋升或调动都得根据督学对教师的成绩所作的评价和通过公布名册所显示的教师的资历，在名册中列出了每个教师的工作年限。这种名册使教师摆脱了政治任命权，但所有的教师被更紧地束缚于教育部门的意志。

确定无疑的一点是，家长的愿望被置之度外。确定无疑的另一点是，虽然女教师被考虑到了，但她们的地位降低了。随着规章制度定得越来越精细，女教师们发现她们的工作条件的灵活性失去了，她们的晋升希望变得越来越渺茫了，她们的薪水更落在男教师的后面。一个多世纪以来国家的教育是以剥削女教师为前提而存在下来的。天主教教育也是这种情况。当小学教师的生活发生了变化时，私立中学的男女教师的生活也发生了变化（他们所提供的教育我们可以不合时宜地称为“中等”教育）。20 世纪初存在两种主要类型的私立学校：一种私立学校通常与教会联系在一起并自豪地称自己为“公学”，但它们没能准确地模仿其英国的榜样；另一种私立学校占大多数（有时它们比公学大并且成绩也比公学大），这种学校应更准确地称为“私学”，常常仍然属于妇女所有并受妇女的控制。在 19 世纪的最后数十年中突然出现的女子学校——英格兰女子教会文法学校、长老会和卫理公会女子学院，审慎地以提供男子公学所提供的那种学术性教育为目标，虽然通过增加像家庭经济这样的课程作出了性别让步。

在两种形式的中学中，获得中学毕业证书的意义变得越来越重要了。在这个几乎不按成绩付酬的形式中，成功地被广为宣传，用来为学校招募学生，正如弗兰克·塔特（Frank Tate）（他不久就成为维多利亚州的第一任教育长官）在 1897 年所指出的，为了赢得信任，他们谨慎地选择自己的统计数字。

如果用现代的口气来说塔特的抱怨，这是因为学校教育是一项具有竞争性的事业。在那之后就像现在一样，男女教师被平等地锁定在相互之间的竞争之中，被锁定在与自己的学生的竞争中以及与大学在关于中等教育目的的斗争之中。私立学校很清楚地认识到，它们的大部分学生是不能升入大学的，为了能够入学，每个州都提供了可选择的几种大学入学证明。但是它们也知道，大学入学考试设置了最低录取分数线。因此它们要在两个层次上搏斗。它们公开宣布其大学考试成绩，如果有必要的话，它们会不知羞耻地篡改考试分数；而在私下里它们会设法让大学相信它们把科学之类的现代学科列入考试学科名录中，从而扩大了学生的选择范围。它们赢得了大学的让步，但这种让步是大学勉强作出的，大学没有放弃自己对入学考试的控制权，并在中等教育的延迟的改革中付诸实施（最终把它做得十分完美）。

在这场斗争中，公学所刻意强调的它们与其他私立学校之间存在的那些差异，与其相似性比较而言就不那么重要了。两类学校都为澳大利亚社会培养未来的领导人，都从有限制的社会圈子内招收自己的学生，都希望大学的入学考试安排得更灵活，都不向入学考试的正统性发起挑战，虽然它们常常抱怨大学对入学考试的管理方式。两种类型的私立学校和大学都很清楚，它们培养的领袖人物不是来自公立学校，除了通过奖学金制度外，公立学校与私立学校是没有联系的，与完成了初等教育的儿童数量相比，奖学金的数量是可以忽略不计的。公立学校的儿童在 13 岁左右完成自己的学业后就去就业。私立学校与公立学校不是一个教育过程的两个阶段，这就是为什么暗示如果认为这是一种进步，或者把它们说成是“初等”和“中等”教育，就是一种时代的错误。它们对不同的学生提供不同类型的教育，它们是分道扬镳的。

三、联邦与两次世界大战（1901～1939 年）

从 1901 年 1 月 1 日起，澳大利亚各分离的殖民区结合成为一个联邦，开始了新生活。澳大利亚第一次有了一个全国性的政府，这个政府的地址最后定在堪培拉。联邦制的形成过程是缓慢的，各殖民区之间不时发生的争斗、文化和经济方面的差异，阻碍了联邦制的实现。但联邦制的建立也带来了新的问题。过去的殖民区现在称做州，各州都保留着自己的议会政府的形式，在联邦制问题上的冲突集中在联邦与州政府之间的权力分配上。但是关于各州保留初级中等教育还是第三级教育（这些术语的运用犯有一定的时代错误）这样的教育问题的争论不是很多。

从建立联邦政府到第二次世界大战结束，澳大利亚的学校经历了重大的变革，虽然 20 世纪 30 年代的经济大萧条以及后来的战争使改革活动放慢了速度，可能轻易地掩盖了这些改革的意义。第一项变革是国立高中和技术学校的发展，这些学校至少能吸收某些初等学校的毕业生入学继续接受教育，从而就有可能称呼“初等”教育和“中等”教育。某些州建立了国立高级中学，虽然在 19 世纪末并非总能这样称呼这样的学校，但在 20 世纪初是可以这样称呼的，那时国立中等教育已相当普遍。各州中等学校教育的产生部分是由于认识到，澳大利亚所追求的工业化和资本主义民主需要大量的具有多种才能的、受过更好教育的劳动力。曾对英国、德国和美国的经济和工业进步与它们的较发达的教育制度进行过比较，它们在教育制度方面取得的进步部分要归功于经济和工业的发展。

与经济动因同时出现的还有社会动因，崭露头角的工人运动有时表达了这些社会动因，有时是由一些较为保守的人士表达这一动因，这些人认为，国立中等教育应该向过去拒绝过它的儿童开放，为他们提供机会。国立教育制度的扩张遭到了坚决的反对，尤其在维多利亚州，在那里，私立学校是很稳固的。私立学校指责新成立的高级中学是“革命”的标志，指责它是“多此一举地、绝对荒唐地投身于社会主义”。但是各州仍以不同的速度继续发展国立中等教育，尽管私立学校宣称发展奖学金制度是可以解决这个问题的。国立中等教育的拥护者认识到，穷人家的孩子不得不用自己的智慧去赚钱，而富家子弟只是简单地去购买，从而勉强地接受了他们的论点。在阶级利益、关于教育价值的自由主义信仰以及社会改良主义的驱动下，国立中等学校得到了发展，虽然速度不快，而且在整个20世纪30年代和第二次世界大战期间几乎毫无进展。国立中等学校的存在迫使私立学校进行改革。国立中等学校的学费较低；各州政府在校舍和教工条件方面向私立学校提出了种种要求，而对国立中等学校却没有这方面的要求。所有这一切说明了几乎所有的旧式私立学校都已走到了尽头。而那些幸存下来的私立学校，都得到教会或明或暗的支持。因此，到20世纪20年代就出现了现在这样的中等教育体系："社团的"私立学校（包括公学）、国立学校和天主教学校。天主教学校与高级中学的服务对象具有相似的社会经济地位，虽然在各州没有几所天主教学校向往达到公学的地位。通常只有一两所学校达到公学的地位，但这些学校聚集了一大群爱尔兰学生，因此从未被完全接纳。

私立学校取得了一项重大胜利，就是国立学校把它们看做榜样。各州教育部建立了若干所特色鲜明的、选择性的学校，这些学校常常成功地与社团的私立学校竞争：这些学校往往是男女分校的，并且通过大学入学考试来评估自己。即使较少选择性的国立学校也把私立学校作为自己的榜样：这些学校有校刊、校歌、拉丁文的格言，学生有制服，教师有学位袍。最重要的是，国立学校体系虽然提供范围较广的课程，并且在高级中学内部设有技术学校或专门技术的分组，但它采纳的是以升大学为导向的私立学校的学术性课程。

20世纪上半叶，国立中学向某些儿童打开了通向大学的门，而从前这些儿童是被拒之于大学校门之外的。某些历史学家把这种变化看做一部分中产阶级为保证顺从劳动力的阴谋，对在这些学校中从教的教师和他们所教的儿童是不公平的。但他们没有对建构了这些学校的社会的设想提出激进的挑战。1945年以前，无论是教师还是教育管理部门都未能从大学手中夺取对大学入学考试的控制权。

在创办国立中等学校的时候，初等学校开始了改革。这一改革与国立中等教育的扩张相似，某种程度上是对使所培养的学生更好地适应工业化生产的劳动力的需要作出的反应。在20世纪初期，澳大利亚工业化程度还不高，但诸多的不便并未妨碍要求学校与工业生产相联系，从而一个世纪以来使澳大利亚能幸免于不准确的预测、缺乏远见的分析、对现实的延迟适应。改革也是对不同派别的社会改革家所作出的反应，这些改革家希冀利用学校作为提高工人阶级儿童生活水平和增多其机会的手段。学校虽然反映更广的社区内的经济、政治和社会压力，但它们毕竟不是镜子。学校既要完成统治阶级强加于它们的任务，又有它们自己的生活。关于学校应该做些什么或应该努力做些什么，教师和行政管理人员有自己的观点，他们有自己的既得利益和理想，他们每天都要遇到他们谋求解决的教育问题，他们理解学校的需要、责任或可能性，这些东西是局外人不易察觉的。**课程方面的基本变革是与社会关于儿童应该知道什么、相信什么和做些什么的观点相一致的**，这种变革是非常政治化的，但也包含了教师和行政管理人员的职业的和个人的反应。

在 20 世纪的最初 20 年内，州立小学开始完善自己的课程和教学法。当时有可能实施许多改革，在实践中也有许多选择，这种实践仅仅是修辞学（运用语言技能方面）方面的变化，教育思想的变化是值得怀疑的。教育思想的变化渐渐导致教育实践的变革。以一种较为宽容的方式重新界定了“3R”，对“3R”的界定更接近于我们现在所作的解释；对历史和地理更重视了，教学方法不再是引导学生浏览一遍沉闷的教科书，而是更注意现实性和相关性。像艺术、体育、公民、音乐、手工训练和科学之类的科目，或者是第一次出现，或者更受重视，科学往往以自然科学的形式出现，有的以其原本的形式出现，例如，艺术科被称做“绘图”。开始对学生进行医疗检查。运动场地也得到了改善。在还沿用按成绩支付报酬的地方废除了这一制度，体罚已不那么流行了，甚至要求取缔勇士精神。教室开始变小了，四方形的房间依然是教室的基本形状。因为小先生制逐渐被淘汰，教室变成了一位受过学院训练的教师与一群学生私人之间发生不可思议的相互作用的场所。

在 19 世纪，教师的任务常被比喻为雕塑家——按照教师头脑中的样式塑造儿童。“新教育”（有时称做新思想和新实践）的倡导者们，似乎更喜欢引用福禄培尔所作的有名的比喻，即“幼儿园”。他们说，正像一颗孕育着未来的幼苗的种子，每个儿童都拥有智力和精神成长的能力；教师的任务就是要像园丁那样工作，提供使每个儿童能得到自由发展的条件，而不是把自己的意志以阻碍或违反自然发展的方式强加于人。个性、创造性、自由、每个儿童的所有能力的发展，而不是简单的儿童中心和严密控制的理智，20 世纪 30～40 年代，进步主义精选出的以上这些思想，变成并且依然是整个 20 世纪振兴初等教育的口号。即使包含着较为阴险目的的智力测验，经过了一个世纪的发展，第一次被看做检测和适应儿童个体之间的差异的手段。

新教育是各种思想的令人困惑的和相互矛盾的大杂烩，这些思想是从英国以及通过英国从欧洲和美国引进的。新教育也是令人振奋的，尽管它存在着许多矛盾，但它所表达的儿童观，比新教育试图取代的教育实践中所包含的儿童观要宽容一些。对课程和方法所进行的重大改革，是社会工程的一个复杂的组成部分；虽然第一次世界大战、经济大萧条以及第二次世界大战给学校带来重大创伤，但并没有使学校发生意义深远的变化。20 世纪最后 20 年以前的澳大利亚初等学校教育史，在相当程度上反映了澳大利亚初等学校为响应 20 世纪初宣传的新教育思想所作出的斗争。中等学校也是这种情况，中等学校更倾向于新的发现，有时不仅赞美它们自己的机敏，也赞美在初等学校中已盛行了几十年的英明之见、思想和实践。

这场斗争中最具有决定意义的部分是扩大学校的职能。经过一个世纪的发展，学校被用作治疗社会疾病的工具：首先有了关于健康、节欲、爱国主义的教学，然后有了反吸毒教育、性教育和预防艾滋病和交通事故的教育，还有了对多元文化思想的反复灌输或对在许多学校中隐约存在的性别偏见的更大发展所进行的谆谆劝导。学校职能的扩大增加了教师的压力，这种压力在整个 20 世纪始终不断地在增强。

对教师尤其是对那些支持教育改革的教师的批评，以另一种现在仍很熟悉的方式出现。新的科目和更自由的教学方法被指责为了无生趣、“一时的风尚和虚伪的装饰”、一时冲动的产物，指责它们必然会导致教育质量的下降。在澳大利亚教育史上回响的返回基础的呼吁，在 20 世纪初确实是很响亮的。这种呼吁是与经济的衰退相一致的：20 世纪初出现返回基础的呼吁时，澳大利亚正在竭力把自己从 19 世纪 90 年代的大萧条的泥潭中拖出来；20 世纪 30 年代时这种呼吁又重现了；在今天的困难时期也常常能听到这种呼声。这也可看成是责难学校的一种手段，把经济衰退或工业困境归咎于学校，然而这些困难的产生与学校是没有什么关系的。发出这种呼吁也是为了在政治上得分的一种手段，或者是赢得对正面临着社会变革的挑战的信仰、或实践、或阶级利益的支持的一种手段。这种情况在 20 世纪 90 年代是常常发生的，呼吁者们想象出这样一幅图景：在美好的过去的时代，受过良好教育的教师们把简单的但非常有用的课程传授给受过良好训练的儿童。麻烦在于要找回过去了的那些美好的时光。在 20 世纪初抱怨新学科引起质量下降的那些保守主义者，肯定会惊异地发现 20 世纪末的人们会认为正是他们生活在一个黄金时代。

四、从第二次世界大战到经济理性主义

到第二次世界大战结束时，澳大利亚教育改造计划已制定完成。20 世纪初出现的势头在 20～30 年代已被遏制，对访问者来说澳大利亚的学校似乎凝固在另一个时代的观点之中。接踵而来的几十年中发生的纷乱事件，打击了那些观点并迫使澳大利亚的教育采用一种新的形式，但这并不是一种彻头彻尾的新的形式，因为残留的旧的观点、问题以及政治的和社会的压力还在这个国家中挥之不去。在向积蓄了 20 世纪刚过去的十年中的锐势的共和政体前进的运动中存在着新旧两种力量。共和主义运动既分离又联合，在教育领域同时还存在两种虽不太明显但却是相关的现象：第一，要求恢复某些形式的公民教育的压力，这些形式的公民教育有助于重新肯定旧的民族情感；第二，为强化新的民族观点而作出的努力，这种观点谋求

承认更多元文化的澳大利亚。

战后的人口膨胀，急剧地改变了20世纪50年代和60年代的小学和中学。由于社团的私立学校可以对自己的招生作出限制，在某种程度上它们就远离了这种危机。但国立学校和天主教学校必须或者有义务招收所有要求入学的人，于是，班级人数爆满，学生被拥挤地安置在一间间面积不够大的房间里，由没有受过很好训练的教师教他们。移民潮以及在后来流行的同化政策下，开始把盎格鲁—凯尔特的澳大利亚的学校改变成现在这样的学校，这些学校中越来越多的学生的母语不是英语，他们的这种说英语之外的语言的能力被看做不利条件。被这些问题困扰的学校管理人员未能说服政府及时拨款，只能将就着做些权宜之计的安排，其中包括增加行政人员的数量，以适应学校数量和教师人数的膨胀。

中等学校中的教育危机是触目惊心的。战后的理想主义、对机会平等的关心、经济和工业增长的压力、对在其体制中发展起来的官僚机构的本能的信任，所有这一切都是所希望的，导致了为所有人的中等教育政策的出台。把中等教育看做大多数儿童的教育过程中的一个阶段而不是一种精英教育，这是合情合理的，如同这种政策未出现在19世纪同样是合情合理的。因此，当比以前多得多的儿童离开小学时，就要努力说服他们中更多的人继续进中等学校，当这些学生能安全地（即使不是很舒适）在中等学校中时，就可以进一步努力去使他们在学校中逗留更长一些时间——使保持率上升，即使是以极其缓慢的速度。

危机改变了中等教育的性质。战前国立中学把私立学校看做自己教育实践的榜样。赞助私立学校的家长们的期望，私立学校的少量的和合理的、有选择的招生，无可争辩地使私立学校成为榜样。但是，到20世纪60年代中期，澳大利亚的州立中学的学生人满为患，其学生的社会经济背景广泛，他们具有相互冲突的文化期望和不同的种族构成、不确定的教育目标，具有中等教育经验的家庭很少，而且这些家庭往往不理解为什么需要这种经验或不清楚他们希望从中获得些什么。中学的学术课程，至少是当时教授的那种课程，对这些儿童来说即使不是格格不入的，也是没有多大关系的。教师每天面对这种不断变化的现实，他们是最早起来与这种现实进行斗争的人，在斗争的过程中迅速地拉大了自己与负责行政事务的校长之间的距离，校长为了从政府那里挖到更多的钱去建造校舍和聘用教师而殚精竭虑，因为这是一项极端困难的任务。教师主动地努力去改变他们提供给儿童的教育的性质，这在澳大利亚教育史上可能是第一回。为了保证这种改革的自由，教师开始抵制中央集权的官僚机构的权势，尤其是通过督导人员表现出来的权势。

学校有计划地提供给自己的学生的一系列经验是：课程，官方关于学生应该知道些什么、相信些什么和做些什么所作出的规定。这些东西成为澳大利亚社会展开政治、社会、经济斗争，当然还有教育斗争的战场。在澳大利亚 19 世纪的小学和 20 世纪初的中学中现在可称做“国家课程”的那种课程，是由非正式的未通过立法形成的协议产生的，这种协议反映了社区内相当广泛的人士的设想。到 20 世纪 60 年代，这种协议已被粉碎了，对破坏了这种协议的经济的、政治的和社会的压力已不再可能熟视无睹。越南战争、性观念的重大变化、短暂的但声势凶猛的政治激进主义时期、制度化的宗教的衰落、女权运动理论的日益增强的政治效率以及妇女运动、争议越来越大的多元文化理论、对至今仍处于辩论和界说之中的包括领土权在内的土著民的权利的承认，以及教育制度不能满足人数大大增加的从学校出来的学生的需要，所有这一切对二战后初期形成的人们所熟悉的价值观是个挑战，并且部分地改变了这些价值观。

因此，尤其在 20 世纪 80 年代末和 90 年代，雇主们要求学生获得更多的专业知识训练。第二次世界大战前，相对非专门化的经济对劳动力的要求并不很严格，适当的初等教育加上艺徒训练就足够了。今天由复杂的技术推动的经济对学校的毕业生寄予很高的期望。一种陈旧的观点普遍地遭到摒弃，这种观点认为，专门化程度低的学校能最好地为专门化的经济服务。新的观点建立在这样一种信念的基础上，即相信工作的性质将迅速发生变化，要求各种层次的男女劳动力受过宽广的普通教育，这种普通教育使他们能够足智多谋地、迅速地适应新的要求。雇主因雇用用纳税人的钱训练出来的未来的雇员而获得既得利益，而政府的存在靠的就是纳税人的钱，在20世纪八九十年代，雇主和政府越来越坚持要发展看来与澳大利亚所致力于发展的市场经济所需要的技能直接有关的能力。

在“教育”等同于“学校教育”的国家中，把教育、就业和训练紧紧地联系在一起，这样的国家不是前总理鲍勃·霍克（Bob Hawke）所祈求的那种“明智的国家”。事实上，如果政府的教育机构过多干预和过分关心学校所做的事，把学校培养出来的学生看做商品，把这些商品过分密切地与它们认为是经济所需的东西联系在一起，这个国家就可能使社会的和教育的创造力变得偏狭。随着20世纪的结束，澳大利亚现在就在经历这样一种偏狭。在一系列以它们的主席的名字命名的重要报告中，都突出了对学校的市场要求。这些报告有：《年轻人对义务后教育和训练的参与》（*Young People's Participation in Post-compulsory Education and Training*，《芬恩报告》，1991）、《澳大利亚职业证书训练体系》（*The Australian Vocational Certificate Training System*，《卡迈克尔报告》，1992）。其中最令人沮丧的报告当属由工会官员当主席的组织提出的报告，**工会官员最好地反映了市场对教育的影响**。《实施普通教育：关于核心竞争力的报告》（*Putting General Education to Work: The key competencies report*，《迈耶报告》，1992），可能是最有影响的报告，这份报告坚持学校的课程应该表现为竞争力，尤其是与就业有关的能力。它进一步推动了较新的并迅速发展的职业教育和培训领域。于是，19世纪建立的工学院有时发展成技术教育学院和继续教育学院，这些教育机构专注于工业发展的要求，尤其是新技术所迫切需要的新兴的、非劳动密集型的工业的需要。

在这些与课程有关的报告所施加的压力下，20世纪80年代末和90年代初，澳大利亚各州都对公立学校的结构进行了重大改造。虽然各州所采取的措施是不一样的，但都表现出地方分权和权力下放的趋势，这就导致了大刀阔斧地削减从19世纪继承下来的并自此之后大大增长了的中央官僚机构的规模。包括预算安排在内的学校自治，成为各州的一项共同的政策，赋予校长更大的权力，在任命教师和校长时地方教育董事会和社区投入了更多的经费，中央政府的投入虽然相应地减少了，但它在这方面所作出的贡献并非是无足轻重的。对学校进行了合并，使之形成不同于地方社区的规模较大的学校和地区实体，于是减少了学校数量或关闭了一些学校。虽然通过这些措施把某些权力转移给了学校，但是资源的分配权仍牢固地掌握在中央手中。而且制定了严格的会计制度以保证学校的开支符合各州教育部门所批准的要求。财政权连同日益提高的标准化、课程的集中化，以及从小学到中学毕业的强迫考试计划的引进，使中央官僚机构的权力至少不小于它们企图根据成绩和通过督导体制去控制学校的时期，现在督学的工作很多已由计算机来完成了。

在实施这些计划时常常会出现把学校看做私有企业这样的奇怪观点，持这种观点的人把学校看做小型的企业，为了争夺资金、学生和资源而彼此之间在市场上展开不屈的竞争。具有戏剧性的讽刺意味的是，这些变化伴随着经济和政治的全球化，在经济理性主义者的思想起很大作用的时候，全球化削弱了关于私有企业观点的基础，同时保证了这些给澳大利亚带来如此多的争斗和痛苦的变化，是国际上发生的相似的但不是完全一模一样的变化的反映。由于澳大利亚正在争取成为共和国并表现自己现在的复杂的民族个性，澳大利亚的公立学校深受意识形态压力的影响，这种意识形态的压力正在输入一种同质的、超越国界的政治的和经济的文化。

20 世纪 60 年代以来，影响学校的这种压力不仅与澳大利亚教师和教育行政人员发生摩擦，而且还在改变着他们。为了采用修改了的课程，为了领会教育理论的变化，为了对集中体现在学校管理和学校财政变化中的压力作出响应，要求教师勇敢地面对个人的和职业的尖锐的两难问题。他们检查了自己的信仰（如果感到满意，就表现出坚定性并不急于成为有新见解的人），并力图去响应超员的、大大改变了的多民族的学校所提出的挑战。当教师仍在与 20 世纪六七十年代的课程实验的爆炸效应作斗争时，他们不得不面对 80 年代末 90 年代初的新压力，这种压力体现出的信仰与当初赋予早期的实验以动力的信仰是大不一样的。

最近对探索国家课程所作出的一个反应，就是这种冲突的象征。与在这之前对核心课程所作的不成功的探索一样，国家课程有时被描绘成为使澳大利亚的学校团结起来并具有凝聚力而作出的努力。如果上述分析具有一定的正确性，实施国家课程的愿望就是问题的征兆，而不是问题的解决。就像现在已大部分关闭并从记忆中淡出的大课堂①一样，它们是一个时代的纪念碑，而这种时代的记忆是不能修补的，或者即使修补了，思想还会再次发生变化，所以，今天的国家课程压力，是不确定的社会价值和目标的反映。国家课程预先假定了一种社会的一致性，然而它本身却是实现这种一致性的非常脆弱的工具。

中学的变化连同其未能理解的挑战反映在澳大利亚的高等教育机构中，不过是一种创造力或活力的表现。从 20 世纪 60 年代起，围绕着证书展开着斗争，这种证书从前称作大学入学许可证，现在其名称比较一般。不同的州尝试了不同的解决方法，但基本问题依然故我。就像围绕着课程展开的论争一样，高等学校尤其是大学与技术学院、教育学院之间的冲突，反映在为最好地预测大学的成就或提高学术标准所作出的努力中。高等教育依然是获得权势和经济优势的捷径。决定谁进入高等学校，就是制定有利于某些人而拒绝另一些人的高等学校入学规章。这既是一个教育决策，更是一个政治决策。19 世纪常常以保证教育质量、保持高标准为借口抵制把科学列入大学的课程中。这些貌似有理的论据提醒了我们，对教育“标准”或“质量”的祈求，常常是教育无赖的最后的法宝。

对于高等学校的胆怯可以部分地予以原谅，因为高等学校是自己卷入变革的漩涡中的，这种变革与影响中小学的那些变革有许多相似之处。从 19 世纪继承下来的大学、工学院和师范学院的体系，相互之间协调得很差，但在 20 世纪 80 年代霍克的工党政府对高等教育进行彻底改造以前还能继续存在下去，虽然要对之作出许多改

① 大课堂（open classrooms），是几个班组合在一起进行共同活动的课堂。——译者注

革。联邦政府对大学的控制较之过去严密得多，自 70 年代初以来联邦政府为所有的高等学校提供基金，反过来每所高等学校就要对组成国家体系的某个政府部门负责。部的名称正确地暗示这些高等学校与中小学一样受到同样的市场驱动力的冲击并屈从于这种力量。统一的国家体系的含义是，政府采用花言巧语的权力下放来保持对高等学校的控制，就像对中小学的控制一样。建立全国统一的体系，就是在政府的授意下对大学、工学院、师范学院进行合并，所以实际上所有的高等学校都变成了这种或那种类型的大学。全球化的压力对大学的影响显然不亚于对中小学的影响。

最后，人口压力加速了 20 世纪六七十年代的公立教育的发展并导致天主教学校体系几近崩溃。指出这一点是很重要的。在 20 世纪最好的年代里想上学的儿童大多数都能上学，而在 60 年代末，滞留在学校体系外的儿童几乎与学校体系内的儿童一样多。当人口压力造成很紧张的局面时，天主教会内部也发生了重大冲突：梵蒂冈二世的决定说明了过去未受到怀疑的宗教实践和信仰起了变化，被废止或被直言不讳地拒绝了。在宗教信仰被削弱的同时，爱尔兰—澳大利亚天主教信条的社会凝聚力也崩溃了。第二次世界大战结束时，光阴模糊了天主教与爱尔兰的联系，后来的移民改变了教会的种族基础。澳大利亚的天主教没有完全绅士化，但它在城市中产阶级中间赢得了真正的支持。

天主教学校体系处于穷途末路的财政困境之中，自由党政府需要得到脱离了保守政党（工党、民主工党）的人的支持。所有这一切导致在抵制已沿用了几乎一个世纪的国家资助政策方面打开缺口。资助的形式，诸如支付利息的援助、学费的征税折扣、交通补助，在政策上是不显眼的。州政府开始提供更直接的资助。1964 年，孟席斯（Menzies）政府在度过特别困难的政治年代时提供了相当可观的资助：为建造科学实验室提供了补助金。到 20 世纪 60 年代末 70 年代初，引进了一种最灵活的资助形式——按人分配的补助金。以高夫·惠特拉姆（Gough Whitlam）为首的工党政府成立了学校委员会，负责管理补助金的分配，补助金既要分配给公立学校，也要分配给私立学校。

在得到国家补助金之前，天主教学校体系是分权的。一些缺乏观察力的教育行政管理研究者（尤其是美国访问专家），得出了澳大利亚的教育完全是中央集权的结论。事实上，一个多世纪以来天主教学校体系一直是由地方建造和维持的，教师也是由地方任命（和解雇），在存在天主教教育办公室的地方，还要对学校的工作稍加控制。随着州和联邦资金的大量涌入，天主教当局任命了一些官吏去组织和说明这些经费分配的用途。这些既有时间又有钱的官吏们执掌了大权，在过去的 20 年中地方的权力被严重侵蚀，天主教学校体系越来越成为中央集权的了。

这种变化是具有一定的讽刺意味的，公立学校体系常常要为自己的昂贵的改组辩护，在过去的十年中公立学校经历了分权或权力下放，把更多的权力下放到学校。正如上面所指出的，公立学校体系的分权是在受到严密的控制下进行的，更多地停留在言辞上，而天主教学校体系和私立学校最终会发现政府的拥抱是令人窒息的。天主教体系中的官吏揽权的速度，足以警告不要轻信花言巧语。

一个世纪以来，**新教一直反对国家只给予天主教学校以资助的政策**。对于任何政府，无论是州政府还是联邦政府来说，在政策上是不可能把按人分配的补助金只给予天主教学校的，这种资助要提供给所有的学校，在对某些地区经过了哄抬价格之后历来存在的抵制被迅速征服了。把政府的补助金返回给私立学校，对澳大利亚的教育产生了意义深远的影响。天主教学校体系避免了崩溃，如果天主教学校崩溃，也会使公立学校陷入困境；社团的私立学校发现自己的财政状况突然地并明显地好转了。一个世纪以来在公立学校与私立学校之间关于教育平等和多样性的徐徐燃烧起来的争论的战火，现在大面积地熊熊燃烧了。同样重要的是，联邦政府第一次在教育游戏中成了主要的玩家，联邦与州的关系中的礼仪和竞争，在学校政策中得到了反映。澳大利亚教育委员会（一个由每个州的高级教育官员以及州政府和联邦政府的教育部长组成的团体）暂时制定了游戏规则，但通过制定资金计划这些官员进入了大多数学校的教室。

政府的慷慨援助给所有的私立学校带来的是它们以前从未经历过的对政府的依赖。澳大利亚的社会史表明，政府和政府官员不可能永远不去使用他们所拥有的权力。在国家资助的早期，那些负担费用并有决定权的州政府允许学校决定自己的选择。这样的宽容可能难以为继，私立学校可能最终发现了，政府的援助开始附加了讨厌的条件。19 世纪天主教学校认定，为得到政府的援助所要付出的代价太高了。在 21 世纪，天主教学校和其他私立学校是否有可能面对类似的决定？当政府谋求更大的一致性时，私立学校至今还在呼吁的多样性（私立学校把这种多样性作为得到政府资助的正当理由的一部分）是否会减少？不管对这个问题的答案如何，都是具有讽刺意味的，因为政府在高谈阔论放权，而私立学校却逐步发现它们对政府的慷慨援助的依赖在增加，恰恰在这时，政府对公立学校的财政控制变得更直接、更严密。

本章力图从过去的视角来审视现在——20 世纪末，并回答这样的问题：澳大利亚的学校将如何周旋于政治事业中，这种政治事业永远束缚着它们，决定着它们的学生应该知道些什么，相信些什么和做些什么。在詹姆斯·乔伊斯①的《尤里西斯》(*Ulysses*）中，斯蒂芬（Stephen）指出，历史是一场他竭力想从中醒来的噩梦。事实上这是一场苏醒不过来的噩梦：我们不能轻易地抛弃我们的历史，因为我们是由历史铸成的。早晚有一天，现在的一代会成为历史，而另一代人在收集像本书这样的纸张时可能会仔细考虑今天的实践（尤其是那些我们深信能经受住时间的考验的那些实践），并认为这些事情是离奇有趣的，或莫名其妙的，就像我们认为我们的先辈所做的某些事情那样。现在我们十分自信地宣布为真理的东西，将来也会像那些让不明智的一代人发狂的过时的时髦那样被放弃。

---

① 詹姆斯·乔伊斯（James Joyce，1882—1941），爱尔兰小说家。其代表作《尤里西斯》于 1922 年在巴黎出版。他的高超技巧，对人性微妙而直率的描述，对语言的掌握和对文学创作手法的创造性发展，使他成为当代作家中最有权威和影响的人物之一。——译者注

澳大利亚学制图

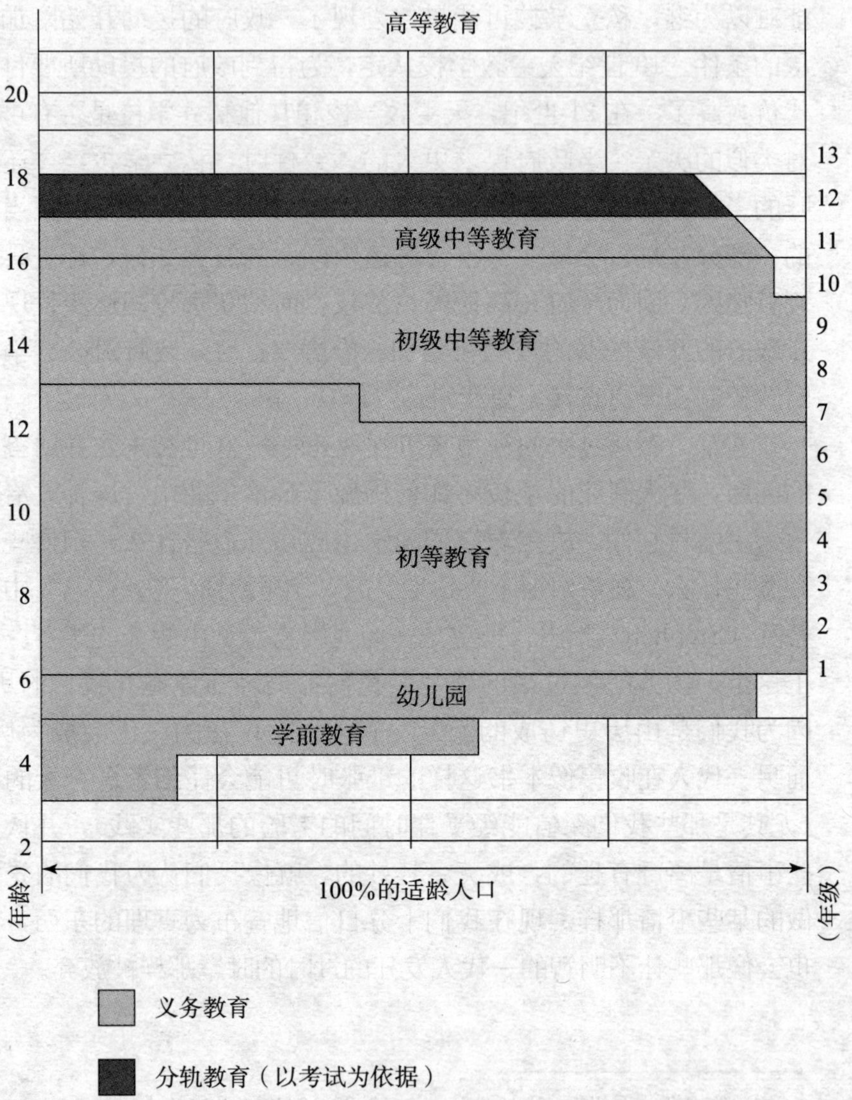
高等教育
高级中等教育
初级中等教育
初等教育
幼儿园
学前教育
20
18
16
14
12
10
8
6
4
2
13
12
11
10
9
8
7
6
5
4
3
2
1
（年龄）
100%的适龄人口
（年级）
义务教育
分轨教育（以考试为依据）

小结

澳大利亚的现代学校教育体系是怎样的?

年轻一代在6～7岁时在小学接受为期六年的普通教育。小学的教学计划包括：阅读、书写、算术、英语、造型艺术、手工劳动、音乐、体育、宗教教育和道德教育。1998年有小学生两百万左右。

小学升初中不必经过考试。在某些州，初中的第一年或最初的两年，学生按统一的教学大纲学习，在后续的一两年内增加选修课。在某些州的学校中，同时提供统一的教学大纲和选修课。在中学学习英语、历史、地理、数学、化学、物理、生物、经济学、外语（一门或两门）、社会学、造型艺术、音乐、体育，以及分别为女孩和男孩开设的家政和车间工作。在十年的学习结束前学生要通过考试，获得毕业证书，学生可以凭毕业证书就业，或者在高级中学或技术教育和继续教育体系中继续学习。12年级的毕业证书授予学生进入高等学校的权利。在所有各类学校中都要教授宗教。

1998年，中学有学生120万左右。为土著人和移民开办专门的学校用双语（本民族语和英语）进行教学。

主要参考文献

1. Barcan, Alan, *A History of Australian Education*, Oxford University Press, Melbourne, 1980.
2. Burchell, Lawrence, *Victorian Schools: A Study in Colonial Government Architecture, 1837-1900*, Melbourne University Press, *1980*.
3. Cleverley, John and Lawry (eds.), *Australian*

Education in the Twentieth Century, Longman, 1972.

4. Davey, Ian, Capitalism, patriarchy and the origins of mass schooling, *History of Education Review*, vol. 16, no. 2, 1987.
5. Fogarty, Ronald, *Catholic Education in Australia, 1806-1950*, Melbourne University Press, 1959.
6. Grimshaw, Patricia, Marilyn Lake, Ann McGrath and Marian Quartly, *Creating a Nation*, McPhee Gribble, Melbourne, 1994.
7. Linge, G. J. R., and D. J. Walmsley, *Global Transformation and Social Development: an Australian perspective*, Academy of the Social Science in Australia, Canberra, 1995.
8. Marginson, Simon, *Education and Public Policy in Australia*, Cambridge University Press, 1993.
9. Musgrave, P. W., *Society and the Curriculum in Australia*, Allen and Unwin, Sydney, 1979.
10. Selleck, R. J. W., Classics in the colonies: conflict at the University of Melbourne in the 1850s in Richard Aldrich (ed.), In *Education and in History*, Woburn Press, Ilford, 1996.
11. Theobald, Marjorie R. and R. J. W. Selleck (eds.), *Family, School and State in Australian History*, Allen and Unwin, Sydney, 1990.
12. Turney, Clifford (ed.), *Sources in the History of Australian Education, 1788-1970*, Angus and Robertson, Sydney, 1975.

澳大利亚莫纳什大学教授，博士

理查德·塞莱克（Richard J. W. Sellek）

第二章　阿塞拜疆

一、古代阿塞拜疆儿童和青年的教育与培养

关于阿塞拜疆最早的信息可以从古代历史学家、旅行家和作家的著作中获得。在希罗多德（Herodotus）、斯特拉博（Strabon）、阿里昂（Arion）、托勒密（Ptolemy）①这样一些古希腊和古罗马的学者的著作中，包含了许多有关古代阿塞拜疆的政治制度、城市和经济情况以及关于生活在那里的人民的语言、文化、神话、传说的有价值的材料。这块疆土的发展得益于它的自然资源以及地理位置。阿塞拜疆横跨把古代世界的东西南北方连接起来的世界商贸要道上。由于与各种宗教（伊斯兰的东方的、基督教的巴勒斯坦的、拜占庭和外高加索的宗教）文明的广泛的政治和文化联系，阿塞拜疆自古以来就发挥了很重要的历史作用。在史前时代，阿塞拜疆人的祖先占据了广袤的领土，北到中高加索，南到南方的乌尔米河（在现在

---

① 希罗多德（约公元前485—前425），希腊历史学家；斯特拉博（约公元前64—23），希腊地理学家和历史学家；阿里昂，莱斯沃斯地方美图姆那的半传奇性诗人和乐师；托勒密，公元2世纪的希腊天文学家、地理学家、数学家、地心说的创立者。——译者注

的伊朗境内)，西与亚美尼亚和格鲁吉亚接壤，东临里海。

生活在阿塞拜疆现在这块领土上的古代部落，在公元前 9 世纪建立了马纳国，马纳国然后让位于一个新的国家——米底国。①米底国在发展过程中受到邻国文化的影响的同时，也对其古代东方邻国施加了相当大的影响。公元前 4 世纪末亚历山大的征伐，导致了一个独立国家阿特罗帕坦内（Atropatena）的诞生。阿特罗帕坦内是阿塞拜疆的古名之一，这是一位虚构的统治者的名字。阿特罗帕坦内的意思是：“火的看管人。”即使现在，阿塞拜疆也是“火的土地”的另一个名字。古代的阿塞拜疆人是火的崇拜者。在阿塞拜疆人的领土上，天然气火炬永不熄灭。来自其他国家的，甚至来自印度的火的崇拜者们，到这里来膜拜“永恒的火光”。考古学家发现的劳动工具和家庭用具的残物，以及科布斯坦山（离巴库市不远）上的岩画，都表明在史前时期阿塞拜疆就已存在很高的物质文明和精神文明。这种文化与邻近的外高加索民族的和中东民族的文化紧密地联系在一起。

有关古代阿塞拜疆教育的资料，我们可以从希腊和罗马的一些著作中得到，也可以从《袄教经典》(*Avesta*）中得到。《袄教经典》收集了中东民族在几个世纪内创造的神圣的袄教（拜火教）的文献资料。阿塞拜疆人的祖先是中东民族之一。《袄教经典》最初包含 21 本书，在亚历山大征伐之后，只剩下了三本书。《袄教经典》不仅包含有关宗教和神话的文献资料，还包含了有关道德问题的文献。《袄教经典》的教育价值存在于这样一个事实中，即它历来向后代传递的不仅是宗教思想，而且还传递道德规范。

拜火教的创始人是古代伊朗的改革家扎拉图斯特拉（Zaratustra)，他提出了教育问题的重要性。他写道，每个男人都应该受到教育，因为掌握读和写是男人发展的第一步。男孩接受七年的宗教教

① 马纳，古国名，在伊朗西北部，乌尔米河以南。公元前 7 世纪丧失独立，臣属米底王朝。米底，古代国家，在伊朗西北部。公元前 152 年，米底臣属安息国，约 226 年，米底转归萨珊王朝。此时米底人已失去自己的特性，混合到伊朗民族中。——译者注

育。男孩教育的主要内容是使他在思想和行动上接受道德规范。他尤其注意培养儿童勤勉、公正之类的品质。他也非常重视体育，以培养青年人的军事技艺。骑马、打猎、击剑、游泳、跑步和投掷，所有这些以及其他一些体育训练，都必须使年轻人为与敌作战、保卫祖国做好准备。所有的儿童，不论其社会出身，都要接受宗教教育、道德教育和体育，但只有出身于社会上层阶层的儿童，才能在宫庭学校和寺庙学校中学习阅读和书写，由神职人员担任这些学校的教师。除了这些儿童之外，其他儿童学习基本的农业技能。

公元前 3 世纪，阿塞拜疆被萨珊人征服，直至 5 世纪末一直处于他们的统治之下。这是封建关系发展的时期，出现了诸如杰尔宾特、希尔凡、大不里士等大城市。萨珊国民分成四个社会群体或等级：神职人员、武士、书吏和仆人。书吏是文件和碑文的编纂者、作家、会计、律师、地理学者、占星术者和教师。前面三个阶层必须接受教育。在那一时期，授予学生基本的阅读和书写技能的学校遍布伊朗和土耳其斯坦。这些学校——称做德比里斯坦（debiristans）——是模仿印度的佛教学校建立的。在萨珊人统治下的阿塞拜疆的学校中，波斯语是教学语言。公元 1 世纪这种语言还是阿塞拜疆的通用语言。

在 5 世纪阿塞拜疆的城市和农村就已存在普通的学校，在这些学校中用孩子们的母语教他们阅读和书写。这些学校一直存在到 7 世纪，当时经过激烈的抗争之后阿塞拜疆被阿拉伯的哈里发政权所征服。从那时起直到 19 世纪初，教育的重点是向年轻人教授伊斯兰的传统。

6 世纪时在一神教论的基础上诞生了部落的联盟，一神教的领袖穆罕默德（570—632）宣称，圣战是征服异教徒部落并强迫他们接受伊斯兰教义的战斗。他统一了阿拉伯世界的大部分，东面到达中国，西面到达大西洋。在被征服的领土上建立了一个庞大的帝国：阿拉伯哈里发政权。阿塞拜疆是这个帝国的一部分。

阿塞拜疆的初等学校通常是由清真寺创办的。伊斯兰教要使人民驯良和顺从。学校的教学科目是阿拉伯语和古兰经。学生必须阅读和背诵古兰经。但是阿塞拜疆平民的孩子是进不了这种学校的，阿塞拜疆的平民自古以来信赖的是通过形形色色的民间教育学进行的道德教育。民间教育学是民族智慧的积淀，是历经许多世纪而形成并代代相传的，在传统、仪式、游戏、民间创作中得到强化。民间教育学固着在通常所能接受的传统中，通过道德规范和习俗表达出来，最初是口头流传，后来是通过书面形式流传开来。

教育学的概念用诗句的形式表达，但在重要的文学和哲学著作中也能找到它们。民间教育学认为，对儿童的教育比对他们的教学更重要。通常诗句标题的含义具有很强的概括性，例如，《父亲与儿子》，指向的是抽象的父亲与儿子。在诗句中道德格言后面都有来自现实生活的例子，和引自宗教经文中的文字，主要引自古兰经。这就证明了民间教育学与宗教道德规范的紧密联系和相互渗透。民间教育学的教育概念的千金难买的源泉是英雄史诗《我的祖父科尔库特（Korkut）的书》。作者记载了中世纪的歌颂英雄的传说和歌曲，并对之进行了加工。这些传说和颂歌是在不同的时期，由中亚地区的不同的作者创作的。中亚地区包括9～10世纪的下锡尔—达里亚（Lower Syr-Darya）和11～15世纪小亚细亚附近地区。史诗至今仍是在广大地区存在的关于日常生活、道德规范和传统的有趣的以及有价值的信息源。那时候的男人被描绘成高大而强壮。一个男人“能连根拔起一棵树并把它驮在自己的背上；这位勇士甚至能连续睡上七天……”史诗中的英雄不仅体格强壮，而且品德高尚：“……在所有的伟大的英雄中间，最优秀的那一位建立了丰功伟绩，但他从不骄傲自大，反而常常夸奖别人……”此外，史诗还教导儿童和成年人要诚实，要有良心，要忠诚，要热爱并忠于祖国：“勇猛比财富更宝贵。”

教育与培养青年的思想贯穿于全书。这些思想在以后的若干世纪内始终没有失去其价值。“不应在儿童面前破口大骂……”，“不应当着其他孩子的面惩罚一个孩子，否则他会成为一个没有教养的人……”，以及诸如此类的思想，不仅宣扬要有爱心，还提倡要对儿童提出要求。书中指出，男孩要用自己的勇气和刚毅来赢得自己的名字。虽然新生儿的“第一个幸福的名字”，是一位尊贵的或体面的客人，巫师给取的，而在成为伊斯兰教徒后则由伊斯兰教苦修教士或阿訇给他取名。

自古以来这些明智的箴言和格言，已成为阿塞拜疆人民智力财富的一部分。这样的箴言和格言可举例如下：善解者会领悟；智者，知也；无知者——去知识中寻觅药方；把你的所有力量、行为和热望，用于获取知识；把所有的时间用来获得知识……；知识是友，财富是敌；不耻求知；最大的仁爱是分享知识。

几个世纪以来阿塞拜疆的民间教育学发挥了重要的作用。用人民的智慧进行教育，帮助了每一代人对自己的孩子进行教育。民间教育学的民主的和进步的思想，成为以后几个世纪进步教育学的源泉和科学教育学的基础。

二、中世纪的学校和教育思想

在阿塞拜疆，封建主义延续了 15 个世纪，从 3 世纪直到 18 世纪。其间封建关系经历了出现、发展和崩溃的阶段。这一时期最重要的历史事件是基督教渗透到阿塞拜疆的北部，各个新的部落加入到与阿塞拜疆的联盟中，阿塞拜疆人反抗阿拉伯人的斗争，蒙古人和其他民族的入侵，最重要的事件是皈依伊斯兰教。18 世纪初形成了阿塞拜疆民族国家，阿塞拜疆语言也已成形。

阿塞拜疆的学校制度和教育思想，就是在这样一个复杂的历史背景下形成和发展的。皈依伊斯兰教（932 年）发生在从部落社会向早期封建主义和商业发展过渡的时期，出现了最初的城市和这些城市之间的贸易发展。历史学家们认为，阿塞拜疆人皈依这一新的宗教是并不困难的，因为他们的传统和习俗与伊斯兰教旨是一致的。古兰经中的教育篇章反映了几个世纪以来在民间教育学中形成的道德准则：要帮助穷人、寡妇和孤儿，要尊敬老人和追求知识。

阿塞拜疆在 12 世纪就已形成了伊斯兰教育制度：小学称做麦克台卜（mekteb），中学称做马德拉萨（medrese），马德拉萨在某些情况下还提供高等教育。除此之外还有称做哈内基（hanegi）的教育机构，神学教师或某个宗教教派的成员在这些学校中教他们的追随者，然后把他们遣送到其他国家去传教。麦克台卜由毛拉①开办，设在清真寺。毛拉从学生家长那里获取报酬。马德拉萨由上层宗教机构开办，靠一种称做瓦库（waku）的税收和个人捐赠维持，瓦库是一种对耕地、果园、商店征收的税。渐渐地，麦克台卜不仅设在清真寺，还设在个人家中。马德拉萨有时成为混合了宗教仁爱的私人机构。14 世纪初在大不里士成立了称做阿布瓦布·阿尔·比尔（Abvab Al Birr）的机构（意即仁爱之门）。它把清真寺、图书馆、天文台与教育机构、医疗机构、经济机构组合在一起。图书馆收藏着价值连城的来自伊朗、印度、中国、拜占庭以及其他国家的手抄本。在这里还有一所马德拉萨，一所中世纪的大学。

马德拉萨中的教育形式和方法的形成经历了几个世纪。由于缺少或根本没有教科书，马德拉萨采用了口授教材的方法。当时的神学教师所受的苦与其他学科的教师是一样的。从 10 世纪起语言学家拒绝使用这种方法，他们开始采用说明法：教师讲解课文的意义，然后让一些学生朗读给其他人听。在马德拉萨，是在非常大的教室中上课，有时候甚至有几百名学生一起上课。教师坐在讲台前，在他的附近是他的助手们，助手向其他学生重复教师所说的话。学生有权向教师提问，除了讲解古兰经的经文外，教师还开设神学和科学学科的讲座。家庭作业是教育过程的很重要的一部分。学生通常住在马德拉萨中。

阿塞拜疆的麦克台卜和马德拉萨的经验，在几本书中予以了系统化，这些书是其他教师用得上的。这类书有：14 世纪的历史学家穆罕默德·欣德沙·尼希切范尼（Mohammed Hindushah Nihichevani）的著作《书吏指南》。

15～17 世纪商业的发展导致城市规模的扩大。随着伊斯兰教的传播，出现了对受过教育的神职人员的需求，因为神职人员要履行

① 毛拉（mullah），是伊斯兰教徒对高僧、学者的尊称。——译者注

各种各样世俗的义务。毛拉参加婴儿诞生庆祝、婚庆和葬礼，因为人们对文化的需求提高了。统治者让书吏在书中记载下发生在宫殿中的事件，监督地方上的活动。诗人和占星学家住在宫殿中。在地方上，绅士们雇用有文化的人当收税员，商人雇用有文化的人当账房先生。这些需求推动了新学校的开办，尤其在大城市中。

在17世纪的大城市中，麦克台卜和马德拉萨的数量增加了。土耳其旅游者切莱比（Chelebi）亲眼目睹了这种增长，1647年，大不里士有47所大型的马德拉萨，在那里教授伊斯兰神学和世俗学科。杰出的科学家和高等级的神职人员在这里讲课。除此之外，在大不里士还有600所麦克台卜。其中的许多学校以它们的创办人和倡议人的名字命名。在关于舍马哈（Shemahu）市的一篇记叙文中切莱比写道：这座城市中有7所马德拉萨和40所麦克台卜。在这些教育机构中逗留时间的长短取决于每个学生的能力和他们的教师的水平。在麦克台卜的学习时间延续6～8年，而在马德拉萨的学习时间长达15～20年。入学和毕业没有严格的规章，一切取决于对教材的掌握情况。

在麦克台卜，学生必须掌握有关用阿拉伯语阅读和书写的初步知识，还必须背诵古兰经。教育内容由学校的创办人决定。除了阿拉伯语、古兰经和波斯语外，学生还要学习历史、算术和书法。每个毛拉教10～15名学生。阿塞拜疆有几本很流行的用波斯文写的教材：萨阿迪①（Saadi，1210—1292）的《玫瑰园》（*Gulistan*）和《菜园》（*Bustan*）；诗人和教育家拜哈丁（Sheih Bahaddin）的《面包与甜食》（*Nan-u-halvah*）。在麦克台卜中学习的这些书，远离普通人的日常生活、需要和愿望。

从13世纪初起，尤其在15～16世纪，出现了用阿塞拜疆文写的文字作品，例如，穆罕默德·菲朱利（Mohammed Fizuli）写的著名的诗《莉拉和迈季农》（*Leila and Mejnun*），从16世纪起这本书就被列入了教学计划中。印度经典诗作《卡利拉和丁纳》（*Kalila and Dimna*）也被列入了教学计划中，该书已有多种语言的译本，

① 萨阿迪，波斯古典文坛最伟大的诗人之一。——译者注

1809年被译成阿塞拜疆文。在某些麦克台卜中，学生学习算术用的是手抄本，例如，伊斯兰教主拜哈丁·阿米利①（Sheik Bahaaddin Amili）写的一本书，这本书讲解了数的概念、算术四则运算和普通分数。

马德拉萨中的教学内容较为缜密，其中有：阿拉伯语语法、波斯语的文字作品、医学、数学、占星术和其他学科。中世纪时代的阿塞拜疆科学家熟悉东方和古希腊作品的阿拉伯文和波斯文的译本。在大不里士和舍马哈，很注意学习哲学著作。在中世纪的马德拉萨中，学者不仅研究宗教经文，还研究诸如逻辑、哲学、数学和自然科学之类的学科。在马德拉萨中学到的知识往往在日常生活中是没有用处的，而仅仅在科学家和诗人之间在宫廷中展开的辩论中有用。

在17和18世纪，阿塞拜疆是伊朗与土耳其之战的战场。在遭受蹂躏后国家衰败了，教育家们离开了马德拉萨。征服者从阿塞拜疆带走了工匠、科学家和图书。但即便如此这也不算是严酷的事件。阿塞拜疆被看成是什叶派教徒的国家，苏丹的土耳其被看成是逊尼派教徒的国家。逊尼派教徒除了信仰古兰经外还信仰逊尼教义（穆斯林的圣徒故事集），这是关于先知穆罕默德的言行的传说。什叶派认为阿里（Ali）②是穆罕默德的最强大的继承者。逊尼派教义的传播潜移默化地破坏了阿塞拜疆的马德拉萨中的教育和教养过程。教育内容发生了变化。不仅宗教教育，而且其他学科的教学也从不同的方向进行。在奥斯曼的统治下，阿塞拜疆的马德拉萨局限于仅仅以明确的逊尼派教义培养神职人员。中世纪在东方的标志是哲学的迅猛发展。在当时，教育学、心理学和某些其他科学还未从哲学中分离出来，哲学的丰富内容包含了最大的教导意义。阿塞拜疆的教育史证明了哲学的这种丰富性和教导倾向。

---

① 阿米利（1546—1622），伊斯兰教义学家、数学家、法学家和天文学家。他的《算术撮要》多次被译成波斯文和德文。——译者注

② 阿里，伊斯兰教领袖，是什叶派中十二伊玛目派的第八位伊玛目。——译者注

在阿塞拜疆教育史上占有一席之地的是艾布·哈桑·巴赫马尼尔（Abul Hasan Bahmaniar），他死于1065年。他是教育思想的早期代表者之一，也是最后的拜火教徒之一。作为杰出的阿拉伯思想家伊本·西纳（Ibn Sina，980—1037）的门徒，在《认知》（*Cognition*）、《欢乐与幸福》（*The Joy and The Happiness*）以及其他哲学著作中，他把运用智慧和知识与创造财富和奢侈进行了对比。在发展古希腊哲学家的道德观念的同时，他教导其追随者要使年轻人形成人文主义思想并培养他们的理解力，要他们懂得，真正的幸福的精髓存在于对其他人的厚道和尊重中。他的一个主要的哲学观点是：在实践中检验观点的真理性。把这个观点应用到对年轻一代的教育上就意味着：只有能付诸实践的并且能促进个人的智力发展和道德发展的知识和道德原理，才是不可或缺的。巴赫马尼尔认为，阅读、书写、算术、自然科学以及艺术，是每个年轻人应该学习的知识。

中世纪阿塞拜疆的杰出教育家有：卡特兰·特布里西（Katran Tebrisi，1010—1080）、尼扎米·贾恩杰维（Nizami Gianjevi，1141—1209）、纳西雷丁·图西（Nasireddin Tusi，1201—1274）、伊马梅丁·纳西米（Imameddin Nasimi，1369—1417）、沙·伊斯梅尔·哈泰（Shah Ismail Hatai，1487—1524）、穆罕默德·菲朱里（Mohammed Fizuli，1498—1556）、赛义布·特比齐（Saib Tebizi，1601—1676）。他们在自己的著作和诗文中对年轻一代的教育提出了挑战。他们中的大多数是有名的马德拉萨和院校的教师。他们说阿塞拜疆语、阿拉伯语和波斯语，游历了中东和中亚，在不同的城市师从于一些有名的科学家，在完善自己的学问的同时训练自己的弟子。

对教育学的发展产生重大影响的是尼扎米·贾恩杰维，他是当时最有教养的人之一。他诞生于贾杰（Gianja），并在当地的马德拉萨接受教育。他自学了哲学、历史、宗教法、逻辑和天文学。贾恩杰维说阿塞拜疆语、阿拉伯语、波斯语和外高加索民族的语言。在作者留下的大量遗产中享誉世界的是他的一本诗集。这本诗集中包含了五首诗：《霍斯罗夫和希林》（*Hosrov and Shirin*）、《莱拉和梅荣》（*Leila and Mejun*）、《七位美女》（*The Seven Beauties*）、献给亚历山大王的《伊斯坎德—内梅》（*Iskander-Neme*）、《秘密宝库》（*The Treasury of the Secrets*）。在这些翻译成世界许多语言的诗篇中，专门研究教育问题的部分的标题是："给儿子的忠告"、"对穆罕默德·尼扎米的告诫"。对儿子的以及通过儿子对所有年轻人的告诫中所包含的主要思想是：掌握知识和科学，因为远离智慧之光的人是心灵卑贱的人。

尼扎米创造了他的儿子和所有的年轻人应该仿效的理想的英雄。首先，他赞扬劳动人民，反对暴力、贪婪和非正义。一个人要成为理想的英雄，他就必须做好获得知识、掌握科学的准备，做好学习几何学、天文学、数学、逻辑学和哲学以及阿拉伯和波斯文经典著作的准备。这些是每个人都必须掌握的知识。在他的诗篇中有些篇章是专门献给亚里士多德和苏格拉底的，在赞美他们的智慧时尼扎米表现出了真正的国际主义品质。他的诗篇中的英雄不完全是希腊人，虽然他非常崇拜希腊人的智慧，并要求自己的儿子尊敬他们、崇拜他们。在他的著作中有阿塞拜疆人、波斯人、中国人、埃及人和许多其他国家的人。尼扎米不考虑他们所信奉的宗教。所有的阿塞拜疆人都熟知尼扎米的诗句，他们中的许多人都能背诵这些诗句，世世代代都在谋求模仿诗篇中英雄的道德风貌。他的著作和他的遗产证明了希尔凡尼（Shirvani）所说的话的正确性，希尔凡尼说："并非每个教师能够成为诗人，但是所有的诗人都应该知道如何去进行教育。"

许多世纪以来，尼扎米的诗句一直被用做教科书。人们能从优美的诗句中读到诗人的聪明的忠告。与尼扎米同时代的还有一位诗人，突斯人奈绥尔丁①（Mohammed Nasredin Tusi）。他生于南阿塞拜疆（今天的伊朗）。他在家中接受初等教育，然后在尼沙普

① 奈绥尔丁，波斯杰出的哲学家、科学家和数学家。他博学多识，对数学和天文学作出了独特的贡献。他是什叶派十二伊玛目派信徒，在伊斯兰经学的许多领域中作出过重要贡献，写过一些优秀的富有哲理的散文。——译者注

尔①继续自己的教育，在尼沙普尔他学习了宗教、数学、哲学和自然科学。1259年，他创建了第一座天文台，并在那里办起了一个研究院，开办了一所医院和一所图书馆。图书馆拥有四十多万册手稿。被邀请到这一科学中心来的有中国的和蒙古国的学者，在这一科学中心中进行着科学研究。这也是一个教学中心。

按照东方的传统，奈绥尔丁把他的诗一样的说教告诉给孩子们的父母并教他们用诗的语言教导年轻人。他写道："孩子必须背诵充满智慧的格言和培养品格的诗句。"奈绥尔丁还写了一些教育论文：《获得知识的基础》、《学生的教育》、《论观念》和其他一些著作。许多世纪以来这些论文一直被用做麦克台卜和马德拉萨培养未来教师用的教科书。奈绥尔丁认为，培养每个儿童固然很重要，但改善整个社会也很重要。他深信，一个人首先必须考虑社会的道德健康，然后才能考虑提高教育水平。教师在教育中起着最重要的作用。奈绥尔丁为创造有组织的和目标明确的教师培训作出了贡献，在奈绥尔丁之前这种培训是很不系统的。在谈到教育目的时奈绥尔丁就此问题与学者们展开了辩论。有一批学者认为，个性特征是天生的（斯多葛派），另一些学者认为，个性特征是教育的结果（亚里士多德），还有一些人坚信，个性特征是由人自己形成的。奈绥尔丁同意第三部分人的观点。但是他强调，教育对人的未来命运起着主要的作用，因此对个人和整个社会进行道德教育是很重要的，而智育、体育和美育应紧随其后。本人所必需的和作为社会成员所必需的个人品质是遗传而来的观点，是错误的、不真实的。奈绥尔丁发展了亚里士多德关于教育重要性的观点，指出教育的结果取决于年轻人受到什么样的教育，还取决于年轻人自己是什么样的人。"有了智慧，人的完美才逐渐提高一步。"为了有目的地、有效地进行教育，必须掌握数学、自然科学和多门语言。但是如果你不向儿童反复灌输道德准则，对儿童的教育和教学就不会有什么结果。教师的任务是当儿童第一年在麦克台卜学习时揭示儿童的能力和性向。在马德拉萨，教师必须引导年轻人去学习他感兴趣的学科，这对社会和对

① 尼沙普尔，伊朗城市。——译者注

年轻人本人都是有益的。

诗人、哲学家、思想家，阿塞拜疆的阿夫哈迪·马拉盖（Avhadi Maragei，1274—1338）留下了典型的教导诗篇，这些诗篇完全致力于形成人的道德面貌。他还是阿拉伯语和波斯语的专家。马拉盖在阿塞拜疆、阿拉伯和波斯领土上旅行了多年。教育史最感兴趣的是他于1331年出版的教育专著《贾米—杰姆》（*Jami-Jam*），尤其是这部书中对科学和知识的称颂，赞美科学和知识赋予人力量和勇气。科学能造就人，关于年轻人的教育问题在以下章节中讨论："论科学学习和科学家的荣誉"、"论教育"、"论教育的作用和任性之果"、"论诚实"、"论智慧"、"训诫路上的几句话"、"论防止儿童受坏人的影响"，以及其他一些章节。

在中世纪，阿塞拜疆的诗人和学者是用阿拉伯文和波斯文写作的。第一个用阿塞拜疆文写作并宣布阿塞拜疆语言为官方语言的人是沙·伊斯梅尔·哈泰（Shah Ismail Hatai），他生于1487年，卒于1524年。他是一位诗人，也是一位政治家。1501年宣布他为王，建立了塞法伊特（Sefeid）国，首都在大不里士。同时他使阿塞拜疆语成为国语，用以替代波斯语。他用阿塞拜疆文字写他的著作。哈泰对阿塞拜疆教育和语言的发展作出了重大贡献。他的教导诗《纳西哈特—纳姆》（*Nasihat-name*，训诫书）赞美崇高、刚毅、诚实和对祖国的献身精神。

穆罕默德·伊本·苏莱曼·菲朱里（Mohammed Ibn Suleiman Fizuli，1494—1556），诗人和思想家，他通过向著名的学者和作家学习来获得自己的教育。他的著作中讨论的一部分课题有：家庭教育的挑战、代与代之间的关系、教育的内容、教育内容与学生年龄的关系、教育方法等。他认为，宗教的任务是保护屈辱者免受强权者的侵犯。即使在今天，菲朱里的许多诗篇和格言，与他的教育思想一样，在阿塞拜疆仍很受欢迎。菲朱里对宗教的态度对于他那个时代的所有阿塞拜疆诗人和思想家来说是很典型的。他们不是狂热的宗教徒，而是二元论者，他们承认上帝的存在和物质世界。

必须指出，由这些杰出的阿塞拜疆哲学家所发展的教育思想，大大超前于他们当时的学校教育实践。当时学校教育的内容和方法都是很狭窄的，当时的学者所认为的学校应该学习的范围广泛的学科，在麦克台卜和马德拉萨的课程中是没有的。关于学校中应该教什么和怎样教、教育谁和怎样教育的建议和忠告，反映了对理想的未来的观点以及对现有的教育和教学实践的批评。过去的教育家认为，教育比教养和教学更重要。包括阿塞拜疆在内的东方教育学与西方教育学的区别就在于此，西方教育学把高标准的知识放在第一位。

最后，如果说在中世纪后期的阿塞拜疆的麦克台卜和马德拉萨的教育实践中，主要注意力放在宗教教育上，那么，古兰经的阅读在所有的教育机构中都占用了绝大部分教学时间。教育学论文和教导诗篇对宗教谈得不多，而且宗教的作用是多重的。放在第一位的是能给生活在这个世界上的人带来幸福的有用的知识。

三、17～19 世纪初启蒙时期阿塞拜疆的教育

启蒙时期教育的特点可归结为：对教育的兴趣提高了，创建了公立学校体系，重视师资培训。教育史上的这一新时期接受了过去若干世纪以来的进步遗产。但这一时期的教育又是与过去时期的教育截然不同的。这种不同就是阿塞拜疆社会、经济变革的结果，是从封建社会过渡到资本主义社会的结果。所有这些事件发生在阿塞拜疆分割给俄罗斯和伊朗的时期。19 世纪初（1813～1816）阿塞拜疆的北部并入俄罗斯帝国。南部阿塞拜疆仍然作为伊朗的一部分。从这时起，“阿塞拜疆”指的是有 800 万人口的阿塞拜疆的北部地区，在伊朗有 2 000 万阿塞拜疆人。

阿塞拜疆并入俄罗斯帝国，这段历史以两种方式影响阿塞拜疆文化和教育的发展。第一，阿塞拜疆的文化和教育受到俄罗斯先进的社会民主主义思想的进步影响，这种思想为把欧洲的文化成就引进阿塞拜疆发挥了重要作用。第二，沙皇制度通过其殖民政策力图镇压被征服的民族，从精神上使他们疏远自己过去的民族文化和语

言，从而同化他们。

虽然伊斯兰教仍对阿塞拜疆的教育起着重要的影响作用，但新的进步思想已开始渗透到教育之中，突出了教育在形成新的社会条件下所需要的人的道德品质的过程中所起的作用。具有民主主义思想的知识界要求创造一种新型的世俗学校。他们对麦克台卜和马德拉萨提出了尖锐的批评，他们坚决支持使用本族语进行教学，坚决支持创造新的字母表和进行专门的教师培训和女子教育。在阿塞拜疆被俄罗斯吞并的最初几年就建立了一种新的学校教育制度，这是对上面这些要求和其他要求所作出的反应。除了麦克台卜和马德拉萨外还开办了地区小学和用本族语进行教学的穆斯林民众学校，也推广了用俄语进行教学的地区学校。1896 年，在巴库建成了第一所培养熟练工人的机械技术学院。

学校开始由私人发起创办。第一批私立学校建在梯弗利斯①(1847 年)，后来出现在巴库、舒沙、贾杰和其他城市。国家只为俄语学校提供经费。这些学校的课程包括阿塞拜疆语、波斯语、阿拉伯语、算术、地理、历史、法律基本知识和绘画。用民族语言教学依然是个严重问题。教育行政部门强迫教师在教室中用俄语并按照俄罗斯小学的教学大纲进行教学，禁止用本族语言教学。尽管官方明令禁止，仍有几所文科中学使用本族语教学，并且在其他某些学校中在 1905～1906 年也推行了使用本族语教学。

19 世纪 80 年代出现了乡村学校，但民众对它怀有敌意。因为这些学校使儿童脱离了农场的工作，这也就是儿童每年只上学两个月的原因。城市中的情况恰恰相反，民众懂得了教育的重要性，但是，家长们不满意设在清真寺的已过时了的麦克台卜，在麦克台卜中年轻一代还在背诵古兰经，把时间浪费在阅读远离现实的古代韵文小说上：《莱拉和梅荣》（*Leila and Mejun*）、《阿希克·克里布》（*Ashik Kerib*）和其他著作。任何引进合理的教学方法和新的教育内容的努力，都遭到毛拉的反对，于是家长停止交学费，学校只得关闭。已有教育传统（背诵古兰经中的诗篇）的支持者用下面这样的

① 梯弗利斯，第比里斯的旧称。——译者注

事实为自己的立场辩护：阿塞拜疆存在许许多多方言，阿拉伯语在社会上起了团结作用。提出这种论据是为了在小学中学习古兰经的经文。在19世纪初出版的教科书被认为是有害的，因为社会上流行的一种观点认为，学校中的所有创新都来自信仰基督教的教师，是与阿塞拜疆人格格不入的。当开办了乡村学校时，家长们迫不及待地送自己的孩子进乡村学校，但当俄国教师来到这些学校时，阿塞拜疆人开始领走自己的孩子。

19世纪初，北部阿塞拜疆（成为俄罗斯帝国一部分的阿塞拜疆的那一部分），开办了第一批地区学院，但是入学的青年人极少。许多家长在阿訇的影响下拒绝送自己的孩子进俄语学校受教育，他们送孩子进麦克台卜。在19世纪60年代，有500多所麦克台卜，7 000多名学生在那里学习。19世纪末至20世纪初，为阿塞拜疆人开办了240所俄语—阿塞拜疆语学校。在同一时期还建立了私立学校。1914～1915学年，各种类型的学校有976所（包括15所中学），在学校注册的学生有7.3万人，其中阿塞拜疆人有2.3万人。

进步教育家和教师积极参加出版本族语教科书的运动。马戈梅德·西德基（Magomed Sydgi，1854—1903）的《道德榜样》（*The Samples of Moral*）和马戈梅德·沙塔克廷斯基（Magomed Shahtachtinsky，1848—1930）的著作都是很流行的。马戈梅德·沙塔克廷斯基还建议把俄文教科书翻译成阿塞拜疆文，出版供学生使用的箴言、格言、传说，以复兴阿塞拜疆的教育传统以及阿塞拜疆丰富的人民教育学遗产。同时他还写道，学校中应该学习俄国作家和欧洲作家的著作，要让年轻一代了解他们的友邻民族的文化。

19世纪末出版了第一批阿塞拜疆文字的教科书和学校阅读课本。可以作为学校阅读课本范本的是米尔扎·塔里博夫（Mirza Talibov，1834—1911）的《艾哈迈德的书》（*The Ahmed's Book*）。该书的第一卷是用父子之间的教育对话的形式写成的，在这一卷中展示了男孩艾哈迈德的学校教育、他在学校中的最初的日子以及他的家庭作业。除此之外作者还阐述了阅读教学的方法，给予了物理学、几何学和生物学的基本知识。在第二卷中读者看到的是一个有教养的年轻人，一个爱国者，他能够洞察沙皇制度的不得人心的政策。这本书被用做学校的教科书并用阿塞拜疆文和波斯文出版。

阿塞拜疆教育家懂得，一个国家如不按当代标准对自己的人民进行教育和教学，它就不能走出萧条和不发达的困境。阿塞拜疆最重大的和最特殊的一场教育挑战，是为这个具有丰富的自然资源尤其石油资源的国家训练劳动力。俄国和某些欧洲发达国家希望通过开发阿塞拜疆的自然资源和廉价劳动力获得高额利润。俄国的企业家懂得，不对工人进行基本的训练，不提高生产率，就不可能获得他们所希望的利润。这就是第一批机械技术学院建在巴库和其他大城市的原因。但是未来工人的训练是非常糟糕的。

教育家和人文主义者哈桑—贝克·扎达比（Hasan-bek Zardabi，1842—1907）写道：在19世纪的最后20年内，阿塞拜疆的工业企业中的工人增加了两倍。尽管有规章制度责成工厂主训练年轻工人，但他们一般对此置之不理。在工业企业中技工学校学生只占0.4%。72%的年轻工人从未进过任何教育机构。扎达比引导公众注意德国和法国，在德国和法国只有具有初等教育程度的那些人才能进工厂工作。他认为，阿塞拜疆迫切需要发布并实施类似的法规。目的首先不是为了提高实业家们的利润，而是通过对阿塞拜疆人民进行教育和启蒙，让他们接近知识，接触民族解放思想，使他们摆脱狂热，帮助阿塞拜疆人在进步和文明的道路上跨出第一步。

许多教育家的理论和实践为这一进步思想作出了贡献，这些教育家有：苏尔坦·梅德吉德（Sultan Medjid Ganizaade，1866—1937）、亚力克谢·奥西波维奇·彻尼亚夫斯基（Alexey Osipovitch Cherniaevsky，1840—1894）、阿巴斯·库西·巴基克哈诺夫（Abbas Kusi Bakikhanov，1794—1847）和其他许多人。他们在自己的著作中讨论了教育和教养问题，教育对社会发展的贡献问题，国家经济、政治和文化发展的必要性等问题。在那时为未来的教师出版了不同学科的阿塞拜疆文教科书和学生用教科书。

在那个时期，阿塞拜疆进步政治家展开斗争，反对与伊斯兰宗教联系在一起的阻碍人民受教育的封建主义的残余。在这里我们要提到学者、教育家，俄罗斯东方学奠基人米尔扎·卡泽姆—贝克（Mirza Kazem-bek，1802—1870）的教育学著作。他对改进阿塞拜疆大学的课程作出了巨大的贡献：他建议学习活的东方语言而不学已死的语言，建议学习具有实用意义的学科，例如，外交、财政法和教育学。他认为，招收穆斯林青年和出身贫穷家庭的青年进大学，是俄罗斯教育民主化的条件之一。卡泽姆—贝克编写的教科书，尤其是土耳其—阿塞拜疆语语法教科书，在欧洲、亚洲和非洲广为流行。

另一位民主主义作家、教育家和唯物主义哲学家米尔扎·法塔里·阿克胡恩多夫（Mirza Fatali Akhundov，1812—1878），创造了新的阿塞拜疆语拉丁字母表，用来代替阿拉伯字母表，从而在阿塞拜疆教育史上占据一席之地。他积极地致力于创办世俗学校。作为一名穆斯林教育的反对者，阿克胡恩多夫认为，经院哲学和神学是不可与真正的科学同日而语的，一个民族的命运决定于它的教育标准。在教育内容中，他赋予自然科学和人文学科（文学、历史和哲学）以最重要的地位。他把伊斯兰教的僧侣们坚决否定的美育和教育教学放在第一位。他坚定地反对在学校中教授宗教并反对任何调和宗教与科学的企图。他反对体罚，认为体罚扼杀儿童身上一切善良的情感和人性，剥夺了他们的自尊和尊严。他的观点遭到穆斯林阿訇的反对。

阿塞拜疆、伊朗、土耳其、阿拉伯等穆斯林国家存在着大量的文盲，阿克胡恩多夫把此归咎于掌握阿拉伯字母表的难度太大。土耳其政府要求他编制新的拉丁字母表。阿克胡恩多夫于1857年完成了这项工作。字母表草案在土耳其讨论了多年，但直到20世纪初，土耳其宣告成立民主共和国之后才被采纳。阿克胡恩多夫写了《新字母表》（*The New ABC Book*）一书，在这本书中他传授了用拉丁字母表教本族语的方法。

历次教师大会对阿塞拜疆教育思想的发展起了重要作用。在这些会议上讨论了一些极为重要的问题，例如，在学校实践中引进新的教育方法和创造新的教育内容，对全国的教育状况作出评价。

1905年召开的第一次大会决定扩大新型学校网，引进用本族语教学。会议确定了阿塞拜疆语新教科书的内容。这次会议还强调了掌握俄罗斯教育思想成就的必要性。除了强制用本族语教学之外，会议还决定推广普遍的强制免费初等教育，并在农村学校普遍推广手工劳动课。1907年召开的第二次大会讨论了新阿塞拜疆语字母表草案，目的是用它来代替阿拉伯字母表。但是参加会议的保守势力否定了这一决定，其理由是："字母表的改变，应由整个阿拉伯世界来作出决定。"

尽管提出了许多教育倡议，但在革命和建立苏维埃政府的前夜，阿塞拜疆居民中90%的人是文盲。

四、阿塞拜疆苏维埃社会主义共和国的教育（1920～1991年）

1918年阿塞拜疆宣布独立，人民民主政府执掌了政权。人民民主政府宣布，加强民族国家的最初步骤之一就是要采取措施发展国民教育体系。宣布要推行用本族语实施的普遍的免费教育，学校要与寺院分离。成立了专门的委员会为新学校出版教科书和教学大纲。过去时代的进步教育家和思想家的理想得以实现了。

但是，由于反革命的民族主义者政府在英国武装干涉分子的帮助下于1918年8月篡夺了政权，所有的革新都中止了。民族主义者政府立即在学校中恢复了古兰经课，取消了强制的、免费的教育。

1920年初，红军帮助阿塞拜疆人民重新夺取了政权并恢复了苏维埃政府。在这一年发布了几份有关教育的法令，《免费公立小学在阿塞拜疆苏维埃社会主义共和国中的地位》的法令获得了批准。旧的学校体系消失了，建立了用民族语进行教学的统一的、劳动的、普通教育的和综合技术教育的学校。

与在其他社会主义共和国中一样，阿塞拜疆苏维埃政府为不仅在年轻一代中，而且在成年公民中消灭文盲而展开斗争。应该说，四年之后，共和国已消灭了大量的文盲。1932年，82.8%的居民已脱盲。

取得这样的成果主要是因为在学校中用本族语进行教学。编写了新的教科书，历史和其他学科都编写出了新的教学大纲。从1928年起推行义务初等教育，在同一年拉丁字母表替代了阿拉伯字母表。从1935年起开始实施七年普通学校教育，大大扩大了普通教育学校网。在阿塞拜疆的城市和农村，成人教育体系得到了发展。

在阿塞拜疆有用俄语和阿塞拜疆语进行教学的学校，学生家长可以从中进行选择。从1936年起，在这两种类型的学校中除了阿塞拜疆语和文学之外，学生还要根据俄罗斯联邦的课程计划学习其他学科。这产生了两种影响：第一，所有学校的教育标准得到了提高；第二，民族的和地区的特点没有在课程和教科书中得到适当的反映。

第二次世界大战中断了改进学校体系和向义务中等教育过渡的过程。学校变成了医院，教师和高年级学生自愿上了前线。但是战后共和国就恢复了自己的学校发展计划：1951年完成了向普通中等教育的过渡，20世纪60年代初完成了向八年教育的过渡，70年代中期，阿塞拜疆实施了普及中等教育。

阿塞拜疆的教育水准可用以下数据说明：1989年，即在阿塞拜疆取得独立的国家地位的前夕，在15岁以上的人口中，每1 000人中有878人获得了大学和高中文凭，而在1979年这个数字是770。1929年以前只有5所私立幼儿园，而且全部都在巴库，而1989年有幼儿园2 088所，进幼儿园的儿童超过18.2万人。

有关大学教育的数据如下：1919年成立了阿塞拜疆的第一所大学，该大学只设了两个系：医学系和历史—语言学系。1988～1989学年，阿塞拜疆有18所大学，开设了140个系，为167个专业培养专家。有大学生10.6万人，8 000名教授和他们的助手，其中博士占6%，副博士占50%。一千多名学生在苏联的其他加盟共和国的大学和国外大学学习。

下表阐明从第二次世界大战结束到1991年阿塞拜疆独立期间各类教育机构的发展情况。

学年	学前机构		普通教育学校		大学		专业学院		中等专业学校	
	机构数	学生数（千）	机构数	学生数（千）	机构数	学生数（千）	机构数	学生数（千）	机构数	学生数（千）
1940/1941	1 298	57	3 575	655	16	4.6	30	5	91	17.4
1988/1989	2 088	183	4 400	1 300	18	106	180	82	78	61

如果没有教育科学的发展，学校教育的所有这些卓著成就显然是不可能取得的。首先建立了师资培养体系。早在 1921 年就开办了第一所男子师范学校和女子学前教育学校。1923 年这两所学校合并为高级师范学校。今天在阿塞拜疆的所有大城市中都有师范教育机构，包括师范学院和中等师范学校在内。

1931 年，成立了阿塞拜疆科学研究院。它在培养科学人才和发展教育科学方面发挥了重要作用。阿塞拜疆人面临的一场特殊的挑战是，为了改用拉丁字母表必须进行大量的研究工作。后来，西里尔字母表①代替了拉丁字母表。在整个苏维埃年代中，阿塞拜疆教育家都专注于新的教育理论的研究。定期出版的教育专业刊物、俄罗斯的和欧洲的教育经典作家的著作的译本，把世界教育遗产介绍给了成千上万名教师。

由于只有在苏维埃年代才出现了大众化的学校教育，因此，教育研究的重点是用阿塞拜疆文字写的教科书和教学法材料。只有完成了向用阿塞拜疆语教学的过渡才有可能做这项工作。阿塞拜疆的教育家们在教育所有年轻人的征程上必须解决的问题很多，例如，教学论方面的问题、教育规划和管理问题、共和国的教育史、问题学生的教育工作，以及诸如此类的其他种种问题。教育家们出版了 111 种教科书、70 种教师指导书，撰写了许许多多关于意识形态教育、军事爱国主义教育和团队精神教育问题的书籍。一代又一代阿塞拜疆的研究者们总结了阿塞拜疆的和苏联其他加盟共和国的先进学校的实践，解决了这些问题。在苏联教育科学院的成员中有数十

① 西里尔字母指 9 世纪时传教士西里尔发明的字母，系现代俄语等字母的本源。——译者注

名阿塞拜疆的学者。

阿塞拜疆从苏维埃时代继承下来的最有价值的东西，就是发达的学校体系、创新的传统和国家的监督体系。但是教育体系的高度的中央集权导致不合理地牺牲了对民族语言、历史和文学的研究。在师资培养方面也存在严重的缺陷，例如，阿塞拜疆不培养国际关系方面的专家。缺乏这方面的专家任何独立国家的发展就会受阻。总的说来，缺乏建立在民族特性基础上的教育观念，破坏了不同民族的继承人在学校教育方面的平等原则。毫无理由地改用西里尔字母，阻碍了教育的发展，尤其在农村地区。人为地使人民疏远他们自己的民族的、历史的文化遗产。斯大林的镇压所造成的后果使教育遭受了重大损失。从 20 世纪 80 年代中期起，整个苏联和阿塞拜疆的教育体系处于停滞状态，发展速度减缓。

五、独立的阿塞拜疆共和国的教育

1991 年苏联解体后阿塞拜疆宣布独立，成为法制的、世俗的、统一的民主共和国。新的社会和经济秩序要求用新的观点认识教育，要求教育民主化并重新审议共和国的教育原则。改造教育的必要性是显而易见的，这就要求结合阿塞拜疆文化遗产和全人类的价值并在此基础上创建国民学校，而且还必须考虑到社会经济的需要。

共和国的宪法确定了现代阿塞拜疆学校政策的主要目标。宪法第四十二款指出：“每个公民有受教育的权利；国家保证免费、义务的普通中等教育；教育在国家的控制之下；国家保证有天资的人的继续教育，不管其物质条件如何；最后，国家确定教育标准。”第十八款指出：“国家教育体系具有世俗性”，因为教会是与国家分离的。教育部和政府抵制宗教组织在学校中强行进行伊斯兰教教学的任何企图。有关伊斯兰教的学习仅限于人文学科的课题中讨论伊斯兰教价值的部分。宪法要求教育行政部门、教育机构、家长和社区作出最大的努力，以保证所有的学龄人口都进学校学习，改善普通教育学校网，监督 6～17 岁的所有儿童，防止学校中的旷课，等等。

哪些新原则是独立的阿塞拜疆的国家学校政策的基础？首先是民族的和全人类的价值的融合。这就保证了教育的连续性、教育水平和形式的多样性。这是教育结构和内容的灵活性，教育的民主管理。特别注意保证大学中的学术自由。必须排除国家对教育的垄断，从而保证个人有在私立中学和不受社会政治组织和政党支配的大学中接受教育的权利。国家教育改革计划已正式通过。改革方案包括教育内容和教育结构的改革；它勾画了教育财政的新机制，提出了要吸引预算外资金和其他财政来源。

阿塞拜疆的教育在苏联时期是严格地中央集权的。因此国家不需要国际通讯员、政治科学家、国际关系方面的经济学家、律师和其他社会科学专家。这就是为什么最近几年来大大加强了培养上述领域专家的工作的原因。没有这些专家就不可能保证国家的正常发展。

市场关系、经济和经济基础的重大变革、大企业作用的下降和中小企业对经济影响的增大，要求花较少的钱并在短时间内培养并重新培养市场所需要的专家。所有这些社会经济方面的迫切需要，对所有各级公共教育工作都产生了影响。

在现代阿塞拜疆的所有教育革新中间，最突出的是对国际联系的开放。教育部参加了联合国教科文组织的、欧盟的各种教育计划及英国和德国的各种基金会的教育项目。这些联系使阿塞拜疆在编制新的教学大纲、教学法指导材料和教科书时有机会参考其他国家的经验。

普通小学和中学的教育计划已进行了修改，重新编写了课程计划和人文学科的教科书。这些教科书中涉及的有关阿塞拜疆的历史、地理和文学的材料比以前详尽。课程中增加了反映国家经济发展需要的科目：管理和计算机科学。已制定了普通中等教育国家标准。普通教育学校的一至四年级的所有教科书和五至十一年级的一半教科书都已更新了。第一次为特殊教育学校编写了教科书和教学计划。

教育内容和教育方法的革新，显然促进了对教师的心理和教育训练的改进。有74所职业学校在进行教师专业教育，约10 000名学生在那里学习；有5 000多名学生在78所中等专业教育机构（学院）学习。

共和国的教育体系具有高度发达的学校网络，1998～1999学年有7 135所普通教育机构。其中学前教育机构1 918所，普通教育学校4 977所，专业学院47所，技术学校71所，中等特殊教育机构78所，大学44所（包括16所私立大学在内）。

在学前教育机构工作的专业人员有2.5万人，在普通教育学校工作的人超过18.3万人，高级中学（lycee）和技术学校有10 000名左右教师，大学有约18.9万名教师。总的说来，苏维埃时期建立起来的公共教育体系依然如故。但也发生了一些实质性的变化：出现了私立大学，大学的数量增加了一倍，大学生的数量增长了近一倍。普通教育学校的数量增长到500所，学生数量增加到30万人。高等教育中也出现了显著的变化。1989年只有18所大学、10.5万名学生，10年之后有了44所大学，其中包括16所私立大学。在职业教育体系中出现了一种新的机构——高级中学。这种学校和其他机构培养阿塞拜疆迫切需要的专业人员。

阿塞拜疆的公共教育面临着怎样的挑战呢？第一项挑战是不要丧失在苏维埃时期积累起来的积极的经验：所有的儿童，不论其家长的社会地位和物质条件如何，都能受到高质量的教育。现在出现的一种危险就是，出身于贫穷家庭的儿童在市场经济社会中可能会失去学习的机会。这是违反宪法第四十二款的。为了培养年轻一代达到现代社会的要求，因此，很有必要在将来提高到世界教育标准。

来自被亚美尼亚占领的阿塞拜疆领土（纳戈尔诺卡拉巴赫和其他毗邻的土地，占阿塞拜疆领土的20%以上）的难民儿童的教育问题，是今天共和国面临的一个严重问题。1994年从那些地区逃跑出来的人达一百多万人，其中有10万名学生和1.2万名教师。被抛弃在那里的教育机构有：616所普通教育学校，242所学前教育机构、职业技术学校和中等技术学校，1所高等学校。现在，在国家机构和社会组织的帮助下，在难民生活的地方，在支着帐篷的城市里，建起了600多所普通教育学校，有9万名左右的学生在那里学习；

还建起了33所学前教育机构，内有1 500名儿童。

阿塞拜疆有相当数量的俄罗斯学校，自1994年盖达尔·阿里耶夫（Гейдар Алиев）当选为共和国总统后，这些学校中的学生人数显著增加了。

教育具有世俗性，但在文学、地理和其他人文学科中，有约130个专题是研究伊斯兰教的价值的。需要特别指出的是，共和国政府正在千方百计地抵制宗教组织积极干预年轻一代的教育教学过程的种种企图。

阿塞拜疆共和国引起了欧洲和美国对它的很大的兴趣，这不仅是因为它有丰富的石油和矿产资源，这就使阿塞拜疆有希望在21世纪的国际经济中取得成就，也因为这个国家与许多国家接壤并有入海口。从古代起，阿塞拜疆的地理位置就使它横跨许多国际路线，例如，连接东方和西方的著名的丝绸之路。这些和另一些发展前景证明，阿塞拜疆人在20世纪90年代的困难的经济条件下为提高国家教育标准所作出的努力是值得的。

阿塞拜疆学制图

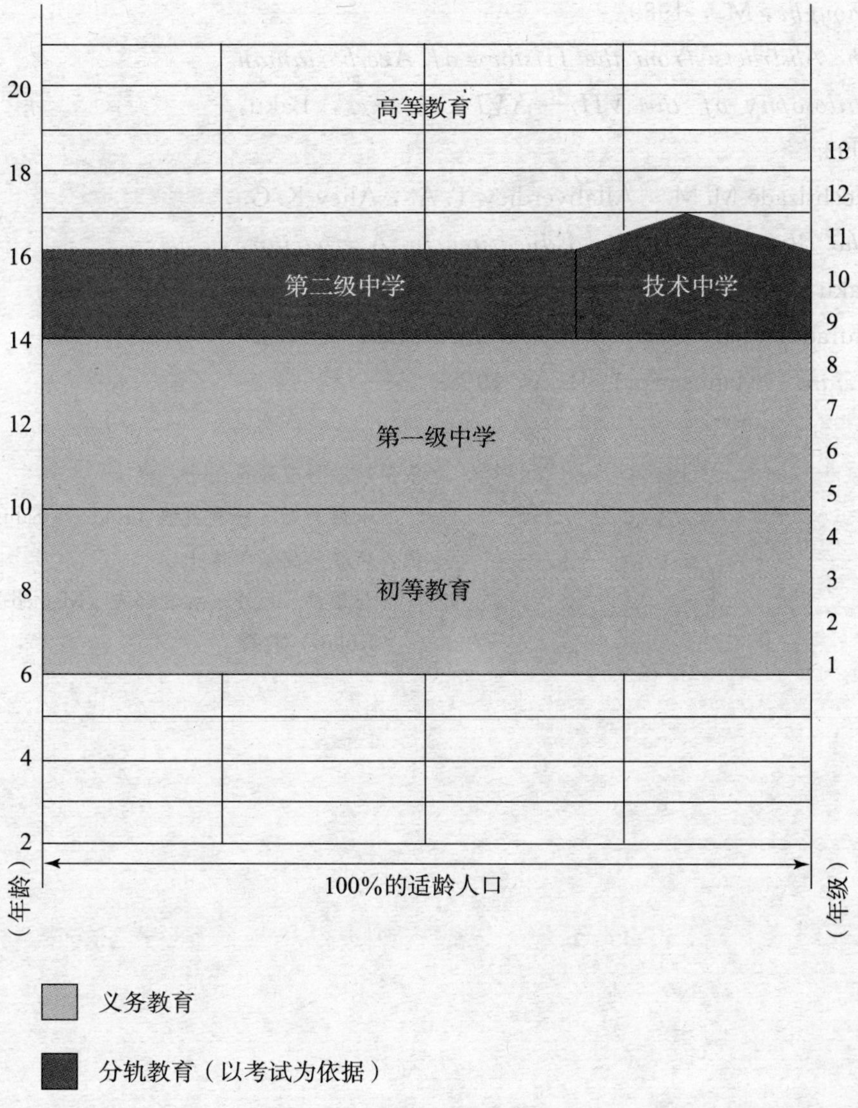
20
18
16
14
12
10
8
6
4
2
（年龄）
高等教育
第二级中学
技术中学
第一级中学
初等教育
13
12
11
10
9
8
7
6
5
4
3
2
1
（年级）
100%的适龄人口
义务教育
分轨教育（以考试为依据）

主要参考文献

1. *The Anthology of Azerbaijanian SSR Pedagogical Thought*, M., 1989.
2. *The Abstracts from the History of Azerbaijanian Philosophy of the VII — XVI Centuries*, Baku, 1992.
3. Mechtizade M. M., Allahverdiev T. A., Aliev K. G. *The Bloom of Public Education in Azerbaijan*, Baku, 1980.
4. Muradov Arif. *Democracy and Education in Azerbaijan*. (Manuscript). Baku, 1998.

俄罗斯教科院通讯院士，博士
卡德莉娅·萨利莫娃（Kadriya Salimova）
俄罗斯教科院法学博士
马缅特—巴沙·古利耶夫（Mamed-Pasha Kuliev）教授

第三章　中国

一、古代中国的教育（公元前3000～1840年）

中国是世界古文明大国之一，大约在公元前三千余年的原始社会后期，已有学校教育的萌芽。经夏、商、西周和春秋战国形成比较定型的学校，并初步建立了学校教育制度。这时学校都是官办的，有国学与乡学。“学在官府”、“官守学业”成为制度。据中国史书记载，夏朝（公元前2100～公元前1600年）就有了学校，当时的学校称“庠”、“序”。这时的学校是带有军体性质的教育机构。到了商朝，学校除“庠”、“序”之外，又增加了“学”，并创造了文字，有专职教师教学，称“瞽宗”，学校已有大学、小学之分。内容主要是礼乐教育，以及宗教和军事相结合的教育，还要进行读、写、算的教学。西周时期（公元前1100～公元前771年），学校制度更为完善。由于当时经济、政治发展的需要，周朝建立了一整套的礼乐制度，以明定宗法社会的等级划分。学校适应这一变化，建立了完整的教育机构，教化人民。官学分为中央办的官学和地方办的官学两类。中央办的称国学，分为大学、小学两级，地方官学为乡学，即闾设塾，党设庠，州设序，乡设校。国学教师有大司乐、大乐正、小乐正、太师、少师等。学生主要是贵族子弟。教育内容为礼、乐、射、御、书、数，合称六艺。小学以教习书、数为主，大学以教习礼、乐、射、御为主。入学年龄，史书记载不一。这个制度深刻地影响了中国古代教育，使其在世界教育史上居领先地位。

春秋时代，奴隶制开始解体，各诸侯国先后进入封建社会。经过几百年的发展和各诸侯国的兼并战争，这个转变到战国时代才完成。在教育方面，随着各国经济的发展，由“学在官府”变成“学在四夷”，从而产生了私学（即私人办学讲学）。孔子首创私学，创立了儒家学派。此外还有墨、道、法各学派都创办了私学，在我国文化教育的历史上形成了“百家争鸣”的繁荣时期。秦国本是中国西部的一个小国，由于实行了一系列政治、经济改革，国势增强。秦始皇最后战胜了其他诸侯国，建立了统一的中央集权的国家。他对教育破坏很大，实行一套“以吏为师”、“以法为师”的教育政策，基本取消了学校教育制度。为了加强思想统治，又搞了“焚书坑儒”，残酷对待知识分子，使教育发展大受影响。

汉朝推翻秦王朝的统治，恢复了被破坏的经济，鼓励农业生产，国势增强，教育也受到国家的重视。汉武帝于公元前 124 年正式创立了太学（即大学）。在地方上设立了乡学，初步建立了国学与乡学的教育制度，汉代除设立普通学校之外，还设置了艺术专门学校“鸿都门学”。地方学校官学按行政区划，分别设立学、校、庠、序，其程度已有高低之分。在太学分科施教，太学教师称为博士，汉太学设有五经博士，其教学内容以儒家经典为主。汉代太学的讲学采取大班上课与高年级学生辅导低年级学生相结合的形式，学习形式以自修为主。

汉朝过后，中国历史上出现了魏晋南北朝分裂的时期，直至隋唐才形成统一的中国。唐朝是中国封建社会进步繁荣的时代，政治、经济、文化都得到了大发展。在教育方面，首先是建立了科举制度，经过考试培养选拔官吏。政府设有专门的教育机构，完善了教育制度，其影响遍及亚洲各国。日本、韩国曾派学生来中国学习。科举制度在中国存在了1 300年之久，直到1905年才废除。其次是设立了科学技术专门学校，这也是世界教育史上的创举。

隋唐之后，实行科举取士，教育与政治人才的选拔关系更为密切。人们对教育的社会作用认识前进了一步。在这之前，实行乡举里选，荐举察举以及魏晋实行的九品中正制，主要是依据德行、资叙、门第来选拔治术人才，与学校教育的内容或教育程度并无直接联系。自科举制度实行后，选拔人才主要是考其经学、诗赋、策论等，学校教育成为国家培养人才的主要来源，成为一般士子进身的主要途径。其教育目标更为明确，是培养事君行道的人，是传播先王之教，培养具有封建道德，把所谓修身、齐家、治国、平天下融为一体的人。

宋元明清，继承了前代教育主张，仍实行科举取士制度。其教育目的就是要造就“修己治人”的治术人才，其核心是“明人伦”，其内容包括德行和道艺两个方面，教育内容以培养学生能掌握诗、书、礼、乐等历史文化知识，发展思维能力和应世从政的本领。

在中国古代教育史上，产生过许多著名的教育家，其中影响整个封建时代的教育家有孔子、韩愈、朱熹等人。

孔子（公元前551—公元前479），名丘，字仲尼，鲁国陬邑人（今山东曲阜人）。孔子的一生主要从事教育工作和整理古代文献工作。他的弟子3 000多人，其中高才生有72人。他是中国儒家学派的创始人，主要贡献有：整理古代文献，删定“六经”（《诗》、《书》、《礼》、《乐》、《易》、《春秋》），开创私学等。他的主要言行记录在《论语》一书中。

《论语》是研究孔子教育思想的主要文献。孔子的教育思想很丰富，他是中国古代教育思想的奠基人。孔子施教以德行为中心，以学习古代文化典籍为内容，以“六经”为教材。孔子非常重视教育的政治作用，认为教育可以化民成俗，通过文化教育把孝顺父母、友爱兄弟的风气传播到社会上，以提高人们的道德风尚，从而影响政治。孔子明确提出了“有教无类”的主张，人们不分等级贫富都有受教育的权利。他的3 000弟子中就有各阶层的人物。孔子认为教育的目的在于“育贤才”，他从“为政在人”的政治主张出发，提倡礼贤下士，“举贤才”，国家要重用贤能之士。因此，他始终强调要把道德教育放在重要地位，一般文化知识教育要服从于道德教育的需要。孔子教学的主张是“因材施教”、“启发诱导”、“学思结合”、“博约兼顾”。他对教师的要求是“学而不厌，诲人不倦”、“以身作则，身教重于言教”。孔子这些教育思想，对于今天的教育也还有着深刻的意义。

我国唐代著名教育家和文学家韩愈（768—824）提出教师的职责是“传道、授业、解惑”，强调“文以载道”。宋代大教育家朱熹（1130—1200）将我国封建教育目的系统化、条理化，更为明确而完整地提出教育的总目标是明人伦：父子有亲、君臣有义、夫妇有别、长幼有序、朋友有信。他在教学论上也有创新，提出学之序有五项：博学、审问、慎思、明辨、笃行。前四项是“穷理”的功夫。笃行的功夫，又细分为：修身、处世、接物等实践功夫。教育就是要“讲明义理，以修其身，然后推以及人”，“知其理之当然”，“责其身以必然”，他的教育思想的影响直到清代。

中国古代教育有以下特点。(1) 教育根本目的是“明人伦”，以培养治术人才，主要教育内容是伦理道德，因而中国古代教育家的教育思想基本上以研究道德和进行道德教育为主，这是与中国古代政治家以德治国、化民成俗的主张相一致的，是以维护封建统治阶级利益为出发点的。(2) 中国古代教育学派，儒、墨、道、法各家思想经常争鸣，互相促进。他们多数人都从人性的角度说明道德教育的必要性和可能性。宋明理学家提出天命之性、气质之性以及天理、人欲的区别和对立。朱熹提出的“存天理，灭人欲”成为封建道德教育的正统观念。他们强调道德教育的必要性和可能性并加以理性化，强调教育的社会化，窒息了人性的发展。(3) 中国古代教育家所提出教育思想与宗教思想是对立的。教育是独立于宗教以外的，教育思想很少受到宗教思想的影响，教育与宗教是分立的。(4) 中国古代教育有其特有的连贯性和系统性，培养出不少世界著名的科学家、文学家和军事家。中国古代的四大发明给人类带来了福音。

中国在17世纪之前，无论在政治、经济和教育方面还是在科技、文化等方面都处在世界的前列。

二、近代中国的教育（1840～1949年）

（一）清末的教育（1840～1911年）

中国进入近代时期较晚，自1840年英国侵略中国，中英鸦片战争失败后，清政府被迫签订了一系列丧权辱国的不平等条约，帝国主义列强打开封建闭关自守的中国的大门，中国开始丧失了独立国的地位，逐步沦为帝国主义的半殖民地，中国人民遭到极大的灾难。清政府在政治上无能，在经济上受到帝国主义的剥削和压迫，弄得民穷财尽，在军事上屡遭失败，在文化教育上仍恪守科举制度，继续学习空疏无用的古代经典“四书”、“五经”，学校和科举制度陷入绝境，应试文章仍然是僵死的八股文。一些比较开明、具有爱国思想的知识分子，对清政府腐败表示忧虑和不满，对封建制度也产生了某些疑虑，开始认识到资本主义制度优于中国的封建制度，主张社会改革，向西方学习；提出了内修政治，富国强兵，外御强敌，反对侵略的主张；并抨击封建主义的传统教育，反对空疏无用的“理学”，主张“经世致用”。龚自珍（1792—1841）、林则徐（1785—1850）、魏源（1794—1857）就是这些主张的代表人物。

此后，中国连续不断遭到帝国主义的侵略，资本主义商品和文化不断输入中国，中国自我孤立于世界之外的时代已不复存在。于是，在清政府内部产生了一批为维持清朝封建统治，提倡所谓“自强”、“求富”的洋务派。他们要求在不触动封建专制的前提下，进行某些带有资本主义倾向的改革，以适应变化了的新形势，史称洋务运动。这个运动的代表人物为当时封建官僚曾国藩（1811—1872）、李鸿章（1837—1901）、左宗棠（1812—1885）等。他们提倡“中学为体，西学为用”，主张办新式教育，以培养与外国人打交道的洋务人才和掌握西方先进科学技术，特别是军事工业的人才。于是创建了一批新型学校，主要有外国语学校（即1862年京师同文馆开其端）、工业技术学校和军事学校。他们还提倡留学教育，派青少年赴西方学习科学技术，学习西方军政、船政、制造等技术。我国著名工程师詹天佑就是这一批留学生中的一员。

洋务派所办的“新教育”虽创办了一些新型学校，但还没有形成完整的学校系统，所有学校也都是半新半旧的过渡形式，只能称为“新教育的萌芽”。

随着资本主义商品输入，资本主义经济在中国也逐渐发展起来。一些官僚地主开始投资新式工商业，于是在 19 世纪 60 年代至 80 年代，初步形成了中国资产阶级改良主义，其政治上的代表人物为康有为（1858—1927）、梁启超（1873—1929）、严复（1853—1921）、谭嗣同（1865—1898）等人。他们是当时中国寻求真理的一派人物。他们主张中国维新，掀起中国的维新运动。他们认为中国贫弱的原因在于教育不良、学术落后，因此要废科举，兴学校，并主张把设学校以培养人才、立报馆以宣传变法、建学会以组织力量、译西书以介绍“西学”当做救亡之道。1898 年 6 月他们得到清朝皇帝的支持发动了“戊戌变法”。清帝颁布了几十条除旧布新的命令，其中关于教育的主要有两项，即广设学堂，提倡西学；废除八股，改革科举制度。这个变法由于受到顽固派的反对和抵制不久就失败了。

1900 年八国联军镇压了中国农民起义，占领了北京，清朝皇帝和太后逃到西安，不久签订了《辛丑条约》，清政府被迫付出巨额赔款。1901 年 8 月，清政府颁布兴学诏书，提出兴学为当务之急，要求“除京师已设大学堂应切实整顿外，各省所有书院，于省城改设大学堂，各府、厅、直隶州均设中学堂，各州、县均设小学堂，并多设蒙养学堂”，于是各地纷纷兴办了一些新式学堂。由于学堂兴办愈来愈多，清政府为了加强监督，于 1902～1904 年初颁布了一系列学校章程，史称“壬寅癸卯学制”。1906 年又颁布教育宗旨为“忠君、尊孔、尚公、尚武、尚实”。该学制纵的方面分为三段七级，第一阶段为初等教育，设蒙学堂四年，寻常小学堂三年，高等小学堂三年；第二阶段为中等教育，设中学堂四年；第三阶段为高等教育，设高等学堂或大学预科三年，大学堂三年（分为七科：政、文、商、农、格致、工艺、医)，大学院（年限不定)，全学程共20年。横的方面，与高等小学平行的，有简易实业学堂；与中学堂平行的有中等实业学堂、师范学堂；与高等学堂平行的，有仕学馆、高等实业学堂、师范馆。

总之，这个学制是中国近代教育史上最早颁行全国的新学制，为中国新型学制的建立奠定了基础。但是，由于中国处于半封建半殖民地的社会，再加上“中学为体，西学为用”思潮的影响，这个学制虽然在形式上披上了资本主义的外衣，但实质上还是受封建思想的支配，几乎是抄袭日本学制，带有极明显的封建性和等级性，也带有极明显的半殖民地半封建的性质。

（二）辛亥革命和中华民国的教育（1911～1949年）

20世纪初，清王朝在外国帝国主义打击下，民族危机更趋严重，资产阶级革命派于1911年发动了辛亥革命，推翻了清王朝，结束了统治中国两千多年的封建专制制度。

中国资产阶级革命派在革命的过程中十分重视教育的作用。他们把学校作为传播民主革命思想的阵地，培养革命骨干的场所。其教育活动是创办革命报刊，宣传革命思想，开展社会教育，提高群众觉悟，创建学堂，培养革命骨干。1912年中华民国南京临时政府正式成立，以孙中山为首的资产阶级民主革命派掌握了革命政权，开始对政治、经济、文化教育进行了一系列的改革。

在教育方面，首先是接管了清政府学部，任命蔡元培为教育总长，统管全国教育工作。蔡元培上任后不久就颁布法令，取消清政府的教育宗旨。蔡元培指出“忠君与共和政体不合，尊孔与信教自由相违”，并提出了军国民教育、实利主义教育、公民道德教育、世界观教育和美感教育等“五育”并举的教育方针。1912年召开了全国教育会议，公布了学校系统；1913年又陆续颁布了多项教育法令，史称“壬子癸丑学制”，这是一个比较完整的具有近代学校意义的学制系统。这个学制规定儿童六岁入学，到23～24岁大学毕业，整个学程为17～18年，分为三段四级。第一阶段初等教育分为两级，初等小学四年为义务教育，高等小学三年，初等小学毕业后可入高等小学或乙种实业学校，高等小学毕业后可入中学或师范学校、甲种实业学校。第二阶段为中等教育，设中学，学习四年，毕业后入大学或专门学校或师范学校。第三阶段为高等教育，设大学本科三或四年，预科三年，专门学校本科三年（医科四年），预科一年。此外，下设蒙养院，上有大学院，不计年限。

这个学制基本上消除了教育权利上两性差别，男女可以同校，反映了男女平等的思想；同时废除了专为贵族设立贵胄学校、奖励出身等规定，具有鲜明的反封建性；废除了读经课程，加强中小学的实业学科和职业教育，缩短了学制年限，有利于劳动人民享受教育的权利和机会。

1922年，又进行了学制改革。中国新式学制最初大抵模仿日本，其后，又受美国的影响。五四运动前后，留美学生返国者日多，特别是杜威和孟禄相继来中国讲学，带来西方新的教育思想，在学制改革上，引起了向美国学习的风气。1922年的“壬戌学制”就是从美国的“六三三”制移植来的。制定这个学制的指导思想是：（1）适应社会进化之需要；（2）发扬平民教育精神；（3）谋个性之发展；（4）注意国民经济力；（5）注意生活教育；（6）使教育易于普及；（7）多留各地方伸缩余地。整个学制分初等、中等、高等三个阶段。初等教育六年，初小四年，高小二年；中等教育六年，初中三年，高中三年。与中学平行的有师范学校和职业学校。大学四至六年。儿童六岁入学，全学程共16～17年。

“壬戌学制”的特点是：根据儿童身心发展时期来划分各阶段的教育。初等教育升级采用弹性制，各地根据情况可暂延长一年；高等及中等学校采用选科制，能兼顾升学与职业预备。这个学制缩短了学程，初等教育由七年改为六年，中等教育增为六年，初、高两级各三年，采用选科制，依设科性质初高两级修业年限可变动为二四制或四二制。高级中学分为普通、农、工商、师范、家政等科，将旧制中普通中学与职业学校分开并立制改为综合中学，这就兼顾升学和就业，有利于青年个性的发展。在职业教育方面，取消了旧制中相对独立的实业学校系统，规定职业教育有六种形式：（1）初级中学职业科；（2）高级中学职业科；（3）职业学校；（4）大学及专门学校附设的职业专修科；（5）小学的职业预科；（6）补习学校的职业科。在高等教育方面，大学废除了预科制，理顺了中学与大学的衔接关系，使大学不再担任普通教育的任务，提高了大学教育程度。

“壬戌学制”是在学习了西方科学和民主精神下制定的，也是在美国杜威教育理论的影响下制定的。第一次世界大战结束后，中国掀起五四运动，西方的民主和科学思想大量涌进，在中国先进知识分子中掀起学习西方的热潮。西方的各种教育思想和教育方法相继涌入中国，对中国的传统教育冲击很大，先进的教育家带头进行教育改革，制定了初步的比较结合中国实际的学制。总的来说，教育体系较旧制更为完整，课程设置也比较系统明确，使中国的传统教育得以改造，这是一个历史的进步。经过长期实践，这个学制比较稳定，中华民国时期基本上是按这个学制执行的。但是，这个学制的改革，从其指导思想和制定的条文来看，还有一些照抄外国成法的弊端，在学习西方的过程中存在着食洋不化的缺陷。由于当时中国处在军阀混战时代，社会经济、政治混乱，经济发展缓慢，不可能顺利推行教育改革。在帝国主义、封建主义势力没有打倒之前，教育改革也是不可能取得成功的。

1. 南京国民政府时期的教育状况

1912 年孙中山领导辛亥革命所取得的胜利果实被北方的袁世凯所篡夺。袁世凯上台之后，在政治上实行独裁统治，在教育上搞复古倒退。这种倒行逆施在全国人民的反对声中很快毁灭了。袁世凯死后，北洋军阀统治了中国，军阀混战，中国政治、经济处于混乱之中。1924 年孙中山总结了经验教训，接受了中国共产党的帮助，改组了涣散的国民党，使革命形势迅速好转。1927 年在共产党人参与下取得了北伐战争的胜利。不久，以蒋介石为代表的国民党反动集团背叛了孙中山联俄、联共的主张，发动了“四一二”反革命政变，在帝国主义和大资产阶级支持下，在南京建立了反动独裁政权。

在国民党的统治下，中国社会仍然是半殖民地、半封建性质的社会，对外依靠帝国主义，对内以新军阀代替旧军阀的统治，对工农阶级的经济剥削和政治压迫变本加厉。国民党于 1927 年在南京建立反动政权之后，开始了一系列对中国共产党和革命人民的迫害。在发动对内战争的同时，为了巩固其统治，也在其施政纲领中提倡保护国内实业，首先是保护国家官僚资本和大资产阶级的发展。民族资本也在内外压迫下曲折地向前发展。经济的发展为教育的发展创造了条件，向教育提出了加速培养人才，提高人民职业技能的要求。于是，南京政府提出了对教育进行改革的要求。他们对 1922 年的教育改革颇为不满，认为它是政治未入轨道时期的产物，说什么"教育缺乏中心思想为之维系，自由思潮泛滥，设施呈现紊乱之象"，认为那两个新学制的基础是"自由风尚"形成的，与国民党的独裁纪律是相背离的。所以主张要重新"整理学制系统"，着重"纠正因新学制而产生之自由与散漫的思潮"，决定要为"新学制重建思想（精神）基础"。

1929 年 3 月国民党提出"三民主义教育宗旨"，4 月由国民政府通令公布。该宗旨的内容是："中华民国之教育，根据三民主义，以充实人民生活，扶植社会生存，发展国民生计，延续民族生命为目的，务期民族独立，民权普遍，民生发展，以促进世界大同。"从表面上看冠冕堂皇，实际上是阉割了孙中山的三民主义联俄、联共、扶助工农的精髓。其民族主义旨在恢复封建伦理道德，不是去反对帝国主义；其民权主义，旨在要人民服从蒋的统治；其民生主义要劳动人民受官僚资产阶级和帝国主义的压迫和剥削。总之，这个三民主义教育宗旨，就是国民党要千方百计地控制教育，企图把教育作为他们统治人民的工具，把受教育者培养成他的"忠臣"和奴仆。

根据三民主义的指导思想，南京国民政府开展了教育立法运动，制定了许多教育法规和法令。据统计，在 1927～1949 年国民党统治期间，国民政府公布的重要教育法规、法令就多达一千二百余件，还不包括许多地方政府所制定的法规、条例。国民党通过制定这些众多的法规、法令、条例，把教育的建设和发展逐步纳入国民党统一管理教育的轨道。国民党时期的教育立法涉及了教育的各个方面，从幼儿园到中小学、大学，从师范教育、职业教育、社会教育、边疆教育，直至华侨教育、留学教育，都制定了有关法规、法令，使各级各类教育有章可循。对教育宗旨方针、教育行政管理、教员任职等都有了明确的规定，这样就使教育的管理有了一个较为系统的法定程序与规格。中国教育改革进入了全面统筹和建设发展的新阶段。国民党时期教育立法，目的是为巩固其统治，但在客观上也促进了中国传统教育向现代化教育的转变。教育法规、法令的公布在客观上起了规范教育，统一教育，理顺教育内外部关系的作用，在一定程度上推动了教育的发展。但由于国民党独裁统治，发动内战使中国的经济遭到严重破坏，民不聊生，教育的发展受到了严重的影响和破坏，国民党制定和颁布的教育法令、法规在许多地方也成了一纸空文。

国民党为了加强学校的思想统治，在各级学校中实行训育制度，从小学到大学建立了一套严密的管理办法。还规定了任用学校负责人和教员的标准，规定中小学校长和训育主任都须由国民党员充任。各级各类学校教员任职资格都要有学历限制。

国民党政府教育部还设置了教科书编辑委员会，并具体规定了各科课程的目标、教材大纲、教学时数、实施办法等法规法令，把各级学校的教材的编辑审订工作全部掌握在政府手中。

国民党政府教育部对招生考试制度进行了改革，实行会考制度，统一毕业生的程度。此外，国民党中央还公布了《学生团体组织原则》和《学生自治会组织大纲》，规定这些团体以在学校内组织为限，以不侵犯学校行政为限。这样就把学生团体置于国民党管理之下。他们还在学校设立了党义课（公民课），向学生灌输三民主义思想，向学生进行封建的法西斯的思想教育，使学生失去了思想的自由。

民国时期，对中国教育改革贡献最大、影响较深的教育家当属蔡元培。

蔡元培（1868—1940），浙江绍兴人。他是中国近代著名的民主革命家、教育家。他幼年生活艰苦，受的是旧的理学教育。青年时代任私塾教员，并接受了西方文化。1891年考中进士。中日甲午战争后，他痛恨清政府腐败无能，于是弃官归里，决定"培养革新人才"以救中国。1898年他在家乡创办了中西学堂。1901年前往上海任南洋公学特班总教习，提倡革新和民权，鼓励学生自由读书。1902年与革命党人蒋智由、章太炎等人在上海组织中国教育会，出任会长。后又创办了爱国学社和爱国女学，以提倡革命为宗旨。辛亥革命时这两所学校有许多学生参加了革命。1907年蔡元培出国留学，进德国莱比锡大学学习，一边学习，一边研究，后来又留学法国，研究法国教育。

蔡元培积极参加孙中山领导的民主革命运动，1912年南京临时政府成立，他出任教育总长。在任职期间，他对中国旧教育进行了一系列的反封建、资产阶级民主性的改革。1917年初，出任北京大学校长，直到1926年离去。在长达十年的任期内，他采取许多重要措施整顿和改革北京大学，把封建的旧北大改建为适应资产阶级需要的大学，使北京大学成为中国有名的高等学府，成为世界著名的大学之一。1919年中国爆发了五四运动，蔡元培提倡新思想，积极支持学生的爱国运动，并设法营救被捕的爱国学生，对五四运动起了积极的推动作用。由于蔡元培等进步人士的活动，北京大学成为新文化运动的中心。

国民党政府建立后，蔡元培于1928年任大学院院长（教育部长），后又任中央研究院院长（科学院院长），主张教育的民主改革，发起了教育独立运动。1931年日本帝国主义侵略中国，具有爱国思想的蔡元培对于祖国危亡十分关心，反对蒋介石对外妥协投降、对内镇压的反动政策。他努力宣传抗日，促进国共合作，竭力反对国民党独裁统治，主张民主和人权，积极营救被捕的革命人士和抗日爱国人士。他积极参加由鲁迅和宋庆龄等人发起的"中国民权保障同盟"的活动。抗日战争爆发后，他主张联共抗日，号召全国人民同心抗日。因他不满蒋介石的统治，遂移居香港，1940年在香港病逝。蔡元培一生的著作颇多，后人收集整理编为《蔡元培全集》。

蔡元培的教育思想主要包括以下几方面的内容。

（1）提倡“五育”并举的教育方针。1912 年，他发表了《对于教育方针之意见》一文，在批判封建教育宗旨的基础上，根据资产阶级的对培养共和国民健全人格的需要，提出了军国民教育、实利主义教育、公民道德教育、世界观教育和美育五育并举的教育方针。这个方针后来在 1912 年政府制定的学制中定为教育宗旨。在“五育”之中，他十分强调世界观的教育，认为世界观的教育是教育的终极目的。他特别重视公民的道德教育，认为这是“五育”中的精髓。他所主张的教育是以道德教育为中心的德、智、体、美和谐发展的教育。

（2）主张“教育独立”。他提出：“教育事业当完全交与教育家，保有独立的资格，毫不受各派政党和各派教会的影响。”他认为：“教育是帮助被教育的人，给他能发展自己的能力，完成他的人格，于人类文化上能尽一分子的责任；不是把被教育的人，造成一种特别器具，给抱有他们目的的人去应用的，所以教育应当独立。”教育是百年树人的事业，教育的成效不可能一时达到的。若把教育权交与政党，若两党更迭，教育方针也必然跟着改变，教育就没有成效。教育是进步的事业，凡有学校总是后胜于前的，教会是保守的。所以教育要超然于教会之外。教育独立的内容是，教育经费要独立，教育行政要独立，教育思想要独立。他的这种主张对军阀控制下的教育，对教会进行奴化教育是有着进步意义的。

（3）认为教育的目的是要“培养健全之人格”，主张只有用“思想自由，兼容并包”的办学思想，才能做到。他在任北京大学校长时，大力推行这一办学思想。他认为大学应是“囊括大典，网罗众家”的学府，应成为“思想自由，兼容并包”研究高深学问的场所，教导“大学学生当以研究学术为天职，不当以大学为升官发财之阶梯”。蔡元培在国外留学时对西方教育的发达深有体会，深知要使学术研究繁荣昌盛，必须提倡学术自由、科学民主，认为这是“思想自由之通则，大学之所以大也”。因此，他主张各种学派，各科教员，只要“言之成理，持之有故”，“虽彼此相反而悉听其自由发展”。鼓励他们自由争鸣，让学生自由选择，这样有助于培养学生的分析问题和独立思考的能力，有助于“培养健全之人格”。根据“思想自由，兼容并包”的办学方针，蔡元培对北京大学进行大刀阔斧的改革。他改革了预科，调整了专业，废门改系，将学年制改为选科制、学分制；在学校管理方面，改革管理体制，废除官僚专权制，设评议会和教授会，实行民主管理，教授治校；组织各种学术团体，筹设研究所，鼓励科学研究；废除女子不能上大学的陋习，最先开女禁，招收女学生；讲课时鼓励采用白话文讲义；提倡新道德，在学校组织“进德会”；在学生中组织各种社团，开展课外活动；等等。这样就把北京大学从原来封建色彩浓厚的大学，变为全国研究高深学术的中心，成为中国现代化大学的楷模。

（4）提倡实施自由主义教育。他主张教育要适应受教育者身心的发展，提出“展个性，尚自然”的教育思想。他说：“知教育者，与其守成法，毋宁尚自然；与其求划一，毋宁展个性。”在教学方法上，蔡元培重视启发式的教育，提倡自动、自学、自己研究的学习方法。

（5）提倡劳动教育。他主张采取边工、边学、工学并进的教育，认为只有这样，才能使人的身心和谐发展。

蔡元培的教育思想和教育实践是对中国两千多年来封建教育的有力批判。在他的倡导下，中国的教育逐渐走向近代化，为新教育建立了较为完整的近代教育思想和教育制度，使中国的教育进入了一个新的历史时期。他是中国历史上对中华民族振兴起着重大作用的伟大的思想家和教育家。

2. 革命根据地的教育情况

中国革命根据地的教育是在中国的特殊环境下，由中国共产党所创立的教育。

中国共产党领导下的革命根据地是在国民党反动政府长期包围的环境中产生的，它是在 1927 年中国大革命失败后，建立在敌人统治力量比较薄弱，经济、文化比较落后的边远山区和交通不发达的地区。革命根据地建立之后，不断地受到敌人的封锁、包围、“围剿”。它经常处在激烈的战争环境中，经常处于建立、壮大、缩小这样的不固定的状况之中。因此，革命根据地的教育也就带有战争环境的特殊性。

中国共产党从1927年冬开始建立井冈山根据地到1949年中华人民共和国成立期间，先后建立了大小不等的19块根据地（解放区），在这些革命根据地中创办了新型的教育（新民主主义的教育），为新中国积累了丰富的教育经验。

革命根据地的教育基本任务是把教育权从地主、资本家手中转移到工农劳苦大众手中。把历来为统治阶级服务的教育，改变为为工农服务，为无产阶级建立的红色政权服务，为根据地政治、经济建设服务。

1931年11月，中国共产党领导的中央工农民主政府在中国的江西省瑞金成立。工农民主政府明确提出了教育应配合革命任务的方针，规定“工农劳苦群众，不论男子女子在社会经济、政治和教育上，完全享有同等的权利和义务”；教育事业之权归苏维埃掌管，一切工农劳苦群众及其子弟，享受国家的免费教育；反对和取消一切麻醉人民的封建的宗教以及国民党的三民主义教育。这些规定明确了革命根据地的教育权应完全操纵在工农劳苦大众手里，工农及其子女有享受教育的优先权。这和国民党统治区一切文化教育大权都掌握在有产阶级手中，把大多数工农群众排除在受教育之外，形成鲜明的对照。后来这些规定发展为新民主主义教育方针的内容。这就是毛泽东同志在抗日战争时期总结中国革命经验时提出新民主主义的教育方针。1944年他在七大的政治报告中提出：“中国国民文化和国民教育的宗旨，应当是新民主主义的；就是说，中国应当建立自己的民族的、科学的、人民大众的新文化和新教育。”

所谓民族的教育，即它是坚决反对帝国主义奴化教育的。要向人民群众进行维护民族独立和民族尊严的爱国主义教育，要向人民群众宣扬祖国悠久的历史、优秀的民族文化传统，向人民群众宣传教育时要结合中国民族的特点。同时也要宣传向外国学习好的东西来改革旧的教育创建新的教育。

所谓科学的教育，即新民主主义教育要坚持实事求是，理论联系实际，宣传科学的宇宙观和方法论。反对封建思想和迷信思想，要用科学的态度来对待历史遗产。

所谓大众的教育，就是民主的教育，人民群众有管理教育的权力，也有受教育的权利，教育是为人民大众服务的，要普及教育，也要在普及教育的基础上提高教育质量。要对工农群众中的优秀分子，能领导人民大众进行革命斗争的各级干部加强教育，提高他们的文化水平和思想觉悟。要把普及和提高恰当地结合起来。要从中国的实际出发，改革发展和繁荣教育事业。在毛泽东新民主主义教育理论的指引下，抗日战争时期，各革命根据地教育沿着正确道路前进，教育事业随着革命战争的胜利得到了进一步的发展。

在革命根据地坚持办教育是很不容易的。当时处在艰苦的战争环境中，经济困难，文盲众多，师资和设备都极缺乏，但是在中国共产党的坚强领导下，克服了种种困难，教育事业仍然得到了发展。

中国革命根据地所办的教育的特点，是根据革命战争的需要，以两种教育为主即干部教育和群众教育。在各革命根据地内，所办高等教育、中等教育和各种训练班都属于干部教育。这种教育学习期限不固定，从几个月到一年不等，主要是围绕革命战争、任务进行专业、政治和军事的学习。小学和各种社会教育属于群众教育，主要是对广大人民群众进行革命的政治宣传教育和培养初步读、写、算等能力的普及教育。

革命根据地把干部教育摆在首位。这是为了适应革命战争的特殊需要，故须重视党、政、军、干部的教育和培养。在干部教育中，在职干部教育又优先于对未来干部的培养。在革命战争各个时期，为了战争的需要，办了许多干部学校。在抗日战争前的苏区，办有红军大学、苏维埃大学、马克思共产主义大学、中央农业大学、中央列宁师范学校、中央红色医务学校、高尔基戏剧学校，以及许多短期干部学校和干部训练班。抗日战争时期，在延安创办了中国人民抗日军政大学（抗大）、陕北公学、鲁迅艺术学院等著名的学校。在其他革命根据地办有抗大分校，还办了许多干部学校和中学、师范学校等。如在晋察冀边区，办有华北联合大学、白求恩医科大学及工农、畜牧、师范学校。在苏皖边区办有华中大学、建设大学及各级干部训练班。在东北解放区有东北大学、中国医科大学、哈尔滨青年干部学校等。各革命根据地根据需要和可能还办了许多地方干部训练班及中学师范学校。

这些干部学校具有显著的特点。第一，培养目标明确，都是以培养革命战争中所急需的党、政、军干部和地方党政干部为目标。第二，把思想政治教育放在首位。第三，学习的知识，课程少而精，理论联系实际。第四，勤俭办学，生产劳动是必修课。革命根据地学校是在战争环境下创办的，物质条件极端困难，干部学校大都是白手起家，因陋就简地办起来的。第五，领导、教师、学生打成一片，同吃、同住、同劳动，建立了新型的师生关系，树立了“团结、紧张、严肃、活泼”的良好校风。

革命根据地的群众教育有其另一特色，群众教育包括社会教育和儿童教育两部分。革命根据地人民大众在政治经济上翻身以后，迫切要求文化上的翻身，因此提高工农阶级的觉悟和扫除文盲，便成为根据地教育工作中心任务之一。这种以成年男女为对象，不脱离生产和工作的教育，称之为社会教育或叫工农业余教育。社会教育的形式是多种多样的，苏区时期广泛开展的夜校、半日学校、补习学校、识字班以及俱乐部、剧团、墙报、黑板报等群众易为接受的文化教育的组织形式，这些形式在抗日战争时期各根据地得到了坚持和发展。如在偏僻农村和山区，办冬学、民校、夜校、识字班（组）、读报组。还利用黑板报、墙报、土广播、戏剧、歌剧、秧歌队、漫画等多种多样群众喜闻乐见的形式，向群众宣传革命的道理和通报战争情况，以鼓励群众的革命热情和积极性，增强革命战争必胜的信心和决心。社会教育的内容是结合革命斗争和生产实际的，包括政治教育、文化教育和技术教育。

革命根据地也很重视儿童教育。半殖民地半封建的旧中国，剥夺了工农及其子女受教育的权利。文盲占到总人口的80%以上，地处经济落后的根据地，文盲更加普遍。中国共产党为了解决贫苦农民的孩子上学问题，办了许多小学校。在抗日战争时期，各根据地小学发展很快，儿童免费上学，其教育内容主要是学习文化科学知识和生产中的实际知识，教学密切联系实际，为革命战争和生产服务。小学生一边学习革命的道理，一边组织儿童团站岗、放哨、查路条，配合战争打击敌人。也学习些生产知识和实用知识，这些学校大多以民办为主，实行民办公助，学校坚持勤俭办学，所以发展很快。

总结革命根据地办教育的基本经验主要有以下几条。(1) 教育必须与党和人民所面临的军事、政治、经济任务密切结合，并为其服务。(2) 教育和劳动相联系，坚持理论与实际相结合。(3) 办教育要贯彻群众路线，坚持勤俭办学。(4) 培养一支既懂政治又懂业务的优秀教师队伍，是办好教育的重要条件。(5) 教育必须坚持共产党的领导，只有这样，才能保证教育事业健康地向前发展。这些可贵的经验在中华人民共和国建立以后，曾得到了进一步的发展和不断完善。革命根据地的教育经验是中华民族的宝贵财富，应当加以进一步的总结和发扬光大。

三、当代中国的教育（1949～2000年）

当代中国教育亦称中华人民共和国的教育，是以1949年中华人民共和国成立以来中国教育发展的历史为研究对象的。中华人民共和国教育是中华民族教育历史的延续和创新，它的产生在中华民族教育发展史上是一次质的飞跃。客观地描述共和国教育的发展历程，并在总结共和国教育的主要成就与基本经验的基础上，探讨建设中国特色社会主义教育的基本规律具有深远的历史价值、重要的理论价值和现实指导意义。

1949年10月1日，中华人民共和国成立，从此结束了一百多年来帝国主义、殖民主义奴役统治中国人民的历史。中华人民共和国成立以后，为了从根本上改变旧中国贫穷落后的面貌，把中国建设成为繁荣、富强、民主、文明的社会主义现代化强国，中国共产党和政府始终把发展人民教育事业、提高广大人民群众受教育水平和中华民族的科学文化素质，作为崇高的奋斗目标，不断推动教育的改革与发展，在中国教育发展史上谱写了辉煌的篇章。

中华人民共和国成立后，教育作为社会主义建设的重要组成部分，经历了一个曲折的发展历程，这个发展历程大体上可分为六个阶段。应该指出的是，共和国教育发展的各个历史阶段之间的划分不是绝对的，而是有着内在的联系；一个阶段向另一个阶段的转变不是瞬间发生的，而是一个过程。我们把共和国教育的发展历程划分为六个阶段，是为了揭示共和国教育发展的阶段性特点，以便正确地把握共和国教育发展的历史轨迹及其走向。

（一）社会主义教育制度的初创阶段

这个阶段从 1949 年 10 月中华人民共和国建立至 1956 年初社会主义改造基本完成。在这七年间，新中国基本完成了对生产资料私有制的社会主义改造，有步骤地实现了从新民主主义社会向社会主义社会的转变。这是一次复杂、困难和深刻的社会变革，涉及政治、经济、文化和社会生活的方方面面，其中，改革原有教育、建立人民教育，也是这场变革的重要组成部分。

新中国成立伊始，国家面临的主要任务是继续完成新民主主义革命的任务，恢复国民经济，为社会主义改造和有计划的经济建设准备条件。1949 年 12 月，教育部在北京召开第一次全国教育工作会议。此次会议在《中国人民政治协商会议共同纲领》有关文化教育政策的基础上，规定了全国教育工作的总方针，即中华人民共和国的教育是新民主主义的教育，即民族的、科学的、大众的教育；它的主要任务是提高人民文化水平，培养国家建设人才，肃清封建的、买办的、法西斯主义的思想，发展为人民服务的思想；其方法是理论与实际一致；其目的是为人民服务，首先为工农兵服务，为当前的革命斗争与建设服务；改革旧教育是一项艰巨的任务，是一个比较长期的过程，必须经过各级教育的不断改革，积累比较成熟的经验之后，才能进行比较全面的改革，不能操之过急；建设新教育要以老解放区教育经验为基础，吸收旧教育某些有用的经验，特别要借助苏联教育建设的先进经验。不难看出，这个教育工作的总方针是为彻底完成新民主主义革命任务、实现社会主义工业化和为农业、手工业和资本主义工商业的社会主义改造服务的。

为了贯彻全国教育工作的总方针，当时主要采取了以下几项重大的举措。（1）接管、改造原有各级各类教育。首先是接管国民党统治区的大中小公立学校；其次是接收外国津贴的学校，从帝国主义者手中收回教育主权；随后是对私立学校进行接办与改造。到 1956 年，随着生产资料私有制的社会主义改造基本完成，全日制正规学校全部实现了国有化。（2）巩固和提高老解放区的教育。（3）教育向工农开门，努力扩大人民群众接受教育的机会和权利。（4）颁布新学制，进行课程教材与教学改革。（5）创办新型大学，调整高等学校布局和院系专业结构。（6）团结、改造知识分子，建立人民教师队伍。

在共和国国民经济基本好转、人民民主专政得到巩固、有计划地进行大规模经济建设的形势下，1953 年 12 月，中共中央公布了过渡时期的总路线，提出了向社会主义过渡的伟大任务。为了适应过渡时期总路线的要求，全国教育工作确立了培养社会主义全面发展新人的方针，在各级各类学校中进一步加强党对教育工作的领导，建立起政治思想教育和道德品质教育制度，着力改革教育教学工作，全面开展学校体育卫生建设，从而全面提高了教育教学质量，促进了各级各类教育事业有计划、按比例地发展，初步建立起社会主义的教育制度。

在这个阶段，教育的性质发生了根本的转变，即从半殖民地半封建教育转变为新民主主义教育，又从新民主主义教育转变为社会主义教育。社会主义教育制度的建立是中国教育发展史上一次质的飞跃，它是中华人民共和国教育不断改革和发展的基础。但是，由于当时对社会主义、对教育规律本身的认识水平还比较低，对教育改革的长期性、复杂性认识不足。因而在思想认识、工作方法上不可避免地出现了一些偏差。主要表现在：否定了旧教育的某些合理部分；对革命根据地教育的经验没有进行系统的总结并予以继承；在学习苏联经验的时候同我国实际情况结合不够等。此外，对职业教育改造的一刀切；高等学校院系调整和一些教学改革机械照搬苏联教育经验；教师思想改造的工作粗糙；教育学术思想批判的政治化倾向等。这些不足对后来的教育发展产生了一定的影响。

（二）社会主义教育全面建设阶段

这个阶段从1956年春社会主义改造基本完成至1966年“文化大革命”前夕，是中国全面建设社会主义的十年。在社会主义教育制度建立之后，中国开始独立探索社会主义教育的发展道路。毛泽东在《论十大关系》的重要讲话中提出：要以苏联经验教训为戒，总结我国经验；调动国内外一切积极因素，为社会主义事业服务，走出一条适合中国国情的社会主义建设道路。此后，党领导广大群众和教育工作者为找到一条适合国情的社会主义教育发展道路进行了大胆而艰难的探索，取得了成绩，积累了经验，也付出了代价。

在这个探索的过程中，中国共产党和国家确立了“教育为无产阶级政治服务，与生产劳动相结合”，“使受教育者在德育、智育、体育几方面都得到发展，成为有社会主义觉悟的有文化的劳动者”的社会主义教育方针。这个教育方针规定了中国社会主义教育的作用、培养目标和途径，反映了当时中国社会主义革命和建设对教育和青年一代的基本要求。与此同时，这个教育方针又是时代的产物，具有很强的针对性。如强调把德育放在首位，主要是针对当时在知识分子和青年学生中出现的忽视政治的偏向；强调要培养有社会主义觉悟、有文化的劳动者，主要是针对当时学校中出现的单纯追求升学率，一些学生毕业后不愿意去当农民、工人和从事体力劳动的问题；强调体育的重要性，主要是针对学生课业负担过重、影响身心健康的问题。这个教育方针在各个历史阶段逐步完善，并被赋予新的时代内涵，对建设中国特色社会主义教育发挥了持久的指导作用。

在教育事业发展上，1958 年 9 月 19 日，中共中央和国务院颁布的《关于教育工作的指示》中提出加强党对教育工作的领导、“两条腿走路”办教育、实行“三结合”、“六并举”等一系列重要方针。“三结合”、“六并举”具体内容为：采取统一性与多样性相结合，普及与提高相结合，全面规划与地方分权相结合的原则；实行国家办学与厂矿、企业、农业合作社办学并举，普通教育与职业技术教育并举，成人教育与儿童教育并举，全日制学校与半工半读、业余学校并举，学校教育与自学（包括函授学校、广播学校）并举，免费的教育与不免费的教育并举。在教育实践中，开展勤工俭学；实行多种形式办学；进行了“两种教育制度、两种劳动制度”的试验和有关学制、课程、教材和教学方法的改革试验。这些改革和试验，反映了中国立志突破苏联教育模式，寻找适合中国国情的社会主义教育发展道路的初步探索。

但是，由于社会主义建设经验不足，对经济、文化教育发展规律和中国国情认识不足，中央和地方不少领导同志滋长了急于求成的思想，于 1958 年轻率发动了“大跃进”和“人民公社化”运动。在这种背景下，教育战线上也掀起“教育大革命”的浪潮。这场教育大革命跟着当时的政治运动转，成为“大跃进”的一个组成部分，致使“五风”，即浮夸风、“共产风”、命令风、瞎指挥风和干部特殊风，在教育领域盛行，从而导致政治运动冲击教育教学工作，降低了教育教学质量；违反教育规律盲目发展，严重影响了教育事业的正常发展。

由于“大跃进”的错误，加上连续几年的自然灾害，以及苏联撕毁合同、撤走专家、停止经济技术援助的影响，致使中国国民经济在 1959～1961 年发生了严重的困难。1961 年，中共中央及时总结了经验教训，开始纠正左倾错误，对国民经济实行“调整、巩固、充实、提高”的方针（简称“八字”方针），使国民经济逐步得到恢复和发展。从 1961 年到 1963 年，教育部贯彻“八字”方针，对各级各类教育进行了调整。主要做法是：缩短战线、压缩规模、合理布局和提高质量，并且在认真调查和总结经验的基础上，制定和颁布了《高教60条》、《中学50条》和《小学40条》三个暂行工作条例。条例对于稳定教学秩序、改进教学工作、提高教学质量、调动广大教师的积极性起了重要的作用。经过三年的调整，教育工作恢复了正常秩序，逐步走上改革与健康发展的轨道。

经过十年的探索，初步形成了一套比较适合中国国情的社会主义教育方针、政策、制度和各级各类学校的规章制度和管理办法；学前教育、全日制的大中小学教育、职业教育、业余教育、半工半读教育和青少年校外教育都有了较大的发展；培养了大批又红又专的人才和具有较好道德品质和文化素质的劳动后备军。但是，在这个阶段由于对社会主义教育规律认识不清，把搞群众运动的方法引进学校教育；违反教育规律，搞“教育大跃进”；特别是在“以阶级斗争为纲”错误方针指导下，继反右派斗争严重扩大化之后，又搞具有政治色彩的“学术批判”，在部分大中学校里搞“社会主义教育运动”试点，从而使教育事业遭受了一定的损失。

（三）社会主义教育发展遭受严重挫折阶段

这个阶段从1966年5月“文化大革命”全面发动开始至1976年10月粉碎“四人帮”为止。历时十年的“文化大革命”被林彪、江青两个反革命集团利用，给党、国家和各族人民带来严重灾难的一场内乱。

由于毛泽东错误地估计了当时阶级斗争的形势及党和国家政治状况，担心中国出现修正主义，于是错误地发动了“文化大革命”。与此同时，他对教育领域的阶级斗争形势也进行了错误的分析。1966年5月7日，毛泽东在给林彪的信中写道：“学制要缩短，教育要革命，资产阶级知识分子统治我们学校的现象，再也不能继续下去了。”因此，“文化大革命”一开始就把改革旧的教育制度，改革旧的教学方法，彻底改变资产阶级和知识分子统治学校的现象，作为这场无产阶级“文化大革命”的一个极其重要的任务。林彪、江青两个反革命集团利用了这一点，把黑手伸到教育界，使教育领域陷入极度混乱之中。其主要表现为：（1）广大师生被卷入

“红卫兵”的“造反”浪潮，踢开党委闹革命，造成学校领导班子瘫痪；（2）学校的各级领导和教师受到残酷的批斗，甚至殴打、抄家、关押；（3）学生“停课闹革命”，各地学生纷纷走出学校到各地进行“大串联”；（4）学校红卫兵组织分裂为对立的两大派组织，并且发生武斗，以致必须派军宣队、工宣队和贫下中农管委会进驻学校平息武斗纠纷；（5）盲目改革学制和招生、分配制度，全国高校停止招生工作长达6年之久，停止招收研究生长达12年之久，直到1972年大部分高校才恢复招生，但只招收“具有两年以上有实践经验的优秀工农兵入学”，并且不经过文化考试，由群众推荐入学，因此，造成社会上“读书无用论”盛行；（6）大学理工科把“开门办学、厂校挂钩、校办工厂，以厂带专业”作为唯一的办学模式；大学文科把“以社会为工厂”作为创建社会主义大学新文科的办学方针，实际上取消了文科各专业教学；中小学以社会为课堂，以阶级斗争为主课，实行开门办学，实际上只“开门”，不办学，只是让学生劳动，把中小学办成政治学校；（7）各级干部、教师下放五七干校劳动、“知识青年上山下乡”接受“再教育”；（8）高校搬迁、合并，共砍掉大专院校106所；许多学校校舍、仪器设备、图书遭到严重败坏。

在“文化大革命”中，林彪、“四人帮”在教育领域里倒行逆施。他们打着“教育革命”的旗号，利用教育这个阵地为其篡党夺权作准备。（1）诬指刘少奇是修正主义教育路线的总后台，批判“两种教育制度”是资本主义国家的“人才教育”和“劳动者教育”的双轨制的翻版。职业技术学校和农村中学被强行停办，或被改为普通中学，使青年升学、就业发生困难，造成尖锐的社会问题。（2）炮制“两个估计”，即别有用心地提出：在新中国成立后的17年中，教育部门的领导权不在无产阶级手中，推行的是一条反革命修正主义教育路线；原有教师队伍中大多数是资产阶级知识分子。这是林彪、“四人帮”破坏教育事业、摧残干部和师生的黑纲领，危害极大。（3）林彪集团覆灭后，“四人帮”针对周恩来提出的整顿教育的正确主张，进行破坏，即“反击右倾回潮”，大批“基础风”、

“理论风”，把提倡学习基础理论的人污蔑为“复辟势力”，并且利用“白卷事件”、马振扶公社中学事件、批判《园丁之歌》事件、一个小学生的来信和日记摘抄事件、北京市永乐中学事件等，把一大批忠于职守、热心教育工作的中小学教师打成修正主义教育路线“回潮”、“复辟”的“典型”，使教育再度陷入混乱和困境。(4) 对邓小平主持的整顿教育工作进行阻挠，即“反击右倾翻案风”，使教育又一次陷入混乱和困境。

“文化大革命”中，人们对林彪、“四人帮”的政治高压和倒行逆施并没有屈服，而是进行各种斗争。在教育战线上与林彪、“四人帮”的斗争主要来自两个方面。一方面是以周恩来、邓小平为代表的中国共产党内健康力量与林彪、“四人帮”的斗争。“文化大革命”中，周恩来曾多次提出，要批判极左思潮，但难以实现。1971 年 9 月 13 日，林彪集团覆灭后，周恩来在极端困难的情况下提出整顿教育的主张和措施并得到贯彻和实施。国务院批准恢复了一批高等学校，各级各类学校教学工作逐步走上正轨，教育形势有所好转。但因遭到“四人帮”的破坏，整顿工作夭折。1975 年邓小平主持中央日常工作，再次对教育进行整顿。教育部长周荣鑫积极着手整顿工作，在社会上引起强烈反响。但又因遭到“四人帮”的阻挠，整顿工作再次夭折。直到“四人帮”被粉碎后，教育工作才得到真正的恢复和整顿。另一方面是广大教育工作者在逆流中奋起反抗，以不同的方式抵制“文化大革命”的错误。他们怀着拳拳报国之心，顶着“资产阶级知识分子”、“反动学术权威”等帽子，在极其艰难的情况下仍然全身心地投入教育教学工作，坚持科研攻关，充分展示了教育战线广大干部、教师为了党的教育事业和科学技术进步而奋发进取的精神。这些抵制和斗争尽管改变不了“文化大革命”的整个局面，却在一定程度上限制了极左思潮对中国教育事业的更大破坏。它对于保护中国教师队伍、部分重建和恢复中国高等院校，对于恢复国家教育行政机构和进行初步的教育整顿，都产生了重要的作用，也为“文化大革命”结束后全面批判和清算林彪、江青一伙在“教育革命”中的罪行，迅速恢复和治理中国的教育事业，奠定了思想理论基础和实践基础。最后，党和人民在与“四人帮”进行的反复斗争中取得了胜利，“文化大革命”宣告结束。

实践证明，“文化大革命”不是任何意义上的革命和社会进步，而是使共和国政治、经济、文化教育遭到严重破坏的一场浩劫。在旷日持久的“文化大革命”中，中国的社会主义教育事业遭到空前的破坏，毛泽东教育思想的正确方面和党中央已确定的重大的教育方针政策被否定，造成了教育思想的严重混乱，社会主义教育方针偏离了培养德智体全面发展的社会主义新人的方向，社会主义教育制度被推翻，健康而规范的教育秩序被全部搞乱，尊重知识与尊重教师的传统荡然无存。这场所谓“教育革命”将中国教育事业引入了歧途，贻误了一代青少年；上百万高级专门人才培养计划落空，严重造成中国人才断层；成人教育和职业教育荒废，文盲人数骤增，劳动人口素质明显下降；教师队伍遭受严重损失，知识分子身心遭受巨大创伤。这些从根本上给中国社会主义经济、政治、文化建设与发展造成了严重影响，极大地削弱了中国的综合国力，拉大了中国与发达国家的距离。“文化大革命”的惨痛教训告诫我们：教育是立国之本，动摇了这个根本，只能给民族和国家造成灾难。因此，改革与发展教育，必须在安定团结的社会环境中进行，必须有民主与法制的可靠保障，必须有中国共产党的正确领导，必须按教育发展规律办事。

（四）社会主义教育拨乱反正阶段

这个阶段从1976年粉碎“四人帮”以后至1982年中共十二大召开以前。在邓小平的亲自领导和推动下，教育战线冲破“两个凡是”的禁区，进行拨乱反正。其主要任务是清除左倾错误对教育的影响；平反冤假错案，调动广大教育工作者的积极性；全面恢复和整顿教育教学秩序。

教育战线的拨乱反正是从揭批“四人帮”在教育上的罪行开始的。其主要任务是：揭批“四人帮”篡党夺权的罪行和阴谋活动，清查其在教育界的帮派体系；清算他们残酷迫害学校干部和教师，破坏教育事业的罪行；并联系实际，揭发批判“四人帮”在教育战线制造的一系列反动谬论，特别是“两个估计”的谬论。中共十一届三中全会之后，中国共产党恢复实事求是的思想路线。教育部门本着实践是检验真理的唯一标准这一马克思主义基本原理，认真总结新中国教育工作正反两方面的历史经验，全面、系统地清算了左倾错误对教育事业的影响及其造成的严重危害，正确评价毛泽东教育思想，既科学地总结和分析了左倾错误和毛泽东晚年的错误对教育工作产生的影响和危害，又充分肯定了教育战线在党的领导下所取得的成就，赞扬了广大教育工作者无私奉献的精神，以及毛泽东思想的科学价值和对教育工作的指导作用，从而分清了路线是非，统一了广大教育工作者的思想认识，为维护教育战线的安定团结，为社会主义教育事业的健康发展奠定了思想基础和理论基础，对于分清是非、拨乱反正、发展教育事业，起到了积极的作用。

“文化大革命”期间，教育战线的许多干部、教师受到残酷斗争，无情打击，冤假错案堆积如山。粉碎“四人帮”后，教育事业百废待兴，但如果不平反教育战线所有的冤假错案，不解放成千上万被诬陷、受迫害的干部、教师，就不能调动广大教育工作者振兴教育的积极性，也就不可能出现教育改革开放的新局面。因此，平反冤假错案、落实知识分子政策，也成为教育战线拨乱反正的头等大事。教育战线平反冤假错案从 1976 年 10 月粉碎“四人帮”以后开始起步，成为在全国范围内率先开展平反冤假错案，落实干部、知识分子政策工作的战线之一。中共十一届三中全会后，教育战线加快了平反冤假错案的步伐，对“文化大革命”中和“文化大革命”前形成的各种冤假错案进行了全面的平反。在平反冤假错案的过程中，全国各级教育行政部门、各级各类学校对在“文化大革命”期间被迫害致死的干部、教师分别召开了追悼会、平反昭雪大会、举行骨灰安放仪式等活动，并给受迫害的干部、教师落实了政策，使大批干部、教师重新走上了工作岗位，为全面恢复教育教学秩序贡献力量。平反冤假错案的工作于 1982 年结束。教育战线通过全面平反冤假错案，实现了组织路线上的拨乱反正。这对于彻底否定“文化大革命”，肃清“左”的流毒意义重大；对于建立社会主义民主，促进安定团结，调动广大教师的社会主义积极性，推动新时期教育的调整与改革具有重大而深远的影响。

为了扭转“文化大革命”造成的混乱局面，全面恢复学校正常的教育教学秩序，教育部采取了一系列有效措施。(1) 恢复学校正常领导管理体制。(2) 停止中学生一律上山下乡的政策，恢复和完善高等学校招生考试制度。(3) 颁布了《全国普通高等学校暂行工作条例（试行草案）》、《全日制中学暂行工作条例（试行草案）》、《全日制小学暂行工作条例（试行草案）》。这三个试行草案是对20世纪60年代颁发试行的《高教60条》、《中学50条》和《小学40条》进行修改而成的，反映了新时期的总任务和实现社会主义四个现代化的要求，对学校恢复必要的规章制度和教育教学秩序起了重要的作用。(4) 收回被占校舍，重新调整被关停迁并的学校。(5) 恢复和整顿全国重点中小学和重点高等学校。(6) 修订教学计划，编写教学大纲和教材。(7) 调整知识分子政策，整顿教师队伍。(8) 恢复在“文化大革命”中被取消的教育组织和机构，如恢复学校中的共青团、少先队和学生会，撤销“红卫兵”、“红小兵”组织；重建中央教育科学研究所，设立地方和高等学校教育科学研究机构；恢复中国教育工会全国委员会的活动；成立中国教育学会；等等。在全面恢复和整顿教育教学秩序过程中，逐步树立起尊重知识、尊重人才的社会新风尚，调动起广大教育工作者的积极性和广大学生的学习热情，迎来了教育的春天。

中共十一届三中全会以后，全党全国的工作重点转移到经济建设上来，中国进入了社会主义现代化建设和改革开放的新时期。与此同时，教育事业如何适应国民经济的新发展，承担起为实现社会主义现代化培养人才的艰巨任务，也提到党中央的议事日程上来。以邓小平为核心的党中央从社会主义现代化建设的全局和中华民族历史命运的高度出发，把教育的改革和发展纳入改革开放与现代化建设的总体设计之中。邓小平明确提出，教育是一个民族最根本的事业，搞现代化建设离不开教育，教育必须为现代化建设服务。在邓小平理论的指导下，教育工作的重点逐步从为“以阶级斗争为纲”的政治路线服务转变到为社会主义现代化建设服务的轨道上来，学校各项工作都自觉服从和服务于不拘一格培养人才、多出人才、快出人才这个中心。为了解决教育工作与国民经济发展不相适应的矛盾，对教育进行了初步的改革，如改革学校思想政治教育工作、在全国普及小学教育、改革中等教育结构、调整高等教育结构、建立学位制度等，由此拉开了中国教育改革的序幕。

（五）社会主义教育全面改革与发展阶段

这个阶段从1982年中共十二大召开开始至1992年中共十四大召开以前为止。为了总结拨乱反正以来特别是中共十一届三中全会以来的经验，全面开创社会主义现代化建设的新局面，1982年9月，中共中央在北京召开了中国共产党第十二次全国代表大会。在中共十二大开幕词中，邓小平明确提出了建设有中国特色社会主义的思想。在建设有中国特色社会主义理论指导下，教育战线在对共和国教育发展正反两方面经验进行科学总结，以及对中国教育的实际情况和世界教育改革与发展趋势作出正确分析和判断的基础上，提出了新时期中国教育改革与发展的一系列正确的方针和政策，明确了建设有中国特色社会主义教育的基本思路，即通过改革和探索，建立和完善与中国社会主义经济体制、政治体制和其他方面体制相适应的社会主义教育体制，从而推进中国教育的现代化进程，为社会主义现代化建设和改革开放服务。这标志着中国的教育走上建设有中国特色社会主义教育的发展道路，这是中国在1956年开始探索适合中国国情的社会主义教育发展道路的继往开来。

为了建设有中国特色的社会主义教育，以邓小平为核心的党中央从当代世界发展新趋势和中华民族历史命运的高度，提出了一系列教育改革与发展的指导思想。（1）逐步确立教育优先发展的战略地位。中共十二大把教育与农业、能源和交通、科学共同列为国家经济发展的战略重点，明确提出了教育的战略地位和今后的任务。中共十三大进一步明确提出，百年大计，教育为本。必须坚持“把发展科学技术和教育事业放在首要位置，使经济建设转到依靠科技进步和提高劳动者素质的轨道上来”。这就把教育的战略地位从与经济社会其他部门并行发展的位置，提升到优先发展的位置，标志着教育优先发展战略地位的确立。（2）1983年国庆节前夕，邓小平为景山学校题词：“教育要面向现代化，面向世界，面向未来。”这个题词后来被概括为“三个面向”。“三个面向”是邓小平立足于经济建设这一中心，根据国际新技术革命和国内现代化建设对教育的要求，针对当时中国教育同现代化建设严重不适应的实际，站在当代世界发展和民族历史命运的高度提出来的。因此，“三个面向”的题词不仅是邓小平对北京景山学校教育改革实验的鼓励和期望，也是他对中国教育事业改革和发展提出的战略指导方针。这一战略指导方针既充分体现了中国社会主义现代化建设对教育的客观要求，又从战略高度指明了中国社会主义教育改革和发展的方向。这一战略指导方针为构建有中国特色社会主义教育体系，为研究、解决中国教育工作遇到的新情况和新问题提供了科学的理论依据。（3）邓小平还十分重视培养社会主义新人和提高全民族的素质，反复强调要培养和造就一代又一代有理想、有道德、有文化、有纪律的新人。这种表述后被概括为培养“四有”新人，写入党的历次代表大会的报告和有关决议之中，成为建设有中国特色社会主义文化教育的一项重要任务和目标。（4）中共十三大对中国基本国情和社会主义发展阶段作出科学论断，即中国现在处于并将长期处于社会主义初级阶段。社会主义初级阶段理论既是共产党制定正确路线、方针、政策的理论依据，也是制定新时期教育路线、方针、政策的理论依据。根据这个论断，从社会性质上，中国已经建立了社会主义社会制度，因此，中国的教育事业必须始终不渝地坚持社会主义的方向；从社会主义发展阶段上，中国还处在社会主义初级阶段，发展社会主义教育事业必须从初级阶段这个实际出发，在制定教育方针政策时，绝不能脱离中国教育的实际。

为了落实教育的战略地位，把中国沉重的人口负担尽快转化为巨大的人力资源优势，实现教育的“三个面向”，1985年，中共中央召开了改革开放后的第一次全国教育工作会议，并颁布了《关于教育体制改革的决定》。这次会议确立了教育必须为社会主义建设服务，社会主义建设必须依靠教育的根本指导思想。这是教育思想解放的伟大成果，也是教育价值观念的巨大转变，从而为教育事业的发展奠定了思想基础，使教育走上正确的轨道。会后，《人民日报》公开发表了经中央政治局讨论通过的《中共中央关于教育体制改革的决定》。《决定》总结了新中国成立以来特别是中共十一届三中全会以来教育改革的经验，比较系统地提出和阐明了教育体制改革的指导思想、目标、任务和具体措施，以解决中国教育同社会主义现代化建设尤其是同经济建设相互协调发展的问题，是全面进行教育改革的纲领性文件。教育体制改革是中国在探索走有中国特色社会主义教育发展道路中进行全方位教育改革的突破口，对于促进教育努力适应社会主义经济体制和科技体制改革的迫切需要起了极大的推动作用，在共和国教育改革史上留下了光辉的一页。

教育体制的改革进一步带动了各级各类教育教学的改革，促进了教育事业的发展。基础教育通过实行“地方负责、分级管理”的体制改革，调动了全社会关心、支持教育的积极性，从根本上改变了中国中小学特别是农村中小学的落后面貌。在1985～1992年的短短七年中，社会各方面集资办教育就达1 062亿元，基本消除了农村中小学的破旧危房，明显改善了办学条件，为推进基本普及九年义务教育和基本扫除青壮年文盲打下坚实的基础。经过调整中等教育结构，中等职业技术教育迅速扩大，中等职业学校在校生数占高中阶段在校学生数的比例，由1978年的7.6%提高到1990年的45.7%，中国初、中、高等职业教育体系正在逐步形成。高等学校的各项自主权基本落实，高等教育结构日趋合理，经济建设急需的各类专业、学科有了较大发展。与此同时，各级各类学校积极改革教学内容、课程设置和教学方法，教育教学质量不断提高。全国有三分之一的县、三千多个乡带头实施“燎原计划”，推动教育同科技、农业的结合。农村和城市的教育综合改革取得了初步成效。国际教育交流与合作十分活跃，取得了丰硕的成果。由此可见，正是教育体制的改革促进了各级各类教育的全面改革和蓬勃发展，基本满足了这个阶段社会主义现代化建设的迫切需求，而且为尔后教育的深化改革与快速发展铺垫了道路。但在这期间，教育还存在着发展不平衡、教育经费不足、教师水平有待提高、思想政治教育有待加强等问题。

（六）社会主义教育深化改革与加速发展的新阶段

这个阶段为 1992 年中共十四大召开至 20 世纪末。中共十四大提出了加快社会主义建设步伐，建立社会主义市场经济体制基本框架的战略任务。中共十五大高举邓小平理论伟大旗帜，对实施科教兴国战略和可持续发展战略作了重要部署，并确定了 21 世纪社会主义现代化建设的宏伟目标和跨世纪教育改革和发展的主要任务。在这个阶段，中国在建设有中国特色社会主义教育的理论和实践上取得了新的突破。主要表现在以下几个方面。

1. 加快教育改革与发展步伐

1993 年 2 月 13 日，中共中央、国务院正式印发了《中国教育改革和发展纲要》。《纲要》从战略高度对 20 世纪末、21 世纪初中国教育发展作出了总体规划，赋予教育发展以丰富的内涵。它规划了教育发展规模、速度方面的目标；也明确了教育在结构、质量和效益方面的要求，制定了各级各类教育的发展方针和发展任务。具体来说，在 20 世纪 90 年代，中国教育发展的基本要求可以概括为：“两基”（基本普及九年义务教育、基本扫除青壮年文盲）、“两全”（全面贯彻教育方针、全面提高教育质量）、“两重”（建设一百所左右重点大学和一批重点学科），使全民教育水平有明显提高，形成有中国特色的面向 21 世纪的社会主义教育体系的基本框架。

为了动员全党全社会认真实施《中国教育改革和发展纲要》规定的教育改革和发展的任务，中共中央、国务院召开了改革开放后的第二次全国教育工作会议。这次会议对全面部署和动员实施《中国教育改革和发展纲要》，研究和解决中国教育改革和发展中的重大问题，实现 20 世纪 90 年代教育改革和发展的战略目标，促进中国社会主义现代化建设，产生了重大而深远的影响。因而，它成了有力推进社会主义教育事业和现代化建设的新起点。从此，中国教育事业加快了改革的步伐，进入了迅速发展的新阶段。

2. 加速教育法制建设

中共十一届三中全会以后，中国的教育法制建设重新起步。20世纪80年代，相继颁布的《中华人民共和国学位条例》和《中华人民共和国义务教育法》，标志着中国的教育立法工作已经迈出了极其重要的一步。1982年，全国人大制定和公布了新宪法。在这部宪法的“总纲”中，将教育单列一条并充实了内容。同时整部宪法中涉及教育的条款有11处之多。它以国家根本大法的形式为建立具有中国特色的社会主义教育法制体系奠定了最高的法律准则。90年代以后，中国加快教育法制建设步伐，相继颁布了《中华人民共和国教师法》、《中华人民共和国教育法》、《中华人民共和国职业教育法》、《中华人民共和国高等教育法》。上述六部教育法律，共同形成了中国教育法律的框架。与此同时，国务院还制定和颁布了《残疾人教育条例》、《教学成果奖励条例》、《教师资格条例》、《幼儿园管理条例》、《社会力量办学条例》等十余项教育行政法规；教育部（原国家教委）发布了《教育督导暂行规定》、《教师和教育工作者奖励暂行规定》、《中学生日常行为规范》、《小学生日常行为规范》、《少年儿童校外教育机构工作规程》等覆盖教育各方面工作的教育行政规章五百余项。许多省、市、自治区制定了本地区的教育条例、规章。教育部门还通过各种形式全面开展教育普法活动，大力加强教育执法监督工作，使整个教育工作逐步走上依法治教的轨道。

3. 实施科教兴国战略

20世纪90年代，以江泽民为核心的党中央，高举邓小平理论伟大旗帜，结合中国的实际和时代特征，提出了科教兴国的战略，即重点依靠科技和教育推动经济发展和社会进步的战略，并在具体的实践中不断地丰富这一战略的内容。

为了落实科教兴国战略，1998年全国人大九届一次会议结束后不久，国务院成立了科技教育领导小组，由新任国务院总理朱镕基亲自担任组长。他明确宣布，这届政府将把实施科教兴国战略作为重要任务来抓。同年5月4日，江泽民在北京大学建校100周年庆祝大会上的讲话中进一步指出："当今世界，科学技术突飞猛进，知识经济已见端倪，国力竞争日趋激烈"，"教育应与经济社会发展紧密结合，为现代化建设提供各类人才支持和知识贡献。这是面向21世纪教育改革和发展的方向"。他站在中华民族前途和命运的高度，号召全党全社会"紧紧围绕经济建设这个中心，坚持不懈地实施科教兴国的战略"，要求"全党和全社会都要高度重视知识创新、人才开发对经济发展和社会进步的重大作用，使科教兴国真正成为全民族的广泛共识和实际行动"。这就再一次向全党和全国人民发出了实施科教兴国的动员令。科教兴国战略的提出，是全党全社会对新时期教育战略地位认识上的又一次历史性的飞跃，是保证国民经济持续健康快速发展的根本措施，是实现中国社会主义现代化宏伟目标的必然选择，也是中华民族振兴的必由之路。

4. 全面推进素质教育

1999年6月，中共中央、国务院颁布了《关于深化教育改革全面推进素质教育的决定》，明确提出：实施素质教育，就是全面贯彻国家的教育方针，以提高国民素质为根本宗旨，以培养学生的创新精神和实践能力为重点，造就"有理想、有道德、有文化、有纪律"的、德智体美等全面发展的社会主义事业建设者和接班人。

为了全面推进素质教育和贯彻落实该决定的精神，中共中央、国务院召开了改革开放后的第三次全国教育工作会议。会议要求：实施素质教育要贯穿于幼儿教育、中小学教育、职业教育、成人教育、高等教育等各级各类教育中，并与德育、智育、体育、美育等有机地统一在教育活动的各个环节中。同时要建立政府、社区、家庭、学校相互支持、相互协作的机制，形成有利于青少年学生健康成长和终身学习体系不断完善的良好社会环境。会后，各地党委和政府对深化教育改革、全面推进素质教育的工作作出了具体部署，进一步推动了教育的深化改革和素质教育的全面开展。各级各类学校主动将单纯的知识传授的教育模式转变到以创新为核心全面提高学生整体素质的教育模式上来。

5. 深化教育体制改革，促进各级各类教育发展随着经济体制、政治体制和科技体制改革的深化，教育体制改革采取综合配套、分步推进的方针，改革以往那种在计划经济体制下形成的高度集中的旧体制，逐步建立起与社会主义市场经济体制、政治体制和科技体制相适应的教育新体制。教育体制改革进一步增强了教育主动适应社会主义市场经济和社会发展的活力，它也推动了各级各类教育教学的改革和教育事业的发展。

——如期实现了“两基”的奋斗目标（到20世纪末基本普及九年义务教育和基本扫除青壮年文盲）。到2000年，中国“普九”人口覆盖率达到85%，其中沿海经济发达地区开始向普及高中阶段教育迈进；小学学龄儿童入学率从新中国建立前的20%提高到99.1%；文盲率从新中国建立前的80%下降到6.7%，其中青壮年文盲率由1978年的18.5%下降到5%以下；人均受教育程度接近8年，超过了同期发展中国家的平均水平。与此同时，幼儿教育、高中阶段教育、特殊教育、少数民族教育、妇女教育受到高度重视。新中国建立五十多年来，中国建立起世界上最庞大的基础教育体系，共为国家建设输送了近四亿具有中学文化水平的劳动者，从而极大地提高了全民族受教育的水平和科学文化素质。

——加快职业教育的发展。2000年，中国举办中等职业技术学校15 093所，在校生1 060.2万人，占高中阶段在校生的比例为46.9%。从1989年到2000年中国共建设骨干中等职业学校3 200多所，培养了4 500多万毕业生。1999年第三次全教会以后，高等职业教育也得到迅速发展，独立设置的高等职业技术学院已达到386所，在校生72万人，比1985年增长了11倍。现在，各级各类职业教育的专业结构更加适应劳动力市场的需求。

——成人教育面向当地经济社会发展和广大人民群众对各种培训的需求，重点是岗位培训、继续教育、国有企业下岗职工再就业培训和农村实用技术培训等。中国已有80%以上的乡镇和40%以上的行政村建立了成人文化技术学校，初步形成了县、乡、村三级农村成人教育培训网络。目前正在接受培训的人多达6 757万人。

——高等教育总体规模迅速发展，办学效益有所提高，层次结构趋向合理，专业结构不断优化，办学条件明显改善，逐步形成适应国民经济和社会发展的多种层次、多种形式、学科门类基本齐全的高等教育教育体系。1999年第三次全教会以来，高等教育加快发展，努力创办世界一流大学及推进“211工程”建设。2000年，高等教育本专科在学人数556.09万人，是1988年的2.7倍；在学研究生30.12万人，招生12.85万人，分别是1988年的2.7倍和3.6倍。中国高等教育的毛入学率已从1978年的1.4%，1992年的3.9%，提高到11%左右，预计2005年将超过15%。从1989年到2000年，中国普通和成人高等学校共培养了近1 200万名本专科毕业生，30多万名研究生，通过自学考试获本专科学历的达343万人，为社会主义现代化建设提供了人才支持和知识贡献。

但也应该清醒地看到，中国的教育水平还落后于发达国家；教育的现状与经济社会发展对教育提出的要求、与人民群众日益增长的教育需求也还有相当大的差距；国家财政性教育经费占国民生产总值的比例距规定达到4%的目标，还有相当大的距离，教育事业经费的供需矛盾十分突出，特别是贫困地区教育经费的供求差距更大；教育结构体系特别是普通教育和职业教育之间还缺乏必要的衔接和沟通；教育与社会实践、教育与实际生活缺乏有机的联系；教育观念、教育理论还要不断更新；等等。中国要在激烈的国际竞争中立于不败之地，实现可持续发展战略和社会主义现代化的宏伟目标，就要着眼于与世界先进教育水平的差距，立足于中国的基本国情，进行整体设计，继续推进教育的改革与创新，为国家的富强和民族的复兴作出新的贡献。

纵观中华人民共和国教育发展的历程，可以看到共和国教育发展的历史经历了三次大的历史性转折，反映了中国教育在现代化进程中的重大变革。第一次历史性的转折，完成了从半殖民地半封建教育向新民主主义教育和社会主义教育的根本性转变，是教育性质的根本改变，是质的飞跃；第二次历史性的转折把教育为从以阶级斗争为纲的政治服务转变到为社会主义现代化建设服务的轨道上来，是教育工作重点的转移，是教育地位作用的提升；第三次历史性的转折把适应计划经济的旧教育体制转变为适应社会主义市场经济的新教育体制，是教育体制的转变，是社会主义教育不断完善的过程，其深刻性和深远影响并不亚于教育性质的变革。这个转变还在进行之中，但是蓝图已经绘就，道路已经开通，这一历史性的重大变革一定会达到预定的目标。预计 21 世纪前 50 年，中国将建成现代的国民教育体系，建设世界最大的学习型社会，实现从赶超到超越的战略转变，从教育大国跨入教育强国的行列。

中华人民共和国学制图

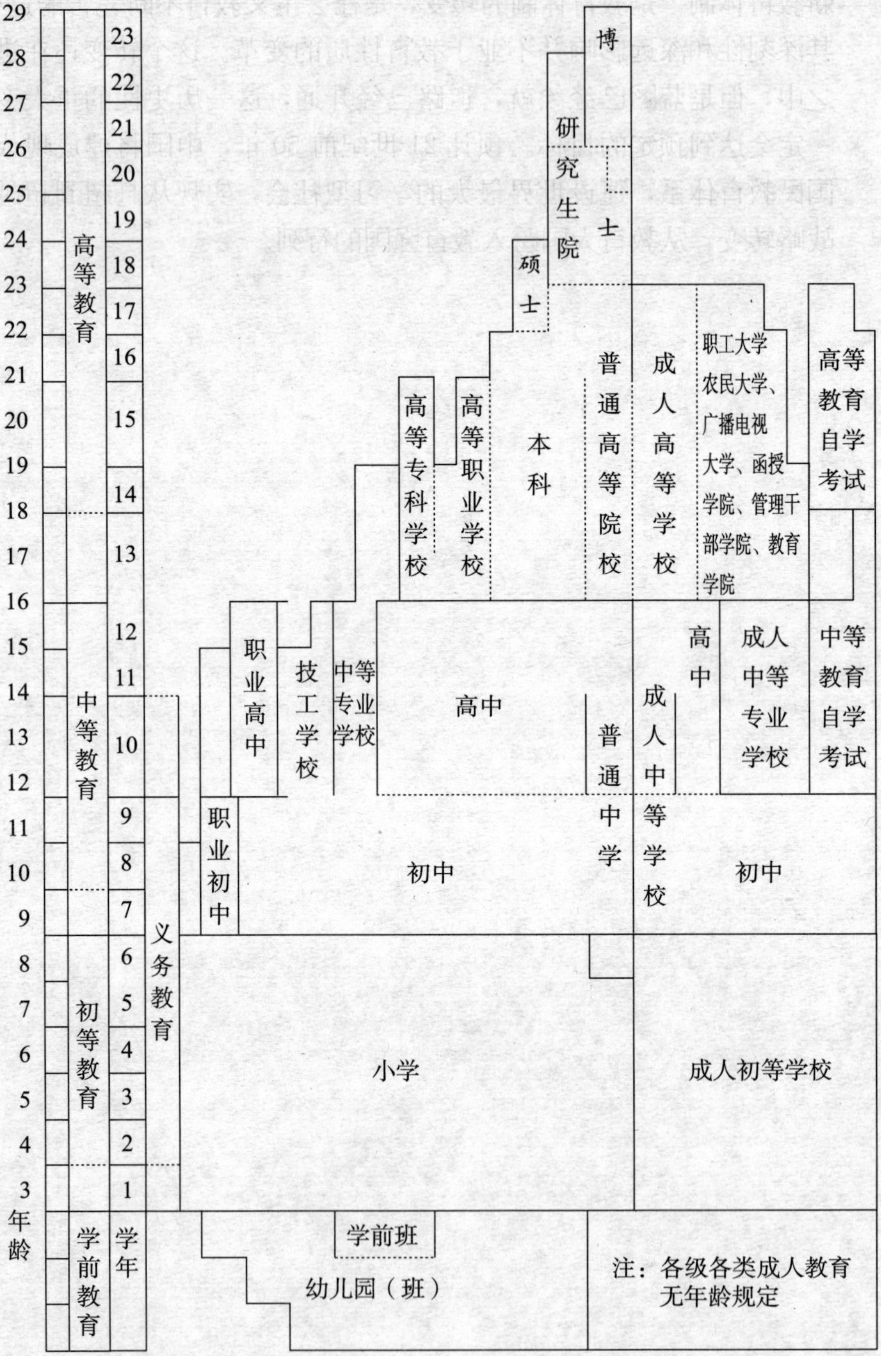
年龄
29
28
27
26
25
24
23
22
21
20
19
18
17
16
15
14
13
12
11
10
9
8
7
6
5
4
3
学前教育
初等教育
中等教育
高等教育
学年
1
2
3
4
5
6
7
8
9
10
11
12
13
14
15
16
17
18
19
20
21
22
23
义务教育
博士
研究生院
硕士
本科
普通高等院校
成人高等学校
职工大学、农民大学、广播电视大学、函授学院、管理干部学院、教育学院
高等教育自学考试
高等专科学校
高等职业学校
职业高中
技工学校
中等专业学校
高中
普通中学
成人中等学校
高中
成人中等专业学校
中等教育自学考试
职业初中
初中
初中
小学
成人初等学校
学前班
幼儿园（班）
注：各级各类成人教育无年龄规定

主要参考文献

1. 陈学恂主编：《中国近代教育史教学参考资料》，人民教育出版社 1986 年版。
2. 中央教科所编：《中国现代教育大事记》（1919～1949），教育科学出版社 1988 年版。
3. 毛礼锐、沈灌群主编：《中国教育通史》，山东教育出版社 1989 年版。
4. 宋恩荣、章成主编：《中华民国教育法规选编》，江苏教育出版社 1990 年版。
5. 董纯才主编：《中国革命根据地教育史》，教育科学出版社 1991 年版。
6. 张健主编：《邓小平教育思想研究》，浙江教育出版社 1992 年版。
7. 张健主编：《毛泽东教育思想研究》，浙江教育出版社 1993 年版。
8. 王炳照、闫国华主编：《中国教育思想通史》，湖南教育出版社 1994 年版。
9. 金铁宽主编：《中华人民共和国教育大事记》（1949～1993），山东教育出版社 1995 年版。
10. 宋恩荣主编：《中国近代教育家系列研究丛书》，辽宁教育出版社 1995 年版。
11. 何东昌主编：《当代中国教育》，当代中国出版社 1996 年版。
12. 中国教育年鉴编辑部：《中国教育年鉴》（1949～1995 年），中国大百科全书出版社 1984～1996 年；《中国教育年鉴》（1996～2000 年），人民教育出版社 1997～2001 年版。
13. 中国蔡元培研究会编：《蔡元培全集》，浙江教育出版社 1997 年版。

14. 何东昌主编：《中华人民共和国重要教育文献》(1949～1997年，三卷)，海南出版社1998年版。
15. 吕小蓟、方晓东主编：《刘少奇论教育》，教育科学出版社1998年版。
16. 方晓东等著：《中华人民共和国教育史纲》，海南出版社2002年版。

中华人民共和国中央教育科学研究院研究员
方晓东（Fang Xiaodong）
张兰馨（Zhang Lanxin）

第四章　英国

广义的联合王国包括英格兰、苏格兰、威尔士和北爱尔兰，本章着重考察几个世纪以来英格兰教育发展状况。尤其是在苏格兰，许多世纪以来，教育被看做公共事业，值得政府投入资源、资金和制定鼓励性政策。这就意味着与英格兰相比，它的民众更多、更早地参与整个教育事业。苏格兰和爱尔兰的教育发展受欧洲和美国的模式的影响比英格兰的教育所受到的影响要多得多。英格兰的改革派和保守派经常关注王国其他部分的动态。英格兰的因循守旧者担忧 19 世纪 30 年代在爱尔兰发生的改革很快会作为改革的样板引进到英格兰。

一、起源

自诺曼征服①前开始，英格兰教育的发展就一直与某一占优势的基督教派的需要相关联。这是一个来自罗马的中央集权制时期，该

① 诺曼征服，诺曼底公爵威廉于 1066 年对英格兰的军事征服。——译者注

时期抛弃了前基督教（Pre-Christian）和凯尔特基督教①的顽固残余。在这种情况下，教会要求教士受过拉丁语教育，拉丁语成为教士自己的语言。而且，宗教的典礼、仪式和信仰也需要统一。常常受到所谓有神授能力领导人所鼓动的平民主义宗教的异端和暴乱，一直是需要予以抵制的威胁。随着教皇制度在西欧的建立，必须按明确的权力体系传递教皇的权力。这就意味着负责保存文献资料、规章制度和宗教文献的官僚体制开始迅速膨胀。为使天主教得到加强和扩展，采取所有这些措施都是必要的。

早期英格兰教育在教会资源丰富的地方得到发展。首批学校附属于大教堂、大小修道院，其主要目的在于宗教方面，即保证教会能源源不断地补充牧师、修士以及托钵修士。保证向普通信徒传授宗教信条也是其基本任务。中世纪的教会始终对异教的骚动保持警惕。宗教条令越来越多地被用于承担这项任务。这要求神职人员熟练掌握修辞、辩论的艺术。所有这一切增长了对学校和教师的需求，以保证这些技能的发展。

12～13世纪，英格兰与欧洲许多国家一样非常活跃。关于发生在欧洲生活包括贸易在内的所有各个方面的活动如此活跃，所作出的解释是各种各样的。也许是因为经济活动的扩张有较平稳安定的前景。当与伊斯兰王国、非洲各国以及中国王朝的联系建立或重新建立后，包括英格兰在内的西欧的眼界开阔了。一大部分人都从中受益。统治者抓住这一机会，巩固自己的地位。伴随着等级、规章、豁免以及报酬的变化，封建制度得到发展。所有这些都要求建立官僚体制并发展教育。

此时，对教职人员的需求已经稳定。通常，要求教会提供这些人员。他们中的一些人善于用外交语言——拉丁文写诗。教士已成为国际网络的一部分。神职人员越来越多地控制政府的最高职位。他们富裕起来，并向使其步上此途的机构捐赠。学校与学院是他们

---

① 凯尔特基督教，不列颠列岛上的早期基督教会，其教义强调禁欲苦修。在7世纪盎格鲁—撒克逊人接受基督教过程中很起作用。以后其体制逐渐被罗马制度所代替。——译者注

所积累的财富的受益者。

商业和经济的增长使城市不断得到发展。这一时期的城市，比如伦敦、纽卡斯尔和约克，都得到了快速发展。与诸如北意大利或荷兰相比，虽然在创造生气勃勃的城市文明方面，英格兰地区要落后得多，但城市的存在增长了对教育的需求，以促进迅速发展的经济活动。国内外的贸易促进了文书、审计以及律师等职业的进一步发展。

城市变成君主和封建贵族税收的重要来源地。作为交换，它们被赋予建立自己机构的特权。到12世纪，已经逐渐形成文法学校网络。正如其名称一样，这些学校主要教授文法，但这是古典语言——拉丁文的文法。它们通常很小，只雇用一两名教师，而且教师常常比较短缺。通常，女孩是不会上这些学校的。它们是未来几个世纪学校体制的中坚。在城市社会里，人们接受拉丁文、文书、辩论术的训练对于其前途是非常重要的。

出身较高的人，如贵族、王子以至一些上等人士，其教育主要在家庭中进行。中世纪的大宅院通常是接纳远亲的场所，其中既有富裕的被赡养人，也有得到遗产较少的贵族后代。在这里，他们接受为战争武力控制的世界所必需的训练，其他的只是陪衬，如运动、音乐、读写以及交际等技能。只有这一社会阶层的人，其受教育的需要增长才最快。藏书丰富的图书馆就像比武场一样，是贵族的标志。

另外的人是如何受教育的呢？中世纪的人们生活在越来越多地被装饰华丽的教堂、街道以及城市建筑物所包围的世界中。所有这些都传递着教学的信息。学习是通过言传并且在家庭中进行的。教给年轻人如何工作、如何生活（实际上是如何谋生）的本领，主要是家庭中年长成员的责任。期望家庭能保证为孩子提供宗教信条和适当的社会训练。

然而，随着这种非正式的教学发展起来的，是一些非常小的学校。这些学校明显地区别于文法学校。它们的首要任务就是用本国语言而不是用古典语言教学，其教学目的和对学生的期望也是不同的。它们是如何成功地完成自己的任务的呢？14 世纪末 15 世纪初出现了像乔叟和朗格兰①这样的文豪。他们用英文撰写伟大著作，并开始利用新的交流形式尤其是印刷品。再之，发生在 15 世纪各种宗教改革运动，尤其是罗拉德教派②的不断努力，目的在于使人们获得用他们的本族语阅读《圣经》的机会。

笔者简要地介绍一下这个时期的大学教育。在随后几个世纪，私人捐赠、教会干预和国家的关注，都持续影响着大学教育的发展。就起源而言，最重要的时期是 12 世纪和 13 世纪。随着教育的不断扩展，人们对更高级阶段教育的需求不断提高。这种进行大学教育的场所在哪里？大教堂、小修道院和寺院常拥有大量的藏书，其中有哲学、艺术以及神学名著。具有强烈求知欲的年轻人出国游学，寻找丰富的图书资料和博学的导师，已经变成了欧洲的传统。欧洲大陆的学习中心极为集中，英格兰的学习者纷纷前来求学。在此，他们发现的是大学。这些大学类似于中世纪的行会，具有准入标志、行为准则和制服，开设文科课程，最后进入一个特定的职业。英格兰学者归国后，渴望让自己因留学获得的声誉发挥作用。英国的大学是由 1165 年的牛津和 1236 年的剑桥脱胎而成的。

二、1550～1750 年的教育变革

自 16 世纪中期开始，英国社会日趋复杂，这导致商人阶级和工匠阶级的壮大，增加了社会进步的机会。另外，政府机关变得更加官僚化。有必要强调一下发生在这个世纪的宗教改革的意义。以下

① 乔叟（Geoffrey Chaucer，约 1342—1400），英国莎士比亚时代以前最杰出的作家和最伟大的诗人之一。朗格兰（William Langland，约 1330—约 1400），据猜测为中古英语头韵诗名篇《耕者皮尔斯》的作者。——译者注

② 罗拉德教派，1382 年以后英格兰人对牛津大学哲学家、神学家威克里夫一派人的谑称，意为喃喃祈祷者。威克里夫的非正统派交易和社会理论是 16 世纪宗教改革运动的先声。——译者注

两点非常突出：宗教改革①在英格兰的进展是缓慢的、零散的，直到 17 世纪末才成为不可逆转的。②教育与学校教育是长期斗争的一部分，在这场斗争中，罗马天主教会的妥协是很缓慢的。宗教改革者信赖那些使《圣经》能被阅读的那些俗人。新建立的英国国教③很重视对学校、大学以及其他教学场所的控制。大学准备支持经过改革的宗教，教师也准备支持新建立的教会。反对天主教教义的斗争，首先在英国国教中展开，然后在它的边缘形成了更激进的教派——清教④（Puritanism）。1688 年以后，一种有限制的宗教多元论开始出现，这使得不信奉国教的新教徒巩固了自己的地位。从 16 世纪开始，形形色色的宗教改革者都试图向新学校提供捐赠及在牛津和剑桥建立新学院以实现自己的目的。这些机构依靠捐赠和土地一直保持到 19 世纪。自 17 世纪后期起，各种不信奉国教的团体建立了它们自己的学院和私立学校网络。起初，这是为了保证提供有学问的牧师，但逐渐地，它们向一部分人提供不同于传统文法学校和大学的新的教育经验。它们的教学常受来自苏格兰的启蒙思想的影响。不信奉国教者的学校（academy）增加了新科学、现代语、历史以及地理的教学。

欧洲的人文主义思潮影响了英国教育。伊拉斯谟⑤多次访问英

---

① 16 世纪欧洲改革天主教会的运动，产生了新教。——译者注

② 1688 年英国正式确立了君主立宪资本主义国家制度。——译者注

③ 国教通过法律确认为一个国家或民族的官方教会，并获得民政当局的支持。国教有英国的圣公会、斯堪的纳维亚国家的信义会、意大利和西班牙的天主教、以色列的犹太教、沙特阿拉伯和埃及的伊斯兰教、泰国的佛教等。——译者注

④ 清教主义是从 16 世纪末到 17 世纪英国基督教圣公会内部的改革运动。——译者注

⑤ 伊拉斯谟（Erasmus，1466—1536），文艺复兴时期的学者，他在欧洲广泛游历，从事教学与写作。他在教育方面的著作体现了当时的人文主义的思潮，其著作内容主要是关于家长与教师的职责。——译者注

格兰。他是约翰·科利特①的朋友，帮助其制定在圣保罗建立学校的计划。虽然罗杰·阿谢姆②的英语著作中广泛论及教育问题，但英格兰并未产生一名伟大的文艺复兴思想家。17世纪早期，弗朗西斯·培根③曾试图研究一所理想的教育机构应教些什么。他提倡用调查法和观察法进行教学，希望扩大学习范围，摆脱古典语言。大学的课程也得到了一些修改。

1640～1660年是大动乱时期，常被描述为清教徒革命时期(Puritan Revolution)。革命呼吁发扬关于教育和学校教育的新思想。受新教理论家夸美纽斯（Comenius）的影响，一大批像杜里④这样的人计划用本地语普及初等教育。威廉·配第⑤爵士提倡举办贸易学校，向所有年龄的儿童教授手工艺。持续的革命导致了大范围的争论，但其真正的影响是破坏了现有的机构，学校和学院被肢解。

1660～1760年的一百年，是教育衰败、令人失望和重新调整的时期。哲学家约翰·洛克（John Locke）反复努力简化课程，引进新科目，在教育体系内创造合适的环境，建立培养顺应1689年革命后时期的理想市民的教育体制。他认为，必须扫除无知、迷信和恐惧。改革显然是在受到对人类理性和改善人性的能力的乐观信念的鼓舞的气氛中进行的。但是，这些思想在被承认的机构外，即在激进的不信奉国教的学院、私立学校起指导作用，实际上是通过私人导师的活动得到传播。衰败的迹象还表现为当时的一些机构，特别

① 约翰·科利特（John Colet，1467—1515），英国主要人文主义者与圣保罗学校的校长，他与伊斯拉谟一起创办圣保罗学校。——译者注

② 罗杰·阿谢姆（Roger Ascham，1515—1568），英国卓越的学者，剑桥大学教师（伊丽莎白一世儿童时期的私人教师）。——译者注

③ 弗朗西斯·培根（Francis Bacon，1561—1626），英国哲学家。他坚信知识给人以驾御环境的力量，只有对先人之见提出怀疑和采取实验与分析的态度去探究，才能获得知识。他的这些主张在教育思想上有很大影响。——译者注

④ 杜里（John Dury，1596—1680），苏格兰基督教牧师。——译者注

⑤ 配第（Sir William Petty，1623—1687），英国政治经济学家、统计学家。——译者注

是牛津和剑桥，它们被教士牢牢地控制，要面对人数的下降。在用捐款设立的文法学校（endowed grammar school）里，也同样如此。后者在努力适应这种新形势。它们中有的靠绝对地迎合本地区的需要而生存下来。这些学校为满足当地的商人、农民和较富有的工匠的需要，更多地向他们的孩子教授读写算技能。其他的文法学校向另一方向发展。雄心勃勃的校长们在更广地域内寻求来自不同社会阶层的主顾，这些人需要得到古典语言的教育，以进入能培养学生绅士品格的大学。这些学校逐渐丧失了与地方的联系并力图满足社会的新的需求。其结果就是它们不得不常常迁址。因此，古典的中等学校体系到18世纪失去了自己形式上的统一性。

在工业革命前夕，大量争论仍集中于读写能力水平。它是否意味着会读的能力，或既会读又会写的能力？那些能够签自己名字的人真正懂得了多少？到17世纪，当时出售的书籍、小册子、历书表明，人们正生活在印刷字越来越被更多的人所接受的社会中。在这种社会里，阅读能力变得更重要，也激励其他人进入阅读世界。读写的简单技能大多似乎是通过家庭和当地网络，而不是通过像学校这样的正规机构传授的。读写能力似乎与社会分层紧密相联，社会地位越高，就越能获得基本读写技能。此外，也存在大量地域性和职业性的差别：某些地区出现更多的会读写的人；某些职业特别是手工艺，鼓励人们获得阅读技能。经济的前提通常意味着，社会地位越低，获得阅读的机会就越少。关于是否有必要让所有的人都获得读写能力，在统治集团中一直存在争论。18世纪的一些作家发出警告，认为大量人口能读会写是对社会的一种威胁，穷人将变得懒惰、粗野或具有煽动性。直到19世纪初期，大多数人尚未获得这些技能。老年人通过口耳传授给年轻人一些基本知识，这种方式常被认为是更适合于生存的。20世纪60年代，随着新的民族国家谋求进入发达程度更高的工业化世界，在前工业化的英格兰，关于读写能力的辩论变得与现代形势相联系，这绝非偶然。

这一时期曾发生了持续近两个世纪的宗教改革。这场宗教改革不时地受到来自欧洲大陆的反对改革的势力和来自内部的更加激进的改革者的攻击。整个17世纪战乱连绵不绝，导致王位更迭不断。最终结果首先是诞生了体现于1689年《合约》(*Contract*)的平衡宪法。在《合约》中，国王与议会间达成妥协。其次，达成了宗教和解，这确立了国教的地位，同时又给予不信奉国教的新教徒有限的、适当的容忍。最后，对于公民有权集会、抗议和上诉也达成了协议。这是一个经受了时间考验的和解。18世纪当欧洲大部分正在遭受内部冲突和毁灭性的战乱的困扰时，英格兰却从内部的稳定和相对平静中受益。战争的胜利导致的结果是：英格兰和苏格兰议会联合；金融和商业机构增加；建立在民众的新教教义基础上的更有凝聚力的爱国主义精神开始形成；海外帝国在不断壮大；意识到要从实行中央集权的欧洲专制君主政体中分离出来。形成了贵族和绅士阶级，这个阶级拥有强大的地方权势和土地所有权，信心十足地领导着国家进行巨大的经济、社会和政治改革。这个阶级从上两个世纪的不稳定中吸取了两个宝贵的经验教训。第一，自卫的本能促使它变得更灵活并适应改革，政治分歧常归结为改革的时期和范围而不完全是改革的内容。第二，这个阶级不掩饰自己对中央管理的敌视并顽强地支持各郡。这种状况对英格兰教育制度的形成具有重要意义。

自1750年起，占据统治地位的精英教育问题引起了激烈争论。当时主要有以下两种对立的教育思想。环境决定论者洛克主张严密监督之下的私立教育。这意味着儿童在幼年时其周围是家庭成员和女家庭教师，后来由精心挑选出来的私人导师来代替女家庭教师，私人导师负责指导和管理他们的学生。事实上，这些私人导师要始终陪伴着他们的学生，即使这些学生在一般由神职人员所掌管的小规模的私立学校中接受教育，直到他们从牛津或剑桥毕业。人们仍期望他们能履行其义务。最后一个阶段是通常去西欧教育旅行①的漫漫长途。旅程中私人导师仍要专事指导和德行监护。所有这一切，都是为塑造能承担自己的责任的未来领导者。

然而，还有一种不同于这种封闭式的教育。许多未来的领导人

① 18世纪英国富家儿童（尤其是男孩）赴欧洲漫游以完成其教育。——译者注

在幼年时就被安置在那些力图满足其需要的学校里。这样的学校有：伊登（Eton）公学，它的特征源于早期与君主制的联系；温切斯特（Winchester）公学，它具有培养宗教领导者的牢固传统；威斯敏斯特（Westminster）公学，①它与伦敦这个城市和法律有联系。到了18世纪，又出现了新的竞争对手，著名的如哈罗（Harrow）公学，它位于农村但离伦敦不远。它不久就成为伊登公学的竞争对手。这些学校强调教室纪律，但课后几乎完全放任自由。最终，出现了大约九所公学。起初，其教师严重不足，要教大批各种年龄的学生。在这里，少年可以形成他们自己的网络，这种网络往往一直保持到他们成熟；他们推选自己的学校领导者，相互之间频繁接触，有时与当地居民争吵。公学的生活环境往往是无情而残酷的，这让许多多愁善感的父母感到害怕。但它不乏支持者。这是一种公学教育，未来的领导人在这里知道了他们将在其中生活的社会是什么样的，在这个社会中即使最高贵的贵族，也会遭到不恭的下人的推撞，偶尔还会遭到恐吓。

相当多的市民，其中有商人、牧师、银行家、小贵族、少部分统治阶层以及律师，继续将他们的孩子送到当地的受补助文法学校中。在那里，学生接受古典语的基本训练。到1800年，其中的许多学校进入转变期。有些学校得到的捐赠已明显不足，在为生存而斗争。它们找到的答案是通过拓宽因过于狭窄而不能满足本地区需要的课程以及加强基本技能的训练来扩大市场。另一些学校由较明智的托管人管理，它们招收当地的和其他地区的学生。而且这些学校依靠收费生存，资金严重不足。私立的商业学校往往与教会有联系，成为另一种集资的学校。这些学校招收的学生不完全来自宗教界。这些学校的建立在现代语言而不是古典语言基础上的新的教学计划很有吸引力。它们重视教授科学基础知识以及会计学和数学之类的

① 伊登公学，设在伯克郡伊登，英格兰最大最有名望的公学之一，建于1440～1441年；温切斯特公学，英国最早的公学之一，位于汉普郡温切斯特，建于1382年；威斯敏斯特公学，正式名称为圣彼得学院，是设在伦敦威斯敏斯特教堂附近的用私人捐款建立的一所专收男生的学校，建校时间不详。——译者注

商贸学科。这吸引了许多殷实家庭的年轻人。还有一些学校则转变为公学。

在工业革命前夕，大众受怎样的教育呢？他们能够期望受何种类型的教育呢？正像我们所见到的一样，这主要还是取决于地区、职业、家庭甚至所信仰的教派忠诚。上述的每一个因素，都能影响到人们对读、写、算能力的态度。一些不信奉国教的修士团分团，不但培养了有学识的牧师，而且培养像班扬和弥尔顿①那样的会众，他们能用诗来表达圣经和清教的经典著作。这给了他们学会阅读和理解的强烈动机。但不是所有教派都走这条路。另一些教派对学识更多地持怀疑态度，而热衷于类似宗教体验的直觉和情感。教育在很多方面还取决于那些被家庭认为的对在严酷的经济环境中谋生显得重要的东西。直至19世纪末农民还是主要的劳动力，那些经过技能和手艺训练的人，从读写算中获得的利益比农民多。性别也起了一定作用，因为女孩的生活注定就是操持家务和从事短期的低报酬的工作。工匠是最具有独立心智和被认定了的群体。他们经常以相同的方式从互相切磋中学习阅读技能，像他们通过学徒制度从年长工匠那儿学习技艺一样。

三、工业化和城市化的学校（1780～1870年）

历史学家就英格兰工业革命的广度和深度展开了论争。辩论指出无论是工厂还是工场，都尚未成为大部分人口的正规工作场所。在这个世纪内，小工场和家庭雇工继续与新的工厂无产阶级并存。重工业、煤矿、纺织企业和钢铁企业所占的比重还不大。新工业城市的数量还没有超过农村和小的贸易城镇的数量。这种状况一直维持到19世纪的下半叶。虽然出现了像工场主这样的新的富裕阶层，但他们的财产很少超过那些拥有土地的贵族、城市银行家或大商业

① 班扬（John Bunyan，1628—1688），英国清教徒牧师和传道士，著名的清教主义著作《天路历程》的作者；弥尔顿（John Milton，1608—1674），英国伟大诗人，地位仅次于莎士比亚，对英国文学、文化和思想产生了重要影响。——译者注

公司的首脑。因此，政治权力并未从老的精英那里转移到新的革新和进步集团手中。它们之间有摩擦，特别是在19世纪30～40年代，这种摩擦经常涉及有关国教和大土地所有者的特权的争论，但到19世纪50年代中期，大多数矛盾得到了解决。在这一世纪里，政府各部门通常为大贵族所把持。在此期间，英格兰发生了变革，但这种变革是缓慢的、不彻底的。

20世纪60年代初期，哈罗德·西尔弗（Harold Siver）敏锐地提出其他教育史学家曾不断强调的问题：为什么在1815年后大众教育成为一个激烈争辩的主题？为什么有这么多的个人和团体会不遗余力地致力于建立一种以创办面向人民群众孩子需要的学校为宗旨的社会？显而易见的原因是19世纪初的人口爆增。关于人口统计学变化的原因，社会史学家与经济史学家的意见是不一致的。但事实是孩子越来越多，特别是在新的工业区穷人家生的孩子越来越多。

有的历史学家将人们对普及教育态度的转变归因于18世纪启蒙运动和人文精神的渗透。这种人文精神认为，所有的人，不管其在生活中的地位如何，其人性都能得到改善。教室和教师越来越被看成是取得进步的工具。因此，社会上与犯罪有关联的许多罪孽，似乎可以通过学校教育来减少，而不是继续对年轻人采取严厉的惩罚来减少犯罪。布鲁厄姆勋爵①是苏格兰教育的产物，像他这样的积极改革者，坚持了这些观点。不过英格兰的许多领袖人物与启蒙思想和革命政治有关，特别是法国大革命后，因而，不大可能以此为依据转而支持普及教育。那些支持启蒙思想的人，比被他们称之为无知和迷信的力量强大得多并对之发起挑战。托马斯·潘恩和罗伯

① 亨利·布鲁厄姆（Lord Brougham，1778—1868），英国律师与政治家。他极力倡导初等教育，并推动了议会对“下层社会的教育问题”进行咨询。1820年他力图通过一项法律，以规定教区学校由工厂主出资建立，由地方税收、家长捐款与他认为已被滥用而需重新分配的捐赠资金来维持，但是遭到了失败。他也是机械学校的支持者，并对1828年建立的非教派教学机构——伦敦大学起了很大作用。他写的小册子《对人民教育的实际观察》广为流传和阅读，并导致实用知识普及协会的建立。——译者注

特·欧文①的追随者参与了这场激进的运动，向国家的政治和社会结构提出了挑战。

通常把宗教运动看做19世纪英格兰民众教育发展的推动力。19世纪早期，英格兰社会为福音派新教会复兴（Evangelical Revival）所控制。福音派教徒致力于驱除社会罪恶，并保证国家的各方面都能摆脱冷漠、无动于衷和怀疑主义的羁绊。他们认为，有必要在全国普及宗教和政治小册子，以扫除作为流行文化标志的粗陋著述。他们热衷于教育活动，虽然这种活动主要以宗教为目的，但却具有广泛的教育意义。典型案例是主日学校（Sunday School）运动的扩展。这一运动的发展就是福音派新教会复兴的结果。它的主要任务是确保大部分人的心灵的拯救。为了保证心灵的拯救和让学生熟悉《圣经》，主日学校的教师教授阅读技能。而关于阅读甚至写作的技能的教授，是主日学校运动中一个有争议的主题。然而，近郊和城市的巨大变化在许多地区铺天盖地而来，破坏了任何现存的教育机构，主日学校在19世纪早期成为为穷人提供教学的主要形式。其他的教育活动都要归功于福音派新教会的强大运动。沙夫茨伯里勋爵②极力推动贫民免费学校③的发展，谋求让最贫穷的儿童在他们自己的环境中接受教育。学校向他们提供宗教教学、食品和衣服，一些实用性的教学以及少量读写技能的教学。后来倡导工业学校和感化学校的许多人，在这些学校做实习教师。

尽管像福音主义这样的宗教运动声势浩大，但教派之间的竞争影响了教育扩张的速度。圣公会是英格兰的国教，信奉国教的人有

---

① 潘恩（Thomas Paine，1737—1809），又译佩因，政治新闻工作者，出生在英国的美国作家；欧文（Robert Owen，1771—1858），19世纪初很有影响的英国空想社会主义者。——译者注

② 沙夫茨伯里勋爵（Lord Shaftesbury，1801—1885），19世纪英国最有影响的社会和工业改革家之一，英国圣公会福音派领袖。在他担任贫民免费学校联合会主席的39年间，约有30万名贫苦儿童得到了免费受教育的机会。——译者注

③ 19世纪初，美国与英国的慈善家们为贫苦儿童开办的一种免费小学。——译者注

君主、几乎所有的贵族和绅士、伦敦以及其他城镇的大多数从事工商业的家庭。国教的力量渗透到学校中。校长和教师都期望成为国教会的一员，而且他们往往是教士。宗教教学是根据国教教义进行的。不过，英格兰的国教从未像欧洲其他国家的国教那样取得完全的控制。自1689年和解后，容忍了不信奉国教的新教徒的存在。新教徒建立了自己的会所、会众甚至学校。工业化和城市化往往意味着人口的迁移。更为灵活的新教徒能比国教徒更快地参与教堂建造计划和资源重新分配。在整个19世纪上半期，他们似乎是一支在不断增强的宗教力量。在许多新兴城市，工场主和企业主都是杰出的新教徒，他们不满国教会被赋予的特权。教育成为国教与新教之间最激烈交锋的战场。自1808年起，新教有了自己的教育机构——英国外国与学校协会①（British Foreign and School Society，BFFS），它致力于儿童特别是城市里贫民儿童的普及教育。它支持基于约瑟夫·兰开斯特（Joseph Lancaster）倡导的导生制（monitorial system）基础上的教育方式。关于宗教教学，它强调英格兰是一个新教国家，所以它的年轻人必须学习圣经，并做礼拜。这些就足以给他们提供宗教生活的和道德生活的基础。国教会感到必须进行反击，国民协会（National Society）于1811年建立，其目的在于为英格兰的每个教区的教会建立一所国民学校（National School）。国民协会依据的教育学理论来自一名国教会的教士安德鲁·贝尔②。进这些学校的小学生，接受到更多的国教教义的宗教教育并参加礼拜仪式。他们期望年轻人在这样的学校中完全处于国教会的影响之下，从而保证阻止新教教义的传播。这场宗教竞争的结果是：在许多大的人

---

① 这是一个从事初等教育的先驱组织，最初的名称是皇家兰开斯特协会。该协会之目的是成立约瑟夫·兰开斯特提倡的导生制学校。皇家兰开斯特协会成立四年改变了名称。虽然大都不属于英国国教教派，但这些所谓的英国学校对所有教派的儿童开放，并且（不同于与之竞争的国民协会所开办的学校）不进行教派的宗教教学。英国外国与学校协会也是开展教师培训的先驱者。——译者注

② 贝尔（Andrew Bell，1753—1832），苏格兰教士，采用导生制发展了大众教育。死后留下大批遗产，捐助苏格兰教育。——译者注

口聚集地区，大众教育机构（从初等学校到成人教育）的扩张，反映了深刻的宗教分歧。这对教育的发展产生了什么影响？19世纪早期教派之间的竞争，是否是促进大众教育发展的重要因素，对此问题一直是有争论的。贝尔和兰开斯特的宗教立场是相互敌对的，但他们对小学生的教学方法是相似的，并在世界教育史上取得了“贝尔—兰开斯特导生制”的名称。根据这种教学方法，年长的和成绩较好的学生是教师的助手，他们在教师的领导下带领其他学生学习。这样就能同时教一大群学生学习阅读、书写和计算。由于采用这种方法费用低廉，且能迅速传播文化，导生制得到了世界许多国家（印度、俄罗斯、北欧几个国家）的认可。这一方法一直沿用到19世纪中期国家初等学校体系建立时。

维多利亚时代早期的一些政治家坚信必须自愿地作出努力并组织宗教社团去建立学校，为那些学校配备教学人员甚至供给资源和设备，这些都是可能获得批准的。政府不愿取代这种努力并创建自己的学校体系，认为由政府做这种事情是浪费的、过度官僚的，甚至是危险的专制。自1833年起，国库确实给两个从事教育的宗教社团拨了款，但这更多地被看成是“诱导”资金，其目的在于激励更多的志愿者投资。从1833年开始，两大社团就投入为争取获得大部分政府补贴的激烈斗争中。在这场斗争中，国民协会是胜利者。它是一个效率更高的中心组织，集中了一批当地的自愿捐助人。他们能够为比较贫穷的地区提供配套资金，以完成建造校舍的计划。在评价这些史实时，一部分历史学家认为，教派之间的竞争是推动教育发展的动力；另一些历史学家一直批评由教派争斗和冲突带来的破坏。应该指出，第二种观点并非没有道理。因此，一个不愿介入教育事业的政府担心，如果他们试图推出一个国家的学校制度，他们就会承受来自各个宗教派别的各种压力，这就促使了它退出教育事业。1839～1940年，政治家和管理者被迫撤回其对接受政府补助的学校实行国家督导的远大计划。关于教师的培养，也遭到教会的质疑和抵制。一方面，在那些教派力量几乎势均力敌的地方，激烈的宗教竞争有时导致了学校过剩；另一方面，许多地方由于缺乏足够的富有的赞助者，教派从这些地方撤出，学校仍然缺乏。因此，由宗教志愿者来努力发展学校，其结果必然是东拼西凑的。

对大众教育的关心，是为了在向一个更现代的工业社会过渡过程中找到一种新的社会控制途径。需要对工人阶级的子女进行工厂纪律和工作规则等方面的教育。一段时期的学校教育、固定的时间表、由钟铃来调整学校作息时间、严格的行为准则，被许多改革家看成是为将来在新工厂里生活所作的理想准备。学校教育可以抵制某些工人家庭对孩子的有害影响，在这些家庭中有利用孩子潜在的谋生能力剥削他们的嫌疑。这些父母还被指责未能在家庭环境中为孩子提供必要的训练。改革家凯—沙特尔沃思①（后来成为首任枢密院教育委员会主任）认为，学校和教师应致力于改造工人阶级家庭及其邻近地区的人。他认为，大众教育的教育方式需要改进，应摆脱导生制的远距离学习。训练有素的班级教师需要更多地履行其职责。通过政府的督导来提高标准并给予学校更多的关心，从而推动学校进步。这些改革家经常引证一些欧洲国家已在发生的事，以确保建设一个更学校化的社会。1830～1840年在曼彻斯特进行的对犯罪、赤贫、无知状况增长的调查研究，大大地促进了大众教育的实施。

工人阶级自己对他们所接受的教育有何反应呢？显然，不管是全盘接受还是完全反对，这种反应都没有一个标准。这种反应有一些共同的特点。即使最成功的工人阶级群体，也害怕会变得一贫如洗。在这样的情况下，家庭所能提供的教育是根据费用来确定的。教育时间延长，意味着付出的费用增加和失去挣钱的机会，家庭经济状况可能因此而受到威胁。另一方面，有一种观点认为：随着新的生产方式的出现，经济在不断增长，具备某些基本的读写算技能

① 凯—沙特尔沃思（Kay-Shuttleworth，1804—1877），英国人，当1832年霍乱流行时，在曼彻斯特贫穷的棉纱工人中间从事医务工作与后来主管从政府资金拨款救济穷人的工作，使他相信教育乃战胜贫困的手段。1839年，出任枢密院教育委员会主任，其间，他扶植了随着19世纪兴起的国民教育出现的许多新生事物，例如，小老师、师资培训与视察学校等。——译者注

是有用的并能获得回报。这种观点越来越多地被得到认同。因此，大多数工人阶级父母喜欢一种灵活的教育方式。这种方式使他们的子女能以最短的学校学习时间来获得这些基本技能。他们仇视为延长学校教育时间使之更正规化而作出的种种努力。儿童的精力不得不很快转向挣钱，或在家庭出现经济危机时待在家中，而不是花更多时间延长学校教育。英格兰很快就产生了一种部分时间的（通常为夜校）教育方式，以此弥补基础教育的不足。私立小学①所提供的大量宗教训练，存在着明显的急功近利。受英格兰菲利浦·哥德纳丢弃初等学校启迪，地方史学家开始发现，由家长出资的能满足工人阶级家庭需要的学校形成了一个广阔的网络。这些学校往往设在家庭或店铺屋内，地处附近，并且雇用亲近工人阶级家庭者担任教师。这种学校为越来越困窘的工人阶级提供了选择空间。这种学校不严格要求学生按时到校，也不严格要求学生穿制服和掌握规定量的知识。由于国家或教会不为这些学校提供经费，因此它们也不接受督导。从19世纪30年代起，工人阶级政治运动的领导人承担起指导这些学校的责任。

在危机四伏的19世纪30～40年代，工人阶级通过政治运动争取到了一些权利。宪章运动者②（Chartists）和欧文主义者（Owenites），揭示了在新的工业化社会中正崭露头角的两种社会观。与官方施加的政治和社会控制相比，他们走得更远。虽然在许多问题上他们的领导人的意见存在分歧，但是他们对于在新的工业化时期的未来社会的观点却是一致的。基于18世纪90年代的汤姆·潘恩、

① 在英国由民间团体（通常为英国教会或罗马天主教会）开办的地方学校。私立小学的部分或全部校舍及（或）其维修费用由办校的民间团体提供。私立小学亦接受地方教育当局或教育与科学部的资助，并按获得资助之多寡而接受地方教育当局不同程度的管理。私立小学有三种类型，即私立公助小学、私立公管小学与特许私立公助小学。——译者注

② 宪章运动，英国工人阶级争取改革议会的运动，因伦敦激进派洛维特1838年5月起草的《人民宪章》得名。——译者注

1815～1830年的威廉·科贝特①的遗产以及可追溯至17世纪的长期激进传统，这些团体提倡一种工人阶级所需要的“真正有用的知识”，以挫败教会提供的社会教育、政府资助的私立教育以及中产阶级改革家炮制的“改良”小册子。欧文主义者与宪章运动者提出了自己的有关历史、政治经济和社会科学的观点。尤其对欧文主义者而言，只有工人阶级受到教育，与无知、迷信和欺骗作斗争，他们才可能获得真正的政治和经济进步。宪章运动与欧文主义的科学会堂，一跃而成为最大的鼓动中心。在另一些地方，出现了互促社、阅览室以及流动图书馆来传播信息和教育。宪章运动者有自己的印刷厂、演讲人，出版自己的小册子。教育活动是他们多年斗争的主要目标之一。他们对工人的教育作出了很大的贡献。这个年代的成就对后世产生了非常重要的影响。

工人阶级的政治运动最终于19世纪50年代遭到失败并被迫重新确定自己的社会观。工人运动未能推翻现存的制度。但另一方面，它迫使政府与来自下层的日趋上升的政治运动达成协议。政府在诸如选举权、工会制度以及公民教育等一些重大问题上变得较为灵活。政府不再企图为工人阶级提供一种完全的教育。它们承认，读写算的基础教育越来越超出政府的能力和财力。然而，政府作出了让步，就是要确保加强地方对学校的影响，拒绝过于集中化的趋向。同时，政府又反对教会对教育的控制。地方主义和对教会影响的遏制，使各个激进中产阶级集团之间的重要联盟得以保存。中产阶级支持建立一个世俗的、由地方控制的国民初等教育制度。工人阶级继续在这一领域展开斗争，在19世纪70～90年代建立了他们自己的学校，这些学校由工会、行会和独立的政治组织管理。工人阶级的这些组织从未完全失去源自宪章运动与欧文主义的具有独立批判性的旧传统。一方面，他们对国家初等教育体系实施社会监督，这种社会监督在1870年时已成为合法的。另一方面，他们继续自己的教育活动，为了培养工会领导人和工人运动的积极分子，他们加深了对历

① 科贝特（William Cobbett，1763—1835），19世纪英格兰最著名的新闻记者，政治舞台上最勇敢的人物之一。——译者注

史、科学和文学的学习。首先要把他们培养成优秀的组织者和宣传者，然后才是把他们提高到很有教养的论敌的水平上。

在《两个国家》与《1870～1920 年教育结构》中，布赖恩·西蒙（Brian Simon）让我们注意到 19 世纪 60 年代国家卷入教育改革的方式。他向国家不干预教育、把教育完全搁置一边的神话提出了挑战。国家再也不能不关心人民的教育，再也不能站在旁观者的立场上了。重要的是作出决定的方法。政府求助于屡试不爽的各个皇家委员会。如纽卡斯尔委员会负责调查穷人受初等教育状况，汤顿委员会负责调查受补助学校的问题，克拉伦顿委员会调查公学的作用。领导阶层对政府干预教育的方式犹豫不决。实际上，这些委员会提出了许多进行大刀阔斧改革的建议，其中著名的如汤顿委员会提出的关于捐赠的改革，但最终遭到了政府和法院的否决。人们提出了三个问题：怎样的教育对社会各阶层（从最富有的到最贫穷的）才是最合适的？改革应达到怎样的深度？就初等教育而言，是保留现有的制度还是有必要实行彻底的国民义务教育制度？所有这些论争，都发生在最终导致选举权进一步改革的政治调整的背景下。当时乌云密布，德国和意大利联合起来，显示出在将来拥有潜在的竞争力。林肯军队在美国南北战争中的最终胜利，保证了美国在 19 世纪 80 年代成为一个在经济和全球影响力上有巨大潜在能量的强国，这就向英国政府提出了新的挑战。人们开始担心经济的衰落。第一个工业国开始看到其主要出口工业品，如棉花、煤、铁和钢，不得不与那些在初级产品方面资源更丰富的竞争者展开竞争。此外，由于工业化步伐加快及发生变革，出现了新兴工业和服务，它们建立在更科学的基础上，要求劳动力受到更多的学校教育。

正是在这一背景下，1870 年《福斯特法》① 获得通过。倾向于将战争与社会改革联系起来的历史学家指出，1870 年普鲁士战争机器取胜的影响及其对已在义务教育制度下接受教育的军队的依靠。另

① 又称《1870 年教育法》。英国历史上一项重大的初等教育法。它首次规定英格兰与威尔士的基础教育为面向所有儿童的强制性教育，设立地方教育委员会，从地方税收中拨款建造学校。——译者注

一些历史学家认为，行政管理的自由化改革起了很大作用，在由约瑟夫·张伯伦①创立的全国教育联盟（National Education League）的压力下，自由主义政府推动了教育改革。措施的局限性表明，上述解释没有一种能在今天完全站得住脚。没有设立一个经过调整的中央部门来实施新的制度。面向大众的教育既不是义务的，也不是免费的。新学校所提供的教育具有局限性，学生似乎不可能寄希望于这种教育来提高自己的社会地位。出现的新事物是一种负责管理和资助学校的新的地方机构。如果一个地区有像教会这样的志愿者团体开设的面向工人阶级的学校供不应求，可以设立地方教育委员会。这种地方教育委员会由纳税人选举产生，可以征收教育税用来建设学校、提供师资以及维修校舍。寄希望此举能在人口密集的城市中心地区创建充足的学校，使大量的人能上学。这一新的地方教育委员会是不民主的。它们剥夺了没有纳税的人的选举权，而且会议通常安排在完全不适合大部分工人阶级参加的时间召开。然而，它们确实包含了进步。从一开始，妇女就可被选进委员会。很少的几个妇女先驱者，如埃米莉·戴维斯（Emily Davies）、伊丽莎白·加勒特（Elizabeth Garrett）和安妮·贝赞特②，被选进伦敦学校地方教育委员会。工会不久也对地方教育委员会产生了兴趣，其代表被选进了某些地方教育委员会。这是因为地方教育委员会是属于当地的，要顺受来自当地的压力。大城市地区的地方教育委员会控制着大量的资金。伦敦地方教育委员会不但可以招募杰出的教师，而且不久在原有的体系内又创建了新的体系。它们创建了幼儿教育和幼儿园，并为那些被认为有学习困难的学生建立特殊学校，还使某些小学生所受的教育，远远超过了《1870 年教育法》的规定。在许多城市地区，第一次出现从事核算、管理和组织的受过教育的社会阶层。工人阶级父母勉强地同意了必须让其子女在 11 岁左右前在教

① 张伯伦（Joseph Chamberlain，1836—1914），英国政治家、社会改革家，19 世纪末 20 世纪初英帝国政策的制定者。——译者注

② 贝赞特（Annie Besant，1847—1933），英国社会改革家，曾为费边社会主义者、神智学者。——译者注

育机构中度过部分时间。这不可避免地使得教育逐渐在 1881 年变为义务的，1891 年实行免费。而地方的情况总是参差不齐的。许多地区仍被排除在地方教育委员会的拨款之外，继续依赖民办教育。并非所有的地方教育委员会的政策都像伦敦或利物浦地方教育委员会那样先进。许多地方仍受狭隘的地方利益支配，或为宗教的纷争困扰。常常指责这种组织制度的基础太狭窄，只迎合本地社区的需要。

19 世纪早期，古老的大学①也发生了改革。尽管大量必需的改革由来自大学内部的团体主动提出的，但是古老的大学并未能避开国家的干预。宗教骚乱以及有权威的大学校长的防范，促使政治家们在 19 世纪 50 年代对牛津和剑桥进行调查。这些调查和 19 世纪 70 年代皇家委员会工作的结果是，大学的章程在缓慢地修改，使更多的世俗的特别校友能终身留在大学中。由于自然科学、经济学、语言学以及历史学等学位课程的引入，大学本科课程的狭隘性被最终打破。须牢记的是，这种改革是缓慢的。直到 1871 年，宗教考试才最终被取消，非国教徒和罗马天主教徒被接纳。大学教育还是倾向于参照古老的大学的情况予以评价。在大学推广运动中，牛桥②（Oxbridge）的教师也把他们的某些教学风格用来培养城市手工业者，强化了把牛津和剑桥看成是所有高等教育的真正样板。高校学生逐渐被看做从扩展的公学毕业后到大学学习全日制课程继续其教育经历的年轻人。寄宿而不是住在家中或租来的寓所的长处备受推崇。**与其他教学方式相比，面授的教学方式变得更重要了。**不太容易被应用到未来职业的“纯”学科，比应用学科受到更多的重视。

其他地方高等教育的发展，说明了高等教育所取得的进步与局限性。在 19 世纪早期出现的大多数大的地方性中心，其规模不断扩大，人员不断增加，成立了科学、文学和哲学社团、图书馆、博物

① 特指牛津和剑桥两所大学。——译者注

② 小说家萨克雷将牛津大学与剑桥大学归并成的一个名称。这一名称现在被用来表示那些最有名望的英国大学共同的传统、价值、学风、特点与教育特色。在含义上，类似于美国的常青藤联合会。——译者注

馆以及开设了讲演课程。这为当地社会的精英提供了丰富的精神食粮。昂贵的费用和闲暇的风格，决定了这些场所是排外的，是远离平民的。不过，也有开放得多的学习场所，在那里，人们不会因宗教的异端甚至政治的异端而被排除在外，而且学习与收入还联系在一起。由于许多工业中心的实力和名声日趋壮大，城市领导者把创办能满足当地的需求和抱负的学院看做生死攸关的重任，这就不足为奇了。像欧文斯学院（创立于1851年）这样的最早的学院，显示了早期高等教育经验的许多特色。学生倾向于部分时间的课程，寻找能拓展自己学问的课程。很少有学生谋求全日制的学位。学院为教师、妇女和熟练手工业者提供适合其需要的课程，给予了他们冲破对他们的种种限制的机会。许多学院热衷于提倡牛桥的精神。它们所极力提倡的，不仅包括更多的学位授予课程，而且包括学位必须由大学自己来授予。它们从未完全成为这两所古老的大学的复制品。通常还有其他一些影响因素，比如，本地的需求和困难，处于得不到国家补助的年代，提供学生住宿方面有困难，存在部分时间教育的悠久传统。可是，为了获得学位授予权，这些新的城市学院必须以生活在牛津、剑桥阴影下的方式来改造自己。因此，19世纪末创立的是一个分层的等级制度，其中，牛桥位于顶端，因为它们最接近真正的大学的理想。伦敦大学因其外部考试制度而独树一帜。

四、1900～1945年的教育制度

1900年，英国已有了基础教育制度。它的主要特点是免费、受中央政府督导、对小学生有限制性的目标。大多数学校是由地方行政管理的，但有一部分学生继续在英国国教会和天主教会的学校上学。基础教育的不足已显而易见。问题在于19世纪下半叶，人民和国家对初等教育体系的基本要求起了变化。对技术教育的要求被推到了首位。自1870年把基础教育定义为大众和国家的基本需要以来，这一定义正在改变，尤其是当技术教育问题逐渐突现出来时。某些地方教育委员会在关于一系列初等教育后课程的规定中公开承

认了这一点。私立小学与地方教育委员会建立的小学①竞争经费，它们不愿消亡，其状况显然已日益拮据。中等教育仍然混乱且不确定。中产阶级的形形色色的需求，由教会捐赠学校、市立学校甚至不属于中等教育体系的私立学校予以满足。此类学校大多敌视雄心勃勃的地方教育委员会的可能最终威胁其领地和生源范围的活动。初等和中等教育的问题，使不信任自由主义者于 1870 年成立保守党政府以提出新的立法。1899 年开始有了一个政府部门——中央教育委员会，从维多利亚时代起它就行使教育行政机关的职能。在中央教育委员会常务秘书罗伯特·莫兰特爵士②的帮助下，巴尔福③决定实施一场全面的教育改革——《1902 年教育法》。它撤销了地方教育委员会，委派更大的、目标广泛的郡议会或自治市议会管理初等和中等教育。教会学校可以得到一定比例的补助。根据这项法律，莫兰特（Morant）在一系列立法中阐述了中等和初等教育。《中等学校规程》规定了要学习的科目和分配给这些科目的课时。学生要在中学学习到 16 岁。学校具有自己的管理机构，校长将拥有相当大的教育权力。《1902 年教育法》导致市立中等教育的扩张。市立中等教育仍是大量收费的，而且由自己的预备部为其服务。初等教育仍受许多限制，对学校所教科目限制较多，管理权常被分享。莫兰特试图让初等和中等教育为不同的学生提供不同的教育，但并未成功。

许多地方教育当局坚持已有的传统。它们维持一个中央学校、商业学校和附属的技术学校的网络，后者为了获得经费仍作为初等教育，但它提供的教育经常远远超出初等教育。在 1899～1902 年南非战争中形成了由各团体发起的国家效能运动。这些团体中的许多人迫切地主张开放教育制度，以鼓励竞争。这意味着，要为初等学

① 英国自 1870 年开始由地方教育委员会在民间团体未设立学校的地区建立小学。——译者注

② 莫兰特爵士（Sir Robert Morant，1863—1920），英国文官，与英国教育和卫生事业的发展有密切关系。他是《1902 年教育法》的主要起草人。——译者注

③ 巴尔福（Jams Balfour，1848—1930），英国政治家。1902 年出任首相。提出改组中等学校行政管理的教育法《1902 年教育法》等。——译者注

校中优秀的学生进入中等教育体系提供联系的纽带。1906年自由党在选举中获胜，使得这些倡议者的呼声更加响亮，其结果是出台了1907年免费上学亦可获得学位①的规定，接受政府资助的中等学校，必须将其招生总数的25%作为免费学额，招收通过了11岁入学考试的小学生。这引起了有关入学的激烈争论：入学的机会应该有多大？进入中等教育的门径应是狭窄的阶梯还是宽阔的大道？以阶级为基础的、于1918年合并进工党的政治运动的出现，给这种论争火上浇油。

爱德华时期的混乱，终于导致1914～1918年世界大战这一灾难。20世纪的两次大战，都引发了关于战争对教育影响问题的激烈争论。两次世界大战都导致了重要的教育法规的出台。整个战争产生了许多重要影响。当损失不断攀升、破坏日益增大的时候，它提出了士气和信心的问题。**战争机器需要越来越多的人在军工厂工作。劳动力成为稀缺商品。**工会的规模和影响不断增长，它的上层人士加入了政府的高层。战后的重建计划，需要考虑这个国家的新生力量。战争考验了包括教育在内的现存制度的耐受力。出现了有关为统治阶级提供的重在自由传统，以牺牲科学和专业训练为特点的教育是否合适的问题，对基本学科教学进行了许多研究。

不容忽视的是，统治集团以适应而不是以对抗来应付这种压力。1918年《费希尔教育法》所进行的改革，取消所有形式的面向工人阶级子女的部分时间制教育，把法定的离校年龄提高到14岁。另一个重大进步（虽然存在时间不长）就是为在14岁离校的那些孩子提供义务继续教育，还采取了措施，有限地开放中等教育、甚至采取靠国家奖学金入大学的措施。教师的工资得以提高，生活条件得到改善，这与害怕不满的教师会掀起类似1917年俄国式革命有关。**必须指出，费希尔的改革把那些最激进的改革者置于困难的境地。**改革从未像预期的那样激进，也未取代牛津和剑桥这两所古老的大学或公学在这一制度中的支配地位。现存的制度已经进一步开放，容

① 收费的学校或高等学校准予学生不交任何费用而上学获得的学位。——译者注

许有天分的人继续升学，但这些通常都是受到限制的。费希尔①相信自己必定能进行最大限度的改革。而要保持改革的势头是困难的。提议的许多法规得到通过，并在补习学校中分阶段地实施。进步非常容易被削弱，导致推迟和分割。经历漫长的战争之后，许多欧洲王朝被革命推翻，那时提议的法律在战后并未得到延续。到1921年，英国的政治家们已开始对稳定重新恢复了信心。工会在处理失业问题时从中看到了对自己的存在所隐含的威胁，当权者向工人艰难地赢得的权力展开了公开的进攻。

在整个两次战争之间的年代，由于减少投资、削减开支，教育蒙受巨大损失。因此，有关教育问题的各种争论得到解决。一个棘手的问题是学生法定的离校年龄。改革家们提出大量理由，要求提高离校年龄。在当时，要找到工作是一件非常困难的事情。一些改革家将这一问题看做就业问题。学生在学校等待几年，将减少在劳动市场上的竞争的人数及降低失业数字。那些参加工党运动的人，将这一问题视为社会公正的体现。来自富裕家庭的孩子16岁前一直待在学校而不是工作场所，因为对于未成年人来说学校是最适合他们的环境。如果事实是这样的话，那么民众的孩子也应分享这种待遇。这一观点受到来自美国心理学理论的影响，这是一种有关青春期“冷冻”成长和成熟的意义的理论。这意味着，更多的学校教育和指导是工场所不可能给予的。由于提高离校年龄会增加政府免费初等教育的成本，因此，政府，主要是保守党政府畏缩不前，他们确信，除非有慷慨的资金支持，工人阶级的父母才会愿意让自己的孩子在学校多待些时间。

在政府中占多数的保守派甚至对免费基础教育也设置障碍。他们认为，身为工人的家长为自己的孩子提出免费基础教育的要求是为了获得慷慨的财政资助。把离校年龄延长到15岁的尝试在1931年遭到失败。直到1936年这一提议才被接受，但在其中设置了种种

① 费希尔（Herbert Albert Laurens Fisher，1865—1940），英国历史学家。1912～1926年在政府中担任过许多职务。他在1918年提出的教育法是对英国教育发展作出的一个重要贡献。——译者注

限制，因此最终成为泡影。

这场争论的副产品也许更为重要。1922 年，托尼①的《人人受中等教育》(*Secondary Education For All*)，是一个重要标志。托尼谴责了面向大众的初等教育的狭隘性，指出其实质是只有那些付得起学费的人，才有机会接受中等教育。他主张彻底改造初等和中等教育制度。早年的教育应成为第一阶段的教育，应与实施普遍免费的中等教育的阶段相衔接。托尼假定在 11 岁将产生一次分化，并提高离校年龄。在两次战争间歇期间，这个计划出现了许多变化。显然受后来涌现的青春期文化影响的一些教育评论家支持为青少年单独设立学校，批评中小学混合学校（all-age school）②。从 20 世纪 20 年代末起，保守党的政治家们支持改造初等教育，以保证初等教育阶段与更名了的高级小学阶段衔接。中等教育与初等教育间的分离依然存在。由于资源匮乏、大量师资不足的私立小学继续存在，以及本质上学校是由地方管理，这种改造在 20 世纪 30 年代进展缓慢。这一时期的激进思想是专家、精英统治论思想，这一思想从 20 世纪 30 年代开始产生影响。这很大程度上归功于像西里尔·伯特③这样的教育心理学家的进步影响。根据这种思想，中等教育将不再由财富主宰。有能力上中等学校的学生，不管其父母的社会背景、职业或经济状况如何，都必须被录取。伯特确信，当基本特征较好地确定之后，可以在小学生合适的年龄通过一套考试予以选拔。因而，那些进入中等学校的学生是有才能的。这是正确的，因为在骚动的 20 世纪 30 年代，一个民主国家如果要求得生存，就必须发现所有最能干的有天赋的人。

到 20 世纪 30 年代末的教育界，面临什么问题呢？基础教育与

---

① 托尼（Richard Henry Tawney，1880—1962），英国经济史学家、社会批评家和改革家。——译者注

② 招收所有 5 岁左右至 14 岁多的儿童的学校。在英国这种学校主要设在农村，而今除私立（独立）系统以外，已不复存在。——译者注

③ 伯特（Cyril Burt，1883—1971），英国心理学家，以提出心理测验中的因素分析以及研究遗传对智力和行为的影响而著名。——译者注

中等教育之间旧的界限正面对挑战。战后时期某些地方的情况是模糊的。1933～1938年，斯彭斯委员会研究了这一问题，表明这一问题在教育议事日程上的重要性日益凸显。由像苏珊·艾萨克斯（Susan Issacs）和玛格丽特·麦克米伦（Margaret Mcmillan）这样的先驱者提出的更关心年幼孩子的倡议，开始结出果实。有证据表明，受到了美国和欧洲进步主义教育家的影响，对年幼儿童的教学变得更加以儿童为中心、照顾个别差异。教育体系中的一个独立的部分连同它的最高层级——公学，依然不属于辩论的对象。这些学校的学生来自贵族阶层。在第一次世界大战期间，贵族们确实感受到了资金的匮乏，有的甚至破产。在这样的情况下某些公学的校长开始思考与国家办的学校合并的问题。这最终导致了进入高等学校的人数的减少。在那个年代几乎没有开办过新的大学。但是牛津和剑桥依然保持着自己的影响。政府中几乎所有的重要岗位、文职和教会中的重要职务，依然被这两所大学的毕业生所占据。其他大学的大部分教研室都不大，而且经费困难，学生数量不足。这反映了一个昭然若揭的传统——大多数人上不起大学。

关于第二次世界大战的影响，一直是激烈论争的主题。有一种意见认为，在1940～1941年最初的失败之后，英国开始从自身的制度中寻找失败的原因。战前的年代由于缺乏革新并苛刻对待工人而受到谴责。苛刻的定额、大规模地征兵，以及遭敌人突然袭击的共同经历，促使社会的各个阶层团结起来。压力集团①（pressure group）要求进行广泛的教育改革，包括终止基础教育，为所有想接受高等教育的人提供免费的中等教育，以及把公学整合进整个教育体系中。两次大战之间这段时期阻碍进步的羁绊，似乎正在被瓦解。工党的部长们在政府内占据了要职，特别是在与国内政策和战后重建有关的部门中。战争好像孕育了人们对旧的秩序的不满。在严格的审查之后，《巴特勒1944年教育法》获得通过。它能实现人们在战时所追求的一个更美好社会的愿望吗？在某些方面确实实现了。

① 利用各种交流媒介说服别人接受他们提倡的观点或做法的、具有同样信念与价值观的人们组成的团体。——译者注

基础教育和中等教育之间的旧的界限被消除了。教育第一次被看做从免费的初等和中等教育阶段进入继续教育的连续若干阶段。要求每个地方教育当局制定出发展规划，其中不仅包括学校的计划，还要包括休闲和运动设施的发展计划。义务教育的时间延长了，有人开始提议创建能继续提供相同形式的义务继续教育的郡立学院。

直到 1988 年，教育改革的激进分子仍对大部分内容几乎原封不变的《1944 年教育法》表示失望。进行更彻底改革的机会常常遭到像巴特勒那样的足智多谋的保守政治家和他的被高官控制的公学的诡计所控制。由各种压力集团于 1941～1943 年提出的公学问题并未得到解决，这些学校依然未受到触动。政治家和改革家们再三地提出公学问题，在 1945 年发表的弗莱明的报告中又一次提出了公学的问题。如果家长希望自己的孩子在公学学习，那么，政府又该如何对待这种学校呢？大多数改革者转而希望公学将随着中等教育的进一步发展而消失。课程改革者也对《1944 年教育法》感到失望。没有人试图去给中等教育下一个定义，也没有人去编制可以给予人们共同经验的统一的中等教育课程。最终，人们对中等教育的三分制性质和进入文法中学、技术中学以及现代中学的学生间的分离感到不安。处于经济衰退时期的历史学家批评没有优先给予技术教育足够的资源和关注，并将此归咎于教育部中因循守旧的官僚们的有害影响。

五、1945 年后教育的长足发展

1945 年后，三个不同时期的轮廓逐渐显现出来。从第二次世界大战结束到 20 世纪 50 年代后期，政治家和管理者努力在战争废墟上重建教育体系。中小学和学院的重建、师资力量的重建，以及诸如建造校舍之类的各种各样需求争夺匮乏的资金，吸引了教育部长及其顾问们的主要注意力。这使得他们几乎没有时间去考虑政策的革新。战后突然上升的出生率，使得教育资源短缺问题更加严重。部长们战前面对的是出生率不断降低的前景，而现在他们要应付一大批年轻人从勉为其力的小学升到同样勉为其力的中学的难题。战后工党和保守党的部长们将《巴特勒1944年教育法》视为其政策的指南，也就不足为奇了。即使实施这项法律，还是造成了严重困难。在政府中进行了一场坚决的斗争之后，埃伦·威尔金森（Ellen Wilkinson）将离校年龄提高到15岁。但是，下届政府拒绝增加其他额外的配套措施。关于郡立学院的问题仍在讨论中，但这样的学校从未出现过。在所有重要的部长政策报告中都强调技术中学，但它并未成为教育蓝图的显著特色。

20世纪50年代常被描绘为下一个狂热的十年之前的平静期，但进一步的考察表明，事实并非如此。多年快速的职业流动，不仅影响了工人阶级中一大批人的生活标准，而且影响他们对自己孩子的期望。如果他们为自己的孩子要求得更多，这就意味着他们会对自己的孩子被安置到地方的现代中学而不满。选择进文法学校，把文法学校看做进入高等教育和有威望职业的门径，是一个越来越引起争议的问题。这发生在早期筛选的理论基础开始崩溃之时。教育心理学家对于用测试来给11岁儿童的先天能力进行分类的信心，开始动摇。而且统计数据说明了筛选中的年龄因素具有偶然性。此外，教育社会学家搜集到越来越多的证据表明，由于文法学校基本上是有着中产阶级背景的孩子的领地，这些测试存在社会的不公正。地域因素也起着重要的作用。在一些地方，文法学校的学额是非常充足的，而在另一些地方，地方教育当局提供的文法学校数量要少得多。不久前，工党开始着手处理筛选与中等教育分流的问题。

关于筛选及其目的的争论，不可避免地与阶级相连。一些工党思想家承认，工人阶级的生活水平得到了提高。然而，阶级制度显示出极强的弹性。他们将此主要归咎于教育。这导致国家在经济和社会方面遭受损害，例如，劳资关系经常是对抗而不是合作。他们肯定了综合中学的优点，期盼它会保证让所有人都得到更多的教育机会，带来更强的社会凝聚力，并给学生提供比现存的三分制①更多样化的经验。

这样，人们对于哪一种类型的学校最适合中等学校年龄的孩子的问题，展开了长期的论争。这种论争一直持续到20世纪90年代。在20世纪70年代初，偶尔当地方教育当局全力以赴进行中等教育综合化改组时，这一问题似乎已接近解决。不过，20世纪80年代出现了回潮，提出了某种改头换面的筛选方式，论战又铺开了。在20世纪60年代，综合中学规模的扩大被认为是一个重大失败。另一些论争集中在改革的速度上。到20世纪70年代初，综合教育似乎占了优势，但存在了几十年并已建立了自己的标准的旧制度，仍有自己的拥护者。这种论争通常又回到阶级教育的冲突上。综合中学的支持者继续强烈反对对开放性入学这一原则的任何干扰，认为筛选将使某些学校具有特权，而其他学校则充当那些下层阶级和被剥夺受良好教育权利的儿童的垃圾场。赞成筛选的人辩解说，位于贫穷地区的综合中学限制了“聪慧的”工人阶级子女摆脱其街坊邻居的局限性的机会。

像世界大部分地区一样，20世纪60年代的确是教育活动极其活跃的时期。在关于现代化、终止经济衰退的需要问题的辩论中，在关于给国家提出一个新的目标以补偿帝国解体与紧接着的非殖民地化的问题的辩论中，教育成为其中的一部分。在最终结束20世纪30年代长时期的萧条、战争和战后紧缩之后，这个十年是满怀希望的十年。然而，恐惧从未远离，而且在教育思想中常常被强调。在政治界，对英国在多变的世界中的地位，存在很强的不确定性。工党和保守党的政府，发现自己领导的是资源、规模和声望都在萎缩的国家。在这种环境下，对他们更有吸引力的观点是，他们能够开发的仅有的现实资源是人力。政治家越来越接受流行于经济学家中的

① 英格兰与威尔士在《1944年教育法》颁布后建立的学制（虽然该法本身并未规定这种制度）。据此，儿童被分配到三种截然不同类型的的中学：文法中学、现代中学与技术中学。自从1965年第十号通知发布后，这种制度已加速消亡。——译者注

一个观点：教育开支类似于长期投资，将最终带来丰厚回报。

有一系列改革模式可能被采纳。其中，得到最广泛支持的是向下渗透的模式。这种模式假定大学学额的提供必然会有突破。1963年，罗宾斯委员会建议，有必要制定至20世纪80年代的高等教育稳固扩张的计划，以使更多的人能从高等教育中受益。20世纪60年代初，新大学已经开始出现，同时高级技术学院升格为大学。不过，此时出现了一种奇特的风尚，当人们开始对中等教育内的分流提出严重质疑时，高等教育也在被分割。1966年，政府指定30所地方教育当局的学校应命名为多科技术学院，这是通向高等教育的另一条途径。它们的地位是模棱两可的。学校可以开设学位课程，但无权自己授予学位。这些学院的使命不同于自己的对手——大学，其使命是要满足实际的需要。其教师的学术自由是有限度的。学院归地方管理。这种地位一直保持到80年代末，那时它们被指定为大学。所有这些改革导致了两个结果：虽然更多的人开始有希望接受高等教育，但在此方面英国还是落后于其主要的经济竞争对手；尤其是多科技术学院，使得一部分人可以通过学习部分时间课程或工读交替课程来获得学位或同等学力。不过，高等教育仍然保留着分层制度，其中，某些学校仍然比其他学校受重视。

此外，还存在其他一些可供选择的模式。一批左翼社会学家是理查德·蒂特马斯（Richard Titmus）的追随者。他们特别强调社会中大量贫困地区人们的生存状态和福利制度的欠缺。他们要求给予这些被严重剥夺、高度紧张的地区以更多的资源。20世纪60年代末种族冲突的影响（常伴随城市住宅的高密度），以及围绕西印度、印度、巴基斯坦社会问题的争论都是他们关注的问题。应对措施就是照搬一种计划，它正在成为在林登·约翰逊①时代发起的反贫困运动战役的一部分。这要求给予预定的优先地区额外的资源，通过提高工资和额外的培训计划，鼓励教师到那里的学校任教。教育体系需要进行彻底的重建，应更多地关注低年级学生，以及更多地关注

① 约翰逊（Lyndon Johnson，1908—1973），美国第三十六届总统。——译者注

在重组中等教育的不绝的战役中被忽视的初等学校。随着20世纪60年代的结束，越来越多的人认为应给予技术教育和继续教育更多的重视。

20世纪60年代的教育改革给后面的数十年投下了阴影。政治上的右翼分子，谴责为寻求虚构的平等主义的理想而不管教育水准的做法。他们认为，改革的推动力不是来自消费者、家长和雇主，而是来自社会工程①教育家的私利集团。实际上，受害的是家长自己，他们发现自己的孩子被用来进行不可信的教育实验，而工业部门发现自己的需要基本上被忽视。关于20世纪60年代的教育改革，最明显的事实是其权宜之计的质量。建立的综合中学基本上是以前教育机构校舍的混合体。许多地区的取向仍然植根于三分制。原有制度实际上还大量保留着。20世纪70年代与保守党轮流执政的工党政府，既没有说服也未取得议会压倒性的支持来撤销选收成绩优秀者的文法学校。甚至更令人惊讶的是，在20世纪70年代的动乱中，这块独立的部分丝毫未损，而且赢得了更多的学生和学校。这些学校进行着自我完善。学校的考试变得较为宽容，教师人数减少，以适应社会的新要求。最终，人们对于教育扩张的热情很快消退了。政治家通常都谋求立竿见影。教育机构的工作所产生的影响显现得较慢，无法迅速传递政府的愿望。当20世纪70年代初经济高速增长时，经济形势、产业间的关系以及社会凝聚力似乎都退化了。高等教育改革、中等教育重组以及初等教育改革的新方向，不可避免地滋生了种种问题。常受误导性新闻报道、黑皮书②出版物以及新的保守智囊团所描写的传统主义者右派的复兴所煽动，人们发起了对改革的猛烈批评。自20世纪70年代初起，政府就对不断上升的

① 对每个人加以控制与操纵，以便建成一个某人所主张建立与偏爱的那种社会。——译者注

② 通常由右翼教育家与政治家撰写的批评文章的汇编（第一次汇编出版于1969年)。这些文章对英国教育制度的种种方面提出怀疑和抨击（并认为教育的学术标准日益降低)，特别是对诸如综合学校、探究式学习、非分流教学等成为“现代的”或“进步的”教育领域提出了怀疑与抨击。“黑皮书”这一名称同政府正式发表有关政策方针声明的“白皮书”既有联系又有区别。——译者注

教育支出和福利发出警报。人们的需求似乎正在发生变化。出生率已得到稳定，这似乎给改进教师培养计划提供了机会，现在议论的是关闭一些机构，而不是开放新的机构。年龄结构似乎正在改变，需要对上了年纪的人给予更多的关注。

政治家心态的变化，反映在1976年卡拉汉①在拉斯金学院所发表的演讲以及随后的教育大辩论②中。它提升了关于学校教育问题讨论的温度，并使人们开始怀疑改革所取得的成果。卡拉汉问：为什么如此多的中学毕业生在他们进入工作领域后会显得准备不足？他对教育似乎过多地被教育家、教师和家长所控制，而企业家和整个社会基本上被排除在外的状况表示焦虑。这些观点的言外之意是，在国家教育中，对流行文化的关心正在不断攀升。尤其在一些受顽固的左翼集团控制的地区，反工业化的力量在不断增强吗？反种族主义和性别歧视政策是否强调得过头了？持保守主义观点的人和各种结盟的压力集团确信，这是事实。

20世纪80年代是撒切尔政府执政的年代，他们断然破坏了自己认为是资深教育家、督学、地方教育当局以及教育工会之间和谐的一致。对于一个极力鼓吹政府更少参与的政府而言，他们选择一种鲜明的中央集权的方式。在关于开放筛选，或根据年龄成绩目标设立国家统一课程问题上，其支持者之间产生了分歧之后，《1988年贝克尔教育法》最后获得通过。它使得地方教育当局的学校能摆脱地方教育当局的控制，成为直接拨款学校。它为家长提供了多种形式的中等教育，既包括可能获得有兴趣的企业家支持的专门的城市技术学院，也包括那些选择仍由地方教育当局控制的学校。反对者与许多对教育感兴趣的团体，严厉抨击了《1988年贝克尔教育法》，责难它缺乏论证，特别是在课程事务方面剥夺公权。人们对筛选悄悄地恢复，以及20世纪60年代后从未得到有效解决的教育分层制

---

① 卡拉汉（James Callaghan，1912—2005），1976～1979年任英国工党政府首相。——译者注

② 人们对为讨论卡拉汉首相于1976年号召提高教育标准，发展核心课程，更加关注如何为学生参加工商业工作做好准备的演讲所进行的会议与发言的泛称。——译者注

度重新得到加强，表现出强烈担忧。为此，贝克尔争辩说，他现在给予家长的选择权比他们在过去二十年中得到的更多。他还相信，他正在提供学校所缺乏的竞争性，因为许多信息是以考试比较表和督学关于学校情况的报告的形式来提供的。在这方面，学校是缺乏的。在保守派的营盘中，渴望的是一种使学校转型的文化的改变，使学校更适应工作和劳动世界。这意味着从20世纪80年代初开始，其他政府部门特别是就业部，深深地卷入到教育改革中。1995年，教育部与就业部合并为教育与就业部。

政府力图使高等教育能满足最近几十年来国内不断增长的需求。与其他的社会机构一样，大学也应该寻找其他的经费来源以保证自己将来的发展，大学还不得不基本上仰仗于私人企业与大学之间形成的利害关系。大学努力提高教学质量和各种研究工作的质量，教师长期的工作任务变成短期的、通过合同不断更新的任务。

让我们对上述作一个总结。英格兰现代学校体系是由三个环节组成的。第一个环节是初等教育（对象是5～11岁的儿童），第二个环节是中等教育（不完全中等教育的对象是11～16岁的少年，完全中等教育直到18岁），第三个环节是大学教育。16岁以下的教育是义务的和免费的。

1989～1990学年有35 000多所中小学，学生920万人。是年，继续教育学校总数为5 000多所，学生628 000人。此外，还有160万人不脱产地学习。大学在传统上不属于继续教育体系，高等教育学院归属大学。

除了国家的国民教育体系外（学生人数占93%），还有私立教育体系（学生人数占7%）。

英格兰学制图

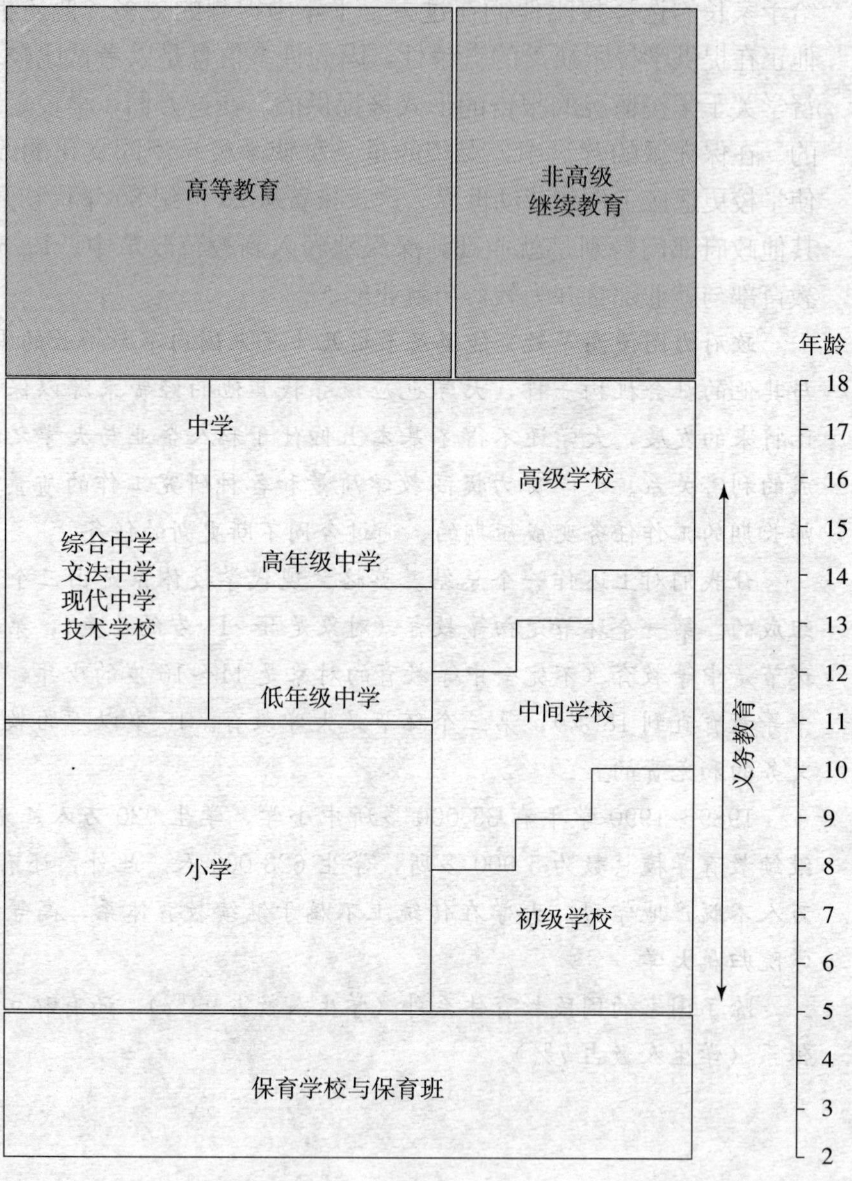
高等教育
非高级
继续教育
年龄
18
17
16
15
14
13
12
11
10
9
8
7
6
5
4
3
2
中学
综合中学
文法中学
现代中学
技术学校
高年级中学
低年级中学
高级学校
中间学校
初级学校
小学
义务教育
保育学校与保育班

小结

随着1997年大选的临近，所有主要政党都更加重视教育问题。教育与培训已成为无数报纸文章、电视及电台节目的主题。对英国与其主要工业竞争对手之间教育成就进行的比较和调查研究表明，英国一般都处于不利地位。不过，笔者认为，尤其是英国人可以从这些研究中吸取有意义的教训，从而发现困难之所在。

过去500年历史的突出之处，在于英国教育的隔离性。19世纪是理解这种隔离的关键时期。首先，作为第一个工业化国家，英国感觉到在世界上的日益增强的力量和知名度。当英国人提倡自由贸易、尊重法律及保护财产权的时候，他们将自己看做世界舞台上的主要影响者。他们坚信已确定了自己的身份，英国人对于自己制度的稳定性几乎洋洋自得，如果这种制度似乎能够抵御革命的威胁。因此，他们没有创建国民教育体系的强大动力，甚至不愿太多地听取试图赶上英国竞争对手的发展的声音。帝国的扩张进一步将英国人与欧洲发生的变革隔离起来。英国人统治着印度和大部分非洲，认为自己在完成开化的使命，改造这些地区的人，常常通过英语媒介使其进入一个英国人自己渴望的模糊的、低级模仿的社会。甚至20世纪世界大战的经历，也只削弱了比原来预期要少得多的狭隘性。英国与它的制度一起幸存下来。战后，它也从未感到有必要对制度进行整体重建。

英国教育一直奉行避免任何在方向上巨大转变的改革路线。当改革真的发生时，政治家和高级官员可能会改进现在的制度，或从旧的制度中拼凑出新的教育形式。这是否能增强英国社会的凝聚力和力量，是一个有争议的问题。不过这也严重连累了英国教育。它常带来以下困惑：自《1870 年教育法》倡导综合教育以来，英国试图限制必要的改革。为解决可能出现的问题，英国依靠反映某项正常进步的故弄玄虚的法律，但出现多次失败。较古老的教育形式，如私立学校在 1870 年以后继续存在，文法学校在 1965 年以后继续存在，并阻止可能产生更适合的新教育形式的进步。结果不但形成极其零碎的教育体系，而且人们得继续忍受分层和特权。怀旧与崇尚传统，这种在非古老的国家中生活的特征，已变得不稳定，并必然将外在的改革和潜在的影响钝化。

英格兰在进入新世纪时，其教育制度既反映了过去，又在时代要求的压力下发生许多变化。4~11 岁的儿童进小学，小学分布在住宅区。1995 年，小学有 16 683所，400 万左右相应年龄的儿童在小学学习。4～7岁时期的教育为第一阶段的教育，涉及的是学龄前儿童，小学招收 7～11 岁的儿童。

从 20 世纪 60 年代开始，绝大多数儿童小学毕业后转入中学，1994 年，小学毕业生升入中学的人数达 272 621人。

11～12 岁的儿童进入中学，他们在中学学习到 16 岁。16 岁以后许多人留在各种类型的学校中，这些学校包括第三级学院和第六学级。到 1995 年，这部分学生人数达 300 万左右。

1994 年，根据组织情况和选拔程序，中学有各种类型。绝大多数学生（2 777 542人）在综合中学学习，综合中学在招收学生时不对学生进行能力筛选。但英格兰仍保留着文法学校，文法学校根据入学考试的成绩筛选学生，学生在这里接受高水平的学术教育。文法学校的学生有116 193人。进入了文法学校的人可以在现代中学继续自己的中等教育。现代中学有学生

90 672人。有 2 000 多人在技术中学学习。剩下的35 820万名学生在其他类型的中学教育机构中学习。

1995 年，全国有 17 000 所左右小学和约 4 000 所中学。这些学校绝大部分由地方行政机构管理。在高等教育领域有 71 所大学、49 所高等教育学院、462 所继续教育学院。因此，1995 年，全国有 790 万人在各种类型的小学、中学和高等教育学校中学习。

根据上面的统计数据可以得出以下结论。

1. 由各种类型学校组成的国民教育结构相当灵活，这些学校相互竞争资源。20 世纪 80 年代以后政府所进行的改革清醒地揭示了这一倾向。

2. 约从 1980 年起，想获得高等教育或继续自己的中等教育的学生人数急剧增加。这与国家的财政支持产生了严重的矛盾。

3. 议会的选举在教育领域中造成了新的问题。地方政权在扩大教育的可能性方面将起什么作用？将来如何组织学前教育？

4. 不应忘记，许多家长不希望自己的孩子在国家的教育体系、私立学校和独立学校中学习。这种情绪在 1997 年表现得尤其明显。

主要参考文献

1. R. Aldrich, *An Introduction to the History of Education*, Hodder, 1982.

2. K. Charlton, *Education in Renaissance England*, Routledge, 1965.

3. P. Gordon. R. Aldrich. D. Dean, *Education and Policy in England in the Twentieth Century*. Frank Cass, 1991.

4. J. Lawson & H. Silver, *A Social History of Ed-*

ucation in England, Metheun, 1973.
5. J. S. Maclure, *Educational Documents*: 1816 *to the Present Day*, Metheun, 1979.
6. R. O. Day, *Education and Society 1500—1800*, Longman, 1982.
7. M. Sanderson, *Universities in the Nineteenth Century*, Routledge, 1975.
8. B. Simon, *The Two Nations and the Educational Structure 1780—1870*, Lawrence & Wishart, 1974.
9. B. Simon, *Education and the Labour Movement 1870—1920*, Lawrence & Wishart, 1974.
10. B. Simon, *The Politics of Educational Reform 1920—1940*, Lawrence & Wishart, 1974.
11. D. W. Svlvester, *Educational Documents 1800—1818*. Metheun, 1972.

英国伦敦大学哲学博士
丹尼斯·迪安（Dennis W. Dean）

第五章　芬兰

芬兰人的历史与文化背景可以从三个不同的角度考察。第一，芬兰人大约从公元前7500～公元前6000年开始就一直居住在目前的位置。芬兰地区受到四大移民浪潮的影响，今日的人口是来自东、南、西部移民混合的产物。第二种观点是依据对芬兰人的遗传和血型的研究得来的。研究表明，芬兰人的遗传四分之三来自西方，四分之一来自东方。因此，有充分的理由认为芬兰人在遗传上与中欧人有密切关系。第三种观点认为，从语言学上来讲，芬兰人与西欧其他人群完全不同。芬兰语属于芬兰—乌戈尔语族。目前，使用此种语言的人有2 200万。此外，芬兰语主要由爱沙尼亚语和匈牙利语组成，另外还有少量的如今分散在俄罗斯的语系中的小语族。

同其他北欧国家一样，芬兰学校制度的历史也根植于中世纪。中世纪时期，罗马天主教会管辖学校。然而，芬兰不同于其他斯堪的纳维亚国家，它是不同传统的交会点。一千年前，现属芬兰的地方无论在宗教上还是在政治上都是北欧的一个未被整合的部分。地球的这一角逐渐地引起了不同派别的兴趣。来自南部的罗马天主教会和来自东部的东正教开始对芬兰施加影响。在政治上，芬兰人吸引了南部的德国人和丹麦人、西部的瑞典人和东部的诺夫戈罗德（俄罗斯城市）人的注意力。芬兰成了西方和北欧文化传统的交会点，并且受到来自东方俄罗斯的影响。

芬兰历史可以划分为三个不同的阶段：瑞典人统治时期（约1200～1809年）；俄罗斯时代或自治时期（1809～1917年）；独立时期（1917年至今）。这些不同的时期也反映在芬兰的学校制度发展过程中。

一、中世纪的芬兰学校

外国对芬兰文化的影响相当早。其东方传统表现为斯拉夫人的遗产和东正教，它们的根源均可在拜占庭文明中找到。另一方面，南方的传统又可追溯到罗马时代，从中世纪罗马天主教会接管芬兰开始，这一传统才开始强大起来。西方的传统也表明了受到斯堪的纳维亚的明显影响。事实上，独立与自耕农（free-peasant）的概念、地方政府的传统，是北欧民主的典型特征。对他们而言，北方的拉普兰传统就是人与自然的相互依存，而一年四季季节的剧烈变化使之更加复杂。外国人的影响与本土的习俗、语言、习惯、权力及对生活的不同理解混合在了一起，在家抚养孩子的传统又与这些因素结合形成新的组合，而这些组合具有更多的地方特色。

在芬兰这样一个人口稀少的国家，芬兰人把自己分属五个省份，每个省的传统都与其他省略有不同。11世纪，各省的情况开始发生变化，因为德国、丹麦和瑞典的统治者及商人对芬兰的兴趣日增，在诺夫戈罗德的东部邻居也对芬兰越来越感兴趣。这些不同方面的影响在芬兰这片土地上发生冲撞，而最具利害关系的是商业、政治及文化问题。不同派别之间日益紧张的关系终于引发了战争。其结果是芬兰的国土被一分为二。1323年在什利斯谢尔堡（今彼得要塞，Petrokrepost）签订的和平条约也导致政府和文化的分裂，这一点也反映在教育发展中。芬兰西部与罗马天主教会融合，逐渐形成了自己的主教管区，并在西南岸的图尔库（Turku）设立了大主教职位。而另一方面，东芬兰则受控于诺夫戈罗德，归属于东正教。从民间传统上来讲，前者因瑞典教会而著称。与此相似，后者以俄罗斯教会而得名。双方之间的贸易联系通过德国汉萨同盟①而建立，该同盟控制着波罗的海地区的整个商业活动，并因此影响所辖地区中世纪芬兰的发展。

寺院的新长老和教会人士讲的是外国语言，有自己的生活方式。芬兰人被迫做礼拜，但是，语言对他们来说却是陌生的，因为西部在宗教仪式上讲的是拉丁语，而东部则讲古教会斯拉夫语。虽然芬兰远离天主教的中心——罗马，但它并未被遗忘。1215 年，第四次拉特兰宗教会议就学校发展作出决定，芬兰也被包括在其中。教会需要新的工作人员。因此，14 世纪初在图尔库创办了一所天主教学校。除了培养教士外，还要求新学校培养未来的行政管理者。它的建立为芬兰人学习较高深知识打开了门户，也首次为培养本土管理阶层提供了机会。

图尔库天主教学校绝不是中世纪唯一的学府，其他城镇也设立学校。它们也部分地支持商人或自由民阶层。市民学校或城镇学校被用来进行各级教育，提供基本的商业知识。然而，教学语言成了一个大问题，那些渴望在天主教学校继续自己学业的人不仅被要求讲瑞典语，而且要求讲拉丁语。必须注意的是，只有一小部分芬兰人能进市镇学校，大部分芬兰人从未进过学校。对后者而言，教育主要的是一件以自然的方式了解自己并学习贸易要义的事情。农村地区对教育的需求部分地是为了迎合寺院的需要。15 世纪时，芬兰全国差不多有 20 个寺院。有的寺院有一两个长老讲授神学，另有一些寺院则只传授一些基本的技能。除了宗教文化以外，寺院也讲授一些实用的农业和手工艺知识，它们是当时不同文化的中心。

中世纪芬兰的最高学府是图尔库的天主教学校，但它不是那些渴望继续学习者的最后一站。许多学生从这里走向国外的大学。最早的芬兰大学生是在巴黎，出现在 14 世纪的最初几十年。在国外大学的注册名单上可以找到 140 名芬兰人的名字。芬兰人

---

① 汉萨同盟，由德意志北部城市和德意志海外贸易集团创立的组织，其宗旨是维护相互间的商业利益。13～15 世纪，汉萨同盟是北欧重要的经济和政治势力。——译者注

不是唯一的北欧学生，瑞典人和挪威人也在国外学习。

除了继续学业以外，芬兰人也积极参与学术活动，并且深得人们的信赖。他们被选为国际学生团体的领袖和大学校长。这一点非常重要，因为它表明外国大学的影响并不仅仅建立在他们在那里所接受的教育之上。回国后，他们大多数在教会或国家机关担任要职，也有一些人在图尔库的天主教学校任教。14 和 15 世纪时，大部分图尔库大主教在巴黎大学留过学。这说明图尔库及其学校与当时的教育保持着同步。天主教学校和主教图书馆装备有最新的图书，学生可以借阅。因此，由于研究学术，芬兰人熟悉了法国和德国文化。与此类似，天主教多明我会的寺院也帮助在此形成了类似的西方教士文明。

到 15 世纪，开始出现了一种新的教育机构，与家庭抚养子女这种传统的做法相竞争，它源于一所小型寺院学校，经由图尔库传至巴黎。不过，只有极少数被挑选出来的人能进这种学校，也许只占人口的 0.7%的男人上学。芬兰年轻人很有勇气，他们在国外大学寻求自我发展的机会。不过，按照中世纪的入学习俗，不只一所而是多所学院都对时间和金钱提出过要求。在中世纪，大学有很明显的专业定向，它们的任务就是为未来的律师、牧师及医生提供职业准备。图尔库对支持在国外学习的芬兰人方面发挥了巨大的作用，因为它与欧洲大陆始终保持着经常的、密切的接触。

二、基督教改革运动：新时代的新计划

根据芬兰人的观点，当教育在地方上扩展时，当新式学校在小市镇创办时，基督教改革运动便出现了。图尔库和维普里（Viipuri，也叫维堡，Viborg）的天主教学校已经有了自己的立足点。通往外国大学的道路已经打通。这种变革到 16 世纪 20 年代末已很明显。当时，古斯塔夫一世瓦萨（Gustavus I Vasa）于 1523 年当选瑞典国王。他开始有条不紊地抛弃外国强加给他的王国的种种限制，形成了自己的独立的国家。此时，他的目的是要将所有的

权力集中在君王（Crown）手中，由于当时基督教改革运动一片混乱，要达到这个目的是可行的。结果，天主教会在斯堪的纳维亚失去了许多立足点。它的经济与管理状况在1572年也遭到了毁灭性的打击。当时，教会与寺院的收入皆因被国家没收而减少。国王也保留着对主教管区和学校的监督权，从而为学校今后的改革创造了条件。后来国王发布了一道命令，僧侣不得按天主教信仰，而必须根据路德教来传授圣经。古斯塔夫一世的主要目的是要争得政治和经济的自主，所以它竭尽全力使教会和宗教以一定的方式为这些目的的实现服务。

1572年之后，芬兰人又开始像从前一样学习了。同年，新主教马蒂努斯·斯基特（Martinus Skytte）当选为图尔库主教。他的任命是为了在芬兰境内实施基督教改革。于是，他开始派遣学生到德国的埃万格利卡尔（Evangelical）大学主要是维滕贝格（Wittenberg）大学学习，当时，马丁·路德及其同事们在维滕贝格大学教书。芬兰的年轻一代在路德教的学校里学习。其中最有名的一位学生是迈克尔·阿格里科拉（Michael Agricola）。他是一位农民的儿子，最初在维普里上学，后来到了图尔库的天主教学校。在那里，他担任主教的私人秘书。此后，他在维滕贝格度过了三年的时间(1536～1539)，然后返回图尔库，担任天主教学校的长老，1539～1548年任该校校长。他于1557年逝世。逝世前的最后三年任图尔库大主教。

迈克尔·阿格里科拉在文化领域的目标与古斯塔夫·瓦萨在政治领域的目标相似。他想培养一些熟悉新教教义的芬兰牧师。在图尔库的天主教学校中实际上已实现了这一目标。后来，他又到处巡回访问，考察许多实际问题。他试图保持其学校的继续繁荣，即使在国王要将那些仍在学习的学生招募到国家部门中时。阿格里科拉强烈反对抢夺这些学生并强调学校及其门徒的自由特性。路德教政府官员或部长们的主要职责是用本国语布道和教学。在阿格里科拉看来，本国语就是芬兰语。实际上这就意味着既要摆脱罗马教会又要摆脱瑞典的统治，毫无疑问，这有利于民族的团结。国民性和民族语言是不可分割的。他将芬兰语提高到一种文明语言的高度，认为这种语言如同拉丁语一样可以用做写作的工具。这个观点对当时的文化来说是一个革命，并且源自中欧。阿格里科拉用芬兰语撰写了一部芬兰语基础知识读本及其他著作。这是一项艰巨的任务，但他成功地打下了基础，借助于这些著作学校和教师就能继续他的工作。阿格里科拉向自己的学生和所有的同胞们呼吁，要求他们学会芬兰语。阿格里科拉也是一位国务活动家，致力于加强被瑞典和俄罗斯分割的芬兰的地位，当时芬兰分成两个主教管区：一个在图尔库，一个在维堡。

人们并没有很快就转而信仰路德教。西格蒙德（Sigismund，1586—1593）国王执政时期，信仰的重心又回到天主教。例如，许多离开芬兰到国外求学的人都是在天主教大学里学习。像这样的矛盾现象导致了市镇学校的缓慢发展。此时，除了图尔库、维普里、波尔沃（Porvoo）、赫尔辛基和波里（Pori）各有一所市镇学校以外，芬兰的市镇学校只剩下 5 所。16 世纪末期，一个新的时代在劳马（Rauma）学校适时地开始了。学生数量在全国范围内减少。在这一动乱时期，学校教育对于人们从事国内事务方面的职业很少或者根本没有用处。此时的教育仍局限于社会四个阶层中的最上层。古斯塔夫·瓦萨赋予贵族阶层更大的经济势力。这些人选择的是送自己的儿子到国外学习。由于宗教改革，牧师们此时也肩负教育民众和宣讲新教义的责任。由于实行宗教改革，牧师们也被允许成立家庭。他们通常重视子女们的教育。牧师们的这种想法得到了图尔库天主教学校的部分支持。

16 世纪已可见学校教育的明显分段。大众教育此时建立在一种民族语言以及文字的逐级出现之上。不过，市镇学校以及所谓书本学习仍旧是以人文主义传统为基础。在这个传统中，拉丁语仍然居于中心，拉丁语学习显然是书本学习的重点，因为拉丁语在整个 16 世纪是教学语言。

三、17 世纪：教育的新时代

17 世纪早期是一个不确定的时代，它继承了以往的许多问题。不同的社会阶层都试图保护自己的教育利益。权力政治导致贵族和牧师在政府及国家统治中的地位得到加强。司法系统、省级机关及军队，均从贵族中吸收高级官员。1593 年之后，牧师也加强了自身的力量。这时，统治者为了自身的利益，也需要支持。通过强调教会的教条，牧师们对政府当局非常服从。作为回报，牧师们获得了处理自己事务的一定自由。自由民、商业和工业的代表，占居市镇人口的大多数。自 17 世纪芬兰建立 20 个新镇以来，他们的人数一直在增长。但是，这些城市在外贸方面的意义，在 17 世纪时并不重要，只有图尔库和维堡拥有自由外贸的特权，其他城市必须得到斯德哥尔摩的允许才能从事外贸。

在税收和征兵问题上，自耕农享有同等的权利，但在其他一切事务上，他们则处于劣势。四大阶层之间的差别加大，社会结构更加等级森严。那么，教育如何改变这种状况？路德教和东正教均进一步发展了公共教育。新学校大量建立。不过，最重要的事件还是 1640 年芬兰大学的创办。

芬兰大学的创办始于中等学校制度的形成。1593 年的乌普萨拉地方议会对未来发展具有决定性的影响，而路德教的德国又树立了一个样板。1611 年，一个新的《学校法》被通过。该法阐述了新制的结构。中等学校被分成两个不同的部分：四种类型的省级学校；六种类型的天主教学校。根据牧师们的建议，这些学校的目的主要是满足教会官员们的教育需求。古斯塔夫二世奥尔多夫（Aldolphus）不只一次参加有关学校的辩论，并要求把公民学科（civic subjects）、瑞典法律，尤其是那些文职官员必须掌握的学科，包含在课程之中。国家与教会之间的斗争就要开始了。这场斗争既涉及学校管理，又影响新课程。

17 世纪 20～50 年代，芬兰建立了许多新学校。伊萨克·罗瑟维斯（Issac Rothovius）主教是主要的倡导者。无以计数的委员会以及议会试图寻找到一个解决关于学校之争的办法。1649 年的《学校法》为当时的争论提供了答案。该法是一个折中方案，它保护了人文主义传统的未来。学校系统被划分为三个各自独立的阶段：低级世俗（trivial）学校、高级世俗学校及体操学校。学校的目的是培养学生的虔信和美德，较好的语言能力和最基本的知识。第一种学校的对象自然是所有公民。第二种学校主要教授古典语言，如拉丁语、希腊语及希伯来语。第三类学校受其他两类学校的影响。它的主要课程有数学、天文学、物理、公民学及瑞典法律。世俗学校的教师仅仅是课堂教师而已，而体操学校的教师则是所教学科领域里的专家。这项《学校法》的有效期一直持续到 1843 年。

17 世纪 50 年代，芬兰有 2 所体操学校、6 所世俗学校、20 所文法学校。中等学校的数量不断增加在当时是一个进步，尽管所有的学校都座落在芬兰南部和西部。但芬兰没能从北到东，为缩短学生的上学路程做什么事情。大部分学校设在市镇，农村只好依靠牧师来满足当地的公共教育需要。

四、启蒙运动时期的学校

18 世纪，芬兰两度被外国势力占领，经历了两次大的变动。第一次变动是 1714～1721 年的北方大战（Great Northern War），第二次是与 1741～1743 年的哈特战争（War of Hats）有关，即所谓的小拉斯角（Lesser Wrath）时期。两次动荡标志着瑞典强权统治的结束。靠近屈基米河（Kymijoki）的芬兰东部地区被并入俄罗斯。维普里、哈米纳（Hamina）、萨翁林纳（Savonlinna）和拉普兰塔（Lapeenranta）镇仍位于新边界的东部。这场战争使常规的教育被迫终止，所有的发展明显减速。

战后芬兰精疲力竭，急需一种新的政纲。在这时候，所谓的文明就是启蒙民众，使之珍视独立思想，抛弃偏见。然而，这种启蒙观点被排斥在学校之外，甚至被排挤在图尔库大学之外。中等学校的模式仍然源自古典人文主义，拉丁文占主导地位，其他学科如数学、地理和物理均居第二位。对古典文化的兴趣在 18 世纪的欧洲抬头，而此时，人们重新燃起对古典文化的兴趣，所以被称为新人文主义。和启蒙运动一样，新人文主义强调教学中的个性，个性被视为最基本的思想。成长必须是在自由的环境之中，自由应当扩展到大学的教学及研究之中。同样，教育应当支持个人的成长，只有这样，学生才能足够成熟地去选择自己的职业。

贸易政策在很大程度上仍然受重商主义的支配。它的影响反映在市镇学校的发展在其他地区颇受欢迎。为了繁荣工业，并为外贸储备人力资源，许多市镇设立了学校。然而，芬兰学校的实际数量并没有显著增加。到 19 世纪末 20 世纪初，芬兰还是只有 1 所体操学校、7 所世俗学校、14 所文法学校。

18 世纪也以功利主义时代而著称。根据这种时代精神，追求经济利益在当时是被接受的，经济学科为此提供了基础。因此，经济学在图尔库大学是一门很受欢迎的学科，并且，一种新的教授职位很快设立，替代了罗马法的教授职位。在学校课程中，对人文学科和自然学科的需求越来越大。于是，在城市中教育就具有了世俗性。

然而，农村依然要依赖于牧师们所实施的公共教育。由于教会努力提高牧师们的文化水平，学校教育的最普通的形式就是牧师主持的教义问答会议。在 1720 年的议会会议上僧侣们提出了所有儿童都必须上学的提议，但其他阶层对此未表现出特别的热情，也不给予支持。教育子女的义务仍然由父母承担；如果忽视，则被罚款。牧师在家教人们阅读；如果需要，他们也一个村庄一个村庄地巡回讲学。除了牧师，父母还可以雇人在家教育子女。从 1740 年起，教会学校为自己的学生编写了教育大纲。教会可以自己决定雇用合适的人充当教师。国王批准了议会 1762 年提出的法律草案。这一法律促进了常设学校的建立，但实际上最流行的学校类型还是所谓的巡回学校。教会学校是在市立学校道路上跨出的第一步。

大众教育（popular education）主要由国家、教会及地方当局负责，但是，启蒙运动时期也出现了其他一些颇有胆识的解决办法。

在拉普兰（Lapland），18 世纪时，教学由所谓的问答法教师实施。这些巡回教师不仅负责教学，而且还要负责儿童白天在校期间的照看。这个传统一直保留到 20 世纪。许多私人对创建自己的学校很感兴趣。贵族、牧师及自由民的代表经常寻求营造在本地建校的环境。巴罗尼斯·玛莉·凯瑟琳·阿姆费尔特（Baroness Mary Catherine Armfelt）就是一个例子。此人于 1796 年创办了一所学校，该校拥有教学所必需的所有建筑，甚至包括一个牛棚和一个谷仓。安提尔（Gabriel Antell）法官为北部奥卢（Oulu）和卡亚尼（Kajaani）地区的公共教育捐献资金。安提尔·阿尔曼（Gabriel Ahlman）向芬兰经济协会捐款，用于坦佩雷（Tampere）地区的公共教育。即便如此，以这种方式出现的学校大多寿命不长。但是，这些人的做法对于在芬兰人中树立对教育的积极态度，为教育工作提供实际的经验，是有价值的。这些人的行动也阐释了启蒙运动提出的口号：照亮大众（Light to the masses）。但是这一思想既遭到了政治家们的反对，也遭到了所谓的理想主义运动代表们的抵制。理想主义运动的一些代表与许多政治家的观点一致，认为大众教育可能引起民众对政府的不满，甚至可能引起公开的起义。

启蒙运动时代也致力于打破商业体制。芬兰政治家、议会的议员安蒂·奇丹尼斯（Antti Chydenius）发表重要文章，提出贸易自由和自由竞争的自由经济政策。不仅是斯德哥尔摩，芬兰的城市乡镇都应有权进行对外贸易。自由主义产生于 18 世纪 80 年代法国大革命，影响了 19 世纪经济与教育的发展。在工业与商业领域，撤销所有限制的趋势已占据主导地位；在教育领域，人们也在急切地寻求新方法及各种可能性。

整个 18 世纪，教育问题充满了矛盾。这种紧张局面表现在许多不同的方面。在一些地区，先驱者们与保守派们尽力保持观点一致，并共同促使功利主义时代的到来。旧的框架虽在使用，但已赋予了新的内容。于是，教堂的一次布道可以解决比精神文明更多的农业问题。缓解教育紧张局面的一个方法是学校立法方面的改革工作。不过，新的法律法规并不总是带来预期的变化，因为明显缺乏实施这些法律法规的条件。这一点在中学尤为突出。整个18世纪，中学几乎没有任何改变。由于国家没有向公共教育提供足够的经费支持，一些教育职责便由国家转交给了地方官员。另一方面，这种紧张局势可能导致不可调和的冲突，并且爆发革命，就像在法国一样。自由、博爱与平等是向着更加美好的自由主义时代发出的信号，但实际上，许多原则直到下一个世纪才得以实现。一个新的前进方向的最初迹象来自瑞典。1781年，瑞典通过了宗教自由法律，允许非路德教移民进入本国。这些人拥有信教与创办自己的学校的充分自由。

波坦（Henrik Gabriel Porthan，1739—1804）从18世纪70年代到19世纪初一直担任图尔库大学的教授。他是大众教育与学术教育的热心改良者。波坦在他的计划中强调，公共教育应当在整个欧洲大陆普及；与此同时，关于个性及其文化的知识应当作为大众教育的中心学科。

五、自治时期的教育政策

尽管自由、博爱与平等是法国革命的主要精华，但它们的影响并未传播太远。在法国，统治者变更，拿破仑将国家带入了一场反对俄罗斯的战争之中。由于瑞典参战，芬兰陷入了这场混乱之中。然而，芬兰战败，1809年被割让给俄罗斯。俄罗斯许诺保持芬兰现有法律。芬兰人也强调教育事务自治。最初的十年被称为“官僚时代”。俄罗斯官僚也致力于维护芬兰社会的太平，教育与这种现状不相抵触。结果，学校系统没有出现重大变化。

由于俄罗斯官员对发展大众教育没有兴趣，有关的个人、雇主、社团及市镇便只好采取主动。结果，出现了大量不同的学校：阿尔曼学校、安提尔学校、贝尔—兰开斯特制学校、慈善学校、贫儿学校、非宗教的星期日学校、庄园及工厂学校。教堂对年轻人采用了固定的班级，让儿童上星期日学校。在这种背景下，慈善事业开始产生影响，渴望通过向社会上的穷人进行基本的教育及技能训练来帮助他们。这是教育平等方面的一个尝试。关于这些学校的数量，没有精确的统计数据，因为大部分学校是当地的和私人的机构。它们没有向当局提供任何信息。

从19世纪30年代起，芬兰的民族主义给官僚时代带来了一些变化。芬兰文学协会（The Society of Finnish Literature）于1831年成立，民族史诗《卡勒瓦拉》①（*Kalevala*）于1835年出版。关于教育的一般讨论也变得更加积极，并且持续到1848年。影响来自中欧和北欧国家。俄罗斯官员对于北欧人的合作及所谓的斯堪的纳维亚主义持怀疑态度。斯堪的纳维亚主义致力于将芬兰从俄罗斯统治下解放出来。1848年的革命结束了公众的争论；教育及其他社会活动受到了比以前更严厉的控制。

1856年亚历山大二世皇帝访问芬兰带来了一个新纪元，也就是通常所说的"自由主义"。芬兰社会开始以各种方式得到发展，教育也在其中。在自由主义时期，议会开始正式工作。1865和1873年，芬兰市镇获得法律许可，政治决策权被移交给地方，以与北欧传统相符。例如，市镇被许可独立决定教育事务。这些原则体现在《1858年学校法》中。该法使得学校系统有了自己的中央机构，并与教会分离开来。地方行政应当以市镇决策为基础，为市镇学校体制奠定基础。大众教育的目标是促进道德、健康、文明及传播有用知识。参议院任命尤诺·西格内斯（Uno Cygnaeus）起草这个法律大纲。除了芬兰学校和教师训练机构以外，西格内斯还了解了北欧国家和中欧的学校，最终形成了自己的看法。参议院准备的最终法律议案涵盖了教师训练与大众教育。1863年，皇帝批准了关于教师训练法；1866年批准了大众教育法。训练小学教师的第一个机构成立于于韦斯屈莱（Jyvaskyla），正好位于芬兰中部。学校由西格内斯领导，1863年开学，培训讲芬兰语的教师，包括男女教师。随后又创办了两个机构，训练讲瑞典语的教师。一所是1871年在艾克奈斯（Ekenas）为女教师创办，一所是1873年在新卡勒比（Nykarleby）

① 《卡勒瓦拉》，芬兰民族史诗。据古芬兰民谣、抒情诗及口头传说中的咒语汇编而成。1835年初版，为35篇。1849年再版，共50篇。"卡勒瓦拉"是诗中主要人物的居住地，也是诗中用以称呼芬兰的名称，意为"英雄国"。——译者注

为男教师创办。

根据《1866年学校法》分配给初等学校的普通教育的任务是相当庞杂的。学校要进行如下学科的教学：宗教、母语、写作、地理、历史、自然科学及其实际应用、绘画、唱歌、体操及手工等。这些课程是由西格内斯设计的。他希望根据德国和瑞士的模式来办初等学校。由于市镇能够独立地选择教学语言，语言问题便不是一个主要难题。一所小学的董事会被授权在许多重要问题上拥有决策权，如聘用教师、制定课程计划。初等学校系统在地方市镇当局控制之下。

关于初等学校的条令于1866年通过。它建立在调查委员会的工作的基础之上。该法令解决了大量教育政策问题，尽管有些问题还没有得到解决。根据这个法令，初等学校从其性质上来讲是市镇控制的学校，尽管其结构在城镇比在农村差别要大。在城镇，义务教育被规定为面向所有8～12岁的儿童。高低级的初等学校都有。在农村，预备教育是在家中进行，与此同时，高级初等学校的设立则取决于市镇。这种安排很快就给教育政策带来了一个新难题。初等学校成了一个独立的学校，但学生从它那里却不能升入文法学校。于是，一个双轨制学校制度在芬兰产生了。在这种制度下，两种学校模式并行存在。教师被分别为两种学校而接受不同的训练。文法学校的教师在大学及实习学校接受培训，初等学校的教师则在教师训练机构接受培训。1866年的《初等学校法》给芬兰提供了一种初等学校制度，让教师和地方当局来构建。自由主义时期，讲芬兰语的人们开始要求设立讲芬兰语的中学。1857年初，这些愿望变成了现实，第一所讲芬兰语的中学在于韦斯屈莱开办。在随后的十年里，教师培养一直在进行改革。

19世纪70年代，自由主义让位于泛斯拉夫主义。根据泛斯拉夫主义的观点，芬兰人得到的自由太多了。最初的迹象之一是任命一位前将军为新的全国教育委员会的主席。不过，这个任期很短。初等学校教学用语问题已被解决，所以，市镇大多数人所使用的语言就成了教学用语。初等学校数量的增加不像教育委员会所预期的那样快。这个时候，路德教重新加强了自己的巡回学校制度，这种巡回学校相当于初等学校。世纪之交，这种教会学校里的小学生比初等学校的人数要多。

表 5-1 1880～1900 年小学生数

学年	教会学校	地方初等学校
1880	49 218	28 231
1885	152 370	52 898
1890	177 886	57 453
1895	192 832	82 189
1900	197 811	111 765

俄罗斯比以往任何时候都越来越像一个警察国家。在芬兰，俄罗斯初等学校的威胁使得议会提出了一项新的学校法案，支持建立讲芬兰语的初等学校。皇帝于 1898 年批准了该法案。它是迈向义务教育的一步。法案规定，城市应当在司法监督下将本地划分成学区，以便为 7～14 岁的儿童提供接受以母语进行的教育的机会。上学的路程不能超过 5 公里。至少为人数较少的那个语种的民族设一个学区。结果，初等学校的数量在这个世纪里一直在增长。1900 年，高级初等学校 1 873 所。1911 年，这一数字达到 2 903 所。1921 年为 3 773所；在后来的 20 年里，这一数字翻了一番。除了现有的四种机构以外，又设立了四种新的初等学校教师培养机构。中学教师仍然由大学培养，在实习学校获得教学经验。

俄罗斯与芬兰之间的紧张关系在世纪之交进一步加剧。总督（Governor General）试图取消芬兰的特殊地位，把注意力转向了教育。他希望加强中学里的俄语教学，更加牢固地控制所有学校。当芬兰教师反对这种做法时，有人便被开除，甚至被流放。芬兰人为年轻人创办了一些新的使用芬兰语教学的学校——民众中学，还为成人开办了工人学校等新学校。1904～1905 年，俄芬紧张关系得到缓和，芬兰人重新获得了宪法所赋予的权利，一个新的《国会法》被通过。由于 1906 年的改革，等级议会被一个新的一院制议会所取代。芬兰妇女在欧洲最早获得了选举权。除了普通的、平等的选举权以外，议会还于 1906 年 8 月通过了关于言论、集会及结社权利的法律。

芬兰人对新议会抱有很大的期望。议会热情地解决教育问题，尤其是初等学校立法改革、什么是基本的学校制度、初等教育的性质以及义务教育等问题。但是，俄罗斯官员和沙皇把它们全部推翻了。1908 年以后，俄芬紧张加剧：所谓的第二压制阶段在芬兰开始了，一直持续到 1917 年。严格的控制阻碍了日常的学校工作。以 1906 年的法律为依据，芬兰人成功地阻止了学校被俄罗斯化。教师们并没有遵守那些法令规定。高中学生对俄语不感兴趣，对地理及俄国历史也一样。尽管俄罗斯当局控制很严，这些学科收效甚微。由于 1914 年第一次世界大战爆发，俄罗斯的教育政策变得更严厉。这种局面在 1917 年 5 月因课程改革而得到缓解，并最终于 1917 年 12 月芬兰独立时得到解决。

六、独立状态下的国家学校制度

1917 年 12 月 6 日在芬兰学校制度的发展中是一个重要的里程碑。芬兰人第一次有机会建设一个建立在主权国家基础上的自己的学校制度。独立消除了芬兰与俄罗斯及其文化的行政关系。学校制度应当成为社会发展中的一个最重要的工具之一。“白色芬兰”出现了：它常常用来指 20 世纪 20～30 年代的芬兰。它以民族主义及芬兰文化为特征，年轻的共和国以此来确立自己的身份及在世界上的位置。芬兰的外交政策就是与西方和波罗的海国家保持密切关系，委托国际联盟①维持和平。政治纷争而不是团结在扩大，对教育也产生了影响。

独立的芬兰议会的工作受到了内战的影响。政治派别之间的分歧进一步扩大并僵化。此时，经济结构开始发生变化。1918 年的土

① 国际联盟（League of Nations），第一次世界大战末，由胜利的协约国首倡建立的国际合作组织。——译者注

地改革产生了一个新的小农场主群体，这些人使得依靠农业为生的人口增长到近 200 万，几乎占工作人口的 65.1%。与此类似，工业产品也在增长，需要新的劳动力。1910 年，11%的劳动力是在工业部门，十年之内，这一数字提升到 15%。服务行业也在增加。这些变化使得越来越多的人向城镇转移。

一个贫穷的国家在发展自己的学校制度时只能择其重点。议会认为公立教育很重要，结果于 1921 年通过了义务教育法。该法宣告了胥格奈乌斯①自愿上学政策的结束，并将义务教育的年龄划定为 7～15岁。议会想用这种办法促进公立教育。该法规定，不论性别、语言、阶级，所有的人一律接受免费教育。为了减轻市镇经济的负担，允许市镇用五年时间、农村地区用 15 年时间来推行此法。换句话说，初等学校直到 20 世纪 30 年代后期才真正建立。虽然国家为初等学校的建立提供了财政资助，但地方赋税也同时提高了，常常达到了 40%。20 年代关闭了教会的巡回学校，这时市政当局发展初等学校教育的责任就大大加重了。

表 5-2　初等学校学生人数的增长

学年	教会学校	地方初等学校
1920	170 557	263 665
1925	96 035	345 793
1930	41 761	422 709
1935	25 383	476 848
1940		480 939

义务教育法规定，初等学校由两部分组成：低级初等学校，面向 7～8 岁儿童；高级初等学校，招收 9～13 岁儿童。这种划分的依据是 20 世纪初出现的儿童心理学和教育学。儿童具有自己固有的价值观和发展特征。这就是为什么 7～8 岁儿童需要他们自己的课程的原因。他们的课程包括如下学科：宗教、本土地理与工艺、母语、数学、唱歌、游戏、体操与运动、手工。为了培养教师，设立了四

① 胥格奈乌斯（Vno Cygnaeus，1810—1888），芬兰教育家，以“芬兰小学之父”闻名。——译者注

种特殊的小学。这些学校招收妇女，因为她们可能具备营造学校舒适氛围的先决条件。

初等学校的教育仍然是普通教育。高级初等学校的课程很广泛，学生们学习的课程有宗教、历史、本土地理与普通地理、自然科学、母语、数学、书写、绘画、唱歌、体操及手工。高级初等学校之后，学生们还要学习1～2年。根据这部法律，明确规定了初等学校所授的科目，但没有规定各科的内容。这就使学校教科书的重要性提高了。同时教学大纲要考虑到地方经济的特点。在农村学校主要教授园艺和农业，而在城市学校要教授商贸。学校要上大量大纲之外的课。在组织俱乐部工作方面得到很好训练的进步的教师，一边在学院中学习，一边领导童子军组织、艺术小组、音乐俱乐部等。

宗教教育具有特殊的地位，依据大多数学生所信仰的宗教来确定进行何种宗教教育。大约90%的学生属于路德教，5%的学生属于东正教。宗教自由法律规定，如果一所学校里有20个学生属于某个教派，他们就应当根据自己的传统来接受教育。除了宗教教育以外，学生还要学习道德及宗教史课程。

20世纪20年代，新学校运动是一件大事。它代表了许多东西，如以学生为中心的方法、工作学校以及实验室实验。模式取自中欧，也有一部分来自邻国爱沙尼亚。学校开始传授理论学科，采用以儿童为中心的教育方法。这二者均有自己的倡导者。有的教师支持死记硬背的学习，有的教师反对。与教师及教科书为伴的还有学生自己的观察和实验书本。

教育的意识形态背景是芬兰文化和基督教的人文主义。它们强调家庭、宗教及祖国的重要性。20世纪20年代，人们对有血缘关系的民族以及团结芬兰乌戈尔人这种血缘思想特别感兴趣。教师们访问了已经独立的、和芬兰有血缘关系的民族国家匈牙利和爱沙尼亚，也在自己的学校接待了来访的客人。

20世纪20年代，议会在讨论芬兰宪法和教育政策时，政治的争论已经非常明显了。虽然没有达成任何一致意见，但议会还是决定分别通过《公立学校法》和《初等学校组织法》。这个决定表明双轨制将持续下去。但是，双轨制存在很多问题，其中之一是初等学校与中学之间的关系问题。

中学仍然维持着自己作为一级教育以及吸引乡村学生的受人尊敬的方式的地位。在发展初等学校的过程中，出现了许多问题，其中最突出的一个问题就是，初等学校不应当是终结性的，它应当通向中等学校和职业教育。因此，设计了一个综合模式，据此，初等学校将提供普通的基础教育。20世纪30年代的这个方案得当了乡村党（Rural Party）和社会民主党的支持，但遭到全国联盟（National Coalition）和瑞典人民党的反对。教育再次与政党利益相关联。该方案在20世纪30年代并未实施。不过，初等学校成了直接通向中等学校的预备学校。

尽管有上述不利影响，热心教育的人们还是在20世纪20年代赢得了芬兰人的人心。人们对待教育的态度比19世纪更加积极。这一点在大学教育的发展中也同样很明显。

芬兰独立时，赫尔辛基大学是国内唯一的大学。虽说用芬兰语教学的讲座早在19世纪60年代就出现了，但该校的教学仍主要使用瑞典语。19世纪40年代以来，一直在制订设芬兰语大学的方案，但都没有结果。此时，对设芬兰语大学的要求及更多地使用芬兰语教学的要求变得更强烈了，并由此刺激了讲这两种语言的人们。其象征之一是1917年夏天制订了一个方案，创办一所讲瑞典语的大学。该方案直到1919年才得以实现，这年，埃博学术大学（Abo Akademi）在图尔库开办。增加芬兰语教育的方法之一向来是暑期大学，第一所暑期大学于1912年在于韦斯屈莱开办。当然，这种学校并不很多。第一所讲芬兰语的大学于1920年在图尔库创建，这要感谢一个当地的芬兰语大学协会。上述两种大学最初都是私立的。初等学校教师的培养主要是在初等学校教师培养机构进行，但对于教师的学术训练一直存在激烈的争论。这一点直到1934年才得以实现，这一年，一所专门培养教师的大学在于韦斯屈莱创办，取代了初等学校教师培养机构。

芬兰也努力为少数民族提供教育。根据学校法令，如果一所初等学校至少有 20%的学生讲芬兰语或瑞典语之外的其他语言，这些学生应当接受用母语进行的教育，如果所有的学生都讲同一种外语，学校里的所有教学则都要使用这种语言。在芬兰北部，当时有2 000名拉普人①。芬兰也尝试为他们建立自己的学校，不过进展很慢。在芬兰东部的卡列里拉（Carelia），有 4 000 名俄罗斯人，他们同样受到了教育，但严重的问题是缺少合适的教材。

七、1945 年后新学校制度的发展

1939～1945 年的第二次世界大战是一段艰难的时期，芬兰的所有资源都用在了维护国家独立上。学校的运行被中断，采用临时办法很普遍。战后，关于学校制度发展的讨论立刻开始了。这时，出现了两种不同的观点：一些人支持通过加强中小学之间的合作发展现有的学校制度；一些人更愿意彻底改变，设立综合中学，为所有年轻人提供统一的教育。然而，当时的经济状况不允许实施这个方案，不过，20 世纪 40～50 年代由于建立了一些市镇中间学校，学校制度得到了发展。这种学校免交学费，并且提供了学习比初等学校提供的课程更深入的机会。1957 年的《初等学校法》没有新意：它指出学校的任务是教导儿童以道德及良好的品行，为他们提供有用的技能和信息。初等学校的任务也是支持与鼓励学生的学习及文化兴趣。初等学校应当与家庭建立密切与和谐的合作关系。学校的结构改变了。初等学校有两部分：为 7～14 岁儿童设立的初等学校，由原来的低级初等学校组成；为 15～16 岁儿童设立的市民学校。前者进行宗教、环境科学、母语、写作、数学、历史、地理、自然科学、健康与节制教育、农业、家庭经济（home economics）、公民学、绘画、手工、体操、体育、唱歌。儿童也可以学习其他的官方语言，比如瑞典语、芬兰语或一门外语，一周最多四节课。课程的

① 也称拉普兰人，分布在挪威、瑞典、芬兰和俄罗斯北部。——译者注

目标仍然是普通教育。1957 年《初等学校法》保留了双轨制。

20 世纪 60 年代，教育改革又成了热门话题。经济结构的变化也要求教育作出相应的变革。农业技术解放了人们，使得他们有可能从事工业和服务业活动。激进主义影响了政治与文化生活，学校也不例外。政治家们对教育的发展越来越感兴趣。结果，议会于 1968 年接受了一项改革原则。该原则以综合学校思想为基础。1968 年，议会将此改革推进一步，接受了一个法律纲要，该法声称教育的目的是教育平等。法律赋予每个人拥有相同的机会继续从综合中学到大学的学习。生活条件或地位不得影响综合中学后的学习，因为每个人都拥有同等的经济的及社会的权利。综合中学应当是九年制的市立学校，以后再加进幼儿园、高级中学和职业学校。1969 年法以综合学校制取代双轨制。为 7～16 岁儿童设计的综合中学包括两部分：为 7～13 岁儿童而设的小学；为 14～16 岁儿童而设的初级中学。综合中学开设如下学科：宗教、环境科学、母语、两门外语(其中之一是芬兰语或瑞典语，它们是官方语言，但不是学生的母语)、公民学、数学、物理、化学、自然科学、地理、体操、视觉表达、音乐、手工、家庭经济及与商业生活有关的学科，增加儿童的职业机会和实际技能。没有引入新的学科，这些学科都是初等学校、公民及中间学校课程的混合。

初等学校课程委员会强调 7～16 岁儿童教育中发展的、教育心理学的因素：学校的主要目的是鼓励每个学生的个性成长。对于 7～10 岁的儿童，应当注意发展他们的学习能力和情感生活。而对 11～14 岁儿童，则要强调信息的搜集和社会化。对 15～16 岁的高年级学生，要重在使其成为一名社会成员，获得个人的价值观念，支持学生的特殊活动。于是，有一点就显得特别重要，即综合学校应当对不同的文化因素，同时对不同的社会群体，产生积极的相互影响。

表 5-3　1945～1968 年初等学校学生数

年份	学生
1945	442 084
1950	489 934
1960	625 968
1968	489 542

这个数字表明，20 世纪 60 年代初等学校学生数量在增长。除了一小部分新生代以外，人数增长的原因在于越来越多的学生从初等学校升入了中学。这一现象又带来了教育规划中的许多问题，维持双轨制成了一个难题。20 世纪四五十年代解决教育问题的办法是不完全的，而 60 年代的办法则是建设综合学校以及提高效果等。

关于综合学校的辩论，从建立之日起至今没有停止。1968 年决定了下一步的改革，改革的基本原则是：教育的目的是教育机会的平等。根据这一原则所有的孩子都有平等的教育机会，能接受从小学到大学的充分的教育。家庭的经济收入和居住地点不应对作出从综合学校毕业后是否继续升学的决定产生影响；要保证所有人的平等的教育机会。关于综合学校的目的，进行了热烈的讨论。1966 年教育委员会建议宣布教育目的就是培养文明的人。这一思想未能得到普遍的支持。1970 年，关于综合学校的一份全国性纲领宣布，教育目的是培养学生对自我完善的需求，对发展自己的个性的需求。因此，形成个性就成为综合学校大纲的基础。

八、教育乐观主义形成

20 世纪 70 年代的明显特征是强烈的教育乐观主义。1972 年联合国教科文组织的国际教育报告提到了一个新模式——学习型社会。终身学习是其中心思想之一。该报告指出，未来的主要学习目标是科学的人本主义、创造力、个性发展以及社会全体成员的发展。该报告对 20 世纪 70 年代芬兰的教育计划产生了影响。1968 年的法律要求建立综合教育制度，它同时也被理解为适用于从儿童到成人的整个教育制度。1971年教育委员会建议，《联合国人权报告》应当作为教育制度改革的重要起点。该报告强调社会成员精神与身体的健康、自由、安全与舒适，强调社会应当保证其成员的充分的个性发展。

向综合教育的过渡发生在1972～1978年。每个市镇都制定了自己的计划。出发点是完善教师修养的最优化计划。研究者和教师联合行动起来。问题在于，普及义务中等教育没有考虑学生的个别特点，而是从行为主义观点出发把学生看做教学的对象。在教授数学和语言的过程中根据学生的能力把他们分组。但是这种分组因破坏了平等原则后来又被否定了。市政当局要制定自己各自的大纲，但很快普及中等教育就进入了全国的教育大纲中。

20世纪70年代中期以后，关于发展综合学校的讨论更加广泛。雷乔·维勒纽斯（Reijo Willenius）出版著作，强调创造性的教育者及创造性的教育的重要性。依据他的观点，课堂改革应当从学生和教师开始，而不是从行政管理上自上而下。根据他的观点，起点之一是施坦纳①教育学和人本主义。这场讨论具体体现在新学校问题上。受施坦纳、蒙台梭利以及弗赖内特（Freinet）教育学的影响，一些家长对综合学校不满意，希望设立选择学校。他们认为新学校应当贯彻这些人的教育学思想。需要私立学校作为这种综合学校的补充。第一所施坦纳学校于1955年建立，到20世纪70年代中期，已有三所。一致性被打破了。新影响来自瑞典、英国、意大利、法国及美国。多样化的教育学首先在幼儿园出现，后来又扩展到小学。

多样化取代了整齐划一，全国统一的课程被抛弃了。1985年之后，市镇被许可发展自己的学校和自己的教育。教育委员会设计的课程大纲供各市镇自由选用。1983年综合学校法的目的比从前更加明确。综合学校应当将学生培养成平衡发展的、健康的、有责任心的、独立的、善于合作与爱好和平的人，并且是面向全国所有的人。该法同时也保留了过去在道德及良好品行方面教育儿童的目标，并

① 施坦纳（R. Steiner，1861—1925），奥地利科学家、艺术家、编辑，人智学的首创者。——译者注

为他们提供了实用的技能和信息。1970 年的综合学校课程强调学生个性的发展，1983 年的课程实现了这个目标。该法规定，综合学校的教学及其他活动都必须提供给学生必要的信息和能力，包括个人多方面的发展、社会与工作、职业选择与高深学科、环境、民族文化与价值、维护和平，男女平等。1991 年教育法保留了这个计划，并允许各个学校设计自己的课程。这种做法扩展到了班级：每个学生都可以设计自己的课程。所采取的最后措施是教育委员会不再检查教材，并将自己的角色由管理部门变为专家机构。这表明欧洲的教育自由论坛的方案得到了实现，该方案强调自由，把它而不是以社会为中心的学校作为教育的重要框架。该方案赞赏个性、以学生为中心以及主动性。这些特征和多元化的教育学一样。教育自由也需要灵活的学校法令。比如，新学校的创建就从中央政府移交给了市镇当局。

即便教学用语是芬兰语或瑞典语，多样化在综合学校课程中表现得还是很明显。讲拉普语的人可以受到用自己的语言进行的教学。世界主义比以往更加突出，来芬兰的移民越来越多。此时，学生们来自 60 多种语言社会，他们需要母语教学。在瑞典，这个数字超过了 120 种。

综合学校里的改革也影响了教师培养。20 世纪 60 年代，教师培养仍在学院或类似机构进行。1971 年教师培养法使得教师教育标准化，并将培养教师的任务转交给了大学。教师教育的这个新学位是教师学位的第一级，需要 4～6 年的时间才能完成。20 世纪 90 年代，这个规定又发生了变化。获得某个专业教师培养资格的人可以在其他层次的学校教学。例如，一位班级教师（class teacher）也可以在高级中学教书。1991 年，议会的教育委员会强调了教师培养背后隐含的哲学价值的重要性、价值的人本主义基础、适应教育者的角色、为学生承担责任及教学任务的能力。建立在人本主义基础之上的这种种重视，是很明显、很容易被感觉到的。这一切也同样适用于综合学校的课程，它们也强调个人主义与选择自由。教学必须保证学生的基本安全和自信，发展学生在团体工作、自我表达以及创造性方面的能力。其核心是引导学生建立良好的行为，引导他们认识民族价值。个人主义也通过发展天才儿童教育得到了体现，而这在 20 世纪 90 年代表现得更加明显。70～90 年代，芬兰的综合学校制度的管理非常分散。全国统一的课程被各校和学生自己设计的课程所取代。以社会为中心的学校的模式转变为一个建立在人本主义基础上的个体化学习环境，由留学生和电子通信所带来的世界主义特征也越来越明显。

表 5-4　综合学校学生数

年份	学生
1980	586 994
1985	563 618
1990	589 564

20 世纪 90 年代，98%以上的学生进入综合学校。选择学校的数量相对较少。1995～1996 年，教育部制订了一个关于综合学校的新目标及其法令的提案。该提案将新目标定在一个很一般的水平上。根据这一提案，综合学校的目标是保证学生成为一个平衡发展的好人，成为一名社会成员，为他们提供有用的技能和信息。这个提案让人感兴趣的是“好人”（good person）概念，亚里士多德在自己的著作中曾使用过这个词。追求在社会上的平等地位是 20 世纪 70 年代的未实现的目标。那些目标指出，综合学校必须为学生提供继续学习的机会。这一点显然与成人教育中的终身学习原则相关。这些目标反映了两个再次被提及的原则：教学必须依据学生的年龄和能力而实施，综合学校必须与家庭相配合。

芬兰学制图

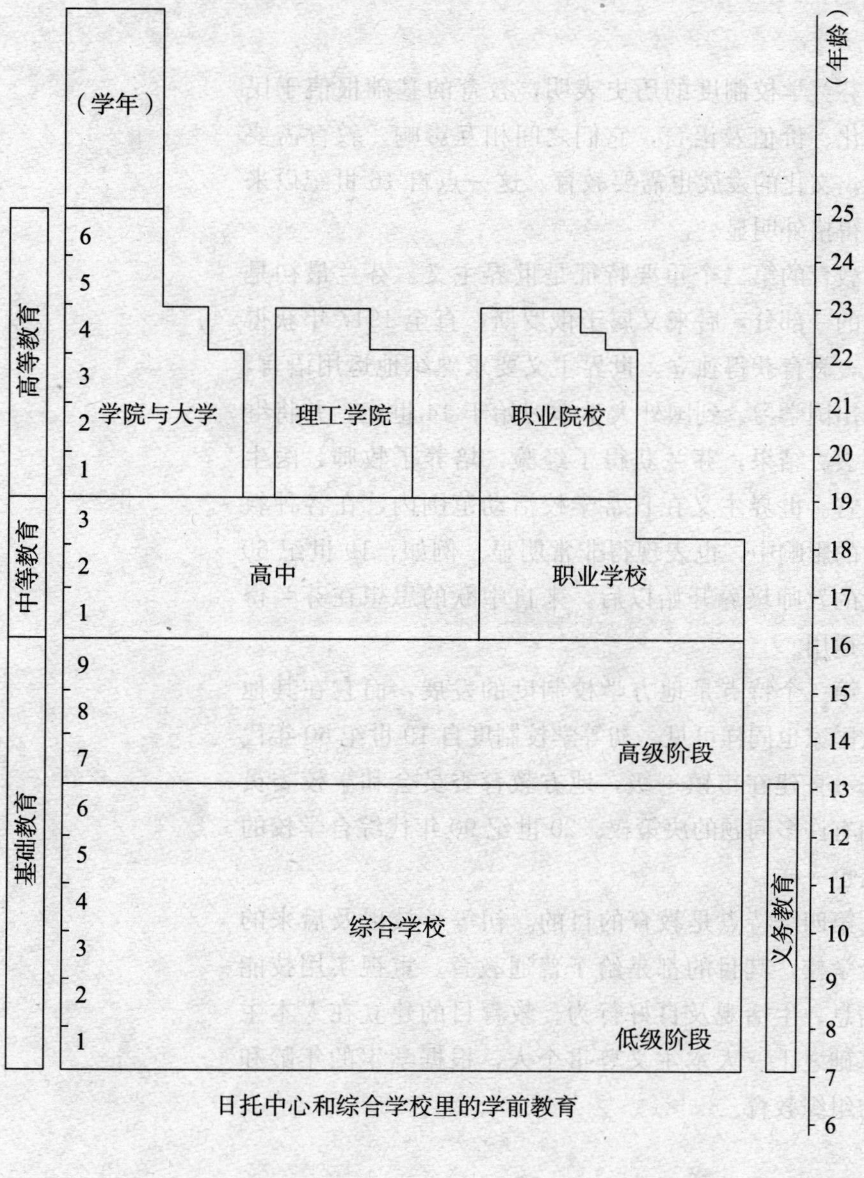

日托中心和综合学校里的学前教育

小结

芬兰学校制度的历史表明，教育的基础根值于民族文化、价值及语言，它们之间相互影响。教育需要文化，文化的发展也需要教育。这一点自16世纪以来表现得格外明显。

教育的第二个重要特征是世界主义。芬兰最初是瑞典的一部分，后来又属于俄罗斯，直至1917年获得主权，教育获得独立。世界主义要求熟练地运用语言，鼓励出国学习。到国外大学学习始于14世纪，并将继续下去。结果，芬兰获得了经验，培养了牧师、医生及法官。世界主义在日常学校活动范围内，在各种教育学的影响中，也表现得非常明显。例如，19世纪60年代的教师培养开始以后，来自中欧的思想在芬兰得到了运用。

第三个特点是地方学校制度的发展，而它在其他北欧国家也同样可见。初等学校制度自19世纪60年代以来一直建在市镇一级，地方教育委员会和学校委员会拥有许多问题的决策权。20世纪90年代综合学校的发展也一样。

第四个特点是教育的目的。初等学校以及后来的综合学校，其目的都是给予普通教育。重视实用技能及信息、生活观及良好行为。教育目的建立在人本主义基础之上。人本主义尊重个人，根据学生的年龄和能力组织教育。

芬兰赫尔辛基大学副教授
马蒂·凯卡（Martti T. Kuikka）

第六章　法国

从文化史的观点看，法国是中世纪初由西方的基督教和拉丁语形成的一个社会。拉丁语是一种无生命的语言，但又是一种国际文化的语言。这个西方社会虽然地理轮廓随着时代而变化，但长期以来具有一种共同的文化，这是 13 世纪的学生流动和文艺复兴的结果。新教改革运动造成了文化和教育实践尤其是普通人的教育实践方面的分歧。法国当时已被 16 世纪的宗教冲突撕裂成两个部分，南部坚持罗马的传统，北部处于德国的影响之下。虽然天主教仍占优势，但法国已处于新教的影响之下。几个世纪以来，法国教育的历史是与法国整个历史不可分割的，其最初的特征是由早已统一变得强大的国家的法律所赋予的。

法国革命使法国教育的历史具有了自己民族的意义，在 19 世纪最初的 80 年内，这种意义具体体现在拿破仑的大学中。大学的名称是 1806 年才有的，指的是国家控制之下的教育体系。在随后的 80 年内，第三共和国的世俗改革家们使这一体系成型。但从 1960 年以来人口的激增影响了中等和高等教育，并立即被认为是民主化的要求，这使法国教育制度遭遇与欧洲其他经济较发达国家的教育制度相同的冲突和问题。法国要面对从历史上继承下来的各种问题，这就是经久不息的“学校战”，但现在是以一种新的形式来进行：在国立世俗教育的倡导者与教派的私立学校的坚决支持者之间；在行政管理和教育教学方面实行中央集权；具有精英性质的“大学校”，不同于大学并与国家的行政管理紧密联系，摆脱了大众教育的困难。这些重要问题是本章讨论的主题，重点放在最后两个世纪。

一、中世纪的基督教文化和大学的基础（5～15 世纪）

“蛮人的入侵”和西罗马帝国的衰落，对现在称做法国的欧洲的那一部分来说，标志着一个新世纪的开端。古代的文化及其教育机构颇为迅速地消失。教会的高层显贵都是古代的高卢—罗马贵族，他们成功地使法兰克人改信基督教。教会保留了古典的遗产，从古典遗产中继承了阅读和理解《圣经》以及圣父著作所需要的东西，淘汰了其异教徒的特征。对古典文化的这种矛盾态度，是中世纪文化的一个永恒的特征。

大部分人被剥夺了受教育的权利。中世纪初，教育机构仅限于修道院和主教管区内的学校，指定教区附属学校培养牧师，偶尔接受某些世俗人员。基础教育基本上是口述的，仅限于学习《圣经》中的《诗篇》和赞美诗。在教育中起主要作用的是牧师，这种情况一直持续到 18 世纪，教学中使用的是无生命的语言——作为文化语言的拉丁语。在第一个时期，修道院发展并传播了基督教文化，6～7 世纪在盎格鲁—撒克逊和爱尔兰修士的影响下丰富了基督教文化。

在 8～9 世纪的加洛林王朝时期，由于政治的改革以及对较少疑点的宗教读本的需求，书写文字得到复兴，也带来了文化的复兴，学校得益于此。在随后的两个世纪，随着国王权力的削弱，抛弃了文化和教育衰落的传统思想，修道院图书馆得到了充实，城市中的学校得到了发展。但 12 世纪才是文化真正繁荣的时期，在整个欧洲为大学的建立打下了基础。在这场运动中，巴黎处于显要的地位。

促成这种进步的因素之一是在几个大的中心城市（例如，巴黎），城市学校的数量大大增加。最典型的例子就是修道院尤其是教会学校，例如，在夏尔特尔（Chartres）的教会学校。这些学校的名声是与那些在那里教过书的教师联系在一起的。有一些作为典范的学校，例如，由纪尧姆·德·香波（Guillaume de Champeaux）创办的圣维克多学校，还有一些可称做“私立的”学校，虽然这些学校一直处于主教的管辖之下。其中最有名的是皮埃尔·阿伯拉尔私立学校，阿伯拉尔（Pierre Abelard）是“大学之争”的热情的、杰出的参与者，因自己的悲剧而为后人所知。巴黎成为神学和经院哲学的中心，那里的学生来自整个西方基督教世界，越来越多的新学者来这里讲课。

公开的辩论、持相反论点的两个对手之间的口才比赛，活跃了智力生活，但也有助于发展教会认为是危险的学说。然而，不同教育水平的竞争者的到来以及他们所教课程的混乱，引起了有活力的教师团体作出反应。来自整个欧洲的学生最终作为这个城市的“外人”，所以在与当地居民发生冲突时，他们得不到警察的保护，或者得不到公正的待遇。

所有这一切促使教师和学生的共同体去谋求国家和教会的保护，并要求承认其基督教地位。在他们的斗争中，教师们组织了行会组织——大学（universitas），但遭到了巴黎圣母院的主教和首相的反对。在教皇格列高利九世的一份训谕中，承认了巴黎教授的特权，标志了巴黎大学在1231年赢得了胜利。蒙彼利埃（Montpellier）是另一种类型大学，是许多学校联合的结果，其中包括了法国的一些医科学校。昂热（Angers）和奥尔良（Orleans）的大学仰仗了从巴黎来到这些城市的教授们，1229～1231年，因为与巴黎主教发生冲突，这些教授被勒令停止上课，不许在巴黎教授民法。13世纪由教皇和国王在图卢兹（Toulouse）建立了大学。

大学作为一种机构所具有的力量之一就是它的国际性，即用统一的语言——拉丁语进行教学；具有相似的组织结构，一般包括四个系科：文科和三个高级系科——法学、医学和神学；统一的知识价值标准，其学位得到公认，学位获得者有权在任何一所大学任教。在13世纪，巴黎大学的名望，尤其在北欧足以与波洛尼亚大学相媲美。托钵僧团的教师，例如，大阿尔贝特（Albert the Great）和托马斯·阿奎那①没有被巴黎大学很好地接纳。尽管如此，这些教师增强了巴黎作为得到罗马支持的西方天主教的神学首都。但是，在1378～1417年的大分裂时期，罗马教皇支持英国、意大利和德国的大学，巴黎大学只得到了阿维尼翁（Avignon）的教皇们的承认。

14～15世纪是一个多灾多难的时期，法国遭受了饥荒、瘟疫和百年战争，在这之后巴黎大学再也没有恢复昔日的光辉。在法国大学数量增加的同时，各地招收的学生数量却在下降。但是，这种相对的削弱没有阻碍法国的大学发挥其机构的作用，其享有威望的学位依然为数以千计的学生（学生数量即使不增加，但也保持稳定）打开了通向许多职业尤其是通向神职的道路。

12世纪末出现了学院（collège），例如，1180年成立的Hôtel Dieu，学院的出现有利于学生人数的稳定，尤其使巴黎的学习条件发生了急剧的变化。许多头面人物愿意帮助那些被挑选出来的学生，使他们免受贫穷和堕落之累。为了鼓励学生，这些基金会从一开始起就提供免费的住宿和维持生计所需的费用。后来学校还接受要付费的寄宿生，他们住在空房间里或者与领取助学金的学生合住。指导领取助学金学生的组织、图书馆的建立、招收校外学生，标志着学院向真正的教育机构的过渡，这种教育机构吸收了文科系科的活动并向文法班开放，让年轻的寄宿生在这里食宿并对他们进行教学。巴黎大学的神学院也发生了类似的变化，最后于1257年与由罗伯特·德·索邦②创办的神学院合并。

---

① 托马斯·阿奎那（Thomas Aquinas，1224/1225—1274），意大利神学家和诗人。1245年秋到达巴黎，进入多明我会的大学中心圣雅各隐修院，受教于大阿尔贝特。它研究并宣讲亚里士多德的著作。1256年起在巴黎大学的多明我会学院讲授神学。1268年后卷入异常尖锐的教义论战。1567年被正式命名为教义师。——译者注

② 索邦（Robert de Sorbon，1201—1274），法国神学家。1257年他得到一笔财产，用以创建了索邦神学院。这是一所为穷困学生办的学校，后发展成欧洲主要的学习中心和巴黎大学的核心。索邦本人自1258年起任该大学校长。——译者注

二、学院和初等教育在现代的发展（16～18 世纪）

在 15 与 16 世纪的世纪之交，法国发生了震动欧洲文化的变化：伟大的地理发现扩大了它的边界，贸易的扩张把新型的商业精英推到台前，城市的各阶层增加了自己的分量，印刷技术的发明增强了传播印刷文本的能力。来自意大利的新精神，受到对古希腊罗马遗产的再发现的鼓舞，并与力量越来越强的实业家建立了联系。法国曾卷入意大利的无休止的战争之中，因此这种精神在法国也受到当地的文艺复兴和人文主义思想的鼓舞。16 世纪初，又出现了一个新的变化，这就是宗教改革风暴。

改革后的宗教摆出了向天主教提出教育挑战的架势，天主教把传播福音建立在阅读《圣经》的实践的基础上，而改革后的宗教所提出的智力挑战，建立在新教徒对罗马天主教的教义和实践所开展的批判的质量的基础上。新宗教迅速在出生高贵的人和精神精英以及其他人群中传播开来，但传播方式与其他宗教不同。当时的一些教育方面的问题在法国和在整个欧洲刺激了许多文学作品的出现，其中最杰出的是拉伯雷和蒙田①的作品。拉伯雷在他的得到世界承认的巨著《巨人传》中，辛辣地嘲笑了当时存在的教育制度，这种制度建立在对课文的死记硬背和令人疲惫不堪的祈祷的基础上。他把这种制度与自己的教育制度作了对比。他的制度建立在使儿童得到全面发展的基础上，建立在对儿童进行体育的基础上。教学中没有惩罚和强迫，而是建立在儿童固有的爱好和积极性的基础上。拉伯雷认为研究自然、古希腊罗马作家著作具有重要意义。而且古希腊罗马作家的著作是获得自然和人文知识所必需的。拉伯雷的教学大纲中就有语言、数学、天文学、历史、自然科学、法律、艺术活动这样一些学科，在这些学科之外他认为还应该加上劳动。

① 拉伯雷（François Rabelais，1483—1553），法国作家，其代表作是《巨人传》，该书的内容涉及当时的法律、医学、政治、宗教、哲学等知识和伦理范畴内的许多方面。蒙田（Michel de Montaigne，1533—1592），法国思想家、作家、怀疑论研究者，其传世之作是《随笔集》。——译者注

在《随笔集》中，蒙田阐述了自己的人道主义思想，反对经院哲学和教条主义。他认为人生来就是平等的。根据对人的本质的这一基本认识，蒙田发展了15～16世纪的人道主义思想，重新解决了教育和教学的许多问题。他反对让对知识的机械记忆充斥学生的头脑，认为教学过程应该具有创造性，教育的任务就是要使学生能够对他们所获得的知识的真理性作出判断。他建议用实际的教育以及道德和审美品质的培养来补充理论教育。教育的目的是使个性得到和谐的完善，充分展现个人的才能。

新的运动没有渗透进法国的大学之中，巴黎的经院哲学家们仍然受到人文主义者的嘲笑。法国大学的这种传统的态度一直保持到18世纪：对于引进接连发生的活跃了欧洲思想的运动，大学总是滞后；但这些运动在由宗教组织管理的中学中，尤其在新建立的并得到皇家权力支持的博学的机构中，得到了较好的采纳。

由国王弗兰西斯一世（Francis Ⅰ，1515～1547年在位）于1530年创建的皇家学院（后来称作法兰西学院），体现了对知识的人文主义观点：《皇家讲义》教授希伯来语、希腊语、拉丁语，还要教授哲学、医学、数学和东方学。它顶住了索邦的攻击直至1773年才合并到巴黎大学。在17世纪，1636年开办的皇家花园（Jadin du Roi）设置了植物学、解剖学和化学讲座。后来又增加了一些学院：法兰西学院（1635年）、医学院（1776年）、科学院（1666年），这些学院的出现终止了大学对学术声誉的垄断，并证明自己更适合于推动知识的研究、进步和传播。

大学的地位在国家的干预下起了变化，1600年国家强迫大学进行改革从而削弱了它们的自治权，但保留了其颁发学位的垄断权。大学中基本上取消了文科教学，与此同时，学院却增加了文科的教学。至于高级系科，其作为一种机构职能的保留，并不取决于教育质量。除了教育实践落后有时达到可笑的程度和学校所教授的知识落后以外，就像莫里哀①的喜剧中所讽刺的医学院中的情况那样，

① 莫里哀（Molière，1622—1673），17世纪法国最伟大的剧作家。伏尔泰尊称他为“描绘法兰西的画家”。——译者注

大学受到与颁发学位有关的腐败和欺诈的严重侵袭。

这一时期最重要的事件之一，是在培养精英方面大学被学院代替。这种变化的根源在于在中世纪末巴黎文科学校发展成了名副其实的学校，在校长的指导下，文学士们开始教授文法。在相当保守的蒙泰古（Montaigu）学院中也发生了一项革新，这项改革被 1509 年的章程所承认。它借鉴了“公社生活兄弟会”（在荷兰成立的一个教会组织）的实践，根据学生的成绩把他们各自分进七个程度逐级提高的班级，这种班级称做“小学校”。相同水平的学生接受同样的教学，在同时完成同样的练习。于是引进了这种称做“同步”教育的方法。

以牺牲逻辑和辩证法的学习为代价来增加用来学习修辞学的时间，这种模式称做巴黎模式。在发展的过程中人文主义观点取胜了，人文主义观点更重视辩论的形式、鉴别力的发展和对文学的崇拜。巴黎模式被移植到了省辖的城市学校中，从前的巴黎学生改造了这种模式，使之非常适合于各地不同的条件。学校教师人数大大增加了所需的费用，以及对合适的校舍的需求，不仅需要得到市镇当局的支持，也需要来自教会和国家的支持。宗教斗争转变为 1562～1598 年的宗教战争，使学院成了一种赌注，而这对于学院来说是非常有利可图的。1561 年国王奥尔良的法令，以及随后的特伦托（Trento）会议的建议书规定牧师可以利用教会的收入来维持学校。出于同样的目的，君主国家很乐意授权教会来征税。

耶稣会迅速参与了对未来精英的培养过程，这是这场对抗新教的智力斗争的主战场，赋予了巴黎模式以新的意义。耶稣会的学校，起初是在墨西拿（Messine）的学校，后来是在罗马的学校，从一开始就采用了巴黎模式。大学和议会反对在巴黎建立克列蒙特学院，国王于 1551 年就授权建立该校，但直到 1564 年才建立。于是，耶稣会便迅速在各省增设学校，尽管因学生企图刺杀国王而在 1594～1603 年遭到驱逐。

耶稣教会会员的活动是要维护天主教会的统治并限制新教的影响。耶稣会的主要使命是培养来自特权家庭的青年，使他们忠于天主教，保卫天主教的教义，从而影响整个西欧。耶稣教会学校的教育主要是学习古典语言，以古希腊罗马作家的著作为基点。这些著作向天主教徒片面地解释并阉割了古希腊罗马文化的内容。这种学校在学生身上培养虚荣心、个人主义，定期地划分成绩好的和不好的学生，鼓励互相监视，打小报告。除了好的普通教育和体育之外，宗教教育在耶稣会学校中也是非常重要的。

耶稣会学校的中等教育学习文法、人文学科和哲学，以拉丁语的文本为依据，同时还要进行一系列的宗教教育，重视鉴赏能力和风度的培养，极大地满足了那些精英顾客们的需要。耶稣会的成功使其能够抵制大学的敌视态度，直到1762年被驱逐。耶稣会还投资或创办了几所大学，这就使来自上层阶级的学生不必去其他大学就能获得自己的学位。耶稣会学校占据了优势地位，建立了重要的国际联系，其教育制度具有同质性（这种同质性已于1599年变成法典并得到了教皇的支持），因此，它们颁发的文凭比官方大学的学位文凭分量要重得多。

耶稣会学校的经验在欧洲、拉丁美洲的许多国家以及美国得到了广泛的传播。

从1598年发布《南特敕令》到1685年该敕令被废除，在这段时间内，新教徒得到了发展自己的学校的机会。新教徒学校中的基督教人文主义的来源与耶稣会学校是近似的。但耶稣会学校的主要竞争对手是自1614年以来发展起来的耶稣基督圣乐会①的学校，其中最有名的是茹里学校（Collège de Juilly）。耶稣会学校中几乎禁止教授的法语，是耶稣基督圣乐会学校教授的科目，历史、地理是为了成为“博学的人”而必须学习的。笛卡儿（René Descartes，1596—1650）的哲学及启蒙思想对耶稣基督圣乐会的教育产生了影响。

笛卡儿是一位哲学家和学者，他在耶稣会的学校中学习过，对耶稣会学校的教育方法极为不满。他认为，教育的理想就是在论证

① 耶稣基督圣乐会（Oratorians），天主教的两个性质相同的在俗司铎修会，一个以罗马为中心，另一个以法国为中心。——译者注

的基础上发展清晰的思维。笛卡儿提出了关于智慧天然平等的理论。他指出，教育机会的不平等决定了人的智力发展的不平等。换句话说，受教育是每个人天赋的权利，而不是特权。他认为，思想的自由和对真正的知识的合乎逻辑的自由追求，是与建立在机械的死记硬背基础上的墨守成规的教育相对立的。笛卡儿的思想对改造传统的教育制度起了重要的作用，并在巴黎郊区的一所学校中得到应用。

法国北部的初等教育主要受基督教牧师和教区学校的影响，而在法国南部，初等教育主要由世俗的学校和市立学校实施。初等教育的主要任务是对居民的基督教化，提高居民的道德和文化水平。作为传播基督教改革运动的基本工具，学校变成了宗教斗争的赌注。新教徒认为，只有通过个人阅读《圣经》才能增强对基督教的信仰，于是从一开始就致力于扫盲，大量传播用各种民族语言写的基础读物。主教一直忙于培养和任命教区牧师，谋求通过传教来加强对民众的教育活动。他们很快就采用了与其竞争对手相同的方法，根据1545～1563年的特伦托会议的建议，他们开办了学校，禁止异教徒的著作，散发向儿童传播宗教信仰的入门书《小教义问答集》。

但直到17世纪下半叶，宗教改革运动的反对派才真正拥有了有效的斗争手段。皇家政权一个多世纪以来没有颁布过有关教育的法律，自1669年以来采取了一系列限制改革派学校的措施。在《1685年枫丹白露（Fontainebieau）法令》之后，新教在整个王国内遭到取缔；在宗教斗争中得到发展的学校开始支持国家当局：1698～1724年的皇家公告确认了义务教育的原则，其目的是要抵制家庭对新皈依基督教的青年的影响。教会为了补充教区牧师和俗僧的不足，在整个17世纪支持建立从事教育活动的教会组织。在查里·德米阿（Charles Démia）以及后来的让—巴蒂斯特·德·拉萨尔（Jean-Baptiste de la Salle）的倡议下，在城市开办的慈善学校是建立公共教育制度的最初的实践。德米阿于1666年在里昂（Lyon）创办了圣查里修士团分会，制定了严格的管理章程，监督学校严格执行规章，还建立了培养教师的教育机构。查里·德米阿的活动仅局限于里昂地区，而1684年在兰斯（Reims）建立的基督教学校兄弟会，其影响迅速在全国扩大。这一组织的创始人是让—巴蒂斯特·德·拉萨尔。他拟订了当时的主要的教育创新综合计划，他受到德米阿的类似的学校制度的启发，提出要建立一种统一的组织，为兄弟会的成员制定了规章制度，组织他们的教学，任命学校的视察员。新教徒学校的教学一开始是阅读法语课本而不是拉丁语课本，他借鉴了新教徒的这一实践，认为这种变革是比较容易的，也是更有益的；他放弃了历来所采用的但效率很差的个别教学方法，采用了他本人在学院学习时掌握的同步教学方法。拉萨尔所建立的免费城市学校的数量，与对它们的需求相比是微不足道的，但它们的发展和所争取到的地位是对其成就的证明，1789年，兄弟会在116座城市中有了3.5万名学生。

如果说男子学校更是一种创新，那么女子学校则人数更众多但抱负较小。女子教育主要为了满足做母亲的需要，使未来的母亲能够向自己的孩子灌输基督教信仰。当时只有几所这样的学校，例如，1686年由曼特农夫人（Mme de Maintenon，1635—1719）在圣苏尔（Saint-Cyr）创办的圣路易教养院，该学校接纳了250名贫穷的贵族出生的少女，让她们接受基督教教育并为进入社会作准备。

三、从启蒙运动到法国革命：国家控制加强（1750～1802年）

18世纪下半叶开始崇尚科学和科学的应用，相信传播科学成就的必要性。这种乐观主义的和功利主义的百科全书派的观点，在生活中注入了启蒙运动时代的创造、革新和计划，从大革命时期的教育计划中可以看到这种观点的影响。

一个最有说服力的例子是，在旧制度的末期出现了越来越多的省属学院，它们成为向王国各地的精英传播启蒙思想的主要工具，与科学思想及科学进步相联系。也有一些博学的社团从事具有更为实用目的的活动，例如，支持农业、商业和工业的社团。皇家政权通过自己的部长们以及一些有教养的管理人员，建立并支持了这样的机构，从而表明了自己对这些机构的强烈兴趣。公立职业训练班的普及是在同样的精神状态的影响下出现的，它们所面向的听众比精英社团所培养的公众要多得多。绘画成为许多职业的专门技能，是训练班中最受欢迎的学科。某些基督教兄弟会的学校也培养未来的工人。

但是，只有通过培养国家的文职和军职工程人员，才能牢固地支撑科学所取得的新地位。1748 年在梅齐埃尔（Mézières）成立的军事工程学校，通过它的一些教授和毕业生，例如，画法几何的创始人蒙日①，在应用科学的历史上发挥了重要作用。1747 年建立的路桥学校和 1783 年建立的矿业学校，是最早的培养文职工程人员的“大学校”②。国家放弃了培养未来官员的教育传统，1776 年设立了 600 份助学金用来资助那些在 12 所皇家军事学校学习的享受津贴的学生。这些学校掌握在修道士或公理会教友的手中，主要是本笃会③和耶稣基督圣乐会手中。在这些学校中，采用了一些创新的教学方法，这些方法较之那些华丽的方法来得实用和具体，大部分时间用来学习科学。几年前实施的驱逐耶稣会教团的政策，使法兰西王国进入了教育改革时期。

法国是在 1762 年开始驱逐耶稣会教团的。这一举措把许多学校的潜在的改革释放了出来，但又立即出现了关于教师招聘等一系列严重问题。巴黎大学（包括享有盛誉的耶稣会大路易学院，即以前的克列蒙特学院），曾试图创建一种培养未来教师的体系，并为将接

① 蒙日（Gaspard Monge，1746—1818），法国数学家，创造了画法几何技术，开辟了解析几何发展的新园地，使两者开始成为射影几何的组成部分。1768～1783 年他在梅齐埃尔学校教授物理和数学，1795 年参与创建法兰西国家研究院，1794～1795 年任教于师范学校。——译者注

② 在中世纪的法国，“小学校”一般指初级学校，“大学校”属于中等学校。——译者注

③ 本笃会，天主教一批修会的联合组织，遵循圣本笃（本尼狄克）所制定的规章。本笃会修士除进行宗教礼拜活动外，还从事教育、学术研究、教区工作和传教等活动。——译者注

替退休教授的候选人组织一种专门的考试。由国家实施的“国民教育”的支持者所期望的改革就仅止于此。许多从前的耶稣会学校落到了作为竞争对手的教团手中。

至于民众教育，法国东部的许多农村自发地开办了学校并自己雇用了教师。在其他地区，尽管皇家政权持支持立场，但由于经费困难、民众冷淡态度或某些行政管理人员的偏见，阻碍了学校的建立。随着时间的推移，建立统一的教育制度的必要性越来越凸显出来。这种教育制度与其说是为了给予每个人最低限度的知识（像伏尔泰①那样的伟大的智者对民众受启蒙的机会表示怀疑），不如说是为了铸就民族的认同感，为了给予每个人共同的价值观。在教育方面的这种热情，并没有危及精英教育和民众教育的分化，这种分化自古以来就是学校制度的根基。当时的实际情况是，模仿社会等级制度的学校等级制度不仅是合法的，而且是必需的，甚至一些改革家也这么认为，例如，1760 年最初的国民教育改革计划的作者拉·夏洛泰（Caradeuc de la Chalotais）和罗兰（Rolland d'Erceville），以及 18 世纪下半叶的许许多多哲学家都是这么认为的。

卢梭（Jeau-Jacques Rousseau，1712—1778）的教育著作对这一时期具有特别重要的意义。这位法国教育家对建立新的自由教育理论产生了巨大影响。他尖锐地批判了当时的儿童教育实践，认为人具有天赋的自由、平等权利，阐明了自己的新人教育的思想。自由教育要遵循自然，在排除一切有害影响的同时帮助自然。因此他反对教育中的专横跋扈，反对让孩子盲目地听任成人给予的惩罚。他否定了惩罚，认为儿童在熟悉自然的过程中将会自己搞明白什么对他有害，什么对他有益，他不需要来自成人的惩罚。他的这些思想构成了在自由教育框架内的自然教育的基础。

卢梭认为，自然、人和周围世界的对象，是教育的基本因素。自然保证感觉器官和人的能力的发展和完善，人学习正确地利用自然，与事物的接触能丰富儿童的个人经验。

---

① 伏尔泰（Voltaire，1694—1778），法国最伟大的作家之一。——译者注

卢梭的教育观点对18世纪末19世纪初关于教育目的、教育任务和教育方法等观点的发展发挥了极其重要的作用，其影响远远超出了法国的国境。卢梭猛烈地抨击了压制儿童个性的等级性的封建教育制度。卢梭的思想渗透了人道主义和民主主义的理想，他是发展儿童独立思维的热心的捍卫者，是教条主义和经院哲学的敌人。

在君主制度的最后几年广泛讨论了一些问题，这些问题深受卢梭在《爱弥儿》中所表达的思想的影响，涉及青年人的教育，成为法国革命时期议会辩论的热点问题。在这些讨论和方案中可以发现狄德罗教育思想的影响，它们也与米拉波、塔列朗、孔多塞和拉卡纳尔①的名字紧密地联系在一起。1791年宪法的第四款写上了组织教育的基本原则是"面向全体公民的公共教育，所有的人都必须接受的教育是免费的"。讨论围绕着这样一些问题展开：国家有权对教育实施控制的性质和控制的程度，教学内容、师资培养和女子教育的改革。教育制度改革的基础是教育自由、世俗化和教学语言的统一。

关于初等教育的许多辩论，表明了政策是雄心勃勃的，但不切合当时的实际。1793～1794年，急切地通过了一些法令：霜月29日的法令和雾月②27日的法令分别规定了两年和三年的免费义务教育，实施统一的课程、女子教育以及国家对教育机构的控制。但由于缺乏经费，教师后备人员短缺，以及一部分家庭和社会团体的抵制，使这些方案难以实施或效果有限。这些方案大部分都被取消了，从1795年起，雾月3日的法律规定义务教育为四年。在1795～1799年统治国家的执政内阁时期，公立小学遭到私立学校的越来越激烈的竞争，宪法宣布"有权建立私立教育机构"，私立学校利用了这一条

① 米拉波（Comte de Mirabeau，1749—1791），法国大革命初期统治国家的国民议会中最伟大的演说家和最富有才智的政治家；塔列朗（Talleyrand，1754—1838），法国政治家和外交家；孔多塞（Marquis de Condorcet，1743—1794），法国数学家、革命家、哲学家；拉卡纳尔（Joseph Lakanal，1762—1845），法国大革命期间法国教育制度的改革者。——译者注

② 霜月，法国共和历的第三个月，相当于公历11月21至23日～12月20至22日；雾月，法国共和历的第二个月，相当于公历10月22至23日～11月21至23日。——译者注

款。但在革命时期行将结束时，已普遍承认公共教育从今往后是国家的事务。

法国革命摧毁了旧制度的教育机构，但是关于“白板状态”的说法看来有点言过其实。曾经保证了许多学校生存的教会的财产被没收或出售。各教会组织的学校，如兄弟会的学校，由于 1792 年教会组织遭取缔而受影响。第二年国民议会批准了对其财产的拍卖并关闭了它们的研究院、专科院校、军事学校和大学，学院也未能幸免。许多学校经受住了磨难没有关门，许多从前的教会组织恢复了自己的具有独立地位的课程。

在执政内阁时期，在 1795 年多诺（Daunou）法的授权下开办了中心学校（écoles），每个省中心必须至少设立 1 所，1793 年划分了 83 个省。这些新的中等学校既不能代替从前的学院，也不能对抗在旧制度时期就已出现的、现在处境又很有利的私立寄宿学校的竞争。小城镇中的学生人数甚少的走读学校的状况与由来已久的发展寄宿学校的传统相冲突。许多家庭信不过这些机构的自由精神，对以启蒙精神编制的课程表示怀疑。在这些学校的课程中科学占据了主导地位，还新设了制图、法规和现代语言。除此之外，与学院模式的决裂导致这些学校很难招聘到能胜任的教师。

革命所取得的一个持久的成果是创办了大学校（grandes écoles）。国民议会改编了在多科技术学校中培养工程师的大纲，这所学校是 1794 年开办的，当时称做中央社会工作学校，是一所培养文职和军职工程技术人员的学校。巴黎师范学校位于各省师范学校之首，其任务是培养初等学校的教师，许多有名的教授曾在那里授课。这所学校是 1795 年 1 月开办的，四个月后就关门了。然而，这所学校是高等师范学校的先驱，巴黎高等师范学校在随后的两个世纪中培养了许多大学的精英。

四、拿破仑的大学：精英教育（1802～1879 年）

拿破仑，这位法国第一位执政官和后来的皇帝，在教育领域中的全部活动的特点就是要恢复秩序。但如果这种秩序起源于教育的传统，国家就能够统治学校教育并把教育体系作为一个整体进行规划，这就是 1762 年开始的教育改革计划的基本方面之一。拿破仑的教育方案明显地考虑到意识形态方面的利害关系，把培养民众的智力尤其是精英的智力放在第一位。被剥夺了财产的教会发生了分化，有的成为公立学校的势不两立的敌人，有的成为调解者，谋求在新的结构中获得较大的地盘，而不是谋求霸权。

建立于 1806 年并于 1808 年开学的帝国大学，是仿照驱逐了耶稣会后经过改革的巴黎大学的模式建立的。这个机构模仿从前的教会组织，但它是一个世俗的组织，服从政治强权。它获得了对各级公共教育的垄断权，但这并不意味着拥有绝对的控制权。初等教育的主动权留在市政当局和私人主办者手中，而在许多城市，则留在兄弟会学校的手中。1802 年创办的公立中学（lycée），是培养精英的学校。它们是帝国大学的核心，大学负责具体地调整它们的功能、教育内容和教学方法。公立中学的结构借鉴了军事模式和从前的学院。市立中学（communal collège）和私立中学等其他中学，都服从帝国大学的领导，它们恢复了古典人文主义的主导地位，因此很快就摆脱了中心学校的模式。拉丁语的统治地位以及在公立中学的初级班开设拉丁语，这就在培养精英的学校与人民大众的学校之间筑起了一堵不可穿透的墙，培养精英的学校的理想是传授“纯文化”。

恢复寄宿学校（寄宿学校的学生在同一个地方生活和学习），让修辞学发挥主要作用，在这种修辞学中词汇的地位高于事实。这一切都是为了培养履行国家职务的精英，而不是培养从事职业工作的人。在革命时期，科学人文主义在中心学校中占优势，但是，1802 年古典人文主义重新进入课程，并取得与科学同等的地位，而在复辟时期赢得了霸权地位，1820 年开设了希腊语和拉丁语，这两门语言学生从初级班就开始学习，而且很快就占据了课时的三分之二，从第六学级（即一年级）一直学到修辞班。拉丁语既是启蒙学科，又是区分是否是社会精英中的一员的标志。为进入专门的政府学校学习而举行的入学考试，再次提出了科学在中等教育中的地位问题。经过了几次徒劳的尝试之后，1852 年教育体系被分成两轨：学生在第四学级后可以在文学和科学两轨中作出选择。但是这一措施并不能改变统治阶级中的大部分人的观点，他们认为科学教育是功利主义的，是没有什么价值的。1864 年取消了分轨制。尽管科学、经济和社会在进步，但到 1870 年，除开设了历史、科学和现代语言课程外，中等教育的组织与两个世纪以前没有什么大的不同。

高等教育由从属于军队和不同的行政实体的政府专科学校实施，军队和行政部门通过学校训练自己的人员。1808 年重新启用了“系科”的名称，但与以前大学的系科很少有共同之处。文学系、科学系之类的大学系科的称谓，主要指的是学位，首先是学士学位，并且取决于公立中学。在拿破仑时代建立的大部分系科，在 1815～1830 年的复辟时期都关闭了。这些系科中的教育一般局限于公共课程，学生可以自由听课，可以在校园外准备考试，图书馆藏书很少，不进行科学研究。师范学校的科学部、多科技术学校、中央手工艺技术学校、圣苏尔特种军事学校、航海学校、林业学校等专科学校的入学考试的准备，在公立中学和某些私立学校中进行，成为科学教育的基本形式。教师职业主要向文科和科学系科的毕业生开放，但基本上不是公立中学和学院的有头衔的教师。只有 1808 年重新开办的师范学校和 1845 年开办的高等师范学校的学生，才能为从事教师职业获得适当的训练。像法学和医学这样的专业系科，与古代的那些法学校和医学校相似，也是机构的作用占优势，垄断了进入医学界和法学界的学位，压倒了对智慧或科学的追求。吸引了半数学生的法学系科的教学，尤其是形式主义的和陈旧的。

1815～1875 年政权像走马灯似的更替，但帝国大学和垄断制度却保持了下来。1815～1830 年波旁王朝的复辟造成的主要后果是把神职人员置于皇家大学的首领的地位，担任许多公立中学校长和哲学讲座职位，天主教的教育机构再度蓬勃发展。七月王朝时期（1830～1848 年）掌权的自由主义者优柔寡断，又害怕向教权主义开放，因此宪法中所宣布的教育自由仅限于初等教育范畴之内，决不予以扩大。最后，波拿巴主义者的第二共和国减弱了垄断程度，1850年的《法卢法》[1]宣布了中等教育的自由，但未触及对学位的垄断并限制了公众对私立教育机构的可能的支持。教会办的学校大大得益于这种自由，但世俗的私立学校损失惨重。1875年，仍掌握在保守的多数派手中的第三共和国，给予了高等教育以自由，但也规定了同样的限制。

五、拿破仑大学时期的民众教育（1802～1877年）

波拿巴主义者的国家没有办理民众教育，但鼓励私立教育机构。国家帮助教会控制了对青年人的教育。1804年，在基督教学校兄弟会返回法国之后，1810年8月10日帝国大学总监批准了兄弟会学校的地位；在1804年至1813年的10年间，95个修女团体被授权从事教育工作。

1814～1830年复辟王朝的连续几届政府都表现出了对公共教育的关心。1816年的一部法令规定，每个市政当局都有教育青年的机会，合格教师必须具有校长授予的教师证书和三个学位。但是实际上，国家政权很少予以干预，所以影响初等教育的还是地方的压力和政治上的风险，尤其受过度的教权主义的影响。1819年，教会组织获准不必具有能力证书就可以从教。1822～1831年，要求所有的教师具有宗教教育的证书。

复辟时期，自由主义者与保守主义者之间在教育方法问题上的斗争是很突出的：自由主义者力图间接地借助于像初等教育协会这样的团体的主动精神，去传播从英国输入的教育方法——导生制。导生制就是由年龄较大的、学习成绩好的学生担任导生，由他们负责对其同学的教学，而教师就像乐队的指挥那样，监督并指导整个教学过程。这一方法在复辟王朝的最初几年取得了很大的成功，因为这为解决教师和教育经费的短缺提供了可以接受的、廉价的解决

---

① 法卢（Frédéric Falloux，1811—1886），法国政治家，君主主义者，以提出《法卢法》著称。《法卢法》以教育自由为幌子，恢复了天主教的许多传统势力。——译者注

办法。尤其在大城市中，国家拨发了大量的补助金去建立导生制学校。但是由于这一制度来源于英国和新教徒并得到了自由主义运动的支持，因此遭到了教会的猛烈抵制，教会宁可采用从学院借鉴来的并在兄弟会学校得到实践的同时教学法。在继贝利公爵被谋杀后的1821～1828年的极端反动时期，教会获得了对整个教育领域的控制权。1822年弗雷西努乌斯（Frayssinous）被任命为帝国大学的总监。他领导1824年成立的宗教事务与公共教育部。当时牧师的学校得到了许多好处，而给予导生制学校的所有补助金都停发了，因此导生制学校的数量从1821年的1 500所减少到1827年的258所。1828年当政权回到温和的多数派手中时，导生制学校才又开始新的发展。

在1830～1848年七月王朝时期，公立教育的发展得到了极大的推动。在当时的教育部部长基佐①的努力下，1833年6月28日通过的法律规定了免费的初等教育，还规定居民人数达到500人的市镇必须至少设立一所男子学校，建立培养小学教师的师范学校。在十年之内，大多数师范学校都完成了自己的任务。基佐于1835年设立了督学职位，其任务是督察初等教育，然后又组织高级初等教育机构，从而形成了完整的初等教育结构。

1833年秋在基佐的发起下设立了对法国所有学校进行督察的总督导。督导的结果表明，有必要统一教学大纲、教学方法和教科书。上述对初等教育学校的组织调整是与这一督导结果相适应的。1834年的法令规定了所有学校共同的组织和课程。课程包括道德和宗教教育、阅读、书写、计算、法语、国家计量系统，大部分能力较强的学生还要学习法国历史和地理。1831年以来初等学校中散发的成千上万的同样的教科书，也是为了同样的目的：普及并统一初等教育。公立机构第一次适当地为初等教育提供了经费。负责教育的行政管理部门赞成统一教育方法，虽然没有明确宣布这一态度，但在

① 基佐（François Guizot，1787—1874），法国历史学家，七月王朝时期的君主立宪派领袖。1832～1837年任教育部长，提出了以他的名字命名的《基佐法》，确立了所有公民都可接受初等教育的原则。——译者注

这种情况下反对在实践中越来越盛行的个别教学方法的斗争也就结束了。导生制学校必然走向衰亡。

根据1816年的法律，男女孩子不能在一起学习。原则上必须开办两种不同的学校，如果不能这样做，则应把班级分成两部分。当时普遍反对男女同校，更严重的是社会对女子教育毫不关心，法律允许不具有能力证书的女教师从事女孩的教学，这一切说明了当时的女子教育在数量和质量方面都是相当落后的。1833年的《基佐法》没有提到女孩子，1836年的法令调整了女子初等教育，但没有强制要求市镇当局开办女子学校和培养女教师的师范学校。正是在七月王朝时期，1836年打下了建立了公立母育学校的基础。这种学校招收2～6岁的孩子。在玛丽·佩普—卡庞捷（Marie Pape-Carpentier）的倡议下，适用于幼龄儿童的教育方法代替了抽象的、强制的方法。

1848年革命之后，共和党人徒劳地企图接受革命时期所宣布的某些原则，给予初等教育人文主义和百科全书性质的课程，即卡诺①方案。但结果是保守的多数派返回了国民议会，1850年3月15日通过了《法卢法》，该法取代了1833年的法律。这一法律对法国的近代教育制度史产生了深远的影响，引发并维持了教会与国家政权之间的冲突。通过任命教师、监督学校，地方行政机构的控制和神职人员的特权大大加强，神父、市长可以自由出入学校。宗教教育从忏悔开始，在初等学校中占据主导地位。不同的学校信仰不同的宗教。教师的教会组织有一定特权，忠诚证书取代了教师证书。教师的主要职责是对托付给他的学生进行宗教教育。由于怀疑师范学校是政治不稳定的策源地而宣布对它的禁止，用新手的见习期代替了师范学校的教学。

从1854年起，初等学校教师直接隶属于省长，由省长任命、调动和解聘教师，这是第一次从行政管理方面对神职人员的野心予以明确的扼制。1860年，拿破仑三世反对天主教会，即关于“罗马问题”的冲突，更趋白热化，而且增加了反对教师教会组织和私人办

① 卡诺（Carnot），法国第二共和国时期的教育部长。——译者注

学的措施。于是在1866年，让·马赛（Jean Macé）建立了“法兰西教育同盟”。在世俗政权和宗教政权的斗争中，建立新的公立学校和女子教育是主要的筹码，1860～1863年建立了7所女子师范学校。在自由派部长迪律伊①的倡议下，1867年的法律允许市镇实施免费的义务教育。根据该法律居民超过500人的市镇第一次开办了公立女子学校，每个市镇至少开办一所，为女教师支付工资和提供住宿。1865年建立了初等教育证书制度，扩大了师范学校和初等学校的课程，1867年课程中增加了法国历史和地理，1869年增设了体育，这些举措明确地表明了使民众教育适应社会和经济现实的愿望。

19世纪在国民教育方面所作出的努力，相当一部分是以“成人”为目标的，这些成人往往是从初等学校毕业或辍学的青年人。尤其自复辟王朝以来，市镇当局、公立教育同盟、工人社会互助协会，与公立中学和学院一起共同组织了提高学习者职业技能或提高其初等教育水平的训练班。在1852～1870年的第二帝国的末期，基佐和迪律伊先后都鼓励教师组织成人训练班，1869年有80万人上了这样的训练班。19世纪见证了全日制的初等教育后的中间型教育的发展，这种类型的教育既有普通教育，也有实用性的，或当时所理解的那种技术和职业性质的教育。

一个社会把社会地位的升迁看成是极为偶然的事，并担心受过教育的下层阶级会成为潜在的革命力量，在这样的社会中，只有少数付得起昂贵学费的人才能学习古典学科，然而古典学科的学习所能提供的职业机会是极为稀少的。中产阶级家庭出身的儿童必然只能接受没有拉丁语的、较为实在的全日制教育。在商业、工业、公共服务、行政管理方面出现了越来越多的新的职业，这就使这种类型的教育有了巨大的潜在的人力资源。1833年《基佐法》所设想的在每一座居民超过6 000人的城市中建立高级初等学校网的最初尝试，除了在某些大城市外没有得到民众的响应，在一些大城市中，

① 迪律伊（Victor Duruy，1811—1894），法国学者。任教育部部长期间（1863～1869）发动广泛的改革，推行免费的义务初等教育，为女孩提供非宗教性的中等教育，在高中和大学课程中增设现代语言和当代历史，改革教师培养方法，为各省开设一种校外大学教育推广课程。——译者注

高级初等学校一直存在到1850年其合法地位被取消时。与此同时，复辟王朝之后在公立中学、学院中附设的“专门训练班”，成为1847年设立的三年制专门教育以及1865年设立的中等专门教育的基础，后来成为与古典教育平行的一种教育形式，并迅速取得了很大的成绩。迪律伊从教育要适应地方经济生活的条件的观点出发，使这种教育从一开始就包含了大量的实践方面的作业。

这些教育形式部分地属于技术教育，但基本上还是在普通教育范畴之内。初等和中等水平的技术教育（培养工人、师傅和职员）的出现，是一个长期的过程，但1848年组织的农业教育是个例外。19世纪上半叶开办的三所技艺学校，虽然定位在培养合格的工人，但由于它们实实在在地培养了技术熟练的人员和工业管理人员，因此其发展已超越了自己的定位。大部分技术学校和训练班是由个人和市镇当局发起举办的，由企业、工业团体、工商业协会、工会和兄弟会学校发起的这类学校很少。

1791年对社团的取缔过早地破坏了传统的职业训练的根基，造成工业企业直接雇用不合格的年轻工人。这一切使法国陷入“学徒危机”之中，这是19世纪中期热烈的民众大辩论的主题。提倡并实践了各种各样的教育形式，从学校中的学徒训练（据说是为了使学生免受工厂车间的有害影响）到更有抱负的学校教育形式，这种教育形式非常接近把理论和实际训练结合起来的中介教育。

六、第三共和国的奠基性成就（1879～1919年）

第三共和国的最初几十年在法国教育史上的重要性在于，使在国家的敦促下所开展的工作得到延伸并使之前后连贯：完成了连贯的初等教育体系，在高级初等学校和职业学校的网络内发展了男子和女子的初等教育后教育，开创了女子中等教育，开办了男子中学，恢复了大学。这些工作所体现的态度和精神是世俗的，具有法国革命精神和启蒙精神。

1870年的失败所蒙受的屈辱，促使共和党人增强了重建学校教育的决心，把敌国德国作为样板。德国在军事和经济方面所取得的成就要归功于其从小学到大学、包括工人培训班在内的教育机构长期所处的优势地位。这种教育成就保证了人民群众受到初等教育和接受继续教育的机会，在第一次世界大战前这种教育活动受到社会阶层分离观念的鼓舞，根据这种观念，普通群众与社会精英的教育机会是不一样的。战后关于教育机构的辩论才聚焦于统一学校这一主题。

通常被称做朱尔斯·费里①学校的共和国的学校，不是突然冒出来的，而是逐渐建立起来的，是社会上相当一部分人对教育的需求逐渐增长的结果：要求每个省从1879年起都要建立一所师范学校，培养初等学校的女教师；要求1880年在丰特内（Fontenay）、1882年在圣克卢（Saint-Cloud）各建立一所高等师范学校，为初等师范学校培养合格教师，完成了半个世纪以前就开始了的工作。共和党人的教育成就得益于其教育活动的特点和加强初等教育的制度化，把初等教育作为公共事业，这就是说公立学校是免费的和义务的，国家要支付教师的工资。

应该指出，共和党人在很多方面利用了巴黎公社的口号，宣布信仰的完全自由，把教育事业转到国家的手中，每个人有平等的受教育权利。根据公社的决定，教育委员会的主要任务之一是起草法令，“规定教育是免费的、义务的、完全世俗的”。这些口号符合了人民群众要求受教育的愿望。巴黎周围的许多城市的市长都发布命令贯彻这一教育政策。共和党人在巴黎公社之后用了十年的时间试图实现巴黎公社提出的一系列要求。

1881年实施的初等教育强制入学，符合了共和党人关于所有人的教育机会平等的要求。每个家庭必须承担送自己的年龄在6～13岁之间的孩子入学的义务，除非孩子在这个年龄之前获得了1882年的法律所设立的学习证书。这些法律肯定了儿童受教育的权利。因

① 费里（Jules Ferry，1832—1893），法兰西第三共和国初期的政治家，以实行反教会的教育政策和在扩大法国殖民地方面取得成就而闻名。其最重要的政绩是1882年通过实行免费义务教育的立法，采取反教权措施，特别是解散耶稣会和禁止教会人员在任何学校任教。——译者注

此，世俗性既是信仰自由的保证，也是根据法律使义务性与世俗性不可分离的必然结果。

围绕着教育的世俗性问题展开了激烈的辩论。初等学校的世俗化计划起着持久地、深刻地分化舆论的作用：禁止宗教教育和取消1850年的《法卢法》授予宗教事务部长的督察权；根据1886年的《戈布莱特法》，学校、课程和教师的世俗化加剧了宗教与教育分离论者与神职人员之间的冲突，使之更趋紧张。禁止在学校中悬挂耶稣受难像引发了冲突事件；1882年道德和公民教育（这门学科是用来代替道德和宗教教育的）的许多教科书被罗马天主教僧侣统治集团列入禁书目录。1890年天主教僧侣集团依附于共和国的机构时恢复了短暂的平静。当时，教会组织及教会自身在社会中的地位岌岌可危。随着1904年对教会组织的镇压以及1905年国家与教会的分离，学校再次成为冲突的战场，直至第一次世界大战。

1886年10月30日的法律要求"所有公立学校"的教职员工世俗化，其中包括中等教育学校；规定并调整了所有公立初等学校的组织，其中包括根据1881年法令创办的母育学校；明确了教师的地位及其学历要求。1887年的法令和一系列有关课程的法规对这一法律作了补充。1889年，初等学校的教师成为国家公务员。于是，采取一连串的步骤建立了共和国的初等教育体系，通过制定许多在整体结构上表现出明显的一致性的法令、法规、指令完成了立法工作。直到1959年成立第五共和国时，这一教育体系所发生的变化是微不足道的。辩论转移到了教育学领域，转移到了自1880年以来一直举行的地方教育会议。波林·克戈马德（Pauline Kergomard）成为有关母育学校教育问题辩论的中心人物，辩论的目的是要让儿童得到和谐的发展。在两次世界大战之间出现了一些相互竞争的流派，为发展儿童的创造性和学校生活的社会化而斗争，其中最突出的人物是切莱斯廷·弗雷内特（Célestin Freinet）。

高级初等教育的发展是一场名副其实的静悄悄的革命。1878年恢复的高等小学（écoles primaries supérieures，EPS）和初等学校的补习班招收的学生，1914年以前与公立中学和学院招收的学生一样多，约8.5万名学生。其中一半是女孩，但没有像女子中等教育那样引发论战。中等专业教育很快就失去了自己的实践性，变成了“现代教育”，在理论上相当于公立中学和学院的古典分支。高级初等教育依然是一种适应地方条件的灵活的教育。它是免费的，其学生所属的社会阶层范围很广，形成了一个稠密的网络，与初等学校关系密切。某些具有强大的工业和商业分支的高等小学改造为工商实科学校（écoles pratiques de commerce et d'industrie，EPCI）。它们构成了1892年以来接受工商部领导的富有竞争性的技术教育网络的基础。国民职业学校（écoles nationals professionnelles，ENP）于1900年完成了这一网络。工商实科学校和国民职业学校提倡了有关技术教育的两种不同的概念：与职业联系更密切的技术教育是工商行政管理部门所提倡的，而与普通教育更接近的技术教育优先接受公共教育部门的管理。然而从1906年起，公共教育管理部门忙于为某些学校车间提供装备，按德国的榜样组织学徒职业培训班。1919年的《阿斯蒂埃法》使技术教育有了统一的组织形式，规定学徒和年轻工人都有义务上职业训练班。1920年技术教育转归公共教育部领导，但技术教育的管理是自治的。

公众对建立女子中等教育的关注超过了对发展大众教育的关心。1867年，当时的教育部长迪律伊鼓励市镇为女孩开办训练班，这遭到了一部分神职人员的强烈抵制。共和党人把女子公共教育当做反对教权主义的筹码。1870年，费里说：“妇女不是属于科学，就是属于教会。”女子中等教育是在私立学校中实施的，获得学士学位并在高等学校继续学习的妇女的人数虽然有限，但在不断增长。1880年12月21日实施的法律创办了女子走读学校。1913年创办了138所。女子中等教育不教授拉丁语，因此与中等专业教育相似，其文化教育具有创新性。在男子中等教育方面，1880年减少了拉丁语课时，把更多的课时给予了科学教育、历史和地理，根据对课文采用解释法所进行的实验实践着新的教育学。1902年的改革创造了现代分支，它接替了中等专业教育。虽然在理论上它与古典分支是等同的，但它远远没有古典分支所享有的特权。

大学的恢复是共和主义者、官员和教授们共同努力的结果，这些人我们称之为“实证主义者”，其中有巴斯德、贝特洛、泰纳、勒南①和拉维斯（Lavisse）。共和国果断地支持了这一早就显露端倪并酝酿已久的运动。在第二帝国时期，巴斯德在高级师范学校中就创设了实验室助理的职务，迪律伊建立了国家研究院，这些举措表明了一种新的抱负。1877 年设立的学士奖学金以及 1879 年设立的教师证书会考，最终使学习实科的学生能够进入学术性的系科学习，这有利于未来的教师人数的增加；学生人数开始增加，1877 年只有近一万人，1914 年前已增加到四万多人。院系具有法律上的和财政上的自主权。1896 年最终办成了 16 所大学。运动的推动者们希望出现少量的巨型的大学中心，但事与愿违。由于要保护地方利益，大学的重建失败了。

但是，地方政权和经济界出于自身的利益而对大学产生的兴趣，酿成了创办专科大学的运动，专科大学大大地扩大了大学教育的范畴。尤其在南希（Nancy）、里尔（Lille）、格勒诺布尔（Grenoble）、图卢兹和里昂，建立了应用科学专科大学，培养技术和工程人员，招收高级小学的毕业生。专科大学最后成为独立的机构，与 1907 年成为工程学校的手艺学校一起完善了范围广大的市镇的和私立的高等学校，这样的学校有巴黎物理和化学高等学校、高等商学校等。

七、融合与民主化：学校改革的新领域（1919～1959 年）

第一次世界大战后，教育民主化思想立即成为教育辩论中的热点问题，教育民主化要求把不同社会阶层出身的儿童混合在一所学

① 巴斯德（Louis Pasteur，1822—1895），法国化学家、微生物家。贝特洛（Marcelin Berthelot，1827—1907），法国有机化学家、物理化学家、科学史学家，也是政府官员。泰纳（Hippolyte Taine，1828—1893），法国思想家、文艺评论家及历史学家，19 世纪法国实证主义的代表人物。勒南（Ernest Renan，1823—1892），法国哲学家、历史学家和宗教学家。——译者注

校之内。然而在第二次世界大战结束后才刚开始采取措施建立阶梯制学校结构。用来代替隔离制的阶梯次序是：初等教育、中等教育、技术教育。

统一学校思想渗透着第一次世界大战老兵的兄弟情谊的精神，把世俗化和宗教问题搁置一边，向社会隔离现象发起进攻，提出了要根据学习成绩而不是根据钱财和家庭出身来选拔精英。尽管这一运动声势浩大，促成了1924年正式成立了统一学校委员会，但是围绕着统一学校问题展开的辩论暴露了小学教师与中学教师之间在观点和利益上的尖锐对立（这种长期分裂决定了学校教师工团主义的历史），也暴露了真正融合的支持者与早期分流的鼓吹者之间的对立，后者要捍卫古典人文主义或技术教育。教育部长雷昂·贝哈赫（Léon Bérard）代表了古典主义者的立场，他在1923年取消了中等教育的最初四年期间的现代学科，1924年，把女子中等教育同化为男子中等教育。

然而，公立中学和学院中的低年级班在1880年之后就不学习拉丁语了，1925年开始的融合运动，通过对它们的逐步同化向着普通初等教育的方向发展。但在1945年之后，这些班级继续起着预选的作用。曾尝试过把同一座城市中的公立中学、学院、高等小学或实科学校融合起来，形成一个有共同的课程的组织。这种实验由于战后人口的激增而失去了自己的经济意义并失败了。但它证明了1928～1933年对所有班级所实施的免费中等教育是正确的，这一举措在进入公立中学和学院的道路上清除了阻碍平等权利实施的主要障碍。第六学级（中等教育的第一年级）的入学考试成绩取代了以前的那些障碍，成为判断能否入学的社会的唯一的中性标准。

到了让·泽（Jean Zay）担任国民教育部长时才制定了统一学校方案，这一方案成为教育改革的总体规划。在把义务教育年龄的上限从13岁提高到14岁后，让·泽从两个主要方向发起了进攻：（1）为所有读完初等学校的学生规定统一的学习内容；（2）让学生对统一的中等教育中的古典、现代和技术分支，逐渐确定方向。国民教育的管理根据程度而不是根据地位进行调整，虽然地位模棱两可的初等学校的补习班依然依附于初等教育。中学和高等小学的课程互相衔接，使学生能从一种学校转到另一种学校。但是设立方向指导班的实验搁浅了，方向指导班就是在中等教育的第一年把所有各种类型的学校的学生组合在一个班级中。

德国占领期间，维希政府①的政策从其总的精神而言是反动的，反对共和派的工作，但却又自相矛盾地继续了融合的过程，1941 年把高等小学改造为不教授拉丁语的现代学校，这是一种二流的中学。补习班仍保持其高级初等教育的形式。采取同样简单化的做法，把不同的技术学校改造为技术学院。更重要的是，战争助长了一种新的机构——职业训练中心的发展，这种机构为失业青年提供培训，给予了雇主很大的主动权。战后这种机构变为学徒中心，成为培养熟练水平较低的工人的主要机构。“德国式的”车间实践和理论学习轮换的方法，让位给了在学徒学校中的全时制的学习。但是相对于其他教育体系而言自主的技术教育体系的存在，是与学校统一化的方案相矛盾的。1944～1947 年存在的朗之万—瓦隆改革委员会重新开始了统一学校的改革，倡议把义务学校教育年限延长到 18 岁。在初等学校之后建立一个“定向周期”，按理论方向的学习和职业方向的学习分配学生，要求学校教育普遍免费，建立一种新的奖学金制度。在 1947～1958 年的第四共和国期间，公立中学、学院和补习班学生的数量，以令人晕眩的速度增长。郎之万—瓦隆计划依然指导教育民主化的支持者们，但没有给予具体的解释。阻碍改革的主要原因是政治上的联合，世俗教育的支持者与教会学校的捍卫者们联合起来，支持以后的各届政府，当时的教会学校由于压缩了维希政府拨付的补助金而十分贫困。“学校战”虽然已不太激烈，但依然是对国家统一的一种威胁。由于议会向右翼势力倾斜，1951 年采取了补助私立教育的措施，但收效甚微。

---

① 维希政府，第二次世界大战期间处于德国占领下的法国傀儡政府，实际存在了四年（1940 年 7 月～1944 年 9 月）。其政策随战局的演变而改换。用“工作、家庭、祖国”的口号代替了共和派的“自由、平等、博爱”的口号。——译者注

八、大众学校（1959年以后）

这一时期的基本特点是：中学生和大学生人数暴增，民主化进程加速，大众学校与精英学校融合，虽然这种融合有点似是而非，令人大失所望。建立了新的政治体制，自1959年以来的第五共和国政权稳定，为推行明朗的教育政策创造了条件，教育政策的第一个目标是要处理私立学校问题。1959年以来的艰苦的调整工作所取得的成就是《德布雷①法》，该法明确了私立学校与公立学校之间的关系：自愿签订联盟契约，根据这一契约，国家承担私立学校的部分费用，以此来换取对私立学校的监督权。但实际上国家的监督是相当有限的，世俗教育的斗士们对此提出了批评。在任何情况下，私立学校并入公立教育体系的第一步，并不止于世俗法兰西与教会法兰西之间的相互攻击和不信任。对立情感的泛滥酿成了大游行，第一次是在1983～1984年，反对左翼的计划。在这一事件中涌现出了新一代私立教育的拥护者。其动机主要是要为自己的孩子争取更多的择校机会，而不是为了解决宗教问题。十年之后的示威游行是反对右翼的方案，该方案要提高地方公共经费对私立学校的补助额度。所有这一切最终导致1959年调整工作的失败。

戴高乐派的教育政策的特点是雄心勃勃地实现入学的民主化，通过定向来进行选择。定向的目的是根据英才教育的标准选择英才，并根据国家经济的需要指导学生的分流。这一政策在统一学校的最初的拥护者的方案中增加了教育规划的精神（这是戴高乐派思想的特点），吸收了当时国际上处理教育问题的一些观点。

1959年是第一阶段，这时确定了义务学校教育的终结年龄是16岁，把补习班改造为市立普通教育学校（collèges d'enseignement general，CEG），此举使农村和城郊的小学生进入了中等教育，这些人在战后获得了延长学习时间的机会。小学彻底失去了作为所有人

① 德布雷（Michel Debré，1912— ），法国政治领袖，戴高乐的亲密助手，第五共和国宪法的主要起草人。1959年任总理，1969年任国防部长。——译者注

的唯一教育场所的地位。小学仅仅作为学校教育的第一阶段，重新为自己确定了新的目标，并使自己的教学方法的重点不是放在教育内容上，而是要使学生能获得更多的技巧和能力。当中学和大学开始培养小学教师时，与传统的最终决裂出现了。

在公立中学、学院①和市立普通教育学校中设立了两年的观察期，在这两年中不在教育机构之间对学生进行重新分配。向着提高技术教育的方向跨出了新的一步，技术教育必须在观察期之后才可开始，属于中等教育：技术中学（collèges techniques）和国立职业学校（écoles nationals professionnelles）开始升格为市立技术高中(lycées techniques)，长期技术教育使学生能得到高级技术员证书并为进入工程学校作准备。学徒中心升格为市立技术教育中心(collèges d'enseignement technique)，学生在那里准备职业证书考试，获得职业才能。

1963年建立了市立中等教育学校（collèges d'enseignement secondaire，CES)，从而实现了郎之万—瓦隆计划所倡导的统一的初级中等教育。从此，两种重合的学校分别用了学院（collège）和公立中学（lycée）的名称，它们是平行但不是平等的。在学院中存在着不同的分支。而且，构成这些新的教育机构（市立普通教育学校或公立中学的第一周期）的基础的是它们所招收的学生和教师队伍的组成及其教学方法。从1975年哈比改革以来就追求的统一学校政策，其目标就是要取消分支并进行混合编班。为了解决新形势向教师提出的一些重大问题，行政管理部门鼓励采用一些新的方法，诸如适应个别差异的教学方法、帮助有困难的学生的方法。统一学校政策实际上并不能组织通过选修现代语和拉丁语课程来重新形成隔离。这也暴露了一个严酷的现实，这就是由于社会和文化条件的不平等造成的建立在地理标准基础上的选择，要求很高的和更有学识的家庭的态度使这种情况变得更为严重，他们转向私立学校，逃避

---

① 在法国现代教育史上，lycée（公立中学）特指高中，collège（学院）一词专指初中。这时的collège已不完全与这一名词在近代教育史上的含义相当。我们在翻译中不便把同一个法文名词译成两个不同中文名词，因此仍沿用“学院”这一名称。——译者注

名声不好的教育机构，这偏离了所有学生形式平等的原则。20 世纪 80 年代国家权力机构通过对处于社会不利地区的学校提供额外经费，把这些地区变为教育优先地区，对这种不平等作出了补偿。尽管作出了这些努力，对教育机会平等政策所寄予的希望在与现实的碰撞中还是破灭了。

20 世纪 80 年代的统一初中政策，对公立中学的第一年级产生了影响。1985 年教育部宣布的目标是使“80%的青年达到学士水平”。这一目标对一些家庭的决定产生了一定的影响，这些家庭从此转向公立中学的普通分支或技术分支。从前的市立技术教育中心先是改造成技术公立中学（lycées d'enseignement technique），后来又成为公立职业中学（lycées professionnels），培养职业方面的学士，而这些频繁变化的名称表明了要改变不好的形象有多么困难。

教育结构的改进引起并助长了中学学生人数的激增，1949 年中学生人数为 77.5 万人，1963 年增至 240 万人，1985 年为 420 万人，1996 年达到了 570 万人。20 世纪 70 年代稳定学生人数的幻想很快就破灭了。人口增长浪潮从公立中学涌向高等教育机构，首先影响大学，大学尚未对接收这部分新学生做好准备。20 世纪 60 年代大学就已超员了，1967 年大学招收的学生数量相当于中学前 11 年的总量。

行政管理部门在贯彻定向选拔政策时力争在文学系和科学系开设预科，使一部分学生可以进行短期的学习，还可使一部分学生转向大学的新机构——技术学院（instituts universitaires de technologie，IUT）。技术学院花了很长的时间去寻找自己的生源。恶化的学习条件加上学生的政治化、被看做独裁主义的职权部门的态度，导致了 1968 年 5 月的骚乱，引发了一系列社会和政治危机。作为一个机构的大学被摧毁了，然后重新复活，分化成许多自治的大学。不同的观点所指导的许多改革尝试，在 70 年代初就遭到了大学生的敌视态度的抵制，大学生把任何改革措施都看作是对进入高等教育的限制。学生学习失败，或者大学在使自己的毕业生适应劳动市场的要求方面遇到困难，由此而产生的一些问题都没得到解决。20 世纪

90 年代初作出了相当大的努力，以保证人数越来越多的学生有学习的场所和教师，但财政方面的困难大大削弱了这种努力的效果，使最贫困的系科的弊端问题变得更为严重。

大众学校和大学并不是真正的民主学校。经验主义的研究证实，尽管不同社会阶层的代表获得具有重要意义的学位的机会已经接近，但机会本身并不是平等的，而且近来机会已越来越少。高等教育的“高贵”部分是超越于大学的最有威望的学校，它们是未来政治家的养成所。在这些学校的名单中，战后增加了国家行政管理学校（the École nationale d’admunistration，ENA）。最有威望的中学的情况也是这样，要进这样的学校以及胜任这种学校中的学习是很困难的，尽管有一些很辉煌的例外，例如，女孩在学校中的学习时间总的说来比男孩长，但她们很少进最好的学校。一再指责学校降低了学生的知识水准，指责教育不能适应劳动市场的需求，批评国家管理的大部分教育制度僵化，从而使对学校能减少不平等能力的幻想破灭了。所以，期待学校去解决困难的社会问题的时候，恰恰是现实表明它的能力是有限的时候，也是文化和传播的加速发展迫使它改变自己的方法和目标的时候。

几个世纪以来已习惯于从国家的维度进行思考，法国的教育制度现在已整合进了欧洲的环境中。现在的观点是：学位完全等值，学生尤其是教师可以自由交换，课程和教育结构能彼此衔接。

法国学制图

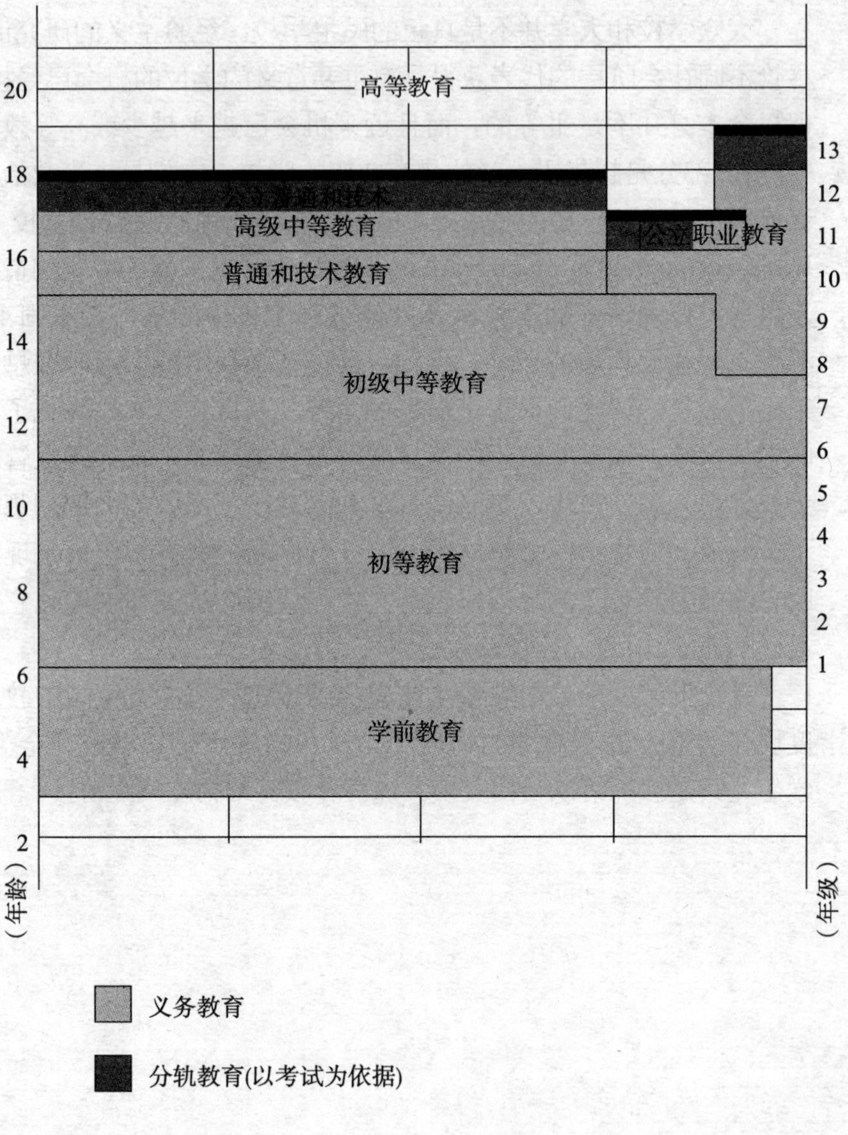

高等教育
公立普通和技术
高级中等教育
普通和技术教育
公立职业教育
初级中等教育
初等教育
学前教育
20
18
16
14
12
10
8
6
4
2
（年龄）
13
12
11
10
9
8
7
6
5
4
3
2
1
（年级）
义务教育
分轨教育(以考试为依据)

主要参考文献

1. *L'Education en France du XVIe au XVIIIe siècle* / Roger Chartier, Marie-Madeleine Compère, Dominique Julia. —Paris: SEDES, 1976. —305 p.
2. *L'Enseignement secondaire des jeunes filles sous la Troisième République* (*1867—1924*) /Françoise Mayeur. —Paris: Fondation nationale des sciences politiques, 1977. —III—488 p.
3. *Histoire de l'enseignement en Franse*, *1800—1967*/Antoine Prost. —2ème édition. Paris: Armand Colin, 1977. —524 p. — (Collection U).
4. *Lire et écrire*: *l'alphabétisation des Français de Calvin à Jules Ferry* / François Furet, Jacques Ozouf. —Paris: Editions de minuit, 1977. 2 vol. — (Le sens commun).
5. *Les Ecoles et l'enseignement dans l'Occident chrétien de la fin du Ve siècle au milieu du Xie siècle*/Pierre Riché. —Paris: Aubier Montaigne, 1979. —462p.
6. *Histoire générale de l'enseignement et de l'éducation en France*/sous la direction de Louis-Henri Parias. —Paris: Nouvelle librairie de France, 1981. —4 vol.
7. *Du Collège au lycée* (*1580—1850*). *Généalogie de l'enseignement secondaire français*/Marie-Madeleine Compère. —Paris: Gallimard; Julliard, 1985. —285 p. — (Archives).
8. *Histoire des universitésen France*/sous la direction de Jacques Verger. —Tou louse: Privat, 1986. —432 p.

9. *L'Ecole en France, XIXe—Xxe siècle. De la maternelle à l'Université*/Pierre Albertini. —Paris: Hachette, 1991. —191 p. (Carré Histoire).

10. *Les Ecoles du peuple*/Jean-Pierre Briand, Jean-Marie Chapoulié. —Paris: INRP; CNRS; ENS Fontenay-St-Cloud, 1992. —544 p.

11. *Education, sociétés et politiques. Une histoire de l'enseignement en France de1945 à nos jours*/Antoine Prost. —Paris: Le Seuil, 1992. —232 p. (XXe siècle).

法国国家教科院研究员，博士
阿兰·肖邦（Alain Choppin）
菲利普·萨瓦（Philippe Savoie）

第七章 德国

一、德国教育史的特征及其编年史

根据德国教育的发展历程与成就来评价德国教育的发展史，并没有达成共识，而且甚至缺乏令人满意的研究基础。而德国现代教育史，即从启蒙运动①至今的这一时期，也仍然是个有分歧的话题。

在关注德国教育的民族特性时，我们不能忽略的是它与欧洲其他国家现代教育系统的诸多相似之处。

在共性之外，我们可以看到德国教育史文化上的独特性。而且从这一方面，足以简要反映出德国教育的民族特性中确有一些核心点。

● 从教育系统第一次全面制度化的努力到 20 世纪，德国教育系统表现出教派分裂的特点。自宗教改革运动②后，在德国至少存在两个教派，即天主教和新教，同时还有往往被忽略的属于少数派的第三教派。从教区学校到大学中有关天主教的争论，教育发展实际

① 启蒙运动：18 世纪的一个哲学运动，强调运用理智来审视先前被接受了的信条和传统，该运动带来了许多人道主义改革。

② 宗教改革运动：16 世纪西欧旨在改革罗马天主教某些教义和做法的改革运动，最终造成新教的建立。

上都是在维持和加强这种分裂的严重性。因此，准确地讲，统一的德国教育史并不存在。

● 从一开始，教育机构不但受宗教的强烈影响，而且也受地方统治者的影响，为此教育带有强烈的地方特色。从小学到大学，从课程设置到学习目标，德国教育系统都显示出充分的地区多样性与地方干预性。

● 德国教育系统与社会结构之间具有持续的、特殊的相互影响，19 世纪以来尤其明显。社会也因此被划分为两个群体：通过资本构成获得高地位的人群；通过接受高级教育（higher education）①提升地位的人群。更有意思的是，教育特别是作为文化资本的高级教育在这方面的功能不断增强，其影响可见之于毕业证书和职业专业化。

● 在这里，还必须提及的是德国教育系统的特定思想观念。这一思想观念中的核心概念“陶冶”（Bildung）一词很难解释清楚，这一事实使得我们在讨论德国教育时要格外谨慎。这一概念意味着一定程度的自由教育，在这种教育中鼓励个体潜能的发展。

如前所述，我们看到，教派分裂、对政府的依赖、作为社会组织的附庸，以及意识形态观念的形成，是德国教育史的一些核心特征。德国教育的组织特征也与此紧密相关。同样，在此我们也对这些特征作以下简要概括。

● 由于政府和各教派的强大利益，使得民间教育机构不但见之于文字，而且在现实中也得以存在。因此在德国，读写能力的获得要较其他中欧和东欧国家早。

● 因教派而分立的各邦间的矛盾不但使地方、宗教文化得到了保护和发展，而且使高级中学和大学的发展也得益于各邦、教派和文化的多元化。

● 德国的陶冶观念（Bildungsideologie）曾成为不良企图合法化的工具，但同时它也对教育发展中的政治功能化作出了尖锐的批评。

① 在德国历史上，教育分流既早又明显，本文中的 higher education 对应于 lower education，指高级教育。

二、现代教育制度的史前史

众所周知，学校的传统往往先于现代社会中普通教育的引入。在德国，现代教育之前的教育可以追溯到中世纪的“神圣罗马帝国”时期。但是，与很难称之为特定意义上的德国的极具多样性的区域及宗教模式相比，德国教育和学校的历史更缺乏统一性。关于特定意义上的“德国”历史的假设忽略了这样一个事实，即这些学校机构、教育计划与其说是以民族国家为限还不如说是欧洲性的。同时，在国民教育领域，如果以读写能力作为实质性指标来衡量教育，谁都不可能把德国人视为先驱。这是因为，一些通常被称为德国教育历史一部分的教育计划连同它们的创立者——从捷克主教夸美纽斯的著作到瑞士教育家裴斯泰洛齐（Pestalozzi）的作品——仅能草率地划归德国教育史。

因此，如果考虑到这些限制性因素，那么毋庸置疑，14 世纪末兴起的德国现代教育制度的史前史，可以被看做欧洲学校起源的典型模式。这些自欧洲中世纪末期以来令人惊讶的事实——教育学术传统的延伸、人文主义的重塑、以书写为基础的教育体制的加强，以及迈向旨在支撑读写为文化普及第一步的进一步促成——的前提条件是多方面的，在早期现代国家产生的过程中，它是政治上的要求；通过一种新的对文明社会的渴望、功能分化及两者间强烈相互交流的信任的是文化上的形塑；由于科学揭穿了宗教真理的实质以及学者和教士地位的差异削弱了教派间的统一，这对宗教构成了压力；而印刷术的发明和传播则提供了物质保证。因此，以书面语言、普遍能力期待及参与交流为基础的社会的出现，被视为欧洲第一次“教育革命”。这次历史性教育变革进程的标志是，被视为具有人文精神和宗教改革精神的古典文化再生和复苏的“文艺复兴”。在“文艺复兴”过程中，国家和社会秩序的复苏深受宗教影响，学校的产生仅是这个划时代变革中的一小部分。

在日常社会世界与具体教育实际中，与日常生活的缓慢发展及部分由地方因素引起的变革相比，这种划时代的变革较少统一性和同步性。在这个进程中，学术教育（scholarly education）与国民教育（national education）之间差异的存在仍是最基本的。直到18世纪后半期，政治性教会的现代化主张、教育机构的实际与教育发展过程三者之间的差异尤为典型，特别是在国民教育中。最后，一个重要事实是：教育改革不但大体上局限于上层阶级，而且往往发生在城市，同时较之于天主教地区，新教地区的教育改革则发生得更早且更为突出。

对学者而言，学校教育中变革在形式上和广度上都十分重要。为了准备进入大学以及为高技能专业——教会和政府的工作提供可能的教育和培训，政府学校系统得以以人文主义精神重塑。一方面，这些先驱者是那些帝国城市，它们开办学校不但是为了满足学者的多样化需求，而且也是为了提供与实际相关的教育；另一方面，政府是学校的创办者，如在格里马（Grimma）、迈森（MeiBen）和普福尔塔（Pforta）（1550）的萨克森贵族学校。通过课程设置上与欧洲古典语言传统的接近、宗教改革运动中新教先驱者的自我形塑以及作为“日尔曼教育设计师”的梅兰希顿①的影响，学术性学校表明了大学和预备学校的地位正在如何被重新界定。在某种程度上而言，只是到了“现代”，教育职业才第一次成为可能，与旧的与阶层界限相关的制度化学习相反，它是规划自己人生历程和作为服务社会进步的工具。

然而，学术性教育的复兴绝不只是新教的特权。随着耶稣会教团的建立，天主教在学术事业上（1599）也形成了它的教育新天地。其教育内容主要集中于重新稳固本教派的抵制宗教改革的思想，而其设计的教育形式在教育类型的形成过程中有着非常重要的作用。一方面，它关注独立的学校体系以及与社会紧密联系的学习形式，甚至对学校教师、严格的班级、考试和学习结果的公开展示也很关心。另一方面，课程的主题和基调仍带有明显的欧洲人文主义传统。

① 梅兰希顿（P. Melanchthon，1497—1560），德意志基督教新教神学家、教育家。——译者注

新教教义和主张为国民教育勾勒了一幅图景，在这幅图景中读写能力作为普通自由信徒的一般能力是必需的，而且它也是参与公众生活和宗教社团活动所必需的。然而，现实却与此相去甚远。马丁·路德①的《致德国各邦所有城市议会关于建立和维持基督教学校》的公开信（1524）写道，基督教学校绝不应该与现实的国民教育相混淆。大多数人仍然通过教堂和日常家庭生活实现社会化，生活方式局限于专业工作和维持生计的辛苦劳作。那些自16世纪早期以来有关学校、国民教育和教会教师资格新规定的文章（如1559年在符登堡），以及早期那些关于教授法的方法论著作（从拉特克到伊克萨默）和教材，如《哥达学校方法论》（*Gothaer Schulmethodus*，1642），它们的目的并不是要指向这样一种观点——即国民教育在年轻人的生活中是不可或缺的。19世纪早期普鲁士的相关法令或制度的形成并不是没有根据的，但是实际上即使是在1763年的普通邦立学校的立法中也并没有引入强迫学校教育的思想，取而代之的是力图接受仍然缺乏政治和社会影响的国民教育思想。直到18世纪末期，学校教育仍然有赖于封建领主或教会官员的支持。大部分教师是不称职的，如果以读写能力作为评判标准，则识字人口也不超过总人口的三分之一。对此，启蒙教育家和企图以同样方式通过新教育形式走出18世纪的危机状况并寻找出路的教士认为，这是一种缺陷。但是，他们自己却无法拿出另一套实践。出于这一原因，1800年以后国家强盛成为教育发展的先决条件，而且教育需要从教派和地区秩序中独立出来。

另外，夸美纽斯（Comenius，1592—1670）的被反复引证的文章以及他于1657年在《大教学论》（*Didactica Magna*）中提出的挑战性观点——“把一切事物教给全人类”，从一个方面反映了一些城市在教育上作出的努力和学校教育状况。但是，在其他一些情况下，

① 马丁·路德（M. Luther，1483—1546），德国神学家、欧洲宗教改革运动的领袖。他反对教会阶层的富有和腐败，认为只要在信仰的基础上即可获得超度，而不须借助于教会的典籍，这些观点使他于1521年与天主教会脱离。他肯定了1530年的奥格斯堡忏悔会，成功地建立了路德教会。——译者注

它们仍保留在计划层面上。然而，作为最好的历史回报，这些思想在荷兰和英格兰首先作为现代教育的模式被发现了。从夸美纽斯的观点中可以看到，从旧的世界——教派化与因循守旧的、封闭的、带有偏见的认识——到现代的过渡是多么的成问题，而教育在此过渡过程中的地位也摇摆不定。然而，夸美纽斯仍然把他的另一种见之于他的泛智（pansophical）模式中的前现代知识模式视为当然。相应地，他也追求一种其引导性术语为“可改变性”的教育，即人的改良，而他的泛智思想形式仍然是非常传统的。首先，诸如遵循严格统一标准的国家和宗教概念，是在16世纪国家乌托邦和17、18世纪世界再基督教化的新教模式中的教育幻想中形成的。但是，随着现代化的到来，要求对世界开放、科学化和世俗化，这在教育系统中尤为重要，虽然这种开放性在当时并没有出现。

学校发展历史的特点在于，它们没有遵循先前教育理论家构想的观念或宪法及教育法规定的方向发展，而是受各邦和具体社会所造就的机会与约束条件影响。这种独特性既不限于德国也不仅存在于19世纪，在当今社会它仍然存在。

（1）考察1800年以来德国的教育组织，我们可以从只存在两种类型教育结构的这一假设出发。在整个19世纪，直到1920年普通初级中学（Grundschule）的出现，由两种平行的学校系统组成了第一级教育结构。在这个结构中，教育的初等（强迫性的）和高等（专业）系统之间存在明显差异。在1920年引入初级中学之后，第二种结构类型成为教育系统中的主要部分。这种体制属于三轨制（在小学之后），其中，每一轨内容的选择及区分依据早期筛选而定。如果我们把民主德国统一的中学与联邦德国在1960年后的综合学校（Gesamtschule）视为插曲的话，那么，第三种结构，即统一学校（Einheitsschule），在德国教育史上仍是一个边缘概念。

（2）尽管教育结构有其稳定性的特点，但这三轨制系统仍然相当灵活，人们不能清楚地预期它们的影响。但是，它们在对年轻一代进行教育和社会再生产模式上较之屈从于教育政治的观点更为开放。

(3) 最后，第三个论题表明，教育系统自身的逻辑性仅见之于存在权威部门政治影响或权力文化精英统治的利益的地方。

为了更准确地描述这些结构类型，我们必须围绕标准为自己确定方向，这些标准甚至在今天仍然继续影响公众的讨论。我们需要界定学校结构、教育目标与内容、教育财政、教师培养与教师的社会地位、学校绩效和毕业证书的重要性，以及儿童、学生和受教育者的前景等问题，这些问题与两种教育结构类型是紧密关联的。最后，我们还将考察作为结构类型特点的反馈形式。

1. 结构类型 I：社会阶层学校系统

第一种结构类型主要包括小学（基础学校，Elementarschule）和古典中学（古典语文学校或文科中学，Gelehrtenschule 或 Gymnasium）①，它们在 19 世纪初已得到明确命名。自此以后，这些专有词汇被接受和应用，但令教育理论工作者沮丧的是，这些词的应用并不表明系统内不同类型且相互衔接并以彼此为基础的学校的区分，而是表现为独立存在并互不衔接的学校。

教育系统组织的合法性基础（在普鲁士）建立在关于义务教育的法律上。1794 年《全邦通法》（*Allgemeines Landrecht*）明确规定，教育是强制性的。这一规定对学校的组织和入学产生了影响。父亲有责任和义务确保孩子接受教育，可以通过多种途径履行这种义务：在贵族家庭，聘请家庭教师私人授课；进入私立学校，这包括从私立预备学校（Vorschule）到私立文科中学，这在资产阶级中较为常见；或通过进入为普通民众开设的公立学校。在这个教育系统内，政府所能规制的仅是少量不能负担孩子上学的父母。这种情况的结果导致了不同类型学校学生所受学校教育年限及所受教育质量之间差异的形成和扩大。因此，到 19 世纪末，虽然学校的确能够为所有人提供教育，但学生在社会地位和所受教育的方式上却大相径庭。

基础学校尽管变得不可或缺，但实际上只不过是为那些不能负担更好形式教育的贫困阶层而开办。19 世纪初，这些学校的学制四

---

① 文科中学后来改称为完全中学。——译者注

到六年不等，因为上学是违背其父母意愿的事情，因此在这些学校，即使是保证基本的入学率——特别是在偏远的乡村——都需要付出极大的努力。义务教育的年限最初在城市逐渐延长至八年。而直到19世纪末，所有学龄儿童才真正都进入了学校。通常，社区承担了学校的创建、经费和其他方面的职责。课程主要集中于文化技能，如读写及包括顺从和服从等价值观在内的宗教-政治灌输。教师未受过专门的学术训练，学习目标也是有限的。在官方认可的体制内，在这些学校所完成的学业毫无地位且不能发给任何资格证明。

高级教育（higher education）的发展则迥异于初级教育（lower education）。富家子弟通常进入三年制的私立预备学校而不是公立基础学校，并为进入高级中学（古典文法中学、文科中学）作准备。九年后，他们完成学业，通过完全中学毕业考试，获得毕业证书然后进入大学，在大学接受了学术训练后又返回特权阶层。居于领导地位的学校机构，无疑是以极具影响力的、以拉丁文和希腊文课程见长的人文性文科中学。除此之外，其他中学也在发展，其课程以现代外国语和科学、数学为中心。这些学校满足了不同客户的需要，往往代表新兴资产阶级的愿望和抱负。这些学校的教师受过学术训练，其财政支持来自私人、社区和政府。

初级教育与高级教育之间以及培养未来的精英的教育途径与为民众办的学校之间的制度和社会壁垒，一直持续到1918年。为所有人服务的教育的确存在，这一事实令社会学家如此惊讶，以至立刻会想到现代教育革命。然而，这种观念的广泛传播实施其实是非常不公平的，即使依据教育组织的结构来审视也是如此。

除基于社会背景的差异之外，教育系统进一步强化了这种差异，包括在宗教和性别方面。就高级教育而言，课程安排也是有差异的，直到1908年，高级女子学校（hoehere Maedchenschulen）的毕业证书才被承认与那些高级男子学校（hoehere Knabenschulen）的毕业证书等值，普鲁士是最后一个采取此措施的邦。相反，基础学校通常是男女同校的。两个教育系统对学生的期望也是不同的。那些进入基础学校的学生通常被视为需要教育和抚养的（erziehungsbeduerftig)，对这一假设产生强烈影响的是这样一个事实，即他们的父母在给他们提供教育方面明显无能为力。因此，基础学校教育的对象不但包括儿童也间接包括民众。他们被认为是贫困的、具有叛逆性、需要加以约束的，通过初等教育使他们获得纪律性。政府权力部门也把基础学校视为根据它们的意志灌输其意识形态的工具。然而，在资产阶级的教育中并无类似的特征。在高级女校和男校的学生则被看作是未来的精英，具有接受陶冶的潜力，被培养成文化和工商方面的精英。

以下，我们将用图表概括介绍具有重要历史意义的结构类型 I（表 7-1）。

表 7-1 社会阶层学校系统——19 世纪学校结构框架

	初级学校系统	高级学校系统
结构	·基础学校（起初六年，后改为八年） ·强迫性职业教育（两年或三年，自 1890 年后在城市出现） ·低级学校系统内部的教师培养	·私立预备学校（三年） ·文科中学（九年，直到通过完全中学毕业考试） ·大学和技术学校，接受政府统一考试和认证的学术性教师培训
主办人	社区	教会、社区、政府
经费	·最初有学费，后来免学费 ·教学和学习资料费	·学费 ·教学和学习资料费
课程计划	·宗教 ·文化技能、部分实科课程	·专门课程 ·科学课程
教师	作用：课程教师，包括所有课程，教育—教养（Erziehung）为主	作用：专业化的、多方面的导师，科学和陶冶（Bildung）为主
教师培养及其社会地位	·在初级学校系统内的初等教师培训，即预科阶段（两年）和研讨阶段（三年） ·职业地位：社区官员	·在科学和人文大学接受学术性教育 ·职业地位：高级政府官员

续表

	初级学校系统	高级学校系统
教学目标	·心智发展　·大众教育 ·国民教育　·纪律训练	·会学习　·科学教育 ·古典教育　·学习能力
结果	没有毕业证书，仅发给基本从业资格	·相互转换 ·授予文凭：入学六年后服兵役一年 ·完全中学毕业考试：进入大学 ·国家考试和认证：学术职业
对象	男女合校教育，需要教育一教养的人，贫困和需要约束反叛精神的人	·男童学校（直到 1908 年） ·能够通过教育获得发展的人 ·教育一教养程度较高的资产阶级

尽管在这个系统内存在较大的差异和分歧，但仍不能忽略其在 19 世纪末关于学生分流的动力机制；直到大约 1890 年，为大多数人服务的教育系统才从其他方面分离出来。自此以后，因为各种原因，衔接和内部分化模式才开始发展起来。

2. 结构类型 II：三轨制系统

对权威社会中传统双轨制学校观念的更新，直到 1919 年后的魏玛共和国期间才开始。根据魏玛议会的假设，从那时开始存在的学校组织是政治妥协的结果。我们可以将这种妥协体制理解为组织原则上的统一与分化之间的一种特殊形式的关系及平衡。历史上，这种妥协是魏玛宪法协商及左翼自由德国民主党与天主教教会谈判的产物。其结果是教育系统的基本结构继续保持至今日德国。

在德国教育发展史上，具有决定性意义的转折点是 1920 年为每一个学生提供平等机会的四年制普通义务小学教育的引入。取消了私立预备学校，年轻一代接受统一强制性入学。如果不考虑关于小学年限（四年或六年）的争论——尽管这种争论将继续存在，那么在德国教育系统中的小学（基础学校，Grundschule）显示了统一性原则是何等的重要。

然而，在第二种结构类型中，任何别的事情是通过差异性而界定的。尽管学校类型和它们各自的名称已经显而易见地发生了变化，但毫无疑问仍存在系统性的分化。在基础学校阶段之后是许多不同类型的学校，每一类学校都有不同的社会价值观和教育价值观。对大多数孩子而言，有四年制的高级义务教育学校，如1964年以来的普通中学（Hauptschule）①。另外，也有许多学制为4～6年的中间学校（实科中学，主体一实科联合学校）以及学制为7～9年的文科中学，这类学校的学制有赖于初级教育阶段的教育年限（四年或六年）。而且，在这种结构中还存在一个职业学校系统，它的基本结构自1920年以来基本保持不变。这种体制以其教育内部的分化、新的教育方法与教育机会的扩张来回应新的挑战。

自1920年以来，虽然私立、公立和州立学校办学主体仍然存在多样性，但学校经费投入的统一性却在不断加强。社区学校与州立学校教师工资差别不断缩小更是引人注目。公立学校不再收取学费，同时还免费提供教材。虽然在对不同学校课程的结合上作出了很大努力，但实际上它们在内容、主题结构原理、课程及不同毕业证书的价值上仍然存在本质区别。在1960年以后很长一段时间，这一特征在义务教育学校（基础学校或普通中学）、职业学校（实科中学和文科中学）及基于不同课程的不同类型的学校中，特别是在外国语教学中仍十分明显。直到1965年，在普通中学至少有一门外语是必修的；甚至更晚近，专门科学科目也没有成为课程计划中的实质性学习内容。

在教师培养上尽管有所调整，但在培养年限、就业机会、工资问题上至今仍存在分歧。自1970年后，教师培养机构实现了平等；它们与中学后教育机构处于同等地位，然而，在学习年限和要求上仍然是不同的。小学教师（基础学校教师）仅需在大学学习六个学

① 也有人将普通中学译为主体学校、主干学校。——译者注

期；而其他学校的教师则要学习八个学期。统一性和差异性也是学校教学目标上的特征。直到今天，以基本教育（初等学校）为基础的中等教育划分为不同层次：第一阶段（10～16岁的学生），以通识性教育（Allegemeinbildung）为基本形式；第二阶段（16～18岁的学生）旨在拓宽或实现个人教育专业化。这种在教育路径上的分化较前面提及的分化影响要弱，因为之后教育间的衔接是可能的，而且教育过程能通过成人教育机构提供的专门课程加以弥补。尽管毕业证书的层级仍然存在（高级中学证书在最高层次，并根据其界定教育的层次标准），但这种制度变得更为透明和灵活。在文科中学，中等教育第一阶段的选择失去了先前的优势。来自中间学校的第一阶段的毕业证书也可能进入中等教育的第二阶段；甚至在普通中学获得适当的毕业证书后（接受十年学校教育）也可进入与中等教育第二阶段相连接的大学。为大众服务的学校获得了官方认可，学生与一定教育路径的价值之间的先前的差异不复存在。这种体制被描述为内外都是透明而灵活的。至此，教育路径上的差异虽仍然存在，但在学习的选择上已经不再彼此严密隔离。对学生的认识上也变化了：学习能力相同，学习结果也是一样的。至于差异，现在通常将其归因于教育体制、个人努力程度或禀赋。禀赋的差异不再是一个可接受的自然事实，而是可以通过教育系统得到补救的任务，这在学前教育和小学阶段尤为明显。

当然，结构类型II也只是对学校系统的简单描述，而非政治的和教育的根本观念在学校中的体现。这种仍保留它早期差异的结构，仍不断面对来自那些强调为所有学生提供更长时间的普通教育的学校的竞争。根据结构类型II所面临的统一学校（Einheitssculen）和综合学校（Gesamtschulen）计划及对三轨制系统的批评，可见对这种竞争性地位如何影响传统学校制度，以及影响到什么程度，特别是在学校内部改革、社会开放和高级教育扩大招生等方面的影响却被忽略了。

3. 教育体制的发展与反思

不但在结构形成发展上，而且在新人文主义教育理论的自我反思的形式上，德国教育都有别于其他国家，这首先可见之于通识性教育的指导原则上。通识性教育这个词已经几近于威廉·洪堡①教育改革的同义词，同时它也是历史上普鲁士现代化进程的一部分，这次改革作为对法国革命的一个回应，发生于1806～1807年被拿破仑军队战败后。

通过反思、讨论和学校规划并在历史的推动下，洪堡进一步发展了新人文主义教育理论，使“陶冶”成为德国教育发展史上的核心概念之一。然而，哲学政治观念和基础、“陶冶”概念的历史性认同与变化，显示了在19世纪末社会认同与理论一致性的弱化，这源于教育系统自身发展的历史动力与科学进步。因而，自19世纪末以来，“陶冶”作为脱离于学校现实的受教育者的观念出现了。在20世纪前十年里，无论是教育理论还是教育改革都不能很好地修正或维持其自身受到部分影响的“陶冶”概念在理论上的历史作用和政治化，虽然两者都尽力恢复“陶冶”的真实含义。

在这次普鲁士政治改革过程中，洪堡在其1809年的学校规划中设计了一种多层次的学校组织模式，这其实是他对所强调的普通教育典范性学校的描述。在这种学校组织中，洪堡仅区分了小学与大学的教学。他强烈反对从学校外部对学校进行分化，如过早的职业定向。尽管职业定向看起来可能是必要的，但这样却导致了学生的片面发展。因此，他认为这种定向应在学校教育之外进行。这样一种早期职业定向与“陶冶”理论所强调的“陶冶”要通过个人与社会的联系促进发展的精神是矛盾的，“陶冶”也应成为最普遍的、生动的、自由的个人和社会相互作用的形式。

自尼采②之后，德意志帝国中涉及“陶冶”的哲学概念的文献中提到了一条边界，但这种边界已经被教育系统自身的发展所逾越，结果是使“陶冶”这个概念与高级教育的现实之间出现了矛盾。根据尼采的观点，高级教育系统包括崇高的权利和目标，但在其时的

---

① 洪堡（Wilhelm von Humboldt，1767—1835），德国语言学家、哲学家、外交家、教育改革家。——译者注

② 尼采（F. Nietzsche，1844—1900），19世纪德国哲学家，现代最有影响的思想家之一。——译者注

德意志帝国，这种作用几乎已经丧失殆尽了。在关于未来高级教育的演讲中，尼采仍然强调普鲁士文科中学的社会功能，反对关于"陶冶"的错误理解，他认为文科中学不再促进"陶冶"，取而代之的是把教育作为谋生的工具。"陶冶"成为一种通过学校证书和大学毕业获得官位与职业权益合法化的最佳意识形态。

然而，在19世纪末，普遍的消极观点认为，"陶冶"这个概念在教育体制发展过程中似乎失去了它早期所具有的力量。不过50年后，在魏玛共和国时期的人文教育又有了较多积极意义的回归。尼采的批判主义观点不断影响着教育体制的发展，在1918年之后，"陶冶"这个概念在形成教育理论过程中起到了核心作用。然而，自尼采从哲学上对教育的批判到人文教育学中的陶冶理论（Bildungstheorie）的发展并不是直线前进的。它的发展包括两个连续的阶段，每一个阶段都有其独特的历史前提条件。这些条件包括19世纪末高级教育的危机与改革，以及科学与教育学术上的范式冲突。

而在德意志帝国初期，围绕"陶冶"概念所形成的紧张局面以"陶冶"的哲学传统和高级教育制度的社会发展之间的差异为中心，这两个方面——"陶冶"的观念和制度——成为力图通过形成一个新"陶冶"概念以解决这种紧张局面完全不同的努力方向。对此，下文将借用维尔曼（Otto Willmann）、鲍尔生（Friedrich Paulsen）的思想和论著加以阐述。

维尔曼在其《作为陶冶理论的教学法》（*Didaktik als Bildungslehre*）中首先强调了"陶冶"概念的文化整合传统。追溯到中世纪初，维尔曼在现代社会的基础上将"陶冶"与社会的关系标准化。他承认政府举办的公立文科中学以及私立预备学校的重要性。同时，维尔曼在谈到教育制度时，首先指的是家庭、教会和行会这样一些社会性组织以及这些组织潜在的陶冶作用。他认为学校和大学的教育任务将围绕这些重要的组织机构进行。

当维尔曼重新激起人们对文化传统的研究时，鲍尔生的主要观点却集中于高级教育制度的发展，而其著作则将焦点放在了教育理念与高级教学制度之间关系的历史变化上。在他的学校史著作《学术性教育之历史》（*Geschichte des gelehrten Unterrichts*）中，鲍尔生通过对高级教育学校系统分化的分析预言了未来现代化的必要性。在之后的1900年学校会议上，这种现代性得以实现。然而，在鲍尔生的著作中，现代性也有自相矛盾的一面。正因为此，他关于改革的观念可以理解为其对（新的和旧的）文化精英合法性的保护。在一个社会－功能关系中，“陶冶”的概念和高级教育系统基本上是分离的，鲍尔生不把“陶冶”与社会背景和进入高级学校（higher schools）联系起来。在学校证书与职业选择关系不断加强的时代——这已被尼采否定——鲍尔生关于“陶冶”无市场价值的观点不仅仅是一种浪漫的呼吁，而且也是陶冶意识形态（Bildungsideologie）之继续。而且，他按职业需要把教育分为狭窄的和广博的，而不是按学校分为初级教育与高级教育，这是极具创意的。鲍尔生的“陶冶”观念类似于洪堡，他认为“陶冶”不是物化的，不是实际知识，而是受教育者的个人发展。

“陶冶”概念从尼采到维尔曼到鲍尔生的发展变化，意味着在适应学校动态发展过程中对概念的着意调整，而且随着世纪之交的到来，进一步使“陶冶”理论现代化的努力还在进行。譬如，狄尔泰①批评教育学的落后状态并在1888年作了题为“关于普遍妥当性的教育科学之可能的要求”的学术演讲。而在19世纪90年代，德国的梅伊曼（Ernst Meumann）建立了实验教育学（Experimentelle Paedagogik）理论。如同鲍尔生一样，梅伊曼努力使教育体制和观念现代化，梅伊曼力图通过实验研究方法的引入使教育研究理论化，但它仍强调以赫尔巴特②概念为核心。这些努力的结果，不但使教育体制结构现代化——高级学校体制改革——而且使教育理论在严格的经验基础上走向现代化。

无论如何，在20世纪前十多年，实验教育学在教育研究领域无疑是其他理论难以企及的，并且在其他一些国家成功地付诸实践。

---

① 狄尔泰（Wilhelm Dilthey，1833—1911），德国哲学家。——译者注

② 赫尔巴特（Johann Friedrich Herbart，1776—1841），德国哲学家和教育家。——译者注

然而，这种理论的主要弊端是缺乏班级学校系统所具有的社会化功能。1910年，梅伊曼把这种理论从哲学中分离出来，并将其归入心理学。因此，他把他的科学研究兴趣建立在教育改革运动基础之上，并与小学教师们一起将教育学作为一项学术性科目研究，虽然他并没取得成功。

然而，斯普朗格①发起了反对实验教育学的浪潮，他是鲍尔生和狄尔泰的学生。斯普朗格在其1910年左右的著作中对陶冶理论的观点作了第三次修改。但是，斯普朗格与典型人文教育学者的贡献，只是在实验心理学和实验教育学出现并与之发生联系之后才得到了恰当的理解。实际上，在诺尔（Herman Nohl）、李特（Theodor Litt）、凯兴斯坦纳（G. Kerschensteiner）和福利特纳（Wilhelm Flitner）之前，斯普朗格已经提出文化教育学（Kulturpaedagogik）理论。在1917年普鲁士教育部的教育会议上，这一观念获得了明确支持，在第一次世界大战后更是获得了理论上的突破，就其这方面成就而言，在20世纪德国没有其他教育思潮可以与之相比。

教育研究打破了实验教育学与学校的早期联系。在德意志帝国和魏玛共和国时期，与科学反思层面的系统发展进程对应的是不同水平学校系统的发展；同时，科学教育讨论的系统化导致了在教师训练实践层面上和文化－理论教育学上教育学知识层级形式的形成。

文化教育学对小学教师的理想化，不能脱离这种理想化的社会功能——建立独立的师范教育机构，而不是大学中的独立的教育系。19世纪初，“陶冶”这一观念往往被视为关注教育制度发展的社会理论的一个内在部分，反之，在20世纪初，在人文主义教育学中，“陶冶”概念已经明确从教育系统的制度结构中分离出来。

---

① 斯普朗格（Eduard Spranger，1882—1963），德国教育家和哲学家。——译者注

三、政治化、功能化与中介化：目标与效果之间的学校自治

除“陶冶”这一词汇外，来自政治和权力领域内的其他许多习语也是德国教育史上最常用的概念，譬如，学校政治化、阶级斗争中的教育政策和政治教育、反对教育霸权的斗争等。

如果我们考察德国教育史以探讨政治与学校之间的关系，我们就会发现其在政治化与功能化的问题上有惊人的相似之处。在19、20世纪德国各邦（州）中，没有哪个邦（州）在通过教育确立自身的地位并将其传递给公民的问题上犹豫过。20世纪早期，大众教育和精英教育计划不再称为国民教育计划，基本信条的内容也不再限于由国家决定的官方教育学，但相关传统在整个国家仍然以一般形式存在。学校有义务告诉人们什么是真实、什么是真理及在这个世界上什么是可能的，1889年威廉二世把这些视为社会民主的理想。

乍一看，官方教育努力的历史发展是与政治化教育的目标相一致的。然而，事实上教育史经常狭隘地囿于各统治者的政治理解，它也必然锁定于那些好斗的精英之间的斗争上，并屈从于它们的意识形态。

● 1914年以前，世俗政权与教会以及“陶冶”与财产（Besitz）的联合，带来了公共教育政策，将普通民众排除在外的精英教育与对公民实行政治教化的议题是其主要内容，社会民主党所主张的自由教育和自由讨论因此失去了实现的机会。

● 魏玛共和国时期，民主化的第一个尝试是在宪法中规定，通过学校系统的组织安排确立各社会团体与阶级间的统一。宪法第一百四十八条也罗列了如下学习目标：道德教育、培养公民思想、具有德国民族传统的个人职业技能及国家间的和解。公民教育由此被引入，按照惯例，每个学生都将领到一份关于完成义务教育相关要求的宪法小册子。

● 然而，到1933年初，这一计划被国家社会主义者①的国家控制观点所取代。在这种观点的支配下，要求编队（formation）和教育；政党、运动和元首的意见与国家、人民一样重要。除家庭和学校外，希特勒青年团（the Hitler Youth）、劳工服务组织（work service）、军队及把业余时间组织化，都是旨在实现国家社会理想所作的努力；集体主义压制了个性与自主这些自由主义思想。

● 第二次世界大战后，联邦德国对民众的政治教育赋予了新的重要性。联邦德国恢复了魏玛共和国时期的思想；民主德国致力于建设一种新的民主传统，即反法西斯主义的人文主义传统。尽管它们明显地是各自政治体制的工具并有意识形态上的不同，但相比而言，这两个教育传统可以说都是促成后来国家统一的途径。

根据它们各自的标准，最后没有一个项目特别是那些极力强调政治化的学校，能通过公立教育成功地实现它们稳固政治结构的目的。无论是德意志帝国还是民主共和国，也不论是国家社会主义还是德意志民主共和国，都未能借助国家教育体制实现长时间的政治稳定。联邦德国是一个例外，因为它存在连续可察的对政治教育的不满，这使我们不能高估公立教育的作用。

除目的外，还有很多理由去对教育体制与教育政治之间的社会基础作更细致的考察。与功能化和政治化论调相反，我们对中介化（mediazation）将给予更多重视，无论是在系统分析还是历史分析上。

首先，在系统层面，并非所有社会行为在功能化目的与效果间都存在明确的对应，但教育工作者往往坚持假设其有效。其实，这种关系通常是断断续续的，而且根据其目的，行为结果也并不意味着是最佳的和最后的完结。如此说来，相对所期望的而言，它们不但更糟糕，而且与所定目标也不吻合。

尽管结局相反，然而，为了解释这种稳定，我们的疑问可以从历史上获得支持，即我们可以通过查阅德国教育史中确定的、可能最初令人吃惊的一些延续性特征来展开工作。在所有的意识形态异议中，在所有社会和政治派别之外，政治教育中几个自然假定或多

① 即法西斯主义者。——译者注

或少地被认为确凿无疑并一直未受到任何挑战，这种状况直到20世纪70年代才有所变化。首先，这些假设界定了何谓教育现实及关于分歧的边界。它们也描述像社会性中介那种情况，对此，我们将对20世纪德国教育史做重点分析。

下面，我们将从五个方面来说明教育政策的潜在一致性，即在一段长时间内决定政策的自然假定。

（1）教育作用中与教育政治方法中的潜在一致性。

简单地讲，这个问题的主题集中在统一性（unity）与清晰度（articulation）上。从1914～1918年，这种统一性得到了州、国家及德国传统和文化的支持，同时也得到占统治地位的保守派和自由主义教师的支持，如1914年的社会民主主义。这种统一性涉及一种国家责任精神，这种精神被不同机构所遵循，甚至在魏玛共和国时期也是如此。在魏玛共和国初创的无序时期及1930年的文化灾难中，教育都被作为一种根据明显的宗教与社会阵营对照的方式来促进统一的中介力量，同时将国民团结在一起，甚至包括民主社会主义者。自1948年以来，德国各州文化部长大会为各州保证了这些前提条件，主导性的教育理论方面通过一致性特点使期望神圣化，这在教育学上被当做必要的信条。

（2）20世纪60年代后期以前，在学校系统内筛选性与等级分化几乎没有受到任何挑战。

在保守派看来是天经地义的高级教育筛选的合法性，在1914年以后为自由主义者和民主主义者所接受，因为它并不妨碍有才能的人晋升或阻碍有能力的人发展。甚至在1964年以通过完全中学毕业考试（Abitur）和人才储备的枯竭为特征的教育危机时期，对于筛选的认识分歧也并不在要不要筛选的问题上，而是在如何筛选的问题上；高级教育招收精英不存在合法性问题，而是一个筛选策略的公平性问题。1914年以前，人类学观点认为普通人与天才有一个最优比，但同时也认为学校系统是一种能帮助人类发展自身潜能、祛除不利因素的工具。

（3）教育政策经受住了在学术上仍具有基本信度的主流文化的

效度考验。

在德意志帝国，对社会民主与德国“陶冶”哲学的民主传统之联系如何紧密有充分的描述。高级学校的课程计划通过自己的标准体现这些传统，并表明了被接受与被拒斥的文化之间的差异。甚至在1918年以后，高级学校中的标准仍为主流文化及教育系统中与当局相关的课程计划所占据。

(4) 在以集体主义为首以及多数人持拒绝态度的情况下，个人与社会之间的辩证关系不断得到解决的事实本身就是一个自然而无可质疑的假设。

我们习惯于在一种统一性的保守建议下解读这一论题，譬如，1919年斯普朗格把教育任务限定在培养国家精英（Durchseelung des Staates）、增强国家影响力上。然而，在教育、教养的最后结果——文化人（culture being）的观点上，斯普朗格并非独树一帜。斯普朗格还认为未来人人平等、民主幸福的社会同样也是社会主义者与公民社会运动所组织的公共教育的结果。在这里，教育首先是一个集体性的定义，这促成了教育理论及个体思维的社会化与政治性期待的主观性。实际上，在关于领导权问题上不但认识上存在冲突，也没有形成多元化的共识。

(5) 公立教育表现为一种作为教育与集体认同合法化的恰当中介。

就如巴伐利亚州文化部长迈耶（Hans Maier）这样的保守主义者，对他在1972年把学校的首要目的确定为社会传承功能，也即对既定秩序的维持这样一种观点是再好理解不过了，同时，迈耶还进一步认为，学校有能力这样做。而相反，在1969年，勃兰特（Willy Brandt）却认为，国家学校的功能在于使社会民主化、实现机会均等及公民解放。虽然勃兰特的观点有别于迈耶，但他也认为迈耶所提出的学校功能是常规学校的基本任务。只有德国的独裁者，把对学校教育的要求扩张到包括在这个极权国家的日常生活方面，但这恰恰是强化公共教育信仰而不是破坏了它。

对于这一令人惊讶的变化，国家社会主义难辞其咎，因为它让人们意识到先前接受的假定。在这个国家社会主义的思想里，统一性观念已被简化和歪曲；在教育筛选和淘汰过程中，教育的合理性筛选被赋予新的生物学意义和日渐增长的决定论思想。主流文化的传统被政治霸权和种族灭绝所替代。在 20 世纪 60 年代以后，政治平等化极其重要。尽管我们都希望，但今天我们也深知政治和教育系统并不能促成一个人人平等的社会。然而，我们至少还可以希望，当代的核心教育观点——认识你自己！——使得对接受者的行为控制成为不可能。如果教育果能如此，就不需要一个明确的集体认同，相反，将会出现受教育者日常经历的多元差异性。

四、19、20 世纪德国教育的自我发展与规模扩展

（一）影响教育结构变化及规模扩展的公众与权力系统因素

在德国，双轨制学校系统以及三轨制学校系统的优点与缺点的发展所依据的是 19 世纪初教育法的两个中心原则：公众支持所有教育包括高级教育系统；认可体制（Berechtigungen）。两个原则都解释了学校与社会关系的连续性，也解释了高级学校的世俗动力。

依据教育法，在 19 世纪受教区影响的初等教育和公立高级教育机构中，国家监督与公共管理成分不断增加，德国学校系统因此而备受瞩目。19、20 世纪德国学校系统的结构性变化往往是伴随着所有教育机构在公共性与国家特征上的变化而变化的，并产生了广泛的影响。

一方面，因为这些原则，各类教育机构反复触及国家在教育上的讨论主题，这一主题涉及社会所有群体——从小学教师到文化精英，从行政机关到政党和教会，从妇女到工人及其他利益集团。关于这方面的表述，我们可以在主要的教育会议及德意志帝国和魏玛共和国时期的文献中发现。这些争论逐渐形成一个超越教育理论的问题域，其主题是教育机构以及它们与政治、文化和社会的关系的持续一致性问题。

另一方面，公立教育体制的结果被排除在讨论之外。19 世纪

初，关于高级学校和考试的官方标准的引入与实现以不可逆转之势向前发展。在这个发展过程中，进入高级学校并成功完成最终考试，对于成为高级官员和从事公共行政以外的专门职业变得不可或缺，同时对那些社会地位已经达到所期望的不同社会环境中相应位置的社会团体而言也是必不可少的。除了高级学校及为传统精英服务的完全中学毕业考试的持续发展外，在城市中，一些基于学术业绩、作为社会进步机会的为普通公民及少数中产阶级服务的高级教育形式也得到了发展。尽管存在学费和社会文化这些影响进入高级学校的限制因素，但在德国社会史上，高级学校的公立性仍然促成了第二个社会阶层的产生，他们基于文化资本而建立，独立并区别于经济等级制。

传统上，德国文化资本的观念在通过与学校证书相关联的认可（authorization）中得以传递出来。这些认可表明了证书的社会价值，因为它们也是就业或进一步学习的前提条件。同时，恰如完全中学毕业考试一样，最著名的认可往往是通往大学的进门阶梯。就此而言，进入特定类型的学校，其重要性远远超过特定的教学材料和教育目标。那些与毕业证书相联的认可也成为了毕业生日后可能进入的职业体系和社会阶层的最重要的社会基础。因此，在公立学校系统框架内，认可是学校与社会间关系的核心机制，像社会规制一样重要，它独自推动了高级教育的发展。自19世纪初以来，这些认可不断扩展到包括公共和私人工作市场的其他领域，并带来了学校与职业机会关系的持续强化。这也解释了进入高级学校的强烈社会要求与导致德国高级教育系统长期扩展的原因。

（二）德国教育体制发展的历史阶段

就这种背景而言，我们可以将德国学校发展划分为两个主要阶段。第一个时期是19世纪包括所有高级学校形式的教育系统的发展，在这一时期，整个体制结构的特性对应于第二部分中描述的初级和高级二元结构。19世纪末，第二个发展时期出现，在这一时期，三轨制作为一种与高级教育扩展动力相联系的新结构类型出现。然而，这种结构类型的发展潜力在二战期间被国家社会主义所掩盖，直到20世纪50年代才在联邦德国学校系统中被重新组织起来（在民主德国，在社会经济动机的推动下，有计划的政治干预阻碍了高级学校和大学入学率的增长）。以20世纪六七十年代教育改革后联邦德国三轨制教育体制为基础，始于19世纪末的教育扩展动力得以全面发展。

1. 19世纪的初等教育扩张与高级学校结构改革

整个19世纪，德国学校史第一个主要时期突出表现为由初级、高级学校构成的双轨制特征，但独立部分仍受特定发展的影响，其结果是20世纪初旨在实现三轨制学校系统的要求产生。在最初双轨制的两条独立发展道路上，随着国民学校（Volksschulen）的扩展，二元体制中独立的两轨日益相似，这在城市表现得尤为明显。另一方面，在世纪之交，始于19世纪初的高级学校体制结构得以现代化并进一步稳固下来。

从19世纪历史社会化研究的观点看，在国民学校中，宗教、政治教化占据了显著地位，但从学校系统发展的历史来看，义务教育的实现过程却占主导地位，这一过程被描述为内在体制化过程。同时，作为内在体制化的社会历史前提的工业化、城市化及较低社会阶层的分化，对初级学校的制度化程度和教育质量将产生持续影响。因此，基于整合性初等学校基础之上的三轨制学校体制的广泛制度化，是在为将来作长远准备。

尽管在18世纪就颁布了关于义务教育的法令，并认为最好能保证每一个适龄儿童入学，但在19世纪义务教育的实现却仍很勉强且有很大的地区差异。在普鲁士最早的统计文献中，1816年学校入学率是60%，到1846年这个比例上升到了82%，而到1871年则为92%。可以认为，到19世纪80年代，普鲁士已经普及义务教育，而且在这个过程中，明显的地区差异消失了。例如，19世纪初在整个普鲁士的入学率为60%的情况下，东部地区仅20%的学生被要求强迫入学，其中萨克森邦是一个先行地区。最初义务教育普及率较低的原因与普遍使用童工不无关联，而且同时也与对学校财政支持的特殊形式有关系。传统上，普鲁士国民学校的经费主要由社区学校团体承担。在19世纪中期，有关学校建筑、器材及人员经费的开支达到学校总开支的75%，其中20%由学校承担，而不到4%是由政府补助的。直到19世纪末期，政府支出才超过了30%。

1871年，德意志帝国成立之后，二元、三元或多元结构的国民学校第一次被列入计划，从而摆脱了单一的形式。课程计划也拓展到包括历史、地理和普通科学等学科。19世纪50年代一度快速增长的宗教教育再次被缩减。在与文化斗争的强烈冲突下，普鲁士政策直接指向对国民学校的思想压制，其主要措施是通过1872年《学校视导法》。除了国民学校外，19世纪70年代还涌现出许多以满足商贸需要的分五个层级的中间学校（Mittelschulen），它们是国民学校的延伸。不过，在双轨制学校体制下，这类中间学校被排除在高级学校的认可之外。

虽然义务教育已经普及，但在19世纪末仍不能说已经完全消除了初级学校系统内城市与农村地区之间学校的差异。一战前，至少80%的国民学校和60%的学生分布在农村地区。在城市中发展起来的分年级的学校，直到20世纪才发展为农村地区教育改革的主要模式。

尽管19世纪课程内容以及不断增长的课程多样化带来了初级学校质量的不断提高，但普鲁士的高级教育的扩展仍然对19世纪的德国学校史发生了决定性影响。同时，19世纪德国学校的历史也受文科学校与实科学校的内部分化的影响，这种影响首先是通过在1900年的学校改革框架中将其作为进入大学的先决条件而承认了它们的平等价值而实现的。虽然现在的学校结构仍局限于19世纪文科中学的各种类型，但在世纪之交现存高级学校的一般结构中，一种强调多样化、系统化和整合性的学校发展模式开始出现。如果忽略德意志民主共和国这一独特情况，可以说这种模式在20世纪占主导地位。然而，在包括19世纪普及义务教育在内的学校系统发展的第一时期之后，直到魏玛共和国的结构改革，在高级学校这一层次的一个重要内在动力机制才出现。

19世纪初，普鲁士高级学校系统已经成为整个政府学校系统的一部分，在其作为整体的发展中，它既包括城市化过程，也包括城市资产阶级与广大劳动者之间的分化以及新老中产阶级对高级教育的要求。首先，城市学校系统类似于从私立预备学校（Vorschule）、小学和文科中学相继逐级发展而来的综合学校模式（Gesamtschulmodell）。重要的是，普鲁士学校系统的发展是建立在文科中学与普通中学分化的基础之上，其传统可追溯到 18 世纪。经过 1788 年、1812 年、1834 年的中学考试法令，先前的大学入学考试被成功废除，并被前一阶段教育完成的毕业考试所替代。与这个背景相反，我们看到 19 世纪高级学校结构的变化以有关问题的讨论为特征，即哪一特定类型（文科还是实科）的高级学校应被政府承认，以及哪一类高级学校可被授权管理为大学学习做准备的毕业考试。对此，尽管存在许多批评，但直到 19 世纪末，这仍被认为是仅适用于高声誉的九年制文科中学，而不适用于实科中学。第二种学校类型包括许多 5～7 年学制的学校（市民学校、实科中学、城市学校），它们不但在学习年限上区别于人文主义的文科中学，而且重要的是在外语教学的类型与内容上也是不同的（拉丁语和希腊语；现代语或数学/科学）。19 世纪 80 年代，大范围的高级学校和文科中学首次实现了系统综合化。在学制九年的文科中学（教古典语言）、文实中学（教现代语言）和高级实科中学（教数学和科学）之间存在巨大分化的学校结构发展起来了，这种结构直到 1972 年在文科中学不再成为高级学校的典范后仍保持下来了。与这个系统化过程并行的是，被认可的各种类型学校不断增多。在那一时期，拥有较多机会进入大学的教古典语言的文科中学的垄断地位并没有受到严峻的挑战。在对 1890 年、1900 年学校会议通过的一个认可完全中学毕业考试证书、强调这三种类型的学校具有进入大学平等机会的皇帝诏令的激烈争论中，这种挑战才开始出现。

尽管存在特殊利益集团的不同的教育主张与社会策略，但在德意志帝国，高级学校的发展往往是伴随着高级学校和大学的入学率的提高而发展的。在德意志帝国，高级学校学生数从 1875 年的 18.3 万人上升到了 1895 年的 24.6 万人，而在 1911 年最高达到 39.7 万人。尽管在大约 40 年里学生的数量增长了一倍以上，但大学入学率仍显示出强劲的增长动力，从最初1875年的近1.6万名学生到1895年有2.8万多名学生进入大学，而在1914年则达到了6万多人。世纪之交后，由于高级学校教师良好的职业前景使学生数量在1890年后的近二十年里增长了4倍。在这些发展中，入学率呈现出相对和绝对增长。在德意志帝国末期，人们已经认识到了20世纪入学率会出现不可逆转的扩展过程。这一过程意味着，社会进步可能通过在随后几代人更大范围的群体中实施高级教育而实现。因此，这种潜在的发展动力最终并没有被教育系统的自我扩展所决定，它不但促成了获得高级教育证书和认可的毕业生数量的增长，而且也带来了一个不断扩张的学术职业市场。

2.20世纪的教育整合、多样化与规模扩展

在第二个发展时期之初，一方面，魏玛共和国的三轨学校体制从德意志帝国时期便开始进行结构变革（男子高中的多样化，对女子高中的改革）并进一步发展；另一方面，通过取消自19世纪初以来保证大众教育与高级教育相区分的私立预备教育，教育系统结构从而产生了根本性变化。通过横向与纵向结构原理的结合，高级学校的传统与它们各自的权限以及德国教育系统的社会吸引力得以维持下来，不过同时，进入这些教育机构的民主化程度也提高了。

初级阶段的国民学校与高级阶段的人文主义文科中学之间学校形式的谱系在某种意义上是不同的，这只能努力去综合。甚至许多新的学校机构本来是可以解释为反对人文主义的文科中学的，但在社会对高级教育需求不断增长的情况下，从长远看，它导致了高级中等教育学生数量的不断增长。正是国家保证的免费入学与义务教育阶段之外的有吸引力的学校教育机会的结合，加之二战后旨在提高入学机会的改革措施，不断弱化了对德国高级教育系统的精英结构的批评。

自魏玛共和国以来，高级中等学校列入（inclusion）的前提条件是在德意志帝国时期的高级女子学校（Maedchenschulen）改革的进一步发展、在1900年曾经自行有过改革的高级男童学校（Knabenschulen）系统的进一步分化，以及中间学校的重组。1908

年《普鲁士高级女子学校新令》的实施，是对通常被认为是初级学校一部分的传统上非常独特的高级女子学校系统的首次重建。随着类似于前面提到过的男童学校形式、也如同为妇女职业或成为未来教师而举办的“女子高中”（Lyzeen）的完全中学毕业考试认可制度的出现，也开始出现了除了十年制（hoehere Maedchenschulen）学校之外的其他一些教育机构（Studienanstalten）。1923 年新的高层次的女子高中引入后，几年内通向中学毕业证书考试的学校（除教育机构之外）数量翻了一番，同时它也带来了普通入学考试标准的产生。相应地，较之 1926 年，1931 年获得完全中学毕业考试证书的女生数量增长了四倍。早在 1932 年，这些学生占到了有资格进入大学的学生总数的 27%。此外，高级学校新的形式包括了德意志高中（deutsche oberschule）和作为八年国民学校中六年或七年部分之后的继续教育机构。这一切也导致了普通入学考试标准的产生，并对国民学校教师的传统培养机构进行了新的调整。并且，对于进入新成立的师范学院，完全中学毕业考试是其必要条件。最后，自魏玛共和国以来，多样化过程的主要特征是对中间学校的重组。除了那些在 1910 年被规定的真正的中间学校之外，许多千差万别的学校仅是借用官方的“中间学校”这一名词做区分而已。其中一些学校以高级学校的课程计划为核心，其他的包括并没有被承认为高级教育机构的高级女子中学，也包括国民学校和私立学校。

尽管存在学校管理的集权化，但 1937 年国家社会主义学校体制《新令》的有关规定，并不表明与魏玛共和国时期的外部学校组织根本决裂了。在国民学校、由国民学校发展而来的学校及基础学校之后的六年制中间学校之外，一种区别于德国男子高中和女子高中以及这些高级中学中的文科中学的学校，其学制已经缩至八年。少量的人文主义文科中学被保留下来，以确保文化精英的特殊地位。

1945 年以后，德国学校的发展在两个完全不同的政治环境下进行。在联邦德国，他们曾一度再次回到传统的三轨制及魏玛共和国时期的联邦学校管理体制，而在民主德国，学校政策则集中于在新政治专政背景下教育体制中中央集权的实现。

随着《德国学校民主法》的实施，1946年，德意志民主共和国实施了八年制基础学校之后，学生或进入四年制高级中学（Oberschule）或职业学校和技术学校。20世纪50年代末，在德意志民主共和国，十年制综合技术中学（Allgemeinbildende Polytechnische Oberschule；POS），随后是四年而后再两年的综合技术高中（Allgemeinbildende Erweiterte Polytechnische；EOS）、专业课程（Spezialklassen）和专业学校（Spezialschulen），取代了中小学教育结构。然而，最近的研究告诫我们，不能过分批评这种体制的结构统一性，或错误判断已经在完全不同的教育机会和职业机会中表现出来的分化方式。对于大多数学生而言，Einheitsschule的发展与教育政策是背道而驰的，试图将职业导向向下延伸，并限制了中学与大学之间的联系。首先，在以非凡历史重要性承担了学校系统中这段任务的延长的十年义务教育中，教育层级显示出自身不再可能通过提供一个更广泛、更具吸引力的高级学校形式而获得提高。而且，前民主德国学校的统一体制（Einheitssystem）提供了为进一步接受大学教育而衔接中等教育的机会。这些教育机会表面看似乎完全取决于成绩，但实际上，它们仅为获得高等职业资格提供了一个非常狭窄而且极具筛选性和政治限制的途径，同时这也受制于计划经济的标准。因此，在已有的综合技术高中，适龄学生入学率从20世纪50年代末到1989年一直维持在8%～11%之间。而专业学校和专业课程的毕业生占适龄青年人口比率在20世纪80年代的某个年份仅为1%。

1989年推倒柏林墙及1990年两德统一后，德意志民主共和国计划经济转型问题成为政治讨论的中心，货币统一也在酝酿之中。而同在20世纪90年代，在那些新地区中，学校及大学的重塑在公众意识中也具有与此同等的意义。可以说，两德的统一在教育体制方面带来了同等深刻的结构性变化。

依据原联邦德国宪法和重新统一协定，取消了前民主德国集权化管理体制。与重新统一的柏林一起，五个新的行政区产生了，它们分别是：梅克伦堡－前波莫瑞、勃兰登堡、萨克森、萨克森－安哈尔特和图林根。根据联邦宪法，为了确保新地区的文化领导权，新成立的州议会及其文化教育机构负责重组中级和高级学校系统。20 世纪 90 年代初新的学校改革法规对约 5 000 所学校产生了影响，就在 1991 年，在新地区的普通学校教育系统中，200 多万名学生（在“老”区有 680 万名学生）受到了变革的影响。

在付出了不断为前联邦德国行政专家支持的巨大政治代价和行政代价后，在现行学校运作中已经实施的那些关注学校系统内外组织的新规则，在 1991/1992 学年开始生效（萨克森是在 1993/1993 学年）。

依据学校类型划分的中等学校，之前是学制为 4～6 年的普通基础学校，其外部结构主要以联邦德国学校结构为定位标准。分化的形式或类型在各地差异很大。依据联邦德国三种传统的学校类型（普通中学、实科中学和完全中学），梅克伦堡－前波莫瑞在四年的基础学校之后组建了中等学校系统。在 20 世纪 70 年代教育改革中产生的一种新学校类型——普通学校，仅在一些例外情况下被允许存在。相反，在邻近柏林的勃兰登堡，六年基础学校之后，创办的往往是综合普通学校而非普通中学。此外，实科中学和完全中学也获得了支持。这种结构在很大程度上与柏林学校体制是一致的，即在两德地区它们再次统一起来。在这以普通中学为基础而建立的中学教育系统，是一个由四个分支组成的系统。当北部三个地区学校结构已经发生了很大变化时，南部地区实行了进一步的变革。在这些地区，在如中间学校（萨克森）、中等学校（萨克森－安哈尔特）或实科中学（图林根）这些名目下，普通中学和实科中学被并入一个学校框架内，在此框架内，通常两种教育路径继续平行存在。

虽然原民主德国地区的学校体制转型已经被视为一种指向联邦德国模式的过程，但在 1989 年、1990 年后维持综合技术学校（POS）和综合技术高中（EOS），决不是对重新改组的学校系统的政治性现实的替代。最后，这也并不是民主德国生硬模仿长期不对实际学校状况作出回应的原联邦德国的精英社会阶层学校系统的结果。

20世纪60年代以后，民主德国的统一学校系统结构只发生了微小的改变，而同一时期，联邦德国的教育发展却持续而大力地改变了三轨制学校结构。例如，取消了进入完全中学所必需的传统入学考试，取而代之的是根据学校类型从小学和五、六年级定向阶段推荐。而且，在旨在满足学生特殊爱好倾向和天赋的中等教育第一阶段，筛选性得以发展。此外，在这些学校，学习进程、指导原则、课程内容结构也作了大量调整。义务教育延长至九年或十年，使得在几乎所有地方所有不同类型学校获得中等教育第一阶段的毕业证书成为可能（现在也包括作为正规学校形式的综合学校（Gesamtschule)。在1972年完全中学高年级的改革中，最终取消了文科中学旧有的结构类型（古典语言、现代语、外语和科学)。1995年，根据文化教育部长会议上专家的投票，再次强调了有关完全中学高年级及相应考试的新规则（课程选择的有限个性化，基础课与提高课程上的渐进要求，成就评价上的逐步开放)。

尽管综合学校中大量课程的选修观念有所发展，但在20世纪六七十年代的教育改革中，传统三轨制学校结构得以完整保留并继续占主导地位，这一事实首先应归因于文科中学入学人数的持续增长。1920年开始并在1960年以后加速的教育扩展使得学生在普通中学、实科中学以及文科中学中的分布发生了根本性变化。目前，一多半中等教育学生进入实科中学或完全中学。至少四分之三的学生进入国民学校或普通中学，甚至在二战后初期也是如此。然而，在目前适龄青年中，只有不到一半的学生进入了这些学校，在城市其数量则更低。由于高中教育阶段学生数量分布的巨大转变，完全中学一度不稳定的地位在教育政策上日渐稳定下来。为此，长达十年的反映社会发展动力与变化但却被认为起阻碍作用的促使社会再生产学校的结构合法化的问题，在完全中学的全面变革下已经不再成为问题。

在联邦德国几十年中出现的这种发展，1989年、1990年以后在新区域内迅速复现。自20世纪60年代以来，由于政治原因，民主德国在国民经济的国家计划框架内明确限制人们接受高级教育的机会，但在柏林墙倒塌以后，各种事件在这种人为提升现代化的方式中涌现出来。在1991/1992学年，梅克伦堡－前波莫瑞、萨克森－安哈尔特和图林根地区近三分之一的学生升入文科中学七年级；而在勃兰登堡，其比例是25%。与此相反，教育系统中远远低于20%的学生进入了普通中学。在教育广泛扩展——最近甚至略有增长的情况下，在对东德的批评中家长把矛头指向1989年、1990年的学校改革。至少一半的家长希望他们的孩子达到高级教育水平，大约三分之一的家长则希望他们的孩子拿到中等教育证书，而仅有10%的家长只希望他们的孩子完成普通中学学业，这种分布几乎与前述旧地区的教育分布相对应。

同时，新区学校的未来发展是在一种特殊征兆下进行的。与持续的高失业相联系的人口迁移及低生育率，正导致未来十年新地区学生数量的大幅下降。教育规划者预测，到2010年6～16岁的学生可能下降到130万，与1989年这个年龄段的学生数——近210万——相比，数量将减少近三分之一。根据原先规划的能容纳较大数量的学校类型结构，这一进程限制了学校进一步发展的可能性，由此而来的问题是，由于新区人口稀少就很难保证每一个地区附近有足够的学校。在偏远乡村，这些限制教育影响的因素最终导致了学校的整合而不是对学校进行类型区分。然而，在城市，同旧区的发展相似，它带来的是中等证书学校（实科中学、中等学校等）与完全中学之间竞争的加剧。在个别完全中学学术声望不断提高的情境下，这种情况为“中等”学校增加了负担。在这一背景下，政策上和教育科学上的教育规划将可能在解决城乡地区新的学校分化或对义务教育与职业教育之间的片面分界问题中发挥作用。

在新地区，除特殊地理位置和人口统计条件之外，伴随着德国教育系统的扩展也出现了其他问题，对此尚没有找到令人满意的政治的或科学的解决方案。一方面，以学科领域划分的完全中学毕业考试和大学文凭在获得较好的职业方面已经贬值；另一方面，普通中学随着其数量和规模的减少而逐渐成问题。而且，随着通过完全中学毕业考试的学生数量和拥有大学学位人数的增多以及不断减少的就业机会，学校系统与职业系统之间传统的较为紧密的关系变得明显松散起来。尽管如此，自 20 世纪初完全中学中有限的高级教育内容及其被描述为反思文化的特殊教学模式已经冲破了这些限制，并通过科学取向教学的广泛稳定性而进入了更广泛的社会群体，这一切都是不可忽略的。同时，教育研究也通过高级教育的扩展来讨论人们的认识变化问题。

学校结构与社会结构的关系已经发生深刻的变化。有鉴于高级教育扩展开始取得多方面的效果（即社会各阶层更广泛地参与高级教育），与家长的职业地位和社会地位相比，他们所受的教育对于孩子的学校选择越来越重要。

德国学制图

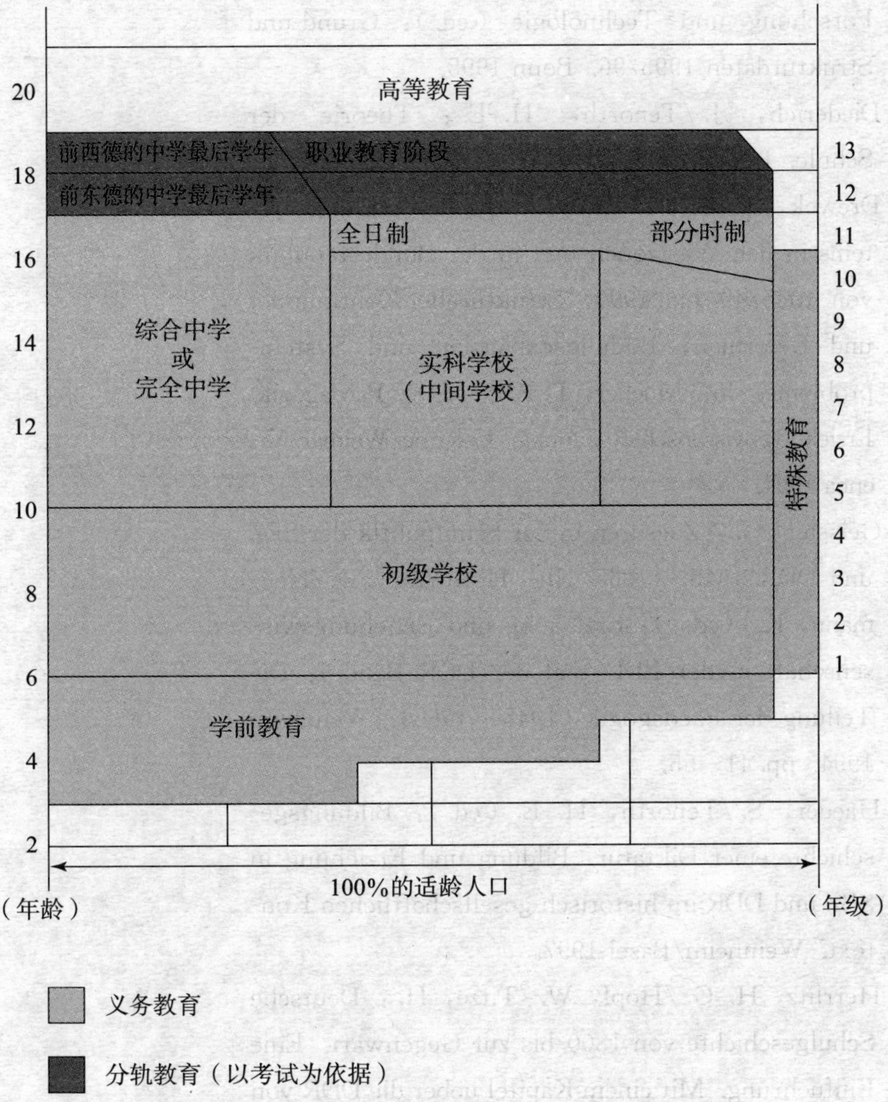

20
18
16
14
12
10
8
6
4
2
高等教育
前西德的中学最后学年
职业教育阶段
前东德的中学最后学年
全日制
部分时制
综合中学
或
完全中学
实科学校
（中间学校）
特殊教育
初级学校
学前教育
13
12
11
10
9
8
7
6
5
4
3
2
1
100%的适龄人口
（年龄）
（年级）
义务教育
分轨教育（以考试为依据）

主要参考文献

1. Bundesministerium fuer Bildung, Wissenschaft, Forschung und Technologie (ed.): Grund-und Strukturdaten 1995/96. Bonn 1995.
2. Diederich, J./Tenorth, H.-E.: Theorie der Schule. Berlin 1997.
3. Drewek, Peter: Die Entwicklung des Bildungssystems in den Westzonen und in der Bundesrepublik von 1945/49 bis 1990: Strukturelle Kontinuitaet und Reformen, Bildungsexpansion und Systemprobleme. In: Mueller, D.K. (ed.): Paedagogik-Erziehungswissenschaft-Bildung. Cologne/Weimar/Vienna 1994.
4. Geissler, G.: Zaesuren in der Schulpolitik der SBZ und DDR 1945—1965. In: Hoffmann, D./Neumann, K. (eds.): Erziehung und Erziehungswissenschaft in der BRD und der DDR. Band I: Die Teilung der Paedagogik (1945—1965). Weinheim 1994. pp. 41—55.
5. Haeder, S./Tenorth, H.-E. (ed.): Bildungsgeschichte einer Diktatur. Bildung und Erziehung in SBZ und DDR im historisch-gesellschaftlichen Kontext. Weinheim/Basel 1997.
6. Herrlitz, H.-G./Hopf, W./Titze, H.: Deutsche Schulgeschichte von 1800 bis zur Gegenwart. Eine Einfuehrung. Mit einem Kapitel ueber die DDR von Ernst Cloer. Weinheim/Munich 1993.
7. Humboldt, W.v.: Werke. 5 vol.. (Ed. A. Flitner/K. Giel) Darmstadt 1964—1969.

8. Jeismann, K.-E.: Das preussische Gymnasium in Staat und Gesellschaft. Vol 1: Die Entstehung des Gymnasiums als Schule des Staates und der Gebildeten 1787—1817. Stuttgart (completely edited edition) 1996. Vol. 2: Hoehere Bildung zwischen Reform und Reaktion 1817—1859. Stuttgart 1996.
9. Leschinsky, A./Roeder, P. M.: Schule im historischen Prozess. Stuttgart 1976.
10. Michael, B./Schepp, H.-H. (eds.): Dis Schule in Staat und Gesellschaft. Dokumente zur deutschen Schulgeschichte im 19. und 20. Jahrhundert. Goettingen/Zuerich 1993.
11. Mueller, D. K./Ringer, F./Simon, B. (eds.): The Rise of the Modern Educational System. Structural Change and Social Reproduction 1870—1920. London/New York and Paris 1987.
12. Scholtz, H.: Erziehung und Unterricht unterm Hakenkreuz. Goettingen 1985.
13. Tenorth, H.-E.: Ambivalenz der Erneuerung. Innovationen in der deutschen Bildungsgeschichte. In Boettcher, W./Lechner, E./Schoeler, W. (eds.): Innovationen in der Bildungsgeschichte europaeischer Laender. Frankfurt/M. 1992, pp. 465—478.
14. Titze, H. (with assistance from H.-G. Herrlitz, V. Mueller-Benedict and A. Nath): Das Hochschulstudium in Preussen und Deutschland 1820—1944 (Datenhandbuch zur deutschen Bildungsgeschichte. Vol. I: Hochschulen, 1. Teil). Goettingen 1987.

德国洪堡大学教授、博士

海茵茨—埃尔马·特诺思(Heinz-Elmar Tenorth)

彼得·德鲁克(Peter Drewek)

第八章　希腊

本章研究希腊教育从古代到现代的几个主要时期：（1）从史前和古代（公元前 2100～公元前 500 年）到古典时代（公元前 5～前 4 世纪）和希腊化时代（公元前 323～公元前 1 世纪）；（2）从拜占庭时代（330～1204 年）到新希腊主义的启蒙（18～19 世纪）；（3）希腊国家建立以来（1830 年之后）。

一、从史前和古代到古典时代和希腊化时代

（一）史前和古代的教育（公元前 2100～公元前 500 年）：米诺斯、迈锡尼和多里安的克里特范例

在公元前两个千年期间，克里特岛（Crete）发展了欧洲最早的文明，文明的发展经历了三个阶段：（1）米诺斯文化（公元前 2100～公元前 1400 年）（2）迈锡尼文化（公元前 1400～公元前

1100年），①米诺斯文化与迈锡尼文化结合成作为一个整体的希腊文明，在第二个千年末就消失了；（3）多里安时期②（公元前1100～公元前500年）。必须指出，涉及米诺斯时代的克里特的教育的考古资料和以及文字记载极少。但是可以假定，那个时代的儿童和青年接受了某种类型的宗教性质的和实践性质的教育或教学，一般可以把这种教育看做进入社会经济、政治和宗教环境的一种程序。米诺斯时代的克里特岛上的学前教育是由家庭提供的。家庭对儿童的社会化看来起着重要作用。出生、发育、结婚、分居和死亡，被看成是儿童生活中非常重要的事件，而且对其性格的形成来说是极其重要的事件。根据艺术作品尤其是绘画作品得知的妇女的地位、女神在宗教和家务中的突出地位、妇女在经济甚至在古代克里特的母系社会的传统和习俗中的作用，所有这一切都表明，对自己的子女在家庭环境中所进行道德和社会教育，母亲承担的责任比父亲多得多。

文字的发展造成了正式学校教育的兴起，因为抽象的字母符号是不可能偶然学会的。米诺斯时代的教育基本上是书吏的教育。对男女孩子的教育和教学既有正式的，也有非正式的。米诺斯时代的正式教育是由专职的书吏教师在专门的学校中教授阅读、书写和计算。这种专门的学校就是“教授语言和书写艺术的机构”。整个克里特岛上的所有的书吏，采用同样的技术制造和刻写他们的泥板，根据这一事实可以推断，他们的文字具有同样的句法，他们依照同样的次序登记农业产品；还可以推断出他们发展了共同的官方语言和共同的词汇。

米诺斯时代的文字是象形文字或图画文字（公元前2000～公元前1650年）、线形文字甲（公元前17世纪中期～公元前1450年）

---

① 米诺斯文化，克里特青铜时代文化，可分为早、中、晚三个时期。米诺斯文化因米诺斯而得名。米诺斯是希腊神话中某一统治者的朝代名称或他的名字。迈锡尼文化，又称海拉德晚期时代文化。整个希腊大陆及克里特以外希腊各岛的青铜晚期时代（爱琴）文化。迈锡尼文化因伯罗奔尼撒古代堡垒城市迈锡尼而得名。——译者注

② 多里安人，古希腊的民族，青铜时代末期来到爱琴海南部地区。——译者注

和迈锡尼时代的线形文字乙（公元前1450年），①但是我们尚不确切地知道儿童什么时候进入学校学习这些文字；我们推测，儿童在童年时代进的是“教授语言和书写艺术的机构”。最古代的文字的初学者，必须在这样的机构中学习如何识别和描画这些象形符号以及它们的意义和象征意义。基础教育的内容不仅有阅读和书写，还有算术。除了象形文字外，公元前17世纪中期至公元前1450年左右，初学者还必须学习和实践来源于图画文字的另一种文字，以适应当时在整个克里特流行的语言的新的需要。线形文字甲是建立在表意文字基础上的音节系统。这是一种在字母出现之前的一种手写文字，学习者必须使用用线条构成的符号。书吏要会写两种文字，图画文字几乎只用来写宗教文本，线形文字甲用来写宗教文本和商务文件，或者用来计算宫廷中经济事务。米诺斯时代的文本主要限于实用短文，极少包含献词或其他什么东西。没有发现记录有关法律、条约、冗长的宗教文本的碑文，也没有发现歌颂国王、战争、探险和其他诸如此类的东西的碑文。因此，文字资料必然是极为有限的。

米诺斯时代以各种形式的仪式完成正式教育，这种仪式在许多史前社会中称作“成丁礼”，这是少年在完成了自己的正式教育之后所进行的一种考试。这种仪式在克里特岛周围的大大小小的形状各异的神圣的洞穴中举行，通过了这种仪式就意味着批准少年从未成年人变为成年人。远离公社和家庭在边远地区所经历的艰苦生活的实践，对年轻人的社会和政治启蒙教育是极端重要的。技术和职业训练几乎是米诺斯社会底层的人的专利，这种训练完全取决于家庭所从事的工作和行业基尔特（一种行业的帮会）。在克里特岛建立的许许多多基尔特，是粗放的行业专业化和有经验的师傅所进行的劳动训练的结果。为了进入到成人阶层中而在神圣的洞穴中熔炼铁和其他金属，做火、土和水的实验，还有假面具和新入教者的“转化”，这些都是年轻人的技术、职业训练形式的组成部分。

---

① 线形文字甲，指还未解读出来的克里特文字。线形文字乙，指书写希腊语的音节文字，约有90个音节符号。有学者认为，线形文字乙是由线形文字甲发展而来的。另有学者认为，这两种文字系平行发展而来。——译者注

除了正式和非正式教育外，在克里特岛上具有极其重要意义的还有许多社会和宗教活动，例如，宗教庆典、宗教舞蹈、宴会、体育运动和戏剧。这些活动使人民有机会聚集在一起进行讨论，在音乐的伴奏下进行娱乐，从而陶冶自己的性格。

米诺斯时代的后期（公元前1400～公元前1100年），正如前面已经指出的，已经与伯罗奔尼撒的迈锡尼文化紧密地联系在一起，把自己的许多文化和教育遗产传给了迈锡尼文化。必须指出，迈锡尼社会不是一个没有文化的社会；它的教育可以与米诺斯社会的教育相媲美。在迈锡尼社会中，学前教育也是由家庭提供的。孩子长大后要接受一种由国家政权控制的正式教育。这种类型的教育内容包括了有关第三种类型的文字——线形文字乙的知识，这种文字是在公元前15世纪中期出现在克里特岛上的，并在伯罗奔尼撒（Pelopponese）的迈锡尼中心被发现。与线形文字甲一样，线形文字乙也是在字母出现之前的一种手写文字。迈锡尼人在“教授语言和书写艺术的机构”学习部分地用音节系统的词，部分地用表意文字建构自己的文字，表意部分用来表示日用品、数量和价值。迈锡尼时代的非正式教育也是非常重要的，是由当时在岛上出现的许许多多社会和宗教活动提供的。

在迈锡尼文化之后是一个衰落期和后来的黑暗时期，催生了多里安人时期和铁器时代的到来。多里安人征服了迈锡尼人的城邦，在公元前12世纪末（公元前1100～公元前500年）建立了他们自己的政权。多里安人掀起了说另外一种方言的希腊人的新的浪潮。多里安人的城邦是一种自治的政治体制，各个城邦都有自己的语言、传统、法律、宗教、历法、货币和炼铁技术。希腊的多里安的贵族社会，是等级制度的一部分。多里安人的各个部落的习俗和惯例在希腊社会生活中起了重要作用。克里特岛上的多里安人的社会，组织成互相关联的统一体：家族、氏族、部落和公民团体，看上去是在公社共同生活的框架内由共同的资金所维持的。

学前教育由多里安人的家长制的家庭实施。在孩子成为“民众”（herds）之前，家庭对儿童的养育以及社会和道德教育起着非常重要的作用。在孩子成为“民众”以前是青年教育时期，公社的所有男人混杂在一起受教育。在这些人中间，青年人单独结合成组，接受一位导师的指导。许多资料提供了关于多里安人的克里特岛上自由民的正式教育的情况。儿童受了家庭训练之后必须加入一个称做“民众”的训练团中。这种训练团是按年龄组织的。他们得到国家政权的支持，是由杰出的贵族家庭中的男性儿童组织起来的。训练团的统治者是成为组织者的男孩的父亲，他有权惩罚任何一个不顺从的年轻人。男孩在 17 岁还不到 18 岁时要进入“民众”团。“民众”团内提供的教育，除了教授阅读和书写外还包括法律、体育和音乐教育、狩猎、身体练习、徒手格斗以及军事训练。克里特岛上的多里安人的字母表是由 21 个字母组成的，学习这样的字母表是多里安青年的正式教育的一个组成部分。但是青年人的学习以战争的价值至上，教育是为战争作准备。他们通常通过“诱拐”（abduction）来熟悉武器和战争：被长老挑选出来的 14～16 岁的男孩，在离开城市的地方隔离生活两个月，进行举办庆典、狩猎和宗教献祭的训练。掌握宗教仪式是非常重要的事情，因为这是与从未成年过渡到成年、从青年过渡到成年男子的关键时期有关。

根据史料，财产和土地依然基本上掌握在妇女的手中，斯巴达采用了多里安人的克里特岛的教育制度，可以推测，女孩也必须被组织进“民众”团中并接受与男孩相似的教育。

多里安人的克里特岛上的技术和职业教育是以下层公民和农奴为基本对象，下层公民是自由民和外侨。炼铁技术的发展使劳动有了分工，劳动力分别进入农业、手工业和商业。自由民和侨民的家庭负责把手艺传授给自己的 15 岁以下的孩子，当时认为，年满 15 岁的孩子已为自己开始职业生涯做好了准备。

总之，在漫长的米诺斯、迈锡尼和多里安的克里特时期，为创造、支撑和传播文化而发展了教育活动。史前的和古典时代的希腊，要解决生存问题，他们的生存环境迫使他们与自然因素和敌人作斗争。为了把自己的环境改造成为适宜生存的环境，他们发展了一种过程，这种过程在不知不觉之中变成了教育和文化模式。最早的教育模式中包含：家庭教育，掌握阅读和书写所需的语言知识，根据各人所属的社会阶层安排教育，通过参与公社的活动来传播文化，在青春期结束时的宗教仪式。通过比学校教育更多的非正式教育，家长、亲戚、僧人、兄长等诸如此类的成人以及各种各样的社会和职业团体，都承担着对男女孩子们进行专门教学的任务，并让孩子们明白自己作为公社将来的成员应起的作用。

（二）荷马时代的教育（公元前 8～前 7 世纪）

希腊教育史上的一个重要时期是荷马时代或英雄时代的教育，关于这一时期的口头传说广泛流传并起着极其重要的作用。对这一时期教育的研究主要根据以下资料：来自荷马时期文本中的证据；来自对那个时代的考古资料中的证据。

在当时的那种社会结构中，教育完完全全地取决于社会阶级。没有家庭，不属于任何氏族的人，在国家中就没有地位，也就无权受到教育。《荷马史诗》表达了确定自我、主要价值和理想的方法，起着贵族教育的原则和模式的作用。在荷马时代，教育价值和理想主要是由家庭决定的。学前教育由家长和亲戚实施，他们负责养育自己的处于童年早期的孩子并从事对他们的道德教育，儿童的正式教育托付给一些有名望的、有经验的长老，他们是儿童的教育者，上层阶级的父亲们挑选他们来教育自己的男孩，为他们进入社会和参与军事生活进行启蒙教育。王室的家庭教师负责照料年幼的王子和出生高贵的男孩。但他们远远不止是男性看护人。他们终身对贵族进行教学，教给贵族各种各样实践性质的知识，使他们成为善言巧辩的人，成为实干家。他们采用的基本教学方法是引用神话故事中的例子，以激发年轻一代的竞争本能。荷马时代的教育准则是：竞争是第一位的。从《荷马史诗》可以看到，教育者努力灌输给儿童的基本的教育价值就是：尊敬、敬畏、诚实、德行。

必须记住，雄辩术在当时的王公贵族的教育中处于重要地位；语言教学包括进荷马时代教育的教学设计中，其方法是讲述取材于公社光辉的过去的很长的故事和记叙文。当然，荷马时代也教书写，但其意义没那么重要，因为社会主要基于口头传说。贵族更喜欢打仗而不是写东西，喜欢标枪而不是墨水和黏土。尽管如此，他们还是要学习阅读和书写的。

国家官员用行政管理的语言撰写文件，这种语言与口头语言是不一样的，而且书面语言几乎是标准化了的，这一事实增强了学校的存在这种假设。在公元前7世纪，希腊人雇用男人把他们的名字刻在瑙克拉斯（Naucrates）城邦的纪念碑上，瑙克拉斯是上埃及的爱奥尼亚·米利托斯（Ionian Miletus）的殖民地，在桑托林（Santorini）岛上大多数青年人都会写，我们从市场的墙上很容易发现这一点，他们在闲暇时间在墙上刻下了自己的名字和一些妙语。

荷马时代的人生活在一个元老制的军事政体之下，提供的是军事训练而不是智力工作。狩猎是一门最不可或缺的学科，因为狩猎是培养谨慎、巧思的最生动的手段，也是培养年轻人制定捕获对手的战略的能力的生动手段。骑马、投掷标枪、射箭和竞技运动也是其军事训练的一部分。七弦竖琴、长笛、三角竖琴演奏的音乐以及舞蹈，也是他们的基础教育。

推测在希腊和小亚细亚的爱奥尼亚（Ionia），有培养诗人和吟游诗人的学校，那里有一位有名的医生，他教授医术和草药。培养诗人和吟游诗人的学校提供音乐训练，要求掌握乐器以便在朗诵诗歌时伴奏。包括草药在内的各种医术的实用知识（《荷马史诗》指的是个人必须知道的整个药典）和用来治疗受伤的人的方法，是培养勇敢的战士所不可缺少的。

在荷马时代，技术教育和职业教育通常是底层阶级的事情，而且是私人的事务。家庭并不总是能自给自足的，所以在一些大的中心有一些为公众服务的手艺人。他们几乎都是通过子承父业的方式获得这种职业的，因为从一代到下一代没有其他的谋生手段，非常初级的劳动分工，几乎没有留下什么可供选择的空间。

《伊里亚特》和《奥德赛》①中描绘的庆典、宴会、许多竞技的

---

①《伊里亚特》和《奥德赛》，相传是古希腊诗人荷马所著《荷马史诗》中的两个部分。希腊人把它们看做希腊的统一和英雄主义的象征，用来进行道德教育。——译者注

和修辞的比赛、音乐活动、朗诵、骑马和战车比赛，是荷马时代贵族非正式教育的基本内容。非正式教育就其内容和性质而言是社会的和政治的，其内容包括参加宴会、祭奠之后的节日、奠酒、歌咏、舞蹈、游戏，通过非正式教育贵族得到了向自己的伙伴展示自己的智力和身体训练的机会。

至于荷马时代的女子教育，没有必要去进行推测，它取决于荷马时代国家的习俗。妇女没有法律上的或经济上的权利。大多数女孩子在家里受教育，或由其丈夫教她们。

（三）古典（公元前 5～前 4 世纪）和希腊化时代（公元前 323 年～公元前 1 世纪）的教育：斯巴达和雅典的教育

在荷马时代之后古希腊城邦发展了另一种教育制度。古代斯巴达的城市位于伯罗奔尼撒半岛的拉哥尼亚平原（Laconia）。公元前第一个千年末，多里安人的入侵，正如前面已经提到的，与伯罗奔尼撒尤其与斯巴达的历史有密切的联系。迈锡尼文化在衰落后由于多里安人的定居而得到了保持。斯巴达建立在多里安的部落的基础上，这种部落对于教育和信仰具有重要意义。在公元前 7 世纪中期和末期，一位名叫利库尔戈斯①的立法者在斯巴达开创了一种新的政治制度，进行了范围广泛的政治改革，建立了新的教育秩序，这种教育秩序最终以修改过的形式贯彻执行了几个世纪，直至公元 3～4 世纪。

根据利库尔戈斯的改革，所有的公民都要面对相同的教育制度，而大量的非公民被剥夺了受教育的权利，在希腊化时代（不早于公元前 3 世纪）和罗马占上风时期（公元前 2 世纪以后）这些人被称作 agoge。我们提到过一些极少的例外："养子"，有时是地位低下的公民的孩子，即"希洛人"或称做 mothakes 的外地人，在受过教育之后可以恢复其原来的地位。

斯巴达生活方式和教育制度的主要目标是培养勇敢精神和对国家的忠诚。斯巴达摒弃了早期荷马时代关于成功贵族的理想，使个

① 利库尔戈斯（Lycurgus），传说中古代斯巴达的立法者。许多历史学家认为，他曾创建高度军事化的公社制度，使斯巴达与希腊其他各城邦完全不同。——译者注

人能够为了城邦的利益而取得成功。公社具有极端重要的意义。斯巴达正式公民的孩子从一生下来就被当做国家的财产，按不同年龄分等。当每个部落的长老决定了新生儿适合于抚养长大后，就把新生儿放到酒中洗浴，以检测其在启蒙仪式中的健康状况，然后他们才得到了在父母家中长大的权利，才把他们看作是公社未来的成员。体检没通过的儿童被抛弃野外致死。7 岁前的学前教育由家庭尤其由母亲实施。幼年阶段的儿童在学前儿童班中。正式教育从 7 岁开始到 30 岁结束，是强制性的，分成四个阶段：（1）7 岁到 14 岁或 15 岁的儿童教育；（2）14 岁或 15 岁到 20 岁的少年教育；（3）20 岁到 24 岁的青年男子教育；（4）24 岁到 30 岁的教育。当斯巴达人进入第三年龄组阶段并年龄在 20 岁时，他们必须到军队里去服务 40 年，一直到 60 岁，在这之后他们就有资格担任议事会的长老。30 岁时他们具有了正式公民的资格，就可以在集会中就座，与自己的妻子和家人生活在一起。关于 7 岁到 14 岁或 15 岁儿童的教育，把儿童班，即把斯巴达人的儿子们组织进四个孩子小队中。一个小队代表古代斯巴达城市的四个公社中的一个，每个小队可能还要再细分，使他们完全组织起来接受训练。四个小队中的每个小队都由一名最精明的男孩领导。孩子们整日都在小队中，在他们的教官的监督下生活，开始体验斯巴达的生活方式。纪律是逐渐强加给他们的。课程包括音乐、舞蹈和竞技运动。健康问题自然是教育中最重要的问题。结束了第一阶段后儿童进入少年阶段的教育。从 14 岁或 15 岁开始孩子就离开自己的家，他们只能与自己的孩子小队中的成员生活在一起。在这一阶段，孩子们把自己的头发剪短，整个一年只允许他们穿一套衣服；而且无论是夏天还是冬天，他们都必须睡在露天下，用他们自己从河床边割来的草做成床。他们的活动所具有的军事性一天比一天多。根据生活在 1 世纪的普卢塔克①的著作，他们的教育的主要目的是培养顺从的品德，培养身体和精神方面的勇敢精神。国家负责少年和第一阶段儿童教育的人是一位行政管理人

① 普卢塔克（Plutarch，约 46—119 年），对 16～19 世纪初的欧洲影响最大的古典作家之一。——译者注

员。他必须是30岁以上的斯巴达人。其他希腊城邦没有像他这样的行政管理人员，这说明了斯巴达人非常严肃地对待自己孩子的教育，把它作为公社的事务。少年也分成有着专有名称的小队，可能也处于其他年轻人的领导之下。这一阶段的活动与儿童班的活动没有多大的区别。这一阶段的课程包括不同的学科：识字，参加公社的餐饮、音乐和竞技比赛，偷窃，跳舞，打仗和游戏。关于识字，我们还很不清楚。但是从考古资料和文字记载得知，大多数“同等地位的公民”都必须能够阅读和书写多里安字母表，因为要通过代码作为中介来传送国家的文件、军队的急件和外交指令，这就必须提出识字要求。在这种情况下可以把天下闻名的“拉科尼亚讲话”评价为对希腊传统的“词藻癖”的摒弃，表达了一种只要求值得说和写的深刻的哲学思想。事实上，清晰的、不复杂的字母表，是所有普通的斯巴达公民都有可能获得读和写的初步知识。在第一次美塞尼亚湾（Messenian）战争期间，斯巴达士兵把自己的姓名写在木板上，随后把木板绑在自己的手臂上。当然，斯巴达识字的人还是不多的，有高深学问的人都是国家上层阶级中的精英。少年参加公社的会餐时，他们可以在自己的成年伙伴的陪同下进入公共餐厅。作为指导者和教师的成年人，向男孩子们介绍斯巴达贵族社会市民的行为准则。至于音乐和竞技比赛，儿童和少年都要参加公开的音乐和竞技比赛，这种比赛起着国家考试的作用，由不同的小队完成。儿童的课程中很早就有了音乐，教儿童演奏四种或三种多里安的弦乐器。这一阶段结束时少年要参加偷窃干酪的仪式和在阿尔忒弥斯①祭坛前接受鞭打，在斯巴达教育中阿尔忒弥斯是年轻人的女神。年轻人在祭坛前接受鞭打的仪式是对少年的最终考验。儿童的偷窃仪式是为了补充他们简陋的饮食，迫使他们学会彼此合作并培养他们作为斗士所不可或缺的生存能力。至于舞蹈，孩子们学跳古希腊的战舞，这种舞蹈反映进攻和防卫双方的情形，舞者手持标枪，做射箭的动作。训练中包括了角斗舞、进行曲、宗教舞蹈。关于打仗

① 阿尔忒弥斯，希腊宗教中野生动物、狩猎、植物、贞节和生育女神。——译者注

和游戏，古代作家告诉我们，在第二和第三教育阶段每年都要举行比赛，让孩子掌握格斗技巧。打仗是一种形式的庆典，也是每年都要举行的游戏，参加游戏的人没有固定不变的规则。

关于20～24岁青年男子的教育，上面提到的许多学科都包含在他们的课程中。根据资料我们还能有把握地说，他们还要学习司法。在阿尔忒弥斯祭坛前接受鞭打的仪式，是从第二阶段向第三阶段的过渡，是一种进入青年班的通行证。在这一阶段他们可以参加会餐，但要交给厨房与自己在会餐中所吃掉的食品数量相同的生的食品，喝黑色肉汤；手里要拿着酒杯，这是他们的教育证书，也是他们的整合和成熟的证明。在这一阶段他们还必须不带武器在山上生活一年，隐蔽起来不被人抓到，对希洛人采取恐怖手段，杀死可能惹事的人。这是一个入门的过程，也是证明他们的能力的手段。这时不是教育行政管理人员，而是掌政官①要对他们的行为负责。

这一阶段结束，斯巴达人就从青年班毕业，成为第一线的士兵。这个班级称为“球队”（ball team），构成了第四阶段（24～30岁）的教育。在这一阶段，斯巴达人除了军事任务外要参加每年都要组织的紧张的球赛。打仗和球赛是在五位掌政官监视下进行的。在这一阶段结束和成为正式公民之前，他们还可以作为少年的伙伴。

非正式教育贯穿斯巴达人的一生，看来对斯巴达人的形成起了重要的作用。斯巴达人甚至从其婴儿时代起就一起参加市民的庆祝活动。年轻人和成年人不仅在宗教庆典中，而且在日常生活的每时每刻，都要表现出他们的集体的认同感。在“裸体游戏”节上，舞蹈和体操是基本项目，所有的斯巴达人都要参加。节日是一件重大事情，要延续好几天。这是城邦的社会和智力生活的中心。在希腊化和罗马时代，在广场的一个专门区域庆祝节日，这个地方叫做跳舞的地方，即剧院。各种各样的游戏和竞技运动、音乐和诗歌比赛，其基本动机是为了放松和形成斯巴达人的特性。最后是会餐，除了接纳年轻人进入斯巴达人的生活方式之外，会餐同时还是一种对斯

① 掌政官，斯巴达最高级政务官的头衔，共有五人，和国王一起构成国家主要行政领导机构。——译者注

巴达人进行非正式的、持久的教育的手段。最后，古代文献和考古资料告诉我们，斯巴达正式公民的女儿们所受训练的方式，与斯巴达男孩相同。女孩子也应该是强壮的、健康的。在家中不对女孩进行正式教育，不教给她们纺线、编织等通常由妇女从事的工作。

总之，我们可以说，必须用从不成熟过渡到成熟、从童年过渡到成年的观点去认识和理解斯巴达人的整个生活方式和整个教育结构。

至于雅典人的教育生活，我们得到的来自古代文献和考古资料的信息稍微多一些。古雅典城邦位于阿提卡（Attica），这是希腊城邦中最有代表性的一个城邦。它的公元前5～公元前4世纪的历史，始于公元前500（499）至公元前478（477）年波斯战争的结束，以及希腊各城邦之间战争的暂时平息。公元前463～公元前431年是佩里克利（Periclean）的和平的、强盛的“黄金”时期，然后是公元前431～公元前404年伯罗奔尼撒战争①和雅典的崩溃。

古典时代的雅典教育与斯巴达的教育制度有点相似。一般说来教育是富裕的公民的私人事务，因为贫穷的学习者只不过是陪衬而已。同时也有一些例外，例如侨民、妇女和奴隶，很少有机会进学校。因此，三分之二以上的人口被排除在正式教育之外。6岁前的学前教育在家庭中实施。

当富裕公民的男孩开始自己的学校教育时，他一直处于“教仆”②的道德监护之下。教仆陪同男孩去学校，替他拿着学习用具，与他一起留在学校中。他整天监护着这个男孩，如有必要，还可以惩罚他。古典时代的雅典贵族的教育由两部分组成：音乐学校提供的心智和性格的培养，体操学校提供的身体训练。

正式教育分为三个层次：（1）6～14岁为初级；（2）14～18岁为第二级；（3）18～20岁为第三级。公元前5世纪，在初级层次上有三种类型的教师，相应地有三种类型的学校，学生整天都要上学。初等学校教师是主要的教师，他们是音乐教师和体育训练指导员。

① 伯罗奔尼撒战争，是斯巴达与雅典之间的战争，也是古代希腊史上的一次大战。——译者注

② 教仆，大多是有一定知识的奴隶。——译者注

根据亚里士多德①的说法，公元前4世纪初级层次的课程中新设了绘画学科。所以，几乎所有的人，无论是穷人还是富人，都要学习阅读、书写和算术，而音乐教育、绘画，一定程度上还有体育，作为额外的课程，只有上层阶级的儿童才能学习。我们有一些关于早期的希腊读写学校的资料，这是公元前500（480）年时的学校。阿里斯托芬②是这样描绘的：公元前500年，一群10岁左右的孩子，不论晴天还是雨天，都成群结队地聚集在学校里。在公元前496年的希俄斯（Chios），学校的天花板掉了下来，120个孩子中只有一个获救。画家多里斯③于公元前480年画在杯子上的画，反映了一所读写和音乐学校。在读写学校中儿童学习阅读、书写和计算。最初，从公元前8世纪末至公元前5世纪末，初等学校教师教他们的学生阿提卡字母表，而公元前403年以后，国家规定初等学校教师必须教通用的米利托斯（Miletus）的爱奥尼亚字母表。这一时期教师同时教这两种字母表，这种状况让教师和学生都感到很为难。教师采用的方法分为以下几个步骤：学生先学字母名称，然后学习字母的形状并搞明白这些字母可当什么用，最后读和写字母的音节并大声朗读。但教师强调的是道德训练，十分强调诗歌和音乐对性格陶冶的影响。算术教的是十进制。

七弦竖琴和长笛长期以来是音乐学校中的主要乐器，在音乐学校中用乐器伴奏吟唱抒情诗。音乐教育和体育是贵族身份的必不可少的附属品。进行体育训练的学校称做体操学校，校舍差一点的称做角力学校。体操学校的校舍很大且很奢华，雅典在公元前4世纪有三所体操学校。去体操学校的不仅仅是学生，所有年龄的公民都去那里，他们在那里锻炼身体或者观看学生的训练。更有甚者，体操学校成为了社会生活和智力生活的中心，尤其在希腊化时代成为

① 亚里士多德（Aristotle，公元前384—公元前322），希腊哲学家、逻辑学家和科学家，西方思想史中实在论哲学学派的最杰出的代表。——译者注

② 阿里斯托芬（Aristophanes，公元前450—公元前385），古希腊最著名的喜剧作家。——译者注

③ 多里斯（Douris），古希腊陶瓶画家，以精湛的绘画技巧和描绘清晰爽朗的线条闻名。——译者注

联系智育和体育的纽带。

14～18岁的中等水平的教育由学者提供。公元前5世纪的下半叶开始系统地学习修辞学和政治科学。因此，智者（Sophist）变成了新的智力运动，他们表现出了对科学和批评的真正的关心。这些巡回教师不建立作为一种机构的学校，他们讲课要收取报酬，拥有成为成功的政治家必须具有的智慧和修辞才能。但是这种类型的教育从来没有成为正式的教育，也没有真正取代传统的教育，因为这种教育的水平很高。实际上，新的高等教育的课程是高度变化的，根据各个智者的不同兴趣而变化。课程包括：修辞学、雄辩术、政治科学、逻辑学、实用哲学、伦理学、文法、数学、艺术、音乐和体育。有人可能强调，智者的教学产生了广泛的影响，但对于普通老百姓来说，这种教育是阳春白雪，并非适用于所有的人。

但智者的工作对两种学校——哲学学校和修辞学校的形成产生了影响。柏拉图、亚里士多德和其他哲学家，把学生集合在自己的周围，很快就组织成了学校。柏拉图于公元前387年建立了他的高等学校，叫做学园，他把苏格拉底的许多思想予以系统化。①对柏拉图和他的学生来说，教育既能帮助国家，也能帮助个人。学习就是发现并收集完美形式的潜在的知识；一个人的本性中既有对智慧的热爱、高尚的精神，又有很强的能力以及高度的警觉性，这个人就是一个杰出的人，是城邦的真正的保卫者。

其他高等教育的哲学学校有亚里士多德于公元前335年建立的吕克昂（Lyceum）。亚里士多德教导他的学生，教育的目的是要使人性趋于完美，这是一个终生的过程。个人只有在社会中才能得到自我实现，人就其本性而言是“政治动物”。教育应随着制度而变化。亚里士多德提供给他的学生们的唯一的教育方案是旨在建设一个“好的国家”。对亚里士多德和他的学生来说，真正有教养的人，就是一个从青年时代以来就一直为了他自己而热爱美德的人，而且他热爱的美德不是只有一种，而是所有的美德。在他的高等学校和

① 苏格拉底（Socrates，公元前469—公元前399）、柏拉图（Plato，公元前428—公元前347）和亚里士多德并称古希腊三大哲人，共同奠定了西方文化的哲学基础。——译者注

他的著作中，他发展了一种教育观，他认为，一个具有全部美德的人能够把所有的优点结合在一起，这种观点是与他的教育观相一致的。

修辞学校通过练习口才和新的知识来为实际行动作准备。修辞学校的领头人是伊索克拉底①，他像苏格拉底那样，从早期的智者转向哲学学校，这种学校主要关心的是在形而上学或伦理方面具有重要意义的理论问题。伊索克拉底的学校是收费的，其课程持续三至四年。

雅典的第三级教育是青年军事训练团。这类教育由国家实施，是强制性的，与斯巴达和克里特的多里安人的公社制有相似之处。雅典 18～20 岁的青年人要在国家的军队中度过自己的学徒期。在古典时代，青年公民制度是一种军事训练组织形式。在青年军事训练团中青年人开始承担公民的义务和职责。根据他们的姓名和部落把他们登记注册。他们一旦宣誓效忠，就被看作是合法的"青年"。从雅典的 10 个部落中选出 3 名年龄在 40 岁以上的男人，负责监督每个部落中的青年人。他们负责青年的道德和纪律教育，而青年的军事训练是军官的职责。第一年是准备性训练，青年人在体操学校接受普通的体育训练并学习如何使用弓箭、标枪和其他武器。然后训练他们骑马、划船，进行各种各样的军事演习。第二年是在与士兵一起巡逻和警卫中以及在阿提卡的各个要塞中度过的；同时他们还要继续自己的军事实践。各个部落的青年人在一起吃饭，穿特殊的衣服。古典时代雅典的技术和职业教育，是地位低下的阶层的事情，即是混血人和奴隶的事情。

雅典人的非正式教育是由他们的社会生活和娱乐活动提供的。当他们不必尽政治义务时，他们就在市场、体育馆、角力学校、宴会、剧院和庆典中消磨大量时间。

雅典妇女的教育决定于国家的习俗；雅典妇女没有法律和经济

---

① 伊索克拉底（Isocrates，公元前 436—前 338 年），雅典著名的雄辩家和教育家。他的学校采取与柏拉图的学园不同的教育方针。关于伊索克拉底的出生年，本书作者认为是公元前 393 年。——译者注

权利，不能受到正式教育。在希腊化时代正式教育取得了一定的进步。某些城邦认识到，教育应像柏拉图所强调的那样是国家的事情。为了实现这一思想，他们还经常依赖国王和有钱人的捐赠。在许多先进的城邦中，初等学校建设得很好并把他们托付给男女孩子们的管理人。在爱奥尼亚、特奥斯（Teos）和希俄斯，像斯巴达一样，女孩与男孩一起受教育。儿童从 7 岁开始进这种学校，他们学习初步的阅读、书写和算术。教师没有专业的资格。这些学校中采用的方法与古典时代时采用的方法一样。儿童读完了初等学校后，如果其父亲有能力向教师支付报酬的话，就到文法学校的教师那里求学。学生在文法学校上修辞课，然后进青年军事训练团。中等教育水平的课程分为文学课程、数学课程和修辞练习。一个设施良好的城邦通常都为男孩、少年和通过了青年军事训练的“青年男人”设立三所文法学校或体操学校分部。通过了体操学校的人继续进行一种非正式的贵族教育。校舍实际上就是露天的角斗场和类似的运动场以及跑道。在希腊化时代还取得了其他许多进步。许多体操学校拥有了正规的课堂和图书馆。负责教学的人是体操学校的校长，有一名副校长协助他工作。学校都是私立的，但某些城邦出现了典型的公共教育制度，由公共经费支付教师的薪酬。另一些城邦提出了教学标准，使男孩子们处于竞争之中。强制进青年军事训练团的制度，实际上在希腊所有城邦中都普遍采用。19～20 岁的青年被招募进青年军事训练团，这种组织主要进行竞技和军事训练。在某些城邦中年轻人能更多地接受音乐教学，在最初的课程中很快就增加了智力训练。雅典的青年军事训练团最初是强制性的，但在公元前 3 世纪变成自愿参加，当然，这是有闲阶级的特权，只有有闲阶级的男孩才有时间进这种组织并能支付附带的费用。公元前 2 世纪，变成了年轻人去该城邦中的哲学学校听课。当一个青年人完成了自己的教育并真正成为一个青年男人时，他通常不放弃自己的操练和学习，但在体育馆中继续这些活动。

任何想继续接受高等教育的人，都必须在某位对修辞学和哲学或其他某门科学有专深研究的教师门下工作。于是建立了各种各样的哲学学校，但除了四所有名的学校之外，没有一所学校能独立存在。这四所学校是：学园、逍遥学派的哲学学校（Peripatetic）、斯多噶（Stoics）学派的哲学学校和伊壁鸠鲁①的哲学学校。柏拉图建立的学园一直持续到6世纪初。学校的教学计划包括学园成员共同的科学探究以及通过教学传播知识。学园成员参加宴会时，常在宴会间歇期间讨论各种各样的哲学问题。逍遥学派的哲学学校建在亚里士多德的吕克昂附近，与学园很相似。这所学校中也举行宴会；客人之间的谈话具有很大的教育作用。斯多噶学派的哲学学校建于公元前301（300）年，没有固定的校舍，其学生常常聚集在柱廊中，学校不收取私人财产。伊壁鸠鲁的哲学学校由伊壁鸠鲁于公元前306年建于自己的家里。宴会和庆典是学校课程中的主要部分。所有这些学校让我们认识了希腊早期的学院。在这些学校中，各种年龄的学生都有，男女学生人数众多。这一时期的非正式教育、技术教育和职业教育与古典时代非常相似。

希腊化时代的雅典依然是教育的大本营，人们在那里建立学校，经营学校，一直持续到拜占庭时期。希腊化的斯巴达改造了自己的持续到公元前3（4）世纪的传统的教育习俗。

二、拜占庭时期（330～1453年）到新希腊主义的启蒙（18～19世纪）

（一）拜占庭时期的教育（330～1204年）

在希腊化时代的最后阶段，希腊的城邦无论在文化上还是在政治上都衰落了，但希腊教育的吸引力还是巨大的。早在进入基督教时代的3世纪前，大多数受过教育的罗马人都是说双语的，创造了拉丁语希腊教育和文化的翻版。由于罗马皇帝强行实施的法律，古希腊文化和基督教的命运突然发生了变化。313年，君士坦丁一世

① 伊壁鸠鲁（Epicurus，公元前341—公元前270年），古希腊哲学家，注重单纯快乐、友谊和隐居的伦理哲学创始人。——译者注

和李锡尼①撤销了对基督教的禁令。380～392 年，狄奥多西一世②强行禁止基督教之外的所有宗教。

在公元 1 世纪的“使徒时代”③，通过运用希腊语把古希腊文化与基督教融合在一起；使徒们很熟悉希腊的思想。希腊的宗教思想是基督教思想中的重要概念和新柏拉图主义哲学的核心思想。基督教教育是在公元 4～5 世纪由大教堂的教父们建立起来的，他们思考了基督教与希腊遗产之间的关系。这些教父中有奥林匹斯的圣美多迪乌斯（St. of Olymous，公元 300 年后）、圣大巴西尔（St. Basil the Great，329—379）、纳西昂的圣格列高利、尼斯的圣格列高利④以及他们的后辈圣约翰（St. John）。总的说来，伟大的基督教思想家都承认古典文化的价值，埋头于使古典文化有益于拜占庭的基督教教育，即使如此，对于基督教的唯我独尊所隐藏的危险，他们是很清醒的。除了宗教运动外，希腊—罗马的教育思想从未受过影响，一直是最强大的保守力量。在拜占庭世界的富裕阶级中，教育不仅仅意味着阅读、书写和算术，教育还包括学习希腊—罗马的经典作家的作品。

拜占庭帝国逐渐从衰落的罗马帝国中脱颖而出。这是三种主要因素融合和发展的结果。这三种因素是：古典的希腊传统、罗马文明和基督教。在公元 4 世纪，基督教战胜了在当时整个拜占庭帝国所存在的异教，一种自由教育模式自希腊化时代以来没有发生根本的变化。学前教育在家庭中由父母实施，保姆和教仆全都负责儿童的养育，用“上帝的养料和训诫”来培养他们的心智。道德教诲对他们来说是最重要的。正式教育包括初等教育、中等教育和高等教

① 君士坦丁一世（Constantine Ⅰ），306～337 年在位，第一位信奉基督教的罗马帝国皇帝。李锡尼（Licinius），308～324 年在位，东罗马帝国皇帝。——译者注

② 狄奥多西一世（Theodosius Ⅰ，347—395），罗马帝国皇帝。——译者注

③ 使徒时代，即基督教创立的最初时期。——译者注

④ 纳西昂的圣格列高利（St. Gregory of Nazianzus，329—390），4 世纪基督教教父，明确、有力地解释了上帝三位一体教义。尼斯的圣格列高利（St. Gregory of Nyssa，335—394），基督教哲学神学家、神秘主义者，对基督教思想的主要贡献是将希腊文化与基督教传统较好地融合在一起。——译者注

育三级教育制度。拜占庭的世俗教育从儿童六七岁时开始，男孩跟着教师在初等学校中学习正字法、阅读、书写和计算。女孩子也常常去学校上学。这一级教育的目标是对小学生进行道德和宗教教育。当然，那些从军和务农的人，常常不会写最简单的希腊字，而那些穷人由于没有自己的财产而不能拥有自己的书本，他们基本上被排除在教育之外。但并非所有的穷人孩子都不能受教育和获得专门的学问，尽管这样的学问具有绝对的宗教性质。这主要取决于乡村的地理位置以及其邻居是否是拥有书本的修道院和能够教他们的修士。拜占庭正式教育和文化史上最重要的事件可能是选择阿提卡方言作为赞美诗和教育的共同语言，而不是采用当时日常使用的希腊语。在礼拜仪式和学校中通用共同的阿提卡方言，促进了希腊化教育的继续，培养了受过希腊化教育的拜占庭希腊人。语法教师通常不受雇于别人，没有正式的资格证书，社会地位较低。10～12 岁的男孩从初步教育转向文法学校。中等教育常常被描述为专门学习的开始。文法学校教授经过挑选的古典作家的作品，尤其是《圣诗集》和《荷马史诗》。文法学校采用的教学方法是每篇课文都按四步来教授：校正、朗读、解释、评论。学习诗篇时还要补充学习语法，学生还必须做许多练习。中等教育的课程中文学占据优势地位，然而四高级学科——算术、几何、天文、音乐，仍包含在课程之中，所有这些学科都构成了所谓的“普通”教育、“全面”教育或自由教育。这种“学校教育”被看做进入所有的高等教育的准备，或者可以作为进行任何种类学习的基础。在完成了中等学校教育之后，学生去一个大的中心，例如，雅典的或亚历山大里亚（Alexabdria）的学校，在有名的雄辩家的监督下学习。高等教育由智者实施，只有在首都和省中心才有高等教育机构。由地方行政机构选拔智者担任教师，教师是有工资的，并且享有一定的特权以及其学生所给予的报酬或礼物。男孩在 15 岁时开始高等教育。当然，大多数学生来自有钱的家庭，来自政府官员和律师家庭。除了雄辩术外，还可以学到一些技术学科。在拜占庭的许多辖区内哲学相当繁荣。高等教育课程中包含的其他学科还有文法、速记、诗歌、历史、物理学、自然史和地理学、医学。对学问的研究是旅行的同义语。公元 425 年，皇帝希望的是使君士坦丁堡“大学”成为教育领域组织中的佼佼者，这所大学有 3 位雄辩家、10 位拉丁文法家、5 位智者、10 位希腊文法家。君士坦丁堡变成了一座“大学城”、“公共文化场所”。建立“大学”显然不仅仅是为了培养诗人，而主要是为了培养官员。在拜占庭帝国除了君士坦丁堡“大学”之外还有另外两种类型的教育机构：主教学校和修道院附属学校。这些学校招收俗人的孩子。修道院学校仅限于招收在幼年时父母就已决定让他们当僧人的那些孩子。在拜占庭时期技术和职业教育依然是中层和下层阶级的事情，他们靠某种手艺或者靠经商或当奴隶来谋生。孩子通常继承其父亲的职业。在首都，教会和国家提供以娱乐形式出现的现在所谓的社会服务，这是拜占庭时期最重要的非正式教育活动。各种各样的表演使城市变得生气勃勃。凯旋游行复活了帝国的文化和魅力。竞技场是富人和穷人开大会的地方。在那里主要进行赛马和竞走比赛。这些活动与其他一些有趣的场面和器具结合起来，使拜占庭国家在世界上享有奇异之乡的声望。

至于女子教育，大多数女子学习如何持家，培养一个好主妇的基督徒的美德。教育妇女管理家务，照顾父母和丈夫。

教会为控制教育体系作出了一定的努力。教会认为，古代的教育是异教徒的教育，是建立在学习异教徒作家的作品的基础上的。因此，严格的基督徒把古代教育看做丑闻的发源地。《使徒法典》① 在这一方面是相当强硬的。在整个拜占庭时期始终回荡着类似的声音。

在从希腊历史的古代时期过渡到拜占庭时期，希腊人自己决定了，古代生活和教育中的哪些因素应予以摒弃，哪些应该保留。

（二）君士坦丁堡的第一次陷落（1204 年）到新希腊主义的启蒙（18～19 世纪）的希腊教育

1204 年，威尼斯人和法兰西人占领了君士坦丁堡，法兰西皇帝

---

①《使徒法典》，现存卷帙最大的基督教教会法规集，相传由使徒所制定。——译者注

在皇城登基，拜占庭的希腊世界崩溃了。这是君士坦丁堡自 330 年开城仪式以来第一次陷落。1204 年的冲击比 1453 年的要大得多，1453 年君士坦丁堡第二次陷落，被土耳其人占领。1204 年以后，拜占庭帝国的未被拉丁人征服的残余部分，四分五裂成三个独立的希腊国家。其中最大的和最成功的一个国家是尼凯亚（Nikaia），君士坦丁堡幸存的希腊知识分子大部分在这里避难。

13～17 世纪的威尼斯（Venice）占领时期，按照威尼斯的封建制度统治希腊。在希腊地区没有建立名留青史的学校，其原因如下：(1）威尼斯人强加的封建社会结构，造成了“贵族”与人民之间的巨大的隔阂；(2）威尼斯人为了能轻易地使自己的臣民服从自己而对他们的教育不感兴趣；(3）只有“贵族”才拥有财产并有可能去意大利的高等学校学习；(4）在帕多瓦（Padua）和威尼斯建立了有希腊学科的学校；(5）大多数杰出的希腊文人宁可迁移到意大利去获得更好的职业。

在威尼斯人统治时期家长仍然负责自己子女的养育和学前教育。贵族家庭还是安排“保姆”去照料他们的男女孩子们。在威尼斯人占领期间，希腊人的正式教育主要基于某些文人的活动，而不是共同努力去建立组织良好的学校。当时有两类私立学校的教师：语法教师、雄辩家之类的世俗教师，在城镇和寺庙中执教的、有时要索取学费的有文化的神职人员。教希腊文的教师通常是希腊正教会的，而教授拉丁文和意大利文的教师通常是天主教会的。在大多数情况下家长和雄辩家签署一种私人的监护契约。但是资料告诉我们，在 15～16 世纪期间，在埃普塔尼扎（Eptanisa）和克里特，生活在国外的有钱人和有教养的人建立了一些初等学校，这些学校中的学生人数相当少，他们学习希腊语、意大利语和拉丁语。这些学校通常只有一两名教师，办得很差，学校所教课程只能授予学生最基本的知识。有时称做“博物馆”的这种学校得以维持下去，是因为得到有钱人的资助。常去学校的学生可以免费入学，但希腊正教会基督徒不送自己的孩子去这样的学校，因为资助这些学校的人企图把威尼斯人与希腊人联合起来，使罗马教会赢得统治权，引进绝大多数希腊基督徒嗤之以鼻的东西。在威尼斯的支持下在希腊还建起了其他一些学校。这样的教育机构数量很少，学校中只有一名教师，这种教师类似于公务员，把自己的知识传授给威尼斯贵族的后代。那些希望自己的孩子能免费学习拉丁语的希腊二流贵族，自然就把孩子送进这样的学校。除了这些学校外还有一些学校，它们或者在天主教会的控制之下，或者在希腊正教会的监督之下。尤其在天主教会的神学校中，为了使人能够改信天主教的教义，免费培养年轻人成为未来的神职人员。在这些神学校中教授拉丁文学和语言基础。

在乔治·格密斯通·普莱松（George Gemistos Pleithon，1360—1452）的作品中可以发现，在君士坦丁堡、伯罗奔尼撒半岛、特拉布松（Trebizond）出现了文化和教育的新的方向。普莱松认为，希腊人通过民族的自我改造的英勇行为可以拯救自己；他提出要复兴古希腊文化的希腊哲学和古希腊文化的希腊宗教。普莱松作为一位社会和政治改革家，他是柏拉图主义者；作为一位哲学家，他是新柏拉图主义者。而且对于普莱松而言，新柏拉图主义包括了对基督教以前的希腊宗教的依恋，并从哲学上予以解释。他在米斯特拉（Mistra）、拉库尼亚（Lakonia）和克里特等地生活和思考，发展了一种作为教学语言的古希腊语，取代了当时占统治地位的拉丁语。至于在威尼斯人统治下的希腊地区的高等教育，没有一所高等教育机构得到发展。由于与意大利的密切关系，威尼斯帝国的希腊人有可能在意大利的大学继续自己的学习。在希腊殖民地与威尼斯的复兴古典文化的希腊人的合作下，有关希腊知识的学习得以在威尼斯保留了下来。两位希腊难民于1486年在威尼斯建立了一所希腊文印刷所，同年，克里特难民马库斯·穆苏罗斯（Markos Mousouros）从佛罗伦萨（Florence）迁到了威尼斯，成为马努蒂乌斯①的编辑，为阿尔迪内印刷所编辑了一系列古希腊作品。帕多瓦大学不要求宗教考验，所以希腊人可以在这里毫无困难地研究自己的教派。在帕多瓦，16世纪至少建立了两所希腊人的学院，1657年，在那里

① 马努蒂乌斯（Aldus Manutius，1449—1515），意大利出版家，阿尔迪内印刷所创办人，刊印许多希腊罗马古典著作。——译者注

建起了科图尼埃诺（Cottuniano）学院。1626 年，一位富有的希腊人在威尼斯办了一所学院，为帕多瓦大学培养学生。这所学院一直办到 1797 年，是年威尼斯丧失了自己政治上的独立。1624～1641 年亚里士多德学派的学者西奥费洛斯·科里达列夫斯（Theofilos Koridalefs）在这里执教，后来从这所学校出来的学者们在建在伊庇鲁斯（Epiros）、帕特莫斯（Patmos）、希俄斯、马其顿（Macedonia）、阿索斯（Athos）的学校执教。这些学校提供的是法纳尔人的教育，法纳尔人就是聚居在君士坦丁堡的法纳尔区的富有的希腊人。威尼斯的希腊社会在 1593 年也为海外希腊人的孩子办起了一所学校。

在这一时期，希腊地区的技术和职业教育是由社会底层的人提供的，尤其是为那些必须学习手艺以谋生的人提供的。他们组织成基尔特，每个基尔特都有专门的标志。基尔特和作坊对培养自己的成员发挥了重要作用。

我们掌握的关于女子教育的资料很少，但我们知道女子教育是很流行的。

土耳其人占领期间，尤其在 1453 年君士坦丁堡第二次陷落后至 1821 年希腊革命期间，对希腊的社会生活、智力生活和教育生活的影响很大。独立前的希腊社会受在普世牧首区①领导下的由帝国中的所有的希腊正教会基督教徒所构成的制度的影响。此外，在整个这一时期，牧首和教会的僧侣统治集团仍然处于希腊的控制之下。

奥斯曼时代的希腊教育史可以分为两个时期：(1) 1453 年至 16 世纪，在这一时期几乎所有的希腊思想家都到西欧避难，过去的帝国的古典智力中心崩溃，城市中心人口减少，经济问题、居民生活贫困以及各种各样的人口问题相伴而生。这是希腊智力生活和教育生活中的“黑暗时期”，从 15 世纪中期开始，几乎一直持续了一百五十多年。(2) 17 世纪至 1821 年，这一时期希腊人通过越来越多的贸易业务与西欧接触。

在第一个时期已经有由初等、中等和高等三级教育组成的简单

① 普世牧首区，东正教各主教会中的首位教会。——译者注

的正式教育。旅行者们提供的关于希腊学校的资料没有清晰地描绘教育的一般状况。至于接受学校教育的年龄，肯定没作限制。一些残缺不全的资料表明，初等水平的教育包括了所谓的“公费小学”，这种学校采用基督教会的书本教小学生阅读、书写和计算，这样的书本有《诗篇》、《祈祷书》等。一位旅游者描写了这样一种教学方法：“当男孩子刚学完相当于我们的拼写课本的第一本书时，他们就要去学习《诗篇》，并要求他们背诵，因为在教堂中需要使用它……”孩子们大声地拼读出每个单词。在教学过程中阅读和书写通常是结合起来的，但尚不清楚是否同时教授。初等学校往往设在教堂的门廊内或者设在教师的家里。也有一些露天学校。

中等水平的学校有希腊学校。学习分为初级和高级两个阶段。中等水平的学校的课程，初级阶段有文法和句法，高级阶段有古希腊文学、修辞学和逻辑学。古希腊语课程是整个教学计划的基础。这门课程的成绩被看作是主要的成就，其他领域的知识都是次要的。希腊人希望提高自己掌握古希腊语的熟练程度。学生从希腊学校毕业后就有可能去学习哲学和神学，后来到 17 世纪可以学科学，即学习数学。最后，高等水平的学校常常与中等水平的希腊学校合并，提供哲学、神学和科学课程。但是另一种趋势甚至是更重要的。这种趋势就是希腊学生都企盼熟悉现代语言和西欧文学。粗略地说来，从 15 世纪中期到 16 世纪末，一所中等学校或一所高等学校的学生人数在 10～15 人左右，但在某些个案中人数扩大到 200 人。

第二个时期的教育制度与第一个时期基本相同，只有一点小小的变化。历史学家和研究者认为，除了在革命和战争期间以外，土耳其人并不阻止建立学校。赚了很多钱的希腊商人开始在奥斯曼的领土上，在两个自治的多瑙河公国布卡列斯特（Bucarest）和雅西（Jassy）以及在希俄斯岛、士麦拿（Smyrna）和基多尼斯（Kydonies），办起了学校。根据旅游者的资料，在雅典同时建立了两所学校，一所是修士格列高利·索蒂里斯（Gregory Sotiris）于 18 世纪初建立的学校，另一所是 1750 年建立的德卡学校（Deka school），而在克里特岛上的夏尼安（Chania）1791 年有 2 所学校，在 1817 年前的50年有3所学校。每个地区大约有15名小学生进这样的初等教育机构。在此期间，在希腊地区还由私人建立了约27所中等和高等学校。这些学校的特点是建筑物和全部设施比较复杂，因为它们不仅要为教师，还要为来自其他地区的许多学者提供食宿。在17和18世纪，中等或高等学校的学生人数往往为50～100人，甚至200人。18世纪末学生人数达到约300人，在某些个别情况下甚至达到约700人。与贝尔（A. Bell，1753—1832）发明的“导生制”（“导生制”就是由于缺乏教师，学生自己教自己或者说学生互相教）有关的互教互学的方法，1819年经科拉伊斯①的鼓动正式引入希腊。但是采用这种方法的第一所学校是在克里特岛上的雷西姆农（Retymno），它在1817年前采用了这一方法。教会以及法纳尔人和其他富有的希腊人，几乎从整个18世纪以来一直都在资助高等教育。此外，希腊人与威尼斯的长期关系获得了教育上的好处，到18世纪末，相当数量的希腊学生进了法国、德国和意大利的大学。

18世纪希腊世界的知识复兴变得越来越强烈，出版了许多希腊文字的书籍，其中包括西方重要的科学、政治和哲学著作的希腊文译本。知识复兴的突出特点是希腊人谋求重新发现他们自己的过去。这表现为采用古希腊的很好的名字来取代基督教徒的名字，承认希腊语才是联系希腊古典遗产的直接纽带，也表现为关于希腊语的辩论越来越激烈。在教育方面采取了重大措施，诸如“博物馆之友协会”之类社会团体的建立，为希腊青年去国外学习提供了奖学金，为学校募集经费，进行了考古挖掘。而且，1814年成立于敖德萨（Odessa）的称做“友好协会”的第一个革命社团，通过形成希腊的民族意识使知识的发展与各个半自治的希腊地区的地方爱国主义协调起来。

当时有一种思想提倡通过教育、道德新生和对各大邦国进行调解来赢得希腊的解放，这一思想的支持者中间有一些非常重要的学者，其中最伟大的学者是科拉伊斯（A. Korais，1748—1833），在整

① 科拉伊斯（Adamantios Koraes，1748—1833），人文主义学者、近代希腊文学之父。提倡复兴古典主义，为希腊争取独立的斗争奠定精神基础。——译者注

个法国革命期间他都在巴黎，深受德国教育复兴者裴斯泰洛齐和福禄培尔理论的鼓舞。他的学问和研究引起了欧洲学者的兴趣，催发了西方希腊独立主义的萌芽。科拉伊斯起了希腊独立运动的智力指导者的作用。他是教育的热情支持者，认为教育能解决希腊人所面临的问题。

某些神职人员无论是作为教师和学校的创办人还是作为作家、学者和教育的保护者，对知识的复兴所起的作用都是非常重要的。犹金·伏尔加里斯（Eugenios Voulgaris，1716—1806）和塞奥特基斯（N. Theotokis，1731—1800）的努力和著作，为民族教育打下了基础。这两位学者极大地帮助了基督教会偏见的传播，这种偏见是教育进步的极大阻力。

希腊革命的伟大先驱是里加斯·费雷奥斯（Regas Feraios，1757—1798），他也是卓有声誉的优秀的语言学家，会说法语、土耳其语、阿拉伯语、德语、意大利语、瓦拉几语①和希腊语。他在维也纳（Vienna）建立了秘密的革命团体，强调希腊语及其认同感的重要性，出版了一些革命的书籍，其中包括希腊将来的宪法。他致力于翻译孟德斯鸠②和其他法国作家的作品，绘制系列《地图册》，其目的是要开导希腊人，要他们清醒地认识自己的历史悠久的、丰富的遗产。里加斯·费雷奥斯总是用通俗的文字写作。

在奥斯曼帝国的这两个时期，技术和职业教育仍然由各种基尔特实施，从威尼斯时代以来几乎没有变化。同时，东正教通过自己的宗教活动对希腊人的非正式教育发挥了重要作用。希腊人认为，正是在东正教中他们发现了自己知识的复兴。

最后，关于女子教育，能证明存在女子学校的证据很少。

---

① 瓦拉几语，中世纪居住在东欧南部讲罗曼语土语的民族瓦拉几人的语言。——译者注

② 孟德斯鸠（Montesquieu，1689—1755），18世纪法国政治哲学家。——译者注

三、希腊国家的建立（从 1830 年起）

（一）新建立的希腊国家的教育

1821 年，希腊反对土耳其人统治的革命导致在 1830 年建立了一个独立的希腊民族国家。1830 年，希腊国家建立了现代希腊的教育制度，从此以后教育成为政治、意识形态、文化和经济领域的主要议题，尤其在与国家发展、现代化和行政管理的关系方面，更是主要话题。在这一时期，看来有两个因素，即社会经济因素和政治因素起了相当重要的作用。第一，小资产阶级和地主占优势，整个这一时期是一个“自然经济”的时期，继续着一种封建的依存关系。第二，约安尼斯·卡波迪斯特里亚（Ioannis Capodistrias）被选为第一位领导人，他热衷于希腊的现代化。他的贡献在于抑制了海盗行为，组织了国家机器，创建了正规的希腊军队，提倡把国家的土地分配给战争中的老兵，限制了那些企图成为各省的独立的统治者的大主教和地方要人，为公共教育制定了规则。他在教育领域中所取得成就尤其辉煌。卡波迪斯特里亚的热诚使初等学校的数量增加了，使埃伊纳（Aigina）的一所中心学校的一部分成为培养教师的学校，这些教师充实了实施互教互学的学校。1834 年 4 月，建立了另一所培养未来的男女教师的学校。在处于市政当局控制下的采用互教互学方法的学校中，教授阅读、书写和计算。1828～1830 年，爱奥尼亚海岛上的学生人数从 2 000 多人增加到至少9 000人；学校数量 1828 年只有 21 所，1830 年增加到 67 所。关于教育要求和教育组织问题，卡波迪斯特里亚思考得很多。他懂得对技术教育和职业教育的需求，也懂得学习现代语言的必要性，他也鼓励各种各样的文化活动。但由于他执政时间短暂以及遭到反对，他的努力只能处于实验阶段。

1831 年卡波迪斯特里亚遭暗杀，此后就是内战。1832 年 5 月，英国、俄国和法国三个强国达成一致，同意巴伐利亚的奥托王子①

---

① 奥托（Otto，1815—1867），近代希腊第一位国王（1832～1862 年在位）。——译者注

于1833年登基。随着巴伐利亚人的到来，希腊正式教育由初等、中等和高等教育三级组成。义务学校教育年限为七年。这一教育制度是由1834年的有关初等学校的法律、1836年的有关初级中学①的法律以及1837年有关建立雅典大学的法律确立下来的。巴伐利亚人倾向于中央集权的、保守的方针，不鼓励创新。这就使希腊19世纪的教育具有狭隘的、低效的特点。在新的王国中，无论是教师还是学生，教育水平都不够高，不足以振奋质疑精神，而质疑精神正是给予希腊人以灵感的欧洲人文主义者的特点。在巴伐利人所实施的中等教育课程中，重视学习拉丁语和古希腊语言，同时务实的职业训练遭到挫折，导致了集中精力学习文法和句法，也导致了死记硬背课文的旧传统得以继续。此外，有一种广泛流行的理论认为，现代希腊人直接继承了古希腊文化，根据这种理论，古希腊文化占有重要的地位，因此学习古希腊语言是无可非议的。这么一来，学习古典语言涉及爱国主义问题。同样地强调古典学问，也是高等教育的特点。雅典大学由医学院、神学院、法学院和文学院四个学院组成。男性文盲的比例，1828年为90.9%左右，1870年女性文盲为93.7%。

1843年，军队迫使奥托赋予人民宪法，在这之后，1862年的革命废黜了他。到了1863年，希腊有了一个新的君主——丹麦的威廉·乔治亲王，他支持1864年的新自由政体。在他的整个执政时期，地方乡镇为迅速增加的人口提供正式学校教育。例如，1866年有1 067所初等学校，其中有男学生44 102人、女学生8 481人；123所希腊学校有学生共6 675人，16所初级中学有学生1 908人。学生总人数为6万多人，而到了1922年在学人数达到587 334人。除了初级中学外还有各种各样的私立教育机构，以及公办的军事、航海、贸易学校，商务、工艺、教会和农业学校。同时还有培养能运用福禄培尔方法的学前教师的学校，这种方法是由艾卡特里尼·拉斯卡里多（Aekaterini Laskaridou）传到希腊来的。雅典大学从这些学校

① 初级中学，沿用了古希腊的体操学校（gymnasium）的名称。——译者注

中招收自己的学生，大部分学科的学习年限为四年。1864 年老的爱奥尼亚学院并入雅典大学，1911 年雅典大学更名为国立卡波迪斯特里亚大学，学生人数从 1866 年的 1 182 人增加到 1912 年的 3 357 人和 1922 年的 9 799 人。

正是在雅典大学中，用口语教学的主张遭到了最强烈的抵制。通俗文字专家为用口语进行教学作出了最大的努力。但是，1911 年的宪法使“语言纯正癖者的语言”成为了国家的官方语言。曾经试图使希腊教育摆脱“语言纯正癖者的语言”。1910 年成立的教育协会为韦尼泽洛斯①政府 1917 年的改革开辟了道路，在初等学校中以口语为中介来教授口语。教育协会一直存在到第一次世界大战结束后。这一协会为希腊教育以后的改革打下了基础。该协会的领导人是一些教育家、哲学家和社会学家，他们都曾在德国的大学学习过。19 世纪上半叶的文学作品除极少数例外以外都是用纯正的语言写的。通俗文字运动的最重要的提倡者之一是基安尼斯·普西查里斯（Giannis Psycharis，1854—1929），他认为，“语言问题包含了一切：国家、宗教、整个民族遗产”。

在希腊近现代教育史上一些重大的教育改革经历了各个不同的时期。希腊教育史学家认为，有过三次教育改革，即 1913 年、1929 年和 1964 年的改革。这些改革都有以下一些共同因素：改革都是由自由派政府提出的，都支持扩大义务学校教育，都促使普遍采用口语。

1913 年的第一次教育改革，试图创造一种与社会阶级相适应的教育制度，但这一计划后来被放弃了。1929 年的第二次改革优先考虑的是经济问题以及技术和职业教育，并在法律中得到了反映，但这部法律于 1935 年被独裁者废除了。1964 年的第三次改革的意图是要培养自由的、善于思考的公民，并表现出对希腊人口中那些处境不利群体的关心，但该项改革于 1967 年被军人独裁者取缔了。

应该提一下 1957 年的教育委员会，该委员会没能就语言问题、

① 韦尼泽洛斯（Eleuthérios Venizélos，1864—1936），希腊首相，因扩大了希腊的版图而被许多人认为是现代希腊最伟大的政治家。——译者注

古典文学在中等教育中的地位等问题达成协议。该委员会最关心的是教育的经济基础问题，为1959年的技术和职业教育立法开辟了道路。

现代希腊教育制度的法律基础是1975年宪法。该宪法的第十六款对教育目的作了如下规定："教育目的是……对希腊人进行道德教育、精神教育、职业教育和体育，发展他们的民族意识和宗教意识，使他们成为自由的、负责任的公民。"1976～1977年通过的一些教育法律力图复苏1964年的立法精神。1976年的法律提出了一个包括幼儿园、初等学校、初级中学和高级中学（lycea）在内的免费的普通教育制度。口语成为课堂教学语言和所有的教科书和教学资料的语言。1977年的法律涉及技术和职业教育的改革，这类教育在传统上对希腊学生和家庭缺乏吸引力。

1981年，教育制度发生了许多变革。变革集中在以下一些问题上：取消高级中学的入学考试；改革大学；改革高等教育以及技术和职业教育；引进大学层次的和高等教育机构的新的招生选拔制度。1982年的法律主要是对大学的结构进行改革，试图实施对教育体系的地方分权制，强调大学的自治。

（二）希腊教育制度：现在的趋势和方向

现代希腊教育制度的一个显著特点就是进行了许多改革和变革，这种努力就像"西绪福斯神话①那样：永无休止的、永远也完不成的工作"。最近的一次教育立法在1985年，这部法律至今有效。可以把它看做希腊国家历史上最现代的、最进步的教育法。这部法律开宗明义地指出："学生应该成为自由的、负责任的、民主的公民，他应保卫国家的主权、领土和民主……他应发展与世界各族人民的友谊和合作精神，谋求创造一个更好的、公正的和和平的世界。"现在的希腊正式教育的结构面向男女儿童，由以下各级各类教育组成。（1）幼儿教育，为期两年，对象是4～6岁的儿童，是非强制性的。

① 西绪福斯（Sisyphus），希腊神话中狡猾的科林斯国王，被罚在地狱把巨石推到山上，但在他即将把巨石推到山顶时巨石滚了下来，只得重新再推，如此反复，永无止境。——译者注

其中的公立教育有5 410所学校、7 738名教师和134 279名学生，私立教育有145所学校、270名教师和6 969名学生。（2）义务学校教育，为期9年，对象是6～15岁的儿童。其中初等教育6年，公立教育有7 672所学校、36 681名教师和788 990名学生；初级中学为期3年，公立教育的所有各种类型的初级中学共有1 729所、教师25 474名和学生416 647名。（3）高级中等教育学校，为期3年，年龄在15～18岁的学生在不同类型的高级中学学习，有普通高级中学、古典高级中学、教会高级中学。各种类型的高级中学共有1 014所、教师15 744名和学生240 032名。公立技术和职业学校共有247所，有教师5 782名和学生82 646名。公立综合学校共有25所，有教师1 621名和学生19 466名。私立普通高级中学有学校58所，有教师829名和学生11 571名。私立技术职业高中有学校8所，有教师325名和学生4 688名。技术职业学校的教学年限为2～3年，其中公立学校有197所，教师2 441名和学生32 807名；私立学校有28所，教师599名和学生7 384名。

初等和中等学校的教学科目包括：宗教、语言、社会学科、科学、计算机、外语、体育和艺术。初等学校的课本得到了逐步的改进，而英语和计算机教学现在在小学就已开始。计算机进学校是有局限性的，教学中遇到了许多问题。

中等教育后的教育、大学和非大学教育，是由大学以及技术和职业教育机构组成的。年满18岁的学生在通过了国家考试之后进入这一层次的学校，国家考试为大学和技术学院规定了录取分数线。大学中的教学人员开展科学研究。独立的、非大学的研究中心也开展研究活动并与大学合作。现在有9所大学：雅典大学、塞萨洛尼基（Thessaloniki）大学、帕特雷（Patras）大学、约阿尼纳（Ioannina）大学、色雷斯（Thrace）大学、克里特大学、爱奥尼亚大学、爱琴海大学、塞萨利安（Thessalian）大学。其他大学层次的学校有：美术学院、国立技术大学、雅典经济和商学院、政治科学学院。第三级教育的学生专业分布很广，联合国教科文组织1993年的《世界教育报告》对专业分布的百分比作了如下划分：教育科学占9%，人文科学占13％，法律和社会科学占28％，自然科学、工程和农业占36％，医学科学占14％。

希腊提供非正式教育（音乐、青年会演、外语、中等学校和高等教育的预备班、加速班中心和学校、公共教育和培训中心）的方式，与欧洲其他国家相同。非正式教育为儿童、青年和成人提供辅助性服务。这种类型的教育通过教育和宗教事务部提供，但公共机构和私人机构也提供这样的教育。尽管如此，成人非正式教育的问题依旧存在，如文盲问题（1990年总文盲率为6.8％）吉普赛人和移民之类的社会群体的训练问题，非熟练工人尤其是女性人口的训练问题。

为了满足迅速变化的社会的需要，希腊近来作出了相当大的努力来振兴自己的教育体系。1981年希腊被正式接纳为欧共体成员国之后更加强了这方面的力度。根据希腊宪法，教育应该在为国家的发展和为人民谋福利方面发挥重要的作用。对教育的投资是国家的义务，由希腊国家免费提供所有各级教育。教育和宗教事务部负责教育的行政领导、管理和支持：判断对教育的需求，确定教育目标和任务，精心拟定有关教育计划的法律框架，协调教育服务与学校的关系，给予财政支持。在希腊的54个省中，初等和中等教育的领导人直接向本省的教育办公室的首长报告工作，直接向教育部部长报告工作。

某些公共组织和其他教育团体也直接向希腊教育部报告工作。这样的组织有：教育研究所，负责教育科学研究和向教育部提出建议；校舍组织，负责校舍的设计和设备；教科书出版公司，出版免费分发的教科书和教材；初等和中等教育的学校顾问；环境教育中心；青年咨询中心；初等和中等教育的教师在职进修中心。此外，还有国家教育委员会，它在教育部长的统辖下开展工作；省教育委员会，它在省长的统辖下工作；社区教育委员会，它在市长或主席的统辖下开展工作。

最近数十年的教育改革力图解决某些重大的教育问题：免费教育问题；把免费义务教育年限从六年延长到九年；调整中等教育，

把六年制的普通的非强制性初级中学，调整为三年制强制性的普通初级中学再加上三年制的选择性普通高级中学或技术职业学校；取消了初级中学升高级中学的国家统一考试；取消了进入第三级教育的国家统一大希腊入学考试；对第三级教育的管理进行综合改革；把现代希腊的日常用语确定为教学语言，用这种语言出版各级教育的教科书；把古希腊经典著作翻译成现代希腊语进行教学；改革师范教育，取消两年制的教育学院，在大学中培养教师，把师资培养的年限从两年延长到四年；设置学校辅导员职位，用来代替学校视察员；成立技术教育学院来代替高等技术教育中心。

尽管进行了一些改革，教育制度依然存在许多问题和不足。例如，九年义务学校教育的权利，没有与之相结合的对低收入家庭提供经济资助的措施，非城市中心的儿童辍学情况严重。除此之外，希腊教育机会的地理分布尤其不平等，这种不平等与重大的地区规划问题以及国家的经济发展中的优先选择有关。因此，来自农村地区和出生于社会经济地位底下的阶层的学生的比例，要比那些来自城市地区和具有较高的社会经济背景的学生低得多，后者能进入希腊和国外的高等教育机构学习。

涉及技术和综合高级中学中课程的职业化改革，遭到学生及其家庭的坚决抵制，这是由于导向大学的传统的理论教育类型在希腊仍然享有很高的威望。此外，技术和职业教育不能提供足够的刺激来吸引学生，因此他们继续看好普通教育学校。存在着这样一种倾向：出生于社会经济地位较低的群体的人选择技术和职业教育，出生于社会经济地位中等和较高的群体的人选择普通的学术性教育。

教育还有一个严重问题，那就是普通高级中学的毕业生由于缺乏技术高级中学所提供的适应市场需要的技能而找不到工作，这样的技能有：会计、打字、办公室管理。在这方面，综合中学可以发挥重要作用，因为综合中学的学生有可能研究劳动世界和生产过程。

私立文法学校尽管遭到反对但依然存在。许多希腊家庭为了孩子到那里去上学而支付了大量的钱。这些学校向他们承诺，他们的孩子将会取得成功并进入大学，或者能够通过各种各样的国家考试或校外考试。至今政府都未能改变这种状况，也不能清除对这种私立教育机构的需求。

高等学校的入学考试制度引起了许许多多问题。例如，希腊的私立大学互相倾轧，学生大量流向国外，希腊大学生外流的比例在所有西欧国家中是最高的，在世界上是最高的国家之一。这种称做“学生迁徙”的外流造成了严重的社会经济后果。这样的后果例如有：得到外汇的可能性问题，失业和未充分就业问题。

尽管在教育的结构和功能的现代化方面取得了一定的进步，希腊的教育制度仍然是中央集权的、官僚主义的，在制定教育政策方面是命令主义的。依然存在教育平等问题，例如，在教育统计中清晰可见对妇女的性别歧视。尽管确定了把现代希腊的日常用语作为教学语言，但在通过翻译教授古典文学时仍一再地遇到以各种方式出现的语言问题、文学教学方法问题、语言贫乏和错误问题。

四年的师资培训和在职进修并不能恰如其分地满足现代希腊对未来的和现在的教师的需要，存在的问题例如有：教师专业化，教学实习，教学方法和学校教师，新的师资培训课程的开设。还存在其他一些问题，例如，不能适当地为有特殊需要的儿童安排特殊教育课程，主要在农村地区学校图书馆和其他学校设施的匮乏，缺乏组织得很好的纵向的实验研究。

新欧洲提出的挑战，要求希腊教育对新的智力需求和技术培训的必要性作出反应。新一代希腊人必须达到欧共体的教育标准：发展成人教育和继续教育，发展技术教育和职业教育，发展远距离教育和开放教育。在这种情况下可以看到教育的欧洲化趋势，关于民族和欧洲的认同感和公民身份的对话。希腊的教育制度本身确实尚未适应这一国际化的新的现实。

近年来希腊正在努力实现教育制度的现代化，但专家们认为，国家的教育危机继续存在。解决这些问题并非易事，但为了在激进的社会政治和经济变革的框架内勾画 2000 年前后教育政策的建议，在上述变化过程中对若干问题作出诊断是必要的。

希腊学制图

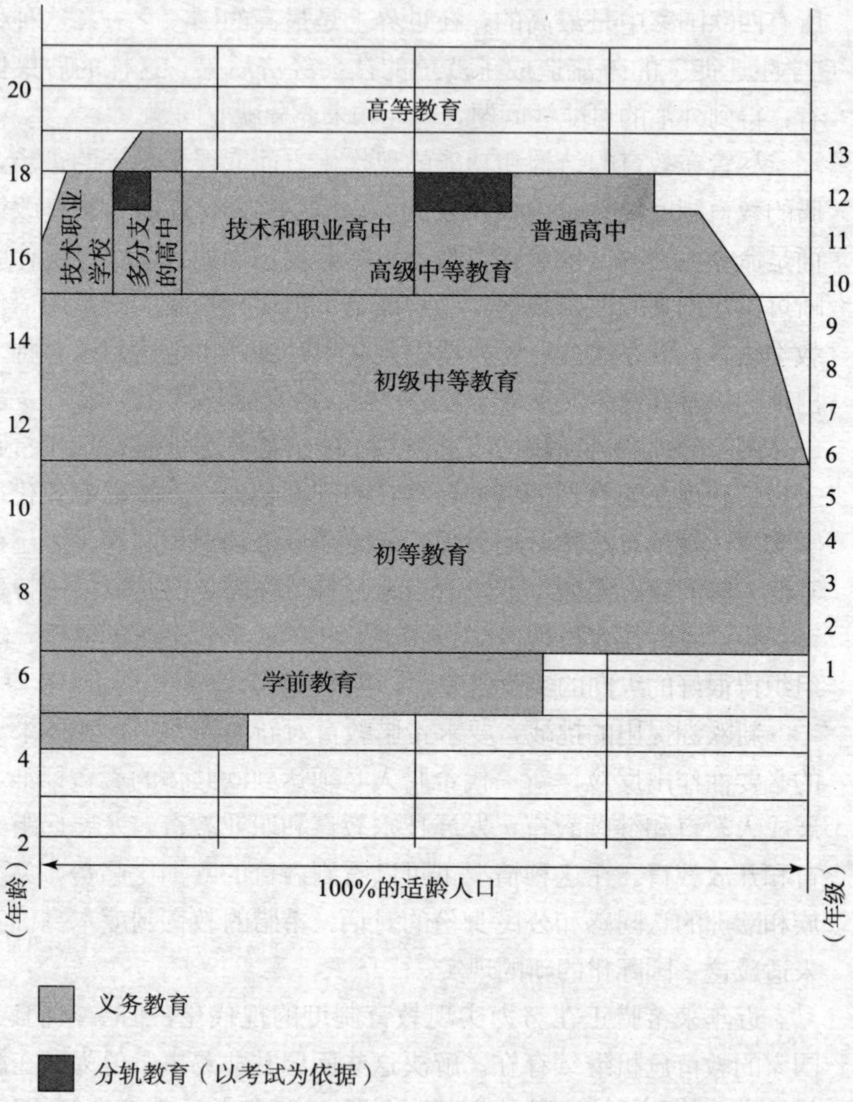

高等教育
技术职业学校
多分支的高中
技术和职业高中
普通高中
高级中等教育
初级中等教育
初等教育
学前教育
20
18
16
14
12
10
8
6
4
2
13
12
11
10
9
8
7
6
5
4
3
2
1
100%的适龄人口
（年龄）
（年级）
义务教育
分轨教育（以考试为依据）

主要参考文献

1. Bouzakis S. (1986): *Modern Greek Education 1821—1985*, Gutenberg, Athens.
2. Hussey J. M., ed. (1975), (1967): *The Cambridge Medieval History*, vol. IV: The Byzantine Empire, Part I: Byzantium and its Neighbours, Part H: Government, Church and Civilisation, Cambridge at the University Press, Cambridge, London, New York, Melbourne.
3. Jaeger W. (1964): *Paideia. La Formation de l'Homme Grec*, Gallimard, Paris.
4. Kanellopoulos C. N. (1996): Recent Developments in Greek Education, in: *International Journal of Educational Development*, 16/1: 65—77.
5. Kazamias A. (1990): The Curse of Sisyphus in Greek Educational Reform: a Socio-political and Cultural Interpretation, in: *Modern Greek Studies Yearbook*, 6: 33—53.
6. Kennell N. M., *The Gymnasium of Virtue, Education and Culture in Ancient Sparta*, The University of North Carolina Press, Chapel Hill, London, 1995.
7. Kourvetaris Y. A., Dobratz B. A. (1987): *A Profile of Modern Greece in Search of Identity*, Clarendon Press, Oxford.
8. Marrou H.-I. (1948): *Histoire de l'Education dans l'Antiquite*, Seuil, Paris.
9. Pyrgiotakis J. (1988): Schulreformen in Griechenland, in: *Studien und Dokumentationen zur Ver-*

gleichenden Bildungs forschung, *Deutsches Institut fuer Internationale Paedagogische Forschung*, vol. 39，Koeln，Wien.

10. Tarn W.，Griffith G. T. (1974)：*Hellenistic Civilisation*，London，Edward Arnold Publishers，Ltd.
11. Walbank F. W. (1981)：*The Hellenistic World*，Fontana Press，Great Britain.
12. Willetts F. R. (1969)：*Everyday Life in Ancient Crete*，London.

希腊克里特大学助理教授，哲学博士
安东尼·赫达基斯（Anthony Hourdakis）

第九章　印度

一、古代印度的教育（公元前 3500～1192 年）

印度教育源自《犁俱吠陀》（*Rig Veda*）。它由雅利安人中类似僧侣的部族所写，成书于公元前 1500 年左右。然而，在 20 世纪初的 30 年里，《印度考古学评论》（*the Archaeological Survey of India*）发现了大约可以追溯到 5000 年前的前雅利安文明遗址，这一遗址证明了埃及、亚述及古巴比伦古文明的发展。在旁遮普邦的哈拉帕（Harappa）和信德邦的莫亨焦一达罗（Mohenjo Daro）的考古遗址中也证明了另一同样以“印度河文明”著称的文化存在，因为它在印度河两岸繁荣，而且具有了古代城市生活的所有美好特征。在这一文明时期，人们都能够熟练地进行农牧业、商业贸易活动及精巧的手工艺活动。在陶轮、窑砖、坚硬物质红玉髓上的钻孔、金属铸造合成品这些物件上，我们可以看到这一时期技术知识方面的重要进步，而装饰品的完美设计，如附着于印章、精致石雕制作上富丽堂皇的浮雕人物则表现出了高度的美感。

毋庸置疑，多少世纪以来，印度河流域的人们就具有了一套高度发达的职业技术教育体系，以创造和保持如同他们许多世纪以来所创造的文明。但这是一种什么类型的教育，这种教育如何教，是通过家庭还是通过某种组织进行，还有它由谁来教？——对此我们都一无所知。因为没有任何证据，也没有一个像在埃及发现的纸草手卷（Papyrus Scroll）那样的文字性记录，而仅有的附着于大约五百个印章上的象形文字（pictorial writing）至今仍无法解读，这些印章大概是用于商业贸易的。因为文明在西北繁荣，因此文明的创造者很可能像后来的雅利安人那样都不是印度土著居民，而印度河流域文明与同期繁荣的苏美尔（Sumer，美索不达米亚平原的一个古国）和美索不达米亚（Mesopotamia）文明之间确实存在许多相似之处。

印度河流域的文明没能经受住雅利安人的进攻，公元前 2 世纪初雅利安人由于人口过多和牧场的退化离开了从波兰延伸到中亚的大草原上的故居，冲向西方、南方和东方。起初雅利安人在位于亚穆纳河和与萨特里日河流与之间的土地上定居，征服了当地的落后于印度河流域的文明的部落。在雅利安人中有一群有血缘关系的部落，他们的僧侣完善了祭祀场合赞美神时吟颂的经文的复杂诗文谱写技巧。由僧侣学校（priestly schools）创作的经文，通过口耳相传传给下一代。公元前 1000 年，这些经文得以收集整理成册，其中一个重要集子就是《犁俱吠陀》，它是印度教系列经典的第一部。《犁俱吠陀》由古典梵文的最初形式口头创作而成，它精选了以《吠陀本集》（*Samhita*）闻名的 1 017 篇经文，表达了对 33 个神的崇拜。33 个神按每组 11 个分成了 3 组，并赋予了他们相应的宇宙位置，分别处在天上、中间和地上。

这些经文是追求“最高真理”（the highest truth）的结果，也是基于修道者苦行的直接领悟的结果，经文强调沉思或称为“苦行”（tapas，原意为“受热”）的冥想，这是对一个哲人或先知者的要求。在祭祀时举行的集会上对这些最高知识进行讨论后，即以经文的形式编撰、呈现和保存这些知识，这时还必须采取一些措施以使这些知识能够被获得、保全并传给后代。这样，每一位哲人（Rishi）便是一位教师，他开始将自己掌握的经文知识传授给自己的儿子，于是，这些经文知识可能就成为了他家的特殊财产。每一个这样的哲人家庭，实际上承担起了一所吠陀学校的功能，它以自己所拥有的文学或经文知识教授学生。

《犁俱吠陀》是吠陀学校学习的最重要课程。在接下来的几个世纪里，三部甚至是更多的吠陀经添加到课程表上，这三部吠陀经分别是《娑摩吠陀》(*Sama*)、《夜柔吠陀》(*Yajuh*)、《阿闼婆吠陀》(*Atharva*)。《娑摩吠陀》经文主要源自《犁俱吠陀》，在身体献祭活动中一个称为 Udgatri 的特殊僧侣阶层会吟颂起这些经文；而那些《夜柔吠陀》虽然也多数来自《犁俱吠陀》，而且也包含某些最初的诗文格式，但它却是由在祭祀活动中执行指导工作的 Adhvaru 僧侣来吟颂；至于《阿闼婆吠陀》则是一本收集了歌谣、治愈疾病的符咒和神明，以及恢复和谐与驱除鬼神邪恶的文集。

《夜柔吠陀》反映了僧侣阶层的统治，在雅利安人移居东方恒河沿岸前达到了顶峰，当时雅利安人的部落组织形式变成了君主制度形式。每个首领都想让邻人服从自己，想凌驾于所有人之上，成为帝王。因此，他需要神灵的赞许，于是用祭祀仪式来讨好神灵。而要这样做离开了祭祀和婆罗门是不行的，因为只有他们才知道如何进行祭祀仪式。不仅国王需要婆罗门，雅利安人社会中的其他人也需要婆罗门，需要婆罗门在孩子诞生时、举行婚礼和丧葬活动时，以及在履行宗教义务所需要的其他场合下吟咏赞美歌。因此，实际上经过了几个世纪，在《犁俱吠陀》编撰成之后并在其他几部《吠陀》的编撰中得到反映之后，婆罗门阶层地位的提高过程才得到完成。吠陀文献都是散文，解释并阐述与祭祀有关的事情。祭司们把吠陀宗教搞得复杂化了，教义和宗教仪式开始占据统治地位。许多人希望在探索高级知识的过程中返回到《犁俱吠陀》的时代。他们离开了城市，生活在森林或洞穴中，在沉思中度日。为这些生活在森林中的苦行僧们编撰了《林中书集》。为那些沉湎于对灵魂和自我的概念进行哲学思考的人编撰了《优婆尼沙昙》①。

在古印度的容量极大的经典中或箴言中反映了六部《吠陀》的

①《优婆尼沙昙》，古代印度的哲学集。——译者注

内容。它们包含了语言、宗教仪式、语法、词源学、韵律学。

自从《犁俱吠陀》(公元前1500—公元前900年)被汇编成集之后接下来的几个世纪,四部吠陀经及它们的附录(Appendices)和六部吠陀《分集》(*the six Vedangas*)逐渐进入吠陀学校的课程。在吠陀学校,学生在12岁通过了启蒙仪式之后,经过Vamsha或家庭的同意及对个人优点能力评估后,就可以去接受教师的教育,这些教师称为“古儒”(Guru,教师)或阿者梨(Acharya,导师)。这些以婆罗门教的禁欲(Brahmacharin)闻名、过着禁欲生活的学生必须花将近12年的时间完成他们在吠陀学校的课程,然后才能回家重新进入家庭生活。在初始阶段,如果发现学生不适合在吠陀学校学习,就会送他们回去耕田、织布或其他任何被认为适合他的手工艺活动。

吠陀学校面向除了首陀罗(Shudras)或那些“不可接触者”(untouchable)① 之外的社会各阶层开放,即:婆罗门(Brahmans)——僧侣的最高阶层,刹帝利(Kshatriyas)——掌握军事大权的贵族,吠舍(Vaishyas)——从事商业活动的阶层。首陀罗和“不可接触者”就是那些最初被雅利安人征服的达萨人(Dasas)或非雅利安人(Anaryas),他们的主要工作就是为前三个阶层服务的。四部吠陀经是包括婆罗门在内的三个阶层的人学习的核心内容,婆罗门深入学习这些东西是为了在完成这些课程之后开设吠陀学校以垄断教学。同样,刹帝利阶层主要深入学习战术、管理及法律和秩序维护方面的知识。吠舍则学习有关商业贸易和农业的知识,课程结束之后继续从事各自的职业。那些不被允许学习吠陀经的首陀罗,则通过其家庭,在农业、放牧、牛奶场、纺纱织布,包括手工艺的各种技艺活动中接受指导而获得训练。他们为雅利安人的社会经济需要服务。自从阿谕维迪克(Ayurvedic)、入门仪式(Upanayana)② 向全社会四个阶层开放时,首陀罗获得了学习医学的权利。

---

① 不可接触者,指在印度受到严重歧视的种姓或部落,一般被看做“贱民”。——译者注

② Upanayana,指古代印度学生在教师的许可下开始学习吠陀的一种仪式。——译者注

阿谕维迪克科学在印度教圣典（Shastras）中从理论上或实践上都得到了开展，而且研究还覆盖了病理学、医学、外科手术、毒物学、蛇咬伤、验血和骨骼学等。那些学习特殊科目的学生必须求教于别的训练科目的教师以获得建议和实践性知识。吠陀学校也向那些需要从事入门仪式的妇女开放，这些妇女必须学习《吠陀》中的一些规定科目，以使她们能在社会宗教场合辅佐其丈夫工作。父亲的野心往往是希望看见他的女儿成长为 Vidushi 或一个有学问的女性，并找到一个与之相配的丈夫。在《奥义书》时代（the age of the *Upanishads*），出现了很多像圣人述祀氏（Yajnavalkya）的两个妻子之一的弥勒（Maitreyi）及其姑姑加尔吉（Gargi）那样有学问的女哲学家，其中加尔吉曾经在公元前几个世纪，在毗提苛（Videha）的贾纳卡（Janaka）国王宫廷参与跟当时的圣人和哲学家的讨论和辩论。

这些知识是如何传授的呢？通常，几个学生围着教师席地而坐，通过背诵教学，每天学生都要花好几个小时对吠陀经一节一节地复读，直到一节或更多的内容被掌握为止。在《奥义书》时代，在棕榈叶上及后来在金属盘上书写的技术都得到了发展，但是，把《奥义书》写下来，以及像以前被学生如同夏天暴雨过后一大群欢快得哇哇叫的青蛙一样通过死记硬背来学习《奥义书》的方式，都被认为是有罪的。不过，后来在《奥义书》的教学中有了一个恰当的变化，即经常通过问答的方式对教师或学生提出的问题进行讨论，或者通过教义问答故事、寓言和道德小故事的方式进行教学。这种松散的教学方法后来带来了逻辑学或经论（Tarka Shastra）的发展，这种方法类似古希腊苏格拉底实践的教学方法。

在吠陀学校，学生通过提供一些特定的服务获得免费的食宿，比如通过拾燃料、照看奶牛及农作物等来补偿教师。后来，一些富裕贵族家的学生可以通过在他们入学时支付一千卡哈（Kahan）的象征性学费而免除这些服务。在学习结束启程回家之前，教师会告诉学生他们的责任和义务，包括对吠陀的继续学习。不过，这些学生中的很多人对知识都有无限的渴望，因此他们会在全国漫游以寻访进一步求学的教师古儒，在一些祭祀场所举行的集会上与有学问的人进行辩论和讨论，参加在宫廷举行的讨论会并赢得以授予奶牛和土地形式的荣誉。

尽管《传承》（*Smritis*）① 的理想是一个教师只能带少数学生，但在旦叉始罗（Taxila）和贝拿勒斯（Benares）还是有多达 500 名学生的吠陀学校，这些学校的教师中包括大量高年级的学生，他们都由当地慈善捐赠供养的。贝拿勒斯或卡尚（Kashi）以其宗教研究著称，而远在西北的旦叉始罗则以其世俗研究而闻名，总之，这两个地方都吸引了来自远方的大量学生和学者。

到公元前 600 年，印度形成了一个吠陀学校网络，在这些学校里吠陀经、《吠陀分集》、阿谕维迪克科学及一些基本技艺等得以传授给社会各个不同阶层的学生。婆罗门僧侣阶层掌管着这些吠陀学校，他们不仅教授学生，同时也向社会不同阶层群体宣扬吠陀信仰。国王需要僧侣来统治他的王国，同样其臣民为了履行他们的社会职责也需要僧侣。我们看到，体现于宏大的《梵书》（*Brahmanas*）创作中的僧侣阶层的统治地位是怎样导致了以《森林书》（*Aranyaks*）及《奥义书》形式出现的反抗。如果说这种反抗来自婆罗门种姓内部，那么，很快一支更重要的反对复杂献祭仪式包括反对婆罗门屠杀动物的力量则来自刹帝利——在古印度雅利安社会，其重要性仅次于婆罗门的一个种姓。而由大雄（Mahavira）和佛陀（Buddha）领导的反抗导致了两个敌对教派的出现——耆那教（Jainism）和佛教（Buddhism），但后来是佛教更有力地动摇了印度婆罗门教的基础。

佛陀，公元前 566 年出生于一个贵族家庭，35 岁时通过在比哈尔（Bihar，印度北部一邦）菩提加雅（Bodh Gaya，印度东北部一城市）以古代圣哲的冥想（Tapas 或 Meditation）方式获得了彻悟。古代圣哲利用他们的超凡知识使他们向婆罗门或造物主靠近，而佛陀用他超凡的智慧来获取灵魂轮回带来的自由，由此而结束人类的不幸和苦难。他把这一境界称为涅槃。涅槃的境界并非通过感觉和

① 印度教一种经典著作。——译者注

自我折磨获得，而是通过“八正道”而达致，即“睁开眼睛，给予理解，心境平和，达致智慧，彻底了悟，最后达到涅槃”。佛陀的教义构成了他有生之年确立的僧院规则基础，他 80 岁涅槃。佛教教育面向所有四个种姓的人开放，而且还包括出世的女性。一旦一个人接受了佛教的秩序，他就失去了其原有的种姓和身份而成为了以平等、博爱原则为特征的组织中的一员。对 8 岁以上儿童开放的允许入学的第一阶段称为“帕伯伽”（Prabrajya or Pabbajja），入学时要穿上标志等级的黄色或橘黄色长袍，进行礼仪性的剃头，接受十条规则或戒律并戴上三种宝石：佛陀（Buddham Sharanam Gachchhami）、大法（Dhamman Sharanam Gachchhami）和僧伽（Sangham Sharanam Gachchhami）。预备圣职任命之后，被认为是 shraman 的孩子们在经过较长一段时间学习并年满 20 岁后，在得到了修炼 10 年以上的僧侣中多数人赞同下并举行了一个由僧院中所有僧侣参加的称为乌帕沙姆帕大（Upasampada）的仪式后，这些孩子们就具有了等级中完全成员的资格，成为“比丘”（Bhikkhus，和尚）。

僧侣课程包括对 Suttanta、大嘛（Dhamma）和唯纳耶（Vinaya）的学习和那些主要以口头传授的 Suttas、Sutta Vibhanga。因为佛教徒都来自国内不同地区，使用不同的方言，因此有人建议采用梵文（Sanskirt）作为共同的交流媒介，但是佛陀坚持允许使用本地方言教学。在佛教学习体系中非常强调辩论和讨论，以使僧侣获得传播佛教的必要训练，从印度教和耆那教中赢得皈依者。

佛教的学习体系如同婆罗门教一样，也要求学生为教师义务服务，将其作为教育的一部分。而作为回报，教师必须在其职责范围内通过教学，通过给学生设疑、劝戒、教诲等方式尽其所能地给予学生学识和灵魂上的帮助与指导，并在学生一无所有时给他生活必需品的帮助，如将其衣钵赠与他们，当学生生病时教师应当给予他们照顾。这样，我们见到的佛教教育体系的组织单位便是，生活在一个普通教师监护下的年轻比丘或僧侣群体。这些教师（Upajjhaya or Achariya）独自承担起对学生的健康和学习、行为与道德，以及对精神提升的责任。

起初把一个僧侣独居的房间称为维哈拉，后来这个名称延用来称呼住着许多僧侣的大房子。维哈拉是一栋大房子，里面有若干间卧室、会议室、餐厅、浴室，屋内都有健康生活所必须具备的家具。当然，管理好这样的学习场所是一件复杂的工作，必须善于管理。这就使僧侣们有可能参与世俗的实际的事务，虽然只是暂时地摆脱纯宗教的操练。寺院里的大部分职务是由选举产生的，但是一些最重要的决定，例如，接纳或开除某人的决定，只能由高级僧侣会议做出决定。寺院生活规章含有民主的因素，甚至佛陀本人都参与了规章的制定。这一规章的榜样可能是生活在北比哈尔菩提加雅的部落的生活制度，这一制度就其本质而言是民主的，佛陀本人就是属于这一部落的。

自从佛陀产生后，是佛教学校而非吠陀学校开始大量吸引新的信徒。生活中人人都会经历痛苦悲伤，佛教给这些苦难者提供了慰藉，正是这一点，加之信徒通过自己的方言易于理解佛教，佛教像野火一样广泛传播开来。佛教寺院之门总是对所有种姓和信徒开放的，而且其教义倡导与世无争，依靠信徒或者是优婆塞（Upasakas，善男）、优婆夷（Upasikas，善女）的施舍生活，这些信徒或善男善女都情同手足——这也是一种宗教义务。的确，正是其教义中的简单生活吸引了很多人信仰它。在唯纳耶经文里，就叙述了很多有关人们接受教义而解决了他们再生问题的故事。然而，并不仅仅是得到了信徒的支持，而且还得到了国王和皇帝的支持（作为刹帝利的国王和皇帝都喜欢佛教），这导致了佛教和佛教学习场所在印度各地及国外的繁荣和推广。而佛陀本人也获得了摩揭陀国王频毗娑罗（Magadhan king Bimbisara）的道义支持。在频毗娑罗国王死后约200年，阿育王（Ashoka）建立了一个从喀布尔（Kabul）到卡纳塔克邦（Karnataka）、从古吉拉特（Gujarat）到阿萨姆邦（Assam）的帝国，这使佛教更广泛地传播开来。出生于传统刹帝利家庭并有着婆罗门教信仰的阿育王，公元前269年继承了父亲频头娑罗（Bindusara）的王位，但他却成为了一个虔诚的佛教徒并将佛教信仰向印度四周及国外推广。因此，在阿育王时代，佛教不再是一个简单的印度教派，而开始成为了一项世界性的宗教事业。

随着佛教的发展，从阿育王时代起，佛教学校也开始了它的辉煌时期并持续了很多个世纪，在这一过程中伴随着偶尔的消长。它的衰落始于具有婆罗门教信仰的国王——普什亚密多罗－撰伽（Pusymitra Sunga）的叛乱，他夺取了阿育王之后一个软弱继承者的王位，使印度进入了迦腻色迦（Kanishka）国王统治的贵霜王朝（Kushan）——一个国外王朝统治了印度，这时是公元前 232 年阿育王死后的孔雀王朝（Mauryas）帝国衰落之后。公元 320 年笈多（Guptas）掌握政权，建立了一个类似孔雀王朝的接受传统婆罗门教的帝国，但他们不是敌对的宗教迫害者。正是在笈多王朝统治时期，如法显（Fa-Hien）所见证的，当时一些佛教寺院赢得了国际声誉，吸引了许多邻国特别是中国的学者，公元 399～414 年，法显在从西北 Udyana 到东部耽摩栗底（Tamralipti）的旅行中发现了大量的佛教僧院。这些佛教文化的大本营和散布点不仅使佛教得以继续支持这个国家，同时也使它在各个不同部分之间传播。正如我们所看到的，公元 5 世纪初法显旅行至印度，5 世纪下半期则是匈奴人（Huna）的入侵，匈奴人较早地占领了大夏（Bactria，亚洲西部一古国）。后来，早期的希腊人、萨卡人（Sakas，伊朗北部干草原的一个早期游牧民族）、贵霜人（Kusans）也越过山脉，入侵印度平原。随着笈多王朝的衰落，从公元 500 年左右开始，印度西部大概有 30 年时间处于匈奴的统治之下。匈奴人是佛教的残酷迫害者，因此佛教学校遭受了重大打击，但当曲女城（Kanauj）成为印度北部文化中心时，佛教学校又重新繁荣起来，当时印度北部处于戒日王（Harsha）统治之下。戒日王于公元 606 年登基，时年 16 岁。戒日王统治了从卡提瓦半岛（Kathiawar）到孟加拉的整个印度北部的大部分地区，政权维持了 41 年。在戒日王统治后期，另一位中国的朝圣者玄奘到印度取经。他游历印度各地，发现佛教思想通过大量的学校教育体现出来。每一所学校包括数个僧院，每所学校在教义、规则学习中都有专攻。玄奘估计，正常运转并由僧侣主持的僧院大概有 5 000 所，参与修道的人数则达到了 212 130 人，其中 107 930

人信仰小乘佛教（Hinayana），其余信仰大乘佛教（Mahayana）。玄奘在旅行途中，曾在好几所僧院中逗留，这些僧院都是学习场所，要么以其教师著名，要么以他们的图书馆和稀有藏书著称。

在玄奘进行过高深教义学习的寺院中，那烂陀（Nalanda）的一所寺院不仅有来自印度各地的学生，同时还有来自中国、日本、朝鲜、吐蕃（Tibet，即后来的中国西藏）、苏门答腊、爪哇和锡兰（Ceylon，即今天的斯里兰卡）的学生。另一位中国旅行者义净（I-Tsing）于672年来到印度，并在那烂陀待了10年之久，他也见证了在那烂陀的留学生状况。那烂陀大广场可以容纳几千学生，这也表明在戒日王时期，佛教教育达到了顶峰。但是，正如我们曾经了解到的，佛教僧院对所有阶层都开放并依靠信徒捐助维持，也正因为这一点，佛教徒中僧侣的成分复杂导致了僧院情况的恶化和衰落。同时，如果处于不支持佛教或非佛教信徒的国王和君主统治时期，这时就会发生信徒捐助不到位的情况。在曾经一度统治西印度的佛教迫害者匈奴国王支配的笈多王朝的300年时间里，笈多人都是婆罗门教信徒，他们耗尽了自从公元1世纪分裂成两部分（大乘佛教和小乘佛教）后一直内耗不断的佛教的生命力。后来，通过对小乘思想的经部（Sutrakars），比如摩奴（Manu，印度神话中的人类祖先）的各个部分进行自我更新改革的婆罗门教和婆罗门教育体系又开始逐渐吞灭了佛教。从中国旅行者的叙述中我们可以了解到，佛教教育体系被一个新建的初等教育体系所领导，这个初等教育体系本质上是婆罗门教性质的，包括天文学、占星学、哲学、《往世书》（*puranasa*）和医学。婆罗门教经典在更高一级的教育中通过梵文传授，之所以要求统一使用梵文主要是反对佛教给予每个僧侣可以用自己的方言进行学习的便利。印度佛教的最后结局是，被来自中亚的穆斯林入侵者所驱逐，这些穆斯林破坏和掠夺了几乎所有的佛教僧院，包括在过去几乎曾经名播800年的比哈尔的那烂陀和公元12世纪孟加拉的超戒寺。

二、中古时期印度的教育（1192～1757年）

抢劫掠夺了印度部分地区的伊斯兰教入侵者破坏了几乎全部的寺庙和佛教僧院，他们逐步安顿下来并统治了印度近700年。在1192年的塔拉因（Tarain）战役之后，一种新的宗教诞生了，世界历史力量的又一部分得以产生。这种新的宗教——伊斯兰教由先知穆罕默德（Muhammad）创立。公元570年，先知穆罕默德生于麦加，他唤醒了坚定不屈的阿拉伯人要求解放的能量和热情。在他的后继者即巴格达哈里发（Caliphs）的领导下，公元632年，伊斯兰军队四面出击，随后伊斯兰旗帜飘扬到从伊朗到西班牙的许多国家的上空。公元712年，阿拉伯人在穆罕默德·依本·卡西姆（Muhammad-ibn-Kasim）领导下打败了婆罗门王室国王达希尔（Brahmana King Dahir），占领了信德，但是阿拉伯人的进一步推进遭到了顽强抵抗。不过，伊斯兰武装通过著名的印度西北部（这个地方早在公元前326年就遭到了马其顿国王亚历山大的入侵）重新进入印度。后来，伊斯兰入侵者于1192年在印度穆斯林占领区建立了自己的基地。

现存的婆罗门教和每况愈下的佛教教育体系都无法满足伊斯兰武装占领印度后社会政治经济的需要，德里苏丹①或多或少地以伊斯兰教教义为基础建立起了强有力的政权。在他们统治初期，在印度的伊斯兰统治者得到了各地专家的帮助，这些专家或者是从家乡来到印度跟随他们，或者是后来定居印度，而印度能给这些专家提供相对于他们家乡更好的条件。

伊斯兰武装中总是伴随着宗教，而且伊斯兰宗教教育和学习占有重要地位。按先知穆罕默德所说，“学者的墨水比烈士的鲜血更神圣”，“父母给予孩子最好的礼物莫过于给予孩子好的自由教育”。先知劝诫人们说：对基本义务与错误行为、错误宗教和非宗教的辨别

① 苏丹（Sultans），为某些伊斯兰教国家最高统治者的称号。——译者注

只有通过知识才能完成，“获取知识是所有忠诚者义不容辞的责任。知识是甜美的甘露，如果没有它拯救是不可能的”。因此对几乎总是紧挨圣地或清真寺的麦克台卜①、马德拉萨②的建设，被所有虔诚的穆斯林视为神圣职责。穆斯林的统治者、隐士和普通的人都认为，教师和学生是神圣虔诚的。像 Hazrat Sheikh Isa Dehalwi 等许多人在表达他们最后的愿望即希望埋葬在什么地方时，都表示愿意埋葬在马德拉萨学生放鞋的地方。

在虔诚的穆斯林中，这种对学习的谦恭态度几乎是所有印度穆斯林统治者的特点。他们都是虔敬的穆斯林，他们一丝不苟地读《古兰经》（*Koran*）并把自己看做巴格达哈里发的代表和先知的继承者。因此，随着穆斯林对印度的征服及其政权的巩固，清真寺建筑代替了被毁坏的佛教寺庙、Vihars，这个过程甚至在库特卜—乌德—丁·艾伯克（Kutb-ud-din Aibak）之前就开始了，在 1192 年塔拉因战役之后，穆罕默德·古尔（Mohammad Ghur）就拆除了在阿杰米尔（Ajmer）的寺庙并在那里建立了清真寺，同时，命令他的指挥官哈勒吉（Bakhtiyar Khalji）毁坏了在那烂陀和 Vikramashila 的寺院，烧掉了无法用价值衡量的图书馆并残忍地屠杀了无辜的僧侣和学生，并在这些地方建立了附设有学校的清真寺。

麦克台卜是主要的教育场所，当地的孩子可以在这里接受初等教育，但是富裕阶层的家庭通常是雇用教师在家里教育他们的孩子。伊斯兰初等教育的主要目的是通过让孩子们读写而学会字母，能读《古兰经》，进行祈祷。如同在婆罗门教和佛教的教育体系中一样，满四岁四个月四天的孩子的教育将以一个称为“真主啊”（Bismillah）的正式仪式开始。一开始，孩子们通过视听被授以原本，接着学习《古兰经》的第三十章以及像 Pandenamah、古利斯坦（Gulistan）、博斯坦（Bostan）那样的萨迪（Sadi）的作品。孩子们每天花四五个小时学习写作技巧和“填鸭式”地练习波斯语语法，同样多的时间精力则用来练习书法和练习读准波斯语原著。孩子们也学

① Maktab，伊斯兰教小学，也称经文学校。
② Madrasah，伊斯兰教高等教育机构，也称经文学院。

习一些基础的算术和诗歌作品，比如像 Yusuf、Zulekha、Laila、Majnu Sikandarnaman。然而，王子和皇室家族成员是不进入麦克台卜上学的，他们待在家里，在父亲的眼皮底下，由一个宦官负责他们的教育。他们被教授如何用阿拉伯语和波斯语读写，同时锻炼身体以备军事训练，教育是在平等、法律、正义和伊斯兰宗教原则下进行的。按照伊斯兰教教义，孩子们在平等原则下接受教育，还被教导“为了国家的利益，他们有一天可能要去治理国家”。

在麦克台卜完成小学教育的学生，符合条件的可以进高一级的马德拉萨学习，后一级的入学没有正规的仪式要求。马德拉萨通常都是由统治阶级建立，其教育浸透了宗教精神，并依靠赠地或特定数额的资金维持运转，但是学校管理权限并不在政府的手里，政府只是在某一特定地方为寻求接受高等教育的学生提供食宿。但是，政府往往通过为学生在马德拉萨完成几乎持续 10～12 年的学习之后，提供在行政部门就业的机会来鼓励他们学习。在马德拉萨，高等教育兼有世俗性与宗教性。世俗课程包括诸如阿拉伯语和波斯语、散文、文学和逻辑、哲学、法律、占星学、算术、历史、地理、医学和农学等科目。而宗教课程则强调对《古兰经》全面而深刻的学习，对先知穆罕默德在《古兰经》上的传说及伊斯兰法律的评注，有时也强调对（伊斯兰）苏非派（Sufi）教义的注解。因为从印度教皈依伊斯兰教的人数逐渐增多，而且他们都需要接受伊斯兰教教育，因此在马德拉萨里出现了宗教课程主导高等教育的局面。

在麦克台卜和马德拉萨，教学都采用阿拉伯语和波斯语。但我们知道阿拉伯语或波斯语都不是德里苏丹或权贵阶层（Mughals）的母语，他们的母语是突厥语（Turkhi）。之所以采用阿拉伯语和波斯语教学，是因为这两种语言与先知穆罕默德及繁荣于巴格达的伊斯兰教文化有关。许多德里苏丹都是宫廷里有专著、乐于资助教育的有学识的人。来自印度帝国内外的学者、艺术家、诗人、建筑师、营造商进入宫廷及邦政府，政府鼓励用阿拉伯语和波斯语创作的文学、艺术，以及包括医学和天文学在内的科学知识。德里苏丹的宫廷变成了学习和文化的真正中心。这样，阿拉一乌德一丁·哈勒吉

(Ala-ud-din Khalji) 的德里朝廷成了“巴格达的羡慕者、开罗的竞争者，并与君士坦丁堡地位平等”。与阿拉一乌德一丁·哈勒吉同时期的统治者 Amir Khushrau，生长于印度，作为杰出的波斯学学者在国内外享有盛誉，可以说他就是印度麦克台卜和马德拉萨教育体系的产物之一。

由德里苏丹建立起来的传统以巴布尔（Babar）为开端通过权贵阶层延续下来。德里苏丹中最为杰出的是16世纪下半叶的那位阿克巴（Akbar），他的宫殿中有许多当时最优秀的学者。虽然阿克巴本人是个文盲，但他高度赞赏学识并鼓励学识的发展。这位杰出的国家领导人出于维护国家稳定的目的，制定了信教自由的政策，甚至还引进了新的宗教。从阿克巴开始，麦克台卜和马德拉萨不再仅仅只向那些能够获得在国家重要位置任职必要资格的印度教男孩开放。而且，通过确立新的手段与将许多梵文著作翻译成波斯语的方式，梵文知识也进一步得到了支持。阿克巴的宗教宽容政策在某种程度上被他的继承者所继续。从1658年起蒙古帝国的统治者执行了不同的宗教政策。作为伊斯兰学识的信仰者他于1669年发布命令，根据这些命令，各省的总督下令摧毁印度寺庙，以便腾出地方来建设附设麦克台卜和马德拉萨的清真寺。背离阿克巴的政策对国家的发展产生了消极的影响。

然而，破坏寺庙取而代之以附设麦克台卜和马德拉萨的清真寺，这并不意味着印度教教育的终结，因为从《犁俱吠陀》时代开始，印度教教育就不像佛教教育那样仅集中在寺院，而是在寺庙与僧侣家庭里同时开展。在中世纪，印度教教育非常发达，并影响了伊斯兰教教育；同时，在这个过程中，它也受伊斯兰教教育的影响，而且两者相互影响，都获得了极大的丰富发展。对此，达拉·舒科（Dara Shukoh）提供了一个经典例子。达拉·舒科是贾汉沙（Shah Jahan）的长子，在1657年9月贾汉沙重病时爆发的争夺继承权斗争中，他被其弟弟奥朗则布（Aurangzeb）谋害。达拉·舒科精通阿拉伯语、波斯语和梵文，撰写了一些名著，包括《奥义书》波斯语译本、《薄伽梵歌》（*the Bhagavat Gita*）、《瑜伽·瓦西什塔·罗摩衍那》(*the Yoga Vasishtha Ramayana*)、穆斯林圣徒列表，以及几本有关苏非派哲学的著作。

穆斯林统治者与权贵阶层建立麦克台卜和马德拉萨，与其说是他们对其统治下的人民接受教育的责任的一部分，不如说是他们对伊斯兰教的义务的一部分。时断时续的战争充斥了整个穆斯林在印度统治的651年，因此，穆斯林统治者没有足够的精力专心致志地投入宗教事务。建立学校的统治者通常以捐赠地产的方式维持学校运转，但是这就产生了这样一种情况：地产被没收用来应付行政上的紧急需要，譬如，阿拉-乌德-丁·哈勒吉就是一个例子，他收回政府捐赠给伊斯兰教育机构用于维持运转的财产，以重建他的军队、增强军事力量。因为麦克台卜和马德拉萨的命运都要取决于穆斯林统治者和富裕阶层的捐赠，这样，当随着创办者去世或继任者不能给予支持，这些捐赠就得不到维持，学校的命运就会受到极大的影响。于是，教师和学生就不再去这些学校，它们被留待给时代去摧毁。

在奥朗则布（Aurangzeb）摧毁大量寺庙代之以清真寺、麦克台卜和马德拉萨时，伊斯兰教育达到了它的全盛时期。但是，在1707年他死后，这一切便开始衰退。由于缺乏能够统揽庞大穆斯林帝国大局的后继者，面对马拉地人（Marathas）、锡克教徒（Sikhs）、贾特人（Jats）、拉其普特人（Rajputs）的起义，德干（Deccan）、孟加拉和奥得（Oudh）地方政府的叛乱，以及纳迪尔沙（Nadir Shah）带领的波斯入侵者和艾哈迈德·沙·阿卜达利（Ahmad Shah Abdali）带领的阿富汗入侵者的威胁时，帝国开始分裂。随着莫卧儿（穆斯林）帝国的衰落，相应地，它的商业贸易、工农业也开始崩溃。除这种发展之外，欧洲贸易公司与他们为争夺贸易霸权地位的竞争，以及与印度当权者的争端乃至战争的现实，更进一步加剧了印度国内的社会经济和政治局面的变化。在1757年的普拉西（Plassey）战役和1765年的布克萨尔（Buxar）战役后，英国东印度公司（East India Company）及其在加尔各答的总部要求在东印度即孟加拉、比哈尔、奥里萨三个邦的领土权。在接下来的几十年，通过与欧洲殖民者和印度国内力量的周旋，一个极权式的君主政权在印度出现了，直到1857年它才成为有名无实的穆斯林政府。在那时，其控制范围仅限于德里和帕拉毛（Palam）。

三、现代印度的教育（1757～2000年）

在1757年、1765年战争之后的几十年，英国东印度公司实现了从商人到统治者的转变。在中世纪，正是在马德拉萨传授的穆斯林高等教育以及在陀儿（Tols，婆罗门教的学校）和Chatuspathis传授的婆罗门教教育能够经受前一统治而存留下来，这吸引了东印度公司一些高级官员的注意。这些官员虽然在数量上并不多，但他们在东印度公司花了大量精力。他们不但经受了印度气候的考验，而且还培养了对印度很多事物的兴趣。1784年，设在孟加拉的旨在对亚洲的历史、文物、艺术、科学及文学进行调查的“亚洲学会”（Asiatic Society）成立，并开始将有关调查结果登载在该学会的刊物上。

1813年，《东印度公司特许状》（*the Charter Act of East India Company*）更新时，在印度人中传播教育的问题也被提出来，这一动议引致的条款是由在加尔各答的一个前总督在议会中提议并在稍做修改后得到通过的。这一条款授权总督每年拿出专款用于印度文学的复兴和提高，鼓励印度本地学者，以及在英属领土上的居民中引入和改进科学知识。十年后，因为获得一大笔来自英属领土的剩余收入，这时一个包括十名对“东方学”（oriental learning）感兴趣的成员的委员会成立。该委员会开始花钱重建原有教育机构并新建学校，聘任东方学者将英文书籍翻译成阿拉伯文、波斯文和梵文，同时还承担起了“东方学”文稿的印刷和出版任务。然而，该委员会推广“东方学”的活动很快遭到了来自英国国内和印度有关力量的抵制。在英国，支持实用教育的功利主义派以米尔父子的观点来坚定地维护自己，大米尔（James Mill，1773—1836）是《英属印度历史》（*History of British India*）的作者，他的儿子小米尔（James

Stuart Mill，1806—1873）曾经在东印度公司总部工作。自1813年起，在印度，一些热衷于西式教育的传教士迎合他们的需要，而且接受过西式教育活动的印度年轻一代，在国家政治发生急剧变化的时期很容易用物质利益的标准来评价它的好处。在大概花了十几年的时间去分析讨论印度教育到底是采用西方模式还是东方模式后，在委员会多数成员都是受边沁（Bentham）和米尔的功利主义思想影响的年轻人的情况下，决定最后出台了。在本廷克（Benlimck，1828—1835）的压力下签署了1835年法，该法规定，英国政府的主要目标应该是在印度居民中提倡欧洲的文学和科学，所有教育拨款只能用于英语教育。这一决议被认为是印度历史上一项重要的决定，更不用说在印度教育历史上了。这一法律不仅使欧洲向印度开放，同时也使印度向欧洲打开了大门。它宣告了印度在不久将来影响深远的社会经济和政治变革的来临，因此它成为了现代印度史上的里程碑。然而，这一法律很快受到了挑战。三天后，至少有三万人在一份请愿书上签名，代表了马德拉萨和梵文学院学生的利益。请愿书写道，对英语教育的专有资助将是将印度人民完全英国化的第一步。但是，这一争论在1848年达耳豪济（Dalhousie）就任印度总督时失去了力量。达耳豪济观察到自从英语被定为政府教育的法定语言后，为阿拉伯语、梵语或波斯语的辩护甚至比排斥异教更厉害。达耳豪济的执政直到1856年。他的执政是非常出色的，因为他不但统一合并了在印度的英属领土，而且他在印度的各种教育试验奠定了印度现代教育制度的基础。1847年建立了国民技术学院（Civil Engineering College）。那时铁路和电报工程项目开始运作，旨在监督公路和灌溉水渠建设的公共事务部（Public Works Department）也建立了。那时，急需技术人才，为了满足这种要求，达耳豪济在他的英属印度三个管区的每个管区内计划建立一所国民技术学院。同时，他也支持印度的其他学校，他还是第一个支持女子学校的官员。在1849年，加尔各答马德拉萨改革，印度教学院（Hindu College）被改组为加尔各答管理学院（Presidency College at Cacultta），新学院面向各阶级、种姓和信仰的人开放。达耳豪济希望新学院有一天能发展成为一所印度大学。也是在达耳豪济的任期内，1854 年《教育急件》（*the Education Despatch*）颁布。《教育急件》通过补助金计划支持建立大学和教育机构。补助金计划资助的条件是：所有学校都实行与宗教无涉的世俗教育；有良好的地方管理；接受政府的监督。

但事与愿违，政府并没有控制教育领域，也没有通过补助金计划建立一个大众教育体系。实际上，由于强调中等教育和高等教育的发展，初等教育受到了忽视。这种现象产生的原因可以追溯到 1855 年以来国家对教育发展的态度，并且基督教传教士们加速了这一现象的发展。传教士确信，而且他们也发现，他们已经无法通过在补助金计划上建立的教育体系达到渗透民众的目的。1858 年签发的《女王宣言》使传教士更为苦恼，因为宣言保证不干涉英属印度人民的宗教事务。1882 年，当里彭（Ripon）成立第一个教育委员会时，评论更多的是出于对将西方教育的丰富遗产向越来越多的人开放的极度愚蠢做法的关注，而不是出于对传教士的同情。然而，里彭教育委员会提出了一些有价值的建议，如关于职业教育、成人教育和妇女教育的问题，建议从中等教育和高等教育撤回政府资助，并将初等教育的责任交给英属印度新产生的地方政府负责。同时，委员会通过的另一项建议给传教士的热情泼了一盆冷水，这一建议是“对教会学校的支持不变，而具有高等教育性质的院校机构不应转为传教士管理”。

接下来的几十年里，印度高等教育的扩张加剧了受过教育的印度人的失业现象。在公共服务领域机会的缺乏自然迫使很多人转向自主职业，如教育、法律、新闻和医学。正是这些人成为了 1885 年印度国民大会（the Indian National Congress）的主力，而国民大会也成为了表达对英国统治日益不满的安全阀。印度总督寇松（Curzon，1899—1905 年任职）在 1901 年通过了《印度大学法》（*the Indian Universities Act*），这一法律要求对在加尔各答、孟买、马德拉斯（Madras）、拉哈尔（Lahore）和阿拉哈巴德（Allahabad）的原有大学进行激进变革，并通过授权政府支持这些大学评议会作出的决定进行补充、修改的权利，由此而将它们纳入政府管理之下。寇松还签署了《印度教育白皮书》(*the White Paper on Indian Education*),以缓解大学改革在受过教育的印度人中造成的压力。

然而,寇松 1905 年分离孟加拉的紧急决议进一步激化了反对大学改革的受过教育的印度人的对立情绪。受过教育的孟加拉人解释说,这是一种违背他们意愿的分离行为,因此孟加拉人万众一心抵制这一行动,并为此承受了痛苦甚至是牺牲。一种新的声音、新的视角、新的维度进入了闻名迄今的印度国民运动。反分离运动很快从传统的寻找精神支柱中脱离并超越出来,由原来有限直接的目标扩展为争取自治(Swaraj,司瓦拉吉)的运动。在孟加拉,学生纠察员将联合抵制政府控制教育的运动推向高潮。然而,民族教育的命运必然与反分离运动联系在一起,1911 年取消孟加拉分离平息了高涨的民族主义浪潮,反分离运动的风潮也减退了,民族教育的热情也就这样消失了。

甘地(Mahatama Gandhi,1869—1948)和泰戈尔(Rabindranath Tagore,1861—1941)维持了民族教育的活力。甘地在英国接受司法教育后在南非工作了二十多年,在那里他成为了印度移民反种族歧视运动的领袖。在那个时期,他完整地学习了列·托尔斯泰(Leo Tolstoi)的著作,他把托尔斯泰看成他的老师和精神之父。在约翰内斯堡(Johannesburg),他以“托尔斯泰农场”的名义为印度人建立了一个定居点,在那里实践自己的新教育观念。1915 年返回印度后,甘地从 1930 年始领导民族解放运动。多数人参与解放运动、非暴力及追求真理是甘地教育理论的主要思想。毫不夸张地说,甘地不愧为 20 世纪最伟大的教育家之一。他的教育学著述包括 400 多种书籍、文章和演讲。在南非和印度,由他创办的教育机构的活动得到了广泛认可。在英国殖民化背景下,甘地提出了人道主义的出路,通过非暴力和平手段及对众多受苦受难印度人民进行教育的方式争取独立。甘地认为,不是英国人的手枪而是本国人民的不识字会使印度处于奴役境地。对印度儿童实行单纯的英语教学,将导致他们对母语遗忘这样的消极现象。教育展示了一条争取独立的道路。

1930年，甘地领导了全国的国民不合作运动，近八百万名师生参加了联合抵制学校的运动。作为反抗的标志之一，进入大学的年轻印度人数量下降了3.7万人。广大印度民众通过非暴力手段参与争取独立的斗争是他的计划的基础，在这一计划中教育问题占据了主导地位。甘地严厉批评现存印度学校教育不给予正在成长一代以知识，不为他们的生活作准备。甘地反对为教育而教育，认为教育意味着能使一个人有道德和坚强意志。甘地教育理论中另一个重要思想是，要极大地尊重民族传统。甘地号召教师将教学转向丰富的印度历史，比如蕴藏了大量智慧的《摩呵婆罗多》（*Mahabharata*）①、《罗摩衍那》（*Ramayana*）②及其他教育资源。甘地写道，应该让年轻人知道古代印度的乡村活动、卫生学原理及关于治疗的知识和技术；学校应该最大程度地进入国家现实生活；印度是一个农业国，年轻一代应该掌握田野工作，如纺织。

在一些研究印度历史和教育的文献中，有人批评甘地号召教给孩子们诸如农业和手工纺织的一些技术，因为他们认为印度经济发展要求将注意力放在重工业上。然而，我们不能忘记，甘地是在寻求新教育范式的时代工作，当时“学习学校”（school of learning）正被“行动学校”（school of action）或“做中学”（learning by doing）所代替。在这种情况下，甘地的教育思想便是，学校应该为学生的成人生活需要作准备。他认为，帮助学生获得诸如手工纺织这样的实际技能，可以使他们生产出一些产品来补贴部分教育费用，并在学习结束后用以谋生。正因为这一点，甘地基于以下原则发展了他的民族教育计划：学校必须服务于普通人的需要；教育必须服务于人民的利益；学校教学必须用母语；恢复印度的教育传统；学习伦理价值观，应该给予它比宗教价值观更重要的地位。他主张在教育的第一年，应该通过教师讲故事及与学生对话的形式进行口语教学。最后，他还认为，学校不是一种通往未来职业位置的工具，而是形成个性的途径。

---

① 一部印度古代梵文叙事诗。
② 印度古代两大梵语史诗之一。

甘地猛烈地批判了希特勒、墨索里尼、日本和英国的学校以暴力对待学生的个性。他认为，学校应该建立在非暴力和对学生个体尊重的基础之上。他说，如果想要在印度点燃自由的火苗，那么首先就要进行教育革命。甘地并非一个民族主义者，他也研究蒙台梭利（Montessori）、拉斯金（Raskin）和其他西方教育家的著作。甘地认为，教育者应该知道他们教育活动的实际结果，但国民学校（national school）应该建立在民族传统之上，换言之，应该将尊重其他民族与尊重自己的文化结合起来。

与甘地一样，泰戈尔也认为，反对殖民学校政策的行动是印度争取民族自由和复兴的基础。泰戈尔的教育思想是基于古代印度抚养教育年轻一代的传统而来的。但与甘地相反的是，泰戈尔号召更多地研究和应用西方教育学成就。他曾就学于英国，比较了解教育方面的新事物。他号召印度教师更多地尊重学生的个性、年龄特征和孩子们的心理特质，坚持将教育过程与日常生活联系起来。在自己的教育著作里，泰戈尔表达了他的民主思想，即教育不应是少数人的特权；知识只有为全体人民服务才是有用的。1905 年，泰戈尔在其父亲住处建立的尚蒂尼克坦（Shantiniketan，意为“和平之乡”）学校闻名于世，在这一所学校实践他的课程和教材。他希望这所学校能影响印度的乡村地区，因此，1921 年他建立了学校的一些分支机构：农业发展学院、农民医院、职业夜校。泰戈尔将他的实践活动作为将来印度教育的模式。他认为，本民族语言是学校教育的基础。《奥义书》的思想是他的教育基础，它的最终目的是友爱、和平与协调。泰戈尔学校有来自几个地区的学生。在这所学校里，并不关心学生的种姓，所有学生都在他们的社区参加社会工作。

1919 年，泰戈尔将他的学校扩建为一所大学。泰戈尔大学不仅有来自印度各地的学生，而且还有来自缅甸、中国、伊朗和其他几个国家的学生。这些学生在这里学习东西方的文化遗产、印度的历史文化、自然科学、艺术和贸易等。学校还邀请印度及国外的一些演说家来做讲座。该大学独立于殖民当局，运转资金来自泰戈尔基金。在学校里，泰戈尔自己进行文化、文学及印度古代哲学方面的讲座。到1936年，随着1935年《印度政府法》（*the Government of India Act*）提出给予在英属印度11个地区以自治权，印度大臣获得了完全的教育管理权。考虑到1937年初对选举举行的民意测验后，11个地区中的7个组成了国会，组建了政府部门。印度人民有了在甘地思想基础上发展民族教育活动的机会，甘地很早就提出了一项通过用母语为媒介对所有6～13岁儿童实行义务教育的计划，这一教育是自助的，它将带来学生的全面发展。1937年，瓦尔达（Wardha）会议通过了《甘地基础教育计划》（*Gandhi's Scheme of Basic Education*），根据瓦尔达大会决议任命了一个在侯塞因（Zakir Husain）领导下的委员会去制定一份详细的教育计划。然而，还没等到在教育方面有任何实质性的进展时，1939年七个地区的议会部长就辞职了，以此抗议印度政府在没有咨询他们的情况下就参加第二次世界大战。到1943年，盟军反对德国法西斯胜利在即，印度政府通过了一个报告，提出战后印度教育的发展目标要在今后40年里达到当时英国的教育水平。在接下来的几年中，1947年印度获得独立。独立之后，这个报告给国家的所有教育活动提供了一个基础。

如果说泰戈尔和甘地受到了夸美纽斯和托尔斯泰的教育思想的影响，则印度第一任首相尼赫鲁（Jawaharlal Nehru，1889—1964）则不仅是泰戈尔、甘地思想的继承者，同时也是被当代西方世界见证了的教育进步和发展思想的继承者。尼赫鲁在1948年和1952年相继任命拉达克里什南（Radhakrishnah）和马达利尔（Mudaliar）两个委员会以发展一个国家教育体系。在尼赫鲁女儿英迪拉·甘地（Indira Gandhi）任首相期间，根据科塔里（Kokhari）委员会（1964～1966）的建议，制定了第一个国家教育政策，这一政策已被1986年《新国家教育政策》（*the New National Policy in Education*）代替。1986年的政策竭力为所有社会群体提供教育，不分性别、阶级、种姓和信仰；并将教育带到从没有到过的地方如沙漠、高山和岛屿，希望使它达到一定水平，以获得国家和国际的承认。然而，人口不断增加，1991年人口普查已经达到了8.5亿；不充足的教育经费，仅为每年总支出的6%；缺乏道德感的领导，这些领导将民众中的无知看做掌握权力的便利而不是祸根；一个充满隔阂的社会，人民属于不同的种族和文化，所有这些都是实现国家教育目标的主要障碍。1950 年，在印度成立共和国的宣言中提出，在十年内对 14 岁以下的所有儿童实行免费义务教育，不过这一目标现在仍然是一个遥远的梦想。虽然政府实施了 1978 年的《全国成人教育计划》（*the National Adult Education Programme*）、1986 年的《功能性扫盲民众计划》（*Mass Programme for Functional Literacy*）和 1988 年的"国家扫盲使团"（National Literacy Mission）活动，但 1991 年印度的人口普查表明，在包括 32 个邦和中央直辖区在内的整个印度，识字率（literacy rate）仅为 52.2%。

印度现代教育体制又是什么样的呢？它包括五个阶段：从 6～11 岁的五年制小学，三年初中和为进入大学作准备的两年高中。学校的行政管理分散到各邦政府。学前教育较为薄弱，它通常由私人举办。今天，在印度至少有 50 万所学校，9 700多万名在校生可以用他们的母语接受免费教育。小学生主要学习本国语、印地语、算术、历史、地理、科学和体育，同时学习手工劳动技能。在邦立学校，不准教授宗教。进入一年级的学生中，只有一半能升入五年级。初中三年教育是免费的，而且用本国语教学。课程包括手工艺、本国语、印地语和英语、数学、生物、物理、化学等科学类科目，诸如历史、地理的社会研究，以及舞蹈、音乐之类的艺术科目和绘画、体育。初中阶段在校生达9 000多万人，其中有许多学生中途辍学，只有 25%的学生能升入八年级。高中阶段在校生为 1 600 多万人，学校课程分为必修和选修。在高中必修科目中，有本国语、印地语、英语、数学、物理、历史、心理学及其他课程；在选修科目中，有科学、人文学科、技术、农业原理和家政。高等教育主要在 200 多所大学和学院中进行，属于付费教育，其教育年限为 5～6 年，在校生人数达500多万人。总之，现代印度教育得到了极大的发展，而且一些印度教育家还尝试将不同时期教育年轻一代的人文传统与当代的要求结合起来。不过，国家还仍然面临着许多有待解决的问题。

印度学制图

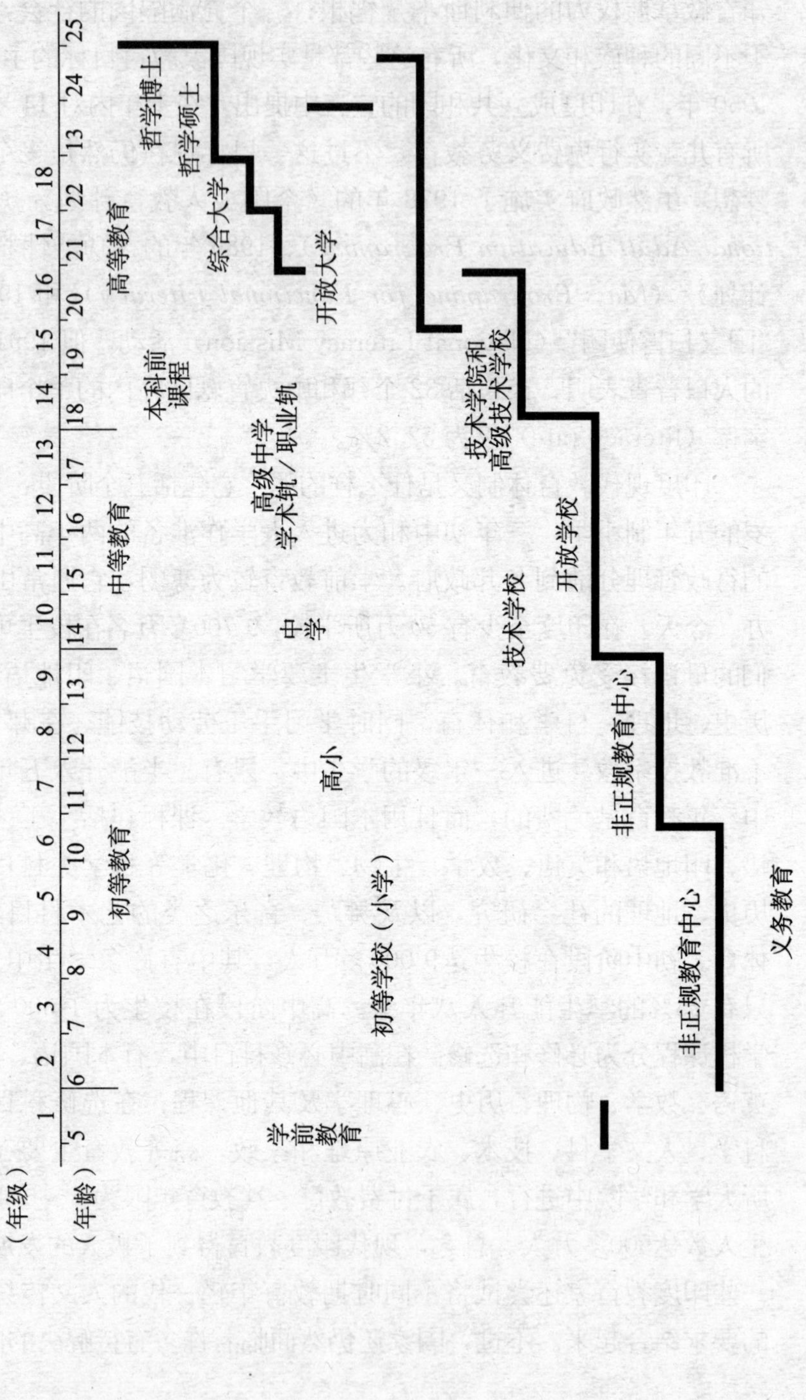
（年级）
（年龄）
1 2 3 4 5 6 7 8 9 10 11 12 13 14 15 16 17 18 13 24 25
5 6 7 8 9 10 11 12 13 14 15 16 17 18 19 20 21 22
学前教育
初等教育
初等学校（小学）
高小
中等教育
中学
高级中学
学术轨 / 职业轨
高等教育
本科前课程
综合大学
哲学硕士
哲学博士
开放大学
技术学校
开放学校
技术学院和高级技术学校
非正规教育中心
非正规教育中心
义务教育

小结

纵览近3 500年的印度教育史，我们可以清楚地看到，宗教奠定了印度古代、中古时期教育的基础，对这种教育的支持也很大程度上依靠具有同样宗教信仰的统治者。在古代及中古时期的印度，对教育的要求局限于静态社会的基本需求，因此在社会的不同群体中听不到将教育作为一种增强自身力量的工具的呼声，教育也从来没有被看成一条通往进步、变革和发展的途径。然而，随着地理大发现、巨大的商业扩张和重要技术变革的出现，以及18世纪末19世纪初一场意识形态革命的爆发，教育被赋予了新的意义与内涵。

向印度输出西方教育以代替东方教育的英国，把教育看成不仅是文明化、现代化的工具，而且还是征服和统治的武器。在古代和中古印度，宫廷周围的特权阶级很少挑战他们的主人，在现代他们也是这样，而且很成功。到他们成为自己的主人之后，他们开始关注那些在社会地位及教育上被剥夺了权利的阶层的愤怒，因为后者现在已经能够很容易地看到教育提升自我的价值。因此，印度教育在社会不同群体竞争中披上了伪装，每个群体都在努力维持自己的有利地位，以免自身在民主社会中遭受严重的不平等对待。

主要参考文献

1. R. C. Majumdar，H. C. Raychaudhuri，Kali Kinker Datta，*An Advanced History of India*. London，1953.
2. R. C. Majumdar (ed.)，*The History and Culture of*

the Indian People in 9 vols. Bombay, 1965.
3. L. Renou, *La Civilisation de l'Inde Ancienne*. Paris, 1950.
4. T. W. Rhys Davids, *Buddhist India*. London, 1903.
5. R. K. Mookerji, *Ancient Indian Education*. London, 1947.
6. A. S. Altekar, *Education in Ancient India*. Benares, 1948.
7. S. M. Jaffar, *Education in Muslim India*. Delhi, 1973.
8. N. N. Law, *Promotion of Learning in India during Muhammadan Rule by Muhammadans*. Delhi, 1973.
9. S. C. Ghosh, *The History of Education in Modern India, 1757—1986*. Delhi, 1995.

印度尼赫鲁大学教授
休尔施·钱德拉·戈施（Suresh Chandra Ghosh）

第十章 日本

公元 4 世纪，统一而松散的大和国（Yamato，又称 Wa）在现在的日本西部建立。到公元 7 世纪，该王国以当时中国的典章制度为样板进行国家建制，其社会经济体制类似于古埃及的国家奴隶制。随日本东部镰仓幕府即武士统治时代的到来，萌芽于 10 世纪的封建主义在 12 世纪得到了进一步发展。由于权力在不同武士家族中的转移，幕府统治经历了镰仓、京都室町和东京江户三个时代。不过，在整个幕府时期封建阶级社会的社会经济结构保持了稳定。然而，在这将近九个世纪的历史时期中，农民要求从地主那里获得生产资料和人身自由的斗争一直延绵不断，并且，始于 13 世纪的佛教、神道教① 或道教等领域的宗教改革及农民抗争，一直持续到 19 世纪江户时代结束。

在这个王国产生之前，公元 7 世纪便有了"教化"（menschenformung）的历史。但是，至于学校的历史，其最初形式可以认为是与这一古国的产生相关联，并在中世纪封建时期得以继续发展的。不过，课程性质有别于今天学校的课程。到 19 世纪明治维新之后，政府积极关注的公立学校系统才得以出现。

---

① 神道教，日本固有的宗教，区别于 6 世纪传入日本的佛教。——译者注

19 世纪中叶，在与力图以武力打开日本市场的英国、法国、美国、俄国等现代国家抗争的过程中，明治政府产生了。这一政权的缔造者把象征国家团结和统一的天皇推向了前台，但实际上，天皇权力在 7 世纪就已经变得很微弱。不过，也正是基于此，这一新兴国家得以避免沦为西方强国的殖民地的厄运。然而，宗教与国家统治之间的紧密关系仍然是这个半封建专制国家的特征。在这种专制统治下，明治政府推行了一系列现代化政策：废除封建阶级制，加快工业革命，加强军事力量，进行殖民扩张，以及建立公立教育制度。通过这种方式，尽管人权意识仍未形成，但资本主义和公民社会（civil society）开始取代封建主义。与其他国家一样，在日本，国民教育也是联系资本主义与公民社会的纽带。时至今日，日本面临的许多教育问题仍然与这个时代的问题有关。从这个意义上讲，可将明治政府的产生看作是日本教育史上的新纪元。

日本教育史的第二个纪元始于 20 世纪 20 年代。其表现为第二次世界大战后教育，公立教育特别是公立高等教育呈急剧扩展。这种扩展是与始于 20 世纪 60 年代的经济高速增长相适应的。经济增长促进了日本产业结构的调整，在此之前，日本产业结构以农业和制造业为中心。接受高等教育的对象也开始从先前的中产阶级扩大到农民、商人和工薪阶层。尽管二战后进行了旨在扩大人权的改革调整，但 19 世纪创建的日本公立教育系统仍然不能适应这些变化，20 世纪 60 年代以后的教育改革也基于此而展开。

一、早期的教育活动及组织

无论在生理上还是智力上，人天生并不完善。因此，可以假定即使在最原始的人类社会也有一套抚养和教育年轻一代的体制，日本也不例外。

东京八王子区富田遗址曾出土了“绳纹文化”（前 3000 年～前 2000 年）中期的一种陶器，上有一母亲怀抱孩子的图案。在日本许多地区，还发现了别的土偶①、泥制表面有成人背着孩子图案的埴轮②，以及吹起来发出铃声的小玩具。这些都是史前日本的遗物。

训练青年和儿童的古代机构——乡学，特别是农村地区的这些机构的活动，以及始于6～7世纪城市的学徒制，一直持续到17～19世纪的江户时代，在一些地方甚至延续到20世纪。显然，这种制度可以追溯至远古时代。现已发掘的存在于前300年至公元300年的神奈川县郡森田遗址，以此为依据，就被一些历史学家推断为一个住宿地（Yado）或乡学所在地。

日本学校的历史非常悠久。7世纪，当天皇统治逐渐形成后，统治者效仿当时中国唐朝的学校制度建立了日本自己的贵族学校制度。在贵族学校里，他们教授中国儒家典籍。毋庸置疑，这些由中国大陆或朝鲜半岛的居民传至日本的儒家思想和汉学对于日本国民来讲都是舶来品。除贵族学校外，大批佛教僧侣将源自印度的宗教经由中国传入日本。这些知识分子同时又是致力于古代天皇政权形成及创设旨在培养其接班人的学校的官僚。

以上所提及的针对下一代身体、心智进行的教养活动，无论其是否属于学校教育系统，都由年长一代主持。但在这里，我们应看到，这些活动并不具有今天所说的“教育性”（educative），因为它们并不能有效支持和帮助年轻人努力学习并获得生活于现实世界的能力。

这些活动的最终目的是规范青少年儿童在家族、社会和国家控制下的行为，而不是帮助发展他们的自主意识和自立能力。在那样的社会中，青少年儿童的地位不同于现在社会中的儿童和年轻人。虽然一个孩子为父母所生，但他首先被视为其家庭所属的更大社会团体中的一员而不是家庭的一员。以我们现在的眼光来看，那时的教养方式也相当特别。例如，712年成书的以古代日本的一些口头传说和神话为内容的《古事记》一书中，一则故事讲到一个人砍掉

① 土偶，抽象的日本黏土塑像，通常是怀孕女性，制作于日本绳纹时代。——译者注

② 日本古坟时代陪葬品用的陶制品，有人物、圆筒等。——译者注

他哥哥的手和脚，原因只不过是他不听从他们的父亲——天皇的命令。在另一本收集了许多日本地方故事的《风土记》一书中，有一则故事讲述了一位父亲不得不把他的蠢儿子骗至一个孤岛上并将其抛弃。我们可能试图把这些故事看做原始心态的象征，这同土偶那种紧紧抱着孩子的心态是相反的。但我们不要忘记这样的事实，在日本甚至在世界其他地方，从古到今，都有孩子被父母或监护人溺死或杀死的事情。虽然，杀婴事件存在于整个历史时期，但是公众仍仅仅把它视为一种逐渐出现的不良习俗。

当古代天皇统治成为一种国家政体，农民在地方政权——庄园制度①的统治下被束缚于某一区域当农奴时，新的也是较少强制的，即强调说服的教养方式开始与先前一些教养方式共存。那些被乡学采用，而且在江户时代已经为乡村寺子屋所采用的教养方式也包含在其中。随着庄园领地及其居民逐渐落到地方军事首领手中，庄园制度没落了，武士阶层与地方权贵阶层接手了天皇的权力。这时，普通民众在他们自己的村庄或城镇，即原来的领地开始开办乡学。据估计，在19世纪中叶，全国有5万～6万个村庄，至于城镇则是500～600个。人们认为，在1846年日本人口已经达到3 200万，1893年达到4 200万。乡学是一个由称为乡学头领的领导者所领导，并由资历制度（seniority system）规范的实体。它拥有营地、资金基础和一位资深管理者。应当指出的是，举办乡学是整个社会的意图而不是单个家庭的意图，而上学也是对规则的遵从而不是出于个人意愿。如果没有上过乡学，年轻人无权涉猎村庄的任何事物，更谈不上被指派去做公务。女子往往被视为村里的财产。因此，即使在现代社会，通常有一个来自乡学的代表参加她们的婚典。

贵族学校体制与乡学有相似的排他性和渗透性。贵族学校教授汉学典籍，学生是来自贵族中低层家庭的儿子，其家庭属于低层统治阶级。依据出身的不同，上层贵族的孩子被赋予政府官员的地位，

---

① 庄园，日本历史上的私人领地，包括神社、寺庙占有的土地和天皇赐给亲族、友人或官员的土地。不纳税。民政机关无权管辖。15世纪中叶后，庄园制度逐渐消亡。庄园制度不同于封建制度，它与封地没有联系。——译者注

他们从父辈或家庭教师那里学习必要的知识。那些未来没有保证，换言之，需要通过努力取得成就才可能在政府谋取一个好职位的，特别是中间阶层贵族的子弟，进入了贵族学校。他们通过学习成为精通汉学的人，不过，这些知识与日本实际生活没有任何联系。这些人是一群准备成为高层政府官员的年轻人。

“映雪读书”为中等阶级青年所创，今天常常用于那些准备入学考试的学生当中，其意指通过靠白雪反射月光和萤光在夜间努力学习从而获得成功。他们的日常生活被国家绝对意志所渗透。他们所学的知识集中于国家管理和统治方面，而不是日常实际生活。学校是产生官僚而不是应学生心智发展需要而提供“教育”活动的机构。佛教学校也一样。在多数情况下，不管是在乡学还是贵族学校，年轻人都自愿接受这些活动并力行之，以寻求他们的自立之路。

我们所能得到的关于古代和中世纪早期儿童和青年教育的资料不多。值得注意的是，从那遥远的时代已传下了一些书面资料，这些资料直接涉及成年人在教育领域的活动。流传下来的书有：《儒教、神道教和佛教的比较研究》(797)。其他一些书籍是由僧侣们写的（806～819)。这些书籍都以一种教育理论为基础，该理论的本质是：“一切为了其他人，毫不为己。”日本人所认为的理想的人的基本价值就体现在这一道德格言中。

二、16～18世纪的日本社会、家庭及学校

12世纪晚期，随着古天皇政权衰落，在贵族学校教授的课程逐渐变成了某些家族的专业。譬如，汉语写作技巧由菅原家族和吴家族教授；日语诗文和歌曲的写作与吟唱由六条家族教授。这种传统直到江户时代才结束。随着时间的流逝，他们逐渐改变自身形象而形成一个个由少数人组成的如同一个秘密排他性的“日汉学”(Japano-Chino-logy）组织的封闭小团体，这些人把知识从一代人传递给另一代人。

尽管家庭教育传统在日本以后教育发展中没有显示出重要影响，

但与那些为了使孩子以后在现实生活中获得提升而送孩子到学校的中层贵族态度一致的看法，却在后世历史上维持了很长一段时间，并促成了一种反学校教育的流行观点。事实上，菅原道真就是这些通过此途径获得最高职位的贵族之一，他以后成为教授读写的学校——寺子屋的学习榜样（the God of Learning）、17～19世纪江户时代的教师和学生的学习榜样，以及现代准备入学考试的学生的学习榜样。

中世纪时期，位于镰仓和京都地区、由佛教僧侣所建的学校基本上都是贵族的附属物。然而，从根本上，佛教寺院的态度通常略有不同，佛教文化的主要特质是给受苦大众以解脱。在中世纪，宗教的这一方面变得非常突出，在僧侣看来，在“上山”（Mountain-going）的名义下对那些人或“俗人”进行教育活动成为了一种例行活动。从这一点来看，寺院教育使接触到书面文化（written culture）的阶层范围明显扩大至各社会阶层和不同年龄群体，这在某种程度上是史无前例的。它意味一个新时代的开始——农民、工匠和商人家庭的孩子开始可以通过接受一种全新的生活道路及书面文化而获得自立。这些佛教寺院在教学中除了使用传统的汉语教材和官方文献外，也讲授日文基础教材。显而易见，它们的课程内容由佛教教义和儒家思想构成，但需要指出的是，这些内容通常是以日文书写的，所用词汇也是方言。

如果考虑到这些方面，显然，在养育和教学的历史上，寺院的这些活动其影响远甚于贵族学校传统中的活动。尽管在早期，它仅对人数有限的“俗人”如武士阶层开放。直到14～16世纪后，渐进而激烈的变化渗入日本大众的日常生活，才得以在更广泛的阶层中普及。货币作为日常商品的交换媒介开始在社会上流通。妇女结婚组成新的一夫一妻制家庭也开始变得普遍，这意味着教育由母权制传统向父权制传统转变。这种新式家庭与封闭的社区或复合大家庭相比有相对大的自主权，并在彼此之间形成新的纽带。这一时期，孩子由父母亲直接监管，并且，由一家之主（家主几乎都是男性）决定他们的教养方式，包括作出是否送他们去学校这样的决定，这都被认为是理所当然的。这可以看作是教育家庭化的开始。在那个时代，通常见之于现代社会日常生活的一些特征已经在日本出现。

德川幕府制度的目的在于建立并巩固一种稳定的秩序，这种秩序是以军人贵族阶层——武士的统治为基础，而其他所有阶层处于服从和被压迫的地位。这一制度应该既能顶住外族入侵的威胁，又能镇压农民的起义。

当时日本有大大小小的公国共260个，人口达2 800万，其中约80%的人从事农业。

17世纪初，当德川幕府确立其统治地位时，对传统Kagaku学校的封闭团体及分裂成几派的Gozan佛教学校持批判态度的一些人组织了几次反对这些学校的运动。在日本很多地方，随处可见一些人致力于自行组织汉学爱好者学习汉学。这就是所谓的私塾，这一传统的诞生以1604年京都学校的创办为标志。江户时代，私塾产生的历史背景与佛教僧侣的活动密切相关。然而，在存在近三百多年的江户时代，私塾的性质在逐渐变化，其与佛教和寺院的联系也逐渐削弱。另外，私塾所教课程扩展到包括武术、数学、国学、日本典籍、西学及汉学。最初，西学研究被称为“兰学”或荷兰学研究。“兰学”研究主要侧重于军事策略、医学和荷兰语等。在16世纪中期德川政权还没有形成时，由方济·沙勿略①领导的传教团首先把西学带到了日本，然而，在德川幕府掌权不久，这些活动基本上被新政权禁止了。在德川统治的1639～1867年间，因为实行闭关锁国政策，西方知识进入日本的门户仅限于长崎（Nagasaki）的一个小岛，在那里，荷兰语翻译者进行了一些有关现代西方科技的译介工作。

19世纪，新的私塾学校开始在日本现代化过程中起积极作用，在这些学校里，学生对西学有浓厚兴趣。19世纪后半期以后，这些学校完成了一个重要突破，此后，日本开始轰轰烈烈地学习西洋文

① 方济·沙勿略（Francisco Xavier，1506—1552），天主教耶稣会创始人之一，传教士。1549年率传教团赴日本传教。——译者注

化。1858年，由江户时代福泽兰学塾的创办者福泽谕吉①提出的所谓“脱亚入欧”政策，成为那个时代国家关注的焦点。这样的一些私塾日后发展成为私立大学，构成了日本现代第三级教育（高等教育）系统的一部分。有记载表明，整个江户时代，有大约1 500所私塾学校。值得注意的是，在某种意义上，多数在私塾学习的人都是自愿自立的学习者。这种现象的出现可能源自江户时代后期的历史背景，那里存在允许独立家庭和个人自主活动的社会生存空间。

私塾学校源于少量学习爱好者。尽管这类学校形形色色，但它们基本上都是学习艺术和经典著作的机构，而不是抚育年轻人的教学系统。因此，它们没有必要为新的学习者开设基本课程。然而，作为副产品，它们培育了在此之前日本人所不具备的新型人格特性和能力。支持它们的是德川幕府和利用这些副产品的封建家族。为了不断地生产必要的人力资源，他们首先从经济上支持私塾，而后对其管理、课程设置、师资队伍和毕业生资格进行干预。封建家族是以源于古代天皇贵族政治没落后的武士为主体，在此影响下，封建家族学校（the feudal clan school）建立起来了。到江户时代后期，一些学校除教授汉学外，也开始教授西学。

事实上，家族学校是由政府机构创办的。创办于1800年江户时代的昌平坂字间所便是其中之一。总的说来，家族学校最繁荣时期是在18世纪末19世纪初，其数量在全国达到200所。在校学生都是各地区武士阶层的儿子，因此，家族学校成为了一个男孩世界。各所学校的学生入学年龄7～18岁不等。课程主要包括中国典籍、形成当时官方意识形态的朱子学说，以及武术。教学目标是培养学生理解文本的内容。为了实现教学目标，满足学生的发展需要，教学中引进了诸如背诵、演讲、研讨、写作等教学方法。其毕业生通常继承父亲职位，成为家族官僚。在江户时代，要求申请者必须完成在家族学校的学业的家族超过了200个。而且，一些优秀毕业生甚至获得了高于其父亲的职位。在这种情势下，父母对促进孩子才

① 福泽谕吉（Fukuzawa Yukichi，1835—1901），日本教育家。兰学塾是他于1868年创办的庆应义塾的前身。——译者注

能发展的兴趣迅速增长。

随着明治政府从普鲁士引入学校体制，这种新趋势进一步发展并促成了通过教育实现社会流动机制的产生。通过学校教育使人才选拔机制合理化，是日本现代公立教育体制的特征之一。虽然家族学校面向武士阶层的孩子，但是它显然是高度集权的明治政府创立的现代学校的原型。

在江户时代末期，在那些家族学校创办的同时，由领主和自愿的村民创办的面向农民、商人阶层的类似学校也得到了发展。据记载，这些学校的数量在《学制令》颁布以前达到了历史最高水平。除这些学校系统外，一场成人教育运动也开展起来，它是一种使用日常语言讲授以一般道德为基础的朱子学课程的教育活动，主要面向商人阶层。

私塾传统在家族学校得到了发展，而上文提到的发轫于中古时期的 Yamanobory 之类的初等学校也开始调整自身以适应新的时代要求。到江户时代，佛教寺院、僧侣已停止对学校的资助，一些来自农民、商人和经常失业的武士阶层的有学识的教师（包括男性和女性）接替了他们的位置，并且学校也从山村迁到了城镇。读写算和日常词汇书籍代替了过去名为往来物①（Oraimono）的经典教材，而且所有注册学生必须交学费。这些学校被称为寺子屋或习字所。据记载，早期大约有一万五千所寺子屋，不过，这个数据是有争议的。每所学校学生数从几个到几百人不等，每所学校平均 20～30 人，所以是学生入学率而非学校数成为衡量寺子屋在普通民众中声誉的恰当指标。据日本问题专家多尔（R. P. Dore）测算，1867 年学生入学率的数据为，男童 43%～54%，女童 15%～19%。1867 年全国 0～14 岁的儿童估计约为1 409万人。在 1877 年，在教育发展较好的滋贺县，整个人口中的识字率为 36%。然而，从统计上看，这些数据可能并不完全准确。一些中古史学家认为，那时的识字率（包括女性在内）可能会更高。尽管各种口语文化充斥的文盲世界仍然在一些地方和阶层稳固存在，但简单的书面文化已逐渐渗透到普通

---

① 往来物，产生于 11 世纪末，是日本传统的儿童启蒙教材。——译者注

人的生活之中。

这里需要注意的是，尽管寺子屋与明治时期的小学是完全不同的教育机构，但当19世纪末明治政府仿效西方国家开始引进小学制度时，很多新式学校接管了各地的寺子屋。随着1867年以来人口的缓慢增长，1875年新小学数大约达到了25 000所。如果所有的寺子屋都被新式小学所接管，那么，新小学可能会被认为是作为寺子屋的后继者而出现的。然而，根据教学原则，新学校并不必然是江户时代对应物的继承者。从表面看，寺子屋与小学很相似，但这两种类型学校的教学过程完全不同。与在小学不一样，寺子屋的教学往往不是通过直接教的方式，而是通过把村镇和家庭生活文化转化为书面语言的方式进入教材，这是两者之间值得注意的显著差异。尽管后来从教材推论意义的教学艺术也被寺子屋采用，但我们可以将其认为是寺子屋的“小学化”。

随着寺子屋的发展，在对于是把孩子送到传统学校还是新式竞争学校的问题上，乡村与城镇家长的教育观念出现了差异。这种差异源于多种因素，如家长在村庄的阶层地位、公共社会性与每一个封闭家庭之间的权利关系，以及公共权力对人们事务的干预程度。

在这些差异的背后是社会变革，如婚姻制下（通常是家长制的）家庭的独立，以及这些新近出现的独立家庭所实施的更全面、更贴近日常生活的教学活动的发展。这些由家庭以非学校口语文化形式开展的活动为每一发展阶段的孩子都安排了课程。养育孩子的知识或类似体制可见之于古代天皇统治之下的权贵中，其实他们也是仿效、遵循了普通民众养育孩子的方式。随着寺子屋的产生，乡镇抚育儿童的历史同时也就成为社区与家庭之间关系日渐紧张的历史。在实施“脱亚入欧”政策的明治政权之后的现代政府的治理下，与西方教育相比，自立的农民和商人的生活哲学的修养体制逐渐被视为落后和过时的。因而，修养体制停止了发展，今天所留下的仅是僵化的日常行为上的东西。尽管如此，仍然有人认为，作为抚育孩子智慧结晶的大众教育原则与那些追随“脱亚入欧”思想的教育家提出的原则一样有效。那个时代民众常说的一句话是：“领袖是培养的，而不是天生的。”民众教育学存在于期望发展孩子的能力和才能的农民、商人、工匠和武士阶层之中。这是“教育”（education）大众化时代的黎明。

乡镇进行的培育年轻一代的体制往往建立在民众日常生活事务的基础之上，而与政治权力无关。这种体制在没有受到政治权力的干预下发展到了一定时期。毕竟，对于幕府政权来说，只要能够征上税，人民的物质和精神健康没有必要摆上议事日程。然而，到18世纪早期，这种关系逐渐走到了尽头。这时幕府政权的所有内部矛盾开始显露：各藩长期财政赤字，所有阶层封建伦理沦丧，农民起义风起云涌，社会动荡不安，天灾人祸层出不穷，人口急剧下降。在这期间，幕府政府对全国农民做了一个调查，这是自古代天皇政府以来从没有过的。依据调查，政府采取了一系列政策：放宽对家族学校的控制，放宽寺子屋领导者对教材的管理。此外，在随后的时间里，又制定了压制异端倾向的政策，如制定了压制与德川幕府所倡导的思想（即儒家思想）相异学派的政策。这可以从一个半世纪后明治政府用一种更大规模的、有组织的集中方式实施的教育政策中看出来。

三、18～19世纪前明治时期的日本教育史和教育思想

抚养和教学随着人类社会产生而产生。社会需要抚养下一代以维持社会自身的发展，而新的一代则希望为自己谋求在社会中的适当位置。同时，旨在赋予这些愿望合理性的理论也随之出现。它们即是所谓的教育思想。古代日本也有类似的理论或学说。由高僧空海所著的《三晓志记》（*Sangyo Shiki*）对孔子思想、道教思想和佛教思想进行了比较研究；可见之于806～819年制定的《古代学校规程》的由另一高僧最澄所著的《学舍志记》（*Sange Gakusho shiki*），都是这样一些例子。意为“专利人，不利己”的是描绘男性及女性理想形象的关键词汇。这些中古时期的思想可见于当时社会新统治阶层即武士领导者所著的许多书中。他们的教学原则是灌输性的而

非教育性的。

日本教育史相当漫长，而作为教育理论的教育学历史却相对较短。在日本，教育这一概念出现于19世纪末江户时代后半期。在江户时代，类似中古时期私塾（Kakun）学校开始采取家庭教育的模式，这种模式是由父亲及父亲雇佣的保姆或家庭教师开创的。1641年中江藤树所著的与智者对话录《翁问答》（*Okina Mondo*），以及1663～1665年山鹿素行①的演讲录《圣教要录》（*Yamaga Gorui*）都是这样一些例子。这一类型的家庭教育逐渐与作为教师的母亲的教育结合起来。中江藤树1647年所著的《妇女信条》（Kagamigusa）便是这样的一个例子。这些著作者往往不是封建武士而是儒家学者，因此，这决定了他们的写作必然是以儒学观点为出发点的。

起初，这类教育著作主要直接面向武士阶层。后来，富裕的农民、商人也逐渐接触到它们。这形成了教育读物普及化的第一阶段。18世纪，当德川幕府面临许多危机并力图改革时，这种趋势明显加剧。而且，儒家学者、心学②学者和神道教教士也开始编写类似的教育读物。应当指出的是，这些普及性教育读物多数旨在维护风雨飘摇中的德川幕府政权。

在普及化时期，日本教育思想的特质再次发生变化。作为一种教化（灌输），新教育学力图使人们相信，世界在德川幕府统治下是一种“恩典”，因此应当接受它的统治。1721年室鸠巢所著的《民众六诫》（*Rikuyuangi-Taii*）便是这种意识形态的典型产物。室鸠巢是努力控制和压迫民众的德川幕府的亲信之一。儒家思想的另一学派荻生徂徕③学派倡导“Ryoshu no setsu”理论，提出世界上有

① 中江藤树（Makae Toju，1608—1648），日本新儒学者，在日本创立阳明学派，山鹿素行（Yamaga Soko，1622—1685），日本德川时代军事学家、儒学家。——译者注

② 心学，日本宗教和道德运动。该派主要奉祀天照大神和氏神，同时吸收佛教禅宗和新儒教学说。自德川时代末期起该派衰落。——译者注

③ 室鸠巢（Muro kyuso，1658—1734），日本著名儒学家，宣传朱子哲学。荻生徂徕（Oggu Sorai，1666—1728），日本汉学家和儒学家，主张以儒家学说统一并整顿法治，推进社会和政治改革。——译者注

两类人。该学派认为，应该要求来自封建武士阶层的男性成员发展天赋和能力；但不必把知识传授给普通民众，因为对于统治者而言，受过良好教育的民众将带来像文化混乱一样的政治不稳定。因此，这一理论强调，应该将一般道德规范教给普通民众的下一代。“教育”一词最早出现于日本文书摘献中，在心学学者常绿定证 1735 年著的 *Minka Domo Kai* 一书中，这是一本关于家政管理的通俗读物。然而，在这里，“教育”的真实含义等同于“教化”（indoctrination）。从那以后，在日本，“教育”这个词呈现细微差异。一方面，它是普通民众不易获得的奢侈品；另一方面，它也被反对他们的压制性差异所掩盖。这种矛盾的背后隐含的是日本社会的特殊历史，以及见之于日本各个社群中的个人关系，包括家庭、公司、地方社区和政府。

教化理论的一个主要特征是，它强调通过正式训导对学生进行灌输。然而，同样的措施也被引入到强调教学过程中培养学生自主性的自我训练理论中。强调“如何学习或自我引导”而非“如何教或引导”的重要性，曾经是日本教育思想明显的特征之一。当家族学校逐渐发展成为教育和培养武士阶层的系统时，出现了大量关于教和学的方法的理论读物，其作者大多为儒家学者。《教学方法论》（*Jugyohes*）就是其中之一，它于 1783 年为一个家族学校教师江村北海（*Emura Hokkai*）所著。尽管这本书名为《教学方法论》，但实际上是关于“如何学习”的理论。16 世纪旅居日本的葡萄牙传教士佛罗伊（L. Frois）在对日本儿童抚育和教育方式观察的基础上，提出日本教育的认识基础主要是“自然决定论”（assistance given by nature）的。对于通常认为人类能够通过自身努力接近上帝的基督教社会而言，这无疑是一种异端思想。基于这一特征，江户时代日本的“国学”研究者或先天论决定者本居宣长①认为，对人民实行文化和政治控制的社会策略在外国是必需的，如在课堂上学生可以七嘴八舌的中国是必需的，但在日本却不需要。18～19 世纪多数关

① 本居宣长（Motoori Norinaga，1730—1801），日本复古主义学者，国学派创始人。——译者注

于"如何学"之类理论的教化理论是传统教育学的一个重要特征。这些理论吸引了很多读者，而普通读物却无人问津。"以孩子日常生活经验和本土语言为基础的写作"运动创立者之一的足田卫之助（Ashida Enosuke，1873—1951）是现代日本的改革家。

18、19世纪之交时，出现了另一种流行的教育思想，即"自我指导理论"。它的基本观念有别于教化理论。这一思想的追随者向民众宣传一些可操作的自我引导方法或技能，以控制他们的身体、精神、心智和财产。这种方法或技能被认为是确保提升个人幸福的日常实践的一部分。教化理论控制普通民众的价值观以维护统治者的利益，与之相反，"自我指导理论"是强调在统治阶级控制下如何改进和拓展民众生活视野的一种方法论。大众教育理论并没有以出版物的形式公开出版，但我们却能找到其中关于教育的部分论述。非书面的教育理论孕育了民众的智慧和态度，进而促进了20世纪20～30年代日本本土教育思想的发展。野村能部（Nomura Yoshibe，1896—1986）和峰地光成（Mineji Mitsushige，1890—1968）都曾倡导这类独特的教育思想。

19世纪江户时代末期出现了一些像佐藤信渊①这样的社会教育规划者。作为旨在使乡村摆脱被剥削地位的社会重建计划的一部分，他为学校、幼儿园、护理学校、医院和养育院编写规划。他引入一个新短语"经世济民"（*Keisei Saimin*），即改革社会以拯救人民——一个相对于传统儒家理论的理论，同时它也表现为现代社区学校理论或教育规划理论的一个样本。佐藤是在本居宣长和平户笃胤②之后继承了日本国学研究或国粹主义者传统的国家主义者之一。而与此相对的是，在江户时代末的同一时期，西学专家将现代西方教育学和学校理论逐渐引入日本。于是，日本的教育学与西方教育

---

① 佐藤信渊（Sato Nobuhiro，1769—1850），日本江户后期学者，是日本实行西方化的早期倡导人。——译者注

② 平田笃胤（Hirata Atsutane，1776—1843），日本思想家，复古神道领袖。本居宣长的私教弟子。

③ 内村鉴三（Uchimura Kanzo，1861—1930），日本宗教思想家和评论家，对近代日本的知识界领袖产生过重大影响。——译者注

学发生了第一次碰撞，两者的矛盾自此开始。福泽谕吉和内村鉴三③是两位力图克服这对矛盾的西学学者。虽然他们的观点并不完全与明治政府的“脱亚入欧”政策相一致，但他们的教育观点却赢得了教育界长期有力的支持，福泽谕吉主要侧重初等教育方面，而内村鉴三则关注高等教育方面。

四、现代日本公立学校制度的发展

到明治政府成立之时全国的农村有 6 万个，而城市只有 600 个；1846 年全国人口 3 200 万人，到 1893 年达到 4 000 万人。

19 世纪，欧洲列强如俄国、英国、美国、法国入侵亚洲，从而也打开了闭关锁国的日本的大门。在同西方的接触中，幕府政权逐渐意识到日本与欧洲列强基于工业基础上的军事力量的不均衡。因为德川幕府两百五十多年来已经习惯于安逸的生活，丧失了对新形势作出回应的能力。1868 年，以日本西南封建贵族为首的联合力量推翻了幕府统治并建立了明治政府。这一政府的职责是，不但要发展经济和增强军事力量，而且要增加受过教育的人力资源，更要促进人民的团结。明治政府试图利用学校教育去充分实现那个目标。

1871 年文部省成立，次年颁布教育基本法——《学制令》(*Gakusei*)。为了起草这部法令，他们通过文献和实地考察极其认真地研究了西方的教育制度。是年，第一条铁路建成，并开始使用公历。他们在做任何别的事情之前，都直指接受西方文化的目的在于促使日本现代化。《学制令》导言是日本教育史上非常重要的文件，代表了新政府希望倡导文明开化政策（Bunmeikaiki）的新政府教育观。他们批评汉学是贵族的装饰品，对普通民众来说是毫无意义的，他们要求给予新时期普通民众所需要的如语言、写作、算术等实用知识，并设立农业、商贸、法律、政治、天文和医学等学科。简言之，人生任何一个阶段都建立在学习基础之上。有人说，新成立的学校的教育目的是让人取得“生活成功的钥匙”。他们宣称要扩大教育机会，并提出教育应面向所有国民；将来，要实现“邑无不学之户，家无不学之人”。他们强调父母的教育责任，每一个监护人应认真抚养他们的孩子并有义务送子女上学。

《学制令》有许多条款，以后增加到 213 条。《学制令》对小学、中学、大学、职业学校和出国留学作了规定，要点如下。

1. 整个国家分成八个大学区，每个学区都有各自的大学；每个大学区又分成 32 个中学区，每个中学区有各自的中学；每个中学区有 210 个小学区，每个小学区有各自的小学。计划设立 8 所大学、256 所中学、54 760所小学。根据另一条款，计划为每 600 人建一所小学。

2. 在每所大学中设立学校事务管理部，每个中学区内设 10～13 名督学指导学校事务并强制学生入学。

3. 为女童、村民和贫民建立非正规小学。

4. 小学分成初级和高级两段，每段包括四年，共八年，学生升级必须通过考试。

《学制令》初稿的一些特征在以后的版本中已无可寻觅了。于是，为整个民族建立了统一的学校教育制度，取代了封建时代的学校制度，这种统一的学校制度一部分面向精英，一部分面向普通民众。总体而言，这种学区管理体制基本上是仿效拿破仑时代的法国，而教学方法和内容则来自美国。但是，我们不能否认，《学制令》脱离了日本的实际情况。通过前现代社会这种培养下一代的制度，日本也并没有促成自身教育的成功。

从文部省确定的一些小学科目中，我们可以看到它的特点，如拼写。五年以后的词汇和对话，它们显然是从西方译介而来，最流行的日语教科书是以美国教科书系列《威尔逊读本》（*Wilson Readers*）的译本为基础的。《学制令》时期的教学内容与民众生活相去甚远，尽管如此，但从中我们却能看到国家领导者的强烈意愿——希望通过打破民众的狭隘意识以养成民族自觉及实现文明开化。为了实施《学制令》，全国建立了25 459所小学。当然，有必要讨论这个数据的意义。

25 459所小学只是原计划的一半，但这个数字已经几乎不可能有什么变化了。它意味着在随后执行《学制令》的仅仅五年内，在全国范围必须建立同样数量的小学。自然，这样的学校规模是很小的。不用说，创办学校也成为一个沉重的经济负担。因为在那个时候，仅有少部分资金由政府提供，而其余则必须是各学区人民自己筹集。这意味着许多地方领导人强迫民众执行国家的现代化政策。尽管大多数学校与我们看到的历史上的寺子屋一样小，但它却使过去学习汉学的人基本上能很容易地接受西方文化的引进。

从另一方面说，让普通民众接受文明开化的政策并非易事。对于作为这个政策一部分的教育政策而言也是一样的。民众希望学校教授他们日常生活必需的读写算知识，而政府却希望学校能够培养能理解西学的精英。民众不接受这样的教育，不但因为学习的经济负担和希望孩子成为劳动力的现实，而且也因为教学内容远离了他们的生活。

虽然政府有时会通过警方强迫学生入学，但它并不一定有效。起初，小学入学率是40%，但性别差异很大。女童入学率仅是男童的三分之一到二分之一。学区间差异也很大。在一些极端的例子中，在反对新政策的骚乱中，一些学校遭到了破坏。在那个时代，传统的社会抚育体系仍继续存在，因此，新政府企图通过学校教育使社会现代化的激进政策自然会遭到民众的反对。作为文明开化政策之象征的学校，与普通民众生活之间存在巨大的鸿沟。七年后，《学制令》被一项效仿美国模式的新教育法令代替。在新法令中，政府把学校管理权下放给社区人民。这是政府与社区传统教育体制的妥协，也是政府对日趋活跃的“自由与民权运动”(jiyu minken undo)应对措施的反应。

1889年，受普鲁士君主专制模式影响的《日本帝国宪法》颁布。该宪法规定：天皇拥有至高无上的政治权力，他的统治是神圣不可侵犯的。次年，《教育敕语》颁布。该敕语从意识形态上强化了第二次世界大战前的天皇体制下的教育原则，从而具有深远的历史意义。它逐渐影响到日本国民性格。该敕语宣称，天皇的祖先缔造了日本及其价值观。它意味着天皇不但在政治上而且在道德上都具有绝对权威。为了起草教育敕语，国家领导者用行动表明了他们理解宗教在一个国家形成和发展过程中的重要性，就像基督教传统在欧洲一样。为了追求同样效果，他们确立了天皇意识形态。在二战前的日本，天皇就是神，神道教（Shintoism）成为国教。在敕语中，天皇要求在忠孝两种重要价值观下统一国民思想。

忠孝最初是儒家价值观。忠是对主人而言的，孝是对父母和祖先而言的。但这两种价值观往往相互冲突。即使是在封建时代，很少有武士能做到忠孝两全。当他想要尽忠时，他不得不背离孝，而当他想尽孝时又不得不违背忠。尽管以后孝成为忠的附属物，尽管古语认为“忠孝同源”，在教育敕语中，忠与孝是平等的。在“家国”（family state）意识下，民众被看作是天皇大家庭的成员。这意味着家庭实际上已经成为国家的附属物。

为了推行这种意识形态，作为教育基本方式的学校教育特别是初等教育被当做通行的教育方法而广泛采用。学生被教导不但要在课外活动中尊重天皇，而且在日本语文和历史等课程中也一样。在学校传统的入学、毕业典礼和传统节日典礼上，校长要在一种肃穆的气氛中诵读教育敕语，参加者向天皇像鞠躬。毋庸置疑，学校扮演了直接宣传天皇的角色。教育内容已经完全有别于《学制令》时代的内容了，而且教育内容也被安排到人们的日常生活中了。小学阶段从《学制令》时期的八年减少至四年，在教育内容和方法上都为学生成长作出了各种安排。初等教育意味着教育面向的是团体而非个人。班级被作为团体的基本单位。一个包括一名教师和多名学生的班级不仅是学习单位，也是纪律单位。班级教师与学生之间所形成的特殊情感关系构成了日本小学的特征。小学逐渐作为旧教育的替代物而深深植根于社会。

1900年，取消了四年小学义务教育的学费，强化了学生入学的义务。通过这种方式，小学入学率超过了90%，女童入学率逐渐接近男童。然而，毕业率方面仍存在差异。当大多数儿童上学时，学校对整个社会来说就变得重要了。不用说，学校和教师也通过各种途径接近社会，如做报告卡片以将家庭与学校联系起来，举办诸如运动会、社区娱乐性质的学校艺术展等校园活动，组织家长会和毕业生联谊会等。这些都是学校对社会开放所做的努力。人们的学校观念也已经发生变化。随着经济发展，人们已经逐渐意识到作为一种生活成功之路的学校的价值。过去，学校争取社会地位很困难，并且经常受到反对者的阻碍。而现在，民众不仅要求在所在社区内有一所小学，而且也要求建立中学。

旧有的乡学和在一个支持学校教育和倡导家庭教育的青年俱乐部里被重新组织起来。它不希望与学校发生冲突，而是力图与学校活动合作。学校通过在学校和家庭生活中的各种指导将家庭引导到与学校的合作中去。没有家庭的支持，学校教育不可能成功。大多数家庭不是拒绝而是依赖学校权威为家庭定制规则。1907 年，义务教育延长至六年。

起初，新政府对高等教育也像对初等教育那样给予了极大的关注。初等教育旨在整合民众，高等教育是为国家现代化培养人才。初等教育以及普通教育，其目的在于传播《教育敕语》所宣扬的对天皇的忠诚，学术自由仅限于大学，且仅对少数人开放。1877 年，日本第一所高等教育机构——东京大学成立。它起源于幕府时代昌平坂学问所（Shoheizaka Qakumonjo），于 1886 年改为帝国大学。在这个名义下，它成为官僚阶层、受过教育的官员和技术人员晋升职位的正统渠道。1897 年，第二所帝国大学在京都建立。与此相反，私立大学没有获得授权，它们不得不处于较低的地位，但在 20 世纪早期即 1918 年，由于日本工业化对高等职业教育需求的增长，它们得到了官方认可。

1920 年，日本工业产值占 56.8%，而农业产值则占 35.1%。日本工业在 1894～1895 年的中日战争和 1904～1905 年的日俄战争中逐渐发展起来。第一次世界大战后，工业生产总值超过了国民生产总值的一半。由于工业发展，城市中产阶级在城市中兴起，劳工数量也增加了。争取民主的运动如“全民投票权运动”（Universal Manhood Suffrage Movement）出现了，个人主义趋势加剧。在这种社会背景下，源于欧洲和美国的新教育运动开始影响日本。进步主义教育运动在“尊重儿童个性和创造性”与“自由教育”的口号下得以展开。一些师范学校附属小学成为了这次运动的核心。那些对公立学校不满的人创办新的私立学校，力图推行一种更自由的教育。在这场教育运动中，艺术家如诗人、小说家、音乐家和画家积极合作，为孩子们纯洁心灵提供高质量的艺术作品。

例如，曾任文部省副大臣和京都大学校长的沢柳政太郎（Sawayanagi Masataro，1865－1927）于1917年在东京创办的成城初等学校成为了日本进步主义教育运动的中心。在建立那所学校的计划书中，他们批判道，自1868年以来，教育“一直依附于传统，教师为令人厌烦的形式所束缚”达五十年。他们宣称，“现在我们不得不打破那个在我国正日渐僵化的教育外壳，培养学生新的精神世界”。在教育目标方面，他们列出了“尊重个性的教育”、“让学生自然发展的教育”、“情感教育”、“科学精神的教育”等条目。在课程上，他们也大胆尝试，如从一年级开始开设英语，而从前公立学校是不教英语的；从一年级开始开设科学，而原先一般是从四年级才开始的。他们重视如音乐、美术等艺术教育，但他们的道德训练课是从四年级到六年级而不像公立学校那样从一年级开始，而且每周仅一个小时而非公立学校的两小时。公立学校道德训练最重要的职责是灌输天皇信仰，尽管太平洋战争以后因其在形成天皇为核心的军国主义中的作用而被废止。此外，他们还引进美国帕克赫斯特（Helen Parkhurst，1887—1973）所倡导的“道尔顿计划”（the Dalton Plan），并提倡自学。他们还把有助于形成青少年文化的校园戏剧积极地引入课程。然而，应该强调的是，进步主义教育运动在20世纪初的日本出现，不仅是欧洲、美国影响的结果，也是日本传统教育的回归。

足田卫之助（Ashida Enosuke），“生活写作”（Life Composition）运动的奠基人之一，是京都高等师范学校——当时的一个教育研究中心的附属小学的一位教师。他认为，如果学生不能树立一种学习态度，不能理解他们为什么要学习，即使他们满腔热情地学习，他们的水平在以后也必然会下降。基于这个论断，他倡导与命题作文形式相反的“生活课程作文”，鼓励学生自己选择主题，并把所学知识与他们的生活联系起来。这种思想是以上文提到的自我训练理论为基础的，它认为一个人即使没有被灌输知识和技能，通过自己的努力也能够趋向完善。通过这种方式，生活教育哲学与日本传统教育哲学统一起来，共同促进了西方新教育运动在日本的发展。

这种进步主义教育运动的支持者主要是城市的中产阶级。这些人在明治维新之后接受教育，接受了西方饮食着装等新的生活方式。他们组成由丈夫和妻子构成的核心家庭，这明显区别于先前的大家庭。新兴中产阶级女性在中学受到了做贤妻良母的训练，并以此为理想。面向妇女的杂志也创办了。在那些杂志里，有节育方法的介绍，也有关于如何照料孩子的许多文章。她们的职责是，有计划地生育并抚养好孩子。随着对学校教育的不断关注，更多的家长希望他们的孩子能够进入中学，同时，对高等教育的关注也在提高。尽管劳工阶层的儿童数量增加，但城市里小学入学率和毕业率很长一段时间都保持了稳定。但是，在 20 世纪 30 年代，几乎 100%的儿童，包括男童和女童都入读小学并从小学毕业。因为这一原因，进入中等学校的竞争变得更为激烈。“国家的孩子”、“天皇的孩子”和“社区的孩子”的观念开始被“我的孩子”观念所代替，学校教育变得不再是为了政府、天皇和社区，而是为了“我的孩子”。

对于想要保持以天皇为核心的国家主义的统治阶层而言，上述个人主义的扩张是令其恐慌的。但是，个人主义潮流是资本主义市场经济发展的产物。不用说，日本统治阶层不得不追求进一步发展资本主义以加入同西方发达国家进行经济竞争的行列。因此，它要求学校选拔最优秀的人才到高校任教。为了解决这个矛盾，日本政府于 1917 年成立了临时教育审议会（the Extraordinary Council）。与以前设在文部省的委员会不同，这一委员会直接隶属内阁领导，大约包括 40 人，他们是由国会议员、政府机构代表、来自高等院校的人员和经济界的代表组成。他们针对那个时代的整个教育系统，包括初等教育、高等教育、教师教育、实业教育、妇女教育和成人教育等方面的许多问题展开讨论并作出决定。这个委员会关注的焦点是高等教育，他们最早赞成创办私立的、地方的及县级的大学和学院。高等教育的扩展适应了资本主义发展对具有高水平教育的人的需求。另一方面，道德教育也是关注的一个重点，特别是在初级教育阶段抵制强化阶级对抗意识和个人主义潮流。该委员会宣称，个人主义潮流的扩散源自“西方思潮的负面影响”，他们决定通过培养以天皇为核心的日本意识来抵制这种坏影响。

在20世纪20年代末期席卷资本主义世界的经济危机中，日本政府力图通过侵略亚洲大陆来解决国内自然资源匮乏与市场狭小问题。1931年的“满洲里事件”是持续15年的中日战争的开始。为了压制批判性讨论以及开始对青年和劳工产生影响的马克思主义以及自由主义，他们积极推行以天皇为核心的国家主义。这是通过1941年颁布的《国民学校令》（*the National People's School Order*）来实现的。也是在这一年，美日太平洋战争爆发。受德国国民学校（Volksshule）观念的影响，这个法令把初等学校变为国民学校。国民学校的目的是“依据皇国之道（The Way of the Tenno）施与普通初等教育和基本训练”。“皇国之道”是在其他任何国家都找不到的日本人自己的规范。建立在此基础上的教育，其目的不是像西方那样充分发展人的个性，而是强调养成“天皇的子民”。学校是训练“心智和身体的场所，也即学习知识和培养品德的场所”，因此，学校庆典事件和团体训练被赋予与旨在传授知识和技能的课程同样的价值。在战争重心由中国战场转移到太平洋战场的过程中，为了适应国家军事化要求，初等学校被予以重组。然而，值得注意的是，在这个时期，学生接受中等和高等教育的比例却在不断增长。因此，“我的孩子”的观念并没有完全因为这一法令而完全终止。另一方面，在谈到现代日本教育时，我们不能忽略殖民教育。日本在明治维新后加入了发达帝国主义国家在亚洲瓜分殖民地的行列，1895年中日战争后，日本霸占了中国的台湾；1910年，在镇压强烈的反抗后吞并了韩国；1932年在中国东北建立了殖民化的“伪满洲国”。

一言以蔽之，殖民教育是“完全歧视性的日化教育”。特别是在中国的台湾和韩国，日本政府建立了殖民政府并直接控制它们。很显然，殖民地的教育体系是在“一视同仁”的口号下进行的，在那些地方建立了类似日本小学的初等学校以教授日语。然而，这些学校的入学率很低，特别在韩国。这是因为，在韩国有许多小规模的私立学校（Sotans）和韩国人自己建立的各种各样的学校，许多人进入了这些学校。在太平洋战争期间，政府试图通过天皇意识的灌输达到使韩国人日化的目的。这些学校必须使用日语并强制要求参拜神社。在20世纪末，人们认为，这些殖民压迫的历史事件和殖民教育是日本现代史上不光彩的一面。

1945年8月15日，日本接受《波茨坦公告》无条件投降。以美军为首的盟国占领军彻底解除了日本武装并对日本进行民主改革，对二战期间的20万参加者进行了清理，废除了国家垄断经济，进行了土地改革，并使神道教与国家分离。1945年12月，盟军颁布了新的选举法，妇女被赋予了选举权。1946年1月1日，天皇在新年致辞中正式宣告放弃他的神性。1947年颁布的新宪法明确规定公民享有平等的受教育权利，《教育基本法》也于同年颁布，并对教育宗旨作了如下规定：“应当尊重个性，努力培养热爱真理与和平的人。”三年初中教育也是义务的，于是，义务教育年限延长至九年；男女合校教育原则建立起来，大学对女性开放。师范学院按大学模式重组，小学教师必须接受过大学教育。尽管对地方当局来讲，建立初级中学是一个经济负担，但它们必须努力为之。

高中入学率在1954年不到50%，在始于20世纪60年代的经济重建和经济高速发展背景下，1974年达到90%。20年内高中入学率提高了40%，平均每年两个百分点的增幅是令人惊讶的。大学和初级学院的入学率在20世纪60年代也开始增长。在二战后的一些年里，它维持在10%的水平，而1975年则超过了35%。由于学生数量的增加，更多的大学在经济高速发展时期也得以建立起来，15年内高等院校数增长了25%，这也是一个令人惊奇的增幅，这个增幅与高中的增幅是一致的。这就是“教育扩展”时期。

教育快速增长的最大原因及结果是日本产业结构的变化。日本农民是贫民的同义词。超过40%的劳动人口拥挤在狭小的可耕作地区。盟国占领军的土地改革产生了一个广大的自耕农阶层，但有限的土地不足以独立经营。战后民主化对个人的影响之一是，唤起了农民的平等意识和对社会成功的渴望。20世纪60年代的经济高速增长政策，给旨在吸纳剩余农业劳动力的制造业以最大优先发展权。1950年农业人口占全国人口45.2%，1960年降至30%，1970年降至17%，1980年则不到10%，20世纪末大约为5%。作为非制造业劳动力的从事第三产业的人口也迅速增长，从1950年的29.6%到1960年的38%，到1970年的46%再到1980年的55.4%。特别自20世纪70年代以来，大量资本涌入服务业，这威胁到了家庭经营式商业活动。总之，大多数人已经成为工薪阶层。当家庭经营企业一代一代萎缩并面临巨大竞争时，许多家长便希望他们的孩子通过接受高等教育来确保他们将来在大公司里获取一个好职位。

在经济高速发展时期，人们涌入城市，居住在狭小的寓所内，仅留下他们的父母在村庄里。人口的出生率迅速下降，而这似乎与高中入学率的增长有关。在日本，生育率的不断下降始于20世纪初，每对夫妇从平均四个或五个孩子下降至不到两个，在20世纪末下降到1.46个。“我的孩子”观念变得更加强烈了。最后，我们将会提到日本目前的学校制度。从1947年在美国占领军指导下实行教育改革以来，日本采用了“六三三四”学制。这个学制基于《教育基本法》而制定。

然而，在日本，使用的是广义的“学校”概念，《学校教育法》提及的“学校”包括：小学、初级中学、高级中学、大学、技术学院、盲人学校、聋哑学校、学习障碍学校、幼儿园、特殊训练学校和各种学校。

小学之前的幼儿教育由幼儿园和育婴所负责。日本的幼儿园是实施非义务教育的机构，但在《学校教育法》中仍被界定为3～5岁幼儿的教育机构。幼儿园有三年、二年或一年制课程。育婴所是根据《儿童福利法》设立的福利性机构，负责照料六岁以下的幼儿。

小学六年和初中三年构成了日本的九年义务教育。在这个阶段的入学率接近100%。在义务教育阶段实现了普及教育。

与此相反，高级中学课程大致上分为普通课程与职业课程两种。四分之三的学校开设普通课程，四分之一的学校以职业课程为主。普通课程将重点放在学术科目上，提供的是普通教育；而职业课程则提供职业的、技术的或其他类型的教育。职业课程被进一步分为农业、工业、商业、渔业、家政、护理、科学—数学等。有三类高中体系：全日制、部分时间制和函授制。全日制高中要求三年修完全部课程，部分时间制和函授制高中则要求三年或三年以上修完全部课程。1988 年，影响部分时间制和函授制高中特殊分类的“学分制”在高中阶段实现了制度化。那些想要在义务教育阶段之后接受学校教育的人必须通过高中入学考试。

对不能在小学、初中普通班级接受正常教育的残障儿童提供专门的特殊教育。特殊教育设施包括三类：盲人学校、聋哑学校和其他类型特殊学校。其他类型的特殊学校又可以分为智障学校、肢残学校和病弱学校。另外，在普通小学和初中，也有为轻度残障儿童提供教育的特殊班级。1948 年，义务教育扩展到包括盲人和聋哑儿童的教育，1979 年则扩展到包括学习障碍者的教育。

日本高等教育机构包括大学、短期大学和高等专科学校。另外，提供高等课程的专修学校和多科学校也属于高等教育机构。大学是在专门的高深学术科目内进行教学、研究并给学生提供广博知识的高等教育机构。进入大学前，必须完成相当于高中阶段的学习。大学普通专业修业年限通常为四年，医学、牙科、兽医专业通常是六年。为了进行高层次的教学和研究，有的大学建立了研究生院。研究生院提供两年制硕士学位课程和五年制博士学位课程。医学专业研究生学制为四年。

短期大学的目标是，提供普通教育以及职业、实际生活所需的专业培训。修业年限为两至三年。在 20 世纪末，短期大学招收的主要是女生。

高等专科学校始于 1962 年，它们是提供职业技术教育的机构，修业年限为五年。这类学校通常提供工程和航海商贸方面的课程，目的在于培养具备基本能力的高级技术专家，招收对象为初中毕业生。

除了上述提到的小学、中学和高等教育机构外，也有大量被称之为“专修学校”（special training schools）和“多科学校”（miscellaneous schools）的教育机构。职业性的专修学校始建于 1976 年。这类学校至少要招收 40 名学生，提供至少一年的学习课程。多科学校的目的在于，给成年人和年轻人提供广泛的类似于中学和高等院校的正规教育机会。

目前，日本教育体系所取得的成就和日本人受教育程度之高是众所周知的。尽管高中教育并不属于义务教育，超过 90%的年轻人接受过高中阶段的教育；在 24～35 岁的人口中，有 42.3%的人是高等院校毕业生。日本现代教育的成就是日本经济增长和成功的一个重要因素。

20 世纪末，日本为改进教育现状进行了新一轮的努力。80 年代，由中曾根康弘（Y. Nakasone）创立的教育改革委员会（1984～1987）制定了《21 世纪教育规划》。这一规划的要点是：

1. 充分尊重个性；

2. 建立终身教育体系；

3. 使教育体制与当前社会变革相适应，关注国际化、信息化、少子化、城市化、新的生态问题等。

根据上述任务，目前教育政策的变化和特殊措施的采用主要集中于学校教育领域内，包括教学指导、各级学校的组织及重点加强高中教育。

五、当前教育理论的一些问题

日本教育的发展是建立在自身民族传统与学习国外教育理论和制度基础之上的。特别是二战末期以来，日本社会的重点是实现民主化。在建立新教育体制的过程中，主要受美国实用主义教育的影响，但也有大量的研究者和教师在研究苏联社会主义教育和其他国家的教育经验。

在日本，学习德国教育理论一直很普遍，但一战后，随着自由思想传遍整个日本社会，一些人开始从另一位老师——约翰·杜威（John Dewey）那里学习他的教学论。在美国新的教学法如设计教学法（project method）的影响下，教学重心从教师转移到学生，从强调统一到注重个性。这个趋势并不能简单归因于新兴中产阶级对西方的羡慕，而是他们渴望生存的教育方针。在这个阶段，随着对杜威理论的接受，对国家主义教育政策方针的抵制加强了。

二战后期，杜威的哲学和他的教学法在日本逐渐被研究。一战前在接受杜威思想的最初阶段日本国内受其影响的一些教师积极开展活动，除此之外或许还有一些其他途径在促进对杜威思想的进一步接受。然而，为什么后来日本逐渐远离杜威的教育思想和方法呢？有人认为，主要是如"发展个性"和"培养个性"这样一些教育原则的吸引力受到了指责。对杜威的接受是与尊重个性的潮流联系在一起的。在某种程度上这种有别于一战前的教育，是基于尊重个性的教育，它是与现代社会对个人的关注相关联的；但现实是，这种教育被以能力为本的教育替代了。

许多对战前教育持批判态度的人转而向苏联社会主义教育寻求灵感。苏联教育的引人之处在于，它关注保证各种个性的青少年都得到发展，而那种体制也让其成为可能。苏联教育理论认为，人性独立是先天的，因此建立自我管理的集体是建立一个新社会和一种教育方式的有吸引力的途径。日本教育界极其热情地学习克鲁斯普卡娅的教育思想和马卡连柯的教育集体主义。集体主义在促进日本学生自主教育方面是有效的，同时它也被作为一种与日本强调团体内和谐的特质相一致的形式被采用。

接受美国的和苏联的教育思想所要解决的问题是一致的，即建立一种教育体系，通过对学生个性、人格的尊重以培养民主社会的公民。二战前以权力和特权为基础的社会复制现象开始终止，这意味着一个能力为本的新社会秩序的形成。这促使那些新兴中产阶级加入并扩充主流社会。

强调对于个性的尊重意味着，能力最终被提升为对学生进行分类的标准。然而，因为并不认为个性与合作精神相矛盾，因此学校与社会一样，努力寻找它们的结合。这二者同时发展实际上并不矛盾，其原因如下。首先，对于一个组织而言，团结是为了战胜另外一个组织，组织内部必须有规则，成员之间的合作精神变得非常重要；第二个原因是营造归属感，在此基础上群体的稳定和亚群体的合作得以实现，而且，在为了在一个既有组织中占主导地位的竞争中它也扮演着重要角色。通过这种方式，团体成员间的许多竞争就被基于合作的团体存在而缓减，而这种合作又来源于归属感。当合作加入了归属感时，团体便能够在竞争中或争取统治地位的斗争中确保成功。认为竞争刺激了人际关系中基于归属感的传统的复活可能也是有道理的。最后，允许有益的个性与合作精神同处一个学校里是一种英才教育，这种英才教育使得团体或个人在一个竞争的社会取得成功成为可能。

然而，建立在英才教育基础之上并给组织带来竞争成功的归属感的功能，是随着社会的变化而变化的。二战前一些个人生活方式，比如做零售店主或技工的模式，都已经消失了。在当代社会，一个人如同参加联赛一样在受过教育的人群中竞争，商人生活成了成功的唯一形象；面对世界性竞争的出现，那些孤独的竞争者必须借助团队力量求得生存。团队基本要素的存在是必要的。那就是说，必须有某种东西将人们联到一起。这可能是一个学派、一种区域联系、一种观念或某些事件。然而，在 20 世纪末，人们却表现出了一种倾向——将联结彼此的纽带抛弃。团体内的竞争与国际范围内的竞争和争取统治地位的竞争并无两样。日本不再努力对他们肯定自身的特质，取而代之的是去发现某些特殊的东西，他们力图发现这些东西是阻碍别人和批判、侮辱他们的较简便的方式。于是，通过这种途径，他们将过时的文化和令人反感的个性归因于别人，从而感到他们自己文化的先进并需要增强个性。因而，个性成为解释差异的基础甚至成为歧视性教育的基础。在实现组织目标的过程中，组织内如果缺乏合作精神，激烈的竞争将在组织内部成员之间展开。个性已经被提升为支持这种生活方式的正面词汇。因此，在目前，关于个性的错误观念可能还会继续下去。

日本学制图

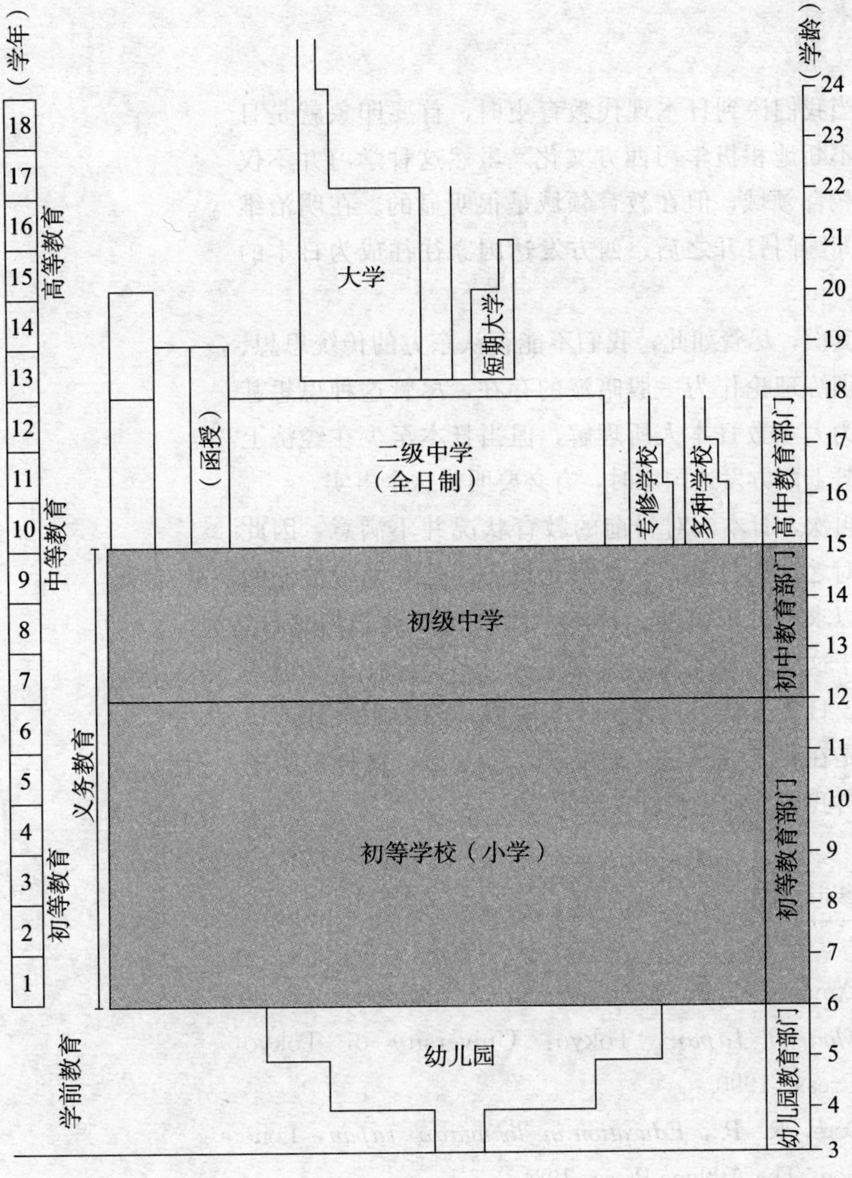
（学年）
18
17
16
15
14
13
12
11
10
9
8
7
6
5
4
3
2
1
高等教育
中等教育
义务教育
初等教育
学前教育
大学
短期大学
（函授）
二级中学
（全日制）
专修学校
多种学校
初级中学
初等学校（小学）
幼儿园
（学龄）
24
23
22
21
20
19
18
17
16
15
14
13
12
11
10
9
8
7
6
5
4
3
高中教育部门
初中教育部门
初等教育部门
幼儿园教育部门

小结

当我们谈到日本现代教育史时，首要印象就是日本在不断地积极学习西方文化。虽然这种学习并不仅限于教育领域，但在教育领域是很明显的。在明治维新期间国门打开之后，西方发达国家往往成为日本的楷模。

其次，尽管如此，我们不能否认东方的传统思想、自我训练理论作为一股暗流的存在，尽管这种思想甚至不为大多数日本人所理解，但当日本至少在经济上已经赶上西方发达国家时，有必要明确这个事实。

再次，日本人对目前的教育状况并不满意，因此常常对之加以批判，并把眼光投向国外并学习他们的经验以求更好的发展。日本人对教育如此强烈关注，是基于这样一种理念：现实生活与幸福比什么事情都重要。日本人认为，无论什么时候，努力所得到的快乐不是在将来或来世，而是在今生今世。这种世俗主义与自我训练理论有着直接的关联。

主要参考文献

1. Amano Ikuo, *Education and Examination in Modern Japan*, Tokyo: University of Tokyo Press, 1990.
2. Dore, R. P., *Education in Tokugawa Japan*, London: The Athlone Press, 1984.
3. Katagiri Y., *Japanese Education in the Development of Economics*, Bulletin of the Faculty of Education, Aichi University of Education, 40 (1991).
4. Katagiri Y., *Individuality and Education in Ja-*

pan: A Sketch. Also in the edition Kosei to iu Genso (The Illusion if Individuality), 1995.

5. Katagiri Y., *Modern History and Problems of Physical Education in Japan*, Bulletin of Center for the Study of Teaching Methods, Aichi University of Education, 17 (1993).
6. Nakauchi T., *History of Family and its Nature and Education: Japan, from the 17th Century to the 20th Century*, Hitotsubashi Journal of Social Studies, 25, 1 (1993).
7. Nakauchi T., *The Appearance of a New Western Theory of Education in Modern Japan: The Elementary School System and Popular Religion*, Hitotsubashi Journal of Social Studies, 25, 2 (1993).
8. Passin H., *Society and Education in Japan*, Teachers College—Columbia University, 1965.
9. *Kodansha Encyclopedia of Japan*, Tokyo: Kodansha, 1983.
10. Takeda, Ichiro. *Influence of John Dewey upon Japanese Educators* in Essays Commemorating the 50th Anniversary of John Dewey's Visit to Japan, Tamagawa University Press (1969).
11. Takeuchi, Yo. *Nihon no Meritorakurashii* (*Japanese Meritocracy*), Tokyo University Press (1995).

日本中京大学

中内敏夫 (Toshio Nakauchi)

日本爱知大学

卡桐良雄 (Joshio Katagiri)

日本一桥大学

関啓子 (Keiko Seki)

第十一章　荷兰

一、荷兰学校教育体系的起源

荷兰领土上最初的学校是职业教育机构。从 5 世纪起荷兰就被称为是法兰克王国的一部分。法兰克人① 是古代条顿人② 部落的成员，他们在公元 4 世纪征服了罗马帝国的西部。法兰克人成为了基督教徒并力图使被征服的领土上的居民也成为基督教徒。为了达到这一目的，法兰克人需要受过教堂学校和修道院学校教育的神父和修士。男孩在这种学校中受教育是为了基督教信仰。自 535 年以来，荷兰的神父们很可能是在马斯特里赫特③ 的教堂学校中受教育。695 年左右在乌得勒支④ 就已存在的教堂学校对神父进行预备教育。神父们在其工作地区内对受过基督教洗礼的居民传播基督教信仰并成

① 公元最初几个世纪，法兰克人是指居住在莱茵河上游的西部日尔曼民族，公元 5 世纪他们组成了法兰克王国，后来法兰克人分散为法兰西、荷兰、德意志民族的成员。——译者注

② 条顿人，古代指古代条顿族的成员，现代指条顿系民族的成员，尤指德国人，又称日尔曼人。——译者注

③ 马斯特里赫特，荷兰林堡省省会。——译者注

④ 乌得勒支，荷兰乌得勒支省省会。——译者注

为他们的精神导师。他们主持礼拜仪式，探望病人，帮助穷人，在葬礼之后给死者家属以安慰。修士是神父的助手，他们用各种各样的实际活动支持神父的布道。他们开垦荒地，在低洼地四周挖沟，在土地上耕作，完成各种各样的手工劳动，向居民们展示了谦恭的基督教徒的榜样。修道院学校教给修士们的就是这种谦恭。荷兰第一所修道院于 714 年建在荷兰的南部，在一个叫做苏斯特伦（Susteren）的小村庄里。这所修道院毫无疑问就是这样的一所修道院学校；830 年左右建在荷兰北部的斯塔沃伦（Stavoren）的圣奥德尔富斯（St. Odulphus）修道院也是这样的一所学校。这一事实说明了自 10 世纪以来修道院学校就已附属于埃格蒙特大隐修院。埃格蒙特大隐修院享有很高的威望，其威望已超越了地区的界线。

教堂学校和修道院学校都为打算当神父和修士的人提供 5～12 年以上的宗教教育。男孩子有时刚过 7 岁就教他们唱宗教赞美诗，教他们阅读圣诗和圣经片段，抄写宗教作品，计算教会庆典的时间。教堂学校还对某些学生提供哲学、神学和法学教育。这两类学校都热衷于教会学生掌握拉丁语。因为拉丁语毕竟是罗马天主教会进行交际的语言手段。此外，还要让修士能在农业和商贸活动中有用武之地，让神父为履行宗教职能做好准备。修道院学校主要教会年轻的修士从事农业和商贸活动。教堂学校的教育目标是履行乡村神父的宗教职能。

修士和神父为荷兰人施洗礼。在施洗礼的时候，他们受到荷兰最早的传教士威尔布罗德（Willebrord）和博尼费修斯（Bonifacius）的观点的引导。修士和神父被看做上帝的仆人。他们的行为举止应该表现出，作为上帝的仆人，他们对世界怀有一片好意。威尔布罗德和博尼费修斯认为，《圣经》中的知识是给人施洗礼的条件，人民自己是不能读和写的。在 1000 年时，荷兰社会中只有 1%的人（其中某些人是神父和修士）掌握了阅读能力。神父和修士必须告诉人民基督教的故事和基督教的特殊价值。他们必须要让基督教徒了解异教徒。每个人必须因信仰基督而得到再生。因此对他们来说必须能够用教会的语言——拉丁语流利地阅读和书写。博尼费修斯甚至为他的学生写了一本拉丁语法书。虽然地方语言在教会的礼拜仪式和其他宗教集会中确实也是很重要的，但是拉丁语使修士和神父能够研究《圣经》和举行弥撒。关于克雷多（Credo）、佩特·诺斯特（Pater Noster）和艾维·玛丽亚（Avé Maria），他们必须烂熟于心，并且必须能够阅读《弥撒经》、《诗篇》和《忏悔书》。

修士和神父的活动成效不大。荷兰人民不愿意放弃自己的异教徒习俗，因为基督教的传入伴随着法兰克军队的入侵。与当地居民的愿望相违背，自由的弗里西亚人①和独立的撒克逊人②的领土，在734～804年相继成为有实力的法兰克帝国的一部分。地理—军事的统治并不能自动地意味着精神—心理的占领。尽管修士们做了很多工作，神父们也做了许多传教的工作，但是武力和它的不利影响阻碍了人们对基督教的接受。即使在欧洲的一块庞大的土地上出现了一个地理上的统一体，但基督教的宗教统一体尚未出现。旧的宗教信仰仍长期反对新的救世主。通过使异教徒的习俗基督教化，这些习俗最后可以被看做基督教的习俗；春分节变成了复活节③，冬季的光明节变成了圣诞节。实际上，这不是人民已经基督教化了，而是异教徒的习俗和行为基督教化了。

二、教区学校

荷兰人的基督教化，不仅由于某些群体的荷兰居民（弗里西亚人和撒克逊人）的反对而受阻，810年以来丹麦和挪威海盗的掠夺对扩大基督教会的影响毫无帮助。斯堪的纳维亚军队的长官甚至成为荷兰的统治者，异教国得到了复苏。乌得勒支的主教不得不于857

① 弗里西亚人，日尔曼人的一支，讲一种与英语很接近的语言，居住在弗里西亚群岛、荷兰北部的弗里斯兰省和德国的东弗里西亚群岛和北弗里西亚群岛。他们的领土分散，西部居民在16世纪加入荷兰共和国。——译者注

② 撒克逊人，日尔曼人的一支。772年查理曼大帝发起了一场征服和同化撒克逊人的战争。战争断断续续地进行了32年，最终把撒克逊人并入法兰克帝国。——译者注

③ 春分满月后的第一个星期日是复活节。——译者注

年在靠近鲁尔蒙特（Roermond）的奥迪利尤伯格（Odiliënburg）以及866年在德文特（Deventer）保卫自己。这一发展导致大部分荷兰人恢复古代异教徒的习俗和观点。法兰克帝国的统一不复存在，宗教的统一似乎也遥不可及。

历史证明海盗的政权不是永久的，到9世纪末，海盗被击败并撤回到他们的斯堪的纳维亚国家去了。虽然荷兰仍然是德国的一部分，但这个国家本身几乎是独立的。这就是说，几个伯爵、大公和领主，甚至主教，统治着这个国家的各块领地，不存在一个统一的荷兰。伯爵、大公、领主和主教，他们甚至相互争战。不管怎样，荷兰再次开放了传教活动。基督教化得以重新开始。从917年起，乌得勒支的主教在荷兰的中部获得了主教座。由于要进行传教活动和基督教的礼拜仪式，神父和修士们又变得有用了。威尔布罗德和博尼费修斯未实现的理想，由他们去孜孜以求。人需要在完美的爱中向造物主祈求。只有这样做人才能获得永生；如果人做好了准备，上帝将引导他走向天堂。上帝救助人的救世计划就是要带给人真正的生活。这就要求人对上帝，尤其是对基督作为主来到人间所进行的赎罪活动深信不疑。在发展崇尚上帝的宗教生活的过程中，神父为人类提供了特殊的帮助；在宗教弥撒仪式中，神父帮助信徒去膜拜上帝。在11～13世纪，竭力宣传这些观念的神父和修士有乌得勒支教堂学校的阿德尔博尔德（Adelbold）和伯纳德（Bernard）、埃格蒙德（Egmond）修道院的沃尔特（Walter）、霍勒姆（Hallum）修道院学校的弗雷德里克（Frederik）、阿杜瓦德（Aduard）修道院的威布兰德（Wibrand）和布洛恩霍夫（Bloemhof）修道院的埃莫（Emo）。

荷兰人对聚集在圣坛周围的准备程度很差。基督教化几乎毫无进展。教会和修道院都没有能力去中断异教徒习俗的沿用。这种状况得以改变是由于对学校提出了向荷兰社会传播基督教信仰的要求。教育机构要帮助基督教培养新的信徒。教育得到了扩展；除了向打算当神父和修士的人提供职业教育的教堂学校和修道院学校之外，还建立了向俗人进行基督教教育的教育机构。1179年和1215年，教会的宗教会议颁布法令，规定必须从儿童幼年起就向他灌输宗教真理。要让儿童接受这样的真理：上帝激励人去过一种有价值的、真正的生活；上帝可以把人从他的罪孽中拯救出来；作为上帝儿子的基督在自己的一生中一直在讲这一拯救计划；即使他的死亡也是上帝关心人的拯救的一种表示。学校应该防患于未然，使人民不至于都是冷漠的异教徒和不坚定的基督教徒。教育应导向教徒的基督教社会。

宗教会议的号召得到了彻底的服从。从 13 世纪初起，除了教堂学校和修道院学校之外，荷兰还可以为有了越来越多的向俗人灌输基督教价值的学校而自豪。这些学校分散在整个荷兰境内。在战胜了海盗之后，低地分裂成布拉班特①（Brabant）和荷兰两个国家、盖尔雷公国和许多领主以及乌得勒支主教的领地，其中最强大的是乌得勒支主教的大部分领地。尽管如此，在学校的结构和内容方面确定无疑是统一的。所有的主教、大公、伯爵和领主允许教师在自己的领地内开办教育机构。与宗教当局一样，他们也发现了向荷兰人民灌输统治规则的可能性。大领地的所有者的下属之一，作为第一批学校的督学之一，负责监督教育。因为学校建在教区领地之中（荷兰分成许多教区），这些学校就称做教区学校。这一名称会产生误导；这种教育机构并非是教会财产的一部分。拥有领地的主教、大公、伯爵和领主，指定一名俗人去进行教育。神父或修士几乎没有什么机会在教育机构中（他们自己的教堂学校和修道院学校除外）提供教育。教会只能干预课程，而且仅限于教区学校、教堂学校和修道院学校，即使如此，教区学校也不提供神父和修士职业的职业教育。教区学校的意图是使学生能专心致志地参加教会的礼拜会。

教区学校的宗教教育是初级水平的，仅限于克雷多、佩特·诺斯特和艾维·玛丽亚的作品、一点点《诗篇》和一些祈祷文就足够了。唱歌尤为流行，毕竟有许多诸如做弥撒等日常的宗教仪式，儿童唱诗班能为之增光。参与宗教仪式要求儿童会说拉丁语。这不是

① 布拉班特，现为比利时中部的一个省。——译者注

简单的工作，在经过了许多激励和重复之后，教会了儿童为宗教仪式出力。年轻一代成了忠实的信徒，经常去教堂做礼拜，主教、大公、伯爵和领主，完全赞同这种发展。以 7～10 岁男女儿童为对象的教区学校的教育，主要是死记硬背的教育。书本太贵买不起。学习阅读是少数学生的特权。大多数学生在离开学校后还不能阅读。在教区学校的最初三年中表现得好的学生，而且只限于男孩子，可以获准接受教区学校的中级教育，即教区学校的继续教育。在教区学校的最初三年之后的两年期间（见图 11-1），用拉丁语教年龄在 10～12 岁之间的学生，拉丁语是阅读的文化技能。阅读技能是一个字母一个字母、一个单词一个单词地教。教师出示一张张有字母、音节和单词的卡片。有些教师为自己的学生制作手写字母表，这就是一本本小书。在这种小书中抄录了字母表，通常还抄录佩特·诺斯特和艾维·玛丽亚。在教区学校最初几年中靠记忆留下印象的声音，在中级教育阶段就成为可视的。学生看到了用字母表示的声音、单词的顺序并读出它们。

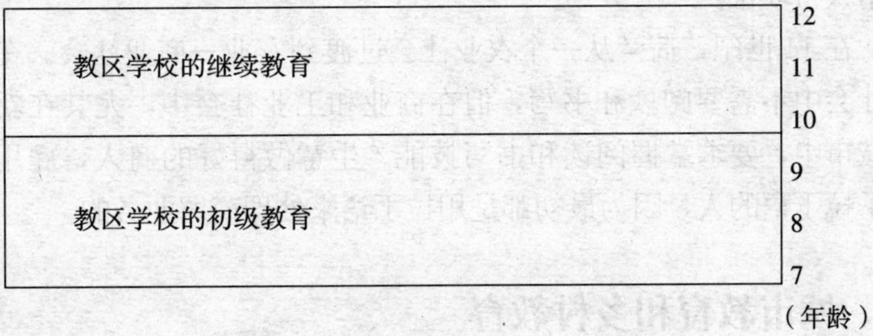

图 11-1　荷兰的学校体系（1200～1400 年）

当学生经过一个字母一个字母、一个单词一个单词地阅读之后最终尝试阅读手写的书的能力，后来在发明了印刷术后阅读铅印的书的能力时，掌握阅读能力这一最伟大的时刻就来临了。只有到这时才能证明他们已掌握了阅读技能。最初的阅读仅仅是读出用拉丁文写的诗篇的单词和句子。在经过多次重复阅读这些经典的诗文后也就能背诵了。中世纪的教育规则是：首先是记忆，理解和领会要在记忆之后。这不仅适用于逐词阅读和低级阅读，也适用于高级阅读。高级阅读就是能阅读像西塞罗（Cicero）、奥维德（Ovid）、斯塔提乌斯（Statius）、维吉尔（Vergil）①等经典作家的文章，这就表示掌握了阅读技能。这些作家的部分作品也必须背诵。对于学生来说，记忆的作用就相当于图书馆。

记住语法规则，就完成了阅读学习过程。学生必须知道统领课文的是哪些规则。语法规则可以在多纳图斯②（A. Donatus）写的《语法初阶》教科书中找到。这部著作的写作年代离现在很遥远；它写于4世纪，但其价值已被历史证实。当时没有对其他教科书的需要。这本教科书教学生把语法规则用于会话中，学生的会话用的显然也是拉丁语。设想当时一些12岁的男孩在接受了中级教育之后就能掌握拉丁口语和书面语。掌握拉丁语有助于男孩子的社会生涯的发展。他们中一些人获得了低级的宗教职位。他们都能说拉丁语，读拉丁文的书和用拉丁文写作。较高级的宗教职位，正如前面提到的，是为教堂学校的学生保留的。其他学生在日益兴起的商业和工业中谋得职位。

在14世纪，荷兰从一个农业社会过渡到农业—商业社会。在农业社会中不需要阅读和书写，但在商业和工业社会中，尤其在新兴的城市中，要求掌握阅读和书写技能。生意做得好的商人，雇用掌握了拉丁语的人，因为最初都是用拉丁语来处理商贸业务的。

三、城市教育和乡村教育

荷兰人口增长的结果是某些中世纪的乡村发展成为城市。宜人的地理位置是发展的前提条件。由于农业提供不了足够的就业

① 西塞罗（前106—前43），古罗马政治家、律师、古典学家、作家。奥维德（前43—17），古罗马最伟大的诗人之一。斯塔提乌斯（约45—96），拉丁文学的白银时代主要罗马史诗的抒情诗诗人之一。维吉尔（前70—前19），古罗马最伟大的诗人之一。——译者注

② 多纳图斯，古罗马著名语法学家、修辞学教师，写过两本语法教科书，即《语法进阶》和《语法初阶》。——译者注

机会，通常设在城市中的商业和工业不得不消化过剩的劳动力。虽然城市也提供农场住宅，但这样的大面积的居住区主要是为工匠提供膳宿和为商人提供仓库。城市变成了工匠和商人的居住地。所有的城市都变成了当地的商业中心，通常是地区的商业中心，有时是国家的商业中心。这就是所谓的都市化运动，这场运动在荷兰主要发生在14世纪，导致了它的含有教区学校及其中级教育阶段的单一的学校体系发展成有差异的学校体系。城镇居民比农村人口多，他们希望有不同类型的教育。工匠和商人是从农民阶级发展而成的一个职业群体，他们希望为自己的孩子提供一个更广大的学校体系。

对工匠的职业教育是有效的，它主要在实践中进行。这类职业教育的机构化是谈不上的。在中世纪有一种思想，认为只能站在商店的地板上才能学会做买卖。被称做基尔特的行业团体通过基尔特教育提供一种适当的训练。每一个工匠只要得到基尔特的允许都可以成为师傅，带1～3个学生。在早期阶段是阻止任何形式的竞争的。学生至少必须年满12岁才能接受初级水平的教育。经过4～5年的职业训练学生逐渐成长为工匠，最后成为师傅。只有通过了三年的实践考察（这种考察通常是要付费的），职业训练才算结束。工匠可以开办自己的商号。事实证明，要成为一名面包师傅或者（下面列举部分职业名称）理发师、铁匠、酿酒师、瓦匠、屠夫、木匠、鞋匠、桶匠、鱼贩子、制帽人、磨粉工、油漆匠、小渔船的船长、外科医生、裁缝或织工，并非易事。到中世纪末，许多熟练的工匠甚至不再可能拥有自己的商号，因为要经过多年的训练，这就使投资变得过于昂贵。更有甚者，基尔特并不总是允许人们从事一种独立的职业。熟练的工匠只能去为把手艺教给他们的师傅服务，虽然其间并非不出现紧张局面，有时甚至还有工人罢工。

对工匠的职业训练主要是在实践教育中进行，而对于未来的商人来说，几乎在每座城市里都有教算术和法语的教师。商业教育是一种理论教育，还要教法语和算术。算术对于商人来说显然是很重要的，而法语知识也是必需的。拉丁语作为一种商务语言是有用的。15 世纪的战争使荷兰成为勃艮第帝国①的一部分，然而，自 16 世纪以来这块土地一直是由哈布斯堡王朝②的君主统治着。许多年以来，伯爵、大公、领主和主教的各自分离的领土，被吞并进了广阔的勃艮第和哈布斯堡的领土，其结果就是法语变成了商务语言。被称为法语学校的商业学校教授这种语言。8 岁或 10 岁至 15 岁的孩子进教育机构学习。学生可能根据海恩斯（P. Heyns）编的教科书《法语指南》和《算术基础》学习法语和算术。1577 年由巴莱蒙特（N. de Barlaimont）编写的《对话或会话》肯定是法语教学中用得最广泛的出版物。由诺特（Th. van der Noot）编写的于 1508 年出版的《算术学习方法》，可以被看做第一本用荷兰语写的算术书。与工匠训练的情况很相似，法语学校的学生人数也很少。学费可能用作筛选的手段。

城市和乡村中的其他学校是进行普通教育的教育机构。与从前一样，宗教教育被认为是很重要的。从这一点看，都市学校和乡村学校与传统的教区学校没有什么区别。教区学校变成了都市学校和乡村学校。学生仍然将成长为经常去教堂的成人，他们能够用拉丁语吟诵克雷多、佩特·诺斯特和艾维·玛丽亚的作品、许多《诗篇》和祈祷文。课程中还包括了宗教赞美诗的学习；学习唱歌主要是为了“维持教堂的唱诗班”。尤其是赫罗特③（Geert Groote），他对 14 世纪强化宗教生活起了推动作用。他认为：宗教经验不仅是修道院中的修士和教堂中的神父的事情，也是所有俗人日常生活中的重要

① 勃艮第，现为法国一规划区，5 世纪建立王国。534 年，王国被法兰克人灭亡。15 世纪勃艮第东山再起，疆土大为扩大。1678 年，勃艮第领地全部归属王室。——译者注

② 哈布斯堡王朝，又称奥地利王朝，是欧洲最大的王朝之一。1477 年，腓特烈三世的儿子与勃艮第大胆查理的女儿结婚，从而继承了大胆查理的大部分领地。——译者注

③ 赫罗特（1340—1384），荷兰教士和教育家。他把一些穷困的学者聚集在一起，组成共同生活兄弟团。这种组织迅速遍布荷兰和德国，并且作为一种教学制度，对北欧中小学教学的格局产生了深刻的影响。这种制度强调文科和拉丁语的学习，建立了分年级的学制和采用新的课本。共同生活兄弟团在印刷术发明之后就衰落了。——译者注

事情；与最初的基督教徒一样，人们过着简朴的生活；他们的生存应取决于对上帝的谦卑；宗教的内心生活应得到加强。这些结论导致赫罗特请求把本国语言引进宗教仪式中。他认为，人应该能够用自己的母语向造物主祈祷，因为人用母语比用拉丁语能更好地表达自己。对《圣经》内容的解释也应该用本国语。赫罗特用本国语布道，他认为这有助于增加《圣经》内容的知识。鉴于此，所有的学生，包括乡村学校的学生和都市学校的低年级学生，当时都学习如何用荷兰语阅读，出现这种情况就不足为奇了。掌握书写技术也被认为是很重要的。8～10 岁的初等教育之后为 10～15 岁的学生提供普通中等教育，在传统上这种教育是用拉丁语，即科学家的语言进行的。教学生说、读、写拉丁文。学校甚至也称做拉丁语学校。赫罗特的思想对法语学校和拉丁语学校的低年级是很重要的，鹿特丹的伊拉斯谟①（Desiderius Erasmus）的思想对拉丁语学校的高年级具有重要意义。他的思想影响了其时代的人文主义。在 1511 年的著作《愚人颂》中，伊拉斯谟嘲笑教会和社会的政治秩序，讽刺愚昧和虚伪。以古典语言知识为基础，他批判地研究了“教会神父”的著作，从而打击了神学，虽然他还依然是罗马天主教徒。伊拉斯谟很重视教育问题。他写道：人不是生下来就作为一个有个性的人存在，而是在养育和教育的过程中才成长为一个有个性的人。他认识到，所有的人不论其出身如何，都是天然平等的。他还系统地陈述了教育原则——人的积极性的发展来自其追求完美的愿望。按他的意见，有了完善才能有尊贵。伊拉斯谟对其时代的学校教学内容和经院式的教学方法提出了批评。他认为，学习古典语言必须注意不要形式主义地掌握语法，而是要阅读希腊文和拉丁文经典作品。他要求，学习应让儿童感到愉快，学习应该建立在儿童的兴趣的基础上，发展他们的自主性。与所有的人文主义者一样，他主张学校的纪律应是温和的。

虽然伊拉斯谟对欧洲人文主义教育学在以后几个世纪的发展产

---

① 伊拉斯谟（约 1466—1536），荷兰人文主义学者，古典文学和爱国文学研究家，《新约全书》希腊文本编订者，北方文艺复兴运动中的重要人物。——译者注

生了深远的影响，而且他的影响已越出了欧洲，但不可否认的是，荷兰哲学家伊拉斯谟重复了他的前人们的思想，这些前人中有阿尔昆①（Alcuin）。他们捍卫语法艺术的思想，强调很好地写和说的能力。伊拉斯谟尤其把语言教学看做最高水平的教育活动。要学习很好地说就意味着要学习很好地思考。说就是思考，思考就是说。用一个地方的或其他地区的口语思考和说话都是不好的。许多口语不是正确的语言。它们在某种程度上是方言。只有一种完美的语言。这种语言就是知识分子的语言，即拉丁语。这是上帝自己的语言。根据伊拉斯谟的思想，就要用拉丁语思考，说拉丁语。这就是伊拉斯谟为什么是真正的人文学科的捍卫者的原因，因为只有继承希腊和罗马才能保证优秀的和完美的教育。真正的人文学科指的是说得能像“雄辩术”那样好，知道一个“博学”的人所能知道的所有的事情。希腊人和罗马人的书能告诉每个学生有关世界的造物主的伟大。所有这些知识可以在大学中学到。虽然在中世纪荷兰没有为15岁以上的学生设立进行高等教育的教育机构，荷兰学生如果愿意的话可以去国外接受大学教育（见图11-2）。

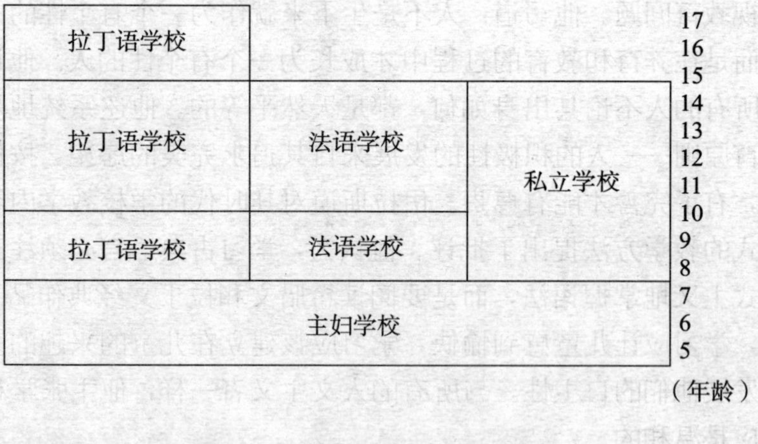

图11-2　1400～1600年的荷兰学制

① 阿尔昆（约732—804），盎格鲁—拉丁语诗人、教育家和教士。他把英国人的学习方法介绍给法兰克各所学校，使课程系统化，提高了学者的水准。他鼓励钻研文科，以便更好地理解宗教教义。晚年因献身宗教而享有崇高声誉。——译者注

在中世纪后期某些学生有了相对较长的学校学习生涯。他们可以在5岁时开始上学。在荷兰他们可以进入为5～10岁学生开设的乡村学校学习五年。在城市中，儿童进为5～8岁幼儿办的学校学习三年，然后到为8～10岁学生办的小学学习两年，这种学校称做荷兰学校。有时候荷兰学校作为较低的年级与法语学校或拉丁语学校连接。

当小孩子的母亲在地里干活或在做家务时，就由保姆照顾小孩。不言而喻，小学生要学唱宗教赞美诗，学说祈祷文。有时候教小孩子字母表。在乡村学校的高年级及在法语学校和拉丁语学校的低年级（荷兰学校），不仅进行宗教教育，还教荷兰语阅读和书写。阅读课程包括字母、单词和短句的拼写。孩子们用的字母表教给他们荷兰语初步知识，以及拉丁文的佩特·诺斯特和艾维·玛丽亚。在这些书之后接着学翻译成荷兰文的拉丁课文，例如，荷兰文的《加图赞》①。小学生可能还读《年轻人的镜子》、《来自巴黎的小修女》、《美妙的小书》。那时候有许多可读的书，在16世纪末以前肯定不缺书。正如上面所说的，当时用荷兰语，然后用中世纪荷兰语教阅读，因为毕竟必须阅读用荷兰文写的城镇管理通告和规章。与阅读一样，书写学科也有系统的结构。在掌握书写技术之前不得不进行强化练习，一个字母一个字母地、一个单词一个单词地练习，而且都是非常漂亮的花字。书写训导课文是很困难的，用鹅毛笔写字是很难的。

在乡村学校的初等教育及法语学校和拉丁语学校的低年级之后，是上面提到的法语学校中的职业教育和拉丁语学校中的普通中等教育。拉丁语学校即都市学校，是城市的骄傲。市镇公会不得不不辞辛劳地管理学校体系。主教、大公、伯爵和领主勉强地放弃了他们的办学权，即允许教师开办学校的权力，把这个权力让给了市镇公会。城市的财政状况使市镇公会有可能负担办理学校所需的费用，并使学校变成都市学校。乡村学校通常没有财政上的特许权，贵族把乡村学校转让给了乡村委员会。在15世纪，市镇公会和乡村委员会模仿它们的贵族前

① 加图（前95—前46），罗马斯多噶派哲学家、政治家。——译者注

任，它们作为学校的所有者，允许教师开办学校。

在接管了教区学校之后，市镇企图把教育机构发展成培养科学家的学校。设计成都市学校的新的教育机构，是规模较大的学校或拉丁语学校，变成一种很有声誉的机构，市镇公会愿意为它们支付一定的补助金，但学生还是按传统要支付学费。在低年级，正如前面提到的那样，用荷兰语教阅读和书写。10～15 岁的男孩在拉丁语学校的高级班受教育。在那里很重视语法，采用前面提到的多纳图斯写的《语法初阶》或《语法进阶》作为教科书。后来，在中世纪末，维拉·戴（A. Villa Dei）撰写的《教义》被用做教科书。拉丁语阅读课本采用上面提到的像《加图赞》等这样的课本。拉丁语语音教科书采用的是在 16 世纪第一个十年由荷兰人托伦蒂乌斯（H. Torrentius）和默梅利厄斯（J. Murmellius）写的书。拉丁语学校学生的词汇量的增加是通过采用一系列著作，其中有用拉丁文和它的荷兰译文双语印刷出版的。课程也包括阅读西塞罗、奥维德、特伦蒂乌斯（Terentius）、维吉尔等人的著作。几乎所有的课文都必须背诵。

极少数的拉丁语学校，例如，开设在代芬特尔①（Deventer）、乌得勒支和兹沃勒②（Zwolle）的学校，有两个班级，其对象是15～17岁的学生。这种学校提供一种高等教育，为学生进入大学作准备。教授教哲学，伦理学是哲学的重要组成部分。学生阅读的著作有亚里士多德的《政治学》、西塞罗的《官员》、柏拉图的《对话》等。还假设学生能够牢记这些著作的片段。所有这些智力劳动的成果是很小的，能在外国大学完成学业的学生是凤毛麟角。

四、私立学校

在中世纪，教育是个人的事情，因此必须付学费。教师不能充

① 代芬特尔，荷兰上艾瑟尔省城市。8 世纪在一所教堂周围设居民点，中世纪日趋繁荣，成为文化中心。——译者注

② 兹沃勒，荷兰城市，上艾瑟尔省省会。——译者注

分自由地实施自己的教育活动。他们的任命受到合同的控制。许多市政当局在这些合同上附加了一定的补助金。从那时候以来教师不再是私人教师。更有甚者，学校权力的拥有者——最初是主教、伯爵、大公和领主，后来是市镇公会，监督被任命的教师的宗教—智力职责。那些经常去考察学校并把自己的发现写成报告的人，被任命为督学。如有必要，可以废除令他们不满的教师的合同。

市镇公会保护它们的拉丁语学校。尤其是为10～15岁学生办的用拉丁语授课的教育机构，没有可与之相匹敌的学校。市镇公会认为，竞争会损害拉丁语学校的地位和质量。某些家长对拉丁语学校所提供的教育不满。他们认为课程计划中用于准备宗教礼拜的时间过多。对于宗教教育的重要性和意义家长们并未提出异议，但是他们希望少花些时间在教授赞美诗和教会的拉丁语上面，而通过教授经典的拉丁语多花点时间在智力教育上。家长们还希望班级小一些，从而能多一点个别施教。拉丁语学校的高级班学生人数大约在60人以上，家长们认为这样的班级过于庞大。

市镇公会没能满足家长们的希望。即使进一步磋商仍毫无结果。最后，家长们抵制市镇公会的要求，强烈要求任命能在所谓的私立学校中提供类似的、但智力因素更多的教学计划的教师。市镇公会不言而喻是企图阻止建立私立学校的。拉丁语学校学生人数的减少，会影响校长所能收集到的学费的数量，这就意味着要增加市镇用来支持学校的市政补助经费。市镇公会正式强行发布了禁办私立学校的禁令，但未能如愿以偿。15世纪建立了许多既提供初等教育又提供中等教育的私立教育机构。这就是不向市镇公会申请市镇财政补贴的私立教育学校。

私立学校的存在说明荷兰对教育的兴趣很大。伊拉斯谟早在1525年时就已指出，在世界上任何地方都不能找到像在低地国①中那样多的识字的人。这一意见在17世纪被下面这样一个信息所证实：每个荷兰人都掌握了读和写的技能。伊拉斯谟的意见和上述信息都有些夸张。更真实的情况似乎是：中世纪末荷兰有约40%的妇

① 低地国，包括荷兰、比利时和卢森堡。——译者注

女和约60%的男人（包括刚在结婚证书上签名的新娘和新郎）能够读和写。虽然可以把这样的百分比看成是有局限性的，但是与荷兰周围的国家相比较，这样的数字是相当积极的。法国1700年左右大概只有14%的妇女和28%的男人（也包括新娘和新郎）会写自己的名字。在英国的诺里奇（Norwich）镇，17世纪时只有11%的妇女、15%的工人、21%的小农场主、56%的工匠和商人、65%的土地拥有者，能够读和写。在1650年左右出生的瑞典男人中约30%的人能够阅读。这样就能比较理解上面那两个相当夸张的声明了；许多荷兰人受到了阅读教育，通常也受到了书写教育（见表11-1）。

五、加尔文教徒的荷兰（16～19世纪）

到16世纪末，荷兰有许多小册子可阅读。它们满足了人们对新闻的需要。当时荷兰人经历了一些社会事件，其中社会、政治的发展令人瞩目。这可能使荷兰人变得吹毛求疵。不管怎么说，荷兰发生了很大的变化。发生了反抗勃艮第和哈布斯堡王朝专政的事件。这甚至导致了失控的反抗运动，其结果是荷兰与西班牙之间长达八十多年的战争。1579年，霍兰（Holland）、泽兰（Zeeland）、乌得勒支、海尔德兰（Gelderland）、上艾瑟尔（Overijssel）、格罗宁根（Groningen）、弗里斯兰（Friesland）等地区宣布自己为自治的邦国。它们共同组成了联省共和国并宣布自己独立。海牙（Hague）成为政府的中心，虽然各个地区依然保留着很大的影响。在海牙聚会的代表必须与他们的地区长官商议。政治变革的先导是宗教变革。1580～1620年，一部分荷兰居民选择了新教；罗马天主教对他们不再具有吸引力。新教徒反对罗马天主教。罗马天主教的神父和修士生活奢华，然而当时还有许多穷人。更有甚者，罗马天主教会是专事压制的教会。新教徒向往成为自由的个人。他们希望直接与上帝交流，不要借助神父和修士的帮助。他们只允许布道者帮助他们与上帝联系，但得由他们自己来作出决定。然而，新教徒没有统一的组织，结果是有浸礼教徒、改革派、路德教教徒、诤谏者之分。改革派居首并决定了加尔文教的宗教主流。其他教派，其中当然包括罗马天主教，被视为伪宗教。自16世纪末起改革思想扎下了根，这一思想就是上帝直接面向他的创造物。上帝是统治者，众生必须服从。发生的每一件事都是为了向上帝表示敬意。凡人的生活掌握在上帝的手中。必须把《圣经》看做准则；它包含着不可违背的神圣的真理。人必须尽可能准确地听从上帝的话。必须从小就教荷兰人服从上帝的法律。17世纪，雅各·凯尔曼（Jacobus Koelman）、乔安尼斯·德·斯沃耶夫（Joannes de Swaeff）和彼得鲁斯·威特龙格尔（Petrus Wittewrpngel）教导人们，人的生存围绕在与上帝的意义深远的接触中，在有德行的行为中就能看到这种接触。改革派的教义就是《圣经》的教义。必须教会荷兰人阅读的技能，使他们能记录上帝的话。

早在1583年，泽兰市镇公会就遵守一条规定（其他市镇公会的规定大致与此相同）：应该教所有学生主祷文、十诫、关于基督教信仰的文章、晨祷和晚祷，饭前和饭后的祈祷文以及日常的祈祷文，以发展学习有关上帝的知识的能力。在福凯留斯（H. Faukelius）1608年写的《对基督教的简洁理解》和博斯蒂乌斯1659年写的《对基督教教旨的简洁理解》等教科书中，揭示了神学的真理并予以分类。阅读的时候荷兰变成了加尔文教徒的荷兰。市立学校和教会学校密切地注视着这一发展。

在所有的教育家中，雅各·卡茨（Jacob Cats）在17世纪下半叶确定了改革派教义的教育思想的形式和内容。洛克（John Locke）1683～1689年在荷兰逗留期间，卡茨可能影响了他。在那几年中洛克写了许多信，1693年他把它们编撰成《教育漫话》。卡茨的思想与洛克的著作有着惊人的一致。卡茨认为，新生儿是一块处女地，在其发展期间，教育家和教师可以耕作这块土地。在卡茨看来，新生儿就像一张白纸，在教育他的时候可在这张白纸上书写。年轻的一代是灵活的，对上帝的敬畏引导他的一切。人是上帝的孩子，在对人进行养育和教育的过程中应按照基督指引的方向塑造人。把每一个新生儿培养成基督徒是有可能的。如果说地球上有坏人的话，这是教育者在孩子还像一根柔软的细树枝时犯的错误。教育始于习惯的养成。7岁的孩子能不费劲地学到一定的知识和技能。多样的学科，如阅读、书写和荷兰语，能发展人的推理能力。继自然发展之后的教育是最好的教育。在17和18世纪，荷兰语学校除了作为宗教机构的地位之外，还成为一个发展学生智力的机构。

掌握阅读这种属于工具性和文化性的技能，是改革派学校课程的主要特点。在1800年左右，即实施加尔文教徒的教育200年之后，60%的荷兰妇女和80%的荷兰男人能够读和写，出现这种情况就不足为奇了。在海边低地国周围的一些国家中，这方面的百分数较低。能够读写的妇女和男人的比例，在比利时为37%和61%，英国为43%和65%，法国为30%和55%（见表11-1）。

表11-1 单位：%

<table>
<tr><th rowspan="2">年份</th><th colspan="2">荷兰</th><th colspan="2">比利时</th><th colspan="2">德国</th><th colspan="2">英国</th><th colspan="2">法国</th></tr>
<tr><th>女</th><th>男</th><th>女</th><th>男</th><th>女</th><th>男</th><th>女</th><th>男</th><th>女</th><th>男</th></tr>
<tr><td>1600</td><td>40</td><td>60</td><td></td><td></td><td></td><td></td><td></td><td></td><td></td><td></td></tr>
<tr><td>1650</td><td>42</td><td>62</td><td></td><td></td><td></td><td></td><td></td><td></td><td></td><td></td></tr>
<tr><td>1700</td><td>47</td><td>73</td><td></td><td></td><td></td><td></td><td></td><td></td><td>14</td><td>28</td></tr>
<tr><td>1750</td><td>56</td><td>75</td><td></td><td></td><td></td><td></td><td>36</td><td>65</td><td>19</td><td>40</td></tr>
<tr><td>1800</td><td>60</td><td>80</td><td>37</td><td>61</td><td>40</td><td>65</td><td>43</td><td>65</td><td>30</td><td>45</td></tr>
<tr><td>1850</td><td colspan="2">70</td><td colspan="2">52</td><td colspan="2">83</td><td colspan="2">57</td><td colspan="2">57</td></tr>
<tr><td>1900</td><td colspan="2">87</td><td>67</td><td>69</td><td colspan="2">90</td><td colspan="2">90</td><td colspan="2">85</td></tr>
<tr><td>1950</td><td colspan="2">98</td><td colspan="2">96</td><td colspan="2">98</td><td colspan="2">98</td><td colspan="2">96</td></tr>
</table>

从儿童幼年起就开设阅读课。17～18世纪为低龄儿童开设的学校是一种私立学校，这种学校与中世纪的学校没有多大的区别，在这种学校中教给儿童字母表中的所有字母。4～6岁的学生还要学习拼写。小学与拉丁语学校是分开的，年头拉得很长，继续给6～10岁或12岁的学生上阅读课。在乡村学校和都市学校中（都市学校现在还存在，叫做穷人市立学校、穷人教会学校、私立教育机构、私立初等教育学校），学生利用一块字母板（一块写着字母表上的字母

的木板）练习拼写。这种字母板叫做“公鸡书”，这是因为在标题页上画着一只公鸡，它激励学生刻苦学习。开始阅读时用的是以下教材：《约瑟夫·弗罗门的历史》、《高贵的先知大卫的历史》、《智慧的所罗门王的箴言或格言》。阅读教学结束时用的教材是：盖勒斯（C. de Gelliers）写的《青年阶梯》和《埃索普斯的不平凡的和快乐的一生》。除了阅读外，还教大多数学生如何书写。用来练习书写的书是：阿凯里亚斯（J. Arcerius）的《有益的教诲书》和费尔德（J. van der Velde）的《榜样书》。这些书中包含了非常漂亮的手写体字母、单词和句子的范例。只有极少数的学生还能接着学习算术。算术是一门困难的学科，巴特詹斯（W. Bartjens）写了一本《算术》教科书。初等教育之后少数学生进入某种类型的中等教育。传统上他们可以进拉丁语学校和法语学校。大部分学生不得不去寻找一份工作，以帮助维持家庭的生计。最后，他们就成为庞大的劳动力大军的一部分。想为从事某种职业作准备的人，必须向师傅报告请求接受基尔特教育。17～18世纪，还是认为应在工场习得一种职业。到了18世纪末才开办了男子职业教育学校。这种职业学校（绘画学校和艺术学校）在晚上教学生建筑和算术。在港口开办航海技术训练班。想习得一门职业的女孩可以报名进缝纫学校。这种教育机构直到18世纪末才开办。在世纪之交之时，仅有实践训练已不够了，还需要有关工作的理论知识，这些理论知识能在白天的工作中被付诸实践。

法语学校和拉丁语学校显然是最有威望的学校。它们是精英教育机构。进这些学校的学生都打算从事社会职业，这种职业需要广泛的普通教育或智力发展。17世纪初，法语学校仍然是一种商业学校。课程包括簿记、商业算术和法语。具有国际关系的商人应该受过很好的教育。所用的教科书有：林茨（A. van Lintz）的《商人账户》、佩特里（N. Petri）的《实践算术和簿记》和科克（D. Cock）的《算术》。法语教科书有：格鲁（Th. la Grue）的《最佳法语入门》和马林（P. Marin）的《学习法语和荷兰语的原理和惯用法的新方法》。归根结底，法语学校的商业教育局限性太大。在18世纪对这种教育机构进行了改造，扩展成进行普通教育的教育机构。这种教育机构所选择的学科包括荷兰语以及法语、德语和英语这样的现代外语，还包括算术、物理、地理和历史。有利于进行这种类型的教育所用的教科书有：帕姆（K. van der Palm）的《青年必读荷兰语法》、迈丁格（J. V. Meidinger）的《现代实用德语语法》、休厄尔（W. Sewel）的《英语入门简明指南》与《科学教科书》、瓦格纳（J. Wagenaar）的《简明民族史》、马丁内特（J. F. Martinet）的《关于自然的问答》。某些法语学校传统上包含初等学校，因此6～15岁的学生可以进这类学校。法语学校成为拉丁语学校的激烈竞争对手，这部分地是因为教育更具社会指向性。

到18世纪末，拉丁语学校走过了一条艰难曲折的道路。它作为继教区学校之后荷兰最古老的教育机构的威望并不能制止学生数量的下降。拉丁语学校似乎已老得不中用了。它的课程不再能适应具有社会指向性的学生的需要。而且，拉丁语学校从狭小的社会群体中招收自己的学生。它的教育对象仅仅是那些有志于学术教育的10～15岁的学生。大学前教育显然隐含着要进行一定的选择。拉丁语学校提供的智力课程要延续好几年，还要增加希腊语和希伯来语。只有有能力坚持长期学习的那些学生才能进拉丁语学校。尤其是教科书价格昂贵，这样的教科书有：沃西厄斯（G. J. Vossius）的《语法》、科德伊乌斯（J. Corderius）的《会话》、斯梅蒂厄斯（J. Smetius）的《韵律学》。要能阅读高深的拉丁语书籍，就必须订购西塞罗、特伦蒂厄斯（Terentius）和维吉尔这样的作家的书籍。作为精英教育机构，拉丁语学校具有自己的教育目标。学生受到的是古典风格的教育，这是进入两年制的著名学校或五年制的学术教育学院的条件。

完成了两年制名校或五年制的学术教育学院的教育，就结束了各个层次的教育机构提供的普通教育。普通教育的最底层是教授阅读和书写的初等学校；中间层次是法语和拉丁语学校，这类学校特别重视古典语言和现代语言；最顶层的是著名学校和学院，它们向15岁以上的学生提供学术性教育，这两种学术教育机构的最初两年以哲学为方向。学院中最后三年的学习称为职业学习，因为这三年学习的目标是争取将来获得律师、医生或教士的职业（见图 11-3）。一些名校和学院还提供若干种形式的高等职业教育，在那里有天文学、数学和航海学讲座。为这些讲座撰写了一些教科书，其中有：史蒂文（S. Stevin）于 1594 年写的《堡垒建筑》、尼斯彭（M. van Nispen）于 1662 年写的《简明测量学》和维尔曾（C. Velzen）于 1768 年写的《河流论》。各港口都设有以数学和天文学为方向的教育机构，造福于商船上的商人和海军官员。所用的教科书有斯廷斯特拉（P. Steenstra）于 1766 年写的《航海术原理》。

因此，1600～1850 年荷兰的学校体系是由初等学校和中等学校构成的。初等学校包括为幼龄（4～6 岁）儿童办的学校和为穷人孩子（6～8 岁）办的学校，以及私立学校和法语学校（6～12 岁）。实施中等教育的学校包括拉丁语学校、法语学校和职业学校（12～15 岁）以及学院（15～21 岁）。

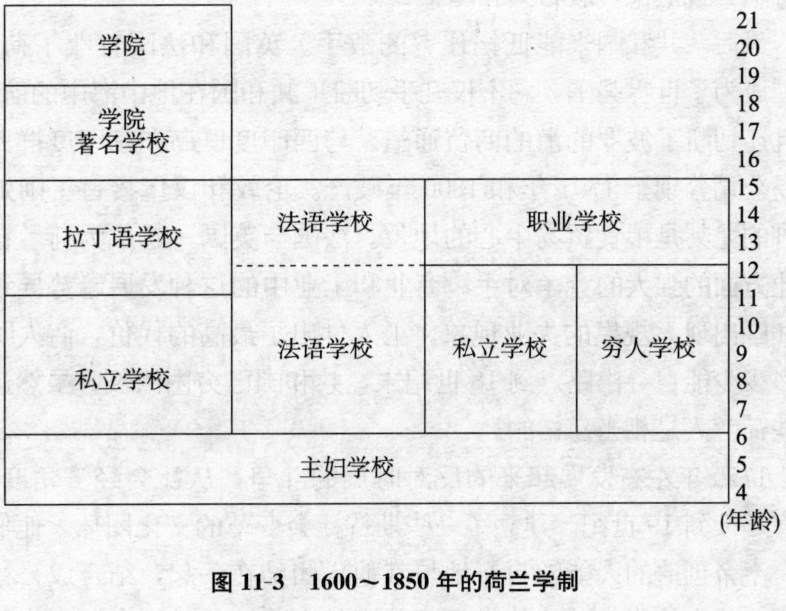

图 11-3 1600～1850 年的荷兰学制

六、向国立学校方向发展

1579～1795 年的尼德兰联省共和国时期，是一个人们很久以后仍骄傲地提到的时代。荷兰在 17 世纪时占据了欧洲的主导地位。在文化方面，联省共和国可以为自己的诗人、音乐家、科学家和作家们所取得的成就而自豪。在经济上，这是农场主和菜农的黄金时代，他们忙着喂养供食用的家畜，经营奶场，种植鲜花和树木，最后但不是最不重要的一点是，栽培了水果和蔬菜。对于与近东和远东以及斯堪的纳维亚和波罗的海国家有业务联系的商人来说，对于那些扩大自己的酿酒厂、印刷厂、钻石切割厂、杜松子酒厂、纺织业、制糖厂和烟草加工公司的工匠来说，17 和 18 世纪是经济形势最好的时期。在政治方面，荷兰也很强大，在反抗西班牙哈布斯堡王朝的 80 年战争之后，反对英国、法国和瑞典敌手的战争仍在继续。欧洲不得不重视尼德兰联省共和国。

最后，共和国未能抵挡住它的敌手。英国和法国打败了荷兰。英国成为了世界强国，它不仅几乎切断了共和国在地中海中的航道，而且还切断了波罗的海的商贸通道。与西印度群岛和东印度群岛的贸易公司分别于 1791 年和 1800 年破产。伦敦和汉堡接替了阿姆斯特丹的尤其是粮食贸易中心的地位。法国与英国一起成为荷兰在纺织业方面的强大的竞争对手。商业和工业中的这种发展趋势导致了共和国出现大规模的失业现象。工人付出了最高的代价，商人阶级多多少少能自寻出路。到 18 世纪末，共和国已穷困潦倒，虽然还有一些荷兰人是相当富裕的。

1750 年左右发展起来的反对时局的斗争，从社会经济角度看，一直延续到 19 世纪。建立了一些期待社会变革的文化团体。他们坚信，上帝创造的人能够自愿地与其他人团结在一起，结合成公社或社团。他们将为了普遍的幸福而共同努力，把普遍的幸福作为所有活动和智力—政治活动的最高目标。“公共福利团体”是这些文化团体中的一个。它指出，一个人如果受到了教育，他就能为创造普遍的幸福作出贡献。人是可塑的，可以提高他和教育他。社会应该提供学校体系以保证创造有道德的和有用的人类社会成员。“公共福利团体”认为，学校应该教授阅读、书写、语言和算术、宗教知识和政治科学。这些思想的基础是马丁努斯·尼乌恩哈伊（Martinus Nieuwenhuyzen）曾在18世纪末打下的。他坚持认为，人是有道德理性的生物，要培养他与伙伴们和谐地生活在一起。人期待着把自己献身于这种和谐，应该把这种和谐看做来自上帝的委派。为了能达到作为最高目标的普遍幸福，人不仅必须发展自己的个性，还要发展社会性和规范性。与伙伴的关系的特点应是最高的道德标准。

为了达到幸福的目标，国家政府必须组成负责学校体系的中央行政管理机构。至18世纪末，在1795年，联省共和国在法国军队入侵之后，在法国当局的影响下，确实变为一个统一的国家，后来相继被称为巴达维亚共和国（1795～1805）、巴达维亚共同体（1805～1806）、荷兰王国（Kingdom of Holland，1806～1810）和法兰西帝国（1810～1813），最后正式称为荷兰王国（Kingdom of the Netherlands）。国家的中心——海牙——管理着全国的社会发展，其中包括荷兰学校体系的变革。从1801年起，存在着由不同的学校督导团督导的公立学校和私立学校。构成公立教育的教育机构有由市政当局维持的为穷人办的市立学校、乡村学校，还有接受津贴的法语学校和拉丁语学校。实施私立教育的学校是由教会、基金会、社团和个人建立和维持的学校，其中有幼儿学校、教会学校、私立小学、法语—拉丁语小学、缝纫学校、绘图学校和艺术学校。著名学校和学院得到市政府和中央政府的补贴，属于公立教育。公立教育与私立教育之间最初的差别在于财政方面，后来有了变化。几乎在所有的学校中都提供普遍的基督教教育。在初等学校中，教师与他们的学生一起唱圣歌，他们教授的是《圣经》中的知识，在开始上课前和结束课时都要进行祈祷。只有极少数的学校提供其他教派（犹太教、新教或天主教）的教育。除了普遍的基督教教育外，还重视阅读、书写、算术和荷兰语。在中等教育学校中还重视古典语言和现代语言、地理、历史、算术、物理和许多实用学科。在学院中开设的讲座有神学、法律、医学科学、数学和物理学、语言和文学、哲学。在中等教育和高等教育中，几乎不关心以宗教为导向的教育。

19 世纪初采用的许多教科书中以下读本用得最多：安斯利基恩（N. Anslijn）的《仁慈的亨利》和《勇敢的玛丽》、赫尔休夫（W. van Oosterwijk Hulshoff）的《约瑟夫的故事》。普林森（P. Prinson）的《初级读本》被用来学习一个个独立的字母，不再用正字法而采用语音法教字母，按正字法要读出每个字母的名称。语音法背离了下面这样一种思想：单词的最后一个音和最初一个音联结成属于这个音的字母。算术课本有：里基肯斯（R. G. Rijkens）的《实用算术》。其他学科的课本有：布罗德（J. Broeder）和詹森（A. Jansen）的《初等教育用语法》、里基肯斯（RG. Rijkens）的《荷兰地理记述》、韦斯特（H. Wester）的《我们祖国的历史教科书》、莱曼（G W. Lehmann）的《法语指南》和《德语指南》、伯格（P. van der Burg）的《物理学和力学中的重要对象》、格迪克（Fr. Gedike）的《优美的寓言、故事和珍品》、布罗德（C. G. Bröder）的《拉丁语读本》。

七、分化的学校体系

19 世纪中期左右，传统上是现在的荷兰学校体系的轮廓已开始显露。长期以来在 4～12 岁学生的初等教育（幼儿园和初等教育）之后，是约 12～18 岁学生的中等教育（普通教育和职业教育），以及约 18～23 岁学生的补充的第三级教育——大学教育，所有这几级教育的发展都在这一学校体系的框架内。幼儿园和初等教育是为所有人的，1900 年实施了义务教育法，其对象是约 6～12 岁的儿童。普通中等教育和职业教育的对象是中产阶级的儿童，而大学前教育和大学教育看重的是荷兰社会未来社会精英的认识能力的发展。每个社会群体都有自己的教育水平。尤其是中产阶级拥有大量的可供其随意支配的教育机会。19 世纪荷兰从一个农业—商业社会发展成工业社会。在 1849 年，44.2%的劳动者是以农业为生的，到 1909 年这一比例数下降到 28.4%。1849 年在商业和工业领域工作的劳动者分别是 23.9%和 11.6%，到 1909 年这一数字分别为 32%和 16.9%。在服务领域，这一数字先后分别为 20.3%和 20.7%。农业—商业社会可以满足于以初等教育为主，而工业商业社会需要的是普通中等教育和职业教育。不言而喻，19 世纪下半叶的荷兰（自 1861 年以来）建立了进行技术职业训练的职业学校，自 1863 年以来建立了以从事商业和办公室工作为目标的高等市民教育学校和高级中等女子学校，自 1880 年起建立了家政学校和工业学校，目的是培养人成为家庭经济学家、厨师、女裁缝和服装供应商（见图 11-4）。

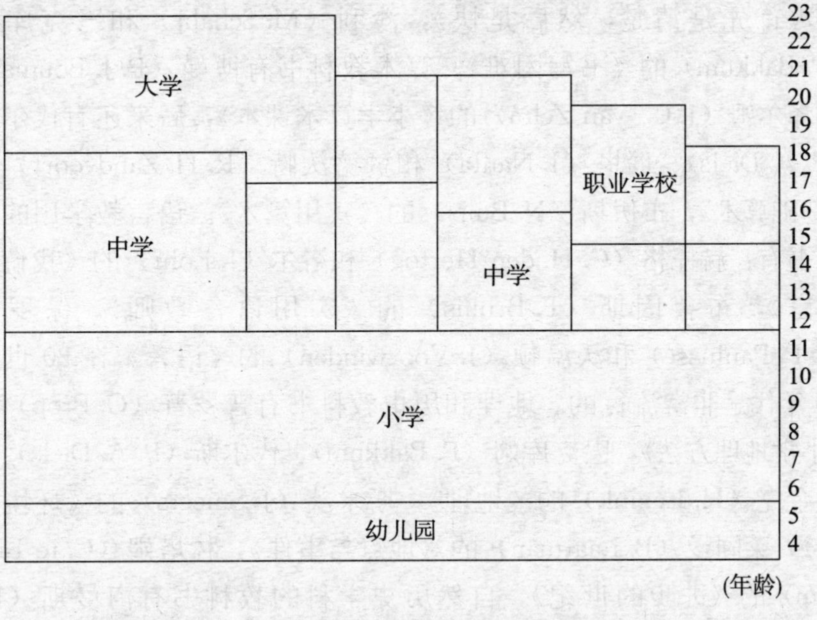

图 11-4　1850～1968 年的荷兰学制

在教学内容方面发生了许多变化；课程中包含了许多旨在发展中小学生和大学生的认识能力的学科。有许多东西需要学习。在小学，训练男女学生运用阅读、书写、算术和语言这样一些工具性文化的技能，还教给他们有关地理、历史、物理和生理等学术类学科的部分知识。中等教育增加了古典外语和现代外语、宇宙结构学、力学、物理学、化学、数学和相对于实践教育来说理论性很强的学科。所有学科都有大量的教科书和其他学习材料。在初级读本中，以“猴子—核桃—猫”等文字开头的一本书是知名度最高的。利格撒特（J. Ligthart）和谢普斯特拉（H. Scheepstra）写的早期阅读课本很流行。同样流行了很长一段时间的高级阅读课本是利奥波德（M. Leopold）的著作。这些书的标题（例如，《金粉》、《春雨》）很有吸引力。到20世纪中期，埃弗斯（F. Evers）、基特（R. Kuitert）和维尔德（I. Van der Veldo）写的标题为《从儿童语言到母语》的语法读本引起了很大的兴趣。书写学习所采用的课本有：胡金布姆（W. Hoogenboom）和莫曼（A. S. Moerman）的《手的运动》，泰兹莱阿（P. Tazelaar）、马西斯（S. J. Matthijsse）和埃弗斯（F. Evers）的《首先是清楚，然后是快》，沙利（M. Schalij）和巴克库姆（P. Bakkum）的《书写困难》。算术教科书有博曼（P. J. Bouman）和泽尔姆（J. C. van Zelm）的《小学算术课本》，后来还有代尔斯（P. A. Diels）、瑙塔（J. Nauta）和赞德沃特（R. H. Zandvoort）的《基础算术》，布伊斯（N. Buijs）的《实用算术》。语言教学用的教科书有：赫托格（C. H. den Hertog）和洛尔（J. Lohr）的《我们的语言》，布鲁因斯（F. Bruins）的《实用语言教师》。保罗斯（J. P. Paulusse）和沃温顿（J. Voorwinden）的《语言》在20世纪30年代是非常流行的。地理和历史教科书有普罗普（G. Prop）的《小学地理方法》，巴克库姆（P. Bakkum）、代尔斯（P. A. Diels）和埃金克（H. Eggink）的《地理》，斯米茨（J. Smeets）的《环境知识》，莱阿曼（B. Laarman）的《地点与事件》，林塔姆（C. te Lintum）的《进步的世纪》。自然历史学科的教科书有海曼斯（E. Heimans）的《生动的自然》。教师很难从中进行选择。20世纪30年代教育督导团编写了一本《指导书》，希冀能提供某些帮助。1967年，阿姆斯特丹的公共福利讲习班也出自同样的愿望出版了一本《初等教育课程验证》。

不仅为初等教育出版了大量的教科书，许多出版商还热衷于为中等教育图书市场提供自己的出版物。研究市场的需要成为选择教材和课程的指针。关于方法的图书有：艾因德霍温（P. van Eindhoven）的《循序渐进》、杜波依斯（F. Dubois）的《法语新语法》、舒伊林（R. Schuiling）的《我们的地球》、休凯尔斯（H. Heukels）

的《荷兰植物群理论》。

公立教育与私立教育的旧分类在19世纪下半叶发生了变化，尤其在初等教育领域。最初以财政性质作为分类的标准，但随着时间的推移，公立教育与私立教育之间的差异主要由意识形态的标准来决定。正如前面所提到的，在19世纪初，公立学校和私立学校都优先提供普遍的基督教教育。1825年左右，某些新教徒和罗马天主教徒批评当时的教育缺乏宗教精神，他们希望教育机构面向一定的教派。经过长期的政治斗争，公共教育当局清除了它的普遍的基督教性质；20世纪初，公立学校具有了中立的特点。私立学校成为了教派学校。19世纪末20世纪初建立的私立学校所提供的教育，是建立在蒙台梭利、帕克赫斯特、彼得森（Peter Petersen）①或施坦纳所提倡的教育原则的基础上。尽管私立学校有了发展，但在20世纪初接受教派教育的学生人数还是很少。1889年以后，政府打算为教派教育提供津贴，虽然起初只是部分地给予津贴，教派教育得到了扩张。从1917年起政府在财政上同等地对待公立教育和私立教育，对私立教育负完全责任。1835年61%的6～12岁学生进公立学校，到1915年和1925年，这一百分比分别下降到55%和43%，到1935年下降到31%。在关于学校经费的论战中，教派教育获胜了。

八、新学校体系

公立教育与私立教育之间的斗争把家长也牵连了进去。这个问题更具有宗教的和政治的性质。家长对学校的选择常常没有特别的动机。几个世纪以来学校的入学率在逐渐提高。当1900年开始义务教育时，上小学的儿童已达到90%左右。最初对中等教育几乎没有什么兴趣；1900年，92.1%的儿童在完成初等教育后不再进学校学

① 蒙台梭利（Maria Montessori，1870—1952），意大利教育家，欧洲新教育运动的代表人物之一，创造了一种以她的名字命名的教育体系。帕克赫斯特（Helen Parkhurst，1887—1973），美国教育家，美国进步教育运动代表人物之一，道尔顿制的创始人。

习。人们认为初等教育已经足够了。第二次世界大战后这种情况起了变化。从1945年起接受中等教育的学生人数增加了；各种证书打开了就业的大门。1950年，接受某种形式的中等教育的12～18岁的学生，其百分比已达到45.2%，1975年这一百分比提高到了75.5%，到1990年进一步提高到85.4%。教育上的不利处境减缓了。入学率的提高导致了中等教育的改革。经过周密审慎的考虑之后于1963年实施了一部新的《中等教育法》，这部法律使学生能较容易地从适合于某一类学生的学校转到另一类学校中去。

这种发展最后导致政府在财政上遇到了麻烦。对教育如此巨大的兴趣，要求国家预算为教育保留足够的资产。政府不得不去寻找花钱较少的学校体系。鉴于大规模的入学造成了成本高涨，而且入学的学生来自过去通常是不上学的社会阶层，要求建立具有不同教育内容的不同的学校结构的思想于是就应运而生。学校体系应安排得更便利，更适合于学生上学。教育机构应更多地关心学生在兴趣、经验和发展方面的差异。除了智力教育之外，教育还应为更实用的训练提供空间。1920年的《初等教育法》已经过时。1963年的《中等教育法》所起的作用无非是详细说明了1919年的《家政和技术教育法》，1920年的《初等教育法》把初等教育的扩大与初等师范学院联系起来，1955年的《幼儿园法》涉及幼儿师范学院，1963年的《中等教育法》和1976年的《高等教育和研究法》涉及大学前的学校。对1976年的《高等教育和研究法》中涉及最高层次的教育（见图11-5）的部分，批评意见很多。

关于荷兰教育形式和教育内容的其他观点，反映在20世纪60年代末的各种记录和计划中。这样的观点有以下一些。19世纪阶级社会的学校结构应该取消。不应继续把学校分为普通中等教育学校和职业教育学校，即使这样的分类是建立在所有各个阶级基础之上的，而且在20世纪上半叶还是相当行之有效的。正如兰格维尔德（Martinus Jan Langeveld）在1945年所坚持认为的那样，依然把人看做易受影响和可以塑造的。正像在19世纪初时那样，应该注意人的个性、社会性和标准性。关于人的平等的观念已变为人与人之间

荷兰学制图

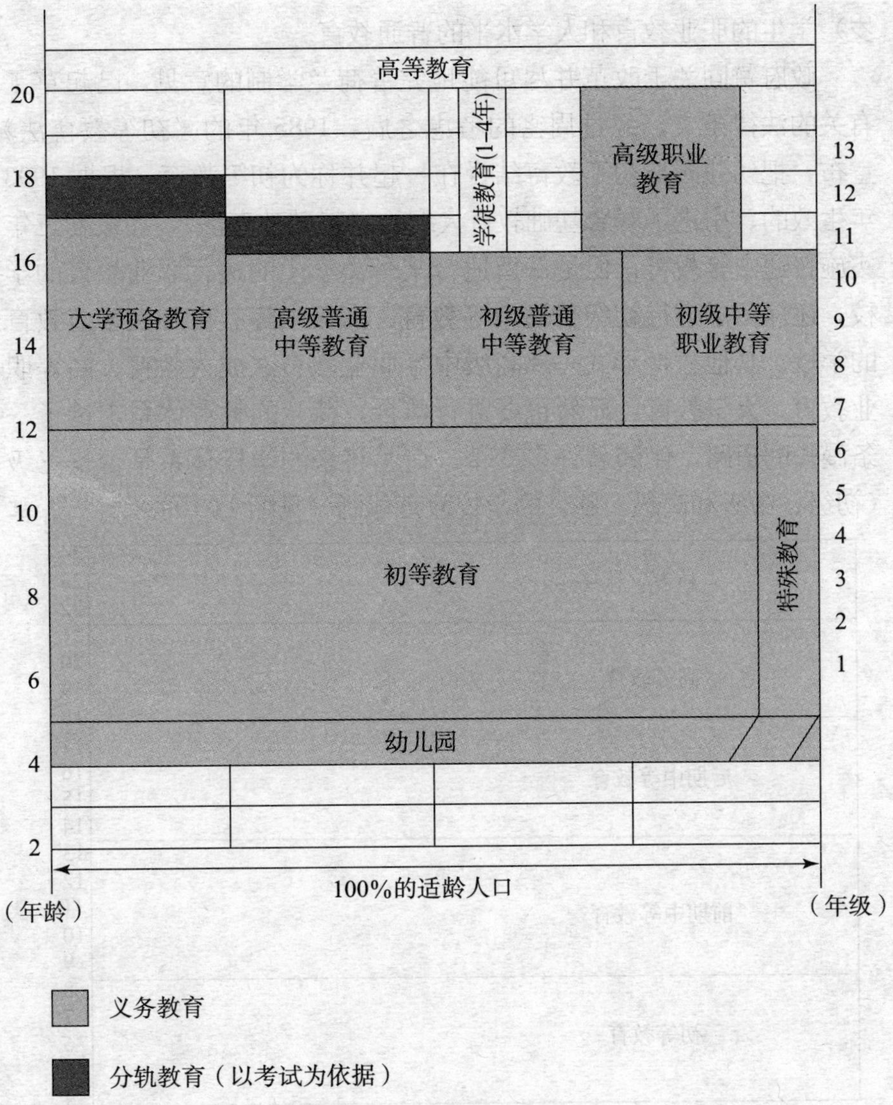

图 11-5　1968～1983 年的荷兰学制

的关系应该是公平的观念。应该进行以三级教育为特点的综合教育。荷兰的学校体系应该是面向所有 4～12 岁儿童的初等教育，初等教育之后是面向 12～15 岁学生的类似类型的基础教育。紧接这类初等教育之后的是中等教育，中等教育应是面向 15～18 岁学生的普通中等教育和职业前教育。最后，高等教育应包括面向 18 岁以上（含 18 岁）学生的职业教育和大学水平的普通教育。

政府赞同关于改革并尽可能地完善荷兰学制的意见，已起草了有关的法律条文。经过周密的考虑之后，1985 年的《初等教育法》宣布，把幼儿园与初等教育结合在一起并称为初等教育。根据 1993 年生效的、引进了联合基础教育大纲的《基础教育法》，在最初三年实施普通中等教育，但是保留适合某一类学生的进行职业教育的学校，还保留了进行初级普通中等教育、高级中等教育和大学前教育的学校。其他教育形式——高级中等职业教育、成人教育、高等职业教育、大学教育，显然也要进行整合。荷兰的教育体系走过了一条漫长的道路，伴随着许多变革。荷兰将来的学校体系是否是三级（初级、中级和高级）整合的学校教育体制（见图 11-6）？

图 11-6　21 世纪的荷兰学制

主要参考文献

1. Boekholt，P. Th. F. M. e. a.，Geschiedenis van de school in Nederland，Assen/Maastricht 1987.
2. Cipolla，C. M. Literacy and development in the West，London 1969.
3. Deursen，A. Th. van，Mensen van een klein vermogen，Amsterdam 1991.
4. Dodde，N. L.，... tot der kinderen selffs proffijt...，'s-Gravenhage 1991.
5. Dodde，N. L.，Dag，mammoet! Leuven/Apeldoorn 1993.
6. Dodde，N. L.，assisted by M. M. P. Stultjens，Jewish education in schools in the Netherlands form 1815 to 1940，Studia Rosenthaliana 1996.
7. Graff，H. J.（ed.），Literacy and social development in the West，Cambridge 1981.
8. Knippenberg，H.，Deelname aan het lager onderwijs gedurende de negentiende eeuw，Amsterdam 1986.
9. Loonen，P. L. M.，For to learne to buye and sell，Amsterdam/Maarssen 1991.
10. Mangan，J. A.，A significant social revolution，London 1994.
11. Marrou，H. I.，Histoire de I' education dans I' antiquité，Paris 1965.
12. Riemens，K. J.，Esquisse historique de I'enseignement du Francais en Hollande du XVIe au XIXe siècle，Leyde 1919.
13. Verwey，G.，Geschiedenis van Nederland，Amsterdam/Brussel 1983.

14. Vries, J. W. de e. a., Het verhaal van een taal, Amsterdam 1993.

荷兰乌得勒支大学、伊拉斯谟大学教授、哲学博士
纳恩·多德（Nan L. Dodde）

第十二章 波兰

波兰几千年的历史与波兰的教育史是不可分割的。在历史的长河中，教育上的成就和挫折总是伴随着波兰的成功与失败。首先，对于波兰人的民族意识和情感的形成，教育始终是一种关键的因素。不论波兰的政治和经济状况如何，教育对国家的发展有时起着创造作用，有时起破坏作用，而有时起牵制作用。在波兰历史上，不同的时期以不同的方式利用教育。起初，教育是教会完善基督教精神的工具，是教会依据基督教信仰教化异教徒的工具。后来，教育变成统治者的一种药剂，统治者与教会一起利用教育来行使自己的经济和行政管理的职责。再后来，教育被看做培养民族意识的工具。现在，教育是社会和经济增长的一种资源，也是个人发展的一种手段。

无论对过去的还是现在的波兰人的思维模式、民族情感和对其他人的态度，教育毫无疑问地都起着影响作用。一个国家的教育总是与使民族的智慧状况得到开发的一定的进步有关系。因此，有必要提到现代波兰人的“智慧状态”，事实上，这种“智慧状态”是教育体系所取得的一种成果。根据最近的调查，四分之三的波兰人说，他们愿意下一辈子再当波兰人。如果一个波兰人不生活在波兰，他通常是不会幸福的。88%的被调查人说，他们为自己是波兰人而自豪。而且他们对自己的祖国毫无保留地或毫无非难地怀着最美好的情感，他们深信，其他波兰人也会持同样崇高的见解。波兰的教育总是在强化对祖国的敬重。

概述波兰教育的历史，目的是呈示正规学校教育发展的上述主要线索。教育的主要领域及其文化和政治背景，将分八个历史时期按年月顺序展示。这八个历史时期是：中世纪、文艺复兴和宗教改革、启蒙运动、19 世纪和 20 世纪初的教育运动、两次世界大战之间的时期、第二次世界大战的年代、人民波兰时期、20 世纪的教育改革。

一、波兰基督教化的教育影响

在第一个千年结束之际，在奥得河东岸的领土上出现的文明导致了一个国家的创建，这个国家的名字叫波兰。欧洲其他国家接受了这一名字，但发音不太一样，有的发成“波洛尼亚”，有的发成“波莱恩”，还有的发成“波伦”。这片领土上的第一位大公是梅什科一世① （963—992 年在位）。由于他希望波兰成为在欧洲拥有同样权利的政治伙伴，他和他的宫廷于 966 年接受了来自西方的基督教信仰。这就意味着波兰成为一个得到罗马教皇和德意志皇帝承认的国家，他们把波兰引入了拉丁文化圈。在梅什科一世和他的儿子——勇敢的博莱斯瓦夫② （于 1025 年加冕的波兰第一位国王）统治时期所发生的政治变化，具有非常重要的意义。该时期创建了许多城市中心，建造了许多要塞和堡垒，以货币经济为基础的商业和手工业得到了发展，虽然受到当地居民的抵制，但基督教信仰渐渐地得到加强。而且，神圣罗马帝国皇帝奥托三世在 1000 年的格涅兹诺（Gniezno）大会

① 梅什科一世（Mieszko Ⅰ，约 930—992），963 年起为波兰皮亚斯特王朝大公。966 年他直接从罗马接受基督教，以抵制德意志人强迫改宗和把波兰并入神圣罗马帝国。——译者注

② 勇敢的博莱斯瓦夫（Boleslaw the Brave，约966—1025），992 年继位。他主张扩张波兰领土，使波兰成为欧洲的一个主要国家。他摆脱了德意志基督教会的控制，使波兰教会独立发展。——译者注

上宣布波兰是欧洲的一个国家，并承认勇敢的博莱斯瓦夫是“皇帝的兄弟和合作者”，还承认他是一个主权国家的统治者。

10～11 世纪教会在波兰展开了传教活动和教育活动。波兰教育体系的开端应该追溯到 11 世纪末，但直到 12～13 世纪才有重大的发展。与西欧的情况一样，学校的形成取决于主教们的倡议。主教通常认为，教会需要能有效地履行职责的受过教育的教士。经过一段时间，被称为教堂学校的主教们的学校，具有了面向世俗学龄儿童开放的教育机构的特点。最初的教堂学校局限于某些地点，其中 1090 年设在克拉科夫（Krakow），1153 年后设在波兹南（Poznan），1206 年设在普沃茨克（Plock），1207 年设在弗洛茨拉维克（Wloclawek），1212 年后设在弗罗茨拉夫（Wroclaw）。一般认为，至 13 世纪末波兰有 13 所教堂学校和 14 所教堂学院。

本笃会、西多会[①]和其他修道士的教团建立了修道院学校。在波兰所形成的教会结构也覆盖了其基层组织，即教区以及教区学校。它们的发展是许多因素作用的结果，其中既有教会的因素，也有世俗的因素。根据历次拉特兰普世会议[②]的建议，主教有权批准在自己的教区的教会中教授拉丁语法。13 世纪和 14 世纪初的波兰宗教法反映了对教区学校发展的忧虑，在教区学校中只有说波兰话的人可以当教师；这也反映了波兰社会对教士的德意志化倾向的抵制，当时的教士大部分是德意志血统的人。教区学校在城镇得以发展，往往是由于城镇居民希望不受教会当局的控制。因此，建立学校的倡议来自市政当局，市政当局不仅为学校提供设备，而且还干预教育过程。13 世纪在克拉科夫、弗罗茨拉夫、波兹南和莱格尼查（Legnica）出现了最初的教区学校。14 世纪有 48 所教区学校，15 世纪有

---

① 西多会，天主教修会，又名白衣修士会或伯尔纳会。该会第一所女隐修院成立于 1120 年。——译者注

② 拉特兰普世会议，是天主教会在 1123 年至 1517 年在罗马市内拉特兰宫举行的五次会议。第一次拉特兰会议，即第九次普世会议，于 1123 年召开；第二次拉特兰会议，即第十次普世会议，于 1139 年召开；第三次拉特兰会议，即第十一次普世会议，于 1179 年召开；第四次拉特兰会议，即第十二次普世会议，于 1215 年召开；第五次拉特兰会议，即第十八次普世会议，于 1512～1517 年召开。——译者注

200 所左右教区学校。

波兰的教会教育的组织和课程仿照了西欧的模式；七门人文学科的规范，根据学校的性质和教师所受的教育略作修改。位于主教管区领地内的学校要服从主教的管辖，而主教则是以教师为中介来履行自己的职责。学校中的教学语言是拉丁语，波兰语起着辅助语言的作用。

为了能与西欧的社会、政治发展相匹敌，波兰必须具有可供自己支配的适当的智力潜力，国家内部的形势也提出了这种必要性。12～13 世纪波兰分裂成若干个公国。由于弗拉迪斯瓦夫一世及他的儿子卡齐米日三世①努力的结果，分裂的局面被制止了。卡齐米日三世实施了重大的社会改革纲领，从而形成了一个在国王领导下的统一的和全国性的行政管理体系，加强了国家的经济实力并发展了国防系统。所有这些活动都需要行政机构、法律和军事系统，以及在社会生活的各个领域中都需要受过教育的人。但当时的波兰没有训练有素的人士去进行这样的国家的改革。波兰连一所大学都没有，这就导致波兰人去巴黎、博洛尼亚、帕多瓦②以及与波兰相邻的布拉格去求学，布拉格的第一所大学是于 1348 年在斯拉夫民族的土地上建立的。经过国王多年的努力，教皇乌尔班五世于 1363 年 9 月 1 日在他的教皇训谕中批准建立一所不设神学系的大学。1364 年 5 月，卡齐米日三世颁布了法令，要求仿照博洛尼亚大学和帕多瓦大学的模式创办一所波兰大学。

1370 年卡齐米日三世的猝然去世中止了建立大学的工作。直到

---

① 弗拉迪斯瓦夫一世（Wladyslaw Ⅰ，1260—1333），1320—1333 年在位，波兰国王。他把许多波兰小公国合并成一个王国，为强大的波兰国家奠定了基础。卡齐米日三世（Casimir Ⅲ the Great，1310—1370），1333—1370 年在位，波兰国王。他继承父业后又兼并了雷德罗斯和马索维亚两个重要地区，使波兰成为 14 世纪中欧的强国。——译者注

② 博洛尼亚、帕多瓦都是意大利城市，在那里有欧洲古老的大学博洛尼亚大学和帕多瓦大学。——译者注

雅德维加（又名赫德维克）女王①1384年登基后才建成了这所大学。这所大学的更新发生在1400年，在亚盖沃在位期间，亚盖沃在接受了基督教的洗礼后成为波兰和立陶宛的国王。这所更新了的大学设有神学系，以巴黎大学为榜样，它的主要任务是培养使立陶宛基督教化所必需的教士。从在克拉科夫建立大学开始的辉煌时期，一直延续到整个15世纪。

中世纪波兰社会的结构是与西欧的社会结构相对应的。基本的社会阶层已明晰，每一个社会阶层在其精神和物质方面都有自己独特的生活方式，形成了各不相干的教育体系。除了原则上面向所有社会阶级的学校之外，还发展了一种所谓的“户外”教育。这种教育就是把骑士的儿子送到资深者的庄园，或把市民的儿子送到手工艺作坊中，在那里年轻人根据精心选择的某种社会权势系统进行生活的准备。骑士的圆桌会议决定，每个骑士必须掌握七门人文学科并拥有七种美德。另一方面，市民的儿子放弃了拉丁语学校的教育，实践教育更受他们的青睐。骑士教育分为三个等级（见习骑士、扈从、骑士），市民教育以骑士教育为榜样也分为三个等级（学徒、工匠、师傅）。培养骑士的教育与培养市民的教育都紧密联系道德教育。

中世纪的波兰已达到了西方文明的水平，尤其在接受了基督教之后。波兰采纳了与教会结构相联系的教育制度，非正式的教育制度是与世俗机构相联系的。由于教会学校向社会所有阶层开放，拉丁语的教学（虽然拉丁语很难学）使学习者在精神上与西方融合，而拉丁语不仅仅是教会的语言，它还是法律语言、外交语言、文学语言和科学语言。波兰人对大学学习的兴趣是很大的；许多波兰人在欧洲的一些大学和设在克拉科夫的当地的大学学习。许多世纪以来这所大学是东欧的唯一一所大学。

---

① 雅德维加女王（1373—1399），波兰女王，她与立陶宛大公亚盖沃的联姻为立陶宛与波兰长达几百年的联盟关系奠定了基础。她是波兰和匈牙利两国的国王路易一世与波兰伊丽莎白的女儿。1384年10月15日加冕为波兰国王。——译者注

二、文艺复兴、新教徒的改革和天主教的反改革以及波兰教育

亚盖沃王朝①统治时期，15～16 世纪波兰进入一个政治、经济和文化繁荣的时期。波兰是当时欧洲最大的国家之一，其疆土从波罗的海几乎一直延伸到黑海，面积 81.5 万平方公里，人口达 750 万。波兰位于东西方之间，是多民族聚居的地方，占人口 40%的少数民族成员不是波兰血统。波兰是许多文化交会的发源地，这就导致了宽容，尤其是宗教的宽容，在各民族中间有很强的自治意识和向欧洲开放的意识。迅速的经济增长为中上层阶级以及都市居民带来了财富。这还包含着对精神方面的一定的需求。从欧洲各地尤其是从意大利直接传入波兰的包括美术和科学在内的人文主义的文化，在这里找到了最适宜自己发展的条件。人文主义思想早在 15 世纪中期就开始传入波兰，并且既得到了王宫的支持，也得到了主教宫廷和世俗权贵的支持。最初来自意大利的人文主义者之一是叫做卡利马丘斯（Kallimachus）的菲利普·波纳科西（Filippo Buonaccorsi），他是卡齐米日四世（1446—1492 在位）的儿子们的老师。西吉斯蒙德一世②（Sigismund Ⅰ，1506—1548 年在位）的意大利妻子博娜·斯福尔扎（Bona Sforza）皇后所起的作用也是很大的，而西吉斯蒙德一世把王宫变成了文艺复兴时期的主要文化中心。主教的宫廷常常以王室的宫廷为榜样，起着艺术和科学的保护人的作用。得益于教会和国家的领袖们，波兰很早就熟悉鹿特丹的伊拉斯谟的著作和教育思想以及西方人文主义学校的课程。

---

① 亚盖沃王朝，波兰、立陶宛、波希米亚和匈牙利王族，15～16 世纪中东欧最有权势的一个家族。——译者注

② 西吉斯蒙德一世（1467—1548），波兰国王。他热爱美术，尤其深爱建筑和雕刻，召请意大利艺术家来克拉科夫，以意大利文艺复兴的风格来推动波兰艺术的发展。他是虔诚的天主教徒，但容忍信仰希腊正教的基督教徒，并且王室特予保护犹太教徒。起初他坚决反对路德教派，以后便听任其在波兰发展。——译者注

去国外尤其是文艺复兴的摇篮意大利学习艺术和科学，对于接受人文主义的观点所起的作用是极其重要的。尼古拉斯·哥白尼①是去意大利大学学习的波兰人中的佼佼者。哥白尼在克拉科夫大学完成了学业之后于 1496 年去了博洛尼亚和帕多瓦，在那里他接受了全面的天文学、法学和医学教育。在这之后，年轻的波兰人进行科学游学的目的地是法国、荷兰、德国和瑞士的大学。那一时期的历史学家的统计数据证明，16 世纪年轻波兰人在意大利的大学中学习的有四千人左右，在德国的大学中学习的有两千人左右。他们中的许多人在波兰和国外的科学中心获得了学位。

印刷术的发明为接受人文主义思想作出了巨大贡献。由于有了印刷术，社会上受过教育的阶层能较容易地得到书。与克拉科夫的中心相联系的最早印刷厂出现于 15 世纪与 16 世纪之交，出版拉丁文和波兰文书籍。例如，第一部《新约全书》的波兰文译本出现于 1556 年，而《圣经》的第一本波兰文译本出现于 1561 年。

波兰的教育思想是在受到欧洲的教育思想和本国的教育需求的双重影响下形成的。最初是出版外国作家的著作，例如，出版上文提到的伊拉斯谟和比维斯②的著作。1551 年是关键的一年，在那一年出版了两部奠基性的著作：莫杰夫斯基③的《共和国的改革》和席蒙·马里西乌斯（Szymon Maricius，1516—1574）的两卷本的《论学校》。莫杰夫斯基是克拉科夫大学的毕业生，他从事政治工作，是 16 世纪的优秀法官。他的这部五卷本的著作中的一卷是研究学校问题的。他赞同亚里士多德的论点，认为一所组织得好的学校是国家取得成功和教师能顺利工作的条件。马里西乌斯是一位法学教授，

① 哥白尼（Nicholas Copernicus，1473—1543），伟大的波兰天文学家。他的日心学说冲破了中世纪的神学教条，彻底改变了人类的宇宙观，引发了一场伟大的“哥白尼革命”。——译者注

② 比维斯（Vives，Juan Luis，1492—1540），西班牙人文主义者，伊拉斯谟的学生，在教育、哲学及心理学方面很有造诣，强烈反对经院主义烦琐哲学，强调用归纳法作为研究方法。——译者注

③ 莫杰夫斯基（Andrzej Frycz Modrzewski，1503—1572），被公认为 16 世纪波兰最优秀的拉丁文作家。在其最重要的著作《共和国的改革》中提出了乌托邦式的理想。——译者注

他主要研究克拉科夫大学。克拉科夫大学在当时大大背离人文主义思想，需要进行彻底的改革。

文艺复兴时期的波兰教育学文献既涉及一般问题（例如，调节儿童发展的因素），也涉及与波兰教育的职能有关的问题。这些著作的作者们看到了在以人文主义教育学为基础的运行良好的教育体系中社会关系得到了改善。另一方面，在这些著作中我们还能发现关于将在 18 世纪出现的教育问题的预言，例如，与国民教育和公民教育、与私立教育和公立教育相联系的问题。

作为一种社会和宗教运动的新教徒的改革摧毁了欧洲当时存在的宗教统一体。波兰也未能摆脱这场运动，这场运动覆盖了这个国家的几乎所有的地区。在这里发生的新教徒运动与在欧洲所有其他地方发生的新教徒运动一样，分解成几个教派：路德教、加尔文教、阿里乌斯教[①]和其他教派。但是，与其他国家不同的是，波兰的宗教革命没有引发宗教战争，主要局限于信仰和观念的范围之内。波兰的异教徒们于 1573 年成功地制定了一部《容忍异教法》，1573 年又确立了得到华沙同盟保证的关于“信仰自由”的条款。由于有了这些法律，在 17 世纪初以前，波兰的异教徒们能够以较为自由的方式进行自己的宗教活动。教育的发展在新教徒改革期间占据最重要的地位。尽管这场运动的历史短暂，但异教学校很快就成为教育和文化的重要中心。

第一所加尔文教徒学校于 16 世纪中期组建于波兰南部。路德教徒的学校建在波兰的北部和西部。最有名的一些学校是：1568 年建于托伦（Torun）的文法学校、1535 年建于埃尔布隆格（Elblag）的文法学校和 1558 年建于格但斯克（Gdansk）的文法学校。波希米亚兄弟会[②]在波兰西部建立了几所学校。1628～1656 年夸美纽斯[③]在谢拉科夫（Sierakow）和莱什诺（Leszno）主持他的学校。波兰兄

---

① 阿里乌斯教是亚历山大神学家阿里乌斯的教义，认为耶稣不是神，但比凡人高超。——译者注

② 兄弟会是基督教的一个会派。——译者注

③ 夸美纽斯（John Amos Comenius，1592—1670），捷克教育家和宗教领袖。——译者注

弟会于 1603 年在拉科夫（Rakow）建立了一所学校，它不仅在波兰，而且在欧洲都是很有名的。

不管不同的教派所造成的差异有多大，新教徒的学校具有许多共同的特点。根据施图尔姆[①]教育思想建立起来的这些新教徒的学校是人文主义的中等学校，其课程包括语言、文学研究、宗教、伦理学以及往往具有民族主义精神的艺术和历史教育。尤其是因为新教徒的文法学校包括哲学、法学、甚至医学等学科在内的学术性课程，它们成为了智力的中心，这不仅是因为它们培养教育年轻人，还因为它们在发展和普及某些领域的知识以及出版活动方面所取得的成就。

宗教改革所鼓吹的宗教思想和社会思想的传播，迫使天主教会进行防卫。教会得出结论，只有通过教育年轻人才能稳固对天主教的信仰。1537 年成立的耶稣会（Society of Jesus）对此作出了重大贡献。1564 年霍休斯[②]把耶稣会引进波兰。第二年耶稣会在布拉尼耶沃（Braniewo）建立了一所学院，然后在波兰的许多城镇建起了学校。到 16 世纪末耶稣会已拥有 11 所学院，到 17 世纪末拥有 46 所学院。

波兰的耶稣会学校的建立一般是与设想的一些基本原理紧密相联系的，哲学、神学和教育等学科年复一年地补充这些原理。作为提供自由教育的人文主义学校，它们在信仰天主教的贵族中间十分流行。它们在教学和教育方面的宗教路线顺应了社会较上层人士的宗教需求。而且，耶稣会的学校通过提供良好的教育条件，通过出色地组织教学教育过程，还通过对“黄金自由”的崇拜吸引了波兰的贵族。但对“黄金自由”的崇拜后来在波兰导致道德沦落，再后来导致政治沦落。耶稣会学校的教学是相当肤浅的，但能使贵族们较容易地履行他们的公共职责。

---

① 施图尔姆（Johannes Sturm，1507—1589），德国教育家。他在施特拉斯堡创办的拉丁文大学预科学校成为宗教改革时期新教各国中等学校的样板。——译者注

② 霍休斯（Cardinal Stanislaw Hosius，1504—1579），波兰天主教枢机主教，主要在波兰从事反宗教改革运动。——译者注

耶稣会在教育领域中的活动并不仅仅局限于文法学校中，它们对培养天主教精英的大学的思想更情有独钟。它们数次企图控制克拉科夫大学，但屡屡失败，终于于 1578 年在维尔纽斯（Vilnius）办起了一所设有文科和神学的大学，1661 年在利沃夫（Lvov）又办成了一所大学。

三、通过正规教育改革国家的思想

从 17 世纪中期起波兰的政治和经济状况趋于恶化。这是由连年的战争造成的，战争使国家崩溃，使农业、商业和手工业衰落。到 17 世纪末 18 世纪初，出现了非常不利的国际政治关系，当时的波兰在萨克森国王——奥古斯特二世（1697—1733 年在位），尤其是奥古斯特三世[①]（1733—1763 年在位）的统治之下，而这两位国王都屈从于邻国的强权。这造成了国家内部的惰性，傲慢的寡头政治日益严重，农民遭受更深重的压迫。主宰政治生活的贵族和权贵们对公共教育不感兴趣。

其后果是来自社会上层的年轻人渐渐地对去国外学习失去了兴趣，满足于在由天主教教团尤其是耶稣会管理的当地学校中所受到的教育。这一教育体系的特点一般可用一潭死水来形容。由教区维持的小学数量极少，几乎所有的中学都由天主教的教团管理，而大学尤其在耶稣会的控制之下。主要目的是教授拉丁语的语文教育在这些学校中占优势地位。妨碍拉丁语的波兰语几乎是不被容忍的。耶稣会学校的教育结果是宗教狂热和对“黄金自由”的迷恋，缺乏广泛的兴趣，对国家事务漠不关心。中等学校往往不再履行自己的社会职责，而且往往不能培养青年人去从事某一门职业。克拉科夫和维尔纽斯的大学也是一潭死水。当时的克拉科夫大学没能培养出

① 奥古斯特二世（AugustusⅡ，1670—1733），波兰国王和萨克森选侯。在他的统治末期，波兰已由一个欧洲大国沦为俄国的保护国。奥古斯特三世（AugustusⅢ，1696—1763），波兰国王和萨克森选侯。他贪图安逸，不理朝政，致使大权旁落。在他执政的最后几年，俄国女皇叶卡捷琳娜对波兰事务的干预日益加强。——译者注

任何杰出的科学家，主要是因为切断了与外国大学的联系。

17～18世纪波兰所形成的社会政治关系不利于启蒙思想的传播。约在18世纪中期，唯理论哲学开始渗透波兰，主要在大学之外，在贵族、权贵和教士的圈子中争取到追随者。一群受到开导的人理解国家改革的必要性，聚集到有权有势的恰尔托雷斯基家族周围。

科纳尔斯基[①]神甫的活动对于改进波兰的教育制度是至关重要的。科纳尔斯基在完成了自己的学校教育后从1725年起在罗马的拿撒勒学院中学习，然后他有机会了解到法国、奥地利和德国的教育制度。国外的居留打开了科纳尔斯基的眼界，使他看到了在波兰进行教育改革的必要性。回到祖国后他加入恰尔托雷斯基的政治阵营，成为积极的政治活动家。1736年他在克拉科夫的一所称做派瑞斯特（Piarist）的学院中当教师，然后在热舒夫（Rzeszow）任教，最后，他于1740年成为建在华沙的一所学院的校长。

教会当局指派科纳尔斯基去组建一所青年贵族学院，希望这所学校在组织上与天主教的拿撒勒学院相似。科纳尔斯基对国内的情况非常了解，他把他的学校变成了培养献身于国家和民族事务并有能力统治国家的开明权贵的中心。以青年贵族学院为榜样，形成了完整的Piarist教育体系。于是，科纳尔斯基为将来由国家教育委员会实施的教育改革开辟了道路。

1765年在华沙组建了另一所具有启蒙教育学精神的学校。这就是由最后一位波兰国王斯坦尼斯瓦夫二世（Stanislaw August Poniatowski，1764—1795年在位）建立的“骑士学校”。骑士学校的教育有两个方向：法律—政治方向和军事方向。科纳尔斯基的教育观点被采纳。根据1774年出版的有束缚力的《道德教义问答集》，学生应该有爱心，敬畏上帝，依附于天主教；尤其应该爱自己的祖国，关心祖国的昌盛，应该专心于为祖国服务。在骑士学校存在的30年

① 科纳尔斯基（Stanislaw Konarski，1700—1773），波兰天主教神甫，政治作家。他在波兰教育改革中颇有影响。他强调要教授过去被忽视的波兰语，重视爱国主义教育和波兰语的纯洁性，强调自然科学。耶稣会士们也模仿他的改革去改革自己的学校。——译者注

内，它培养了950名学生，其中有波兰启蒙运动活动家、积极的军人和文化创造者。

1773年建立了国家教育委员会，这是波兰启蒙运动时期最重要的教育成就。它的建立一方面是波兰教育传统的结果，另一方面是启蒙教育观点的结果。从18世纪中期开始发生的社会变革，为国家教育制度思想的形成创造了有利的氛围。在18世纪的后期，波兰以各种各样的方式接受新的哲学动向和科学成就。波兰人出国留学和外国人到波兰访问，都具有非常重要的意义。描述不同领域的知识的外国文学，尤其是法国文学也传进了波兰。狄德罗和达朗伯的《百科全书》[①]在华沙也是家喻户晓。这部书在波兰与在法国同时发行。波兰的定期刊物也发表了有关社会、经济和哲学理论的信息。

斯坦尼斯瓦夫二世的统治为波兰人观念的转变创造了有利的氛围。国王本人受过很好的教育，他是一位艺术爱好者，支持启蒙运动的理性思想。在其追随者的支持下，他着手对国家进行必要的改革。下面的两个历史事实是进行教育改革的直接原因：1772年波兰被俄罗斯、普鲁士、奥地利第一次瓜分；1773年以来对耶稣会的压制。第一次瓜分刺痛了波兰人的心，使他们意识到内部改革的必要性。教皇克雷芒十四世对耶稣会的压制，要求回答两个基本问题：该如何处理耶稣会的财产？由谁来负责管理被解散的耶稣会的全部学校？1773年10月14日召集的波兰议会，在经过长时间的辩论之后决定成立国家教育委员会。

根据议会的决议，除了后耶稣会学校外，所有的普通学校、文法学校、公立学校，无一例外地都从属于国家教育委员会。国家教育委员会是议会的一个机构，对议会负责。它具有国家机构的性质，

① 狄德罗（Denis Diderot，1713—1784），法国文学家、哲学家，由于主编《百科全书》并在哲学、伦理学、戏剧及美学理论、文艺批评、小说、科学思辨及政治学诸领域作出杰出贡献而成为启蒙时期的巨人。1745年，他受托将英国钱伯斯的《百科词典》译成法文。他与杰出数学家达朗伯合作并邀集许多文人、科学家参加《百科全书》的编撰工作，改变了出版物的性质，使之成为传播各门知识、反对教会及国家反动势力、宣传革命思想的重要阵地。——译者注

有权管理财政、制定教育法规和管理学校。同时它又是具有教育性质的机构，因为它规定教学和教育工作的方向，管理教师的培养和训练、教科书的出版，还要监督学校的工作质量。

在国家教育委员会刚开展工作时，它忙于与接管和开办各级学校有联系的组织工作和计划工作，还忙于制定必要的指示和教育方面的规章制度。一件重要工作是1775年建立了小学课本公会，这一组织在某种程度上是委员会的一个教育机构。

委员会下一步着手改革在克拉科夫和维尔纽斯的大学。这两所大学的改革包括用新的、与启蒙时代的哲学相一致的科研和讲课模式来代替旧的模式。两所大学的结构有了变化，出现了两个系：物质方面的系和精神方面的系，前者包括精密科学和自然科学，后者指的是社会科学和人文科学。讲座制被引进波兰，在国外接受教育的年轻的波兰科学家代替了原来的教师，进行科研工作的条件也得到了现代化，还建立了新的学院、天文观察台、诊所、植物园和培养未来的中学教师的师范学院。

其间，为实施教育法在华沙做了许多深入细致的工作。其工作成果之一就是1783年发布了《为共和国的学术职业和公立学校制定的国家教育委员会法》。这些法律在教育监督方面采用了等级制。教育委员会居于这一体系的顶端，两所大学由它直接管辖。它们采用了新名称：国王主要学校、立陶宛大公国主要学校。

上述法律设立了学术职业或教师职业，明确规定了这一职业的一系列权利和义务。这是一项很重要的决定。所有的中等学校教师和大学教师，无论是世俗的教师还是基督教会的教师，其职业都属于学术职业。学术职业不包括教区学校的教师。而且，波兰语成为教学语言，拉丁语失去了自己的特权地位。除了人文学科外，数学和科学也占据了重要地位，分配给它们的教学时数占总学时的50%。课程中还包括了功利主义的学科，例如，研究农业、园艺、卫生学、艺术史和手工艺的学科。当时把教育过程设想为引导学生形成爱国主义的和公民的态度，培养学生积极参与公共生活。除了精神方面外，还设想教育要塑造学生的身体。上述法律强调体育的作用，因为一个人如没有强壮的、有耐力的身体，他就不可能是幸福的，他的智力也就不能得到开发，他也不会有勇敢精神，既不能举重若轻地运用自己的才能，也不能恰当地、熟练地履行自己的职责。

国家教育委员会的意义首先在于，使波兰的教育体系从衰败和倒退状态中崛起，并依据启蒙运动的现代思想进行了改革。委员会是启蒙运动所提出的学校体系民族化和世俗化原则的象征，这一原则保证了波兰语在教育中的主导地位，并以实用性和公民性为指针对教学大纲进行了修订。1795 年波兰国家的瓦解①，中止了共和国的改革进程。然而，委员会对于波兰在知识和道德方面的复兴都具有十分重要的意义。

四、被瓜分时期的波兰教育

1795 年波兰陷于俄国、普鲁士和奥地利的占领之下。它的邻国企图使波兰社会失去其国家地位。布格河（Bug river）以东的波兰领土被俄罗斯帝国兼并。连同华沙在内的国家的中央部分构成了所谓的波兰王国，这是 1815 年维也纳会议的成果。它接受了一部自己的宪法，拥有若干政治权利，但俄国对此不予尊重。波兰的南部划给了奥地利，称做加利西亚（Galicia）和洛多梅里安（Lodomeria）王国。普鲁士得到了北部和西部地区以及大波兰地区（Great Poland），那里是波兰人口密度最高的地区。

19 世纪波兰教育的重要进展是华沙公国②的建立。华沙公国存在的时间为 1807～1815 年，处于拿破仑的保护之下。教育议院仿照以前的国家教育委员会的模式，负责处理教育事务。根据议院的提

① 1795 年，俄国、普鲁士、奥地利第三次瓜分波兰。波兰共和国至此结束，波兰从欧洲地图上消失长达 123 年。直到 1914 年第一次世界大战后波兰获得独立，1918 年，成立波兰第二共和国。——译者注

② 华沙公国，拿破仑缔造的波兰独立国，成为复兴波兰民族的活动中心。华沙公国成立后不久，拿破仑按法国模式为公国制定宪法，成立了一个有实权的政府。《拿破仑法典》成了公国的法律。——译者注

议，1808 年通过了一部学校法，该法的标题为《城镇学校和乡村学校的组织》。这部法律依据的是启蒙运动的自由典范和教育理想。整个教育体系是由初等学校、中等学校、职业学校和学术性学校（例如，法律和管理学校、医学院）组成的，建立在波兰传统的基础上并考虑到了当时的社会和政治状况。教育议院力图把西欧的教育思想移植到波兰教育体系的土地上。来自卢布林（Lublin）的一位教师克里扎诺夫斯基（Jan K. Krzyzanowski，1789—1854）从瑞士回来后出版了一部书，书名为《论裴斯泰洛齐和费伦贝格的学校和贝尔—兰开斯特的方法》①。

一般来说，波兰人对入侵者的政策不抱任何幻想。所有这三个强国都把自己的行政管理和立法机构引进到被征服的领土上。波兰语渐渐地淡出公众生活。波兰和波兰人的名称被抹去了，任何与被瓜分前的波兰共和国有联系的东西都被废止了。教育制度是贯彻占领者当局对被征服国家的意图的一种工具。这三个国家的教育政策是不一样的，这是由许多因素造成的。例如，19 世纪中期俄国在与土耳其的战争中被打败，导致权力向着有利于波兰教育体系的方向扩张。奥地利的君主政体面临崩溃的危险，其结果是给了波兰人民一些自治权，教育领域也得到了一些自治权。波兰社会对入侵者的不屈服的态度本身也是非常重要的。1831 年和 1863 年在被瓜分的波兰的俄国占领地区发生的两次起义，连同其失败导致了对波兰镇压的加强，这在学校体系中也得到了反映。在国内和在被流放者中间起作用的波兰政治团体对所热衷的独立问题所持的各种各样态度，常常使波兰学校的斗争处于困境中。这就是为什么说在被兼并的领土上的教育状况，是在被瓜分的波兰的各个地区中起作用的或强或弱的许多力量综合作用的结果。

---

① 裴斯泰洛齐（Johann Heinrich Pestalozzi，1746—1827），瑞士教育家。费伦贝格（Philipp Emanuel von Fellenberg，1771—1844），瑞士教育家。贝尔（Ardrew Bell，1753—1832），苏格兰教士。他采用了有指导的学生互教法，发展了大众教育。兰开斯特（Joseph Lancaster，1778—1838），英国教育家。他提出了一种集体互教的教育方法。——译者注

（一）俄国占领区

在俄国占领之初，俄国入侵者一般来说还比较尊重维也纳会议的决定，因此，社会生活能逐步得到发展，其标志是教育的成功发展。但是若干年之后，教育的发展被俄国当局迅速遏制，在 1830 年的 11 月起义失败之后，俄国当局开始采取镇压措施。包括华沙大学在内的科学机构被关闭，整个教育体系开始俄罗斯化。限制教育的作用的最生动的例子就是义务教育被废除了，理由是义务教育降低了波兰人的教育水平。

在所有被兼并的领土上的教育体系失去了自己的民族性，这威胁到波兰社会的生死存亡。在这样的情况下波兰人利用了有助于保持其教育机构的民族性的任何可能性，如果有可能的话，他们甚至还采取了某些企图改革教育制度的措施。这样的可能性出现在立陶宛。立陶宛是俄罗斯帝国的一部分。有自由主义倾向的沙皇亚历山大一世采纳了自己的顾问们（其中有恰尔托雷斯基王子①）的建议，以俄国领土上的国民教育委员会为榜样改革了教育制度。于是，创建了几个学区，其中之一是维尔纽斯学区，它的首要保护人就是恰尔托雷斯基，维尔纽斯大学成为管理其下属领土上的教育体系的机构。在 18 与 19 世纪之交的这段时期，无论对大学还是对整个教育体系都是非常有利的历史时期，这一时期是由波兰人控制着教育体系。大学成为科学思想的中心和新的文学流派的发生地。密茨凯维奇②和斯沃瓦茨基③是浪漫时期最杰出的波兰诗人，他们在维尔纽斯大学就学并在那里开始自己的文学活动。从这所大学毕业的还有多曼科（Ignacy Domeyko）和其他许多人。多曼科是一位工程师，为智利科学和工业的发展作出了重大贡献。

---

① 恰尔托雷斯基（Adam Jerzy Czartoryski，1770—1861），波兰政治家。18 世纪在波兰掌权的立陶宛王室的后裔。亚历山大成为沙皇时他任顾问。他被公认为“流亡的波兰国王”，鼓励巴尔干各族人民的民族解放运动和高加索的民族运动。——译者注

② 密茨凯维奇（Adam Mickiewicz，1798—1855），波兰最伟大的诗人，毕生为维护波兰民族的自由而奋斗。——译者注

③ 斯沃瓦茨基（Juliusz Slowacki，1809—1849），波兰诗人、剧作家，与密茨凯维奇和克拉辛斯基共同领导了波兰文学的浪漫主义运动。——译者注

改革教育制度的另一次努力发生在19世纪五六十年代的波兰王国。俄国在克里米亚战争中的失败和沙皇亚历山大二世继承王位，造成了俄罗斯化进程的暂时削弱。沙皇允许重新设立以维洛波尔斯基①为首的地区教派和公共启蒙政府委员会，维洛波尔斯基代表了波兰社会中要求与俄国和解的那一部分人。《波兰王国公共教育法》是根据他的建议提出的，并于1862年5月获得沙皇的批准。这一时期是华沙公国时期，首先宣布整个教育体系的重新波兰化。小学的教学大纲明显地扩大了，而且是免费的，但不是义务的，因为俄国当局不同意实施义务教育。像警察那样的监控制度被取消了。创建了华沙大学校（华沙大学在1831年后被取缔），它很快就成为科学思想的中心和实证主义思想的传播者。许多在19世纪下半叶相当活跃的波兰知识分子，都是在华沙大学校接受的教育。华沙大学校存在的时间很短，从1862年至1869年。1864年1月起义的失败，使学校改革的完全实现已不可能，更有甚者，开始了加快波兰社会俄罗斯化的进程。

第二次镇压的浪潮席卷所有各级教育，其内容包括课程中完全取消了波兰语、历史、地理和文学。初等教育水平大大降低，导致了大量的文盲，1886年文盲占总人口的83%。1869年，由华沙帝国大学替代了被关闭的波兰大学。华沙帝国大学的教学语言是俄语，它代表的是中等科学水平。19世纪末20世纪初教育体系尤其受到压制，当时学校所表现出的任何波兰性都遭到迫害。教育体系的这种状况或多或少地一直延续到第一次世界大战。

在被占领的波兰土地上实施俄罗斯化的政策，遭到了波兰人的坚决抵制。波兰人民以各种不同的方式展开建立波兰学校体系的斗争，既进行了合法的，也进行了秘密的教育工作；既以议会方式采取了某些行动，也采取了包括罢工在内的某些更激进的方式。19世纪初斗争的力量来自国家教育委员会的教育传统，也来自浪漫主义所带来的自由、平等和独立的思想。19世纪下半叶这些活动加强

① 维洛波尔斯基（Aleksander Wielopolski，1803—1877），波兰政治家。曾采取重大内政改革计划，顺从俄国统治以取得最大限度的民族自治。——译者注

了，当时波兰人使用本族语言的权利在俄国和普鲁士占领地区遭到了严厉的限制。当时为建立民族的学校体系的斗争，与广泛流行的有利于独立的趋势密切地相联系。

在俄国占领区，波兰精神的支柱首先是波兰人的家庭，主要在较高层次的阶级中，因为没有受过教育的农民，其民族的认同感相当模糊。家庭传递着民族的传统，在家庭中私下教儿童波兰语。妇女尤其是母亲在表现民族精神方面起着一种特殊的作用。例如，一月起义之后，妇女穿戴起代表民族象征的黑色衣服和黑色饰物。

私立学校尤其是私立中学也起着非常重要的作用。例如，女子学校中必须学习的课程与公立学校的必学课程是一样的，但在女子学校中这些课程有可能包含一些被禁止的内容，如波兰语、历史和文学。而且，这些私立学校的教育氛围是完全不一样的，这种氛围与警察制度以及对青年人的道德摧残是格格不入的。私立学校的数量从 1903 年的 384 所迅速增加到 1913 年的 1 074 所，其中文法学校 247 所。

除了私立教育体系之外还创建了一些秘密学校，这些秘密学校包含了所有各个层次的教育，从小学一直到大学。高等秘密教育的范例是所谓的华沙飞行大学，它存在的时间从 1886 年到 1905 年，波兰科学的许多代表人物在这所大学中开讲座。1906 年这所大学变为合法的科学讲习班学会。虽然秘密的教学活动很可能遭到严厉的惩罚，但它的发展还是如此迅速，以至要求创建适当的组织框架。秘密教学学会的成立使之成为可能。秘密教学学会（1894～1906）的主要目的是使与教学大纲和组织工作有关的活动实现标准化。在初等教育方面，有 2 000 名儿童秘密地在华沙学习，他们占公立学校学生数的 50％。30％的少年在秘密中学学习，对俄罗斯中学起着巨大的抗衡作用。

由于缺乏在附近学校学习的机会，导致了出版方面的一些创举。尽管存在着严格的书刊审查制度，在图书市场上依然出现了大量的专业文献。例如，1898 年由米哈尔斯基（Stanislaw Michalski）和赫夫里奇（Aleksander Heflich）出版的《自学手册》，影响着图书市场。它具有很高的学术水平，因此构成了知识的宝贵源泉。

为建立波兰学校体系的斗争在19世纪末20世纪初进入了最后阶段。在俄国1905年爆发的社会革命的影响下，波兰王国中为争取社会和民族权利的斗争也如火如荼地开展起来。来自中学和大学的年轻人积极地参加到这场斗争中，要求教育、科学和民族文化领域中的应有权利的特许权。学校的罢课证明，尽管长期处于被奴役之中，包括年轻一代在内的波兰社会仍然是非常爱国的。学校的罢课在教育领域的收益是很大的，例如，被允许办私立学校，有可能建立文化的、教育的组织和社团。

（二）普鲁士占领区

普鲁士在波兰领土上的教育政策与俄占领区是不一样的。在西里西亚（Silesia）、波美拉尼亚（Pomerania）和被称为东普鲁士（East Prussia）的地方，从一开始就坚定不移地实施德意志化。另一方面，在大波兰地区，普鲁士人最初并未表现出自己真正的意图，没有去改变教育体系的组织和课程。对波兰人的德意志化的加强，是在1848年欧洲革命高潮衰落后，1886年后又再次加强了德意志化，这是俄国和德国在关于使俄国占领区和普鲁士占领区的波兰人丧失波兰性问题上达成协议的结果。1871年战胜法国之后出现的民族主义运动的高涨，以及德国统一在普鲁士国王的麾下，都有利于加快德意志化的进程。以新教徒为基础的国内政策引起了政府与天主教会之间的斗争。这是德国在统一之后采取的文化斗争①政策的一部分。所有这一切开创了波兰教育制度史上的一个遭到非难的非常困难的时期。当时教育政策的主要炮制者是俾斯麦②，他坚持不懈地力主对各级教育予以德意志化。民众教育尤其受到压制，变成

① 这场文化斗争发生于1873～1887年。当时，罗马天主教会与德国政府之间围绕着教育和教职任命权展开了一场斗争。——译者注

② 俾斯麦（Otto Bismarck，1815—1898），普鲁士的“铁血宰相”。在他当政时期，德国由软弱的联邦发展为强大的帝国。他采取的各种政策在19世纪后半期曾经左右欧洲的命运。——译者注

了使波兰人丧失民族性的基本工具。为了消除社会因素的影响，私立学校被取缔，文化—教育组织的活动遭到限制，不愿意遵守有约束力的规章制度的教师被解雇。自由的科学活动被禁止，致使许多杰出的科学家移民至国外以谋求研究工作的自由。由于在普鲁士统治的波兰地区没有大学，尽管困难很大，波兰人还是去德国学习，去得最多的地方是弗罗茨瓦夫（Wroclaw）和柏林（Berlin），或者其他欧洲国家。必须指出的是，在19世纪上半叶，德国大学是自由主义流派的中坚力量，影响波兰年轻一代意识形态面貌的形成。这是在俾斯麦去世以后的情况。而且，德意志化作为国内政策的一项原则，一直坚定不移地被贯彻至第一次世界大战。

由于镇压和控制手段组织得很好，在波兰的普鲁士占领区中波兰学校体系的斗争是艰苦卓绝的。大波兰地区对德意志化进行了最强有力的抵制，在那里波兰民族主义力量极其强大。西里西亚和波美拉尼的波兰人的处境要困难得多，在那里采取了各种支持波兰教育的行动。教育活动主要由一些合法组织，例如，民众教育学会（1872～1878）负责安排，后来自1880年以来由民众图书馆学会组织。一小群波兰代表向普鲁士议会施加压力，并同时向欧洲公众通报维也纳会议的决议遭破坏的情况。面对日益加强的德意志化的压力，波兰人组织起了具有自学性质的秘密教育工作。早在1860年，民族协会就发起为在德国文法学校中的波兰青年建立组织，以帮助他们相互完善。到19世纪末，波兰儿童被剥夺了用波兰语进行祈祷的权利。在这以前波兰语就已完全被排除出了学校。这引起了弗热希（Wrzesnia）的家长及其儿童于1901年掀起了公开的抗议活动。抗议活动很快就扩展到了大波兰、西里西亚和波美拉尼亚，还扩展到了德国人认为已经相当同化了的地区。抗议活动延续到1907年，某些省参加抗议活动的学龄儿童达90%。统治当局采取了许多镇压措施，儿童遭到肉体和精神惩罚的折磨，而学生家长则被监禁，遭罚款，失去工作，这一切导致罢工的失败。但是这在欧洲引起了巨大的反响，使舆论注意到了德国人对波兰人所犯下的过失。

（三）奥地利占领区

在波兰的奥地利统治区的教育史可划分为两个时期：1772～1867年的自治前时期和1867～1918年的自治时期。18世纪末至20世纪上半叶，对波兰教育体系来说是一个非常不利的时期。由于国家教育委员会的改革未能涉及奥地利统治区的教育（奥地利统治区在波兰共和国的境外），这一地区教育的组织水平和教学水平依然很低。代表文明的专制主义的奥地利，努力把被自己兼并的土地尽可能地统一进哈布斯堡王朝的领地。玛丽娅·特莱西娅女王和她的继承人当时作出了许许多多的政治决议。在扩张了的德国官僚机构的帮助下，他们得以控制了包括教育在内的全部社会生活。

1774年在整个君主国的领土上进行了由费尔比格（Abbot Ignaz J. Felbiger）筹备的初等教育改革。改革赋予学校以国家机构的性质，德语作为强制性的教学语言成为普遍的德意志化的一种征兆。在使教育体系处于从属地位的道路上的下一个步骤，就是1805年颁布的所谓的《德国民众学校的政治法》，赋予民众学校以显著的日尔曼特点。但实际的决定并不紧随立法之后。奥地利并不打算投资于这个遥远的国家，而把它看做一块暂时占领的土地。这就是这一地区经济水平和文化生活水平低下的原因，也就造成了各级教育体系不可能得到充分发展。19世纪初，能进入义务的民众学校的儿童所占的比例很低。在这样的情况下，学校就不可能履行其德意志化的使命，但同时它也不可能为特定的社会群体提供初等教育。维也纳对中等学校的政策被证明为是同样灾难性的。某些中等学校，特别是由教团管理的学校被关闭了。在利沃夫所进行的哲学研究的基础上，约瑟夫二世[①]于1784年建立了大学。这所大学没能成为一个科学机构，而成为德意志化的工具。德意志化的进程把克拉科夫大学也卷了进去。克拉科夫大学是1815年恢复的，当时它成为维也纳会议建立的“克拉科夫自由市”的科学中心。各民族的和睦共处在短

---

① 约瑟夫二世（Joseph Ⅱ，1741—1790），神圣罗马帝国皇帝（1765—1790年在位），致力于改革。在教育体制确立之后，他竭力为维也纳大学聘请最好的学者和科学家。——译者注

时期内使教育领域中的社会生活有了生气，但这不是在加利西亚[1]获得自治之前，教育体系面前展开了新的发展前景。

加利西亚对波兰教育体系的发展具有特殊的重要性。19 世纪 60 年代，加利西亚与哈布斯堡王朝的其他国家一起被授予自治权。自治的范围包括教育、科学和文化领域，这些领域对于保持民族的同一性具有至关重要的意义。根据 1869 年奥地利学校法的规定，学校可以用儿童的母语进行教学。1866 年，加利西亚的立法机构——地方议会，创立了国家学校委员会，开始了对长期处于落后状态的教育体系进行改革的工作。经过长时间的讨论之后，议会于 1873 年通过了三部学校法：《关于建立和维持公立民众学校和强制送儿童进这些学校的法律》、《关于公立民众学校中的教师职业的法律关系的法律》、《关于地方和学区民众学校的督导机构的法律》。这些法律为民众学校履行其职能打下了法律基础，民众学校具有了国家机构的地位，就能使所有强制入学的儿童接受免费教育。民众学校思想与欧洲的为继续教育提供基础的普通教育思想如出一辙。学校应该具有民族性，这种民族性是由教学大纲反映出来的。把波兰语作为教学语言引进也反映出了这种民族性。但是在实践中，这些有关学校的法律规定在很大程度上受到限制，这是保守的政治团体所开展的活动造成的后果。这些保守团体既担心社会的激进，也担心在青年一代中争取独立气氛的高涨。

国家学校委员会所取得的一个重大成果就是组织了教师培训讲习班，尽管在组织上存在许多不足，但这种讲习班使波兰初等学校所需的教职员的教育有了可能。中学依据的是西欧的经典教学大纲。中学的大发展为社会上所有阶级的年轻人入学创造了宽阔的基础，其中农民子弟占了相当大的比例。另一方面，工业化程度相当低的加利西亚没能为职业教育的发展创造有利的条件，其职业教育的组织水平通常也是很低的。

---

① 加利西亚（Galicia），东欧的一个地区，原属波兰。1772 年被奥地利兼并，1867 年后获得较大的自治权。20 世纪复归波兰，后被苏联瓜分。第二次世界大战初期，苏联将东加利西亚并入乌克兰共和国，西加利西亚则归波兰。——译者注

加利西亚所享受的政治特权，为集中在利沃夫和克拉科夫的科学活动的发展创造了可能条件。加利西亚的大学覆盖了被瓜分了的波兰的三个地区，因为这些大学培养的年轻人来自波兰王国、西里西亚、大波兰，甚至来自立陶宛。这些大学还使来自另两个地区的教授能进行他们自己的研究工作。在整个19世纪下半叶发生在加利西亚的社会生活的发展，为现代社会的形成打下了基础，这种现代社会具有很高的民族认同感以及对于被瓜分的波兰的另两个地区的使命感。面对在俄国和普鲁士占领区对民族教育的系统破坏，加利西亚的学校体系在19世纪下半叶却能够在很大程度上根据在外国统治下的民族的需要去完成自己的教育任务，其原因就在于此。

（四）波兰教育思想的民族性

包括教育思想在内的为建立民族的学校体系的斗争，出现在被瓜分的波兰的所有三个地区。斗争的发展不是一个连续的过程，并且是在各个占领区中独立发展的，没有足够的科学的和物质的支持。教育思想是与教育制度的历史相联系的，反映了波兰社会为保持其民族的同一性所作出的努力。19世纪初教育思想还在发展之中，仍处于启蒙运动思想的影响下，但后来受到19世纪西欧教育思想输出的影响，例如，裴斯泰洛齐、福禄培尔、第斯多惠①和赫尔巴特的教育思想。在华沙公国时期以及后来的波兰会议王国②时期，应特别提到斯塔希茨③。他是教育协会的成员，多年担任华沙科学支持者协会主席，华沙大学的创办人之一。他代表了教育思想的启蒙流派，他的教育活动在中产阶级和富裕的市民中吸引了许多追随者。

在波兰的普鲁士占领区，波兰教育思想的中心是波兹南。埃斯特科夫斯基（Ewaryst Estkowski，1820—1856）、利贝尔特（Carol Libelt，1807—1875）和特伦托夫斯基（Bronislaw Trentowski，

① 福禄培尔（Friedrich Froebel，1782—1852），德国幼儿园创始人和教育改革家。第斯多惠（F. Adolf Diesterweg1790—1866），德国教育家。

② 波兰会议王国，亦称会议波兰。根据1815年5月3日维也纳会议的决议成立的波兰国家，包括前华沙公国的大部分领土。俄国沙皇兼任其国王。——译者注

③ 斯塔希茨（Stanislaw Staszic，1755—1826），波兰启蒙运动的首要政论家。

1808—1896），各自在波兹南开展自己的活动。在他们中间 *Chowanna* 一书的作者特伦托夫斯基肯定占据着领导地位。他的著作参考了西方的哲学和教育学，多年来是有关波兰教育学的最伟大的成就。

教育学的充分发展不早于 19 世纪下半叶，主要在俄国占领区。尽管受到各种各样的限制，波兰王国的一些积极行动者对西方教育思想所取得的成就了如指掌。第一次世界大战前波兰王国就出版了赫尔巴特、斯宾塞、贝恩①的著作的波兰文译本，还出版了杜威、蒙台梭利、爱伦·凯②的作品的波兰文译本。实证主义思想是刺激教育思想发展的一个因素。由于波兰的现实，实证主义思想专注于研究经济生活的复兴以及能影响所有阶级的社会觉悟的教育和文化的发展。实证主义思想激活了教育科学的发展。教育研究的主要中心在华沙，大卫（Jan W. David）、席科夫纳（Aniela Szycowna）、卡尔波维茨（Stanislaw Karpowicz）都在华沙开展自己的研究和学习。其中最受尊敬的是大卫（1859—1914），他是冯特和艾宾浩斯③的追随者，开创了对儿童个性的不同部分的研究。1911 年出版的《智力、意志和工作能力》一书，是他的许多著作中尤其值得一提的一部。这部著作被看做第一次世界大战前的几年中波兰心理学和教育学文献中最杰出的成就。他的工作由席科夫纳（A. Szycowna）继续了下去，席科夫纳是参加国际教育会议的波兰教育家的代表。乔泰科（Jozefa Joteyko，1866—1928）是布鲁塞尔大学心理学实验室主任，《教育学》一书的作者，他的科学活动把大卫和席科夫纳的研究联系了起来。

在加利西亚的领土上也能看到心理学和教育学研究的发展，虽然规模较小。由于克拉科夫大学和利沃夫大学的活动，在这块领地上进行研究的可能性比另两个占领区大得多。但是与波兰王国不一样，尽管作出了一定的努力，加利西亚仍不是经验主义心理学的中

① 贝恩（Alexander Bain，1818—1903），英国哲学家。

② 爱伦·凯（Ellen Key，1849—1926），瑞典男女平等主义者、作家。——译者注

③ 冯特（Wilhelm Wundt，1832—1920），德国生理学家、心理学家、公认的实验心理学奠基人。艾宾浩斯（Hermann Ebbinghaus，1850—1909），德国心理学家。——译者注

心。在这里，教育哲学沿着德意志路线发展。赫尔巴特的教育学，在库尔齐恩斯基（Leon Kulczynski）、巴拉诺夫斯基（Mieczyslaw Baranowski）和丹尼茨（Antoni Danysz）的倡导下，成为官方的教育理论。加利西亚还是著名的教育史研究中心，其最杰出的代表是卡鲍瓦克（Antoni Karbowiak）。与受自由思想控制的西欧的教育学不同的是，波兰的教育思想具有民族色彩。在分别于 1894 年和 1909 年在利沃夫召开的两次教育大会上讨论了民族教育的本质问题。从维也纳经济学院毕业的普鲁士—什切帕诺夫斯基（Stanislaw Prus-Szczepanowski，1846—1900），是两次大会上的杰出代表。在他的《关于民族教育和波兰教育传统的思考》一书中，他强调了教育必须建立在波兰教育传统和教育文化的基础上，认为这是把一个人培养成英雄和公民的唯一途径。

在第一次世界大战前夕，在波兰的教育思想中可以看到无论在理论还是实践方面对“新教育”和“进步教育”的关注。由于西欧的许多文献资料有了波兰文译本，新教育运动的许多观点传播到被瓜分了的波兰的各个地区。波兰文杂志，例如，在克拉科夫出版的《学校改革》、《教育运动与博物馆》，还有在华沙出版的《新轨迹与教育》，在传播进步教育思想方面发挥了重要作用。这就变成了进行教育实验的促进因素，例如，进行了关于教育中心、学校工场、重组的文法学校、学校公社等的实验。同时还起草了适应独立自主的波兰的需要的教育改革方案。第一次世界大战期间召开的俄国和奥地利占领区教师大会上，就波兰教育的新结构问题展开了广泛的讨论。当时确定的要点成为在一个解放了的、独立自主的波兰建立教育体系的出发点。

五、再生波兰的教育

经过 123 年的外国统治，1918 年波兰重新获得了独立。在重新统一起来的领土上的教育状况是不一样的。从俄国、普鲁士和奥地利继承下来的学校制度是各不相同的，学校的传统也是五花八门的，因此年轻的国家在教育政策方面的最重要的任务是采取统一的学校制度，对教学方法予以标准化，至少部分地消除外国占领所造成的负面影响。一个显而易见的情况是，在被瓜分的波兰的各个地区中存在的教育制度和教育机构是极其不同的。战争的蹂躏加上教师队伍的损失（某些教师在战争中牺牲了，另一些教师参了军），使存在的问题雪上加霜。把这些地区整合进一个有凝聚力的教育体系中，是一项极具挑战性的任务。

除了要考虑对校舍、各种各样的材料甚至对劳动力的要求外，还要注意到三个地区的不同的教育状况“哺育”出对公立教育的非常不同的态度。生活在前普鲁士占领区的人，以及某种程度上还包括生活在前奥地利占领区的那些人，已经把公立教育看做自己社会的内在因素。前俄国占领区的许多居民没有接受公立教育的经历，或者只是浅尝辄止，因此他们常常不愿意看到或看不到公立学校教育的必要性。

在新独立的波兰建立教育制度的任务是相当困难的。不仅存在后勤行政管理问题和分歧的哲学、文化观点，困难还在于要说服居民去相信进行这种冒险的价值，而这样的居民在人口中占的比例很大。在这样的情况下，显然只有当专制的压力有利于此时时才有可能出现迅速的进步。

1918 年以后进行的学校改革可分为两个流派，源自两个主要的哲学意识形态流派：社会进步流派和民族保守流派。第一个流派把重点放在社会改革和民主上，一般来说从社会主义者所作出的努力中，某种程度上从农民所作出的努力中能看到这一流派。社会进步流派与民族保守流派之间的分界线是有点模糊的，因为农民坚持认为教育必须具有宗教的维度。一方面，农民表达了平均主义的愿望并希望建立民主的体制；但是另一方面，他们又坚持必须反映自己的宗教信仰而不顾其他人的愿望。罗马天主教会的观点也是民族主义者的教育观点的一个不可或缺的组成部分，民族主义者的思想构成了民族保守流派的基础。1926 年以后直至约 1935 年，出现了第三种流派，它可能是前面两种意识形态流派的综合。这一新的观点强调波兰公民的培养和发展，其观点反映在《新教育学》一书中。该书把社会改革和民族主义都看做教育的目的，但实际上两个目的都实现不了。因此，这一流派的目的仅仅是倡议一种能培养有生产能力的、忠诚的公民的教育体系。但是，这一流派的批评者从中看到了波兰国家正在迈向法西斯主义。

根据宪法所有各级公立学校的教育是免费的。1921年的宪法未能保证农村人口接受与城市地区同等质量的教育的权利。事实上，宪法强调的是义务的或强制的入学，但保留了政府决定学校教育的“时间、地点和方法”的权力。这显然是在公立教育方面把农村人口置于一个易受伤害的地位上。其结果是使保证免费教育成为一句空话，尤其在中等和高等层次上的免费教育，也不可能为年轻人提供奖学金。因此在两次世界大战之间的整个这段时期内，如果学生想上公立中学、职业学校和高等学校，他们就必须支付学费。

关于学校的立法消除了教育上的不平等，1932年的《关于学校体系结构的议案》，允诺清除由旧的教育制度造成的潜在的阶级冲突，还允诺为七年初等教育建立共同的、统一的基础。当时设想新的教育制度在若干年内就能实施，但是经济困难延迟了它的实施。事实上，经济困难加上政治干预，共同阻止了计划的完全实施。对军备重视程度的加强，从学校系统中夺走了钱和人力。可以说，改革是为纠正教育系统中的不平等作出的最后努力。这是另一个哲学的和意识形态的“转移”，但并未在从上到下的社会各阶层中找到出路。农民和少数民族群体的处境毫无改善。法律虽已制定，但无休止的干预使法律的实施步履维艰，当1939年波兰被入侵时工作才刚处于开始阶段。

学校教育制度是建立在以下结构基础上的：免费、义务、理想的、同质的、七年共同的初等学校教育。改革规定了四年的幼儿园和不同程度的中等和高等学术教育和职业教育，各级教育由低到高垂直安排，最顶层是大学。但是共同的小学依然是“核心”。小学水平的教育是大多数人都能获得的，事实上，由于众多的原因大多数人只能限于这一层次的教育。但是在理论上，学生在完成了小学教育大纲的要求后是可以进入四年制的（在“旧的”学制中是八年制的）学术性文法学校（文科中学）或中等学校，然后在进高等教育机构学习之前进更高层次的文法学校、专科中学学习两年以上，学生也可以从分别为两年和四年的中等和高等职业学校中进行选择。那些希望通过其他不同途径学习的人可以进进修学校。

在两次世界大战之间的时期内，尽管波兰的教育思想是相当传统的，但在对待教育哲学和教学过程的实践方面还是有明显的进步。“新教育”或“进步教育”运动的教育原则，在清除关于学校职能问题方面的波兰的某些传统观念的斗争中构成了重要的组成部分。一般来说，波兰社会中绝大部分有学问的人认为，学校固定不变的义务就是向每一代人传递相对不变的知识。另一方面，进步教育家希望教育把重点放在儿童的现实的需要和兴趣上，换句话说，他们希望“让儿童成为儿童”。20世纪初进步教育的重要原则在波兰的普及，导致了新旧教育理论家和实践者的经久不息的斗争。因此，教育变成了一系列的行动和反抗，进步教育的各个流派竭尽全力地反抗传统的前辈。

进步主义阵营中最有影响人物之一，无疑是科斯扎克（Janusz Korczak，1878—1942），他是儿童保育的组织者、有名的教育家、医生、小说家和随笔作者，新教育的鼓吹者，最重要的是，他是一位英雄。他在华沙的一个已被同化了的犹太人家庭中长大成人，立志学医。作为一名医生，他为居住在华沙贫民区中的穷人和孤儿忙碌。同时由于他对文学的强烈爱好，他成为波兰有名的前程无量的文学人。从1911年起，科斯扎克领导一所按他的思想创办的孤儿院“Dom Sierot”。作为一名深思熟虑的实践者，他提倡建立一个和平的、没有阶级的社会的思想。对于他来说，社会总是分成两个不平等的部分：成人和儿童。在这个社会中，儿童是弱势群体，而且没有机会去与成人展开持久的斗争。虽然这两部分人具有相似的童年时代的社会命运，但是成人忽视了自己对儿童的责任，而且没有意识到发展相互的民主义务的需要。所以，科斯扎克竭尽全力向成人和儿童灌输这种意识。例如，在他的关于国王詹姆斯一世的有名的儿童读物中，他描述了儿童作为了解儿童世界中儿童自己的事情的专家，他们是如何建构自己的世界的，以及成人可以怎样支持他们。他的主要教育著作是《如何爱一个孩子》、《尊重儿童的权利》。在这些著作中他根据自己的经验阐明了一种更好的教育观，要求对儿童饱含深情。这些作品中既没有任何固定不变的或学究式的教育理论，也没有严密的解决方案和逻辑论证。他呼吁成人改善自己与儿童的关系并增强儿童的道德。作为"Dom Sierot"孤儿院的院长，科斯扎克发展了自己的关于儿童民主共和国的思想。儿童有自己的民主机构，例如，议会、法院、报纸、小型杂志，在那里儿童和成人不受任何压制地或在不受特别管制的情况下处理相互的关系。科斯扎克教导孩子们，宽恕远比报复和惩罚重要得多。他还教导孩子们，发表意见的自由是民主的不可或缺的手段和人权的基本表现。

1939 年 9 月第二次世界大战开始时，科斯扎克成为了一名军医。在德国占领波兰之后，他和他的孩子们成了纳粹意识形态的牺牲品。德国人在华沙建立了犹太人聚居区，科斯扎克的孤儿院被强制迁至那里。他与他的孩子们一起苟活在惨无人道的条件之下，直到纳粹决定把他们驱赶进设在特雷布林卡（Treblinka）的灭绝营。1942 年 8 月 5 日，科斯扎克和他的 200 名孤儿被杀害。

必须强调指出的是，波兰在两次战争之间的经历中具有讽刺意味的一件事是，它不得不在世界范围的骚动中组织自己的公共生活。在这种骚动中，所有已确立的传统和所有得到公认的确定无疑的政治和社会思想以及实践，都遭到了怀疑。在教育领域中这种不稳定和不安分尤其明显。两次战争之间的时期充斥着各种各样的改革方案和抵制改革的方案，涉及学校体系的结构、教材和教学方法。波兰教育不可能躲避这种持续变革的漩涡，这也是不足为奇的。

六、第二次世界大战期间为保存波兰文化而展开的英勇斗争

根据1939年的德苏条约，波兰被分解了，宣布了这个国家的第四次被分割。苏联人拿走波兰的东部地区并把它并入苏联，德国人把北部和西南部地区并入德意志帝国，而其余部分由将军—政府组成，这是一块由希特勒的亲密战友之一弗兰克①统治的殖民地。波兰对恐怖和灭绝的反应是开展不同形式的抵抗运动，既有游击战争，也有出版地下刊物和进行秘密的教育活动。苏联和德国都认为，所有的波兰人都是“知识分子”，为了破坏波兰的文化和领导能力，应该对之穷追猛打。

波兰人所采取的一种抵制行动，就是出现了一种独特的教育现象，即社会内部的大规模的秘密教育活动。组建了秘密大学和秘密学校以及“文化地道”。如被发现参与其中任一组织，都会被处死。在将军—政府统治地区，有约十万多名中学生和一万多名大学生参与了秘密教育活动。必须强调指出的一点是，在被直接并入德意志帝国的波兰领土上的所有学校都被关闭了。将军—政府控制着波兰中部的领土，那里的高等学校和中学也都被关闭了。初等学校和职业学校的课程被篡改了，历史、地理、波兰文学和体育被完全排除出课程。职业学校的波兰语班被取缔。出版了一份专门的杂志 *Ster*，用来代替波兰文学读本和本族语练习读本。鼓励儿童阅读 *Ster*，目的在于把纳粹精神灌输进年轻人的头脑中。职业学校的教育内容被大大压缩，仅限于最低的基本要求，即为德国工业生产培养熟练工人。还正式宣布，波兰知识分子的继续教育是没有用的，因为波兰知识分子的人数已经过剩，而且波兰人作为一个民族也不再有生存的空间。在将来，波兰人所能起的作用只能是当劳工，波兰人只能

---

① 弗兰克（Hans Frank，1900—1946），德国政治家、法学家。1930年加入纳粹党。担任波兰占领区行政长官，曾下令处决20万波兰人，将数十万波兰工人运往德国，残酷迫害犹太人。1946年以战争罪和违反人道罪被处以绞刑。——译者注

放弃“自己的生活空间”，而把位置让给“征服者”种族。

波兰民族从被占领之日起就与占领者展开了斗争。波兰人民保卫的不仅仅是自己日常的生存权，他们还保卫着自己的文化。作为一个整体的波兰教师，证明了自己具有很高的民族觉悟和异常的教育责任感。早在1939年10月，出现了一个地下教师组织“TON”，在整个占领期间这一组织从未停止过活动。TON是由波兰教师协会的成员创办的。波兰教师协会负责对波兰所有三级（初等、中等和高等）教育组织秘密教育活动。秘密学校网覆盖了整个国家，并加入全国的秘密组织系统中。TON与其他教师组织合作开展地下教育活动。

当时波兰的地下教育活动，建立在1932年学校法所采纳的学制基础之上。学校教科书洋溢着爱国主义精神、对自由的热爱、反法西斯精神和对民主的憧憬。地下教师组织积极参与其他地下政治团体的活动，还为未来的学校体系和波兰的教育政策制定计划。例如，1942年8月，TON在名为《黎明》的地下杂志中公布了关于教育政策依据的法令。在大部分教育改革计划中占优势的思想是：在解放后的波兰，其初等教育后的教育应该是大众化的，建立在八年初等学校的基础之上。教育家们还预见到了成人普通教育和成人职业教育的大规模的发展。他们的创造性的思想孕育了人民波兰的教育。地下教育协会和秘密教育团体的活动，是第二次世界大战后的教育纲领的基础。

七、波兰人民共和国时期

20世纪40年代中期宣告了波兰教育一个新时期的到来。第二次世界大战的结束和一种新的政治制度的引进，使教育领域面临许多挑战。教育政策方面第一位的也是最重要的任务就是战胜战争期间出现的破坏性的损失。在纳粹和苏联占领时期，三千多名波兰中学教师失踪或被杀害，连同战争期间损失的1.3万名小学教师，损失的教师占全体教师的35%。而且，学校建筑物和教育设施以及图书馆被破坏殆尽。因此，可以毫不夸张地把战后时期的波兰正规教育史称做英雄的杰出时期。

在评价波兰战后的教育改革时应该指出，根据大多数现代政治领袖和许多教育家的意见，教育改革应旨在提高学校教育的功效，以培养社会主义新人。教育从面向个人到面向集体的转移，看来是正规教育体系的一项迫切任务。人们欢呼，不同时代和不同地区的社会，都有自己理想化了的圣人；一个学者、一个商人、一个士兵，以及他们的教育实践，都要依次适应各自的理想。一个理想的社会主义者应是一个集体主义者；只有当参照点是一个群体而不是一个个人时，才有真正的真、善、美。依此为背景衡量和检查典型的集体主义者理论和教育实践。这种极端的教育观点建立在这样一种假设的基础上："好的生活"就是对群体有益的生活，因此，任何教材如果仅仅为了满足某个人自己的需要，它们就都不能令人满意。

战后的政治形势不仅要求重新确定正规教育的意识形态方向，还要求融合新的爱国主义教育方式。当时认为，通过提供某些有关波兰历史和当代的政治环境的知识，就能够克服对民族主义污点和偏见的摒弃以及有关波兰是"基督教的屏障"或战前波兰的"强国"抱负的不合时宜的奇谈怪论。教育的首要目的是强化民族文化的统一体和波兰人民的种族平等。战后相当大一部分居民从过去的东部领土迁移到了西部，因此社会环境发生了变化。主张改革的活动家们坚持正规教育是这一整合过程的重要部分，其原因就在于此。

向正规学校提出的最重要的任务之一，就是克服沿袭了许多世纪的恶习，这种恶习就是无视农民和工人对国家文化生活的参与。这就必须通过清除阻碍农民和工人的子女进入中等和高等教育的障碍，保证使工人阶级能够获得所有各级教育。向所有的人提供中等教育的思想，是所有各项教育改革的主要结果。但是这一思想始终只是充满希望的观点，从未付诸实施。20 世纪六七十年代，尤其是 80 年代，国内和国际出现了无数的社会一政治和经济变革，对波兰教育制度产生了重大影响，而教育制度又导致了结构的滞留。国内的危机表现为政局的不稳定、意识形态的障碍、经济的萧条……所有这一切阻碍了中等教育的普及，尤其是阻碍了高等教育的扩展。

尽管如此，在共产党执政时期经济的发展虽然效率不高，但也导致了国家社会结构产生革命性的变革。工业化使波兰各地区之间在发展水平上的差异大大缩小，导致了劳动力更平衡地分配和对社会契约的强调。工业化和城市化还提高了同行业内跨部门的社会机动性。其结果就是农村人口的生活水平逐渐提高，信息的传播快得多了，工人阶级的文化水平逐步提升，逐步实现了教育机会均等。

到 1948 年，波兰的学校系统实际上仍是 1932 年建立的学校体系。1944～1948 年，采取了某些重大措施使之真正摆脱这一学校结构。首先，完全改变了学校的意识形态方向，从前主宰学校的是基督教或罗马天主教的意识形态。学校体系逐渐与宗教分离。由于越来越多的工人、农民出身的年轻人进入学校，学校的民主化进程加快了。在 1948 年的上半年，正规教育体系的结构改革的基础，取决于坚定不移地实施社会主义国家的教育政策。通过废除从前的文科中学，取消了两级中学结构。两个低年级并入初等学校，两个高年级并入从前的专科中学（文法中学的补充）。其结果就是形成了一个分为两级的十一年制普通教育结构体系。第一级由七年制基础初等教育学校组成，第二级由四年制普通中学组成。这次改革的主要目的是以社会主义教育的精神重新构建全国的教育。因此把新的教育结构设计成使实施普通教育的学校有一个更统一的结构，使学校更适宜于完成营造并强化均等的教育机会的任务。改革的意图是，通过使教育结构更合理并试图以更复杂的方式影响学生的个性，从而使新的教育结构起到改变社会意识的作用。这一倾向在 1949 年为所有学科所制定的新教学大纲中得到了切实的反映。

随后的一次学校结构改革发生在 1961 年。由于议会通过了法律，四年制的中学是进行普通和综合技术教育的学校。通常这样的学校是以为进高等学校学习作准备的学生为对象的，所以它的目标不是训练他们直接从事某种行业或职业，因为它的压倒一切的任务是使他们做好进大学学习的准备。它提供一份毕业证书——“成熟”证书，学生有了这份证书就可以申请进入高等教育。

根据马克思主义的观点，设想教育要为学生提供某些工作经验，使他们了解无产阶级的社会基础。这是综合技术教育的一部分，综合技术教育把理论知识与学校的规定专业领域（工业、农业或手工业）内的实践训练结合在一起。实践训练是中学教学大纲的一个要素，其目的是要保证学生更好地了解生产问题，更充分地理解劳动的意义，保证他们的职业预定方向。

普通中学建立在八年制初等学校的基础上。四年过程中要学习的科目包括人文学科、科学、艺术、技术、体育和军训。中学的课程是高度结构化的，具有学术性的核心课程。人文学科包括：波兰语、俄语和其他选修的外语（英语、法语、德语、西班牙语）、历史和公民学。这些科目包含了传统的百科全书式的知识，强调社会主义的或马克思列宁主义的意识形态和观点。科学学科包括数学、物理学、天文学、化学、生物学和地理学。科学学科内容的重点是提供广泛的规范化的知识，为个人的多方面的发展打下基础，形成科学的世界观和唯物主义的人生观。也强调科学科目的学习与技术、工业和农业的相关性。其他学科，诸如作为综合技术教育手段的技术教育、体育、军训、音乐和美术（选修科目）以及 20 世纪 80 年代开设的计算机教学，使普通中学的课程更完善。后面这一组科目也强调学校教学要传授渊博的基本知识以及教学的教育目的。因此，在中学的学科内容中，可以找到各族人民为争取社会进步而斗争的有关信息。应该指出的是，课程内容和教学是统一的、标准化了的。

从 20 世纪 70 年代初以来，国家教育行政机关与教育家们不断地就整个学校体系的彻底结构和课程改革展开辩论。当时认为，普通中学再也不能应付科学和技术革命所带来的变化，也胜任不了正规教育在现代社会中的新的角色地位。70 年代末提出教育改革方案的原因就在于此。这要求对学校体制进行实质性的改革。但是由于 20 世纪 80 年代出现了重大的政治的和经济的障碍，这个改革方案被放弃了。因此，自 1961 年的改革以来，波兰的学校体系实际上至今保留原样。但是，近来的政治和经济变迁使学校结构发生了重大变化。

共产党执政期间波兰教育发展的一个最普遍的特点，就是中等教育的真正普及。1987 年，在全部 50.6 万名小学毕业生中，只有

1.2万名（约占5%）没能进中学学习。但是，尽管正规中等教育的入学率提高了，但是高等教育的入学方面所存在的不平等还是司空见惯的。事实上，在城乡之间或社会的不同阶级之间，有着明显的入学限制。虽然社会主义的意识形态强调教育机会的平等，但是出身于知识分子家庭的孩子所拥有的条件，明显地优于出身于农民家庭的孩子。社会—政治制度有利于城市教育的发展。因此，人们能发现，在一些入学机会或在完全中学取得成功的机会很有限的居民区，虽然也提供了大学入学考试，但最终进入高等教育机构对他们来说仍然是很不容易的。

对高等教育不同类别的选择，对于那些进入初级职业学校的学生是主要的不利条件之一，即使对于完全中等职业学校的毕业生来说也是如此。这些学校按较低的普通教育标准进行教学，这就使它们的毕业生很难为相当困难的大学入学考试做好适当的准备。因此，那些选择了职业学校的人，似乎同时也就把自己分类进非英才的学校中，或者进入把自己引向体力劳动或蓝领岗位的机构。必须强调指出，在每个年龄组的人口中，70%以上的人得到的高等教育机会是很差的，因为他们所上的中学水平很低。

在最近几十年内，初级职业学校和技术中学的数量大大地增加。由于这种学校对女孩的吸引力很小，它们的学生主要是男孩。人们认为，技术职业或工匠职业更适合于男孩，而女孩更适合于办公室工作、医务（护理）工作、教学工作、商业工作或类似的职业。这种假设造成女孩的高等教育机会大大增加，普通中学的学生绝大部分是女孩。虽然政策制定者并没有预见到这种社会现象，但是他们无意识地为克服在社会传统性别角色中存在的性别歧视创造了条件。

几乎半个世纪以来，波兰的教育制度一般来说是高度中央集权的。由中央作出决定，而且不是由国家教育部作出决定，也就是说，由执政的共产党中央委员会作出决定。只要求教育部执行来自中央的指令。地方一级的正规教育机构或个人，几乎不能对学校的管理或课程作出任何决定。其后果就是课程的停滞落后。可以这样说，学校与政治制度以及意识形态的联系的密切程度超过了与科学和技术发展以及生产制度的联系。极端的同一性以及同一种类型的学校之间没有内部的差异，阻止了教学的创新，扼杀了在课程和教学法方面的主动性，同时也降低了教育质量。在这种情况下，对有些国家保证教学过程中个人思想中所包含的最低异质性的能力，产生了深深的疑虑。

传授知识方面的实践，是过去二十多年中波兰学校教育特点中的一个不利方面。学校倾全力传授基本的、基础的知识，竭尽全力地让学生懂得知识的主要发展趋势和结构。学校不传授积极认知的技术，不让学生面对具有五彩缤纷的生活现象的世界。从学习理论中我们知道，学校必须努力使自已提升到能让学生从现实中获得尽可能独立地概括和理解主要结构的能力的高度。同样显而易见的是，必须面对获得的知识和现实以及概括的过程。然而，在学校的日常活动中几乎看不到让学生通过实验去面对现实、学习原著和研究材料的可靠的本源，等等。学校的教学内容通常仅限于复述大纲规定的必要的课程内容，在最好的情况下，也不过是对这些材料稍作补充予以丰富。

在共产党执政时期，中央集权的学校制度很少能对由科学、技术和经济的进步以及劳动力市场的变化所引导的新趋势和引起的挑战作出反应。自 20 世纪 70 年代以来波兰进入了加速发展经济的时期，这一事实既没有改变旧式的工人典范，也没有影响到战后时期形成的对工人的训练。简言之，政治领导人和工厂管理人员的兴趣，一直是希望工人是“顺从的”、“忠诚的”。这样的工人既不关心政治，也不关心工作条件的改变。学校参与了对这样的工人的培养。这样的学校是不会鼓励诸如主动性、冒险能力、责任心、创造性、想象能力和自给自足这样一些品德的。

八、近来的某些发展

最近的大部分教育创新和改革建立在波兰议会 1991 年 9 月 7 日通过的《教育制度法》的基础上。《教育制度法》设想，学校是属于社会的，甚至属于社区，而不是属于国家；学校的存在是为了增强对个人的必要的理解并使个人将来能成为公民。根据这部法律，学校不是要把学生培养成为一个献身于一个群体的人。现在学校的作用首先是形成个人，然后才是培养其成为或小或大的群体中的成员。在这个意义上，学校是社会的代理机构，社会需要学校努力为它提供成功的产品。学校通过培养年轻人具有责任心和自主性来为社会服务。学校的主要任务是培养年轻人为将来的成人生活做好准备，学校本身被看做具有上述职能的最重要的社会的（不是政治的）机构之一。

根据新的规章，学校必须为所有的人创造机会，同时它又是一个民主的机构，对学生所作的决定和正确的选择负有责任。正如在最近的一个政治评论中所说的："教育是从学生参与社会的社会生活和文化生活的方式，以及从学生对安排并改善自己的和他人的生活所作出的选择中，考察个性形成的思想。"换言之，教育就是对个人进行培养、教授和学习的过程，教育学生如何参与生活，如何作出选择。

波兰发生的社会和政治变迁，为克服现行教育制度中存在的最恼人的问题创造了可能条件。自1989年以来，学校在培养青年人在民主社会中生活方面所起的作用，在政府的和非政府的教育纲领中始终占着优先地位。首先是特别注意教育的内容，目的是清除来自课程和教科书的政治宣传，抵制教学大纲的过重负担，加强灵活性，精心拟定了一系列最低限度要求，允许教师灵活运用其约30%的教学时间。

根据新的教育政策，学校必须是维护人权的地方，学校必须用多元的观点去看待每一个社会生活的领域并付诸实践。这一政策起源于欧洲的教育实践，波兰在1991年刚成为欧洲议会的成员就采用了欧洲的教育实践。自那以后教育原则发生了变化，从过去的政治体制下占优势的教育的顺应模式变为批判模式，鼓励创新和创造。其结果就是，采取了许多主动行动去改变影响基本教育目的的重新定向的价值观和教育目的理论。这就要求不断地从教育的所谓客观方面转向主观方面。

显然，应该特别注意意识的转变、对全球人类问题的适当评价，以及全球人类问题与对每个民族关系尤为密切的一系列问题（民族的文化、传统和语言）的和谐。在过去的社会主义的教育模式中，在官方宣布的价值与现实的价值之间存在着巨大的差距。虽然国际主义、个人之间的平等、与被压迫人民的团结一致以及为被压迫民族的自由所展开的那些斗争，是意识形态的基石，事实上，种族的、宗教的、民族的和少数民族成员的偏执和偏见并未减少。相反，它们仍然能被越来越明显地察觉到；而且，由于国家经济的衰退，它们得到了加强。

近来的波兰改革鼓励改革教育方法、手段和组织，尤其鼓励加强在正规的和非正规的教育中的认知活动。同时，还考虑并支持专门的诊断和咨询活动，培养独立学习、作出有效的和合理的选择、整理和使用信息的能力。对当前教育政策的一个挑战，就是要极为重视由初露端倪的信息社会所决定的交际问题。

但是，关系到波兰教育问题的最重要的思想变化，就是教育和培养总是取决于个人这样一个趋势。共产主义的意识形态假设，所有的人都有能力取得同样的成绩，达到同样的水平或能力。现在，毫无疑问必须克服这种误导的假设，因此，公立学校体系必须使自己适应这样一个事实，即不是所有的学生都能够完成同样的教育大纲。这就是扩展有差异的学校体系的理由。新任命的中央和地方教育当权者和研究人员都同意，学校体系为学生提供的教育通道应该尽可能多地与学生的个人能力相适应。但是，我们认为，解决处于激烈变革的社会中的学校日常生活中出现的问题的相应的方法，是最为迫切的。任何迅速解决这些问题的企图，只能增大危险，就像把婴儿扔进盛满水的浴缸中那样。

主要参考文献

1. Coolahan, John et al. (1995). Review of Education Policy in Poland. Examiners' Report and Questions. OECD. Paris (manuscript in authors' collection).
2. Davies, Norman (1986). Heart of Europe: A Short History of Poland. Oxford University Press. Oxford, New York.
3. Dyboski, Roman (1933) Poland. Ernest Benn Ltd. London.
4. Gieysztor, Aleksander et al. (1979). History of Poland. PWN. Warszawa.
5. Jobert, Ambroise (1941). La Commission d'Éducation Nationale en Pologne (1773—1794), son oeuvre d'instruction civique. Collection Historique de l'Institut d'Études Slaves, vol. IX. Paris.
6. Kepkiewicz, Jerzy (ed. 1982). A Panorama of Polish History. Interpress Publishers. Warsaw.
7. Klimaszewski, Boleslaw (ed. 1983). An Outline History of Polish Culture. Interpress. Warszawa.
8. Kupisiewicz, Czeslaw (ed. 1989). Edukacja narodowym priorytetem. Raport o stanie i kierunkach rozwoju edukacji narodowej w Polskiej Rzeczypospolitej Ludowej (Education as a National Priority. Report on the Condition and Directions of Development of National Education in the Polish People's Republic). PWN. WarszawaKrakow.
9. Kurdybacha, Lukasz (ed., 1967). Historia wychowania (History of Education). Vol. I—II. PWN. Warszawa.

10. Kwiecinski, Zbigniew (1995). The Sociopathology of Education. Edytor. Torun.

11. Majorek, Czeslaw and Meissner, Andrzej (eds. 1996). Mysl edukacyjna w Galicji 1772—1918. Ciaglosc i zmiana (Educational Thought in Galicia 1772—1918. Continuity and Change). Wydawnictwo WSP. Rzeszow.

12. Miaso, Jozef (ed. 1980). Historia wychowania. Wiek XX (Twentieth Century History of Education). Vol. Ⅰ-Ⅱ. PWN. Warszawa.

13. Michener, James A. (1990). Poland. The Towering Saga of a Proud Land and Its Indomitable People. Corgi Books. London.

14. Pecherski, Mieczyslaw and Swiatek, Maciej (eds. 1978). Organizacja oswiaty w Polsce w latach 1917—1977. Podstawowe akty prawne (Structure of Polish Education in 1917—1977. Basic Legal Acts). PWN. Warszawa.

15. Suchodolski, Bogdan (ed. 1963). Eksperymenty pedagogiczne w Polsce w latach 1900—1939/Educational Innovations in Poland in 1900—1939. Ossolineum. Wroclaw.

16. Suchodolski, Bogdan (1972). Komisja Educacji Narodowej na tle roli oswiaty w dziejowym rozwoju Polski 1773—1973 (Commission for National Education and the Role of Education in History of Poland 1773—1973). Wiedza Powszechna. Warszawa.

17. Woloszyn, Stefan (1964). Dzieje wychowania i mysli pedagogicznej w zarysie (An Outline of the History of Education and Pedagogical Thought). PWN. Warszawa.

18. Woloszyn，Stefan（1998). Nauki o wychowaniu w Polsce w XX wieku. Próba syntetycznego zarysu na tle powszechnym（Educational Studies in Poland in Twentieth Century. An Outline in the World Educational Phenomena Settings. Second edition). Dom Wydawniczy Strzelec：Kielce.

19. Wroczynski，Ryszard（1996). Dzieje oswiaty polskiej（History of Polish Education). Vol. 1－2. Second edition. Zak. Warszawa.

波兰克拉科夫教育大学、热舒夫教育大学教授，博士

切斯劳·梅杰雷克（Creslaw Majorek)

波兰热舒夫教育大学教授

安德蔡·迈斯纳（Andrzey Meissner)

第十三章　俄罗斯

本章由三部分构成。第一部分阐述古代至 1917 年前的俄国教育，1917 年俄国实现了社会主义革命。第二部分阐述 1917 年至 1991 年苏维埃学校的教育。第三部分论述 1991 年苏维埃以后直至现在的教育思想。

一、1917 年社会主义革命前的俄国教育史

现代的俄国教育思想源远流长，它包含了许多世纪以来对年轻一代的教学和教育经验。俄国教育史划分为几个时期，每一个教育时期的教育思想都有自己独特的倾向性。虽然每个时期同时具有若干个不同的教育流派，但都存在起主导作用的、决定这一时代教学教育实践本质的主要特点。俄国教育思想史中出现过以下起主导作用的流派：民间教育学（10 世纪前）、东正教教育学（10～17 世纪）、国家教育学（18～19 世纪中期）、公共教育学（19 世纪中期～1817 年）。十月社会主义革命之后有苏维埃教育学（1917～1990 年）。最后，从 1991 年开始是后苏维埃教育学。

(一) 民间教育学(古代)

早在 10 世纪俄国改信基督教之前就已开始了自己的教育史。6 世纪的一些著作证明斯拉夫人性格的主要特点是对自由的热爱。不能强迫斯拉夫人当奴隶或在自己的领土上臣服他人。他们热情好客,友善地对待外国人以及奴隶和战争中的俘虏。

关于古代斯拉夫人的教育方法我们知道得不多。但是,关于过去的现代科学——历史、考古学、语言学,为我们提供了足够多的材料去概括地推想一代又一代地传授知识和社会经验的过程。在古代,斯拉夫人与其他许多民族的人一样,对自己孩子的教育是不自觉的。家长首先关心的是养活自己的孩子,在危机四伏的环境中保护孩子,摆脱外部环境的不利条件。长期以来主要是在经验的层次施加教育影响,只是到后来才开始形成一些教育观念,这些观念反映在传统、习俗和口头交流中。古代教育的目的和目标,与以后的历史时期一样,是由社会、经济因素决定的。其中具有重要意义的是地理条件、气候和环境。这些因素影响人的身体和道德面貌的形成。在古代的部落中,成人必须培养儿童具有一些品质,这些品质是持续地与恶劣的自然环境的抗争、进行艰苦的劳动、抵御其他部落的袭击所必需的。

母亲是第一位教师,她天生就是教师。在人生的最初几年,孩子处于母亲的庇护之下。儿童从母亲那里获得基本的语言知识,开始了解部落的习惯和传统以及宗教信仰。斯拉夫人是一位神教信徒。他们崇拜自然的力量,深信自己是太阳神的孙子。

男孩从 7 岁开始由家中的男人进行养育,而女孩由妇女养育。男孩 14 岁时就开始享有全部的权利。14 岁的年轻人必须为通过成熟仪式做好准备。这时要考查他的身体的强壮程度、机敏性和技能,还要考查他的社会态度——他的宗教知识。要把成长中的一代又一代人培养成牧民、农民、手工业者、武士。劳动活动与进行各种仪式、参加各种庆典和宗教游戏相联系。对年轻人的教育和培养是在让他们参加各种各样成人的工作的过程中进行的。古代斯拉夫人通过自己民主的公社生活方式来发展和教育儿童。

具有特定意义的民间教育学的发展始于前基督教时期的7～8世纪。在有文字记载的历史之前，人民就积累了对新一代的教育经验，这些经验反映在无数的形形色色的民间创作中。这些经验以传说、故事、歌曲、谚语、格言和其他民间创作的形式保存下来并代代相传。一定的体裁形式的主要内容所唯一关心的是对儿童和成年人的教育和训诫。现代的学者高度评价民间创作的教育作用。在接受基督教以前的所有各个时代，在民间创作中反映了对人民周围生活环境的真正理解。传说中的人在寻找对他所处时代的问题的答案——从对个人和公共生活的哲学解释到具体条件下的行为规则。在民间教育学中人们找到了教育理想以及实现理想的手段和方法。

孩子一诞生就听到摇篮曲，稍一长大，孩子不仅能听到，而且还能自己叙述他这个年龄所能理解的故事。他在游戏中模仿成年人，逐渐掌握他们的经验。在民间口头创作中关于学习、学习对于取得成就和过顺遂的生活的重要意义的主题，占有很大的比重。例如，民间创作中有这样一些内容："学习，一片光明；不学习，一团漆黑。""学习根苦果实甜。""卖掉外衣，买进字母。""鸟美在羽毛，人美在学问。"口语中所表现出的智慧也同样适用于成年人："学问好于财富。""活到老，学到老。""学问为幸福锦上添花，也能抚平不幸。"

在我们的时代民间创作继续发挥着重要的教育作用。但是在俄国出现书面语言之前，民间创作对教育起的作用更大。这是一种真正意义上的生活的教科书，连同其智慧和偏见、永恒的真理和拙劣的错误，构成了当时日常生活一个不可分割的部分。

在基督教以前的时期，形成了口头传说的手段和方法，对于保存和丰富教育经验及教育经验的代代相传是极其有效的。在那个时期形成了民间教育学的方法，在以后的所有时期，民间教育学的方法常常对宗教教育学、国家教育学和其他教育学的片面性起着抵制作用。

随着10世纪末基督教的被接受，俄国人的教育思想发生了剧烈的变化。教会发挥了担当人民的主要的也是唯一的导师的作用。

因此，我们可以说，俄国教育学的产生大大早于东斯拉夫人基督教化、罗斯[1]受洗礼之前。10世纪末之前，东斯拉夫人经历了长期的发展阶段，其教育的发展也是路途漫漫。这就是语言作品具有旺盛生命力的原因，它们的生命力一直延续到以后的世纪，在中世纪和新的时代继续存在，即使在今天，它们还作为遗物存在着。

（二）宗教教育学（10～17世纪）

斯拉夫农业部落在第聂伯河中游的两岸生活了一千多年。到9世纪初，欧洲最大的国家罗斯就是在这里形成的。它成功地击退了游牧民的进攻，与拜占庭作战，享誉世界各地。在古代的传说、波洛韦次人[2]的歌曲以及斯堪的纳维亚的英雄传说中，都有对基辅罗斯的威名和荣耀的赞美。阿拉伯和波斯的地理学家、拜占庭的历史学家，怀着浓厚的兴趣和敬意记载下了这一切。

10世纪末（988年），基辅罗斯改信基督教，但保留了自己的独立性。俄罗斯的诸侯、商人建造了教堂和修道院。在教堂中宣讲谦恭、温顺和宽恕。基督教的兄弟情谊、为保卫祖国而团结一致的思想，在公众的意识中深深地扎下了根。另一方面，人民保留着遭到教会坚决抵制的传统的习俗和信仰。

拜占庭对罗斯教育发展的影响是很重要的。影响的手段就是教会和书面的文字。10世纪拜占庭的一个特点是，当时的学者很重视基督教黄金时代的神甫们所撰写的著作，从过去的作品中获取最好的东西。俄国教会接受的遗产是严格保护东正教的，用它来抗衡西方教会及其创新性。

根据弗拉基米尔大公[3]（980～1015年在位）的法令，基督教迅速地传播开来。因此，有必要培养有文化的人去主持教会的宗教仪

---

① 罗斯，9世纪东斯拉夫人在第聂伯河中游建立的早期国家的名称。12世纪以前指基辅罗斯的疆域。12～13世纪指古罗斯各领地和公国。13世纪出现了白俄罗斯、小俄罗斯等名称。后“罗斯”固定指古代罗斯国家的东北部，为以后的“俄罗斯”这一概念的基础。——译者注

② 波洛韦次人，11～13世纪在南俄草原游牧的突厥语系民族。——译者注

③ 弗拉基米尔（Владимир，约956—1015），基辅大公。980年他把从乌克兰到波罗的海的俄国土地统一到一起。约987年，与拜占庭达成协议，同意成为基督教徒，命令基辅和诺夫戈罗德的居民改信基督教。——译者注

式。弗拉基米尔大公的法令的目的就在于此。988年以来的伊帕季耶夫的《编年纪事》证明了这一点。《编年纪事》中说，弗拉基米尔大公命令“抓住”显贵人士家庭中的年轻人，强迫他们去“读书”。雅罗斯拉夫大公[①]（1015—1054年在位）非常关心人民的基督教教育。他本人喜欢读书，在基辅（Киев）大教堂建立了图书馆，组织把希腊文的书翻译成斯拉夫文字。他把教士安排到各个村庄和乡镇，根据他们教育教区中孩子的情况给他们付酬。雅罗斯拉夫大公在诺夫戈罗德（Новгород）办了一所有300名孩子的学校，培养教士和国家官员。大公们对公共教育的关心可在许多原始资料中发现。从1078年至1093年，弗谢沃洛德（Всеволод）大公从财政上支持学校，他的女儿扬卡（Янка）办了一所女子学校，教女孩子缝纫、阅读、写字、歌咏。斯摩棱斯克（Смоленск）大公罗曼·罗斯季拉沃维奇（Роман Ростиславович）用自己的钱办学校，并付酬给教师。雅罗斯拉夫·奥斯梅斯洛（Ярослав Осмысло）大公也办起了学校，征召修道士去教儿童阅读和书写。弗拉基米尔大公，康斯坦丁·弗谢沃洛多维奇[②]热衷于公共教育事业，他能说几国语言，花了大量的钱为图书馆购书和翻译希腊文图书。根据他的遗嘱，1218年把他在弗拉基米尔的房子、图书馆和几个庄园都留给了学校。

学校通常建在有主教的城市中，例如，基辅、诺夫戈罗德、库尔斯克（Курск）、斯摩棱斯克、弗拉基米尔沃伦斯基（Владимир-Волынский）等。从这些事实中我们可以得出结论：罗斯在皈依基督教后教育开始广泛发展。起先在诺夫戈罗德，后来在旧鲁萨（Старая Русса）、斯摩棱斯克和普斯科夫（Псков）、威帖布斯克（Витебск）、兹维尼戈罗德（Звенигород）、莫斯科（Москва）等地考古发掘中发现了11～15世纪古代的桦树皮证书，支持了这一结论。在所有的古代俄罗斯城市的考古发掘中还发现了在桦树皮上书写用

① 雅罗斯拉夫（Ярослав，980—1054），基辅大公，绰号智者。他鼓励学习，兴建教堂，推行基督教，编纂《罗斯真理》并与欧洲各王朝建立密切关系。——译者注

② 康斯坦丁·弗谢沃洛多维奇（Константин Всеволодович，1186—1229），弗拉基米尔的大公，1216—1218年在位。——译者注

的工具。

古代教些什么？如何进行教学？最初的教学科目是斯拉夫语阅读和书写、教会中的唱诗，在高级班中还要学希腊语。教学内容对所有的儿童都是一样的，不论他们出身于贵族还是平民，甚至来自穷人家庭。最初的教师是弗拉基米尔大公带来的希腊人，后来是教士，再后来是俗人，即“知书达理的人”。教育的主要目的是培养谦恭、温顺和宽恕的品质。关于教育方法，迈克尔（Michael）主教于992年简洁明了地描述为：“教者不发怒、不冷酷、不气恼，要培养爱的习惯、进行愉快的训练和温和的讨论。”

应该指出，宗教教育学在古罗斯并非是划一的，其中表现出各种各样的世界观倾向。除了成为莫斯科罗斯的官方意识形态的正统的东正教思想体系以外，还存在不排除世俗文化因素的唯理论的倾向。因此，在基辅罗斯，例如，教会对书本事务的垄断只是相对的，而教育得到了相当普遍的发展，许多作品的出现并非偶然，这些作品在很大程度上依靠了基督教以前时期的道德瑰宝。这些瑰宝例如有：《伊戈尔远征记》、《丹尼尔·扎托契尼克陈情书》①、《莫诺马赫大公的蒙训篇》。

11～12世纪最杰出的教育学文献之一是《莫诺马赫大公的蒙训篇》。在这部著作中反映了古罗斯人的教育理想，这种理想把古斯拉夫人的教育传统与已成为国教的东正教融合在一起。它提出了东正教的教育学原则，这些原则必然是以后若干世纪教育学发展的基础。另一方面，《蒙训篇》还阐明了一些简单的得到宗教赞许的道德规范。这些道德规范就是：爱劳动、诚实、尊重长者、帮助穷苦人、好客等。下面是这部世界教育史上独一无二的文献中的一个片段：“当孤儿的父亲；自己判断寡妇；不让强者伤害弱者。既不伤害无辜的人，也不伤害有错的人。既不骄傲，也不在心中想：我们是微微燃烧的火星，今天我们活着，而明天就在棺材中了。不说谎，不酗

①《伊戈尔远征记》，12世纪末古罗斯文学作品。这是一部抒情叙事作品，证明11～12世纪罗斯已有高度的文化艺术。《丹尼尔·扎托契尼克陈情书》，13世纪流传的古罗斯文学作品。——译者注

酒，不淫乱，它们对于身体和灵魂都是致命的。要像尊重父亲一样尊重老人。要像爱兄弟一样爱年轻人。在知道了所有好的东西之后要记住：什么还不知道，就去学什么。我的父亲在家里说五种语言，外国人因此而夸奖我们。懒惰——恶习之母：要提防它。人应该永远在学习，无论在路上还是在马背上。”

在弗拉基米尔·莫诺马赫①（1113—1125在位）之后，基辅罗斯各个公国的离心倾向加强了。面对来自蒙古鞑靼游牧民族军队的危险，《伊戈尔远征记》的作者号召俄罗斯领土统一起来，但王公们对此号召充耳不闻。分散的公国没有能力抵御力量大大占优势的征服者，他们在13世纪最初的30年入侵罗斯。野蛮的入侵和长达两个多世纪的蒙古鞑靼的统治，使俄国的教育遭受了巨大的损失。不久前还是以基辅罗斯大公为首的统一的国家，分裂为西南和东北两部分。一些教育中心——教堂和修道院，在战火中被焚毁，似乎文明再也不会在俄罗斯的土地上复苏。古罗斯承受了重大的打击，掩护了西欧国家，为西欧国家文化的发展创造了有利条件。

东正教的教育学是怎样的？东正教教育学深深扎根于基辅罗斯，因此，它不仅能经受罗斯分裂这样的悲剧性的后果和蒙古鞑靼的如此长期的统治，而且在克服对统治者的恐惧、集中力量与国家政权斗争方面发挥了重要作用。

莫斯科公国在那时成为了俄罗斯土地的统一者。俄罗斯国家组织的恢复是与确立宗教道德协调一致地进行的。过去在修道院、在教堂、在“蒙师”那里运用的教育形式渐渐地恢复了。修道院是进行宗教教育的学校。在修道院中培养人从事高级教阶的活动。修道院教育要求抄写书本，学习圣像画术，建立教会的赞美歌的旋律学。

15世纪私立学校在东北罗斯广为流行。大量小型学校的存在使每个“想学习”的人都有可能掌握初等文化知识。通过自学可获得较高程度的文化，自学取决于每个人的求知欲，还取决于是否具有

① 弗拉基米尔·莫诺马赫（Владимир Мономах，1053—1125），1113年起任基辅大公。曾致力于防止封建主的内讧。制定了法规，限制高利贷者的胡作非为。在《蒙训篇》中嘱咐儿子们维护罗斯的统一。——译者注

书本、意志力和能力。但远非到处都能卓有成效地进行学习。从诺夫戈罗德大主教根纳季（Геннадий）致总主教西蒙（Симон）的信函中得知，诺夫戈罗德地区的识字程度是很低的。大主教请求总主教要求沙皇伊凡（Иван）三世①下诏学校培养神职人员。

16世纪中期，根据沙皇伊凡四世②瓦西利耶维奇的指示先后于1547年、1549年和1551年召开了会议，目的是“改善教会的规矩、国家的管理和领土上的任何结构”。教育领域是组织管理得不好的领域之一。在斯托格拉维（Стоглавый）会议的决议中提到了文化教学搞得差，其后果就是损坏了圣经，使风气变坏。会议决议辟专章（“会议对改善各城市学校问题的回答”）阐述对这一问题的解决方案。

根据总主教马卡里（Макарий）的建议，伊凡四世瓦西里耶维奇决定设置印刷所。伊凡·费奥多罗夫（Иван Федоров）在莫斯科开始了其对俄国教育具有巨大意义的活动。他不仅是罗斯第一位印刷工人，而且是杰出的人道主义教育家，他的人生目的是“在世界上播种并给予所有的人以精神食粮。”1574年“为了让儿童迅速学习”，他印刷了《识字课本》。这是按照字母组合方法编写的，它成为以后的出版物的样板。

当时的一部著名文献《治家格言》，以东正教精神富有表现力地说明了16世纪俄国教育的方向，这是一本不只一代俄国儿童必备的书本。在伊凡四世时期出现《治家格言》这样的书是理所当然的。家庭应该是国家的基层组织。在家中丈夫要求家人对他绝对服从，同样的道理，在国家中同样也要求臣民绝对服从沙皇的意志。《治家格言》最有名的一个版本，是由后来的沙皇伊凡四世的老师西尔韦

① 伊凡三世（大帝）（1440—1505），莫斯科大公国大公，俄国斯国家赫赫有名的缔造者。在巩固和发展先人的业绩以及加强君权方面，在奠定中央集权的基础方面，他的贡献是任何一个莫斯科大公国的君主都不可相比的。——译者注

② 伊凡四世（雷帝）（Иван Васильевич，1530—1584），俄国第一个沙皇（1547年起）。他努力使俄国跻身欧洲强国之林，努力遏制鞑靼人和土耳其人侵犯俄国领土，鼓励文化事业的发展，特别重视印刷术。他的对内政策是大规模地镇压和奴役农民。——译者注

斯特尔（Сильвестр）神甫校定的，这决非偶然。

从基辅罗斯的繁荣到《治家格言》的出现，虽然经过了五个世纪的时间跨度，但东正教教育学的人道思想依然故我。《治家格言》无论从内容还是从形式都让人想起《蒙训篇》。

鞑靼蒙古对俄罗斯的压制所造成的后果之一就是罗斯分裂成西南和东北两部分，这就使它们的历史命运有了差异。西南部面临天主教扩张的威胁，而教育就是其进行扩张的一种武器。为了抵制耶稣会教徒，奥斯特罗日斯基（Острожский）大公于1580年开办了一所印刷学校，出版东正教的书籍。但能更有效地抵制天主教的是15世纪出现的各个阶层的兄弟会组织，这些组织追求的是基督教的生活方式。兄弟会支持东正教，并在里沃夫（Львов）、布列斯特（Брест）、莫吉廖夫（Могилев）等地先后于1587年、1588年、1592年、1596年建立了自己的学校。基辅总主教彼得·莫吉拉[1]于1631年创办了基辅莫吉拉神学院（后来称作基辅学院）。该学校与欧洲的教育机构相似，提供给学生的课程有语文学、数学、逻辑学、博物学、形而上学。在教学方法中占有重要地位的是学术辩论。

兄弟会学校和基辅学院为俄罗斯教育的发展创造了十分有利的条件。沙皇阿列克谢·米哈伊洛维奇（Алесей Михайлович，1645—1676年在位）把基辅学者邀请到莫斯科。同时，宫廷侍臣勒季谢夫（Ф. М. Ртищев）召集了一批有学问的人翻译宗教书籍。这项工作的带头人是叶皮凡尼·斯拉维涅茨基（Епифаний Славинецкий），他是当时最有学问的人之一。他从基辅莫吉拉神学院毕业后去国外继续自己的学业，回国后当了神职人员。牧首[2]尼康（Никон）任命他为宗教书籍的主要的“校勘者”，他为校勘这些书整整工作了26年。他把这些书翻译成俄文并编纂成世俗的医学、政治学、教育学专集。他还编撰了一些词典，如《语文词典》、《希腊—斯拉夫—拉丁语词

---

① 彼得·莫吉拉（Петер Могила，1596—1647），乌克兰文化活动家、宗教作家。1632年起任基辅兼加里西亚主教。1632年创办了基辅莫吉拉神学院，对作家、艺术家、出版业予以赞助。——译者注

② 牧首，东正教中最高级别的神职人员。——译者注

典》。一部教育学文集《得到公认的儿童的习俗》的广泛传播是与他的名字联系在一起的。他在自己的布道演说中号召沙皇“为各地的小孩建立学校”。

不久后，教育学者西梅翁·波洛茨基（Симеон Полоцкий）来到了莫斯科。他在这里创办了斯帕斯修道院学校，然后成为沙皇阿列克谢·米哈伊洛维奇子女的家庭教师。在自己的布道演说和文集（1677 年的《问答小册子》、1681 年的《心灵午餐》、1683 年的《心灵午夜》）中，证明了科学不但不怀疑上帝的存在，反而捍卫上帝不受邪说和无知的侵扰，从而肯定了上帝的存在。他号召家长关心自己子女的教育。

历史保留了大量有关 17 世纪下半叶的学校的报道。那一时期出现了许多新学校，其中有设在神迹修道院① 内的希腊—拉丁语学校，设在斯帕斯修道院内的工业知识学校，设在勒季谢夫的语文科学和希腊语学校，等等。1687 年，西梅翁·波洛茨基倡议建立斯拉夫—拉丁语学院，这一倡议圆满地终结了建立学校的过程。斯拉夫—拉丁语学院培养出来的学生为俄国教育以后的发展作出了重大贡献。

大量的教科书、教育文献、百科全书式的参考书等资料，保存至今。这些文献资料说明了，俄国教育是很熟悉所谓的七门自由艺术的。与在西方一样，古希腊罗马世界遗留下来的这些知识被教会所利用。天文学被用来计算宗教节日的日期，辩证法被用做反对异端者的武器，算术被用来进行关于数字的神秘谈话，等等。

在俄国皈依基督教后宗教教育学占据了统治地位。它无视民间教育学，同时它又必须承认在基督教之前就已形成的最有价值的和根深蒂固的传统。宗教教育学只考虑民间教育学中不与自己的利益相抵触的那些因素。古老的俄罗斯编年史、11 世纪的《蒙训篇》、16 世纪的《治家格言》、无数的教会文献，证实了东正教是 11～17 世纪的教育思想和教育机构活动的基本原则。东正教的影响源远流

① 神迹修道院，男修道院，位于莫斯科克里姆林宫内。——译者注

长，影响到各类教育：教会教育和私人教育。到17世纪末，以宗教观点看来已形成了一个完整的教育体系。这一教育体系中包括以下一些杰出人物的思想，例如：斯拉夫启蒙主义者、不接受圣职的修士基里尔（Kirill，827—869）、美多迪（Methody，815—885），大主教教区的伊勒里翁（Illarion）和谢尔盖·雷多内兹基（Sergy Radonezsky，1321—1391）。

他们的宗教思想的核心是创造了人的灵魂。认知活动的目标是掌握关于造物主的真理、上帝和拯救灵魂的知识。关于周围世界的知识，只有在与教义相联系时才具有价值。东正教教育学认为，吸收知识能保证人类的美德得到发展，这些美德包括：关于世界的宗教观念，对自己邻居的爱，虔诚、博爱，对上帝的责任感。

东正教教育学面向所有阶层的人，既面向富人，也面向穷人。它的手段有布道、祈祷、斋戒、忏悔。到17世纪末，从宗教的观点看，俄国已形成了完整的教育体系。这一教育体系的特点是信仰重于知识、精神生活重于物质生活。在东斯拉夫基督教时期（10～17世纪）学校建在修道院、神学院中。学校的目标是建立东正教精神的生活模式。在教堂建立了阅读和书写学校。同时还存在由“阅读和书写大师”主办的私立学校。在上述两种类型的学校中的第一阶段的课程，对所有阶层的人都是一样的。儿童从6岁或7岁开始就学习阅读宗教课文和书写。教育程度取决于学生的奋发程度，引导学生进行自学。

后来课程有了变化，到17世纪末宗教学校体系由四个阶段组成，分别面向所有各个阶层。这些阶段是：高等专科学校、中等学校、培养神职人员的学校和在人民中间传播宗教信仰的学校。大部分中等学校教授神学、哲学和文学等学科。除此之外，学生还要学习教会史、历史、数学、希腊语、拉丁语、现代语言和地理。各阶层的儿童都可以在中等学校学习。中等学校要教地理、神学和实验物理学。随着学科数量的增加，一些特殊学科（如历史、语言）设辅导教师。

在俄国的西南部建立了兄弟会学校。班级授课制起源于那里。

用团体的钱供所有阶层的儿童上学。家长送自己的孩子去学校时，与学校就学习地点和学校授予学生哪些知识等问题达成协议。通常要学习斯拉夫语、希腊和拉丁语法、修辞学、辩证法（三学科①）以及算术、几何学、天文学和音乐（四高级学科②）。1615 年，基辅兄弟会学校改为高等专科学校。③这是俄国第一所高等学校。学习年限长达 10～12 年。在所有各种类型的学校中都要教西方语言。学校接纳所有阶层的儿童。1687 年建立了与基辅兄弟会高级学校相似的莫斯科斯拉夫—希腊—拉丁语学校。这些学校是与天主教相对立的。

（三）国家教育学（18～19 世纪上半叶）

新世纪伊始，随着社会经济的发展，俄国的文化也出现了新的趋势。教会教育及其封建制度的地位遭到了削弱，取代它的是世俗的国家教育。教会生活的需求在相当大的程度上限制了东正教教育的范围。约自 17 世纪中期以来，尤其在 18 世纪，国家教育学开始在俄国教育中占据统治地位，但这并不意味着东正教教育学退出教育领域。它继续存在至 1917 年，不断地得到沙皇政府的支持。但是起始于 18 世纪的对俄国社会经济的发展的需求，引起了对世俗教育的需求，从而也引起了对形成世俗教育学的需要。

有两个情况以前被历史学家和文化学家所忽视。第一，教会教育就其精神而言是东正教的、俄罗斯的（这里的“俄罗斯”一词不仅仅具有民族的意义）。“俄罗斯”这一概念不意味着民族的纯洁性、民族的排他性。它与其他与俄罗斯人有着同样的生活目标和生活意义的民族的人民是密不可分的。第二，应该注意到，由于宗教界中的有远见卓识的、对科学和哲学深有研究的代表人物的努力，宗教学校中的教育（至少从 17 世纪下半叶起）不仅具有宗教性质，而且包含了科学知识。世俗学校中的世俗教育的捍卫者，都是一些学识

① 指中世纪学校的三学科：语法、逻辑、修辞。——译者注

② 指中世纪学校的四高级学科：算术、几何、天文、音乐。——译者注

③ 苏联康斯坦丁诺夫主编的《苏联教育史》称，基辅兄弟会学校开办于 1615 年，1632 年改为俄国第一所高等学校——基辅兄弟会高级学校。——译者注

渊博的、对当时的世俗科学了如指掌的人。他们鼓励人们去追求科学知识，鼓励人们努力加强自己的认知能力。

宗教教育的结构就其本身而言是合理的。宗教学校分为四个等级，每一个等级都应为一定的阶层服务并有自己的名称：高等专科学校、中等学校、县立学校和堂区学校，其目的是要在民间传播宗教信仰。

中等教育的学科有神学、哲学、语文科学①，还有教会史、公民史、数学、希腊语和拉丁语、现代语言、地理。数学教学贯穿整个中等教育期间并与数理地理学、理论物理学和经验物理学的教学相结合。对上述学科中的历史、语言、数学科学等学科，指定了专职教师。

经济方面的因素支持了世俗教育学。社会的和国家的发展决定了越来越需要某些职业方面的人才，这些职业有：农艺师、工程师、医师、法学家、教师。人们强烈地感觉到了对培养国家官员、军事和航海专家的迫切需要。世俗教育成为了国家的事业，这极大地有利于世俗教育的顺利实施。国家开始发展教育事业的意图在彼得大帝一世②在位期间表现得尤为鲜明，他力图使科学和学校为军队、船队、工业、商业、国家管理等现实需要服务。在他的一系列命令中有不少是针对教育的。从沙皇的命令中可以看出，发展教育的许多措施往往带有强制性。例如，1714 年 1 月 20 日给枢密院的命令中写道："往所有各省派遣若干名来自数学学校的人，让他们教贵族子弟……官吏学习数学和几何学，对尚未完成学习就结婚的人课以罚款。"1714 年 2 月 28 日的命令："沙皇命令，所有各省中，贵族、官员、教堂中的下级职员和书吏的凡年龄在 10～15 岁的孩子，都必须教他们学习数学和一部分几何学，为此给每省的主教和有名的修道院派遣若干名来自数学学校的学生，在主教的家中和

① 这里的语文科学包括语言学、修辞学、文艺学等有关语言和文艺的科学。——译者注

② 彼得大帝一世（1672—1725），俄国皇帝（1682—1725 年在位，1721 年前称为沙皇），俄国伟大的政治家、组织家和改革家。——译者注

修道院中为他们安排学校，在他们施教期间从省的收入中支付他们每天 3 戈比[1]伙食费。”

强迫教学不可能指望受教者会努力学习。但这一缺点被具有纪律性质的措施所弥补。彼得大帝一世给航海学校的指示的附语很清楚地说明了这一点。附语写道：“为了制止吵闹和胡作非为，从近卫军中选拔退伍军人，他们手持鞭子站在教室里，哪个学生不安分就揍那个学生，不管他姓什么。”

国家并不否定教会的重要性，但是要求教育服从国家的目标。它不考虑人的灵魂和人自身，但它关心对专业人才，即高级职员、高级船员、海员、炮兵的培养。国家通过创办国立学校以及使各种形式的私立教育和家庭教育服从国家自身的利益，努力扩大自己的影响范围。国家教育制度的功利基础是与等级原则相结合的。教育内容依据俄罗斯帝国中的每个等级的地位和作用而有所不同。在这种教育制度下的教育机构，不会引导自己的学生脱离他们出生时就从属的那个等级。受到限制的君主政治欢迎教育的发展，通过建立公立学校、私立学校、国立中学、寄宿学校、中等学校和城市学校来刺激教育的发展，这种状况一直持续到发现了这样一个事实，即教育及其教育的发展具有追求自由和与国家分离的倾向。与此相联系，国家官员开始怀疑各种类型的教育机构，他们加强了对学校的控制。但是自 19 世纪中期以来的民主改革使这种控制变得没有什么价值。这一时期的标志是教育的世俗化、教育与教会分离以及开办世俗学校。

实科教育在俄国的出现早于西欧其他国家。俄国第一所世俗学校创办于 1701 年。这是一所数学和航海学校。它不仅是欧洲第一所，也是欧洲最大的实科教育学校。其课程包括数学、算术、代数学、几何学、天文学、地理学、大地测量学和航海术。后来课程中还增加了炮学、采矿学、实业、外科学、外语。在最初的 14 年中这所学校培养了 1 200 名航海专门人才。那一时期开办了各种类型的学校，但是它们具有一个共同的特征，那就是普通教育与职业教育相

① 戈比，俄国的货币单位。——译者注

结合。

1725年俄国建立了科学院，1755年开办了莫斯科大学。19世纪初，即1804年，组建了教育部，可以把此举看做俄国国立公共教育的起源之一。这一国立公共教育体系是由以下各种类型的学校构成的：小学、高级小学、文科中学和大学。这些类型的学校之间存在着有机的联系，相互之间有着承继关系。课程范围扩大了，从小型的堂区学校中的宗教知识、道德、阅读、书写、算术，到城市学校的俄语、各种本族语语法、俄国地理、历史、算术、几何学、物理学、自然科学、制图和技术基本原理。男孩年满11岁就可以进文科中学，学习年限为7年。那里的教学科目有拉丁语、德语、法语、地理、历史、统计学、哲学基础、艺术和文学。

早在妄自尊大的叶卡捷琳娜[1]时代，别茨科伊（И. И. Бецкой，1704—1795）就开始酝酿培养"新人"的教育计划，形成了以科学为基础的教育理论，成为新时期的俄罗斯教育学。俄国第一位院士罗蒙诺索夫[2]体现了这一教育思想。学者和教育家的品质在他的身上得到最完美的结合。他在物理学、语文学、历史学方面的研究，丰富了科学，能直接应用于学校实践。他把俄语引入文科中学的必学教学科目中，用来取代拉丁语和德语。他最早把化学、天文学研究、哲学教学引进高年级，与物理学和博物学联系起来。在罗蒙诺索夫的计划中，他打算用普及的方式使学校教育成为在"俄国所有大大小小的城市"中的文科中学和人民学校组织。罗蒙诺索夫在自己的科学和实践活动中，论证了人文主义教育思想以及爱国主义的、人民的和民主的教育原则，这些思想决定了19世纪教育的发展。

必须指出罗蒙诺索夫对俄国宗教界的批评态度。他认为教士们的主要工作是教孩子们识字，不让孩子们流落街头。他痛心地指出，

---

① 叶卡捷琳娜二世（Екатерина，1729—1796），俄国女皇(1762年起)。她规定了贵族各阶层的特权，在位时大大巩固了俄罗斯专制国家，从而引发了普加乔夫领导的农民战争(1773～1775)。她限制自由思想，积极参与反对法国革命的斗争。——译者注

② 罗蒙诺索夫（М. В. Ломоносов，1711—1765），俄国文学和科学界巨擘。——译者注

我们的“教士们是一流的酒鬼，他们从一家酒馆吃到另一家酒馆，有时还彼此打得头破血流”，他们中的许多人“只稍稍识一点字，只会农夫或养牛人所会的那一点东西”。

罗蒙诺索夫不依靠宗教去发展俄罗斯人的精神。由于他的活动，俄国的世俗教育在许多方面对俄罗斯人的精神生活产生了有益的影响。

自18世纪中期以来俄国开办了一些旨在培养年轻贵族为军队服务的封闭型的军事学校，例如，陆军贵胄士官学校。这是一所为贵族办的学校。学校设在沙皇的皇宫中。它受到国家机关和政府的青睐，因此学校的设备很好。教学计划中有许多学科，其中大部分学科不是必学的，供学生根据个人的愿望选修。这所学校培养出了许多活动家，他们后来成为俄罗斯的骄傲。其中有鲁缅采夫、苏沃洛夫、库图佐夫。①海军贵胄士官学校、彼得堡炮兵学校和工程学校的教育活动贯彻类似的原则。

在俄国教育史上，这一时期世俗因素在国家的庇护下占统治地位，这一时期有两件事值得注意。这两件事就是：彼得一世在彼得堡建立了科学院（1724年），根据罗蒙诺索夫的方案建立了由三个系（哲学系、法律系和医学系）组成的莫斯科大学（1755年）；莫斯科大学不设神学系，因此突出了其世俗性。根据其创始者的设想，科学院不仅应是科学研究的中心，教学也应是其重要的活动。

在国家的庇护下，世俗教育的发展所取得的成就是毋庸置疑的。18世纪无愧为“启蒙的世纪”。到19世纪中期俄国已有了八所大学。这一时期的教育史充满了能说明俄国现实的事件。不愿意让自己的子女与“我们不知道来自哪里的”孩子一起受教育的贵族，谋求为自己的孩子找到国立学校体系之外的学校，接受私立教育机构的服务，把自己的孩子送到不同类型的寄宿学校中，寄宿学校的校长几

① 鲁缅采夫（П. А. Румянцев，1725—1796），俄国军官、伯爵，1775年晋升为陆军元帅。苏沃洛夫（А. В. Суворов，1729—1800），俄国著名军事统帅，1800年晋升为大元帅。库图佐夫（М. И. Кутузов，1745—1813），俄国陆军司令官，曾击败拿破仑对俄国的入侵（1812）。——译者注

乎都是外国人，主要是法国人。这些寄宿学校的目的都是纯商业性的，教育费用是很高的。这些学校作出了很多承诺："教社会上所有健全的学生"，"把俄国男孩变成真正的法国人"。但是男孩子们在这类寄宿学校中获得的最好的东西是粗俗的法语知识、跳舞、"风度"和法兰西文化。除了那些培养贵族子女的寄宿学校外，俄国的任何教育机构中都鄙视科学，对有关自己祖国的知识和道德教育嗤之以鼻。这种寄宿学校既不授予普通教育知识，也不授予职业知识。即使与普通的文科中学相比较，在所有方面寄宿学校教育都是一种最差的教育形式。

与西欧国家在经济和文化方面的接触的发展，以及国家对教育的控制，对俄国所起的作用不仅仅是积极的。所谓的"朝向欧洲的窗口"并不总能恰如其分地反映当时的历史现实。在彼得大帝统治时期，川流不息地来到俄国的外国人，并非全是最优秀的和没有私心的，他们的教育思想并非都能产生好的效果，他们的文学、音乐和美术作品与俄罗斯人民的生活习惯和方式形成鲜明的对比。还有一个原因是，在统治阶级中间关于与西方在教育和文化领域内的合作没有达成共识。俄国的教育感受到了西方的持续不断的影响。贵族的法国热被英国热所替代。这是耶稣会教育学的影响让人吃惊的时代。德国教育学长期以来自诩为俄国学校的保护者。尽管存在着这些影响，到 19 世纪中期形成俄国民族教育的趋势仍得到了强化。这一时期末和 19 世纪初，正是俄国阶级教育学繁荣的时期，皮罗戈夫、乌申斯基、托尔斯泰、拉基谢夫①的著作表达了这种教育思想。

考察宗教教育学取得统治地位后的两个世纪的教育的发展，我们发现，官方教育学力图使自己从形式到内容全都服从国家的利益。在"启蒙的世纪"，出现不少进行普遍教育的方案。但一旦进入对方案进行严肃讨论阶段，这些方案就遭到统治阶层代表的否决。在叶

① 皮罗戈夫（Н. И. Пирогов，1810—1881），俄国外科医生、社会活动家、教育家。乌申斯基（Константин Дмитриевич Ушинский，1824—1871），俄国杰出教育家。托尔斯泰（Лев Толстой，1828—1910），俄国作家、改革家，世界上最伟大的小说家之一。拉基谢夫（А. Н. Радищев，1749—1802），俄国教育家。——译者注

卡捷琳娜的编制新法典的委员会中有一位农民出身的代表说，国家应该关心农民孩子的教育，这番话让贵族代表轩然大怒。他们中的一人说："如果农民也去读书，那么，谁去为地主工作？只应为农民做一件事：要求地主督促农民去教堂。"叶卡捷琳娜女皇二世本人对一位近臣说："不应让平民受教育；如果他们知道的东西与你我一样多，他们就不会像现在那样服从我们。"贵族国家把教育作为口号，关心的是贵族阶层的教育，必要时还关心有产阶层（商人、工厂主、国家公职人员）的教育。

到18世纪末，俄国有大概550所学校，学生有6万多人。

19世纪初建立了国民教育部。到19世纪中期，全国有8所大学，至少4所高等法政学校，高等法政学校的知识含量与大学相当。但俄罗斯帝国人数最多的阶层——农民，仍与以前一样远离教育。到19世纪中期，以特权阶层和有产阶层为一方，以广大的人民为另一方，二者之间在教育方面已形成了巨大的差距。在国家主宰教育、严格贯彻等级性原则的条件下，教育过程的主体——学生被置于无足轻重的地位。学生被当做一种材料，用这种材料可制成各种专业人员：工程师、海员、冶金工作者、官员等。国家根本不关心发展学生的职业能力之外的其他任何能力。

总之，自17世纪中期，尤其是18世纪初以来，东正教教育学已失去了自己以往的意义。实际上只有教士们关心它，因为教士需要培养神职人员和对人民进行宗教教育。俄国教育占优势的思想是国家性。这并不意味着让教会教育自生自灭，教会教育完全进入整个俄罗斯国家教育体系中。国家非但不否认教会教育的意义，而且越来越强调教育的实用目的，关心国家建设所需要的各行各业专家的培养问题。国家不仅通过建立国立学校来努力扩大自己的影响范围，而且还通过加强国家对教会教育、各种形式的私立教育乃至家庭教育的控制，来扩大自己的影响范围。

（四）公共教育学（19世纪中期至1917年）

农奴制的最终崩溃标志着俄国教育发展的一个新时期的来临。19世纪中期俄国的社会经济和文化发展把公共教育学推上了历史舞台。公共教育学的代表人物并不否定宗教对年轻一代的教育所具有的意义，但他们指出一个事实，即宗法道德经不起与城镇和文明的碰撞。他们预见到了公民道德的伸张，认为在公民道德的基础上个人利益与公共利益才能相一致。公共教育学的领袖人物承认国家原则的重要性，承认职业技能的必要性，还认为只有在普通教育的基础上才能获得经验：人文教育先于职业教育。

公共教育学的最大特点是：把人及其自由发展的愿望置于教育的中心，认为必须不仅为了外部的目的而教育人，而且为了让人的所有能力得到和谐发展而教育人。这样的教育是成功地达到各种各样的目的的保证，同时也是实现物质目的的基础。作为“政治家”，他们希望俄国成为一个富裕、繁荣的国家。但是他们探索通过其他途径解决这一问题。他们与把人看做环境的消极产物的唯物主义哲学家不同。乌申斯基说：“人自身而不是其他任何东西才是其财富的真正源泉。发展人的智力，充实他关于周围世界的知识，他将把沼泽、沙漠和荒山变成财富的源泉。只要人还处于浑浑噩噩之中，资源最富的国家却是贫穷的，而人民过着穷苦的生活，国家的财政处于困境，不管采取什么样的信贷周转，只要没有真正的财富，它们无异于徒劳地把纸片从一只空口袋中转放到另一只空口袋中。”

提倡普及的、公共的、科学的教育，倡导教育的民主化，教育面向所有儿童的可行性和强制性，所有这一切都来自上述这种观点。所有这些要求是与教育范围的扩大、各种类型学校的迅速增长、学生人数的增加相吻合的，这些变化在 19 世纪下半叶是很典型的。例如，1856 年，有 8 227 所小学，小学生 45 万人。那一年，在 78 所文科中学中有 19 500 名学生。到 1896 年，小学增加到 87 080 所，小学生人数达 400 万名左右。包括文科中学和实科中学在内的中学数量达到 281 所，有学生 78 700 名。至于 19 世纪末的中等和高等教育，在所有各种类型的中学和大学中学习的人数达 150 万。那一时期，教育学取得了独立的科学分支的地位，具有自己的研究对象。在研究用科学方法解决教育问题的过程中教育理论形成了一定的观念。其中有这样一些观念：普通教育的内容要与最新的科学成就相一致；为了俄罗斯帝国（一个拥有一百多个民族的国家）的科学教育和道德教育。

始于19世纪下半叶的经济发展导致居民社会结构的变化。工人的数量迅速增加。在农村中农民分化为富农和贫农，从前的地主阶级也分化成大地产主和破产了的没落贵族。垄断组织、银行、官僚机构的高级职员充实了大资产阶级的队伍。

工业的发展需要各种职业的工人、技术人员和专家。资本主义组织劳动的经验表明，让人民受到各种类型的教育是劳动集约化的必要条件。

19世纪60年代出现了社会教育运动。参加这场运动的人具有各不相同的世界观，其中有非贵族出身的知识分子、贵族阶层中具有民主思想的代表。把他们团结在一起的是对国内教育状况的不满以及改善学校教育状况的愿望，建立能符合当时的社会经济发展要求的学校和教育制度的愿望，而更主要的是，希望通过在农村建立初等学校尽可能地使所有各阶层的人，其中包括人口众多的农民阶层都能学习。社会教育运动不断发展。到20世纪初，几乎每一位高等学校的教授、文科中学的教师、有教养的家长，都投身于这场运动中。这场运动与俄国出现的各种政党紧密地结合在一起。在各个政党的绝大部分纲领性目标中都对国民教育提出了要求。

公共教育学的建立是与皮罗戈夫、乌申斯基、托尔斯泰、卡普捷列夫①等杰出的教育家、学者、文化活动家的创作紧密地联系在一起。皮罗戈夫提出了精神道德教育的概念，儿童、少年、青年及其能力的发展是这一概念的核心。皮罗戈夫认为，在儿童的心灵中隐藏着颇费猜测的人的形成的奥秘。“如果所有的家长和教育者能进入这个人类心灵的处女地，进入这个神圣的殿堂，该多好啊！还有多少新的、未知的东西需要知道啊！要更新自己，要使自己聪明起来。”皮罗戈夫、乌申斯基的理论来自这样的假设：人是在精神和物质上不可分的统一体。人想象不到自然赋予自己多么丰富的发展潜

① 卡普捷列夫（П. Ф. Каптерев，1849—1922），俄国教育家、心理学家。——译者注

力。“人掌握的远非是隐藏在他的精神机体中的全部力量和能力，而仅仅是这一属于他的丰富的财富中的极少的一部分，这一部分恰恰就是被他的意识和意志所征服的，能由他支配的。”教育应该帮助人从学龄期起就能发现自己的能力，这就是乌申斯基的人道主义立场。

19世纪中期的社会教育运动中有一股革命民主主义的潮流。它的代表人物是车尔尼雪夫斯基、杜勃罗留波夫、皮萨列夫。①他们认为，教育的主要目的应该是培养反对当前的社会制度的战士；扩大儿童受教育的可能性，不管他们属于哪个阶层；培养全面发展的个性。

托尔斯泰在教育问题上持人道主义观点，其观点的本质就是自由和人道。对于托尔斯泰来说，教育自由来自认识活动内部规律的认识论原则和道德原则，是与权威主义教育学相对立的，要求谨慎细致地对待每个儿童——学生的个性。托尔斯泰关于教育自由的思想，要求给予人民为自己的孩子创办学校并决定学校教学教育活动内容的机会。这位伟大作家的教育思想，是在批判地和创造性地研究了世界文化遗产、欧洲国家的教育实践以及自己的经验的基础上形成的。19世纪60年代他在自己的庄园里为农民的孩子开办了一所学校，出版了一份教育杂志《光明地带》②。

卡普捷列夫提出了另一个新颖的教育理论。他把新的教育概念——“教育过程”、“教学过程”引进到俄国的教育理论中，并以普通心理学和儿童心理学的观点去阐明这些概念，揭示教育过程中的规律性的联系，在此基础上实现儿童的自我发展。这些有科学依据的观点的人道主义意义在于，教师不能把学生仅仅看做施加影响的对象，还应把学生看做教育的主体。

然而，教育条件并不仅仅取决于几位学者和有文化的人的努力。

① 车尔尼雪夫斯基（Н. Г. Чернышевский，1828—1889），俄国革命民主主义者，激进派新闻记者、政治家。其在狱中撰写的著名小说《怎么办》对俄国青年一代影响很大。杜勃罗留波夫（Н. А. Добролюбов，1836—1861），俄国革命民主主义者，激进的功利主义批评家。皮萨列夫（Д. И. Писарев，1840—1868），俄国政论家和文艺评论家，唯物主义哲学家和空想社会主义者，革命民主主义者。——译者注

② 过去音译为《亚斯纳亚·波良纳》。——译者注

对两个世纪之交时期的俄国教育发展起重要作用的是科学及其最新研究成果，学校中学习这些科学的基本原理。在这一时期非常活跃的有门捷列夫、波波夫、茹科夫斯基、齐奥尔科夫斯基、巴甫洛夫、韦尔纳茨基、列别杰夫①和其他学者。他们用自己的著作和发现为科学增光。他们对学校教育问题兴趣盎然，认为学校能形成强大的力量，学校教育制度尤其是中等教育制度的原则能使这种力量对人民的日常生活和命运起决定性的作用。

不可能脱离整个历史来研究俄国的教育史。俄国的教育思想是作为一种独立的、符合历史发展各阶段民族需要的思想而形成的，它任何时候都不拒绝其他民族的文化。

根据历史学家卡尔马津（Н. М. Карамазин）的考证，俄国沙皇促进了俄国教育的发展。俄国始终对世界各国为成长中的一代所做的事情感兴趣，这种兴趣已沿袭成传统。20世纪初出版了三百多种科学和方法论方面的期刊，它们卓有成效地传播了世界各国的教育研究成果。

19世纪末20世纪初，在一些科学家和教育家的倡导下对学校活动的所有方面，对教育内容和结构、教学方法和形式进行了重大的改革，其原因是科学知识的发展。当时，构成普通教育课程基础的自然科学、数学、物理学、力学和化学的经典部分，结合新的发现，得到了更深刻的、更清晰的阐释，必然要求教育者重新思考科学的经典分支并改革课程。

同时，教育学作为相对独立的科学学科得到了迅速发展。人成

---

① 门捷列夫（Д. И. Менделеев，1834—1907），俄国化学家，创造了元素周期分类法。波波夫（А. С. Попов，1859—1906），俄国物理学家和电气工程师，电磁波研究的先驱者之一。茹科夫斯基（Н. Е. Жуковский，1847—1921），俄国科学家，现代空气动力学创始人。齐奥尔科夫斯基（К. Э. Циолковский，1857—1935），苏联航空和火箭动力学和飞船理论方面的学者和发明家，现代宇航学的奠基者。巴甫洛夫（И. П. Павлов，1849—1936），俄国生理学家，提出了条件反射的概念，1904年诺贝尔生理学医学奖获得者。韦尔纳茨基（В. И. Вернадский，1863—1945），苏联科学家，地球化学和放射地质学奠基人，学派创始人。列别杰夫（П. Н. Лебедев，1866—1912），俄国物理学家，用实验证实光对物体的微小压力。

为了教育家关注的中心：把人作为教育的对象进行研究，研究处于所有各个年龄阶段和条件下的人，目的是开发其能力，使其所有各个方面得到和谐的发展。教育学把分散在当时所有其他科学和艺术中有关人的知识整合在一起。

学校改革是当时俄国教育史上的一个重要阶段。小学的目的是在人民中传播宗教教育和传授初级实用知识。当时存在两种类型的文科中学：古典的和实科的。它们招收 7 岁儿童。在古典文科中学中教授希腊语和拉丁语。在实科文科中学中教授现代语言，现代语言的分量大于古典语言。文科中学的教学科目还有：数学、自然科学、物理学、宇宙学。实科文科中学的课程与古典文科中学的不一样，它能迎合时代的需要。但是，只有古典文科中学的毕业生才有权进入大学。

实验教学论出现并得到了迅速发展。教育家和心理学家精心研究了一些符合自然科学要求的教学方法和教学过程。教育家开始利用一些科学工具，例如，对学习者的认识、记忆、注意活动过程进行定量测量的方法。对从小学到大学以及专业和职业教育的各种类型学校发展的科学的和方法论的基础问题所展开的研究，与社会教育运动相协调。这些问题可以不由国家来解决。19 世纪下半叶尤其是 20 世纪初，是教学方法迅速发展的时期。在教育学和心理学所取得的成就的基础上为普通教育学校和职业教育学校的各门学科编制了教科书和教学参考书。

教育主要由国家管理，即由国家最高权力机构——沙皇的办公机构（枢密院、部长会议）实施管理。执行机构是国民教育部。

俄国教育经历了漫长的发展历程。在第一次世界大战前，在包括高等学校和职业学校在内的俄国的所有教育机构中的就学者只有 1 058.8万人，在各种类型的普通教育学校中的学生有 965.6 万人。绝大部分小学生（约 94%的小学生）在所谓的国民学校中学习。国民学校的名称是与小学、与狭窄的知识含量联系在一起的。与此同时，在俄国的某些地区提出了进行普遍的初等教育的可能性的问题。当然，经济和工业发展造成了俄国不同地区和社会不同群体和阶层在文化水平上的差异。工业地区的文化水平高于农村地区。约 67%

的工人是文盲。边远少数民族地区的学校网是形形色色的。相对而言，俄国西部边区的居民得到了较好的学校保障。在西伯利亚和远东这样的经济落后地区的居民几乎全部是文盲。在极北地区的一些民族没有文字，直到1917年后他们才有自己的文字。社会教育运动的领袖和大部分政党在其纲领性宣言中提出普遍的、非等级性的、免费的科学教育的要求，要求这种教育对所有的人都是民主的、人道的、强迫的，也向俄国政府、社会团体提出了这样的要求。激进的政党把推翻专制制度和沙皇政府作为自己的目标。

1917年十月革命前夕，教育的发展处于十分复杂和矛盾的过程中，从中可以看到俄国千年历史进程中所出现的所有趋势，其中的每一种在一定的条件下都起着主导作用。

存在于古代的口头传说和译本中的民间教育学，对20世纪的教育不可能具有决定性的意义，虽然在对劳动大众的教育中其作用远非完全丧失。宗法道德及其教育的宗教基础不能与现代文明的冲击相抗衡。取代它的是公民道德及不是从宗教的立场上而是从世俗的立场上阐明的简单的道德规范。官方教育学不能自诩为具有排他的意义，因为这种教育学毫不关心人的个性以及人的全部天赋能力的全面发展。社会教育学不能承担在国家的层次上管理教育的职能。社会与国家之间的矛盾仍然是显而易见的，那时候俄国教育史上一个新的，也是最重要的时期开始了，在那一时期占据统治地位的是苏维埃时期的教育学（1917～1991年）。

二、苏维埃学校的历史和教育学（1917～1991年）

苏维埃学校是十月社会主义革命（1917年）的产物。革命宣布了要在俄国建立社会主义、然后是共产主义社会的思想，提出了为劳动人民争取社会平等和社会公正、消灭剥削和建设和谐社会的口号。在革命取得胜利和建立苏维埃政权的同时，完全摒弃了社会生活所有各个领域内的所有的旧的传统，教育领域也不例外。共产主义意识形态提出了要断然改变人民群众中几千年来历史地形成的意识的任务。十月革命被看做真正的俄罗斯历史的开端。①宣布了阶级的价值观绝对地优越于全人类的和民族的价值观。在世界革命的进程中，国际主义是与民族意识和爱国主义相对立的。新的革命的世界观必须包括富于战斗性的无神论，无神论不仅否定宗教信条，还否定宗教文化的历史以及神职人员在俄国历史发展中所起的社会的和政治的作用。

上述思想具体体现在对年轻一代的教育和教养的主要内容中，其目的是形成积极的个性，培养新的社会主义社会的建设者。苏维埃学校的缔造者期望这样的学校是民主的和人道的。但是，在时代精神的驱使下这一学校制度是非常政治化的，要求对年轻人的培养和教育与共产党领导的国家的政治生活、经济生活和意识形态生活完全结合起来。

苏维埃学校的整个七十多年的历史可以分成若干阶段，每个阶段在对待教育和教学问题的基本态度上具有一致性。这些阶段在处理具体问题和教学过程的目的方面是不同的。每一个时期明显地与国家的整个政治状况相联系并对其作出反应。同时，学校和教育学的发展是由来自其自身特点的内部逻辑决定的。所以，在划分苏维埃学校的历史阶段时要考虑到内部状况和外部状况的影响。

（一）20 世纪 20 年代

苏维埃学校历史的开端始于 1918 年发布经苏维埃政府批准的两个文件。一个文件的标题是《统一劳动学校规程》，另一个文件的标题是《统一劳动学校基本原则》，后者更为人熟知的名称是《统一劳动学校宣言》（以下简称《宣言》）。第二个文件很重要，要予以注意，因为在这个文件中阐明了建设新型的苏维埃学校的纲领。这一文件是由教育人民委员卢那察尔斯基②签发的。毫无疑问，《宣言》是集体创造的成果，在这一集体中卢那察尔斯基最亲密的助手有：

① 1922 年宣布成立苏维埃社会主义共和国联盟（СССР）。最早在平等权利的基础上自愿加入这一联盟的有俄罗斯联邦、乌克兰、白俄罗斯，以及外高加索共和国（阿塞拜疆、亚美尼亚和格鲁吉亚）。后来，在 1925 年，一些中亚共和国自愿加入苏联。1940 年夏季，波罗的海共和国和摩尔达维亚加入苏联。

② 卢那察尔斯基（А. В. Луначарский，1875—1933），俄国作家、文艺评论家、政治家。俄国十月革命胜利后任教育人民委员。——译者注

克鲁普斯卡雅（列宁的夫人和战友）和有名的历史学家波克罗夫斯基。①《宣言》是在革命后的俄国的第一个学年开始前公布的，它希望“立即勾画我们将来应有的那种学校的概貌，在复兴的俄罗斯我们只承认那种学校是正规的”。

首先，宣布创建人人都可以就读的统一的小学和中学。同时强调了教育机构的多样性。这种学校必须成为真正的劳动学校，采用积极的教学方法，引导学生直接接触各种各样的工农业劳动的知识。劳动思想必须与真正的工业劳动相结合，因此，也就是与国家的经济生活相结合。

安排了许多不同的教学方式。这些教学方式要求融合第一阶段上的所有的教学科目，使之成为儿童百科全书。而在最高阶段要求系统地学习所有的教学科目，并在各门学科之间建立密切的联系。此外，很重要的是增加美育和体育，培养集体主义精神和相互帮助的风气，使学校生活全面民主化，男女孩子在一起受教育，在相互尊重的基础上建立友好的师生关系。该文件的主要思想，也就是我们可以据此解读《宣言》的“关键”词是：“社会主义文化的最高价值是人，但是，这个人只有在和谐的社会中才能展示自己的品质。”

《宣言》所描绘的这幅图是相当光明灿烂的。这里有崇高的理想和对革命的俄国的年轻公民的敬重。教师希望为年轻人创办这样的学校，这种学校是文明世界中的一流的学校。但是，如何才能在这个经历了革命和国内战争磨难的千疮百孔的国家中建设这样的学校呢？首先，学校中教师严重短缺。1920 年，750 万名小学生所拥有的教师不到 20 万人。许多教师不具备必要的资格。农村中的情况尤其糟糕。更何况，缺乏必要的资产去解决提出的问题，对如何解决这些问题也没有明确的设想。

制定新的教学计划的最初尝试可以追溯到 1919～1921 年。但

① 克鲁普斯卡雅（Н. К. Крупская，1869—1939），俄国革命家，曾在布尔什维克党内起过核心作用，也是苏联教育当局的主要官员。波克罗夫斯基（М. Н. Покровский，1868—1932），苏联历史学家，苏联科学院院士。其思想曾被斯大林指责为反马克思主义的伪科学。1961 年苏共二十大为他恢复了名誉。——译者注

是，这些计划是相当传统的。对教学过程内容的彻底改革发生在1923年，当时把综合教学大纲引进了学校。大纲中没有什么特别新鲜的东西。从卢梭开始，很早以前就有许多教师提出了综合地构建教育内容的思想。列夫·托尔斯泰已经做了许多工作。20世纪初这种思想尤其在西方教育界中已相当流行。但是，革命使这种思想第一次有机会进行大规模的实验。实验的场所是一个国家，其面积占世界的六分之一。

在编制综合教学大纲时，学科体系基本上不存在了。在第一级学校的教学过程中实施的综合教学大纲更为完整，在第一级学校中主要学科的教学内容分别归入这个或那个单元主题，例如，“我们的城市”、“我们的农村”或者“五月一日”。各学年教学内容的选择遵循“由近及远”的原则。例如，在第一学年，围绕着家庭和学校组合全部教材。让儿童学习最接近儿童在学校和在家中的工作。这些工作随着四季的变化而不同，形成与综合单元主题相适应的必要技能。

在第二级学校中保留了学科体系，依据相互依存的原则编制各门学科的教学大纲。但是依然围绕着总的综合大纲集中安排教材。按照综合大纲创始人的观点，这样的结构有助于使教学内容更紧密地联系国家的经济问题，培养积极的和务实的生活态度。儿童的兴趣和年龄特征得到了充分考虑。

综合教学大纲的编制对教学方法和教育过程的组织产生了影响。赋予研究的方法以主导作用，认为它最适合于新学校的教学目的。把研究的方法与口述的方法对立起来，口述的方法被看做培养消极的个性的教条主义的方法。为了发展学生的积极性和独立性，为了使教育过程不局限于学校系统之内，开展了各种形式的教育工作。革命前的学校普遍采用的班级授课制遭到了批评。

第一次根据新的综合大纲进行的学校工作经验证明，新大纲把学校与生活联系在一起，有利于吸引学生从事对社会有益的工作。但是也暴露了在学生系统知识的掌握和牢固技能的形成方面所存在的严重缺点。在评价综合大纲时不能不看到它们的两重性和矛盾性。

一方面，在当时特定的历史条件下，这些大纲把解决共产主义教育和培养成长中的一代的问题所必需的新内容引进到教育过程中；另一方面，教学大纲的综合结构破坏了学科之间的自然联系，对于掌握科学基础知识没有予以足够的重视，学习时间的利用不经济，没有进行培养必要的技能的工作。所有这一切导致了学生知识的混乱和肤浅。教育内容的综合结构的主要缺点在于，知识和技能之间的自然联系屈从于人为的联系。

大部分教师没有采纳教育计划和大纲的综合结构。这反映在1925年召开的全苏教师第一次代表大会上教师的发言中。教师们在发言中严肃地批评了这些大纲。教育内容安排上的综合方式未能证明自己是正确的。后面几年所发生的重大变革未能改变整个局面。教学过程的总的方向是要与生活相联系，要建立社会主义的国民经济，所有这一切都要求迫切解决对年轻一代的综合技术教育和劳动教育的问题，迫切要求从理论上研究并从实践上解决这些问题。综合技术教育的内容包括主要的学科知识和生产的科学原理，让学生掌握参加对社会有益的劳动所必需的一般的技术技能。著名的苏联教育家克鲁普斯卡雅和卢那察尔斯基认为综合技术教育是培养有悟性的先进的个人的必要条件，他们在研究综合技术教育时强调普通教育与综合技术教育的联系。克鲁普斯卡雅写道："综合技术不是一门专门的学科，它应包括所有的学科，它应反映在对物理学、化学、自然科学和社会科学的材料的选择中。"

教育理论的发展产生了综合技术教育这样的教育学概念。看到教育理论的发展与学校实际状况之间的巨大差距是很重要的。这首先是因为物质的严重匮乏，当时国家的经济正处于困境之中。这不可能不影响到学校的状况。综合技术教育开始越来越被劳动教育所代替。

教育人民委员部的实验学校拥有较好的物质基础，这些学校较有成效地解决了对学生的综合技术教育和劳动训练问题。但是，即使在这些先进的学校中也未能完全解决教学与劳动结合的方式问题。最困难的问题仍然是克服理论知识与车间中的实际工作之间的人为的联系问题。

从20世纪20年代中期起，学生的综合技术教育和劳动训练的理论研究和实践的一个新阶段开始了。这首先是该历史时期的特点所致，当时的苏联处于国民经济的改造时期，绝大多数工人的普通教育水平很低。因此，学校必须在培养青年从事技术领域中的熟练工作方面发挥更大的作用。

1927年，根据新的教学计划，手工劳动作为一门专门的学科进入了学校。学生熟悉了生产劳动的主要科学原理、各种材料和工具。要求学生掌握许多不同的生产技能和所有的劳动过程通用的技能。同时，把学校变成企业的附庸的愿望也变得越来越强烈。有人建议把城市和工业地区的所有学校变成工厂的一部分，把农村学校变成集体农庄和国营农场的一部分。

把学校直接与生产劳动联系起来的尝试，无论从教育学观点看还是从社会观点看都是不恰当的。这种尝试破坏了教学教育过程，造成学生知识的混乱。所以，后来这样的实验被中止了。但是还必须指出，在另一些经教育学理论证实是合适的情况下，少年直接参与有益于社会的生产劳动产生了非常积极的效果。例如，杰出的教育家马卡连柯①所进行的实验就是如此。他吸引一些孤儿参加劳动活动，对这些过去的孤儿所进行的教育取得了惊人的成果。教育集体的概念就是马卡连柯提出的。教育集体观成为马卡连柯教育思想体系的主导思想。

革命后第一个十年的特点是：在文化和教育的所有各个领域中提出了一些勇敢的思想，进行了具有创新意义的探索和实验。所有这一切都关系到教育思想的发展。这一时期，尤其是20世纪20年代的前五年，一个显著的特点是教师和学生的创造性、主动性和自主性大大提高，对新的教育工作方法和形式的探索、研究硕果累累，整个学校生活制度是真正民主化的。在苏联学校和苏维埃教育学的全部历史中，任何时期都没有像20世纪20年代那样出现过如此多

① 马卡连柯（A. C. Макаренко，1888—1939），伟大的苏联教师、社会工作者、教育理论家、作家。——译者注

的创造性思想。但是，为了真实起见还是应该指出，除了创造性的探索和得到了深入论证的理论之外，还存在一些表面看来很有效的思想，但与其说它们有利于新型的苏维埃学校，不如说它们更有利于进行革命的演说。

研究教育学各个分支的主导思想是：学生是新的社会主义社会的未来的建设者，要发展他们的积极性和自主性。这一主导思想在著名苏联教育家沙茨基①、马卡连柯的活动中得到了充分的体现，这些教育家创造了具有独创性的教育体系。这一主导思想还体现在杰出的心理学家布隆斯基和维果茨基②的著作中。

20 世纪 20 年代教育学的一个最有代表性的现象是：密切关注外国的经验，渴望把外国教育家的研究成果运用到苏联的教育实践中去。首先关心的是美国教育学，因为美国教育学提出了这样一些思想：发展学生的积极性和自主性，发展学生安排自己的工作的能力（例如，道尔顿制），发展学生在完成自己的日益复杂的实际作业的过程中获得知识的能力（例如，设计教学法）。这些思想与苏联教育家的思想是相吻合的。20 世纪 20 年代，美国杰出的教育家的著作被翻译成俄文出版，首先是实用主义教育理论的创始人之一杜威的著作，还有著名的具有创新精神的教师，如克伯屈③和帕克赫斯特的著作。此外，还出版了一些俄国教育家的书籍，这些教育家在 1917 年革命前研究过美国的经验并在回国后传播了美国教育家的思想，这样的教育家有泽连科（А. С. Зеленко，1871—1953）和扬茹尔（Е. И. Янжул）。

外国教育家对苏联的经验也表现出很大的兴趣。欧洲和美国的教师代表团以及个别的教育家纷纷来到苏联。1928 年，杜威访问了苏联。杜威对苏联教师的工作和杰出的教育家沙茨基很感兴趣，这

① 沙茨基（С. Т. Шацкий，1878—1934），苏联教育家。——译者注

② 布隆斯基（П. П. Блонский，1884—1941），苏联教育家、心理学家、哲学史学家。维果茨基（Л. С. Выготский，1896—1934），苏联心理学家。——译者注

③ 克伯屈（W. H. Kilpatrick,），美国教育家、“设计教学法”的创始人。——译者注

反映在他1929年出版的著作《对苏联和革命世界的印象》中。

苏联教育家去国外参加国际会议。例如，他们参加了1920年在巴黎举行的国际教育工作者大会，在宣传苏维埃学校方面发挥了重要作用。沙茨基、平克维奇①、皮斯特拉克（М. М. Пистрак）在会上发了言。

但是，苏维埃学校生活中所引进的这些西方的方法和组织形式，很快就暴露出了自己的缺点：学生缺乏系统的知识和技能，教师的作用被削弱。20世纪20年代的卓越的教育思想中值得一提的是，强调了培养学生的积极性和自主性问题的重要性。但是，对于授予学生牢固的科学基础知识的活动明显地评价过低，这给学校实践带来了消极影响。这不能不引起公众的不满，要求用新的思想、观点对待教学教育过程。

（二）20世纪30～50年代

苏维埃学校的新的历史时期始于20世纪30年代，这是苏联工业化和农业集体化的时期。这一新的历史时期是与国家的社会条件和政治条件的变化相联系的。虽然还在宣传革命理想，但是越来越维护斯大林的个人崇拜和官僚主义的管理作风。要求培养青年人具有顺从的和调和的心态。学校必须执行这样的要求。另一方面，中学毕业生没有掌握足够的知识，没有为升入中等技术学校和高级中学继续学习做好适当的准备。新的社会要求和教育要求反映在20世纪30年代政府关于学校教育条件的许多决议中。

这些决议涉及学校生活的所有各个方面，改变了苏维埃学校的历史进程。在这一时期的第一份决议，即1931年联共（布）中央通过的决议②中就要求，“要对教学法上的轻率的、浮躁的空洞计划展开坚决的斗争”。这就意味着，整个教学教育过程的组织要从根本上不同于过去十年的经验。要按学科安排教材，严格规定每个年级每门学科的课时。教学大纲中规定了系统知识的范围，缜密地确定了

① 平克维奇（С. П. Пинкевич，1883—1939），苏联教育家。——译者注

② 即1931年8月25日苏联联共（布）中央通过的《关于小学和中学的决定》。——译者注

学习每门学科应掌握的技能。小学和中学的教学工作的基本组织形式是班级教学，按严密规定的课程表上课，每个班级的学生人数是固定的，教师要起主导作用。口述教学法又发挥了主要作用。经常采取措施以加强组织上和方法上的一致性，强化控制。

对学校和教育机构的民主管理形式（选举产生学校领导人和教师、宽松的校务委员会、学生参与管理）被取消了。儿童对学校管理的参与变得极为有限。学生的劳动教育发生了实质性的变化。虽然在 20 世纪 30 年代初的决议中强调了综合技术教育的重要性，制定了进一步开展劳动教育的大纲，但是，在 20 世纪 30 年代的后五年，劳动训练被推到了第二位，1937 年取消了学校中的生产劳动。这是因为学校的物质基础薄弱，不可能对学生进行高质量的劳动训练，结果是浪费教育时间。然而，教科书和教学大纲中依然保留了过多的有关工业生产各部门的技术方面的知识。同时增加了实验室作业和参观游览活动的比重。

20 世纪 30 年代末，学生的劳动教育问题再次成为一个亟待解决的问题。尤其在农村地区，那里开始出现了学生生产队。这在很大程度上是与使青年人为参加国民经济部门的工作做好准备的需要相联系的，因为当时的学校的办学方向基本上是以让毕业生进入高等学校继续接受教育为目标。对学校提出的新要求也决定了教育科学研究方向的改变。教育研究被引导到从教育理论上保证主要任务的完成，这一主要任务就是授予学生系统的科学基础知识。教育研究主要关心的是口述的教学方法、班级授课制、由教师对学生的知识进行考查和评价的问题，其目的是要提高学生知识的质量和他们的能力。越来越注意研究和总结先进的教育经验，表现为出版了一系列的书籍，宣传优秀教师和教育集体的经验，召开理论和实践研讨会。

20 世纪 30 年代的心理学和教育学研究是在极端不利的条件下进行的。教育经验被看做教育科学发展的主要源泉，与理论思想相抗衡。心理学研究遭到了最沉重的打击。根据 1936 年 7 月 4 日苏共（布）中央委员会《关于教育人民委员部系统中的儿童学曲解的决定》，中止了所有有关年龄心理学主题方面的工作。实验被清除出教育研究。这类决定不仅与科学发展的逻辑相违背并打击了学校的实践，而且一笔勾销了过去几十年内苏维埃心理学和教育学所积累的那些伟大成就。

在20世纪30年代后五年的高压时期，许多著名的教师和国民教育机构的知名人士去世了。没有人知道当时的国民教育遭到了多大的损失。20世纪30年代实际上把20世纪20年代苏维埃学校的革命成果扫地出门了。当然，不能否认，学校生活的改造是朝着整顿教育过程的方向进行的，采用新的大纲和稳定的教科书学生掌握了牢固的知识，20世纪30年代的学校风格越来越有权威性，是与官僚化的行政管理体制的精神和内容相一致的。

要让学生系统地、牢固地掌握知识，这一方针决定了从20世纪30年代初直至50年代末这一漫长时期内的学校和教育学的活动。但是，这一漫长时期可以划分为若干独立的阶段，其中包括1941～1945年伟大的卫国战争年代，这是学校历史上的一个激动人心的时期。

1941年6月22日法西斯德国的袭击，给国民教育带来了无穷的灾难。军事时期的困难条件使苏维埃学校的活动发生了巨大的变化。由于敌军的破坏，校舍数量急剧下降。例如，仅在俄罗斯领土上，侵略者就破坏了两万栋学校建筑。在普斯科夫（Псковск）、加里宁（Калинин）、库尔斯克（Курск）和其他一些地区，半数以上的学校被破坏了。缺乏足够数量的教师，许多教师自愿上了前线。在爆发战争的第二天之后，莫斯科列宁师范学院的两千名学生和教师一致决定奔赴前线。明斯克（Минск）、诺沃西比尔斯克（Новосибирск）、沃洛格达（Вологда）等师范学院的师生也作出了同样的决定。

学年的结构和持续时间也发生了变化。到处都实行轮班制上课。全国都缺乏教科书和练习本。尤其困难的是必须为成千上万名从被敌军暂时占领地区撤退到东部来的儿童提供食宿和教育。但是学校领导人和国民教育机构的工作人员竭尽全力、殚精竭虑地完成了学校教育的永恒的任务：对儿童进行教学。即使在被封锁的列宁格勒，所有留在市里的 14 岁以下的儿童都在学校学习。甚至在某些被占领的城镇，学校也照常上课，这是众所周知的事实。儿童在有名的敖德萨（Одесса）地洞和塞瓦斯托波尔（Севастополь）附近的因克尔芒（инкерман）水平坑道中学习这一事实，谱下了战争年代学校史上的光辉的篇章。在白俄罗斯的游击区儿童在地下学校中学习也是不争的事实。

值得一提的是当时全国上下都来帮助学校。在 1941～1945 年，展开了广泛的群众运动来帮助在战争期间遭到破坏的学校。给这些学校运去了成千上万包的教科书、练习本、铅笔、钢笔、课外阅读书籍、教学设备。

在组织教学教育过程方面学校也经历了一个相当困难的时期。在不得不减少教学时间的情况下学校仍必须保证学生受到足够水平的普通教育。对学生进行爱国主义教育是所有各门学科的教师的共同任务。对教学大纲进行了修改，加强了有关战争和爱国主义方面的主题。尤其是人文类各门学科的内容作了这样的修改，但即使自然科学学科也增加了战争期间的实用知识。

在伟大的卫国战争年代，人民经受了考验。大批的成年男子被动员上了前线，因此就必须广泛地吸收青少年参加城市中的工厂企业的生产劳动，尤其是参加农业劳动。学龄儿童与成人并肩工作，他们中的许多人不愧为真正的劳动英雄主义的榜样。学生参加的有益于社会的工作，具有巨大的经济和教育意义，这样的工作有：收摘野生水果、浆果、药草、自我服务劳动、帮助军属。

战争时期的困难并没有取消以下任务：用牢固的知识武装学生，克服形式主义，培养学生进行创造性工作的能力。从 1944～1945 学年起，所有的普通教育学校的四年级和七年级学生都必须参加毕业考试，十年级学生要参加中学毕业证书考试。对中学毕业生制定了一些奖励措施：对在教育工作中和毕业考试中成绩优秀的学生授予金质和银质奖章。值得一提的是，恰恰就是在困难的战争时期成立了世界上第一个教育科学研究院。

到了越来越广泛的应用，越来越多的教师开始思考，如何使教学内容和方法与现代社会发展水平相一致。

（三）20 世纪 60～80 年代

与上一个时期一样，20 世纪 60～80 年代学校和教育学的条件也是与国家的政治生活以及社会气氛的变化相联系的。这是教育科学探索硕果累累的时期。研究了教学与发展的关系、教学过程的本质、完善课堂结构的途径、在复现认识活动与创造性认识活动相联系的基础上使教学方法积极化等问题，还研究了教学过程最优化和综合技术教育问题以及教学与教育的统一问题。

1957 年第一颗人造地球卫星发射之后，苏联教育制度在世界上的威望大大提高。例如，美国政府为了提高中小学生的基础知识水平，拨出巨款去编制科学类学科的课程。人造卫星发射所产生的效应不仅影响到美国学校的改革，而且对西欧国家的教育也产生了影响。1962～1964 年，联合国教科文组织对一些发达的国家的教育投资与经济发展之间的关系进行了比较分析，公布了统计数据。

像苏霍姆林斯基① 这样卓越的教育家、理论家和实践家的教育研究活动，在这一时期已达到了很高的水平。苏霍姆林斯基关于开发教学潜力的思想，是与激发学生的精神力量、唤醒学生的自尊心和自豪感以及对全人类的价值的认识联系在一起的。苏霍姆林斯基的思想并没有立即得到教育界的承认。他的思想是要用全人类的价值的精神（善良、良知、同情）去教育儿童。他的这种思想被看做不问政治的说教，因此他遭到了许多不公正的指责甚至中伤。但是，苏霍姆林斯基作为杰出的人道主义教育家载入了俄罗斯教育科学史册。他在 20 世纪 60 年代陈述的一些思想，就已预告了今天迫切需要解决的一些问题。

在那时已开始了使教育内容现代化、精简教学内容使之符合现代科学水平的工作。许多杰出的科学家、教育理论家、方法论专家和普通教师，被吸收来编制新的教学大纲。他们的工作持续了十多

① 苏霍姆林斯基（В. А. Сухомлинский，1918—1970），苏联杰出教育家。——译者注

年，直到1975年才结束。但是，新大纲中要求学生必须掌握的材料过多，加重了学生的学习困难。为了“科学基础”而牺牲了教学的教育功能和发展功能。

选修学科具有很大的差异性，这些学科是用来满足学生不仅在科学方面，而且在工程技术、音乐、绘画和体育运动等领域中的兴趣。除此之外在教学方面还承认了其他形式的差异的合法性，这就是创办了深入学习某几门学科的学校和班级，在学校的平行班中成立兴趣小组，在高年级中设立人文学科班和自然科学班。

教学大纲在概念方面存在的矛盾，在很大程度上说明了在那个十年中出现的国内政治形势的变化，教学内容现代化的工作正是在这一期间实施的。20世纪50年代中期出现的公共生活的民主化是很短暂的。在以后几年教育思想和学校实践的发展基本上处于停滞状态，现在把这一时期称作“停滞时期”。在国民教育的教学教育过程的管理中，形式主义和行政命令风气盛行。

20世纪70年代初，苏联开始进入了普及义务中等教育的进程。科学技术革命的要求决定了必须解决普及义务中等教育的问题。但是，不考虑现实条件，力图不惜任何代价在短期内解决这一极端困难的问题，在实践中导致了知识质量的普遍下降、潜在的不及格的增长，也导致普及中等教育思想威信扫地。在青年人的教育中出现了严重问题。苏联列宁共产主义青年团中央禁止了公社式的方法，从而摒弃了克服青年运动中的形式主义最有成效的一种途径。不关心每个个体的兴趣，以放弃对不同年龄组的人的区别对待为代价来追求大众性，这一切导致青年人产生冷漠感以及对社会的漠不关心。

20世纪70～80年代之间在学校的活动中出现的消极现象，并不意味着学校从教育科学和先进的学校实践的视野中消失了。这一时期涌现出一系列理论著作就能说明这一点。这些理论著作研究如何使对学生的教育和教学达到统一的问题，研究学生的学习动机、学校管理的普遍问题以及教育史问题。先进的教育实践推出了一大批在教学第一线进行实验的杰出的教师、理论家和实践家，他们的思想集中在阿莫纳什维利、沙塔洛夫、雷先科娃、[1]卡拉科夫斯基（В. А. Караковский）的著作中，赢得了“合作教育学”的称谓。合作教育学的基本思想是要用人道主义的态度对待学生。但是，学校在“停滞时期”的问题在于，无论是科学家的理论结论还是实际工作者的成就，都不是社会所需要的。

学校的问题变得如此严重，当时的国家领导机构不得不对此作出反应。1984 年通过了《改革普通中等学校的基本方针》。《基本方针》中对教育问题的肤浅认识，无助于解决学校中存在的许多内容方面的、组织和经济方面的问题，其中包括教学与生产劳动相结合的问题。从 20 世纪 80 年代中期开始了巨大的政治改革。改革的目标是要克服在“停滞时期”社会中所累积下来的一切不正常的东西，摒弃极权主义，改革经济和社会关系。全面的社会和经济变革解放了人的意识，为人民群众发挥主动性开辟了道路。这一点尤其重要，因为在社会中积压了对现有的国民教育制度的极大的不满。

在苏维埃政权存在期间第一次组织了全社会的广泛的教育运动。不仅教师和科学家，而且家长和各行各业的人士都投入了这场运动。他们提出了许多新思想，要求用新的观点去处理国民教育的内容和组织。这些新观点首先要求在社会结构的关系上弘扬个性，摒弃学校的划一性，建立各种类型的教育机构；要求教育的非意识形态化、民族传统的复活、教育的人道化和差异化；要求学校进入开放的社会环境中，在对青年的教育中加强宗教因素。应该说，这些思想在许多场合下已在实践中得到了体现。出现了一些新型的学校——特色学校[2]、文科中学、理科中学、商业学校，不包括函授学校和以校外考生形式存在的学校。教师热情饱满地在那里工作。在集体的合作中和这些集体的相互补充中产生了真正的教育真理。继续教育

---

① 阿莫纳什维利（Ш. А. Амонашвили，1931—），苏联教育科学院院士、心理学博士，合作教育学的主要代表人物。沙塔洛夫（В. Ф. Шаталов），苏联教师，“纲要信号”教学法的创造者。雷先科娃（С. Я. Лысенкова），苏联功勋教师，创造了一种新的小学教学体系。——译者注

② 特色学校（авторская школа），一种按创办者的思想办理的学校。各种学校因其创办者的教育理念的不同而具有不同的特色。——译者注

思想发挥了越来越大的作用并开始在实践中得到了贯彻。除了公立学校外还出现了其他可供选择的学校——社会团体办的学校或私立学校。

所有这些过程在20世纪末尚处于形成和发展阶段。但是起始于20世纪80年代中期的这一时期的结束时间是可以界定的。这就是1991年，这一年苏联解体，在它的领土上建立了独联体。苏维埃学校的历史结束了。国民教育在俄罗斯传统和独联体其他国家的传统的框架内继续发展，独联体国家都宣布要优先发展教育。

苏联学校的经验，不仅仅是俄罗斯的历史财富，它属于世界教育史，因为它曾试图做成许多世纪以来全人类最优秀的学者们所渴望做而未能做成的事。这种经验也不是片面的：与任何宏大的社会现象一样，它具有自己的优点和不足。虽然对具有丰富多样性的苏维埃学校的理论和实践作出最终评价的时机尚未到来，但是对于它所取得的毋庸置疑的成就即使是现在也是可以指出的。

首先，在苏维埃政权的最初的文件中宣布并实现了人民大众的统一学校的思想。它结束等级教育的原则，使所有的儿童，不论其属于哪个阶级和民族，信仰何种宗教，都有机会接受高水平的教育。苏维埃学校消灭了死胡同式的教育：向所有的学生开放了从小学通向大学的道路。

在自己七十多年的历史中，苏维埃学校进行了许多实验，这些探索并非总是成功的。但是，苏维埃学校在建立儿童集体、培养积极的个人方面所取得的成就，以及在学生的劳动教育方面的成功和失败，都已成为世界教育经验的财富。

苏维埃学校多年来一直在解决如何传授给年轻一代科学基础知识的问题。除此之外，还存在多种多样的旨在发现儿童的兴趣和爱好的校外工作形式。少年宫、少先队员之家、学生之家、少年技师和自然科学家活动站、儿童音乐学校、儿童艺术学校、儿童舞蹈学校、儿童体育学校和其他许多设施，帮助儿童发展自己的能力和天赋，帮助他们确定自己的未来。儿童的校外教育，是苏维埃国民教育体系取得的重大成就。

除了学校的坚定的政治化之外，与革命前的先进教育传统方面存在着距离，在宣布的原则与实际贯彻之间也存在着差距。这也是苏维埃学校的历史。苏维埃学校的经验就是这样矛盾的经验，对它的经验就是应该这样来认识。

三、苏联解体后的俄罗斯学校和教育思想

教育是不能在一夜之间改变的。当 1991 年 12 月苏联在法律上不再存在之前，已发生了许多事情，为新的独立的俄罗斯的教育制度铺设了道路。

在苏联时期建立的俄罗斯教育制度（与农业、卫生保健、动力部门等的结构相比较而言）是最稳定的，经得起各种破坏作用，承受得了各种各样匆忙的改革。但这并未使它幸免毁灭性的批评，尤其在 20 世纪 80 年代后五年的改革时期。一些众所周知的事实被忽视和歪曲了。

——在发达国家中出版的书籍，对苏联的教育经验和苏联教育的各个具体方面作出了肯定的评价。

——在苏联心理学和教育学刊物中发表的许多文章，被外国专家们摘录并得到了他们的高度评价。

——近年来联邦德国、日本和其他国家出版的有关马卡连柯、克鲁普斯卡雅的经验的著作比俄国还要多；然而同时在俄国本国，马卡连柯“突然”被痛斥为狂暴的斯大林分子，还常常号召俄国教育学的“非马卡连柯化”。

——参加国际奥林匹克自然科学和数学竞赛的苏联学生始终获得很高的名次。

——近年来在外国研究者的参与下苏联对苏联学生所掌握的知识进行了大规模检查，检查结果表明，在世界上的排名我们从未在前十名以外，常常是在前五名。

——全世界高度评价苏联的扫盲经验。所以，联合国教科文组织多年来一直把以克鲁普斯卡雅的名字命名的奖金授予在扫盲中取

得杰出成绩的国家和学者。

——我们的国家在世界上是一个人人能读会写的国家。

——苏联教育制度包括以前的俄国教育制度，无论对它进行改革、革命还是破坏，都是以许多世纪以来积累下来的俄罗斯文化的经验为基础的，苏联教育制度所取得的成就是不容争辩的。

所有这些事实是否意味着不能对苏联的教育制度提出任何批评？当然不是。不可以低估其他同样是显而易见的事实。多年来学校中贯彻着这样一条原则："我们写三，脑子里想的是二。"这条原则歪曲了实际成绩。教学计划、教学大纲、教科书是极端统一的，既不允许适当考虑学生的个性特点，也不允许适当考虑在苏联这块如此辽阔的领土上对教育需求的自然差异。在革命后的最初年代里，偏重自然科学学科而轻视人文学科，这是可以理解的，但苏联的教学计划长期地保持了这种片面性。教学，尤其是社会科学和人文科学的教学是极端意识形态化的，要求学生接受共产主义价值体系，把它作为唯一的真理，而无视其他的文化。在这样的情况下，包括学生在内的所有的人得不到有关世界完整面貌的信息。

1990 年 6 月（当时俄罗斯还是苏联的一部分）发布的总统令，可以看做一个里程碑。事实上就是这份由总统签发的第一份命令，表明了教育在俄罗斯的优先地位。这一思想与后来，即 1992 年议会通过的教育法是一致的。1996 年对该教育法的某些细节进行了修改。

教育法中宣布了"国家教育政策的"六条"原则"：（1）教育的人道性和全人类价值的优先地位；（2）联邦文化和教育空间的统一性；（3）教育的普及性；（4）国家教育机构中的教育的世俗性；（5）教育的自由化和多元化；（6）教育管理的民主化和教育机构的自治。提出了精心制定有关普通教育和职业教育的联邦标准的任务，并要求在近期内完成这一任务。普通教育的总目标是：为个人的智力的、道德的、情感的和身体的发展创造有利条件和先决条件；使学生掌握科学的世界观和关于自然、社会、人的系统知识，保证个性自决的条件；为个性的自我实现创造条件。非常重要的一点是，任何一所学校现在都可以有它自己的一套教育价值和目标，这是与过去高度集权化的教育制度截然不同的。这并不是说，所允许和鼓励的事情已成为今天的实践，某些学校（国家管理的学校）尚未做好自治的准备，这种自治正是私立学校（非国家管理的学校）所梦寐以求的。

根据1992年的教育法，不要求完成11年义务的、免费的中等教育。教育法要求儿童接受中等教育，但学校教育的最低年限为九年，这就是所谓的基础中等教育。但遗憾的是，当同样的条文写进了1993年颁布的俄罗斯宪法的第四十三款中时，却在社会上引起了轩然大波。于是发布了另一份总统令对之作出了修正，根据该总统令，11年学校教育是免费的，所有希望完成完全中等教育计划的人都可以接受11年学校教育。

最近几年值得注意的一个重大发展是教育标准的制定。这一思想并不是什么新思想，因为在苏联时期，统一的课程计划严格规定了必须达到的教育水平和教育内容。但是，把当时的所有学校结合成统一的教学空间的划一性，限制了学生掌握知识（尤其是人文类学科的知识）的可能性，阻碍了自主选择教学内容和方法。高等教育国家标准已被政府采纳，而由俄罗斯教科院制定的基础教育国家标准，作为教育部推荐标准供学校临时使用。俄罗斯教育部为国立学校制定了新的教学计划，教学计划中反映了八个领域的知识：本族语、外语、数学、自然科学、社会科学、艺术、健康和体育、工艺学。学校有权自主酌情制定教学计划，而教师有权根据个人的计划安排本学科的教学。

现在把教学方法的选择看做由每个教师自己决定的事情。还在不久前，教育研究者编制了许多文献资料，其中不仅有关于一般教学方法的，也有关于教学大纲中某个知识点、某堂课上的某个主题的非常详尽的推荐方法。某些教师喜欢使用这样的具体指导材料。但是，现在大部分教师遵循的指导原则是使教学过程积极化，在课上较少地使用独白方式讲课，而更多地使用谈话、提问和回答问题。当然，积极开展的教师创新活动的结果就是形成了新型的师生关系。

现在学校生活中的师生关系比过去宽松得多。本章前面所提到的具有创新精神的教师的活动产生了显著的成果。但是，广泛地流行这样一种观点，认为创新运动应该是学校政策的一部分，而不是某些改革者的专利。

20 世纪 80 年代中期，当时的苏联教育制度遭到了尖锐的批评。在苏联存在的最后几年中，苏联的学者和教育家们开始参加国际的比较研究。这些比较研究的结果证实了苏联在自然科学教学方面的水平是很高的。但是研究结果也证实了一个众所周知的事实，那就是俄国学生忽视了人文科学中的许多事实，他们应用知识的能力不如西方和东方发达国家中他们的同龄人。1995 年举行的第三届国际数学和科学（TIMSS）比较研究表明，俄国学生成绩下降，其原因部分是由于匆忙的改革，部分是由于教育的财政状况很差。联邦和地区加在一起的俄罗斯教育总预算，还不到国内生产总值的 4%，达到了空前未有的低谷。第三个原因是教育威望的下降：在法律文件中教育居于优先发展的地位，但给予的财政支持却很差。

现在的学校调整是一项特殊的工作。这是在政府和社会处于普遍危机的状态下，是在从前的教育制度处于崩溃，社会的、民族的和政治的矛盾突然加剧的背景下进行的。而且学校正在摆脱从前的极权主义和划一性的禁锢。革新引起了改革和假改革的浪潮，徒劳地追逐标新立异以及某些真正的教育创造。因此，现在的俄罗斯学校的第一个特点可能就是其表现形式的空前的多样化。

形式的改变比内容的改变要容易得多。教育组织的迅速变化就是这样的。今天，除了大量的传统类型的学校之外还建立了理科中学、文科中学、专科学校、高等教育机构严密控制下的学校、附设师资训练班的学校、加深学习某些学科（生态学、美学和经济学）的学校，还有相当多的非公立的私立学校。

经济改革导致了社会的分层以及新的社会群体和阶级的出现：每个阶级都有自己的教育观念和对社会的要求。根据 1995 年的统计数据，俄罗斯由 7.8 万所学前教育机构，有学生 670 万名。所有各种类型的初等和中等义务教育学校达 6.8 万所，2 050 万名学生在

160 万名教师的指导下在这些学校中学习。在新型的公立义务教育学校中，其中的 743 所文科中学和 447 所理科中学共有学生 6.8 人。还有 363 所私立学校，其中有 32 所文科中学、35 所理科中学、16 所专科学校、31 所宗教教派学校，私立学校共有学生 3.2 万人。

九年义务教育之后学生在中等学校的九年级和十年级，或在 7 000所技术学校和职业学校中继续自己的学业。有 400 万名学生在那里学习两年。

有 548 所学制为 5～7 年的大学和学院，共有大学生 250 万人。在各种类型的初等、中等和高等学校中，用 50 种民族语言进行教学。

每所学校都力图使自己的教学能吸引孩子并使自己的学校不同于其他学校。俄罗斯的学校第一次体验到教育需要引进竞争。由于有了这样的目标，新的学科被引进课程，其中的某些学科具有机会主义的特性，例如，古典语言、辩论、宗教史、计算机游戏舞、民间艺术。与适应市场条件的变化相联系的是，许多学校开设了基础经济学、商务研究、管理学和其他类似的学科。

20 世纪末公立学校在寻找富裕的赞助人或发起人，开发补充经费的来源，甚至利用学校的房产办起了以营利为目的的企业。其结果是出现了危机，过度商业化导致的第一种危险是可能扼杀教育。第二种危险是：引进新学科的后果是大大加重了学生的学习负担。俄罗斯学校历来就是以企图塞给学生的知识量之庞大为其特征的，长期以来各门课程的数量达 20 门以上。

俄罗斯教育部已编制了新的课程，在新的课程中出现的不是一门一门专业面很窄的学科，诸如世界古代教育史、自然地理学、天文学、植物学和几何学，而是把学生应学的知识分成以下八个领域：本族语、第二语言、数学、自然科学、社会科学、艺术、健康和体育、工艺学。学校自己以各种方式把课程应用于实践。但是总的说来，得到地方当局批准的课程往往看上去与过去的很相似。四年制小学的课程包括以下学科：俄语和文学、艺术、音乐、“周围世界”、算术和体育。中学的基本课程包含以下学科：

俄语和文学、外语、历史和社会学、音乐、艺术、“周围世界”、地理、数学、基础信息技术、物理学和天文学、化学、生物学、经济学入门、劳动和体育。

1967年就已存在的教育研究的重要机构——苏联教育科学院，自1992年起称为俄罗斯教育科学院。它下设二十多个研究所，有一千七百名左右研究人员。他们中有一部分人从事理论研究，另一些人编制课程、教学大纲和教科书。过去的教育科学院只关心普通教育学校，而现在它的研究方向是整个继续教育体系。但是教育研究所面临的问题是非常棘手的，而更为严峻的问题是研究经费的严重不足。教育质量，现在是，将来仍然是一个重要问题。大量的教育实验得不到经费的支持，不好的社会治安状况更是雪上加霜，大大地打击了教师教学的积极性。许多能力很强的教师离开了教师岗位以谋取工资高的职位，致使培养好教师的工作变得更为困难。青年中形成了一种顽固的信念，认为即使不受教育他们将来也能挣大钱。

从命令主义的学校过渡到民主主义的学校，从严格强制的一致性过渡到多样性，在许多教育机构中这一转变过程进行得非常缓慢，甚至比其他机构还要慢。按多样化思想的要求，学校的教科书也要用多种语言出版；这就很容易想象出，出版几种不同版本的教科书需要多么大的成本。完全实现由家长和大龄儿童择校的思想，其困难一点也不小。学校中学生人数过多，不得不实施二部制，有时甚至三部制；把学生送到他们所选择的路途遥远的学校中去所需费用非常昂贵，这些也是必须克服的实际困难。政治变革和经济变革带来的价值观的巨大变化，也是教育必须面对的问题。

俄罗斯联邦学制图

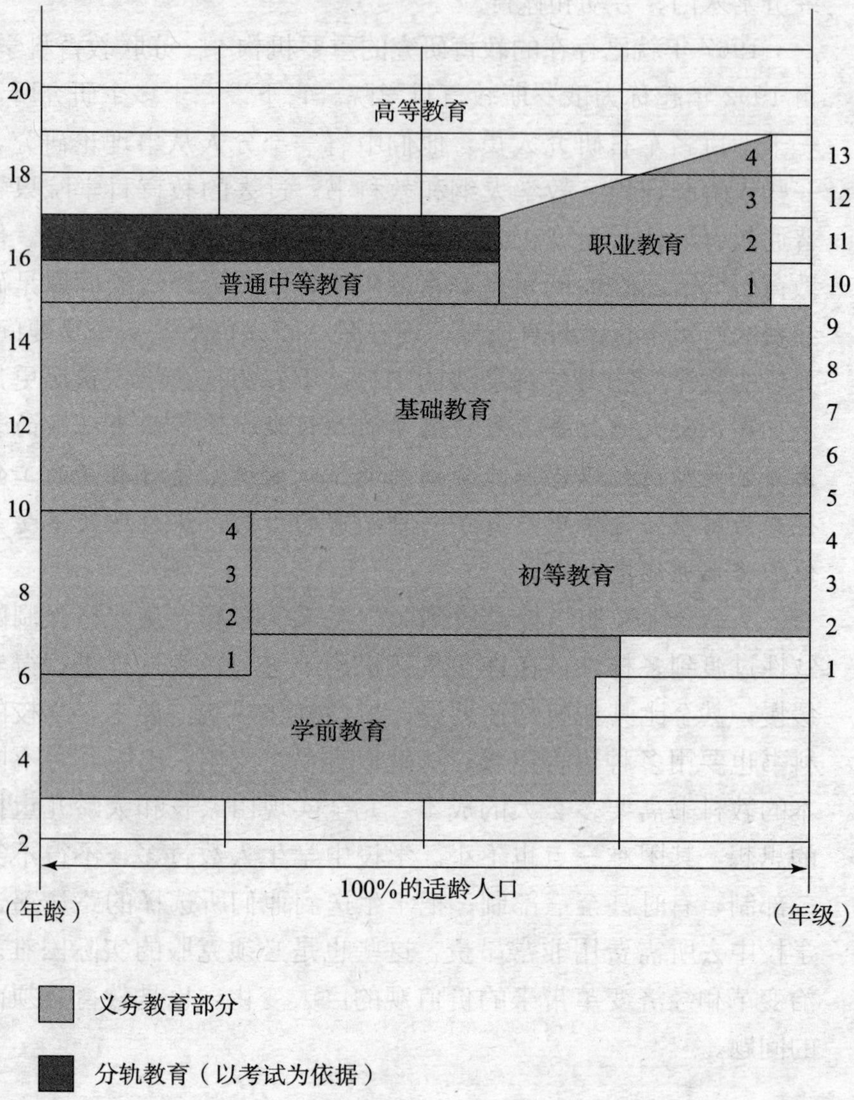
高等教育
20
18
16
14
12
10
8
6
4
2
4
3
2
1
13
12
11
10
9
8
7
6
5
4
3
2
1
职业教育
普通中等教育
基础教育
初等教育
学前教育
100%的适龄人口
（年龄）
（年级）
义务教育部分
分轨教育（以考试为依据）

主要参考文献

1. М. И. Демков. Русская педагогика в главнейших ее представителях. Москва，1915.
2. Очерки истории школы и педагогической мысли народов СССР. Т. т. 1—7，Москва，1973—1991.
3. Положение об единой трудовой школе Российской Социалистической Федеративной Советской Республики. В кн. «Народное образование в СССР. Сб. документов 1917—1973 гг.»，М.，1974.
4. Очерки истории школы и педагогической мысли народов СССР（1917—1941）. Москва，1980.
5. Закон Российской Федерации об образовании/ Вестник Образования. 1996，№7. The law of the Russian Federation on Education. Vestnik obrazovanya. 1996. 7（in Russian）.
6. Российское образование в переходный период. Программа стабилизации и развития（под ред. Э. Днепрова и др.）. Москва，1991.
7. Никандров Н. Д. Россия：система образования. В международной педагогической энциклопедии. 2 изд. Оксфорд，том 9，1994（на английском）.
8. Днепров Э. Д. Школьная реформа между «вчера» и «завтра». Москва.：РАО и Институт Планирования образования МО РФ，1996.
9. Госкомстат России. Образование в Российской Федерации. М.，1995.

俄罗斯教科院通讯院士，教育科学博士

谢苗·叶戈罗夫（Semen Egorov）

列金娜·文德罗夫斯卡娅（Regina Vendrovsky）

俄罗斯教科院院士，教育科学博士

尼古拉·尼康德洛夫（Nikolai Nikandrov）

第十四章　南非

为了了解南非教育制度的发展情况，我们应该回顾一下这个区域及其人民的历史发展背景。它的具有文化多元性的人口是由非洲、欧洲及亚洲人的后裔组成的。当葡萄牙探险家巴塞洛缪·迪亚斯（Bartholomew Dias）和瓦斯科·德·盖梅（Vasco da Gama）作为第一批欧洲人分别于1488年和1497年踏上南非的土地时，这里已被三个讲科伊桑语的种族所占领，即布须曼人、霍屯督人、伯格达马拉人。他们是南非最早的定居者中的幸存者。第一批在此定居并进行殖民的白人是1652年到达好望角①的荷兰人。不久，法国的胡格诺派教徒于1688年随之而来，1806年英国人也来到此地。定居者渐渐地渗透到南非这块次大陆。到1850年，几乎相当于今天整个南非共和国的土地被这些早期定居者的后裔们所占领。

在这些白人定居者定居好望角的最初十年里，大批奴隶从东亚、马达加斯加、安哥拉和莫桑比克输入进来。他们和当地讲科伊桑语的土著人、白人定居者和船员融为一体，最终被人们称为好望角的有色人种。最早被作为奴隶输入进来的开普马来人，目前在有色人

① 好望角（Cape of Good Hope），又名开普省，南非共和国最大的省。——译者注

种中形成了自己单独的团体。

1867 年，人们在南非发现了钻石，后来在 1886 年又发现了黄金。这些发现鼓动了包括德国人、俄罗斯人、波兰人和中国人在内的一些其他民族的人也来到这个国家。南非的亚裔人口源于那些签有契约的印度劳动力，他们缓解了 1859 年以来纳塔尔制糖业发展带来的劳动力问题，后来他们又散居到南非的其他地区。印度人占据了当今南非亚裔人口的大部分，他们主要居住在纳塔尔。

第一个讲班图语的族群——多种族的非洲黑人起源于此，即在公元第一个千年的最初几个世纪里，从中非的大湖（Great Lake）附近迁居至赞比亚和林波波河流域（Limpopo Rivers），这里形成了目前的南非共和国北部边界。

在三百多年期间，南非成了世界种族混合体的缩影。这种种族的多样性对这个国家的政治和教育史产生了重要影响。反种族融合的种族隔离成为贯穿南非历史的反复出现的主题。至于教育，两股相互冲突的力量一直在争斗。一股主张把不同的种族融合在一起，另一股则主张分离。这两种情况斗争的主要力量涉及不同种族群体中文化、家庭、经济、教育、政治、宗教及社会事务等方面的异同。

一、1910 年前南非的殖民教育

（一）早期的教育基础

当荷兰东印度公司的代表简·范里比克（Jan van Riebeeck）1652 年 4 月 6 日登陆桌湾（Table Bay）时，开普省的好望角还是一个新的、几乎无人居住的未开化地区。这里的人们认为，东印度公司应当把注意力放在自己此次的使命上，即在非洲南端建立一个“供给站”（refreshment station）。然而，东印度公司却把注意力放在了宗教福利及其雇员的教育问题上。尽管最初他们并没有建立正规学校的意图，但一个称为“荷兰归正会”的家族及“病人安慰者”（东印度公司的一个带薪官员）则对这里的荷兰定居者进行宗教教育。

在好望角，对当地人进行教育的第一次尝试，与17世纪下半叶欧洲的教育政策和教育活动很相似：教授读、写、算知识，重视基督教教育，学习阅读《圣经》。教育不是义务的，需要付费。教师或是一些自学者，或是一些受过教会组织培养的人。无论在基督教徒中还是在天主教徒中都有人坚信，包括教育在内的生活的所有各个方面，都应该处于教会的控制之下。在17～19世纪的殖民化时期传教士追随着移民们。好望角也不例外。

17～18世纪，南非的教育制度的基础教育是由加尔文教的荷兰归正会及诸如摩拉维亚教派的、伦敦的、来因的（Rhenish）、英国圣公会的、美以美教派的及后来南非等地的传教士协会所建立的，服务的对象主要是当地土著人。然而，这并不意味着在1652年之前当地土著人不对年轻人进行教育和培养。相反，传统的教育形式早就固定成形。在家庭和社区由家长和长者分别实施的传统式教育，是当地土著人文化和传统的一部分。这种教育始于婴儿时期，持续到他们成年并被接受为社会的成员。当时的人们认为，如果不严格遵守成规，就会导致疾病甚至死亡。贯穿于家庭及日常社区生活中的非正规教育阶段要比在“成人礼学校”（initiation school）中进行正规教育的时间长。后者持续的时间不过像成人礼仪式（initiation ceremonies）的过程那么长。经过成人礼仪式之后，学生便成为民族社会的正式成员。

根据上面所谈到的情况，人们不难理解西欧人欲使当地土著人了解基督教信仰和西方生活方式，使他们掌握基本的农耕知识，教他们读写的愿望并非能被轻易接受。既然部族风俗、宗教仪式与殖民者的信仰和风俗直接对立，对西欧教育的不信任和抵触便产生了。部族成员蔑视那些接受新式教育和“背叛”自己的生活方式的人，并把他们孤立起来。尽管如此，一些部族成员作出了困难的抉择，最终导致了教会村庄和教士社区的形成。

另一种很快就显而易见的现象是，事实上，西欧文化和当地文化的相互依存带来了很大混乱，特别是在当地土著人中间。自然环境或传统生活方式与新的教育形势和外国文化之间没有什么联系。

结果，一方面人们逃避部族的风俗与训戒，对社区生活方式表现出个人主义特点，另一方面又到条件很差的学校上学。

对“白人”竭尽全力教育南非土著人的抵触和不信任，正好说明了南非教育史的特征。相比之下，当地土著人中间也有与世界其他地区交流的需求，也有与欧裔子弟享受同样教育的愿望。这样，人们发现，土著人一方面需要得到平等的教育，另一方面又急需使他们的教育非洲化。这种情况再次表明既要保持种族完整，又要使之有所分离，这种因素在正规学校教育开始在南非立足时变得更加明显。

（二）最初的学校和最初的教育法

1658年在好望角建立的第一所学校，是由荷兰东印度公司为其所雇用的成年奴隶所举办的。那个时候，几乎没有什么适龄儿童。在这所学校里，“病人安慰者”（sick comforter）试图教奴隶们荷兰语及荷兰归正会倡导的基督教基本教义。由于教育者与被教育者之间的需求及巨大的文化差异的压力，只能偶尔地、不系统地进行教学。不出所料，这所学校很快就关闭了。

第一所由政府开办的学校建于1663年，面向所有孩子，包括荷兰东印度公司官员的孩子、自由的牧场定居者的孩子、奴隶的孩子及好望角霍屯督人的孩子。该校面向白人和有色人包括黑人的孩子。对荷兰定居者而言，区分基督徒和异教徒比区分有色人群更重要。17～18世纪，若干此类学校被建立起来。这些学校由荷兰改革教会监管，与荷兰国内的学校一样，它们既不是义务的，也不是免费的。渐渐地，只有那些富人子弟才有钱上这些学校。

对奴隶和有色人子女的教育的忽视在当时并非没有引起人们的注意。1676年，开普省荷兰议会（Cape Dutch Council）特别提醒人们不要忽视奴隶子女的宗教的与教育的利益。其中的一个建议是，为这些孩子建立一所单独的学校。这可能是第一次根据肤色的差别建立起来的学校。1685年，在奴隶居住区设立了一所隔离学校，于是，为白人和有色人单独设立隔离学校的制度成为现实。然而，由于奴隶子女数量不断增长，不可能再在一所学校里为他们提供食宿，与其建第二所学校，不如把这些奴隶和有色人的子女招入白人学校。

最后，一些传教士团体和罗马天主教会对奴隶和土著人尤其是农村地区的孩子们的境况表示同情。一些贫穷的白人孩子也被招进了这些教会学校，因为这些学校或多或少是免费的。最早对南非土著人进行教育和传道的教会学校是1737年由乔治·斯米特（George Smidt）在开普省创办的。此人是摩拉维亚兄弟会（Moravian Brethren）的成员。然而到1744年，他被迫关闭了该校，因为那些反对他的荷兰归正会的成员和牧师们认为他的思想与归正会的教义不相符，而它恰恰是荷兰东印度公司统治时期唯一被开普省所接受的宗教思想。

大约半个世纪之后，海外传教士仍未采取进一步的措施继续斯米特的工作，因为在英国的统治下，倡导一种宗教比在开普省倡导荷兰归正会的可能性更大。到18世纪末，经过传教士的努力，招收奴隶、讲科伊桑语的人和有色人种的学校扩展至欧洲和东开普省土著人定居的边界。例如，荷兰医生、伦敦传教士协会会员约翰尼斯·范德肯普（Johannes van der Kemp）1799年为科萨人领地上的科萨人首领们的孩子们建立了一所学校。到1825年，一百多名黑人学生被招进4所教会学校。1820～1850年，为黑人建立的教会学校扩展到南非境内许多不知名的地方、开普省东部与西北部地区，以及南部的自治州和纳塔尔。尽管这些学校原来是为当地人建立的，但许多贫穷的白人孩子尤其是农村地区的孩子也被招进了教会学校。

1714年之前，开普省有几所公立和私立学校，却没有专门负责管理教育的机构，也没有专门的教育政策。1714年8月21日，在莫瑞茨·帕斯奎斯·德查冯尼斯（Mauritz Pasques de Chavonnes）州长的倡议下，政策委员会颁布了《学校法令》（*School Ordinance*）。这个法令是南非第一个教育立法。根据这个法令，由政府和政策委员会全权监督的学者委员会负责管理教育。教师们必须认可或赞同事先规定好的归正会的信条。其主要目的在于孩子们的宗教教育和道德养成。读、写、算是基本科目。该法令还要求对教师实施监督，不允许教师中有不称职者；教学要依据当时实施的荷兰的教育法规进行。1790年，学者委员会向政策委员会提交了一份《教育改进计划》(*Plan for the improvement of education*)。这个计划涉及教师的工资、地位与义务，涉及教育基金等问题。然而，由于不断的拖延，加之开普省1795年暂时又落入不列颠的手中，这些计划根本没有实现。

（三）德米斯特（De Mist）的小插曲：教育国家化的尝试

1795～1806年，英国政府特派员德米斯特负责制定了对当时南非或其他任何国家来说都算得上是最开明的教育立法之一。当时，荷兰东印度公司对开普省的统治已经结束，英国人终于拥有了在开普省的定居权。此时，人们面对的是一种完全国家化的而不是基督教式的教育制度。这种制度强调：教育立法和机构设置，以及废除宗教对教育的控制，是国家的责任。于是，以学校委员会而著称的全国教育委员会，即学术委员会，于1805年2月20日根据《德米斯特法令》成立了。通过母语教学，教育成了预防国家分裂的工具。当时，出现了许多自由的、先进的教育理念。父母与教会对这种新的趋势非常不满，坚决反对。1806年英国占领南非时阻止实施德米斯特的大部分教育思想。

（四）英国的影响：19世纪

在英国占领开普省的最初几年，教育始终是在学校委员会的控制之下。除了鼓励教英语外，教育领域的变化很小。与德米斯特试图使教育世俗化的愿望相反，1812年，英国以约翰·克拉多克(John Cradoc)总督先生的名义再次强调了教会与学校之间更为密切的关系。例如，一种由教会人员开办的教会学校制度被引入到了这个国家的各个地区。1813年以后，学校委员会——后来更名为“圣经与学校委员会”——被要求管理经文的传播事宜。而且委员会的大部分成员都是神职人员。对开普省教育的控制权在基督知识传播协会和福音书知识传播协会的手中。

1814年4月，随着查尔斯·萨默塞特（Charles Somerset）爵士的到来，新政府公开地并坚定地将开普省军区转变为英国的殖民地，并实施一种以英国模式为基础的新的教育制度。开普省教育制度的英国化，出于社会的政治的原因，支持英国帝国主义，削弱了荷兰文化特性的基础。由于英国人对荷兰殖民者持帝国主义的、世俗的看法，由于蔑视大多数殖民者使用的荷兰语以及当地土著语，由于明显损害了当地的教育机构，这一时期人们开始抵制英国统治和英语，特别是在讲荷兰语的人中间。这些现象使得开普省殖民地的教育发展迟滞。它也使得主要的白人定居者大迁徙①，于1838年进入南非领土。这些叫移民先驱②的定居者产生了强烈的荷兰/非洲民族主义。这一点影响到南非具有强烈的基督教色彩的国民教育制度后来的发展变化。

（五）种族隔离教育思想的产生

开普省的第一个教育部设立于1839年，詹姆斯·罗斯·英尼斯（James Rose-Innes）任首任总管。这是建立新的教育制度的第一步。此时，奴隶学校关闭了，所有学校都必须为所有种族的人提供同样的教育。

尽管只有极少的有色人种的孩子进入新建立的公立学校，但讲荷兰语的殖民统治者仍竭力反对种族混合学校。鉴于这种态度，大部分有色人均把他们的孩子送到教会学校。在新的教育管理制度下，从1841年起，教会学校部分地是由国家资助的，条件是这些学校要向所有种族的人群开放，且使用英语教学。这种资助使教会教育得以发展，使之渐渐成为南非黑人教育的基础。

直到1854年，当乔治·格雷（George Grey）先生成为开普省总督时，国家针对当地土著黑人的教育做得还是不够。格雷这时便倡导全面资助那些教会学校，让黑人学生掌握实用技能，以及为本社区培养翻译、教士及教师等。出于资金考虑，许多教会学校接受了这种资助。结果，这种国家资助的教会学校在19世纪中叶的开普省得到了复苏。根据《1865年教育法》第13条的规定，这种种族结

① 大迁徙（Great Trek），1835年起，1.2～1.4万阿非利堪人因反对英国的帝国主义改革，从南非开普殖民地出发进行了一次大迁徙。——译者注

② 移民先驱（Voortrekker），指1835年至19世纪40年代初期离开英属开普殖民地，向内地大迁徙的所有阿非利堪人。——译者注

合的教会学校成了开普省教育制度的一部分。之后的27年间，有色人和白人的孩子共同在这些学校接受教育。然而，这些受资助的教会学校很少成功。至1891年，人们发现，试图在教会学校里对黑人进行教育的努力失败了，这是由于缺乏称职的教师，缺乏教学理论与方法，也由于黑人坚持学习与白人国立学校同样的课程，然而，这些却与黑人的生活和世界观格格不入。此外，黑人父母也不愿送他们的子女上学，因为他们需要孩子做日常家务活，如牧羊、放牛、在田里干活等。

19世纪下半叶，集体反抗黑人白人合校教育的事件时有发生。1892年，总督托马斯·米尔（Thomas Muir）倡议将所有白人学生从受国家资助的教会学校中分离出来。这一举动为种族隔离学校政策铺平了道路，而这正是《1905年开普省学校法》正式颁布的内容。

当移民先驱创建了纳塔尔共和国时，开普省殖民地已经实施了一百五十多年的教育。这个新生的共和国从开普省殖民地的教育经验中获益匪浅，但其教育还是非常初级的。它的教育包括读、写、算及宗教教义。在1843年纳塔尔共和国成为英国的属地并归属开普省之后，英国当局便决定了教育政策的发展方向。1910年统一后，纳塔尔已有175所专门为黑人学生举办的国立学校（state school）和教会学校（missionary school）。

在德兰士瓦（Transvaal）共和国（1852年左右成立）和奥兰治自治邦（Orange Free State）（1854年左右成立），移民先驱者的主要任务是使他们的新国家能够让人居住，这使得他们无暇、也无机会、更无愿望进行长期的正规教育。不过，每个孩子还是被要求阅读《圣经》，唱赞美诗，并进行简单的交流。还要求他们学一点儿算术。游方教师为学生授课。对黑人的教育完全交给了传教士。然而，这些教会学校在开普省和纳塔尔并没有得到资助，因为人们认为黑人学生的所有教育费用应当自己承担。

1877年，当德兰士瓦第一次被英国吞并时，一种与在开普省实施的教育制度相类似的英国制度被介绍了进来。1881年，当德兰士瓦恢复独立以后，反对种族合校的荷兰教育制度再次取代了英国的教育制度。奥兰治自治邦多少也出现了相同的发展趋势。

1899～1902年发生的英布战争①给德兰士瓦共和国和奥兰治自治邦的南非白人的教育带来了巨大变化。从这时起，他们接触到了一种与清教徒及他们所习惯的17世纪荷兰人的观点与生活方式截然不同的世界观和自由主义思想。这些变化包括反映在1903年第一部法令中与黑人有关的规定。黑人与白人隔离教育的原则仍被保留了下来，黑人教育的主要目的是提高学校所在地黑人的道德水准，改善他们的社会与经济状况。

总之，隔离教育原则在1910年南非统一以前已经非常明确。它逐渐成为这个国家整个教育制度的核心思想。于是，统一之后南非教育制度便具有以下特征：种族隔离，国家控制为黑人、有色人、亚洲人和白人而设的学校，英语为教学语言。

19世纪后半叶至20世纪前期的南非教育史体现了对变化不居的社会的适应。新的发展急剧地改变了南非的种族构成，使他们意识到南非是一个政治上动荡不安的国家。在这样一个新的时期，学校制度必须适应提供适当的设施，比如小学、中学、技术学校、职业学校及大学的教育的需要。

二、南非联邦的教育（1910～1961年）

（一）前二十年的教育

1910年，开普省、纳塔尔省、奥兰治自治邦和德兰士瓦这四个自治的英国殖民地在立法和行政机构上合为一体，组成南非联邦。这几个从前的殖民地便成了南非联邦的各个省。至于教育，统一并没有给这四个殖民地各自的教育内部体制带来太大的变化。《1909年南非法》（*The South Africa Act of* 1909）将教育划分为由新成立的联邦政府控制下的“高等教育”和后来归由各省管辖的其他教育。各省的教育机构也像殖民地时期的教育当局那样，负责初等和中等

① 英布战争（Anglo-Boer War），即英国人和布尔人之间的战争。布尔人指荷兰血统的南非白人。——译者注

教育。此外，《联邦法》（*Act of Union*）也对教育进行了种族划分，除了教育政策外，各行政机构所有涉及黑人的事务都变成了土著事务部长的职责。为黑人提供教育的政策从政府的整体政策中分离了出来，黑人教育机构也托管给了各省的委员会（provincial councils）。

上面所提到的分散的教育管理政策带来了一些实际问题，并且常常招致批评。比如，教师培养作为一种中等后教育是否是国家的一个职能？抑或因各省管辖初等和中等教育而负责培养并予以资格认定？谁负责提供技术与职业教育？尽管试图区分中央政府和省级政府在教育上的职责分工，但始终未找到一条令人满意的分界线。这些努力经常导致各个不同的权力机构之间的冲突，使人们对教育政策更加困惑。至于黑人教育，种族隔离政策成了一个错综复杂的、颇有争议的问题，这个问题必须在更大的背景下予以具体解决。

南非统一之后，初等和中等教育从整体上来说有了进步与发展。譬如，与1910年相比，统一后的最初十年里，学校入学人数增长了92%，各省在教育上的花费增加了294%；延长了白人儿童的义务教育年限；为黑人、有色人种和亚洲人提供的教育有了显著改进；初等教育在各省均为免费，合格教师的数量也有所增加。1920年，纳塔尔60%以上的教师，其他三省70%以上的教师，具有合格教师资格。

然而，反观历史，统一后的最初20年，教育的发展并未与整个南非社会的需求和期望保持同步。由于种种原因，比如1914～1918年的第一次世界大战，1918～1919年的流感爆发，继19世纪后半叶黄金和钻石开采之后的大规模的城市化和工业化，以及1932年的经济大萧条，使得整个教育发展严重受阻。黑人教育更是与期望相去甚远。总的说来，南非统一时，白人和黑人生活条件有很大的差距。黑人很穷，这使得他们既不可能为其子女提供教育机会，也不可能为他们创造机会。因此，黑人的教育完全取决于白人的意愿和他们是否为必要的教育设施提供资助。不过，一般说来，白人也不是很富裕。虽然他们为自己的子女提供了最重要的教育条件，但这些设施在很多情况下也远不能满足需要。英国是一个相对比较富裕的国家，尽管如此，19世纪末时，它也只能照顾到本国儿童，不可能在那时指望少数白人考虑那些二三十年前与他们的白人祖先奋力拼杀的黑人子女的教育。即使有钱，他们也会强烈反对为黑人教育花钱。

尽管政府努力建设一个大众的、全国的教育制度，但政府提供的黑人正规教育“在开普省和纳塔尔发展缓慢，而在奥兰治自治邦和德兰士瓦则根本不存在”。各省的黑人教育在很大程度上交给了牧师，他们担负起了为教育提供贫乏的资源的职责。但政府没有放弃解决与黑人教育有关问题的责任。1913年在开普省东部为黑人开办了一所农业学校。这所学校在教授黑人先进的农耕方法方面取得了一定的成绩，导致了在随后的14年内在该地区又创办了三所类似的学校。1915年，创办了南非国民专科学院（这所学校为学生考入高等师范学校作准备），同年，在德兰士瓦引入了专门面向黑人学生、依据其学习条件、需求和志向而制定的教学计划。1918年，纳塔尔省任命了一位专职官员负责管理与黑人儿童的教育有关的事务。1919年，成立了一个省级调查委员会，负责起草关于黑人教育需求和教育状况的报告。1920年，开普省的黑人接受免费学校教育。

教育上的这种情况及其他进展意味着对联邦政府的教育财政支出需求持续增长，1922年联邦政府的教育投入占整个教育总支出的26.4%，这一数字比同时期其他国家对教育的投入高得多。由此便产生了一些有关教育投入的效益问题。1923年，一个省级财政委员会对由中央政府为各省教育系统提供经费的方法提出了尖锐的批评，建议改革补助制度和来自各省的用于教育的税收收入份额。这一建议被采纳了，在随后的二十年里制定了根据入学学生的人数确定各省的教育经费的政策。但是分配给有色人种的孩子和亚洲裔的孩子的教育经费很少。为了解决黑人孩子的教育问题，各省政府打算通过增加黑人的赋税来获得用于黑人孩子的补充教育经费，但没能从中央政府那里得到支持。三年之后，中央政府同意为黑人教育一次性拨出经费，其数量相当于1921年黑人教育经费的总量。

据此可以得出结论：南非社会及其相对独特的教育制度，在一种奇异的、富有激情的氛围下，通过讲布尔语①的白人，以及布尔人的强烈的民族主义观念（这是主要因素之一）而建立起来了。布尔人为了自己的身份及被认可，进行了长达两个多世纪的斗争。从最初与荷兰东印度公司的冲突，经过英国自由主义思想的洗礼及随后的英布战争，到 20 世纪初非洲黑人的民族主义的影响，南非一直是在努力保护并加强它的宗教的、种族的及政治的雄厚基础。另一个主要因素是南非黑人的政治觉醒。虽然这种觉醒可以追溯到 19 世纪中叶，但是，只是在 20 世纪的最初十年里黑人才积极主动地投身到为了政治权利及获得政治权力的斗争之中。“非洲国民大会”（African National Congress，ANC），当时称为“南非土著人国民议会”（the South African Native Council），于 1912 年成立。此后，政治和教育问题便具有了白人和非白人之间日趋紧张的冲突的特征。只有在这种种族猜疑及彼此冲突的背景下，才能够寻找到 20 世纪南非教育政策的根源。

（二）种族隔离教育的形成

1925～1935 年，国立及接受国家资助的学校里的黑人学生人数增幅较大，远远超过了政府对黑人教育的资助（特别是因为 20 世纪 30 年代席卷全球的经济萧条）。面对这种紧急状况，政府任命了一个调查委员会，由韦尔什（W. T. Welsh）任主席，负责调查黑人教育状况。委员会查清了与 1935 年黑人孩子教育有关的一些有趣的事实。

到受国家资助的学校上学的黑人孩子的数量从 1925 年的约 20.7 万名学生增加到 1935 年的约 34.5 万名学生。学校中采用与白人学校相同的教学大纲授课。但约 30％的教师没有文凭或者没有受过足够的职业训练，只有 30％的学龄儿童入学。尤其是城市中的学校学生人数过多。1935 年，只有 57％的黑人学生能够继续在四年级就学。在学校中把母语作为教学语言的情况是：在纳塔尔是在最初的六年，在开普省和奥兰治自治邦是在最初的四年，而在德兰士瓦只在最初的两年。在说不同语言的不同民族的孩子入学的城市学校中，

① 布尔语，是一种南非通用的荷兰语。——译者注

教学语言是英语或法语。委员会得出结论认为，在南非的某些地区，除了初步的读写算技能外，黑人对接受教育没有表现出兴趣，而白人与其说是促进黑人教育的发展，不如说他们表现出对黑人教育的“容忍”。

韦尔什委员会建议对黑人教育进行重大调整。除了其他建议以外，委员会还建议：黑人教育的管理应当交给一个中央的、国家级的教育部；除了接受国家资助的教会学校以外，还应建立一个独立的国立黑人学校制度；应当强迫黑人入学。虽然政府在此后的十年里就一些问题进行了变革，比如黑人教育的财政资助问题，但是，所有这些建议没有一项得到完全执行。由于教育管理分散，韦尔什委员会所提到的那些问题依旧存在，甚至更加恶化。到 1945 年，为黑人儿童开办的接受国家资助的学校有 4 360 所，国立学校 230 所，这使得政府不可能满足 700 万黑人的教育需要。

至于 1945 年前 20 年的白人儿童教育，四个省均力图在现有条件下建立自己独特的教育制度。它们任命了一些调查委员会调查教育的某些问题，并为改进现存的教育制度献计献策。有些委员会，譬如 1924 年由霍夫迈尔（J. H. Hofmeyr）领导的委员会，特别关注的是南非缺少一个全国性的教育政策。然而值得注意的是，没有人顾及种族隔离思想与教育关系如何，也无人过问这些隔离思想在各省反映如何。下面要简单提及两份重要的省级教育报告，即尼科尔与韦尔克斯（Nicol and Wilks）报告。这两个报告于 20 世纪前半叶提交，它们对这一时期的白人教育的发展进行了诠释并给予了指导。

根据 1939 年在德兰士瓦出版的尼科尔调查委员会的报告，德兰士瓦教育制度具有明显的宗教尤其是基督教的特色，它对学生的整个生活产生了潜在的影响。小学课程的设计旨在帮助学生从中学学习中最大地受益，但小学课程负担过重，而中学课程则单调乏味，崇尚大学入学许可证。尽管德兰士瓦对自己在 1918～1937 年中学入学率增加 440%引以为荣，但是，其高比例的辍学率也是值得注意的。建立有区别的中等教育制度被作为建议提了出来，即一种是五年制的学术课程，一种是三年制的职业课程，包括技术、商业和农业性质的课程。

据韦尔克斯调查委员会（纳塔尔，1946年）报告：纳塔尔省大部分讲荷兰语的家长更愿意学校用英语授课。与此对应，1938年的布鲁姆（Broome）委员会也支持这一观点。家长们也不希望干涉他们的家庭权利。韦尔克斯委员会强调本国语作为教学用语的重要性。根据《韦尔克斯报告》，中等学校的主要目的是为学生升大学作准备，而不是培养未来的雇员。因此，它建议中等学校要开设一部分共同的核心课程和一些有差别的选修科。核心课程必须提供道德培养的宗教基础，提供身体的锻炼和保护，以及通过文学、美术和音乐提供培养审美情感的途径，接触人类文化遗产。

20世纪前半叶南非所有与教育有关的报告几乎都建议建立一种国家权力机关。但是，除了为调查南非技术与职业教育而于1945年由中央政府任命的德维利尔斯委员会（De Villiers Commission）以外，只有极个别的报告特别提到了黑人、有色人和亚洲人的教育。尽管如此，还是可以断定：报告所建议设立的那种国家权力机关曾欣然为白人以及非白人服务。然而，与此同时，尤其是在1948年之后南非出现了一些新的、主要是政治上的进展，给南非教育的发展进程及教育模式带来了一定的变化。

（三）种族隔离教育：赤裸裸的现实

1948年国大党执政，开始实施它的隔离发展政策。政府这一政策的主要目的是维持白人的社会与文化生活方式。这一政策既要面对数量更多的、形形色色的黑人来保护和加强“国家完整”，又不排斥这些黑人正当的民族意愿。由于这个原因，政府便力求在白人和黑人之间形成隔离的、制度化的、平衡的发展。黑人有许多全国性的争取平等身份的团体，各团体都有自己的地缘政治意义上的“黑人家园”。

为了达到目的，政府将注意力集中在四个问题上，即：消除或至少规范白人和黑人之间的所有联系；保护一切形式的种族隔离；采取措施阻止那些保护院外（extra-parliamentary）运动或革命运动，以免它们推翻或动摇白人特权，促进黑人的社会经济与文化的发展。

1949 年，面临黑人对教育的日益增长的需求，政府不得不再次任命一个调查委员会，由艾斯伦（W. W. M. Eiselen）领导。《艾斯伦报告》发表于 1951 年，它为向黑人提供基本文化教育的一个新的教育制度奠定了基础，这意味着黑人享有和白人同样的身份，但接受隔离的教育。艾斯伦委员会建议：不应当用西方文化取代黑人文化，但是，黑人社会应当有能力以自己的方式、通过自己的文化得到繁荣昌盛。

1953 年，借助《班图教育法》（*Bantu Education Act*），种族隔离教育政策以法令的形式得到实施，并且与各种不同的种族隔离法律相得益彰，种族隔离教育获得了法定地位，在制度上也形成了面向白人、黑人、有色人和亚洲人的教育。1954 年，黑人教育从省教育部的管辖中被重新撤走。1958 年，一个单独设立的全国性的班图人教育部成立。从一开始，种族隔离教育政策的合法运用就成了一个政治上颇受争议的问题。许多黑人拒绝接受。政府在教育中进行的变革和创新越多，人们对隔离教育制度的反对就越甚。抗议者们所采取的抵抗策略也有了明显的变化，从和平抵制转为暴力抵抗。黑人学校逐渐地成了意识形态斗争的战场。

三、南非共和国的教育（1961～1994 年）

第二次世界大战之后，非洲民族主义浪潮席卷整个非洲。已在非洲拥有势力范围的西欧各国，面临非洲日益高涨的政治独立要求，被迫调整自己的殖民政策。到 20 世纪 60 年代，非殖民化进程加快。非洲殖民地国家相继独立，南非也不例外。1961 年 5 月 31 日，“南非联邦”改为“南非共和国”。

（一）种族隔离教育政策的巩固及对此政策的反抗和抵制

南非获得共和国地位并未导致剧烈的政治变革。尽管人们反对执政的国大党的种族隔离发展政策及其教育政策，有色人反对尤甚，但是，政府仍执意推行种族隔离思想。就教育而言，1963 年成立了黑人教育咨询机构。1969年，成立于1959年的五所黑人大学学院独立建制，成为自治大学。1976年，培养黑人医生的门邓萨（Medunsa）大学成立。1979年，《班图人教育法》被《教育与训练法》（*Education and Training Act*）所取代，后者规定为所有黑人——不仅指生活在独立的“黑人家园”里的黑人——提供免费的义务教育。

从1948年开始政府对教育的改革导致国家对黑人教育事业的发展所起的作用大大地提高了。上学的黑人孩子的数量从1955年的约100万人，增加到1975年的370万人。在这一时期为黑人举办的国立学校数量从5 801所增加到12 573所。在解决教育问题方面黑人承担了更多的责任，有了更大的权力（尤其在自治领地上），越来越多的黑人被任命担任教育和职业教育部的高级领导职位。这个部门负责处理黑人教育问题。

为改善黑人教育状况所采取的措施，并未如政府所预期的那样导致对这一制度的普遍接受。相反，人们对种族隔离和黑人教育的理论与实践的不满进一步加剧。在详细探讨发生在1976年黑人起义前后的几个重大的黑人反抗教育的事件之前，必须提及1967年通过的三个重要的教育法，即《全国教育政策法》（*National Education Policy Act*）、《高级技术教育法》（*Advanced Technical Education Act*）及《教育服务法》（*Educational Services Act*）。其中，第一个法律可以说是最重要的一部法律，因为它首次为南非各省制定了一个中央集中管理的教育政策。该法的一个显著特点是其中的一个条款，它规定白人学校教育的总方针必须符合十条原则，这些原则反映了政府所持的生活观与世界观。对于荷裔白人来说，这部法律表明他们取得了胜利。《全国教育政策法》，特别是总框架的第一、二条原则，确定了教育的总方针，即白人学校里的教育必须具有基督教的和全国范围的特征。然而，同样是这部法律，又加剧了非白人对南非教育政策已有的愤怒和敌对情绪。

不能孤立地考察20世纪下半叶反对种族隔离教育的斗争，应把它与反抗政府加剧种族隔离政策的其他措施结合起来考虑。1954年5月，非洲国民议会宣布开始反对国家现行的五部法律的运动。这五部法律是：《班图人教育法》《过渡法》《集团领土法》《移民法》《禁止共产党活动法》。它还宣布反对限制工会活动的措施。但是非洲国民议会没有足够的资金去组织这一运动去实现所有预定的目标，因此决定集中解决两个问题：西部领土的移民问题和政府的教育政策。反抗盛行的黑人教育政策的长期目标，是阻止这一政策的实施，并设计一种可选择的教育形式来取而代之。反对政府教育政策的人起初试图通过抵制黑人学校来达到自己的目的。在第一次抵制运动中参加者彼此不够协调，并表现出信心不足，许多家长表示，抵制运动有可能完全剥夺他们的孩子受教育的机会，他们宁可接受政府提供的教育也不愿意完全失去教育机会。在要求他们参与这样的抵制运动之前家长们声明，必须向他们提供可供选择的教育形式。因此，只有少量的黑人学生参加了计划于 1955 年 4 月 12 日举行的抵制运动。政府迅速作出反应，开除了数千名 4 月底仍未返校的学生。

与此同时，各方采取联合行动，为黑人提供选择教育的机会。譬如，“非洲教育运动”力图为黑人开办私立学校，为那些没有条件上私立学校的学生设立“文化俱乐部”，负担他们的教育费用，并支持制定“家庭教育项目”。到 1958 年，黑人宣告抵制运动和选择教育运动均告失败。

政府的教育政策是其种族隔离发展总政策的体现。到了 1960 年，对教育政策的抵制开始减弱，并且更多的是谴责像国民议会（ANC）及泛非洲人议会（PAC）的禁令，以及强调南非共和国地位的获得。然而，上面所提及的教育抵制运动的失败，使得大量的黑人对隔离教育法律规定采取更加激进的、好战的立场。这就是 60 年代黑人学校中骚乱不息的原因。随着时间的流逝抵制运动的参与者得出结论，认为这样做于事无补。黑人学生和教师纷纷回到学校。在学校中能更方便地计划和调整抵制运动的进行。应该“从内部”使这一制度失去活力。

20 世纪 70 年代，黑人学生及其父母对有关教育问题的不满开始上升，比如黑人学校过于拥挤，辍学率过高，具有合格证的人缺少就业机会。在社会经济条件恶化、政治上不断觉醒、保护行动持续不断的背景下，黑人的不满在 1976 年达到了顶峰，因为黑人学生发现不可能使用布尔语作为教学语言。于是，1976 年 6 月 16 日爆发了大规模的示威游行。游行过程中，黑人学生与警察发生冲突，2 名学生被枪杀，11 人受伤。由此导致了一系列暴力和反抗事件。它们最初发生在索韦托（Soweto），但很快就扩及全国。南非政府花了八个多月的时间才好不容易平息了这场风波。然而，575 人在暴乱中死亡，3 907 人受伤，国家和私人财产以及教育所受到的损失无法估量。

政府随后对黑人教育制度进行了重大改革，并许诺进行更多的改革。政府还采取措施防止此类事件再次发生。此外，政府还取缔了南非学生组织（South Africa Students Organization）、索韦托学生代表大会、南非学生运动、黑人大会以及 14 个类似的组织。随后，政府又于 1980 年 6 月要求人文科学研究委员会（Human Sciences Research Council，HSRC）具体调查以下问题：

——南非可行的教育政策的指导原则；

——教育的组织、管理结构及财政资助；

——教育咨询与决策机制；

——教育基础设施要为南非的人力需求及其居民的自我意识的培养服务；

——要制定面向所有人的质量相同的、可行的教育计划。

负责人文科学研究委员会调查工作的“主要委员会”发现：现有的为不同人提供的教育是不平等的。因此，在 1981 年 7 月提交的报告中，“主要委员会”建议在以下 11 条原则基础上建立一个全新的教育制度。这些原则是：

——教育机会平等应当是国家的奋斗目标，它包括不论种族、肤色、信仰及性别，所有公民的教育标准应当相同；

——教育应当使用本地语，以宗教的和文化的生活方式传授那些共同的以及各不相同的积极知识；

——教育应当对个人、家长及社会组织的选择自由给予积极的认可；

——教育的实施应当以一种负责任的教育方式进行，以满足个人、社会及经济发展的需要，应当考虑国家的人力需求；

——教育应当致力于在学校、社会及家庭中的正规、非正规与不正规教育因素之间建立积极的联系；

——教育的实施应当是国家的职责，个人、家长及社会组织在教育问题上应当共同承担责任，共同作出决定，共同发表意见；

——私人部门及国家应当分担不正规教育之责；

——在教育制度内应当有提供私立的及接受国家资助的私立教育；

——在教育的实施过程中，集中与分散与否应当在组织上和功能职能上协调一致；

——教师的职业地位应当得到认可；

——教育的有效实施应当建立在持续研究的基础之上。

政府对这份报告的最初反应体现在1981年10月发表的一份中期备忘录中。政府重申：教育的基督教的、全国性的特点必须在白人教育中得到保留。后来，即1983年，南非发表了一份教育白皮书。在这份白皮书中，政府表示接受人文科学研究委员会报告的大部分建议，但不赞成设立独立的、为所有人服务的国家教育部。根据政府的意见，教育政策必须考虑社会价值观，必须让每一个社会群体依据自己的意愿来决定自己的教育事务。

1984年，根据国家关于普通教育政策的法律成立了国家教育部。教育部的任务是制定教育政策，其中包括制定关于普通教育经费的规范和标准，解决教职工的工资和劳动条件问题，以及教师的资格评定和教学大纲的规范和标准等问题。

由于各类群体的居民都有自己的教育管理部门，因此大多数南非学生在其中学习的国立学校，接受国家教育管理部门的领导。

由于上述事件，1980～1985年，一种崭新的教育制度产生了。它的特点是面向白人、有色人、亚洲人和黑人的四种教育制度继续存在。同时，政府又依据人文科学研究委员会报告中所提及的11条原则，开始规划新的教育政策。

（二）1980～1990 年：动乱的、大规模的行动阶段

1980 年，一个动乱四起的时代在黑人学校开始了。尽管教育战线进行了上述及其他改革和创新，黑人的不满依然如故。政府所做的所有改革都被视为装点门面，是为了将人们的注意力从与“劣质的”黑人教育制度有关的重要问题上转移开来。虽然少数黑人想通过参与政府咨询委员会的形式进行变革，但大部分黑人则选择了游行示威，卷入了教育机构之外的斗争之中，而这些斗争又与总的政治斗争联系在一起，旨在创建一个非种族的民主国家。数周之内，数万名黑人学生抵制上学，并得到了几百名黑人教师的支持。在很多情况下，警察对他们采取了严厉的行动。

1983 年，政府还就南非全国对 1983 年南非新宪法的不满作出了反应。根据该宪法，白人、有色人和亚洲人分享政治权利，黑人则被排除在外。这种做法招致了全国大部分黑人的愤恨。此外，80 年代早期南非还面临着经济衰退。通货膨胀，失业率居高不下，租金和运输费用持续上涨。由此而来的潜在冲突被活动分子所引发。黑人学生组织继续组织并动员年轻学生抵制政府的教育。1984 年，南非再次爆发骚乱。

对 1983 年穷苦的黑人学生大学入学考试成绩的宣布，以及教育与训练部拒绝重新接纳那些考试不及格的学生，引发了 1984～1985 年的教育抵制运动，而这一运动使得黑人教育处于瘫痪状态。1985 年 7 月 21 日，骚乱大规模爆发，以至于政府不得不宣布全国部分地区处于紧急状态。骚乱平息后，政府并未收回紧急状态的命令。黑人青年与警察、军队之间仍然常常发生冲突。许多房屋被毁，学生、教师及家长之间的关系进一步恶化，大量学生被警察拘留。当 1985 年 8 月“南非学生代表大会”被取缔时，骚乱已经非常严重，以至于这个禁令收效甚微。“自由第一，教育第二”已经成了人们示威行动的口号。到 1985 年 10 月，黑人教育彻底被摧毁。1985 年 12 月期间，黑人教育的这种危机促使“全国教育危机委员会”（National Education Crisis Committee，NECC）成立。这是一个反种族隔离的教育运动组织，它以各个地方社区为基础，采纳了几个改革现存教

育制度的计划，因而获得了广泛的支持。

大约在索韦托骚乱十年之后的1985～1986年，有关黑人教育的暴乱再次达到顶峰，而这个时期的政府比以往任何时候都想为黑人教育做更多的工作：黑人教育经费预算从1978年的1.43亿兰特①，增加到1985年的9亿兰特；黑人在校生的数量从1955年的80万人，即占黑人总人口的8%，增长到1985年的600多万，占黑人总人口的24%。1982～1985年，开办了一百多所小学。实际上，1986年时所有的黑人学校中有一半以上是在1979～1986年设立的。然而，这些革新、改进以及政府的所有行动都未能满足黑人的愿望，也未能明显缓和黑人学校里的敌对情绪。其原因在于，所有这些革新仍局限在种族隔离教育制度的框架之内。黑人们要求在一个非种族、非性别、平等与民主的社会框架内进行激进的改革，而不满足于任何细小的改进。

1985年“南非学生代表大会”成立之后，抗议活动的目标更明确，直指建立一个被称为“人民的教育”的可选择的教育体系。“南非学生代表大会”成了全国活动的政治中心，要求制定一个新的教育议事日程。“人民的教育”的支持者们力图利用黑人学校中的新的教育结构。同时他们还反对教育中的种族主义的种种表现和一切形式的种族歧视。

政府对此作出了激烈的反应。逮捕了许多运动的支持者。政府还威胁要关闭一些学校，威胁要让军队进驻一些学校。1991年初，“人民的教育”运动停止了。“南非学生代表大会”行动的主要结果是，黑人学生于1987年初开始返校。尽管还发生了一些暴乱事件，但在随后的三年里黑人学校一直风平浪静。这个时期全国处于紧急状态，政府逐渐改变了自己的对峙政策，转而采取协商策略，比如，与当时仍被取缔的非洲国民议会和泛非洲人议会进行谈判。由此拉开了20世纪90年代一些重要政治改革的序幕。

（三）1990～1994年：1990年政治改革之后发生的一些事件

1990年2月2日，南非前总统德克勒克（F. W. de klerk）宣布

① 兰特（rand），南非货币单位。——译者注

了一系列与在宪法基础上的协商有关的超前的政府决议。其中，他指出 60 年代强加于国民议会和泛非洲人议会的禁令应当立即取消。政府希望这些激进的政治变革能够终止困扰国家几十年的周而复始地发生的暴力事件，迎来和平，达成和解。然而，这些举措不仅没有消除黑人教育中的冲突，相反，它们却带来了新的烦恼，引发了人们新的愤怒，使得教师成为抗议活动的靶子。此外，国内正在发生的政治变革也使得抵抗团体和组织之间在几十年的斗争中形成的团结逐渐瓦解。这便为新冲突的发生作了铺垫。形形色色的压力集团也开始频频活动，粉墨登场，要求制定它们所希望的新的教育政策。于是，20 世纪 90 年代初的典型特征便是关于激进的教育改革的要求和性质的大辩论。

到 1990 年，南非实施 12 年级的国家教育制度。初小、小学和初中共九年，学生获得下一阶段学习所必需的知识和技能。高年级的教学按高级、中级、低级三个水平进行，学生可以选择适合自己兴趣的学科。

不进入高等学校的毕业生可以进技术专科学校。学生可以在技术专科学校、师范专科学校和大学接受高等教育。大学有自治权，得到国家的津贴。

教育改革方案也要求对教育管理进行改革。因此，1990 年，议院所属的负责白人教育的教育和文化管理局提出了若干新的教育模式，并提出有必要给予学生集体更多的自主权，允许他们自愿接受其他种族的学生进“白人的”学校。尽管抵抗运动对建立一个民主的南非所需要的政治的、社会的和经济的政策给予了一定的关注，但是，1990 年前它们的主要工作还是反抗种族隔离。自 1990 年 2 月 2 日以后，政策制定开始初露端倪。

1991～1992 年，政府颁布了几个关于新教育政策的文件。譬如，1991 年 6 月，颁布《教育复兴战略：讨论稿》（*Education Renewal Strategy: Discussion Document*），同时还颁发了一个关于如何理解这一教育制度的解释性文件——《南非教育的现实》（*Education Realities in South Africa*）。1991 年 11 月，政府又在一份文件中提出了它对改革初等教育和中等教育的建议，这份文件即《南非教育的课程模式：讨论稿》（*A Curriculum Model for Education in South Africa*）。依据这一文件，南非第三级教育（即高等教育）之前的内容广泛的课程应当基于以下三个指导原则：

——无论种族、肤色、性别如何，南非的每一个公民都享有平等的受教育机会；

——所有公民宗教的及文化的生活方式，以及他们的语言，应当得到认可；

——教育不仅应当满足个人的和社会的需要，也应当满足经济发展的要求。

在解释这种课程的基本结构之前，《南非教育的课程模式：讨论稿》的编纂者们对这些广泛的教育目的进行了阐释，正是这些教育目的决定了他们对课程内容的取舍。他们指出，第三级教育前的教育必须：

——使学习者成为具有良好的智力、良好的道德品质、宽容与协调的个人，具有批判思考的能力；

——通过每个人身体的和智力的能力的发展，使他们的潜能得到充分的展现；

——通过向学习者提供深造、职业竞争及经济独立所需的基础，使他们成为一个在社会上独立的、成功的人；

——应当教育学习者成为负责的、有用的公民。

这一课程模式由四个阶段构成，其中七个学习领域（语言、数学、自然科学、社会科学、艺术、技术与生活方式教育）、六大职业领域（工程、商业、艺术、农业、实用工业及社会服务），被认为是基础课程。该模式就初等教育的初级与高级阶段的形成性教育作出了规定，这七个学习领域都将在两个阶段中的内容广泛的课程中占有重要地位。职业教育此时还未特别提到，但职业定向和职业探索已是日常课堂教学的一部分。尽管该模式设想初中阶段的重点仍然是普通的形成性教育，但它还是建议应当向学生提供一个选择机会，使他们至少选择一门职业定向课程。要完成这一阶段的学习，就应让学生在普通教育与职业教育，或职业教育与离校之间进行选择。在高中阶段，学生对学科的选择是基于他们的成绩、天资、才能及兴趣。他们的选择将决定他们学习的课程。1993 年 1 月，继上述文件之后，又颁布了《教育复兴战略：南非教育的管理决议》（*Education Renewal Strategy: Management Solutions for Education in South Africa*）。

与此同时，全国教育危机委员会启动了一个程序，并促使《全国教育政策调查报告》（*National Education Policy Investigation, NEPI*）于 1990 年发表。该报告包括一项对南非未来教育制度的政策选择的调查，目前仍被认为是许多教育与培训政策讨论的良好基础。继此之后，为了制定一项大众的教育政策，有许多政府官员参与的民主运动就《全国教育政策调查报告》展开了评论与讨论。对教育政策的评论在一次全国教育政策会议上达到了高潮，该会议于 1993 年 12 月初在威特沃特斯兰大学（University of the Witwatersrand）举行。

1991 年，国民议会在其《国民议会关于教育政策的讨论稿》（*Discussion Paper For The ANC on Education Policy*）中发表了自己对教育变革的看法。为了提高其制定政策的能力，国民议会于 1992 年设立了教育政策发展中心（CEPD）。该中心的主要任务之一是起草《教育与培训政策框架》（*A Policy Framework for Education and Training*）。该框架于 1994 年 1 月由国民议会发布。教育政策发展中心也为国民议会的《重建与发展项目》（*The Reconstruction and Development Programme*）作出了重要贡献。根据这两个文件，它后来又起草了《教育与培训实施计划》（*Implementation Plan for Education and Training*）。和《南非教育的课程模式》一样，《教育与培训政策框架》也对南非的中等教育课程提出了一些希望，认为教育应当：

——促进非种族和非性别的价值观念；

——为个体的工作及参与快速变革的全球经济与社会中的社会政治活动作准备；

——对保障健康生活的持续发展和环境形成必要的理解、价值观及技能；

——通过一个灵活的框架使多样化得到统一，该框架允许存在文化的、省级的及地方的差异和需要；

——以学生为中心，没有权威，鼓励学生积极参与学习过程；

——促进解决问题的技能和信息处理技能的提高；

——培养自律；

——对临时性的和有争议的知识进行质疑。

上述文件引起了人们对指导南非教育的原则和哲学的新的兴趣。这些文件，加上前届政府颁布的文件，经常在各种会议上被人们分析和议论。不过，政府并不仅仅是颁布了那些引起人们对建立新的教育制度的必要性进行大辩论的文件。1992 年，曼德拉被释放以后，成立了一个人员构成广泛的教育代表团，其成员有教育和宗教组织的代表，有大学、工会及各种自由运动组织的代表。代表团致力于解决一些教育危机。代表团和当时的总统德克勒克之间举行了一次史无前例的会谈。会后，一个联合教育工作组（JWG）便成立了。工作组由政府官员和教育代表团的人员共同组成，人数各半。

1992 年 3 月，南非召开了“全国教育工作会议”，扩展并加强教育代表团的活动。会议除了解决其他一些问题以外，还决定成立“全国教育会议工作委员会”，提议成立“全国教育与培训论坛”（NETF），并设立地方教育论坛。经过差不多一年的谈判和准备，全国教育与培训论坛开始启动，并设立了“私立教育委员会”，以此作为政府、全国教育委员会及其他组织之间的一个斡旋机构。

在讨论期间政府就以白人家长的名义，经白人家长委员会的同意，单方面地启用了新的白人学校模式，并被授权同意黑人进入一些指定的学校。与此同时，政府实施了一项教育理性化计划，关闭了数百所白人学校，辞退了几千名白人、有色人及亚裔教师。这些措施不仅遭到了普遍的反对，而且加剧了新的严重危机。根据全国教育会议的意见，设立了全国教育与培训论坛来防止政府通过诸如上述此类的行动单方面地重建教育。

尽管政府和非政府组织双方作出了极大的努力，黑人学校仍然是意识形态斗争的战场。和从前一样，黑人学校的日常工作仍旧是导致黑人参加民众运动、迫使政府改变对教育系统的管理与控制的原因。例如，1993 年初，黑人学生拒绝为注册期末考试而缴付 70 兰特学费（约合 15 美元）。政府拒绝了他们的要求，学生便又开始了联合抵制上学运动。这时，政府开始和学生组织谈判。谈判还在进行时，政府单方面宣布减少考试费，此举导致了更大的抵制运动，并使得考试费冲突时间拖长。由于学校的教学活动和正规学习停顿下来，学生们便由考试费问题出发，号召结束政府单方面的行动，创建一个教育协商论坛。结果，备受争议的注册费问题终于被取消。

更糟的是，政府此时又宣布裁减 3 200 名教师，将教师的工资增加 5%。教师组织代表教师威胁要罢工。1993 年 8 月 16 日，尽管采取了许多预防措施，教师们还是开始了全国大罢工，由此影响到两百多万名学生的教育。这种情形在 1993～1996 年反复出现。1994 年，一项新宪法被颁布实施，它保障所有公民享受基本的平等，不仅如此，它还纠正了过去存在的种族歧视和不公正。依据此法，1994 年 4 月南非举行了普选。国民议会在选举中获得了压倒性的胜利，曼德拉成为民主南非的第一位黑人总统。

四、1994 年以后民主南非的教育

1994 年 5 月 10 日曼德拉的总统就职仪式标志着种族隔离时代的结束，也标志着南非向平等与民主社会转型时期的开始。教育也开始从种族隔离教育向着非种族的、非性别的、非精英的及民主的教育迈进。

如前所述，1994 年之前，南非教育的控制权被分配在多种多样的、有种族区别的部门之间，结果使得教育控制权支离破碎：教育

控制权被分配到为白人而设的18个不同的教育部门，4个独立的黑人家园、6个自治区，4个省级教育部；以及1个为黑人而设的教育与培训部，即国家教育部，它包括7个区；为有色人和亚裔人各设了1个教育部。它们阻止了单一的、全国性的教育政策的实施。到了选举前夕，人们普遍认为南非各式各样的教育机构应当综合为一个单一的全国性机构。不过，在起草临时宪法过程中达成的妥协对教育管理产生了巨大的影响，而且，尽管人们最初有一些期望，教育最后还是划归9个不同的省份负责。实际的权利归属省级立法机关和政府，由它们来组织和管理教育事务。新的国家教育部的任务是制定有关初等与中等教育的教学大纲、考试、资格证书的规范和标准。这些在1996年的《全国教育政策法》（*National Education Policy Act*）中得到了清楚的表述。

1994年年中，新政府开始掌权，此时，它的注意力集中在扩大受教育的机会上，包括提供更多的学校及取消学校的种族隔离。1996年，1 200多万名学生——8 138 591名小学生，3 910 346名中学生——踏进了南非学校的大门。这个数字比1994年多1 480 937人，在短短两年的时间里增长了13.5%。这些学生由近380 000名教师进行教育，学校总数约27 000所。在此时期，中央政府的教育经费预算也从1993～1994年度的277.61亿兰特，占预算总额的21.1%，增长到1996～1997年的391.66亿兰特，占预算总额的22.1%。由此可以断言，到2005年，中等学校将拥有至少5 619 000名学生，小学将拥有至少10 924 000名学生。这些数字反映了中等学校的学生年均增长率为4.8%，小学为3.8%。

自1994年起，南非采取了更多的稳妥措施来改变教育制度的基本哲学思想及其方向，使之从排斥性的教育即精英教育转向重视包容性的即面向大众的教育。所有的教育与培训计项目都应鼓励人们成功，而不是淘汰那些失败者，因为失败是可以理解的；重视系统的而不是个体的问题。于是，南非开始编制新的课程内容，制定新的教学策略和评价体系，以认可、鼓励和支持那些成功的学生。

由于先前实施的课程已被视为与大多数学生无关，未能反映特殊的小群体的意见，政府便开始制定更加灵活恰当的课程，打破传统的技能与知识的划分界限。1996 年 7 月 30 日，教育部开始开发全国课程，为 1998 年初学校采用新的教材作准备。1997 年 3 月 24 日，教育部长公布了《2005 年课程》(*Curriculum* 2005)，它反映了人们思考学习的方式和教育与培训的组织方式发生了重大改变。它围绕着基于学习结果的教育，是一种以学生为中心的、以解决问题为导向的设计。它坚信所有的个体都能够学习。《2005 年课程》基于以下五项原则，它们是：

——教育与培训应当相互综合。在过去，教育仅仅被视为一个获得知识的领域，而培训则被看做掌握技能的领域。而今，这些领域合二为一，以使学习者能够从一个学习场所转移到另一个学习场所。这种冒险做法的核心是引入“全国资格框架”，此框架在下面会详细讨论。

——所有的学生都能够并且最终都将获得成功。时间将不再对学习过程构成限制，学习者可以在自己的职位上得到发展。

——考试不再是学习者展示自己所学内容的唯一途径。评价学习结果的依据将是动态的，方式也是多样的，而不仅是考试。

——评价内容应当包括对学习者能力的所有方面的评估。除了记忆力以外，还应当评价学习者的创造力、批判思维能力等。

——学习者应当认识到自己在学习什么，特别是为什么要学习。

在未来，南非所有的学生都将学习依据八个不同的学习领域而组织的学科内容，它们是：自然科学，交际、语言与文学，人文与社会科学，技术，计算与数学，生活定向，经济与管理科学，文化与艺术。每一个学科领域的学习结果最终都将被明确界定。譬如，对于一般技能、能力和价值观念，学习者应当在某个特殊的学习领域加以展示，并且是有用的；也应当了解每一种学习情景、具体的知识、能力及理解的具体结果，它们应当在某个特定的学习中得到展示。这八个必需的交叉学科必须达到的学习已由南非资格证书局确定。这些学习结果可以说是“新”人的特征，也是南非正规学习教育的结果，即所有的学习者最终都应当能够成功地运用自己的能力，做到：

——在口头和书面活动中，能够运用形象的、数学的及语言的技能有效地进行交流；

—— 有效并负责地组织和安排自身及其活动；

——在小组、团队、组织及社会中和他人有效地合作；

——搜集、分析、组织及批判性地评价信息；

——有效地、批判性地利用科学和技术，对环境和他人健康负责；

——认识到世界是由一系列相关的系统组成的，任何问题的解决都不是孤立的；

——认识到有效学习策略、负责的公民、文化敏感性、教育与职业机会、企业经营能力的重要性。

前面提到的“全国资格框架”（NQF）可以说是一个人力资源发展体系，它为教育和培训提供一个综合的方法，满足南非社会与经济的需要和个人的发展需要。“全国资格框架”也为终身学习提供了途径，因为它确定了全国公认的各种水平，据此，所有的学习标准和资格可以得到认证。根据 1995 年的法律设立的南非资格局一直在执行此框架，直至 1996 年年中。后面的学制图提供了目前南非现行的各种教育领域的概况，以及它们同“全国资格框架”相联系的方式。完成“全国资格框架”某一级别的学习，便被授予一个资格。

现在南非共和国的学制是由以下几部分构成的：普通教育，它是免费的和义务的，共 9 年，在学前机构、小学和初中第一阶段实施；然后是付费的教育，它们在高级中学、专科学校和职业技术学校中实施，共 3 年；高等教育，共 4 年，是付费的。

学制反映了过去四五年间南非教育制度变革的范围的“指症”。实际上，目前南非教育制度仍然在急剧变化，这些范围广泛的、彻底的变革在全国产生了实际的影响。此外，有意思的是，教育界，比如学校、教师、学生、家长及学校管理者的设想和信念，正受到公众的严格审查。过去，当教育变革缓慢，教育制度“运行非常好”

的时候，人们往往没有多少理由对教育设想或教育信念提出质疑，而今——如前所述——全世界都在热情地参与有关教育哲学的辩论。虽然有的人面临这种巨大的变革持怀疑和担忧的态度，但有些人则表示热情和乐观。只有未来才能表明南非是否能够在 21 世纪来临时应对这些变革。

南非学制图

年龄	年级	水平	
19岁以上		高等教育	
18	12	4	
17	11	3	
16	10	2	
15	9*	1	高中
14	8		
13	7		初中
12	6		
11	5		
10	4		小学
9	3		
8	2		
7	1		学前教育
6	0		

* 义务教育持续到九年级。

小结

南非教育一直是、并将继续是一个主要的，甚至是最重要的争执领域。上面谈到的南非教育简史及其发展趋势无可辩驳地指出了一个事实，即南非的正规教育从一开始就怀有政治目的，各种不同的观点在这里碰撞。这种情况将继续下去。

此外，政治家们在过去一直坚持“教育是一件非常重要的事情，不能交给教育者或教育家们来处置”。例如，20 世纪 20～30 年代，南非的政治家们并不关心教育专家们提出的分散教育管理权的建议。他们既不接受那些负责《人文科学研究委员会报告》（1981 年发表）的教育家们的建议，现政府也无视教育家们的警告，即新课程及关于学习成绩的认识的实施太匆忙，还没有考虑周全。尽管政府——前几届政府及现政府——也许受到南非教育家们的著作的间接影响，偶尔也邀请教育家们组成教育咨询委员会，或在一两个委员会中任职，值得怀疑的是，教育家们是否对教育政策的制定产生了任何直接的和重要的影响。只要教育者和教育家们没有机会参与制定重大教育政策，只要政治家们仍然以为自己理所当然地应决定南非教育的发展，南非教育仍将处于重重矛盾之中，招致极大的不满。

此外，我们可以得出结论：教育的进步与退步同社会潮流，比如经济的繁荣与萧条，密切相关。只有在经济繁荣的情况下，南非教育才能够进步。社会的和平与宁静也具有同样的作用，它们是教育兴旺发达的前提。法律与法规的缺乏也是教育前进的一个巨大障碍，这种情况在 20 世纪 70 年代和 80 年代的南非已经出现。它将把学习者的注意力从学习上转移开来，并且使得经济资源常常受到破坏，而这些资源对充足而有效的教育供给是非常重要的。如果没有和平与安静的环境，法律与法规不能在南非得到完全恢复，教育也就不能幸免于难。

至于南非未来的教育，活动家们和政治家们应当抛弃那种把所有的社会问题，特别是教育问题，都归咎于“种族隔离遗物”的习惯。他们对教育中的种族隔离政策影响的过分强调，已经成为复兴南非文化和教育职业的尊严与荣耀的障碍。只要种族隔离的障碍，比如偏见、漠视、歧视及猜疑被消除，现有的教育制度就可以改造成一个为所有的南非青年提供实现其潜能和谋生机会的教育制度。现在需要承认的一个事实是，南非现有的模式是教育者在过去所选择的思想方式的结果，南非在未来将走的道路将是教育者今日如何思考的结果。批判性的、积极思考的作用，再怎么强调也不会过分。

主要参考文献

1. Behr，A. L. 1988. Education in South Africa. (Origins，issues and trends：1652－1988). Cape Town：Academia.
2. Christie，P. 1992. The Right to learn. The struggle for education in South Africa. Braamfontein：SACHED.
3. Horrell，M. 1963. African education. Some origins，and development until 1953. Johannesburg：Institute of Race Relations.
4. Kuppusami，C & Pillay，ME. 1978. Pioneer footprints (Growth of Indian education in South Africa 1860—1977). Goodwood：Nasou.
5. Malherbe，EG. 1977. Education in South Africa. Volume 2：1923－75. Johannesburg：Juta.

6. Kallaway，P. （ed） 1984. Apartheid and education：the education of Black South Africans. Johannesburg：Ravan Press.
7. Morgan，H. 1995. Historical perspective on the education of Black children. Westport，Conn：Praeger.
8. Pells，EG. 1938. European，Coloured and Native Education in South Africa，1652－1938. Johannesburg：Juta.
9. Rose，B. 1970. Education in Southern Africa. Johannesburg：Collier-Macmillan.
10. Samoff，J.，Rensburg，I. & Groener，Z. 1994. From critique to consultation to curriculum：education policy in post-apartheid South Africa. Paper presented at the 37th annual meeting of the African Studies Association，Toronto，Canada，3－6 November.
11. Walshe，P. 1982. The rise of African nationalism in South Africa. London：C. Hurst.
12. Wolpe，H. 1988. The struggle against apartheid education：towards people's education in South Africa. Colchester：University of Essex.

南非大学教授
约翰尼斯·雅各布斯·博伊斯（Johannes Jacobus Booyse）
埃尔莎·格特鲁德·克鲁格（Elsa Gertruda Kruger）

第十五章 瑞士

任何人在阅读有关瑞士教育与教育思想史的著作时都会遇到这样一个问题：1848 年以后，瑞士一直作为一个现代联邦制国家而存在，并且出现了政治自由主义。在此之前，瑞士（最早产生于 1291 年）是一个松散的联盟，在长达几个世纪的时间里，它一直是一个坚固的、比今日瑞士小的团体，即所说的“旧联盟”（Old Confederation）。首先，在谈到瑞士教育史即瑞士学校史时，人们肯定会问：瑞士的学校史是从何时开始并且如何发展的？比如，从何时开始，一个全体瑞士人的联合学校制度出现在瑞士，而且这种发展在一种什么样的环境里才能够被证实。即便今日，瑞士学校制度仍具有牢固的联邦制的结构，例如，学校行政管理也由各州决定，因而，在相对独立的州框架内，各种各样的州学校制度得到了发展。

其次，瑞士教育史也包括教育思想史。尽管旧联盟的疆域与今日瑞士已大不相同，但是，这里有必要从今日瑞士开始，然后再追溯几个世纪前的瑞士历史，以便对历史发展有一个相对完整的了解。在有关教育问题的基本思想方面，可以发现一些思想上的（理性的、智慧的）联系，它们是瑞士一个时代的特征，比如，革命或启蒙运动，它们也超越了旧联盟国（今日的各州）的边界。这些联系或相似点如同瑞士作为一个完整的国家与欧洲之间的联系。这种概念在今日瑞士从未出现，不像欧洲其他国家如法国、英国以及德国和意大利那样。

总的说来，我们认为，首先，瑞士教育史只是在 1798 年海尔维第共和国①之后才开始，并且在通过政治自由主义而促使学校公立化的框架内，瑞士学校史自 1848 年和 1874 年（修改宪法那年）以后一直在现代瑞士邦联中得到发展。在一些州，政治自由主义作为政治的复兴在 19 世纪 30 年代初取代了恢复期。哲学的基本思想，以及后来的教育与训练问题的教育学思想——与宗教的启示理论（relevation theory）没有密切的关系——只是在启蒙运动以后，比如在启蒙和启蒙哲学时代以后，才出现在瑞士。那些启蒙哲学思想家们在我们的国家及它的邻国都有代表人物，比如艾斯林（Iselin）、苏尔泽（Sulzer）、博德默尔（Bodmer）、布雷丁格（Breitinger），还有卢梭和裴斯泰洛齐。

下面所提及的一些局限性为我们回顾瑞士教育与教育思想史提供了重要的内容和历史分期。瑞士文化史如同政治史一样，开始于中世纪，因此，今日瑞士这一地区的教育也起源于这一时期，比如说女修道院。这些开端作为教育开始的标志在此只大概提及，更重要的是近代瑞士两个伟大的思想与宗教运动的影响，它们是学院生活和教育意识的推动力，这就是近代初期的宗教改革运动和近代高峰时的启蒙运动。由于这个原因，我们将更多地论述这两个时期（主要是 16 和 18 世纪）的教育制度和教育思想。不过，瑞士学校制度的发展和教育思想的最重要时期是 19 和 20 世纪。因为如前所述，这个时期瑞士的学校制度首次完全发展成公立学校制度；并且，对这一教育制度的改革变为可能，并能在历史发展中研究它们。关于教育与培养问题的哲学思想及教育思想不仅得到了进一步发展，变

① 海尔维第共和国（Helvetic Republic），在革命的法国征服瑞士之后于 1798 年 3 月 29 日给瑞士大部分领土所起的名称。由于派别争端迭起，波舒巴于 1802 年 9 月 30 日发布调解法令，用新的瑞士联盟代替海尔维第共和国，迫使它同法国的关系更加密切。——译者注

得更加个性化，而且大学和早期的教师习明纳也得到发展，越来越制度化。在这个最后阶段，我们甚至能够把这种发展分为学校史和教学思想史。

下面的论述只能是在有限的范围内进行描述，就像在瑞士教育史的许多领域一样，为了研究的目的，必须打破最初的疆界；而且，由于瑞士教育制度的联邦制特点，研究资料也不容易获得，尤其是当它已成为过去并且不再继续时。然而，这种情况并不仅仅针对学校史——人们总是抱怨缺少学校史的资料，瑞士教育与教育思想史的情况也是如此。

一、瑞士教育史的主要特征

根据上述原则，我们将瑞士教育史划分为三个时期：(1) 中世纪；(2) 近代，重点是宗教改革与反宗教改革时期及启蒙运动时期；(3) 19 世纪和 20 世纪。下面论述的瑞士教育史，同样也指学校史和教育与教学思想史。不过，后两者只是在第三个时期才被单独论述，并且是在最后的部分。

(一) 中世纪

在中世纪这一历史时期，不仅旧联盟的政治史开始了，瑞士的文化史也开始了。在此时期，瑞士的文化特别是学校与教育史都与基督教西欧的整个结构交织在一起。如果人们不仅注意由八个地区组成的旧联盟，而且注意周边邻近地区，注意女修道院和市镇（指那些后来属于瑞士的地方），上面说的那种交织就更加明显。因此，教学在后来的瑞士出现毫不令人奇怪，即使它只教一些字母，教学内容不过是一些宗教信仰，采用的也是中世纪早期和强盛时期基督教非常流行的形式。

在中世纪瑞士境内及周围，主要的学校是女修道院学校和大教堂学校。女修道院学校是为未来的宗教人士的教育而设，大教堂学校是为了培养教区牧师。这些学校主要是对那些想做牧师的人进行神学的指导，包括读、写、算，以及古代和中世纪一些传统的普通教育内容，即七艺。这些学校虽然是为培养神职人员而设，但也满足了世俗大众对知识的渴求。

以教育史的观点来看，最重要的那些女修道院和宗教组织可以视为文化中心，它们的创立可以追溯到8世纪加洛林王朝（Carolinian）教育改革之前，即属于勃艮第（Burgundian）势力范围之内，于478年建于瓦莱（Valais）的圣毛利斯（St. Maurice）修道院，大约7世纪建立的穆蒂埃修道院，圣毛利斯修道院，650年建立的罗曼米提（Romainmitier）修道院，还有七八世纪在阿莱马连（Alemanian）势力范围内的圣加伦（St. Gallen）修道院，724年建立的赖兴奥（Reichenau）修道院，720年建立的贝罗芒斯特（Beromunster）修道院，778年的赖瑙（Rheinau）修道院，7世纪在拉廷（Ratien）建立的迪森替斯（Dissentis）修道院，7世纪在丘尔（Chur）建立的圣卢兹（St. Luzi）修道院，8世纪的芒斯特（Munster）修道院，4～5世纪建于日内瓦的大教堂（Cathedral），6世纪洛桑（Lausanne）修道院和康斯坦兹（Constance）修道院，4～5世纪的丘尔修道院。

加洛林王朝的教育改革为中世纪保留了古代七艺，查理曼（Charlemange）宫廷不仅对欧洲产生了很大影响，对瑞士文化领域也产生了巨大影响。查理曼不仅是设在苏黎世的基督教基金会的出资人和基金会学校——加洛林诺学院（Collegium Carolinum）的创办者，而且，圣加伦修道院是独一无二的教育与文化中心。加洛林王朝文艺复兴带来了教育的大发展。

在圣加伦修道院，书写与装订艺术在9世纪得到繁荣发展，欧洲文化的交流相当活跃，并带来了基金会图书馆的持续发展。那时的第一份图书目录达400卷。一些有影响的院长们想方设法增加藏书，拥护加洛林王朝关于文化与教育复兴的观点。例如，戈兹伯尔特（Gozbert）院长于830年开始重建修道院。格里马尔德（Grimald）院长是Alkuin的一位学者，841年起担任修道院院长。哈特马特（Hartmut）于872～883年担任院长。修道院学校及其文化生活颇负盛名。我们从9世纪的一些建筑方案中可以看到，当时的修道院已经有一所室内学校，旁边还有一所室外学校。那时，担任院长的是一些有学问的修道士，比如埃克哈德①第二帕拉纽斯（Ekkehard second Palatinus），教师有诺特第三拉贝奥（Not third Labeo），也叫“德国人诺克尔”（Notker the German）或诺克尔·图特尼科斯（Notker Teutonicus）。修道院在中世纪的历史也被学者型修道士们所改写，如拉特珀特（Ratpert）。他是9世纪修道院学校的一位教师。其中最重要的一位是11世纪的埃克哈德第四。不过，关于该校室内工作、教学方法、学科内容的资料很难找到。学校主要受到外界力量和重要人物的性格的影响。因此，在谈到该校时，常常会提到那些有影响的教师及学校领导。

不过，中世纪有学问的僧侣们的科学、艺术及历史教学成就，让我们了解到圣加伦修道院学校到底教了些什么。圣加伦学校的历史因为他们的成就而丰富起来。因此，早在9世纪，诺特克·巴尔布勒（Notker Balbulus）就写了拉丁语赞美诗及一系列作品。这些作品被用于礼拜时的弥撒音乐中，并影响了音乐和教育史。“德国人诺特克”作为11世纪修道院学校的教师，为了自己的教学需要，将波依提乌②、马提诺斯·卡配拉（Martianus Capella）、亚里士多德的作品及赞美诗（*Psalter*）翻译成拉丁阿拉曼尼语③混合语。埃克哈德第四留下了拉丁诗艺术的样板。在圣加伦图书馆中，他的作品的编号为393。它表明在诺特克尔·巴尔布勒时代，圣加伦学校除了音乐以外，也教授实用的知识，包括培养写拉丁诗的能力。

在结束中世纪瑞士史的评论之前，必须提到一个重要的事件，它就是1460年4月4日建立巴塞尔（Basle）大学。它是根据教皇庇护二世的训令创办的。庇护二世就是人文主义者比科罗米尼（Aeneas Sylvius Piccolomini）。19世纪30年代以前，该大学是瑞士唯一的一所大学。它开始时具有中世纪大学的质量和组织，但很快就充满了人文主义和宗教改革特征的近代科学精神。它也将瑞士教育史带

① 埃克哈德第四（EkkehardⅣ，980—1096），土瓦本注释家、作家。——译者注

② 波依提乌（Boethius,？—524），古罗马学者。哲学家、神学家、政治家。——译者注

③ 阿拉曼尼语，在德国西南部、阿尔萨斯和瑞士所讲的任何一种日耳曼方言。——译者注

向了一个重视人及人的利益特别是人的个性的新方向。

（二）宗教改革与反宗教改革

16 世纪以后包括 18 世纪的近代时期是欧洲历史上注重现实的时期，教育学也得到了大发展，其方式后来影响到瑞士。这个时期出现了两个特别重要的影响全欧洲的思想运动，它们带来了深刻的教育学的后果，对教育的扩充与深入发展产生了广泛影响。在这里，我们一方面要考虑宗教改革与反宗教改革时期基督教信仰、基督教文化与教育的复活；另一方面也要考虑启蒙哲学的影响。这两个思想运动都呼唤人的天性和自信，并就人的个性、人与上帝的关系展开了辩论。一个运动主要涉及基督教信仰的复兴，重建基督教信仰与其起源之间的新联系；另一个运动则反映了独立的个人的基础。在这两个运动中，人的教育，首先是较高级的、较多的教育，其次也是较普及的大众的教育，对于国家和教会越来越重要。它们标志着学校制度的建立。而这种学校制度的建立不再单独由牧师和教会负责，尤其不再像中世纪那样完全由教会负责，而是由各公国君主负责——无论从宗教的、政治的义务上来讲，还是在一个比较世俗的公国，从开明的专制主义来讲，教育都更加普及；人民受到的启蒙教育也更加普遍。下面将说明这两个思想运动在瑞士教育与学校史上产生的影响及其是否具有明显的瑞士特征。

致力于在人民中间普及教育和培养学者的宗教改革运动以及后来的反宗教改革运动，不仅仅因路德的两部作品而闻名，即《致德国各镇议员，他们应当介绍并维持基督教学校》（*To the Councilors of All Towns of the German State*，*That They Should Introduce and Maintain Christian Schools*）(1524)、《布道：儿童应当受教育》（*Sermon*，*That Children Should Be Given Schooling*》(1530)。路德认为，通过学习读写，每个信徒都可以与信仰保持更密切的关系；通过反映新教精神的学校教育，现已消失的那些旧教会的教育机构将被取代，拥有说服力的真正的信仰才会得到加强和传播。

在瑞士，茨温利①（Zwingli）在苏黎世的宗教改革最早获得成功。由于1523年苏黎世大辩论的结果，苏黎世议会于1523～1532年为讨好茨温利而为教会人士设立了一个职位，并和茨温利一起开始了持久的宗教改革运动。茨温利自1518年以后在苏黎世一直很活跃。他对伊拉斯谟关于恢复信仰与虔诚的思想早就留下了深刻印象。他受过人文主义教育，读过教会先辈们的著作，研究过哲学。作为一个改革家，他将人文主义关于批判地使用教科书的方法运用于宗教著作的学习之中。采用同样的方法，他的宗教改革也完全独立于路德的改革，并且在许多方面与路德教相背离。《最后的晚餐》（*Last Supper*）反映了他的关于教育与训练之必要及其用处的观点。这些思想与伊拉斯谟思想的联系比与路德的联系更加紧密。茨温利在致继子杰罗德·迈耶德（Gerold Meyerde）的文章《贵族青年如何受教育》（*How Noble Youths Are To Be Educated*）（1523年）中表达了他对教育问题的看法。他特别强调了几点：人类的智力，人类的灵魂，好比是一个花园，如果不精心培育，就会杂草丛生；如果适当护理，则会结出丰硕的果实；由于撒旦乐意在年轻人的心里扎根，所以必须从小就让儿童养成对上帝的敬畏和良好的习惯；只教儿童读写是不够的，还必须使他们受到良好的宗教教育；年幼的儿童具有可塑性，需要父亲给予指导。

事实上，茨温利的学校改革比他的教会改革开始得早。学校改革在1523～1525年间进行，而教会改革则仅仅是在1528年这一年。茨温利完全实现了他的学校改革，这一改革同他的关于国家教会思想联系在一起。国家最高掌权者也就是教会最高的官员。这种学校改革最初是在苏黎世的格罗斯穆斯特大教堂（Grossmunster）训练神职人员。牧师们的俸禄被用来支付给新建的神学院的教授们；拉丁语学校和文法学校也重新组建，用作神职学院的预备性训练班。

与茨温利在苏黎世的改革方式相似，加尔文（Calvin）在日内瓦进行宗教改革时也建立了一所神学院，即1559年创办的训练牧师的研究班（seminar）。该校本想扩展成一所大学，因为财政问题而未

① 茨温利（Huldrych Zwingli，1484—1531），瑞士宗教改革运动领袖。——译者注

果。加尔文曾计划在这所学校开设数学、物理课程，并且还一度设立了一个医学教授的职位。加尔文于1536～1538年和1541～1564年在日内瓦活动。在日内瓦，还有一所学院，即一所拉丁学校，从事同样的神学院的预备训练。该校有自己的教学大纲，并且，根据这个固定的教学大纲，学校被分成七个班。加尔文的早期教师，马图里·科迪埃（Mathurin Cordier），是宗教改革时教育学的重要代表人物，出版了几部法语和拉丁语学校教科书，以及教育学著作。其中，1564年出版的*Colloquia scholastica*于1562～1564年在该校被采用。

瑞士不是一个只信奉一种宗教的国家，所以很难只以新教的精神去进行教育改革，而且从16世纪40年代起，天主教对新教在一系列欧洲国家中的传播进行了抵制，即出现了反宗教改革，其目的是恢复天主教已丧失的阵地，巩固天主教正统思想。

众所周知，宗教改革及其各方面对传统天主教会的挑战也通过特伦特委员会（Council of Trent）对教育产生了影响。该委员会存在于1545～1563年。它在天主教存在的那些地区里对瑞士学校制度的重建也产生了多种影响，特别是在瑞士中部，尽管天主教统治地区早在特伦特委员会之前就于1525年颁布一个教会法令，抵抗宗教改革。耶稣会帮助实施了特伦特委员会制定的计划，同样也本着旧教的精神在瑞士各地建立学校。1574年，第一所耶稣会学校在卢塞恩（Lucerne）开办；1580年，又在费赖堡（Freiburg）开办第二所；1591年，第三所学校在Pruntrut创建。17世纪，又建立了一些学院，如1646年在索洛图恩（Solothurn），1650年在瓦莱（Valais）。耶稣会的工作主要集中在拉丁学校，其结果是在天主教瑞士，一群世俗的精英被培养成坚定的旧教信徒。

至于初等学校制度，没人否认它在宗教改革时期获得了一系列重要的推动，特别是在瑞士，改革者们的教育政治抱负主要集中在学术领域（academic area）和拉丁学校。中世纪时期，在一些经济繁荣的城市，有面向普通大众的德语学校。宗教改革对信奉新教的教会产生了影响，这种影响不仅局限在城镇，而且延及乡村的许多地方。在这些乡村地区，不仅使用拉丁语教学，而且使用德语。儿童学习读写，接受宗教教育。在讲德语的小学，学习字母及天主教教育是主要的内容。比如，1562 年，苏黎世教会的一位牧师就在一份报告中提到了这一情况。在其他州，比如在伯尔尼（Bern），政府允许一些地方建立学校并提供教学大纲。后来，由于反宗教改革运动的传入，在联盟的天主教辖区内又兴起了一个类似的运动，尤其是在最初加入联盟的那些州更加盛行。在城镇，学校增加了字母教学、宗教教育及计算等学科，但在农村较少见。在农村，由于儿童干农活，小学大部分是在冬季开办。当牧师不足时，一些没有经过充分培训的世俗人士也担负教学任务。在没有校舍的地方，教学就在私人家里、在牧师住处、甚至在商业场所进行。宗教改革和反宗教改革时期形成的初等学校系统仍占主导地位，即占大部分。这种情形一直持续到 1798 年旧联盟解体。这一时期出台的一些乡村学校法令也印证了这一点，例如，苏黎世和伯尔尼于 17 世纪颁布了乡村学校法，18 世纪 20 年代又颁布新法，苏黎世是 1719 年，伯尔尼是 1720 年。1684 年苏黎世市颁布的那些法令是其乡村学校制度的生动写照，体现了宗教改革的精神。

（三）启蒙哲学与启蒙时代

如同欧洲各国一样，在瑞士，启蒙哲学的影响从英格兰、法国、德国蔓延开来，其影响在教育及政治哲学中持续了很长时间，影响了人们对教育及教学的基本理解。另一方面，它也影响了对国家及社会的理解。启蒙哲学作为一个纯理论的试验，它旨在使独立的成人通过思考意识到自身，使自己成为一个自主的个体。它对教育及训练非常感兴趣，一方面，因为它希望通过教育与训练塑造一种新人；另一方面，它希望通过教育与训练帮助人们获得合乎其人性的发展。从政治的意义上讲，启蒙哲学的兴趣在于保护成人，即有责任心的个体拥有天赋的基本的自由，最终使之成为政治社会的积极分子。在这个政治社会里，他就是建立在宪法基础上的国家的理想的好公民。

在教育与政治领域，启蒙哲学均反对神学和教会，反对特权、贵族及财富，反对等级制社会里权利与义务的不平等。在这两个领域，启蒙哲学及启蒙思想都赞成革新，有时也赞成革命。在这两个领域，启蒙哲学在18世纪启蒙时代已经实行了改革，但是，对于国家、社会、学校制度及教育制度的重要革新，尤其是在瑞士，直到1798年旧的政治制度寿终正寝时才得以实现。

下面将介绍瑞士及旧联盟文化领域里教育与学校制度革新的一些最重要的思想，因为瑞士的启蒙思想家和作者们曾论述到它们。此外，还要提到一些个人和组织，因为他们在瑞士传播新思想，并试图将它们付诸实施，他们的思想在1798年大革命之前就已经对实际的学校改革产生了影响。

在这里，我们也会提到两个非常重要的人物，他们是改革教育的作家，早在卢梭之前就因其教育观点而著名。他们就是琼－皮埃尔·克鲁萨（Jean－Pierre de Crousaz，1663—1750）和约翰·乔·苏尔泽（Johann Georg Sulzer，1720—1779）。克鲁萨出生在洛桑并在此接受教育。为了成为一名思想家，他作为笛卡儿①的追随者在日内瓦和莱顿（Leyden）度过了一段时间。在巴黎，他是马勒伯郎士②的学生。1700～1724年和1738～1748年，他任洛桑神学院的哲学、数学及物理学教授。除了关于美学和逻辑学的哲学理论著作以外，他还出版了教育著作，特别值得一提的是1718年发表的*Nouvelles maxims sur I'education des enfants*和1722年在海牙发表的《幼儿的训练与教育》（*Traite sur I'education des enfants*）。后者是两卷本。克鲁萨创作了适合当时宗教改革的教育文学，这种教育文学形式源于蒙田、洛克和卢梭。在其教育著作中，克鲁萨也涉及了公共教育，不过对他而言，家庭中进行的私立教育格外重要。和洛克一样，克鲁萨也特别重视家庭教师，认为他们既是教师又是学生信任的“第二父亲”。家庭教师在学生父母的家中应居于受人尊敬的

① 笛卡儿（René Descartes，1596－1650），法国数学家和哲学家，将哲学思想从传统的经院哲学束缚中解放出来的第一人。——译者注

② 马勒伯郎士（Nicolas Malebranche，1638－1715），天主教教士、神学家和笛卡儿主义的主要哲学家。——译者注

地位：根据克鲁萨的观点，具有伦理学目的的道德教育对于儿童来说比智育更加重要。他认为，智育更多地是让大脑的判断能力得到发展，而不是知识的搜集。最后，教师必须使知识的学习和获得尽可能地令人愉悦，使学习变成一种游戏。在上面提到的世俗教育的基本原则中，克鲁萨基本赞同洛克的观点，但又比卢梭的思想超前，尽管不像卢梭在其《爱弥儿》中论述得那样多，但却比卢梭在那份世俗教育草案中的论述多，该草案在卢梭早期著作《关于圣·玛丽的教育方案》中可以见到。

约翰·乔·苏尔泽出生在温特图尔（Winterthur），在苏黎世的卡罗莱诺接受教育，由格斯纳（J. Gessner）牧师进行私人教育。1739年担任牧师以后，他一度在瑞士和德国担任家庭教师。1747年，成为柏林约阿希姆斯塔尔文法学校（Joachimsthal Gymnasium）的数学教授，后来升任该校校长。1750年，成为科学学会（Academy of Sciences）的成员。1765年，腓特烈大帝（Frederick the Great）任命他为一所骑士学校（knightly academy）的校长，同时他还担任哲学教学。除了发表于1771～1774年的四卷本的美学著作《美术与科学的基本理论》（*General theory of the fine arts and sciences*）以及其他哲学著作以外，约翰·乔·苏尔泽还出版了一些教育著作，其中，《关于儿童的教育与教学的思考》（*Attempt at Some Sensible Thinking on the Education and Instruction of Children*，1745年）最为著名。根据苏尔泽的观点以及启蒙哲学的思想，教育的最终目的是使儿童成为有责任心的、善良的、有道德的人。差不多在卢梭的《爱弥儿》问世之前20年，苏尔泽就宣称不管其出生如何每个儿童都有权接受教育，因为社会处境的差异是人为的安排，不是自然的。他竭力主张儿童的训练应考虑到儿童的心灵、性格及感觉；教材的分类应依据儿童的发展阶段、儿童的自由天性的运动及母语的发展。

然而，对瑞士教育改革思想的发展最具意义的还是卢梭（1712—1778），他以其最重要的哲学的、教育的及政治的著作而影响着瑞士。卢梭出生在日内瓦。他一生最好的时光是在日内瓦度过的，并因自己是日内瓦公民而引以为荣。在这里，卢梭于1749年发表了第一篇论文，并于1750年获奖。这篇论文为他带来了前所未有的好评。在文中，卢梭回答了文艺复兴以来科学、艺术的复兴是否带来了道德的进化这一问题。他也对人类文化的伦理学价值及人的幸福提出了怀疑。他还提出了人的训练与教育这个核心问题。

在第二篇关于人类不平等的起源与基础这篇论文中，卢梭又提出了第二个重要问题，即从自由与平等的最初自然状态而言，人类是如何形成社会的不平等与不自由的。同时，他不仅从历史发展的角度详细论述了人类文化的起源，特别是人类的社会不平等和社会不协调的起源，而且提出了一个宪法问题，回答了第戎（Dijon）学院提出的社会不平等是否符合自然法则这一问题。他作出了否定的回答并尖锐地指出，人类社会的不平等，尤其是当它与人们的伦理、才智相抵触时，它不可能与人类的真正天性相符合，因为人类的天性是按照自然法则表现的。这个观点具有明显的教育的、政治的意义。卢梭的这些思想被吸收进他在1762年发表的两部重要的哲学著作中，即《社会契约论》和《爱弥儿》。

在《社会契约论》中，卢梭表达了他对建立在自然法则基础之上的自由与平等的看法，以及如何尊重个人的自由，如何维护社会团结。卢梭认为，只有在这种符合宪法的国家里，公共教育或自然教育才有可能，这种教育应当使人成为国家的公民。《爱弥儿》是卢梭对当时的文化与社会问题，特别是对法国“古代政体”（Ancien Regime）所作出的第二次重要回答。《爱弥儿》并没有阐述公共教育，只是提出了社会道德下滑这一事实。卢梭把个体的教育视为拯救社会道德下滑的药方，认为这种教育应当由宫廷教师或家庭教师进行，不应当将理想的学生变成通常意义上的社会的人，而是让学生远离社会，避免社会的不良影响，让他在农村接受一位理想的教师的指导，自然地成长。这位教师的工作集中在塑造模范学生。正如卢梭在《爱弥儿》中描述的，依据他的关于自然的、合理的教育的概念，他将完全不同的期望结合在一起，而这些期望在启蒙哲学中却没有明确地表达出来。如同启蒙哲学一样，卢梭首先论述了教育与训练对一个新生的、自我发展的个人的生活的极端重要性，即使这个人不相信教育的整个力量，也会认为最成功的教育是在学生的童年时代发展他的才能，“自然的教育”应当在人为的教育之前。与此同时，必须考虑到儿童时期是自主的、自然发展的，是具有特性的，而不仅仅是成年人的预备期。

很自然，教育在青春期也不是消极的和间接的，教师对学生的作用是在儿童期。在此时期，学生的身体与智力得到发展，心智得到训练，判断力得到开启，他接受自然科学及商业知识方面的指导，以应对外部自然世界，但他没有接受任何形式的道德的宗教教育，也没有受到文学的、历史的教导。只是在他长大后，青春期才使得他向他人和社会开放。此时，他受到道德的、宗教的以及文学的、美学的、艺术的、历史的及政治的教育。现在他通过教师的直接影响而积极地接受教育，被引入社会。在这个社会里，他作为一个世界的公民——农民先生（Gentleman Farmer）和一位受人爱戴的陌生人——而生活其中。此时的教师仍然要采取一些重要的安全措施。这种典型的教育观念对 18 世纪后半叶教育的理念及其关系产生了巨大影响，尤其是在瑞士。裴斯泰洛齐的《天鹅之歌》就是一例。正如卢梭所述，通过这种教育，他只希望证实他的关于人的自然的善良秉性的人类学观念，因为只有基于这一点，人的道德的、宗教的、政治的、智力的训练才有可能。

卢梭对 18 世纪后半叶的瑞士产生了特别巨大的影响。在瑞士的卡罗莱诺学院（Collegium Carolinum）这所神学院，一些教师对欧洲启蒙运动很感兴趣。各种不同的运动都坚持一点：海尔维第主义在瑞士不断壮大，对祖国的爱与爱国主义强化了《社会契约论》的观点，对教育与培养的问题兴趣大增，这一点在苏尔泽那里也得到了验证；所有这些也同寄希望于人与社会更新的自然教育的思想紧密相连。裴斯泰洛齐生动地描述了具有理想化的自由制度的《社会契约论》以及《爱弥儿》对其青年时代的影响，而他不过是众多受影响的人之一，因为卢梭的读者遍布全瑞士。卢梭的两篇演讲在瑞士也备受欢迎，因为在瑞士人们对“古代政体”的脆弱性的感觉越来越强烈。

在当时加罗林诺学院的教授中，最有名是约翰·博德默尔（Johann Bodmer，1698—1783）和约翰·雅各布·布赖丁格（Johann Jakob Breitinger，1701—1776）。他们二人都是在瑞士的加罗林诺学院接受教育并注定要成为神学家。二人都具有非神学的文学的及历史的倾向和眼光，他们代表了启蒙时代崇尚学术的瑞士。博德默尔和布赖丁格最初追寻的是一条诗学与美学之路。1731 年，博德默尔担任加罗林诺学院的海尔维第史教授。自 1740 年开始他教授逻辑和修辞学，1745 年开始教授希腊文学。二人都出版了一些教育学著作，但在教学活动中，他们则信奉启蒙运动的精神。他们二人，还有苏泽尔，都具有莱布尼兹－沃尔夫（Leibniz-Wolff）哲学的特征。特别是博德默尔，对当时青年学者的学术生活产生了巨大影响。他的思想对拉瓦特尔①（Lavater）和裴斯泰洛齐也产生了启发。他们是爱国组织的成员和 *Der Erinnerer* 杂志的出版人。约翰·雅各布·施泰因比歇尔（Johann Jakob Steinbruchel，1729—1796）于 1763 年成为布赖丁格在加罗林诺学院的继承人，同时，他也是作为学者和启蒙运动的代表在那里讲学的三人之一，他们以自己的才能为高等教育体制增添了光彩。

在这里应当提到两个人，他们同样代表了瑞士的启蒙运动文化，代表了符合卢梭的精神而在不同领域部分实现了个人观点的人。他们就是理事会主席艾斯林（Basle Isaak Iselin，1728—1782）和伯尔尼贵族尼克劳斯·埃马努埃尔·范·恰勒（Niklaus Emanuel von Tscharner，1727—1794）。二人对瑞士最重要的教育家之一裴斯泰洛齐都产生了重要影响。

艾斯林在巴塞尔大学学习哲学和法学，并受沃尔夫哲学的影响，1752 年在巴黎结识卢梭和布丰②，1755 年获得博士学位。1756 年起担任巴塞尔联合共和国的国务大臣（state secretary），直至逝世。他

① 拉瓦特尔（J. K. Lavater，1741－1801），瑞士作家、爱国者、新教牧师、观相术创立者。——译者注

② 布丰（Buffon，1707－1788），法国博物学家，以关于自然史的著作闻名。——译者注

成为一位具有启蒙运动思想及其政治的和教育的改革主张的著名作家，其作品是1755年发表的《关于人类的一个朋友的哲学的和爱国的梦想》(*Philosophical and Patriotic Dreams of a Friend of Mankind*）和1746年的《关于人类史的哲学遐想》(*Philosophical Suppophical on the History of Mankind*)。1776～1778年和1780～1782年，艾斯林主办了杂志《人类的蜉蝣》，刊登了《伦理学与政治学的教学》这篇文章，裴斯泰洛齐的《隐士的黄昏》也首次在这里发表。根据启蒙运动的精神及其思想，在 *Helvetische Gesllschaft* 中，艾斯林主张进一步改革联合共和国内的政治与教育。关于教育问题，艾斯林完全赞成德国启蒙派的教育学，首先是赞同慈善家巴泽多①和罗豪（Rochow）观点，而德国的这种教育学再次受到卢梭的影响。按照慈善主义的精神，艾斯林积极参加在德骚（Dessau）和格里松斯（Grisons）——Marschlins——建立慈善教育机构，并对家乡的学校制度和大学改革产生了兴趣。

尼克劳斯·埃马努埃尔·范·恰勒（Niklaus Emanuel Von Ischarner）是裴斯泰洛齐的《林哈德与葛笃德》中的容克尔·亚尔纳（Junker Arner）的原形。他受过启蒙主义式的良好教育，在 Kehrsatz 的一家模范农场工作，1767～1773年任 Brtnese Landvogt von Schenkenberg，后来在伯尔尼担任过不同的职务。在伯尔尼，他参加了1779年开始的体育改革。他是多个公共利益团体和经济的、社会的协会的成员。他的主要教育著作是刊登在《人类的蜉蝣》上的关于《农村的贫民院》的七封信。对此，裴斯泰洛齐于1777年在《关于贫穷的农村青年的教育致 N. E. T. 先生的信》中给予了答复。在这些信中，裴斯泰洛齐提到了指导他在纽霍夫为贫苦青年建立教育机构的教育思想。尼克劳斯·埃马努埃尔·范·恰勒认为应当在乡村而不是城镇开展贫穷青年的教育，应当通过设施较好的孤儿院和贫民院而不是通过私人的训练。他想把普通教育和职业教育结合在一起，这样的话，为工具的使用特别是为制造工作作准备的农业教

① 巴泽多（J. B. Basedow，1723－1790），德国教育改革家。——译者注

育就会得到重视。教育，特别是贫穷青年的教育，意味要适合其生活状况，比如，要适合孤儿未来的社会条件。在尼克劳斯·埃马努埃尔·范·恰勒看来，学校教育是开展民众教育的最好方式，宗教、习俗和自然学科应在农村学校中得到传授。这种学校强调活动，而这在裴斯泰洛齐那里也是最为重要的。

从广度与深度上来讲，即从社会教育学的意义上来讲，裴斯泰洛齐都发起了一些教育运动，即关于穷人、弱势群体的教育监护，与宗教伦理教育相关的学校教育。然而，作为其社会教育学的以及后来的教育学的活动的一个基础，裴斯泰洛齐始终考虑的是人、人的目的及人与上帝和世界的关系。根据我们所掌握的裴斯泰洛齐的信件和著作，可以将他定义为一名哲学家、政治家、神学家和经济学家。

裴斯泰洛齐出身在苏黎世，并在那里成长，在那里的高级教育中心接受了他的部分训练。他还和博德默尔和约翰·雅各布·布赖丁格一起在加罗林诺学院学习，在启蒙运动方面受到他们的影响。除了裴斯泰洛齐对卢梭的政治与教育思想的巨大热情以外，还应当注意到他与以希策尔（J. Guyer，SHirzel）和契费利（J. R. Tschiffeli）为代表的重农主义（Physiocratism）①之间的联系，注意他与以梅斯梅尔（J. Mesmer）、舒尔特斯（H. J. Schulthess）及拉瓦特尔（J. C. Lavater）为代表的虔信派之间的联系。他是爱国者协会的成员，这表明年轻的裴斯泰洛齐作为被该协会重新恢复的一名成员，希望通过回归旧联盟来改革协会。最早的作品《阿吉斯》（*Agis*）就是证明。裴斯泰洛齐始终是一位从哲学上反映人与人类的思想家与作家。裴斯泰洛齐生活与工作的第一阶段，即到1799年在斯坦兹照料孤儿们之前，他的主要兴趣是在政治与社会方面；第二阶段，即从裴斯泰洛齐老年开始直到逝世前夕，他的兴趣主要集中在学校与教育。

年轻时，裴斯泰洛齐最初写了一些有关政治哲学的文章。在这些文章中，裴斯泰洛齐进一步思考了爱国者联盟，后来，由于他在

① 重农主义为18世纪法国资产阶级古典政治经济学派的理论。——译者注

新庄（Neuhof）农场开展的旨在为穷人服务的农业与教育实验的失败，在朋友艾斯林的劝告下，重操旧业，当上了作家。1799 年，他写作了《论家乡的自由》的讲演稿，由此结束了年轻时代的政治写作生涯。随后，裴斯泰洛齐发表了著名的《隐士的黄昏》，该文首次是于 1780 年在艾斯林的《人类的蜉蝣》杂志中出现。他自称这部作品是黑夜的前兆。在这部作品中，他形成了关于人的存在、目的及教育的基本思想，以及在社会的环境中和神学的基础上人的自然发展的思想。此后，裴斯泰洛齐又发表了一系列文章。1781、1783、1785 及 1787 年，裴斯泰洛齐的四卷本乡村小说《林哈德与葛笃德》相继发表。在这部小说中，裴斯泰洛齐进一步深化了关于初等教育的思想，他以泥瓦匠林哈德的一家为模型，表明了妻子葛笃德通过对酒鬼丈夫、对乡绅的帮助，以及她努力战胜邪恶与内外痛苦所展现出来的母爱的力量是多么巨大。家庭起居室里的教育是学校教育和村里伦理道德教育的样板。1782 年发表的《克里斯托弗和伊丽莎白》，典型地反映了裴斯泰洛齐的大众教育思想。1782 年，在自己经办的杂志 *Schweizerblatt* 中，裴斯泰洛齐关注的焦点是那个时代的需要与渴望。1783 年的《旧法律与儿童谋杀》（*Old Law and Child Murder*）谈到了单身母亲问题、性禁忌问题以及刑法改革问题。

同一时期，裴斯泰洛齐也经历了一次宗教危机。这次危机带来的一个重大结果是他开始重视并最终广泛而深入地关注人类。裴斯泰洛齐在《隐士的黄昏》中仍然深信人类具有高级特性，而这种特性在其自然发展过程中是不会被中断的，并将得到进化，与上帝关于美德与幸福的看法相一致。而此时，在裴斯泰洛齐危机时期（1782～1795），他开始转而认为人类具有一些较低级的动物特征，在环境的抵制与人类的敌对情况下，这些动物特性会受到损坏。他还将此与社会的人的归化相比较，而人的这种归化并未带来人的道德的真正建立。人的高级特性及其与上帝的宗教联系暂时隐居幕后。这种观点在裴斯泰洛齐 1793 年致朋友尼克罗维斯（Nicolovius）的信中得到了详细阐述。这一点在初版《林哈德与葛笃德》的第四卷以及该小说 1790、1792 年第二版中已经非常明显。

德国唯心主义者康德和费希特（Fichte）的影响反映在裴斯泰洛齐 1797 年的一部重要的人类学著作《调查》中。在这本书中，裴斯泰洛齐进一步阐明、扩展并深化了关于人类的思想。此时，他将动物特性与人类的社会的、道德的条件区别开来，并将人类置于特定的道德条件之中。在这种条件中，具有思想自由的人根据道德法律来决定自己的行动，影响自己的道德准则，或者相反。关于人的这种二元论思想，裴斯泰洛齐在后来一直未改变，并成为其初等教育思想的基础。

1798 年，由于法国军队入侵瑞士，海尔维第共和国成立。当海尔维第共和国召唤时，选择教师与教育者这种职业对裴斯泰洛齐来说是显而易见的。他被召回照顾在斯坦兹的孤儿们。这些孤儿在瑞士反抗外力的起义中失去了父母。在 1799 年《致斯坦兹朋友的信》中，裴斯泰洛齐提到了这一点。在此后的几年里，裴斯泰洛齐有机会尝试自己的初等教育方法，用此种方法，他希望使人的认知、道德及身体得到完善，尤其是农村的人们。他从 1799 年开始在布格多夫（Burgdorf）的不同学校里实验，后来在 1801～1804 年他又在自己位于布格多夫的学校中，1804 年在小镇慕亨布西（Munchenbuchsee），1805～1825 年在伊佛东（Yverdon）先后实验。他的初等教育理论最初以一种综合的方式出现在 1801 年他的教育著作《葛笃德如何教育她的子女》中。在致自己的出版商盖茨纳（Gessner）的 14 封信中，裴斯泰洛齐首先谈到智力训练中的形式、数目和词几个基本要素及其基本原则、视觉，最后又谈到了道德与宗教教育。

在裴斯泰洛齐学校的繁荣时期，尽管裴斯泰洛齐的合作者之间存在分歧，学校还是出现了很多变化，并且一度达到了欧洲标准。在此期间，裴斯泰洛齐发表了《伦茨伯格演说》(*Lenzburg Speech*)，它受到裴斯泰洛齐合作者尼德埃（Niederer）的巨大影响。在各种不同的文章中，裴斯泰洛齐进一步完善了自己关于初等教育的概念，它与裴斯泰洛齐关于人的二元论思想是相互联系的，比如在他后期的著作 1818 年的《致故乡的演说》（*Speech to His House*）和 1826 年的《天鹅之歌》中。

1793 年，裴斯泰洛齐写作了《是与否》。这篇文章是在裴斯泰洛齐逝世后才公布于众的。在这篇文章中，裴斯泰洛齐谈到了自己与法国革命之间的关系冲突。在《致我的时代》（*To my Times*）或《新纪元》一文中，裴斯泰洛齐又表达了他的历史哲学的、政治的观点。这篇文章同样是在裴斯泰洛齐去世后发表的。此后，他于 1815 年在最后的文章《论我的时代的和我的祖国的无知、严肃与高尚》中，表达了他的最终的政治的、历史哲学的观点。他运用这种观点来分析当时发生在欧洲的政治复辟。在 1826 年的《朗根塔尔演说》（*Langenthal Speech*）中，裴斯泰洛齐为自己在 1825 年得到提拔而向海尔维第协会主席表示感谢。

裴斯泰洛齐作为一名教育家和唯心主义政治家的影响尤其是在 19 世纪的影响是不可能估计过高的。尽管不是他、而是政治上的自由主义为人民带来了普通国民学校，但在许多人看来，他是国民学校之父。18 世纪是哲学和教育的时代，裴斯泰洛齐与其他人的伟大的教育改革思想，不可能完全实现在 1798 年大抵抗运动之前提高人们的总体教育水平的目的，尽管有了改革初等学校制度的尝试，比如在苏黎世出现了各式各样的县立学校，1778 年，那里还通过了一项新的县立学校制度。正是这种新的、根本性的社会变化，导致了 1798 年首次尝试、并于 19 世纪建立永久性的强迫国民学校。

二、19 世纪与 20 世纪的瑞士教育

19 世纪和 20 世纪的瑞士教育翻开了新的篇章，并获得了新的意义。整个瑞士的发展第一次比以前更加清晰明朗，尤其是从 1848 年开始。瑞士成为一个联邦国家。这个新纪元从教育学的角度来看也是值得注意的，因为瑞士学校历史开始形成，教育及培养的基本思想也以一种具体的方式开始发展，科学的教育学开始形成。

（一）学校历史

下面我们将描述瑞士教育史的主要特征，把焦点对准学校改革中的两三个重大运动，它们可以被称为瑞士史上学校改革的顶峰，

对整个世纪至少是这个世纪的大部分时间产生了决定性的影响。我们也将分析它们的最重要的理智方面的动机，以及伴随它们的政治的和社会的环境。对于学校改革运动的每一步，我们仍将探询那些主要的观点和基本的目的，而它们是这一特殊的学校改革的整个思想的基础，探讨什么是人，而这一点恰恰为人的教育与培养提供了有争议的目的的模式。

整个瑞士学校史是以当时瑞士境内出现的所谓重要的学校改革现象而开始的。这项改革就是海尔维第大臣斯塔普费尔计划。该计划根据法律在瑞士境内设立受海尔维第共和国控制的国立义务学校。但是，该计划受到了抵制，因为在一些重要的城镇和经贸中心一直存在各种类型的世俗学校，在乡村还有一些个人开办的学校，而在一些大的女修道院周围还有一些宗教学校。在 1798 年法国革命的思想随着法国军队入侵而传入瑞士之前，随着海尔维第共和国的成立，旧联盟解体，那些前海尔维第学校即旧联盟学校在各个联邦都得到了独自的发展。在海尔维第学校制度刚刚起步建立的时候，曾有人批判这些学校，但与此同时也促成了根据新精神而设计的激进的学校改革方案的出现。

下面我们将概述瑞士这个首次激进的学校改革的基本原则和目的。这次改革也是瑞士政府首次引入义务国立学校。最后，我们将表明为什么瑞士的首次学校改革在中短期内未能成功，而在长期内却有积极的影响。因为 19 世纪 30 年代初瑞士一些州开始建立一种崭新的学校制度，比如苏黎世和伯尔尼州。这种制度基于自由主义精神，并且部分地实现了这一精神。如果说人们设想了一些最核心的思想，这些思想正是海尔维第共和国艺术与科学部部长斯塔普费尔（Philipp Albrecht Stapfer）在解释一部在全国实施的新教育法的信中所提出的，那么，新的学校制度尤其是国立学校制度的精神，正如海尔维第共和国所设计和实施的，则得到了最好的体现。

在介绍斯塔普费尔的重要思想之前，我们还是先简述一下斯塔普费尔学校改革的历史背景，即一些政治的历史事件，它们使斯塔普费尔有可能按照启蒙运动精神来设计他的海尔维第学校。1798

年，在控制着法兰西共和国的五人执政内阁的命令下，法国军队占领了旧联盟的13个州，由于得到瑞士人的支持，便导致一个新的民主共和国的建立。共和国拥有海尔维第中央政府，它取代了旧的联盟政治体制。旧联盟的每个成员主要是以寡头政治的方式进行统治。新国家即海尔维第共和国的中央政府由瑞士人组成，他们都受到法国的巨大影响。新的共和国受到1789年法国大革命的思想的激励，并以法兰西共和国为模式：由立法机关批准成立由5～6人组成的执政内阁，内阁成员由各部部长组成。立法机关由两部分组成，即参议院和众议院。毫无疑问，在海尔维第共和国的政治框架内，面向全体公民的全民教育思想第一次得到宣扬和传播。

海尔维第宪法第四条将安全与教育启蒙作为两个最基本的大众福利，并强调教育启蒙优先。这是新共和国给教育制度和学校带来的最根本的转折。无疑，作为一个政治体制，国家承认了所有人的培养与教育是国家的一项重要的和核心的任务，而无论是在古代还是在旧联盟时代，学校都在教会的监控之下，并主要掌握在私人手中。所有公民一律政治平等的新思想，以及人权思想，成为海尔维第共和国教育的基本原则，也使得面向全国公民的公立教育成为国家必需和不可回避的任务，并得到了认可。

从这时开始，新生的海尔维第政府创设了艺术与科学部，斯塔普费尔自1798年5月2日开始担任该部部长。他被委派重组海尔维第共和国的学校制度，并以启蒙运动的精神进行重建。五人执政内阁已经想到通过一项特别法律对整个学校制度进行规范，斯塔普费尔要做的是起草这样一部法律草案，供五人执政内阁进行讨论，修改后提交议会。然而，这部教育法从未被实施，草案在一个特别委员会中又进行了修改，但最后被立法机关否决。不过，该法案的内容以及解释法案的咨文的内容被保存下来。特别是法案咨文，它的思想、它所引发的争论、它所带来的反响，成为新的学校制度的精神、目的及动机的来源，而这一新学校制度的创立被视为海尔维第共和国的学校改革。

上述法案咨文所反映出来的斯塔普费尔和五人执政内阁的基本

思想，为新学校制度的创立提供了依据，并为它作了很好的诠释。这些基本思想就是：建立一个政治社会，其宪法保障所有公民享有平等的权利，所有人都可以获得同样的政治的、社会的及职业的地位；向所有公民提供有用的知识，政府官员的主要任务是通过自己的工作提高民族的声望。在那些由极个别的家族组成政治权力机构，并谎称自己是所有人的领袖和保护人的国家，不难理解，国民教育被置于第二位，因为他们害怕人们通过启蒙教育而变得成熟；教育甚至被视为一项预防措施，或干脆被忽视。然而在像海尔维第共和国这样的民主国家里，每个人都有可能升到最高的政治地位，所以有必要使全体人民的培养和教育成为国家的主要任务，因为当它的每个公民都能产生影响时，每个人也就必须接受关于社会职责的训练。而在一个无知和自私的人那里，这种影响就会毁坏整个社会。上述法案咨文将重组海尔维第共和国学校制度计划的主要目的概述为：议会应当建立公立义务教育制度，尽管它还不曾出现，它应当包括所有阶层的人们，教育国家的每一个公民，并使教育延续到他们的理解力和能力所能承受的水平。这些能力表现为：一方面，他确切地明了并能履行自己作为一个公民的权利和职责；另一方面，他具有使自己成为有用的公民的职业，这种职业是他经济支柱的安全保障，他工作愉快，不会遇到困难。教育对于公民身份、公民职责及其职责的履行来说是一个必需条件，教育也是拥有一定职位的人获得职业成功的基础。这两点是这次学校改革的基本指导原则。这次改革显然体现了启蒙运动的精神，也使人联想到孔多塞（Condorcet）的《关于公共教育基本组织法令的报告和方案》（*Report and Projects of Degree for the General Organization of Public Education*）。

法案咨文以及与其相关的法律草案主要应对的是国民学校制度的改进，以及所谓的下层公民的学校或初等学校，因为，根据斯塔普费尔和五人执政内阁的观点，学校制度尤其是国民学校，在海尔维第共和国成立之前是被忽视的。因此，法案咨文不乏对先前学校制度的批评。在许多地方，根本没有校舍，而在另一些地方，又缺少教学设备，或教学设备不令人满意。教师收入很少，且所受训练很差。学校课程也不能满足人们的真正需要。教学方法有误，学校纪律有时过严或过松。

除了初等学校以外，法律咨文的兴趣也对准了致力于学问传授和政治训练的机构。在这些机构中，具有特殊才能的人得到培养，并被输送到国家公共服务部门任职，比如医生、律师、德育教师、官员、艺术家和工程师。大学预科作为大学的预备学校也被想到了。关于中央联邦大学的规划也起草了。每个州还准备成立一个教育委员会。有些州比如海尔维第共和国的苏黎世就设立了这样的委员会。在海尔维第共和国，这种机构也是第一次设立。资助有才能的贫困家庭子女接受高等教育，初等教育免费，将学校划分成班级，引入决定升留级的选拔考试，为完成学业的人写举荐信，使他们有权获得官职，所有这些是法律草案提出的一些重要要求和条件。

在结束对海尔维第共和国时代斯塔普费尔所推行的教育尝试、他所坚持的学校改革、以及由此而来的学校制度的重塑的介绍之前，还应当提及斯塔普费尔对当时瑞士学校实际状况的一份调查，即《调查报告》。1799 年初，斯塔普费尔通过他所设计的调查表开始了解当时瑞士的学校状况。这一调查表被分发给了所有的学校教师。虽然对调查表的回答有很多漏洞和不完善，虽然所使用和分析的材料不很完善，但是，调查结果明确表明，在雄心勃勃的海尔维第学校改革计划与实施计划的窘迫的现实之间存在巨大的差距。这种差距，加上海尔维第共和国即将陷入的政治的与军事的困境，解释了为什么瑞士的一项学校综合改革方案不能实现，而这一改革在最初借助于海尔维第共和国及斯塔普费尔是那么地顺利，也解释了为什么在 19 世纪 30 年代初瑞士各州又因自由革命运动而重新获得了学校改革的机会。

海尔维第共和国的政治领袖们所尝试的这些激进的学校改革带来了什么结果呢？学校改革是受政府集中指挥的，并希望引入国民义务教育制度，使学校制度成为明智的世俗政府的职责，但是，如前所述，这一改革在短期内是不太成功的。1803 年由法兰西共和国执政官拿破仑·波拿巴所颁布的调停令再次将瑞士带回联邦制，虽然瑞士仍主要受法国控制，直到1815年拿破仑垮台，但是，这一时期的法国政府并未实现大胆的学校改革思想，也未实现斯塔普费尔的国民学校计划。体现启蒙运动精神并受国民学校思想影响的一项学校改革，要在1815～1830年的瑞士实施是不可思议的。在整个欧洲，王政复辟和君王政权的再次引入，使得学校改革不可能发生。而在瑞士，联邦制与寡头政治——以及教会控制的学校制度——再次被采用。

只是在1830年法国七月革命时，学校改革才开始在瑞士各州产生影响，并且，在像苏黎世、伯尔尼这样的州，人民政府重新执政后开始实施体现自由主义精神的新宪法，最初是在1830～1848年的复兴时代，只有这时，国民学校的思想——就像它最初出现时那样，体现了法国大革命的精神——才可能在一些州部分地得到实现。由于追求自由主义和人民政府的政治革命的结果，一些州所实施的学校法律都达到了它们的目的，建立了义务国民学校，将学校从教会控制下解放出来，实行世俗的人民国家统治，这种国家将教育制度的建立与管理视为自己的主要任务之一。这种法律于1831年在范德（Vand）州、1832年在苏黎世州、1835年在阿尔高（Aargau）州被颁布。

这里我们可以描述一下在政权更迭过程中与学校制度的更新有关的主要趋势和问题。以苏黎世州的学校改革和普通国民学校为案例，在此基础上，简要指出学校下一步改革的基础。在19世纪30年代已经解放的州内，学校制度更新的主要特点是建立各种不同的新的初等学校与中等学校，包括建立与此相称的校舍，国民学校教师专业训练的制度化，颁发教师职业许可证书，提高教师报酬，继续实施义务教育并反对雇用童工、与家长的抵制作斗争。为了教师的专业训练之目的，许多地方开办了培养教师的研习班，比如1822年在阿劳（Aarau），1832年在洛桑，1832年在苏黎世州的库斯纳特（Kusnacht），1833年在Hofwil。随着学校制度向外部的扩展，以及学校反抗社会的与教会的抵触的成功，同时也带来了教学组织内部形式的革新，即建立了年级制，固定时间的教学制度得到深化，班级教师向学生面授，系统的教学计划的出现，考试制度以及义务免费教具的使用。

瑞士各州革新时代学校改革的动机与思想基础，促使义务的普通国民学校（state school）得到建立，但是，越来越多的是带来大学体制的更新，即使在一些创办了大学的地方，比如伯尔尼和苏黎世。我们可以以苏黎世的模式为案例来研究这些动机与思想基础。在苏黎世，追求自由主义和人民政权的政治革命在 1831 年时已经开始，并以新宪法的出台为标志，体现新精神的学校法律也很快于 1832 年生效。新生的自由的苏黎世州的宪法包含了法国大革命的许多思想，但主要思想是人民政权与法律面前人人平等。关于个人的自由权利问题，特别应当提到出版自由和工商自由。希尔（Ignaz Thomas Scherr）在其 1843 年所著的《学校朋友》中，开门见山地、令人信服地表明："一个民主制度的州，如果没有有效的公立教育，其结果将是，最初由一群乌合之众统治，然后是由寡头政治执政。"苏黎世新宪法第二十条明确指出："看管年轻人的教育是人民及其代理人的职责。本州将全力开展并支持初等与高等教育及教育机构。"1830 年乌斯特尔备忘录（Uster Memorial）在第十五段和最后一段就已经提出要"彻底改变学校制度"。

一批具有自由主义思想的个人卷入了 19 世纪 30 年代初的苏黎世州学校改革，其中最杰出的代表是希尔。他是新型的综合国民学校的奠基人，是库斯纳特教师习明纳的首任主席。奥雷利（Johann Caspar von Orelli）则是大学预科改革和创办苏黎世大学的代表人物。希尔是来自符腾堡（Wurtenberg）的一位移民。作为一名教师，他已经获得了很高的评价，并且担任着苏黎世盲聋哑学校校长。19 世纪 30 年代初，他开始越来越多地关注初等学校改革，并于 1832 年发表了他的论初等学校现状的评论文章，题目为《论苏黎世州初等学校制度的现状》。由于这篇文章，他加入了批评初等学校现状的队伍的行列。他们受裴斯泰洛齐思想的激励，追求制度化的初等教育，追求初等学校制度的政治的与教学的改革，就像裴斯泰洛齐的追随者内格里（Hans Georg Nageli）的改革一样。他写了一本《裴斯泰洛齐回忆》。希尔成了负责初等学校的组织与学校法的制定的一个教育委员会的成员。他的教育原则和信条也反映在1840年发表的自传中，即在由于保守派下台，他不再担任苏黎世的所有职务一年以后。自传最初发表时的名字叫《1825～1839年居住苏黎世州期间我的观察、奋斗与命运》。

希尔全面系统地论述了普通初等学校，并给予了最高的评价，正如他在1832年所说的，“目前的人类沐浴着时代的伟大的、美丽的光辉”。当然，古代印度、希腊和罗马在诗歌、艺术和科学方面也作出了巨大努力，并且在个性方面也超越了他们，但是，当时的教育只不过是一项个人的和特权阶级的事务，广大民众则处于冷漠、迷信与奴役之中。根据希尔的观点，今日的普通初等教育将防止文明的国土再次遭遇惨遭毁坏的古代文化那样的厄运。希尔希望通过有组织的以及为了公共福利的学校制度，美德将得到弘扬，国家的幸福也有了保障。依据这个观点，希尔认为初等学校应当培养学生成为有美德的、有用的公民。他不仅要求唤醒人的潜在的力量，而且要求训练和促成它们的发展，这不仅是指让他们学习一些特殊的技能，而是要学习一定的知识，发展一定的能力。简言之，根据希尔的观点，初等学校应当实现人的一定水平的普通教育，因为对当时的大部分公民来说，初等学校是唯一的学习场所。至于初等学校的教育科目，希尔坚持裴斯泰洛齐的初等教育理论，即依据整个教育和知识的要素，将学校的科目分成单词、数目与形状，初等学校的所有学科应当包括说话的训练及与数目和结构有关的教育。

这就是希尔初等学校制度重建的精神和动机。在希尔看来，这些就是初等学校教育的目的。根据乔克（Heinrich Zschokke）的观点，由于人民获得解放，初等教育实际上成了一个“通行证”，19世纪30年代自由的瑞士各州因为有了它，初等学校制度才得以被革新。不过，在不同的州，尤其是在苏黎世，19世纪30年代末教会势力重新抬头，保守势力、反对派在被强大的自由主义重新取代和推翻之前曾再次掌权数年。

就整个瑞士而言，改革后的自由的各州与天主教保守势力之间的对立变得更加严重。保守派反对1847年瑞士内战时期联邦议会通过的取消女修道院的法令。这项法令是由自由主义派别所操纵的，是超越时代的。1948年，一部面向全瑞士的自由主义的宪法被大多数州所采纳。瑞士抛弃了松散的联邦制，而实际上瑞士自1815年以来已经变成了更加团结的联邦制国家。这一点不可能不对教育制度产生影响。尽管学校仍主要由各州管辖，但对学校的监督与控制则越来越成为国家的事务，尤其是对高等学校制度，因为1848年的联邦宪法已经对受各州保护的初等学校的最低限度的教学作了规定。19世纪下半叶学校制度的进一步发展给各州和国家带来了很多难题和艰巨的任务，这些问题相继或同时出现，包括由于新建和重组了初等和中等学校，各种中学之间如何衔接成一个统一的学校体制；教学大纲的进一步制度化和统一化；如何统一实施考试，以此检测教学效果；对所有选拔手段的控制；成绩单及统一标准。学校作为一个公立机构获得了新的发展，比如民主化学校的创办。在这种学校里，教育越来越被视为州与国家经济能力的决定性因素。这使学校与社会最终一体化。

作为社会中的一个机构，学校是社会安定和经济繁荣所不可或缺的因素。但是，学校的这种超前的一体化是非同寻常的，这也是学校遭遇批评的开始。这种批评的依据是，教育的关键应当是儿童的自由发展和快乐生活。随后，人们又开始质疑学校的目的是否是使儿童的自我意识得到进一步发展或者得到束缚，是否使儿童的自我意识越来越强，使之成为社会的有用的一分子，而同时又不干涉和阻挠这种自我意识的自然生长和自由发展。

这个问题很可能应对一个事实负责，即在20世纪头三分之一时间里，第二次大规模的教育改革运动席卷瑞士。这次运动源自欧洲，官方称之为革新教育，在瑞士也可以看到它的追随者以及进一步发展了革新教育思想的人物。发生在瑞士的第二次教育革新运动，与已经出现的第一次革新运动相反，其特征更加明显地表现为：多种学校形式开始出现，而在瑞士历史上，第一次学校改革运动是首次建立了国立学校。虽然国立学校最初被视为体现了公民的民主的自由，但那次学校改革的指导思想却是实现成年公民的自由，这意味着要借助公民的教育来战胜傲慢无礼，比如宗教势力或专制主义。但是，它没有考虑到儿童的发展与权利。

正是为了儿童的自由，为了儿童早期得到安全照顾，为了使儿童摆脱书本学习，德国、欧洲其他国家及美国的革新教育运动在19世纪最后的十年，以及在20世纪最初的三四十年间，表现出了各自不同的主题和方向，并导致多种学校形式的出现，而这些学校形式很快便在瑞士发展起来。

（二）教育思想

在回顾19世纪和20世纪瑞士学校史的时候，在简要介绍了基本革新教育思想之后，应当从在瑞士产生影响的各种革新教育思想中挑出一些案例。下面我们将提到瑞士革新教育的一些追随者及革新教育的进一步发展。

虽然欧洲尤其是德国的革新教育因为所强调的教育理想不同而方向有别，但是它们的核心都是强调儿童独立，强调儿童自由发展其天性和能力的权利。这一教育思想同那种认为教育的主要任务是使所谓的未成年的儿童和年轻人适应社会，使之成为现有的或即将建立的社会的一个成员的教育思想截然不同。当然，也不能满足于认为19世纪末和20世纪头三分之一的革新教育起源于卢梭。卢梭是第一个强调儿童拥有教育、文化及社会权利的人。然而，当人们分析卢梭所带来的历史现象本身时，当人们解读卢梭的重要著作时，不能不把他视为一个从儿童立场看问题的教育学的代表人物。20世纪革新教育的各色杰出人物都受到卢梭的启发，例如爱伦·凯、路德维希·格利特（Ludwig Gurlitt）、蒙台梭利以及列夫·托尔斯泰。

因此，毫不奇怪，在瑞士，当人们寻找体现儿童观的教育学的代表人物时，而这些代表人物又都属于20世纪头三分之一的革新教育运动派别，人们立刻会发现那些将自己的研究建立在心理学基础上的教育科学家们的核心所在，而这种心理学是1900～1930年日内瓦的典型特征。阿道夫·费利耶尔（Adolphe Ferriere，1879—

1960)、克拉帕里德（Edouard Claparède），还有博维特（Pierre Bovet）、皮亚杰①、弗卢努瓦（Flournoy）、罗伯特·多伦斯（Robert Dottrens，1893—1984）以及路易斯·梅兰（Louis Meylan），都是具有决定作用的教育学家。他们个个批判19世纪的传统学校，从一开始就研究具有自身创造力的儿童的心理自我发展及其自发性，希望创建一种体现革新教育精神的新学校，他们称其为"新学校"、"新运动"或"新试验"。

在日内瓦的革新教育圈内，应当特别提到克拉帕里德。1912年，他与博维特一起号召成立"卢梭学院"。这是一所私立的、建立在科学基础上的教师培养与教师继续教育机构。1931年，克拉帕里德发表主要著作《实用教育》，提倡教育应当利用儿童的需要，教育的目的在于使儿童的能动性得到释放。此外，还应当提到阿道夫·费利耶尔。他提出了最有国际影响的革新教育概念——新运动（active）。1921年，他成立了"新教育世界协会"。费利耶尔钟情于适合儿童的学校以及以儿童为中心的教学，这种学校将儿童的活动、兴趣、好奇心和教师了解儿童的渴望置于核心位置。罗伯特·多伦斯主张根据年轻人的兴趣进行教育，把他们当做具有独立性和主动性的个体。他提倡教学的个性化和差异性。路易斯·梅兰则倡导人文主义教育，其作品《新文化》也以培养学生的人性为核心。

所有这些教育学均反对那种认为教学就是用有用的知识训练儿童的智力的观点，或尽可能印象深刻地用一种思想或一种学科向儿童个别授课的观点。根据他们的革新教育思想，儿童决不可以被当做容器，他们是有生命的、充满活力的存在，他们有独立的思想、打算和感受，他们有自己的兴趣、需要和意志。所有这些，都应当受到教育的尊重。

与具有儿童视野的革新教育运动密切相关的，是出现在欧洲地区的蒙台梭利的思想及其活动。众所周知，蒙台梭利认为，只有在儿童的内在需要和能力以自己固有的生长方式得到充分发展时，儿

① 皮亚杰（Jean Piaget，1896—1980），瑞士杰出心理学家。——译者注

童才能得到最好的发展。成年人所施加的教育决不可以干扰和改变儿童的发展，也不可以企求形成儿童的发展，而是要创设一种刺激儿童内在渴望和外在生长的环境。根据蒙台梭利的观点，上帝赋予儿童以天性，并使其身体的和智力的发展依据一定的法则。负责儿童道德发展的教师，必须遵循这些法则。

1907年，蒙台梭利创办了自己的第一所儿童之家，并在大量的著作中表述和捍卫了自己的教育思想。此后，她的教育思想才能够在20世纪20～30年代在瑞士的一些州产生影响，比如在提契诺（Ticino）州。该州甚至试图按蒙台梭利的思想来改革学校制度，并在穆扎诺（Muzzano）和奥萨纳（Osagna）创办了最早的蒙台梭利学校。其中最著名的学校是由阿尔贝蒂（Maria Boschetti-Alberti）创办的。后来，蒙台梭利运动在沃州展开，再后来又被日内瓦著名的革新教育家如博维特、费利耶尔、克拉帕里德所认可。年轻的皮亚杰也接受了发展心理的观点。而今在伯尔尼和巴塞尔自1984年以来仍保留着初等和中等水平的蒙台梭利学校。而在苏黎世、诺伦（Nuolen）和卢塞恩则自1987年以来一直如此。

发展方向略有不同的革新教育运动，即乡村教育之家运动（country education home movement）最初起源于英格兰和德国，它对德国产生的影响超过了讲法语的瑞士。乡村教育之家运动的划时代的奠基人，德国人赫尔曼·利茨曾受到雷迪①的深刻影响。雷迪于1889年在阿博茨霍尔姆创建了一所寄宿学校，希望自己的学生亲历生活，在乡村环境里学习。在这样的环境里，生活简单而健康，身体运动和社会精神在师生中间发挥了巨大作用。1898年，利茨在艾森伯格（Ilsenburg）开办了他的第一所乡村教育之家。在他看来，乡村之家的教育不仅仅是一个教学和智力训练的问题，更是道德行为和品德的培养，是自我教育，是高尚与健康的生活方式。利茨是瑞士乡村教育之家的推动者和代表人物。利茨的学生、后来的合作者古斯塔夫·怀尼肯（Gustav Wyneken）追随其后，创办了自由学

① 利茨（Hermann Lietz，1868—1919），德国教育改革家。
雷迪（Cecil Reddio，1858—1932），英国教育家。——译者注

校协会。该协会与这一运动密切合作。还有保罗·吉伯（Paul Geheeb）也于1910年创办了他的奥登瓦尔德（Odenwald）学校。1934年他从德国移居过来以后，便在瑞士创办了自己的新人文主义学校。

实际上，早在1899年以及20世纪头十年，瑞士就已经存在6所以德国乡村教育之家为模式的寄宿学校，其中4所在瑞士德语区，2所在法语区。这些乡村教育之家的特征是借助学校内部改革比如乡村寄宿学校，以及实施完全的、自然的但仍然是文化的教育，来革新文化与教育。寄宿学校协会部分是一个学校协会，部分是一个教育部门，部分又像是州内的一个州或州的缩影。如前所述，阿道夫·费利耶尔在德国和瑞士时研究了乡村教育之家运动，认为乡村学校运动的特点就是在乡村设立家庭寄宿学校。在那里，儿童的经历是一切智力发展的起点，手工在教育中发挥着重要的作用，尤其是在需要实践的道德品质的培养中。在20世纪的前三分之一时间里，瑞士开办了二十多个这样的乡村教育之家，它们全部奉行上面提到的那些革新教育精神。

在某种程度上，鲁道夫·施坦纳的瓦尔多夫教育学继续发展——也可称其为革新教育的一部分——也对瑞士产生了一定的影响。众所周知，鲁道夫·施坦纳试图依据自己的人类社会观点来革新整个学校制度以及学校的教学。1919年，他在斯图加特（Stuttgart）创建了自己的第一所瓦尔多夫学校，此后，他又很快相继在德国的其他城市开办了类似的学校。瓦尔多夫教育学在瑞士出现比较早，其原因在于鲁道夫·施坦纳通过创办歌德学园与瑞士保持着联系。歌德学园是人类社会学协会的活动中心，创建于1913年，位于巴塞尔附近的多纳什（Dornach）。第一所瓦尔多夫学校于1919年在斯图加特创建的那一年，鲁道夫·施坦纳就已开设了“道德科学（Geistesssenschaft）教育学”讲座。他的讲座在教育圈里产生了极大的影响。1920年，鲁道夫·施坦纳在巴塞尔为教师开设了一门教育学课程。1921年，他又在多纳什开设了系列人类社会学基础讲座。所有这些的结果便是鲁道夫·施坦纳学校的建立和瑞士第一所此种学校于1926年在巴塞尔创办。1927年，苏黎世紧随其后，也创办了一所此类学校。鲁道夫·施坦纳学校在瑞士的发展比较缓慢，20 世纪 60 年代末，瑞士只有 6 所，而这种选择学校在 20 世纪 70 年代和 80 年代则获得新的动力，1987 年时大约有 25 所。与公立国民学校相比，这是一种真正的选择学校，尽管它们对教学的基本看法与 20 世纪传统的革新教育思想不同。

我们还应该提到瑞士的劳动学校运动，它在 20 世纪最初的三分之一时间里发挥了一定的作用。此外，不仅应当提及凯兴斯泰纳（Georg Kerschensteiner），他在 1908 年发表了著名的演说《未来的学校是劳动学校》，这一年正好是裴斯泰洛齐诞生；还应当提到瑞士人塞德尔（Robert Seidel，1855—1933）。他在凯兴斯泰纳之前就已对劳动学校产生了兴趣，并自认为是真正的劳动学校之父。初等与中等学校教师、记者、社会民主政治家塞德尔于 1908 年在苏黎世出版了名为《未来的学校，劳动学校》的著作。在讲法语的瑞士地区，也能看到与此类似的学校，甚至在 20 世纪 20 年代，以及后来七八十年代，仍能看到法国人费福雷赖特（Celestin Freinet）的《劳动教育》（*Education du Travail*）的影响。

总之，自由与多元化是瑞士的特征，这不仅表现为学校改革史上作为国民学校的义务普通国民学校，还表现了为源于革新教育的一系列选择学校改革运动提供了极好的机会。甚至西班牙无政府主义者弗朗西斯科·费勒（Francisco Ferrer）在瑞士都有追随者。他的学校是最有效的实现“劳动阶级的精神、智力与经济的完全自由”的工具，这是他在 1911 年写的《近代学校》（*The Modern School*）一书中所说的话。由此而来的便是 1910 年在靠近洛桑的恰里（Chailly），由一帮工人教师和商贸工会会员创办了“费勒学校”，不过这所学校只生存到 1918 年。

在简要介绍瑞士革新教育的时候应提到第三个现象，它仅仅出现在 20 世纪 60 和 70 年代。瑞士学校制度组织——确切地说是各种州学校制度——的外在形式，在 19 世纪末到 20 世纪 60 年代初的时间里变化更小。20 世纪 60 和 70 年代，基于一些基本的教育思想或设计教学法思想以及不受邻国或友好国家影响的各种学校组织结构改革，被引入瑞士公立学校制度之中，引入州立学校之中。二次大战之后瑞士的学校改革远没有触及整个学校制度。因此，这里我们只指出这些改革的最重要的动机，然后再介绍那些最重要的改革形式。

关于发生在二次世界大战末，特别是20世纪60～70年代的学校改革的动机，可以分为两种：一种源自经济的、技术的能力与其教育水平、教育制度的效率之间的密切关系；另一种是通过最大可能地发展教育，使人们尽可能容易地接受教育，实现社会公正，比如机会平等。人们可以称第一种为教育经济的或技术的动机，把第二种称为社会的动机。

瑞士学校制度改革的教育的经济动机主要来自美国模式。美国由于军事卷入二战，便明白了为了有效发展自己的武器系统和武器工业，如何最好地使用技术力量及其研究能力；至于社会科学和人文科学的兴趣，则在于使人类的才智和科学的研究得到有效利用，具有社会政治价值。其结果是，到20世纪50年代末，年轻的瑞士科学家们，尤其是那些技术方面的自然科学家和人文社会科学家们，移民美国，给瑞士经济和社会带来了损失。

1957年，苏联第一颗人造卫星升天影响了美国教育制度的改革，后来也影响到整个西欧。两个超级大国在航空领域的竞争中苏联首次获胜。1962年和1964年，经济合作与发展组织（OECD）和联合国教科文组织开始在先进的工业国家进行国际比较研究，搜集教育投资、经济繁荣与物质财富之间联系的数据。这在瑞士也产生了反响。这些研究和成果在1964年和1965年乔治·皮希特（Georg Picht）先生的《德国教育的大灾难》中得到了强化和支持，也导致“天才的获得和年轻人的提拔”成为瑞士最紧迫的教育政治任务，同时也导致了学校与教育制度的改革。通过改革，瑞士利用了本土所有可获得的人才，并从所有可能的地方获得人才。瑞士在教育政治方面的这些努力所带来的最显著的结果是，在远离瑞士大城市和工业经济中心的地方设立中学以及大学预科。其目的是充分挖掘生活在没有教育机构的地区内的储备人才和各阶层的人。

二战后瑞士教育改革的第二类动机，瑞士人把它们称做社会的改革，它们带来了零散的学校改革。学校改革的这些社会动机受到了教育政治的有力促动，同时在意识形态上也是以德国以及欧洲1968年的运动为基本模式。它们得到了教育政治和教育研究的关注，成为改革的基础，获得了尽可能多的学生和最大可能的教育机会平等。当人们认为人才不应再依赖于遗传，而应通过“人才给予”来培养时，那种与教育的经济动机有关的人才学或专家治国的学校改革，因其生物学化或过于静止不变的观点而受到了斥责，或被拒绝。为这种类型的教育政治提供科学基础的教育研究，意味着将那些有利的社会环境与处境不利的社会条件区别开来，并认可它们对儿童的影响。基于这种认可，教育政治就是通过学校改革使学生的社会培养或人才差异达到平等，为所有人提供平等的机会。

但是，学校的类型是什么？学校应当传授什么？教育政治的这些目的在瑞士得以实现的教学是什么？显然，这里必须首先提到综合学校运动。当然，首先必须表明，综合学校作为瑞士公立学校制度中的一种机构从未有机会得到发展。它一直处于零散的学校实验状态，具有州的、地区的或地方的特点——只有一个例外——寿命很短。瑞士最知名的实验可能是第一次试图引入一所略有不同的综合学校，即1970～1980年在索洛图恩州的Dulliken开展的综合学校实验，实验包括第七和第八学年。

瑞士更成功的教育实验是改革初等学校高年级的中间学校实验，或所谓的中等第一级改革。该项改革在各州都包括义务教育阶段的最后3、4或5年，分成2～4个不同的能力级别，比如在中学，出现了高中（oberschule）、中间学校（moderate school）、实科学校（realschule）、更近意义上的中等学校及前预科学校。从传统上讲，中学和中间学校在大部分州都趋于向更高一级靠拢，而无须特殊要求，它们是为特殊的专业教育作准备。中学，作为一种具有中等水平要求的学校类型，是为专业教育作准备，是为了特定的预科学校和前预科学校服务，部分地是为了地方学校，主要地是为了预科学校。一些州试图在学校改革的框架内改革中等一级，从而建立综合学校，比如促进不同类型学校之间的转换，采取不同的方法使教学个别化，比如瓦莱州和提契诺州减少划分学生成绩的级别，苏黎世州采用选择学科教学。讲法语的各州依据日内瓦模式即所谓的“定向周期”而将所有的高年级合并成一个定向与观察年级。“定向周期”可以说是一种“附加的”综合学校，是具有不同附加成分的综合学校。在瑞士中部及索洛图恩、阿尔高及圣加伦各州，也出现了一些类似的计划，只是仅被部分实施，或被修改。有关于此的一份概述与分析报告《瑞士学校组织的发展、组织改革及学校实验》认为，1984年时可以确信，20世纪60年代和70年代的学校改革“从更远的历史阶段来看，可以说是学校组织制度发展中的一个重要抉择阶段”。据此，今天可以相对肯定地说，对瑞士学校历史上的学校改革第三阶段下结论是可能的。

最后要指出，瑞士作为教育理论方面许多重要创新的家乡（只要提一下卢梭和裴斯泰洛齐这两个名字就足够了），同时它又积极地采用了其他民族的教育思想成就，从而成为教育实验的中心。这既是因为它的地理位置处于欧洲的中部，又是因为它在政治方面对民主改革所具有的开放性。

瑞士学制图

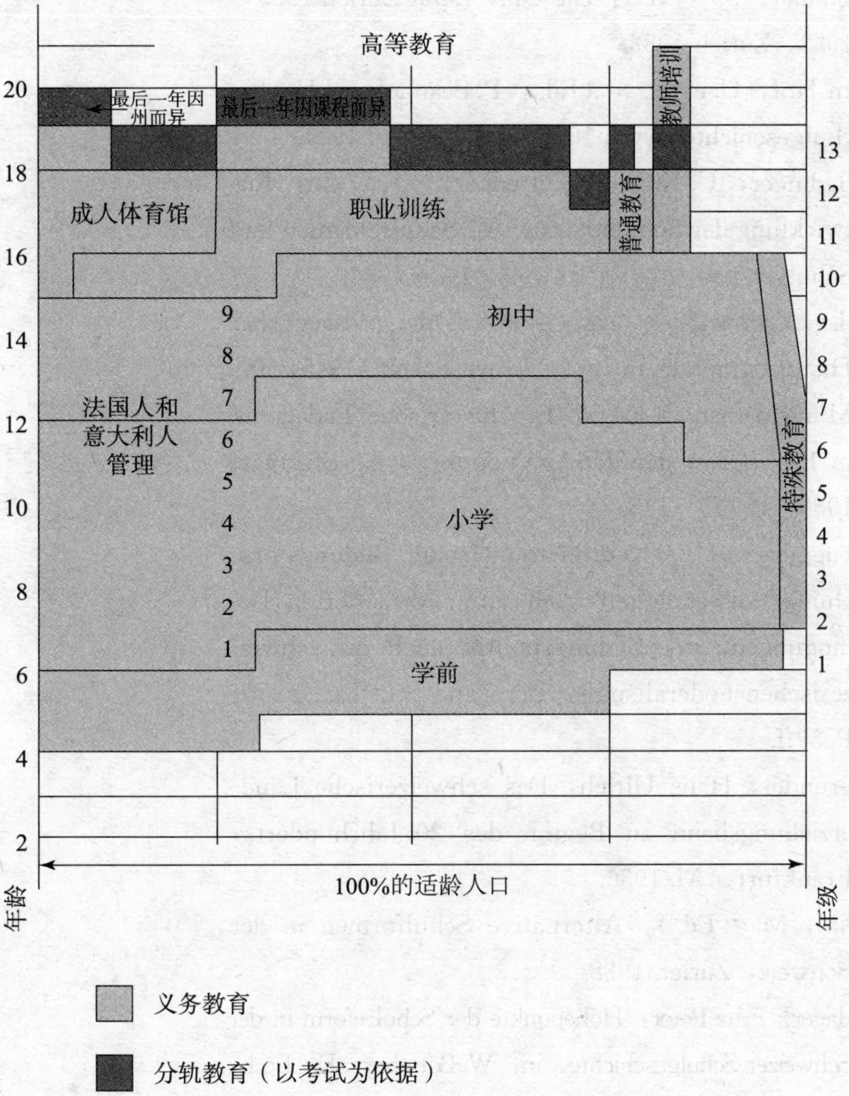

高等教育
最后一年因州而异
最后一年因课程而异
教师培训
成人体育馆
职业训练
普通教育
初中
法国人和意大利人管理
小学
特殊教育
学前
100%的适龄人口
年龄
年级
义务教育
分轨教育（以考试为依据）

主要参考文献

1. Stadler, P. (Ed.): Die Universität Zürich 1933—1983, Zurich 1983.
2. Im Hof, U. et al. (Ed.: P. Scandola): Hochschulgeschichte Berns 1528—1984, Bern 1984.
3. Hedinger, U. K. and Wyttenbach, S.: Zur Entwicklung der Schulstrukturen: Schulreformen und Schulversuche in der Schweiz, Bern 1984.
4. Hager, Fritz-Peter. Zur Geschichte der pädagogischen Historiographie in der Schweiz seit 1945, in: M. Heinemann (Ed.): Die historische Pädagogik in Europaund den USA, Volume 3.2, Stuttgart 1985, P. 125—148.
5. Tuggener, H.: Koordination in der Bildungsforschung-Notwendigkeit auch unter veränderten Bedingungen, in: Bildungspolitik auch im schweizerischen Föderalismus, Bern and Stuttgart 1985, P. 59ff.
6. Grunder, Hans Ulrich: Das schweizerische Landerziehungsheim zu Beginn des 20. Jahrhunderts, Frankfurt a. M. 1986.
7. Näf, M. (Ed.): Alternative Schulformen in der Schweiz, Zurich 1988.
8. Hager, Fritz-Peter: Höhepunkte der Schulreform in der Schweizer Schulgeschichte, in: W. Böttcher, E. Lechner, W. Schöler (Ed.): Innovationen in der Bildungsgeschichte europäischer Länder, series Bildungsgeschichte und europäische Identität, ed. by E. Lechner, Vol. 1, Frankfurt a. M. etc. 1992, P. 433—464.

9. Hameline, Daniel/Helmchen, Jürgen/Oelkers, Jürgen (Ed.): L'éducation nouvelleet les enjeux de son histoire, Bern 1995.

10. Jenzer, Carlo/Criblez, Lucien: Zur Situation und Entwicklung der Schulgeschichte in der Schweiz, in: Bildungsforschung und Bildungspraxis, 17. Jg., No. 2, 1995, P. 210—238.

瑞士苏黎世大学教授，博士

弗里茨-彼得·黑格 (Fritz-Peter Hager)

第十六章　叙利亚

一、古代及中世纪的叙利亚教育

众所周知，叙利亚只不过是大家所熟知的地理上的“自然叙利亚”（Natural Syria）或政治上的阿拉伯历史中比拉德·沙姆（Bilaad ish-Shaam）的一小部分。它东起阿拉伯半岛北部的幼发拉底河和泰伊山（Mount Tayy），西临地中海东海岸，南止毗邻埃及的Areesh，北到德鲁斯山（Tourus Mountains）。现在的叙利亚共和国仅仅是第一次世界大战后在政治上终结而意识形态并没有终结的叙利亚的一小部分。1918年叙利亚被英、法分而治之，而在1939年它的大片国土逐渐被土耳其所占领，1948年以后又被以色列占领。比拉德·沙姆留下的东西构成了共享长期以来特别是14世纪以来形成的语言、文化、历史、政治和教育的许多政治小团体。

叙利亚教育的历史究竟有多久远目前仍不能准确界定，因为在许多原始山岗所出土的文物中，仍然有令人惊奇的新发现。鉴于读写、计算是制度化教育的基石，因此，读者首先应该知道，第一个字母表源自叙利亚，公元904年，阿拉伯数字系统和作为一门科学的数学在伊斯兰帝国的黄金时代由马里传入欧洲。另一个应该知道的事例是，史料记载五千年前埃卜拉人（Eblaites）和马里安人（Marians）有独特的教育模式，他们把图书馆作为教育场所，而不像同时代的那些埃及法老那样在寺庙里进行教育。因此，在叙利亚所看到的这样一种基督前教育说明，在以后的几乎所有的教育都成为宗教教育前存在着的另一种不同的体制。

1968年在阿勒颇（Aleppo）东南的马蒂克（Mardeekh）山，发掘出有5 000年历史的埃卜拉（Ebla）①王国。1975年则发现了宫廷图书馆，图书馆中那些成架的文字泥板给我们展示了王室档案和首次发现的最古老的双语字典。而且，这些文字泥板按照图书编码系统编制成架，并且主题突出，这样做的原因在于使读者无须移动它们便可浏览。20世纪80年代，楔形文字著作被译成普通文字，埃卜拉语（Eblaite）②被证明是第九种闪米特语③。在那本最古老的字典中，由埃卜拉语同义词构成的36个沙姆特（Sumarite）词被认为曾用于教学中，所发现的校正手稿也说明存在教师纠正学生作文的事实。那些文字泥板也显示，教师分两个等级：舍赫④，即高级教师；教师，可以理解为普通教师或教师助理。

文字泥板竖排成列，每30列一页。用楔形文字所写的埃卜拉语像日文那样从上往下排列，前一页像英文那样从左到右排列，但在把泥板的底边朝上后，后一页便像阿拉伯文那样从右到左排列。尽管他们所采用的以日月划分时间、用十进位数字系统作为数字序列的做法在别的王国如伊拉克南部的马里王国也曾使用，但数字“十万”在历史上却是在叙利亚最早使用的。他们也有一套附设于寺庙的职业教育体系，如果没有这一教育体系，那么，在当地所发现的

① 埃卜拉，亚洲西南部一古城，位于今叙利亚阿勒颇附近。1974～1975年发现的埃卜拉楔形文字泥板，描述了公元前3000年以埃卜拉城为中心的文明盛世。——译者注

② 埃卜拉语：一种古代闪米特语，用楔形文字书写在泥板上。——译者注

③ 闪米特语是通行于北非和近东的闪米特—含米特语系的三个语族之一，古代和现代叙利亚语属于该语族的西北语支。——译者注

④ 舍赫，古代阿拉伯人的尊称，指年高德劭的长者。特别是宗教领袖、大学校长、部落酋长、乡村村长和城镇区长等，都具有这一头衔。——译者注

精致珠宝绝不可能制造出来。

与其他先知一样，基督教的第一位教师是耶稣基督。以后，他的信徒步其后尘。在基督教早期，在安提阿（Antioch）、亚历山大港和盖萨里耶（Qaysaariya）首先开设了学校，在以后的一段时期，拉塔基亚（Lattakia）、霍姆斯（Homs）和贝鲁特（Beirut）的教堂附近也开始出现学校，这些学校教授阅读和计算。古叙利亚语——基督徒所用的阿拉米语①语言文字——起源于所有阿拉伯和阿拉米-阿拉伯（Arameo-Arab）基督徒做礼拜时的语言，在阿拉伯半岛它也是教学语言。公元 6 世纪，基督教分裂成东西两派。大多数叙利亚基督教徒宁愿与阿拉伯的兄弟姐妹们在一起，也不愿支持代表西方教会的罗马占领者。自此以后，基督教与伊斯兰教在一个国家里共存，古叙利亚语仅用于礼拜仪式，那些以后用古叙利亚字母写阿拉伯文的僧侣被称之为“库尔舒米”（Karshuni）。

伊斯兰教创立初期，教育是宗教性的，这种形式在伍麦叶王朝、阿拔斯王朝（Abbasid）、法蒂玛王朝（Fatimid）②和奥斯曼帝国（Ottoman）时期有较多保留，这在阿拉伯世界中是绝无仅有的。在叙利亚，官方宗教为伊斯兰教，但对这些文化进行吸取时所用的语言却是阿拉伯语。然而，并不是所有的基督教或犹太教的阿拉伯部落都皈依伊斯兰教。这些宗教少数派在医学和化学科学发展中扮演了一个重要角色。一些哈里发和他们孩子的老师就是基督教徒和犹太教徒。因此，“阿拉伯—伊斯兰教育”一词是整个文化的反映，其媒介是《古兰经》（*Our'aan*）的语言——阿拉伯语。

虽然教育包括生活的各个方面，但它一直与读写能力联系在一起。伊斯兰教创立初期，在麦地那仅有 11 人、麦加仅有 17 人会读写。在这些到过国外或与国外有联系的富商中，三位是拉希德哈里

① 阿拉米语，属闪米特语族的西北语支，自公元前 7 世纪至公元 7 世纪遍及西南亚。——译者注

② 伍麦叶王朝是统治哈里发的国家的第一个穆斯林大王朝（661—750 年）。阿拔斯王朝，是穆斯林哈里发帝国两大王朝的第二个大王朝。始于 750 年推翻伍麦叶王朝，止于 1258 年被蒙古人所灭。法蒂玛王朝，是曾在北非和中东建立帝国的一个穆斯林王朝。——译者注

发（Rashideen Khalefahs）。曾从事过贸易的先知穆罕默德（Mohammad，572—632）也不识字。发现于阿莱干河流域（Alaq）的写在苏拉特（Surat）棉布上的圣书《古兰经》，第一节就是“诵读，以真主的名义”，因此，在伊斯兰教中，读写能力受到了重视，同时这也是对每一个男性或女性穆斯林教徒记诵《古兰经》的必要要求之一。当麦地那归属于穆斯林信徒时，穆罕默德要求身为犹太教徒和基督教徒的每个俘虏去教十个穆斯林文盲学会读写，并以此作为获释的条件。

阿拉伯伊斯兰最早的教育模式由先知穆罕默德于612～632年所创，穆罕默德是第一个传授伊斯兰教的人，他起初在居所里传授，以后又在清真寺里传授。他解释宗教职责和神圣《古兰经》内容。记忆是他们学习所听到的东西的主要方式，因为《古兰经》中关于这位先知最后20年的生活的章节是写在棕榈的树叶、石头、鹿皮或骆驼的肩胛骨上的。教学语言是阿拉伯语，古来氏的阿拉伯语，古来氏是先知所在的部落，所用的阿拉伯语便成为主导用语。

教育对于所有各地的寻求知识的男人，无论是年轻的或年老的、富有的或贫困的，都是免费的，在家里的女子不包括在内。先知的妻子和其他一些妇女曾要求去聆听先知的教诲，于是，先知便每周用一天的时间对她们进行宗教教育。先知要求儿童和愚人远离清真寺，以便使虔诚的人享有宁静或使他们能够进行沐浴典礼。

第一任哈里发阿比·贝克尔（Abi Bakr as-Siddiq，632～634）曾命令把做礼拜时的那些短诗也收入《古兰经》中，这本《古兰经》原始文本曾授予奥马尔的女儿，先知的妻子之一哈福赛（Hafsah）。这些教师是先知的同道，他们记忆《古兰经》并成为“记述者”（readers），这些听过先知对伊斯兰宗教职责和同“圣训”（Hadeeth）相关的生活及习惯解释的人成为“叙述者”（narrators）。这个时候，清真寺仍然是伊斯兰生活和文化的中心。

奥马尔（Omar Ibn al-Khattab）是第二任哈里发（634～644年）。先知去世两年后，他发动了伊斯兰在比拉德·沙姆地区的扩张，促使拜占庭统治者从叙利亚撤军。第二任哈里发要求所有被统治国家统治者的第一个书面课程，就是要求他们去教穆斯林儿童游泳、骑马以及最好的格言、诗歌。他也让“记述者”和“叙述者”教授《古兰经》和“逊奈”①。

伍麦叶哈里发（661～750年）把都城定于大马士革，从而开始了一个历时90年的统治王朝。他们首先在行政管理方面阿拉伯化，《古兰经》中的阿拉伯语成为官方语言，以《古兰经》的一些章节作为教育的基础。当母语不是阿拉伯语的人皈依伊斯兰教时，在使用阿拉伯语言过程中往往会出现大量错误，为此，城市中的阿拉伯人或送他们的孩子到居于叙利亚沙漠中的贝多因②部落中生活一段时间，帮助他们纠正错误掌握纯正的阿拉伯语，或把贝多因人带到城里教授阿拉伯语。阿布·阿斯瓦迪·杜阿莱（Abu-al-Aswad ad-Du'aly）在伍麦叶时期创立了第一套语法规则，于是，在昆它布③除教授宗教课之外还教句法和词法规则。人的因素即教师而不是场所开始成为教育过程的核心。虽然私人教学仍在宫廷和富商家里进行，但针对青年和成人的高等教育仍然在清真寺里进行。伍麦叶哈里发仍承认伊斯兰贵族的世袭权力，但他们也把教育伊斯兰贵族子弟及继承人的责任完全赋予教师。其中一些哈里发受他们教师的宗教思想影响很大。他们教授语法、语言、诗歌和系谱学，为此得到了大量赏赐；此外他们还依据圣训免费教授《古兰经》和进行宗教教育。一些哈里发成为了真正的学者。例如，奥马尔哈里发追随伊玛目④厄扎伊（al-Ozza'y）的法理学学说，领导大马士革法律思想学校，成为一个在学识上超过他的老师的学者。

---

① 逊奈（sunnah），伊斯兰教名词。指传统的社会习俗和法律，尤指穆斯林社团的社会习俗和法律。在伊斯兰教内占多数的逊民派全名为逊奈和大众派。由于教义、法律和政治方面的各派人物纷纷伪造圣训，穆斯林学者乃开创圣训学，验证圣训传述世系的可靠性，于是逊奈大受重视。其后经注学和教法学也都利用逊奈。——译者注

② 贝都因人，是中东沙漠，特别是阿拉伯、伊拉克、叙利亚和约旦等地讲阿拉伯语的游牧民族。——译者注

③ 昆它布（kuttab），一种简陋的初级教育场所。——译者注

④ 伊玛目，对伊斯兰著名学者的尊称。——译者注

许多学习者的激烈争论、大声朗读和孩子们的干扰，对于清真寺做祈祷的敬神者显得太嘈杂。因此，昆它布或麦克台卜①在清真寺的街角或屋子里发展起来。不同年龄的男童在一间教室里由一个教师指导学习。作为年轻男孩的教育中心的昆它布或麦克台卜首先在大马士革兴起，之后扩展至整个阿拉伯伊斯兰帝国。这是一个历史性成就。这种仅要求一名教师、一间房屋的昆它布一直延续了14个世纪，直到20世纪50年代后期，甚至当世俗学校在叙利亚兴起后，它仍然存在。

每个低年级学生都按自己的速度记忆《古兰经》，一些优秀的学生在10岁以前已经能够完全背诵它。数学计算则是通过在昆它布之外的市场上向那些称重、检查质量和计算货物价格的人直接学习获得的。而关于写作技巧的学习，在获得许可抄写《古兰经》章节以前，只允许学生抄一些诗歌或文学作品直到掌握写作的基本原理为止，这样做是以免他们玷污了“真主”的圣洁语词。教授正字法的首要步骤是，识别以不同形式单独呈现的28个字母，然后，对单词进行模仿。当学生在昆它布记住了《古兰经》，并在Great Recitation Day之后毕业时，所有学生都要在没有书本的情况下默写不同篇章。然而，写作是一门需要在昆它布之外掌握的技巧，因此，专业作家给其学生足够的时间和关注，以便使其在这个行业表现优秀。

伍麦叶王朝时期，书法得到了发展，抄写《古兰经》的质量也得到了提高，其字迹清晰可认。伊斯兰教禁止使用肖像画，因此，书法成为一门在建筑和装潢领域得到发展、繁荣的艺术和专业。也正因此，《古兰经》中的诗句也被用于装饰公元7世纪建于耶路撒冷的岩顶圆顶寺②和大马士革大伍麦叶清真寺的墙壁。

在伍麦叶王朝以前，清真寺教学圈就是民众和成人接受教育的途径。第一个开始这种教学圈的是阿布·达尔达（Abu al-Dardaa）。伍麦叶时期以前他在大马士革教学，伍麦叶时期则在伍麦叶清真寺

---

① 麦克台卜（maktab），经文学校，伊斯兰初等学校。——译者注

② 岩顶圆顶寺，亦称欧麦尔清真寺，是现存最古老的伊斯兰教圣迹。——译者注

从教。有一段时间，他的教学圈超过了一千六百个。一般做法是，他采取上午先对一个十人学习者群体讲授；当他讲完《古兰经》的一部分后，这十个人中的每一个将教授一个新的十人学习者团体，他们诵读和进行解释，只有在遇到困难时才向阿布·达尔达求助。教学圈的领导者随着学习者的数量而增加。在阿布·达尔达死后，他的妻子和儿子继续他的事业，但他们都是识别能力有限的“叙述者”。除了记忆法之外，在阿拉伯语学习中，伊本·阿萨克（Ibn Asaaker）发展了一种跟着诵读者逐个或集体讨论之后再进行部分重复的 ad-diraasah 方法。但是，一些宗教人士并不赞同使用这种方法。

适用于对“圣训”（Hadeeth）进行阐述的叙述者的远距离游学，是禁止记录圣训（Al-Hadeeth）以免导致它与《古兰经》中早期诗句相混淆的结果。直到 9 世纪，穆斯林学者才被允许对“圣训”进行记录。学生的价值通过他寻求知识的行程和他求教过的宗教或非宗教领域的学者的数量来衡量。当其归来时，求学者将蜂拥而至，听他讲授。然而，如果他不能够回答学者圈中所有人的问题，那么他就不能被承认为学者。

游学不但是学生教育的一部分，学者也游学，以此使整个帝国的求学者不论其出身地都有获得知识的机会。位于凯比尔河（Al-Jame Al-Amawy al-Kabir）的第一个学习中心——大马士革的大伍麦叶清真寺吸引了大量游学者，在曾作为古老大学中心的其他清真寺如盖赖旺（Qayrawan）的卡拉维因（al-Qarawiyyin）清真寺、9 世纪的摩洛哥清真寺、10 世纪开罗的爱资哈尔清真寺以前，大伍麦叶清真寺已发挥了特殊作用。学习法学、哲学、神学的学生加入大伍麦叶清真寺的不同场所的教学圈，或用作为所有穆斯林传授知识、进行讨论和教义探询场所的其他清真寺中的教学圈。

除了在 11、12、13 世纪法兰克十字军（Crusaders Frankish）或拉丁派基督徒入侵少数几个城市的两百多年外，大马士革从 634 年到 20 世纪初一直是一个伊斯兰教教育和思想中心。甚至当 763 年阿拔斯王朝在巴格达建都，907～1171 年的法蒂玛（Fatimid）王朝在马赫迪（al-Mahdiyyah）建立它的第一个都城以及在开罗建立第二个都城时，大马士革的学术地位也是如此。

在阿拔斯王朝的第一阶段（750～861 年），政治力量和教育力量增强了；尽管在第二阶段（861～1258 年），由于十字军的入侵和派系冲突帝国瓦解了，然而其教育依然繁荣。哈伦·赖世德（Haroun ar-Rashid）和他的儿子艾敏（Al-Ma’moon）任哈里发期间，首都巴格达是强大帝国的中心，文化和教育非常繁荣。尽管在那些吸引学者的主要城市如大马士革、阿勒颇、胡姆斯之外没有太多的教育资源可以利用，但对读写能力的掌握甚至在遥远地区、在穷人和孤儿中都非常普遍。然而，在逊尼派阿拔斯哈里发处于衰落并仅拥有名义上的权力的时期，为昆它布教育后开设的马德拉萨①盛行。就像伍麦叶人因建立昆它布而闻名一样，那些军事首领——巴格达的塞尔柱人和大马士革及阿勒颇支持逊尼派哈里发的阿尤布家族，建立了第一所马德拉萨或经文学院（daar），这也就是伊斯兰学校。后来，穆斯林依据逊奈，禁止对宗教教育收费。由于考虑到富家子弟一直在享受奢华的生活，因而支持教育免费以便鼓励热爱学习的贫困学生去学习和成为许多知识领域的专家。统治者和富人把不动产收益转换成瓦格夫（不动产或其他由土地所有权带来的财产），去支持慈善性的制度化高等教育。

在阿拔斯时期的昆它布中，年轻的男孩通过反复背诵来记忆《古兰经》。学生掌握了所有字母后才开始写作。写作是一门需要专门知识的艺术和专业。在昆它布，男孩数量非常少，仅需一个舍赫就已足够了。反之，在清真寺或有时在学者家里求学的人数量很多。每一个学者都有两个助手，也叫“复述者”（repeaters），其任务是重复学者所讲的内容，以便使大多数学习者在缺乏书本的情况下记下所述的内容。在伍麦叶时期，昆它布中没有女学生，而在阿拔斯时期，女性奴隶开始进入昆它布，因为其主人希望由此使她们变得熟练或聪明，以获得高卖价。当阿拔斯从中国进口纸及法蒂玛在开

---

① 马德拉萨（madrasah），穆斯林国家的一种高等教育机构，又称经文学院。——译者注

罗用布造纸时，卖纸的商店开始遍布首都，纸店通常位于能吸引许多学者的书店旁，学者间的许多争论和教学活动也经常在书店旁举行。

阿拉伯世界的马德拉萨是20世纪为6～18岁男女孩子开设的一种典型的制度化教育机构，但11世纪在一些特定的地方建立的最初的教育机构也称为马德拉萨，其意思是学校（school）或学院(daar)，即房屋。它们专为青年和成人而设，因此，学校这个词只能用在始于18世纪后期的世俗教育。每个学院负责一个领域，如医学、法律或其他科学，它们以古兰经学院、圣训学院闻名。它们是在名义上由阿拔斯所领导的逊尼派与由法蒂玛哈里发所领导的什叶派穆斯林之间长达至少6个世纪（11～16世纪）的斗争中发展起来的。除了前伊斯兰时期亚历山大港的托勒密王朝的科学研究院，先于博洛尼亚大学、巴黎大学、牛津大学、布拉格大学或剑桥大学于971年始创的艾资哈尔大学，也代表了伊斯兰教法蒂玛什叶派的另一种解释。除星期五以外，艾资哈尔大学的其他时间都用于教育。除了艾资哈尔大学之外，在开罗建立了第一座大型图书馆，许多昂贵的书籍来自皇宫和其他图书馆。阿勒颇曾有44所马德拉萨，有3所医学院，可能还有一所古兰经学院。而在哈马（Hamah）、胡姆斯和Manbej，只有几所由把政府的一些地产税收作为瓦格夫（waqfs）的阿尤布（Ayyubids）王朝①和马木路克（Mamluks）王朝②所创办的学校。

大马士革的第一所古兰经学院创立于999年或1050年。极力倡言学者所领导的政府必将强盛的观念的那德（Nur id-Did，1113－1173），创办了al-Nuriyyeh马德拉萨，而在帝国游学并与著名学者交流探讨过的大马士革学者伊本·阿萨克（Ibn Asaaker，1105－1175），应邀在一所an-Nuriyyah进行指导与教学工作，他的教学方

① 阿尤布王朝，是逊尼派穆斯林王朝，12世纪末至13世纪初统治整个埃及，现伊拉克北部、叙利亚大部和也门。——译者注

② 马木路克王朝（1250～1517），统治埃及和叙利亚长达两个半世纪。——译者注

法是首先给出从“叙述者”学到知识的参考书目，然后，根据什叶派的 mathhab 叙述圣训。在随后的两个世纪里，许多著名学者都毕业于这所学校。伊本·阿萨克本人则因他的巨著（由其儿子誊写成 80 卷）《大马士革史》而出名。这本书的内容包括所有政治家和学者，特别是自伊斯兰诞生的公元 622 年到他死时的 1175 年在大马士革居住过、参观过和教过书的那些“记述者”和“叙述者”的传说。Al-Nu'aymi（1441—1520）详细记述了每一所马德拉萨，提到了三所穆斯林医学院，后者附设了用于医学实践和教学的医院。在大马士革的 Bimaristan an-Nuri，宽大的医院大厅是领衔医师向其学生日常授课的地方。在获得实践经验后，学生将与他们的老师讨论疑难病症。在 1184 年参观过大马士革的著名旅行家伊木·朱拜勒（Jubayr）曾提到，那里有 20 所为所有在校生提供全都费用的马德拉萨，因此，他鼓励北非那些有抱负的学生到那里学习而不用担心生活开支。这些马德拉萨和穆斯林诊所（bimaristan）是伊斯兰教的骄傲。Khanqah① 也是教育中心，Khanqah 一词在 Farsy 中更多地是与食物联系在一起的，但在这里除了为那些苏非学者（Sufists）提供食宿外也提供教育。在大马士革，共有 29 所 Khanqah，每一所都由知识广博的领衔舍赫管理。在通常由富裕穆斯林捐赠基金慷慨支持的 Khanqhas 里，苏非学者学习正义和美德。罗比特（Al-Rubat）最初是一个招募人去为宗教事业战斗的地方，而且马木路克时代的封建体制也为这种行为提供了战士。因此，罗比特具有作为教育中心的 khanqah 的功能，学习者在这里得到免费的食宿、教育和补助。仅在大马士革就有 21 所罗比特。

二、9～16 世纪阿拉伯思想家的教育思想

阿拉伯伊斯兰科学在与波斯、希腊、罗马以及印度文化交流过程中，在程序、方法和目标方面对它们进行了吸收和保存，并在此

① Khanqah 是伊斯兰教苏非派托钵僧的住所。——译者注

基础上形成了自己独特的艺术与科学。在此过程中，存在于东临中国，西至安大路西亚（Andaludia）地区的一种文化语言——阿拉伯语成为一种新的媒介。例如，伍麦叶王朝时期，哈立德·本·耶齐德（Khaled Ben Yazid）追随据说能使海水变成饮用水的罗马人玛利诺斯（Maryanos）学习化学，而玛利诺斯在去胡姆斯教哈立迪之前在耶路撒冷居住并从事研究。阿拔斯王朝的艾敏对希腊科学感兴趣，曾下令把它们译成阿拉伯语。

下面是四个学者在教育上的一些观点，这些观点代表了750～1517年纵跨阿拔斯王朝至奥斯曼帝国时期六个世纪以来的叙利亚的阿拉伯—伊斯兰思想。尽管其中一些思想似乎并不具有独创性，但在一千多年前提出这些思想的学者仍不失为先驱者。

以哲学家、医生著称并被称为阿维森纳①的伊本·西那（Al-Hussayn Ibn Abdullah Ibn Seena），是伊斯兰世界的亚里士多德和伊壁鸠鲁（Epicure），他曾被称为“大舍赫”（Head of Shaykhs）。他写了几百本涉及艺术和科学不同领域的著作，其中许多被译成欧洲文字，甚至一些原始文稿还被收藏于欧洲著名图书馆中。他的一些教育观点体现在他的医学著作如《医典》（*Ash-Shifaa*）中，其中18节中的治疗论与14节中的法律都是独一无二的。

在伊本·西那看来，教育在人生四个阶段逐渐发展个体的潜能，其目的在于帮助一个儿童使其体力、心智、心理、道德和专业水平得到充分发展，以便他长大成人时享有幸福而丰富的生活。伊本·西那就男童自出生以后如何抚养的问题提出了详细的计划。儿童敬重父母的良好名声和一个具有良好品质、健康、聪明的哺乳者。这个医学学者在他所精通的领域内，根据每个男童在每一阶段的教育需求、才智和能力，给出了喂养、洗浴、体质训练和教育的具体细节。人的生命历程分成四个阶段：成长阶段，从出生到年轻，大约30年；成熟阶段，从30岁到35岁或40岁，这一阶段成长停止；40岁至60岁是年龄增长期，精力有所下降；最后是老年期。第一个阶段又可分许多阶

① 阿维森纳（Avicenna，980—1037），原名，伊本·西那，穆斯林哲学科学家中最有影响的波斯人。——译者注

段：婴儿期，从出生到 3 岁，从无助到会走路和长出牙齿；幼儿或儿童早期，从 3 岁到恒牙的长出；第三阶段，儿童后期，即第一阶段的教育时期，6～12 岁；第四阶段，少年期到青春期到成年人，12～21 岁；最后是青年期，21～30 岁，即到成长停止时期。

儿童早期教育的重点应放在道德教育上，通过一个健康的居住环境使其远离不良的影响，如坏的同伴、强烈的恐慌、愤怒和熬夜等；要非常关心其情感的培养，通过听音乐培养其品味；更重要的是，游戏在使其体格强壮和培养其在社会中的合作精神具有重要作用。在伊本·西那的理论中，给予了职业引导以特别关注。他还认为，虽然群体教育比个体教育好，但 6 岁的儿童还是应托付给一个教师或指导者。儿童应该学习《古兰经》、诗歌、写作和伊斯兰文学，以便掌握最基本的伊斯兰文化。在这个时期，游戏逐渐减少并让位于刻苦学习。同时，教师必须注意一个男孩所具有的兴趣、能力和才干，以便在其能做什么和喜欢做什么之间找到一种平衡，并引导他选择适当的职业。虽然发现学生的禀赋及对他们的智力进行测量不是一件易事，但这样做有利于节省学生的时间和精力。

然而，因为高等教育对于得到了职业指导并知道自己喜欢做什么的爱好学习的学生，是免费和可以获得的。因此，在 14 岁开始自己深入学习并选修一个职业性专业是学习者自己的职责，这个专业可能是需要通过具体实际才能掌握的实践性专业，也可能是传统科学和哲学的理论性学科。对于教师教育，伊本·西那同意伍麦叶早期和阿拔斯时期的哈里发与一些教育者的观点：教师应身体力行他们所宣讲的价值观，因为孩子们从他们所看到的比所听到的学得更多。安·萨里（al-Ghazzaaly）也同样赞成此观点。伊本·西那认为，一个理想的教师应品格优良、虔诚和严格，应有丰富的阅历，善于交往，举止高雅，应知道奖励和惩罚所产生的心理影响，以及惩罚在什么时候具有破坏性和奖励在什么时候具有激励性。

安·萨里（Abu Hamed Mohd Al-Ghazzaaly，1058—1111）是巴格达尼亚米亚大学（Nithamiyyah Madrasah）的一名苏非派学者。1095 年后他不再从事教书，作为一个苏非学者在耶路撒冷、大马士革和汉志地区（Hijaz）游历了十年，其间同许多学者论辩，用他无懈可击的逻辑和广博的知识使他们心悦诚服。因此，他被称为“伊斯兰的胡亚特”（Hujjat），即伊斯兰教中的权威。在大马士革居住时，他经常与他的学生在伍麦叶清真寺聚会。他关于早期教育的观点集中在他的三本书中：《科学导言》、《宗教科学的复兴》，以及他写给教育者和学习者的《给男孩的一封信》。在伊本·西那看来，幸福就是身体、心智和道德的充分成熟，从而能过种丰富的生活；而安·萨里认为，教育的目的在于通过身体、心智和道德教育获得精神上的幸福。如果一个孩子经过教育后品行很好，那么，他和他的老师即使在死后也会受到尊敬。与伊本·西那一样，安·萨里也认为教育应始于对外界事物感受非常敏锐的婴儿期，需要选择一个健康而虔诚的喂养者。在第二个阶段，需要采取预防偏离高尚品行的措施，男孩应被培养成一个对同事谦恭、忍耐、勇敢而慷慨，对上级尊敬，对父母、老师顺从，心地纯洁，同时又身体健康的人。他不能说粗话或胡言乱语，而应保持行为的平衡。然而，当需要请老师澄清时，他也不应怯懦。萨里还反对让孩子过锦衣玉食的生活，反对溺爱孩子，要让他们能适应艰苦的生活。而且，在他看来，过了奢华生活之后，他们可能会挥霍自己的成年时光。作为一个保守主义的教育家，他依据重要程度对科学进行了划分，因为并非所有科学都是有用的。尽管语言、医药、算术、化学、语法和书法是重要的，但宗教教育仍是一种责任和义务。在开始学习另外一门科学以前，他鼓励通过游学对知识进行探索并掌握一门科学。与伊本·西那一样，安·萨里也倡导给予孩子玩耍、游戏的时间，因为无间断的单纯学习将扼杀孩子的心灵，让他们不高兴，降低他们的才智，使他们厌烦以至开始编造逃避学习的理由。

在教育方法上，Al-Zarnoojy 的观点独树一帜，他认为教育应从学习者的角度而不是从教师和教学的角度来进行。他的《教会学习者以学习技巧》一书，似乎成书于 12 世纪 80 年代后期，确切地说它成书于 1196 年左右，因为那个时候教育技巧已开始受到关注，Al-Zarnoojy 注重学生的学习意愿及学生在学习过程中对所喜欢内容的自主选择。

他对成为学者的品质进行了归纳，对影响记忆效果好坏的因素进行了总结。他也反复宣传了前人关于“继续教育”或从摇篮到坟墓的教育思想。他关于让学生除特别需求外不要砍伐树木的思想，也体现了其环境意识及保护自然财富是教育目的之一部分的思想。

1250～1517年的马木路克王朝时期，是阿拉伯教育思想发展的另一个阶段。马木路克人，不管是以巴斯（Bahry）而著名的土库曼人还是以贝伊（Burjy）而闻名的切尔克斯人（Circassians）都不属于阿拉伯人，但他们都把阿拉伯语尊为《古兰经》语言，并在官方场合使用。但马木路克人的继任者奥斯曼人（Ottoman）在两个世纪后改用了土耳其语。马木路克人鼓励阿拉伯学者，把马德拉萨的教师和管理委托给地方居民。在这个时期，对马德拉萨、khanqah、zawiyahs、清真寺、公墓和其他教学机构的捐赠基金不断增长。正如上文所述，捐赠人将具体指定教学内容、受俸教师数量、学生津贴、教师和行政人员及他们的薪酬、地产等。寄宿制教育机构鼓励学生努力学习，因为他们的津贴将因此而增长或者得到表扬。当时有7所古兰经学院，16所圣行学院、3所为三所医院提供医疗服务人员的医学院和许多法律学校。

在阿拔斯王朝时期，资格证书的获得在医学和化学领域是非常重要的，其目的在于避免对健康产生危害。然而，一个宗教研究学者如果没有这种正式的证书有时也可以获允教书，或者甚至可以成为一名法学家，即对官方正式法律予以法学解释者。学习者努力在生命早期取得三种资格证明：（1）听：意味着学生面对学者听所有或部分内容；（2）从事教学的书面证书：任意给一本书，在学者面前对此加以评论并阐述它的内容；（3）通用证书：允许学生教书或成为一名法官。这些机构的建立和激励穆斯林诵读《古兰经》措施的实施，使读写成为普遍的实际要求，在缺乏批判思想的宗教研究和文学方面，记忆仍占据支配地位。教师不但让他们的学生记诵法学者在神学或法律事件中的判决，而且也让他们记住空白处所附加的评论。这种方法阻碍了批判思想的产生，乏味且浪费时间。1258年，巴格达所有图书馆、书店被焚毁，幸存的学者逃到大马士革、阿勒颇或开罗，他们在那些地方寻求支持并热衷于学习；结果，大马士革学者云集。事实上，这两个世纪是阿拔斯王朝的延伸。另一些幸存的学者被以技师名义带到萨马肯德（Samarqand）。伊本·赫勒敦和伊本·泰米亚——两个特立独行的学者，敢于面对缺乏批判性和创造性的思想界，他们不顾思想界的沉滞在开罗和大马士革居住、教学，并写出了大量的作品。

伊本·赫勒敦（Ibn Khaldoon，Abd al-Rahman Ben Mobammad al-Hadramy，1331—1405）是阿拉伯哲学家，15 世纪初居于大马士革的艾迪利亚（al-Adiliyyab）学校。他成功地说服迪姆·兰克（Timor Lank）不要毁坏大马士革，后来他到了大马士革。如果没有以回开罗为理由，那么，他可能已被带到萨马肯德（Samarqand）。在开罗，他在艾资哈尔大学从事教学，并在那里度过了他生命中的最后 22 年，完成其著名七卷本后去世，其中第一部就是众所周知的《阿拉伯、波斯和柏柏尔史》（*Al-Muqaddimah*）导言。他是第一个撰写有关社会学、政治经济学和历史哲学著作的学者，像大多数作为教师的穆斯林学者一样，他也进行教育著述。《阿拉伯、波斯和柏柏尔史》第六章和最后一章体现了他的教育哲学。他认为，除了接受宗教教育外，学生还应学习科学，但他们并不学习写作。那些想要学习写作的人将选择写作专业；他认为学生很难同时关注和理解两门科学，只有个别学生能在同一时间学习两门科学，否则最终他们必然会放弃。他还认为，教授一门科学既不需太长时间也不应在学期间有太长间歇，这样以免忘记，当所学东西在头脑中很新奇时，连续的学习一定会导致深入理解和便于掌握，如果用摘要去教一门科学，那么，尽管教师反复讲也只能使概念模糊、难以理解和掌握，同时这也可能导致流于肤浅，难以获取知识；考虑到学习者的能力，教师不得不在适当时候为不同年龄段的学生引入适当的新概念；对一门科学的概览不可能使学生充分理解，然而，充分的解释、比较和对比直到掌握一个较全面的观点必须在运用所获取知识之后；暴力和惩罚对于有挫折感和内向的孩子来说是特别有害的，因为对惩罚的恐惧让一个孩子变得狡猾、爱骗人和爱撒谎，他也将变得残忍、依赖、具有不良品性、不愿去照顾他的家庭、习惯于隐藏自己的思想和意图；拜访学者和著名教师，寻求知识而四处游学，将发展自己的才能，能通过对同一概念的不同解释而掌握该概念。

伊本·泰米亚（Ibn Taymiyyah，1263－1326）在他十多岁时已拜会过两百位教师，并掌握了《认一论》（*Al-Fiqh*）①、法律、书法、算法、at-tafseer和宗教解释。作为一名教师、伊玛目、布道者、法学家和一位著有300本书的学者，伊本·泰米亚是作为最后一个逊尼派法学家和复兴者而著称。在一个思想僵化的时代，他的革命精神让他满怀激情地战斗。他要求科学具有开放性，并努力通过对原始教义——《古兰经》和圣训——的回归寻求传统与合逻辑之间的平衡。最使他悲伤的是，伊斯兰教面对十字军时的不团结和Ismaa'lis给予十字军的支持，以及对苏非学者的忽略。他相信，渊博的知识是高尚品行和成人生活的基础。学习的方法是用心，心在直觉上是认知、接受知识及判别公平和公正的基础。宗教使这种本能更加敏锐，并能为学习识别什么是正确和公正作准备。虔诚的人比那些没有信仰者更能获得良好的科学和知识。他也相信，后代人比他们的前辈能积累更多知识。他认为，教师应激励同事之间的手足之情而不应是敌对关系，以便他们能够合作去扩展高尚虔诚的品行。教师不应鼓励学生盲目忠顺和偏袒。正如哈勒敦恳求鞑靼苏丹（Tatar Sultaan）不要破坏大马士革一样，伊本·泰米亚在柯安苏丹（Sultaan Qazan）将围攻大马士革时也这样做，他成功阻止了破坏。他因他的革命思想而被视为一个极端主义者。他的观点要么得到强烈支持，要么遭到极端反对。当他在大马士革城堡监狱去世时，人们为他举行了规模空前的悲哀的葬礼。

三、1517～1918年奥斯曼帝国统治下的叙利亚教育

16、17世纪的叙利亚沿袭阿尤布王朝和马木路克王朝的教育体

① Al-Fiqh · Al-Akbar，即《认一论大纲》，是伊斯兰教义学古典名著，距今已有1 300多年。——译者注

制，且没有进一步发展。教育对于十字军来讲仅仅是宗教行为，蒙古人的破坏让人们更加保守和迷信。阿拉伯语仍然是教学和交流的语言，甚至对土耳其儿童也是如此。对旧思想的挑战消失了，文学也不再具有创造性。过去通常由最有威望的、最受尊敬的学者担任的有时是义务的法官一职，现被有时在 Fiqb 和阿拉伯语方面无知但仅执行苏丹命令的人担任。因此，人们学习热情消失了，阿拉伯语逐渐让位于土耳其语。

苏丹统治时期，不但以定都伊斯坦布尔来吸引许多由大马士革远道而来的学者，而且也通过在萨哈伊（Salhiyyeh）大道的米哈伊（af-Shaykh Mihyi-Din al-Araby）墓上建立苏丹赛奥姆（Sultan Salem）清真寺来试图分散多个世纪以来作为宗教、教育和社会生活中心的大伍麦叶清真寺的影响。尽管 12 世纪以来，在 Qasyun 山脚下的这条大道因马德拉萨而闻名，但大马士革人在奥斯曼人到来前已经拒绝了阿拉伯苏非学者。奥斯曼人在萨哈伊搞了许多宗教庆典，直到盖萨里（Janbardy al-Ghazaaly）——马木路克的一个首领——突然反对奥斯曼人时，他们才停止了在苏丹赛奥姆（Sultan Salem）清真寺的所有活动。

奥斯曼法官出于教育目的而控制瓦格夫税，因为那些或关闭学校并带走瓦格夫（捐赠税收）的或拿钱却并不从事教学的不负责任的教师经常滥用它们。但是，教育机构却得以保留下来以教授宗教科学和阿拉伯语，这是孩子们生活或学习法律所必需的，职员或抄写员也需要学习书法。而那些想从事商业或产业的人将参加与苏非学者核心圈和意识形态有关的组织。

苏里曼苏丹（Sultan Sulayman）在伊斯坦布尔建立了苏里曼亚（Sulaymaniyyah）学校，在大马士革也建立了一所。他把教育划分为 12 个层级。在每一层级，教师将授予那些掌握并能讨论著作的人一份证书。在第六层级以后，学生在作为一个学习者的同时，还具有助教身份。Wilayat 教育署（Administration of education）授予教师资格，它同时也负责教育项目的审核及道德和政治方面书籍的审查。教师或法官在被雇用前不得不深入学习，以得到更多的资格证书。由于穆斯林尊重宗教科学，并且不鼓励纯粹科学和应用科学，因此，在奥斯曼时代所教的科学仅是医学。他们还重建了老式学校。

坦志麦特（Tanzimat）时期之前，昆它布和宗教中心继续开展宗教教育，但是，国家教育已经开始。首先，在1827年取缔所有Ankisharies之前，对苏丹权力构成威胁的封建体制和禁卫军于1807年被现代军队所取代。这要求新的世俗学校为海陆军学校培养新生力量。其次，在1831～1840年间统治叙利亚的亚伯拉罕·帕夏（Abraham Pasha）于1834年引入现代中小学体制，在叙利亚全境开办了小学并在大马士革、埃勒颇、安提阿开办了中学，这些寄宿学校提供免费食宿和服装。使用阿拉伯语教学，严格的规章制度造就了富于斗争性的新一代，激发了阿拉伯民族归属感，推进了类似于其父亲穆罕默德·阿里·帕夏在埃及发起的阿拉伯觉醒运动。亚伯拉罕·帕夏给予平等的公民权利、宗教权利，甚至当欧洲的大使们在摧毁了奥斯曼人的舰队后与奥斯曼人密谋用武力把他赶出叙利亚并移植他们的教士学校时也没有改变。再次，竞争是奥斯曼人在处理国外危机中所用的政治技巧，因为在1838年伊若海默·帕夏（Ibrahim Pasha）的平等权利改革以后，确保了所有公民不管其宗教信仰、语言或种族如何，在获得工作、进政府学校、纳税或在军队服役方面享有的平等的公民权利和宗教权利。而在1853～1856年的克里米亚战争期间，在全体公民幸福中巩固苏丹利益的1857年《帝国法令》（*Imperial Edict*）也已经开始执行。由于管理现代化的需要，1876年如期颁布宪法和举行议会选举，然而，由于苏丹的中央集权，它丧失了应有的影响。

在17世纪的奥斯曼帝国，当向法国口头承诺保护天主教教士权利时，它立刻扩及所有的天主教信徒。于是，耶稣会士和天主教遣使会会员（Lazarist）早在1775年就在大马士革和埃勒颇开设了几所主要教授《圣经》的学校，但后来这些学校发展为举办世俗教育。而且，那三个坦志麦特敕令对内仅是表面上的空口应付，但实际上却屈从于外部干涉。因此，传教士蜂拥至叙利亚，修建修道院、教堂和学校，在大马士革和埃勒颇尤甚。1850年的敕令使得基督教福音主义者和学校遍布城市和乡村。1875年，在迈尔迈（Marmarita）建立了第一所基督教学校，1879年在Meshta al-Hilo开办了2所基督教学校，1874年在哈马（Hamah）也开办2所，而胡姆斯（Homs）则开办了3所，1859年在埃勒颇和拉塔基亚（Lattakia）①各开办了1所。1885年仅在大马士革就有28所基督教中学，其中5所是为女童所设；当时只有10所为男孩、3所为女孩设立的基督教小学。1882年，在哈马（Hamah）仅有2所基督教学校，1所为新教学校、另1所为希腊东正教学校，而在胡姆斯有12所为男孩、3所为女孩而创办的基督教学校。在Hooraan的Durzi地区，一个英国传教士建了8所学校。1883年，在大马士革、哈马、拉塔基亚和阿勒颇共有265所基督教男校和51所女校。

基督教修道士和穆斯林教长都是教师，他们在教堂和清真寺这样的场所教乡村孩子。这些孩子通常在8岁开始学习，但一般只是在冬季学习，其他季节则在田间耕作。宗教、阿拉伯语和算术是穆斯林和基督徒孩子的必修科目，但想成为教士的学生必须掌握阿拉伯语、土耳其语、希腊语、语法和书写，并通过一次非常严格的考试，否则，他们将继续接受训练，直到能在人群中口齿清晰地朗读。1342年，安提阿（Antioch）的东正教会最终在大马士革扎根后很久，Aftimous在阿勒颇和大马士革各创办了一所学校，两所学校在他成为领导者（Patriarch Malatious）后都获得了蓬勃发展。然而，学校在质量上的真正变化是在1831～1840年的伊若海默·帕夏改革之后。自1840年后在大马士革和胡姆斯的一个小范围内创建了Al-Asiyyeh学校，此学校一直作为东正教的私立学校而存在。当最后所剩下的瓦格夫归入Al-Awqaaf管理部门所管理时，奥斯曼人通过给公民提供教育和其他服务占据了宗教人士所拥有的权力。该教育管理机构的职责是，为shaykh和清真寺的宗教人员提供财政资助，后者的职位可能是世袭的，也可能通过贿赂而得到的。然而，在后来包括两个阶段的昆它布的shaykh除了收取家长提供的份内礼品外也收取称为Khamisiyyah的周学费。教学语言为土耳其语，但教育的

① 叙利亚西北部港市，是拉塔基亚省省会。

目的、课程和组织管理深受法国教育体制的影响。1869 年法令对教育的层级和课程规定如下。

● 初级阶段为四年免费义务教育，由地方负责提供资金，主要教育内容包括记忆和背诵《古兰经》，学习土耳其语、算术、历史科学和地理。

● 拉什迪亚（Rushdiyyah）阶段为四年，Wilayah 基金来自由 500 户基督徒或穆斯林组成的村庄或两者共 1 000 户的村庄交纳的教育税，学习内容包括宗教科学、土耳其语，用于文学学习的 Farsy，用于宗教学习的阿拉伯语。

● 伊达迪亚（I'dadiyah）阶段为三年，可能仅在具有 1 000 户家庭的集中区内才设有，教育资金来自地区的教育税，每所学校有六名受过训练的教师和助手，教学内容有土耳其语、算术、几何、代数、奥斯曼法逻辑、地理、历史、化学、科学、绘画及取代阿拉伯语的法语。

● 苏丹尼亚（Sultaniyyeh）普通阶段在叙利亚是最高教育阶段，修业期限为三年。学生以有偿的方式学习所有伊达迪亚课程，教学语言为土耳其语而非阿拉伯语。

● 苏丹尼亚高级阶段（六年）仅在伊斯坦布尔存在，分两个分支。一支为文学：学习内容有土耳其语写作、修辞学、阿拉伯语、Farsy 文学、法语、国际财富科学、国际法和历史；一支为科学：学习内容有几何、代数、天文观测、解析几何、平面和球面测量、天文学、自然地理、应用化学、人口学及工艺学。

● 为拉什迪亚培养教师的伊斯坦布尔教师训练学院（Teachers Training Daar）修业期限为三年，而仅在中心城市的苏丹尼亚教师，则要求他们成功地通过伊达迪亚和苏丹尼亚。1913 年，为 7～16 岁男童、7～15 岁女童颁布《义务教育法》，使得为女性教师开办夜间培训中心成为必需。

● 除教师训练学院外，也有别的专业高等教育机构如军事院校和艺术院校。军事教育需经过四年初等教育，四年军事拉什迪亚和三年军事伊达迪亚，这些在叙利亚的 Wilaayaat 都可以提供。

● 艺术学院（School of Art）：授予法律、哲学和文学学位，或数学或自然科学学位，有一年以上专门进行科学和艺术教学。

1869 的法规除对在每个 Wilaayah 中决定年度升级与从一个阶段升到另一阶段实施地方行政检查之外，组织进行检查和督导。因为在叙利亚没有教师培养学校，因此，任何受过教育的人在通过每年举行的资格考试后都能从事教学。然而，1913 年的《义务教育法》指出，应开办女子夜校以满足义务教育的迫切需求。第一次世界大战前，每个 Wilaayah 都有一个小学教师培养处；在伊斯坦布尔，则设有进行高等教育的师范寄宿学院、男校、女校各一所，另外，还有一所职业学校。据 1914 年奥斯曼帝国一份官方教育报告报道，在 4 000 所小学和 Rushdiyyab 学校中，男性占 80%，94 所预备学校中，23 所是寄宿的，除了小学和中等军事学校外，医学、法律、商业和职业学校有 17 所。一战期间，在叙利亚，共有 12 887 名学生分布在 209 所小学，而 4 所中等学校共有 1 101 名学生，其中有 665 人在初级班。在阿勒颇和大马士革的两处教师培养中心共有 201 名学生，而在医学学校则有 281 名学生。

在 19 世纪，叙利亚公立和私立学校的发展有两个转折点，即伊若海默·帕夏和迈迪哈特·帕夏（Midhat Pasha）阶段，即在 20 世纪的 1901 年、1913 年、1918～1920 年也如此。因为公立学校不教阿拉伯语，所以，学生或者进入地方私立学校，或者进入教会学校学习阿拉伯语；毕竟，政府学校并不足以满足所有学龄儿童的需求。

四、1918～1941 年费萨尔的阿拉伯政府和法国统治下的教育

19、20 世纪阿拉伯国家独立的梦想在一战结束后似乎已经实现。1918～1920 年，一位思想家、注重实践的教育家侯赛因（Al-Husary）在欧洲奥斯曼控制区加入了费萨尔（Faysaly）国王的阿拉伯政府，把教育和行政的阿拉伯化作为重点。政府积极开办学校，培养教师，举办教师研讨会，并在 1919 年要求科学局（the Scientific Bureau）翻译著作、书籍，编写阿拉伯历史、地理及阿拉伯语教材，关注阿拉伯的统一。奥斯曼学校和医学校都已经阿拉伯化，还在政府部门开办教授阿拉伯语的班级。1946 年，*Al Muallem al Arabi*——一份教育教学期刊创办，法律学校也重新开办起来。此外，在 1920 年有 152 名教师接受培训。然而，到 20 世纪 50 年代中期，尽管新的世俗小学已经创办，但昆它布仍然存在。不管是公立或是私立学校的课程，通常都包括宗教教育，基督教和伊斯兰教或其中之一是必修科目。在麦克台卜 Anbar 时期，大马士革仅有一所公立中学，而在 20 世纪 50～70 年代它发展成一所女子艺术学校(women's art school)①，到 80 年代文化部又把它改建为旅游和文化活动场所。

在法国统治的 1920～1941 年，私立法语学校不断增加。它鼓励家长送孩子入学。法语是小学阶段教的唯一外语，它具有至高无上的地位，因为所有知识只要与法兰西相关，毕业生回到家乡后都可以获得高职位。在结束法国殖民统治并以 1936～1939 年协约取代之前，法国试图通过强加其管理模式、语言、教育及文化条约和军事、经济条约在统治结束后实行政治和文化控制。虽然语言是阿拉伯语，但学生课程的教学用语却是法语，甚至在课后，就餐和郊游时都用法语。但最终法国计划还是以失败告终。

十二年教育由六年免费小学和两个 Tajheez 有偿教学阶段——中学——构成。中学的第二阶段又有两个分支：文学和艺术。Tajheez 课程覆盖范围较广，例如法学 Tajheez 课程包括宗教、哲学、经济学、法律、阿拉伯语和法语、地理和历史，自然科学如生物学、植物学、地质学、自然常识（Wisdom)、化学、卫生学、音乐、体育和包括算法、几何、代数、三角、天文、机械和会计的数学。学校考试每年三次，两次书面考试，在第三个月和第六个月后进行，最后一次是口头考试，但最后的结果为三次考试的平均成绩。

① 一种专门招收女生的中等职业学校，开设的课程较为广泛，并非专门培养艺术人才。——译者注

五、1946年后独立阿拉伯叙利亚共和国的教育

在教育方面，独立政府所采取的第一个措施就是在所有小学取消法语。在大马士革，1945年则通过剥离学校来祛除法式规章制度。接着，大马士革联合抵制法语学校。自1944年以来，新政府拥有组织自己教育的权力，它取消了所有法国教育法令，执行再次由侯赛因领导的以阿拉伯国家主义为基础的新教育体制。侯赛因公开发表了16份报告，在此之后只有母语才是教学语言。教育系统包括小学、中学和高等教育，此外也有教师训练学院、职业学校、幼儿园和托儿所。1945年，在叙利亚9个保护区的737所学校中，有99 703名学生、2 493名教师。然而，学校的数量仍不足以为所有孩子提供免费教育。独立的文化部要求所有本国人和外国人举办的私立学校重新注册，教授规定的课程并服从督导。大马士革因1945年在小学中取消法语教学而遭受法国轰炸，全国奋起反击，这时许多学校关闭了。1945年这些学校重新开放的条件是任命地方校长，取得许可证或把它们转化为地方私立学校。于是，教育发生了巨大的变化，具体如下：

1. 公立小学教育：从57.5%上升到66.5%
2. 国民私立小学部分：从2.5%上升到31.5%
3. 外国人举办的小学：从13.5%下降至2.0%

对于整个学校教育系统而言，学校教育年限为11年，其中5年小学，6年中学，而非6年小学6年中学的12年学制。引进了两门外语，第一门是在11岁开设，第二门是在15岁时开设。1945～1958年，课程设置的不稳定性主要体现在中学层次，学校不能满足义务和免费的小学教育的要求，不能为在1952年通过小学统一考试而继续接受中学教育的17 000名学生中无居所的4 000多人提供教育。

通过采用由阿拉伯文化同盟国家——约旦、叙利亚和埃及在1957年认可的教育体制，1958～1961年叙利亚与埃及阿拉伯联合同

盟的关系加强了。该教育体系由三个部分构成：小学 6 年，主要针对 6～12 岁的儿童；紧接着是 3 年预科，针对 12～15 岁的儿童；中学 3 年，主要针对 15～18 岁的儿童。外语教学只有一门而不是原来的两门，而且外语学习从 12 岁而非 11 岁开始。为实现第一个五年教育计划，1958 年成立的教育建设院（the Institute for Constructing Education Buildings）创办了许多新学校，对一些 15～19 岁学生进行的教师训练也由原来的 3 年变成 4 年，两个学期的综合考试变成每年 6 月份进行一次。在所有各种类型的教育中，最为重要的是作为未来经济发展和国家生产力基础的职业技术教育。1965 年教育教学部改为教育部。在一些外国人举办的学校关闭以后，教育部采用严厉的行政措施进行控制，以发展国家教育。然而，1968 年，一些民族的私立学校拒绝接受新部门控制，从而被最终关闭并让位于国立学校的扩充。现在，叙利亚以自己能够为 98%的 6～18 岁公民提供免费教育而骄傲。第一阶段，教育预算逐步增长，特别在初等教育方面更是如此，这样做的目的在于尽快扫除文盲。

1945 年宪法规定，6～12 岁的初等教育是免费的义务教育。1957 年，只有 20%的人具有读写能力。然而，1996 年普查数据表明，在 2 713 254 名学龄儿童中只有 3 754 名文盲，这个数字加上旧的和新产生文盲所达到的比例为 0.98%。在普查中，轻度弱智的具有“挑战性”的儿童被认为是正常的而包括在普查范围中。通过教育，这部分孩子能够适应社会并在社会上有一定的成就。而严重弱智儿童被排除在普查之外，社会事务部门为这一类孩子提供特殊学校。值得一提的是，1990 年出生的儿童，在 1996 年除了边远地区 0.03%的儿童以外，都入学了。在叙利亚 14 个行政区中，有 8 个区已经消除了文盲。现在，随着教育体制的变化，包括小学和预科的基础教育阶段的学生数量将增加。

在全球范围内，教育投入占国家预算的平均比例在 1960 年是 3.7%，1975 年上升到 5.7%，然后开始下降。在阿拉伯国家平均是 6%，而在叙利亚，大学前教育的费用占国家预算比例在 1970 年为 7.6%，1973 年阿以战争后下降到 6%，1990 年又上升到 13.1%。

自那以后，它一直稳定在 11.2%～12.8%之间，其中几乎一半的预算分配给初等教育。小学阶段的学生数量现在是 269 万人左右。女生（在小学阶段）占 46.7%，小学一年级女生比例达到 47.6%。1995 年，在与联合国教科文组织就如何制止小学辍学问题的联合研究中，在一些欠发达地区开始减少补习班级数量并对教师进行培训，以提高其教学水平。

随着人口以 3.5%的比例快速增长及知识的急剧膨胀，为近 400 万学生（其中 250 万名小学生）提供免费和平等民主的教育并不是毫无问题的。众所周知，自 1974 年以来，作为教育建设机构的教育建设院和地方行政政府（Protectorate）及行政长官（the Mayors），在 1980 年开始共同分担管理权，以开办足够多的学校。然而，教育资源短缺还是使两部课制成为必需。1997 年，36.8%学校里的教室是每天两个学校共用的。上午 7：00～12：00，由其中一个学校的教师和学生使用；12：00～15：00，则由另一个学校占用。一些学校是周轮换而不是半周轮换，还有一些学校整年轮换。参加半轮换学校学生的比例为 12%～80%不等，平均占所有学校的 60%。

同时，横向教育扩展也要求在边远地区开办初等学校，但糟糕的是，一所学校六个年龄段的孩子可能仅有一位教师或一位教师独自教授该校大多数学生。1997 年，在叙利亚 10 537 所小学中，有 940 所学校只有 1 名教师，1 796 所学校只有 2 名教师，1 026 所有 3 名教师，713 所有 4 名教师，424 所有 5 名教师；而余下的 4 899 所学校有足够的教师，每位教师平均教 30 名学生。

值得一提的是，自 1967 年以后，戈兰高地的许多村庄被以色列占领，因此，人文科学课程呈现出多元化。通过电视频道传送补习课程以弥补匮乏成为教育技术部门的职责。这些课程包括对占领区的阿拉伯叙利亚学生上的阿拉伯语、历史、地理和公民课。

叙利亚所有教学语言都是母语，即阿拉伯语。1996 年，对五年级学生（10 岁儿童）开始教一门外语，但根据试验，1997 年调整到六年级（11 岁）开始进行。学生可以学习英语或法语，每周四小时，私立学校开设外语课的时间要早一些，然而其费用与其他学校的国家课程并不都一样。

公立部分的政府学校为96%的学龄儿童提供了初等教育，2.4%的儿童在私立学校，1.6%的巴勒斯坦儿童则在联合国难民署（UN-RWA）建造的营房学校内学习。有97.7%的小学属于政府举办或租赁经办，1.5%的属于私立学校，0.8%的是联合国难民署开办的，后者主要接受在叙利亚学习的巴勒斯坦难民儿童。公立学校每班平均30名学生，私立学校平均40.5名，在联合国难民署的学校则为44.6名学生。

虽然学前教育既不是义务也不是免费的，但自1988年以来，政府仍通过法律规定了学前教育机构的宗旨，并把其管理工作作为初等教育管理的一部分。学前教育管理的职责包括规划、教师培养和督导。自从妇女成为劳动力的一个重要部分之后，政府鼓励国内所有社会经济实体去满足这种需要。另外，这个阶段对儿童智力和技能的发展是相当重要的。因此，教育部打算在每一个行政区中心建一所理想的育婴所。根据教育部1997年报告，教育部管理其中的5%即61个育婴所，妇女工会领导的占17%即188个，教师工会所属的占34%即378个，其他机构负责其中的5%即60个，私营部门举办的为37.3%即471个育婴所。

初中和预科教育理事会承担的责任是三年预科学校教育，但预科学校的校舍往往是与小学、初中在一起，或者单独设立。公共部门提供了95.3%的预科学校免费教育，联合国难民署的预科学校教育占2.8%，私立教育部门仅占1.9%。按性别划分，15.5%的预科学校是男子学校，15.3%的是女子学校，69%的是男女同校。在1996年，大约70%的女孩和74.1%的男孩完成了小学教育进入预科学校，女孩在预科学生中占45.6%。在这些学校中，只有13.1%的学生选择法语，而87%的学生选英语作为外语，每周学习6小时。在20世纪60年代的一段时间里，他们可以在英语、法语、德语或俄语中选择一门外语。

预科学校（preparatory school）（面向12～14岁儿童）开设通识课程（general curriculum）。1963年有7所法律预科学校和395所

普通预科学校，1971年它们分别增加为8所和800所，1997年则上升到26所和2 587所。所有学校的核心课程计划是统一的，但法律预科学校安排较多的宗教科学教学。一直到1970年，普通预科学校通常划分为三种类型：11所工业学校，3 912名学生；5所女子艺术预科培训学校，787名学生；1所商业学校，共11名学生。而今，所有的普通预科学校都执行一个教学计划。

鉴于强迫性基础教育有望延长至14岁，这样，12岁、13岁和14岁儿童教育成为九年基础教育的一部分，因此，预科阶段将没有太多存在的必要。新版教材强调早期的实践能力，评价将伴随这些教材的出版而进行。原课程计划在20世纪末停止施行。

根据1958年阿拉伯联合共和国①的约定，中等教育的对象为14～17岁的儿童，学制三年。第一年对所有学生进行共同核心课程教学，二年级分流，三年级则依据第一年的成绩和二年级学生意愿把学生分成文学和科学两类。中学的教学场所或者与预科学校共享（正如前面提到的）——这占91.8%，或单独存在——这占8.2%的比例。在中等学校中，93.4%属于公立，6.6%是私立的；19%是男子学校，22.3%是女子学校，58.7%是男女合校。在中学阶段，女生比例不断增长，从1964年的19.8%上升到了1997年的46.7%。

伴随着对教育应满足生活需要的认同，三年中学教育的质量发生了很大变化。尽管在18～21岁的中间学院（Intermediate Institutions）中，技术课程迅速增加，但经济的迅速发展使毕业生较早具有处理生产部门需要的理论知识和实践技能成为必需，这就要求中学课程结构进行相应的调整。在1974年、1986年、1987年发展大学前教育的提议中，一些具体措施开始实施，工业职业学校、商业学校和女子艺术学校吸纳的预科生从1988年的33.3%逐步上升到1995年的70%。

为了鼓励学生实现专业化，也就是主流工作渠道，使他们较早

① 1958年，叙利亚与埃及合并，成立阿拉伯联合共和国，1961年该联盟解体。——译者注

成为熟练劳动力，1992 年内阁颁布命令：对于从专业渠道毕业的学生优先考虑提供工作。

除普通中学外还有职业学校、技术学校和法律学校，具体又可分为农业、商业、女子艺术和工业类学校。农业学校，由原来的 7 所共 779 名学生发展到 1963 年的 10 所共 1 260 名学生，1997 年发展至 34 所 11 965 名学生；工业学校，由 1963 年 7 所 3 011 名学生上升到 1997 年的 251 所 34 771 名学生；商业学校，1963 年有 10 所 1 700 名学生，1997 年则上升至 86 所 23 318 名学生。至于女子艺术学校则是最大的群体，1997 年有 34 533 名女生在 335 所学校学习，而在 1963 年只有 5 所学校 551 名学生。这些数据显示了叙利亚教育怎样开辟了从职业文盲（career illiteracy）① 到熟悉职业的道路，从而具有重要的意义，现在 70%的中学毕业生在 17 岁或 18 岁时能够加入劳动队伍。

另外，一些希望在自己专业领域内继续两年或三年教育的职业学校、技术学校和普通学校的优秀毕业生，可根据其专业需要进入由教育部管理的中间学院和大学教师联合会举办的四年制院校。

任何一所工业中间学院的学生都能在 22 个专业领域选择一个专业。这是一个职业多样性的例子，这 41 所中间院校的毕业生所具备的职业能力，正与使许多阿拉伯国家受到损害的职业性文盲相反。

教育部除举办工业学校、女子艺术学校、商业银行学校、中间学院和教师训练学院外，也创办了培养助理教师、体育教师的机构。为了使未来教师都来源于大学教育系科的毕业生，教师训练学院计划在 2000 年关闭。

高等教育由面向 18～20 岁学生的中间学院和面向 18～23 岁学生的大学学院提供，大学学院始于 1903 年，根据 Abide Hamid 二世所颁布的 1345 号敕令，在大马士革开始创办一所医学院校。叙利亚目前有四所大学，即创建于 1923 年的大马士革大学、1958 年创建的阿勒颇大学，1971 年建立的位于拉塔基亚（Lattakia）的塔希伦大

① 指没有经过职业培训就走上工作岗位。——译者注

学（Tashreen University）以及 1979 年在胡姆斯创建的巴斯大学（Al-Bath University）。这些大学与政治科学院校、学术理事会、阿拉伯语言研究院和医院、医疗中心以及一些始创于 1958 年的中间学院归属教育部管理。到 1997 年，已经有 120 所中间学院为那些获得普通学校证书后的学生继续提供三年教育。

叙利亚学制图（1958～1998年）

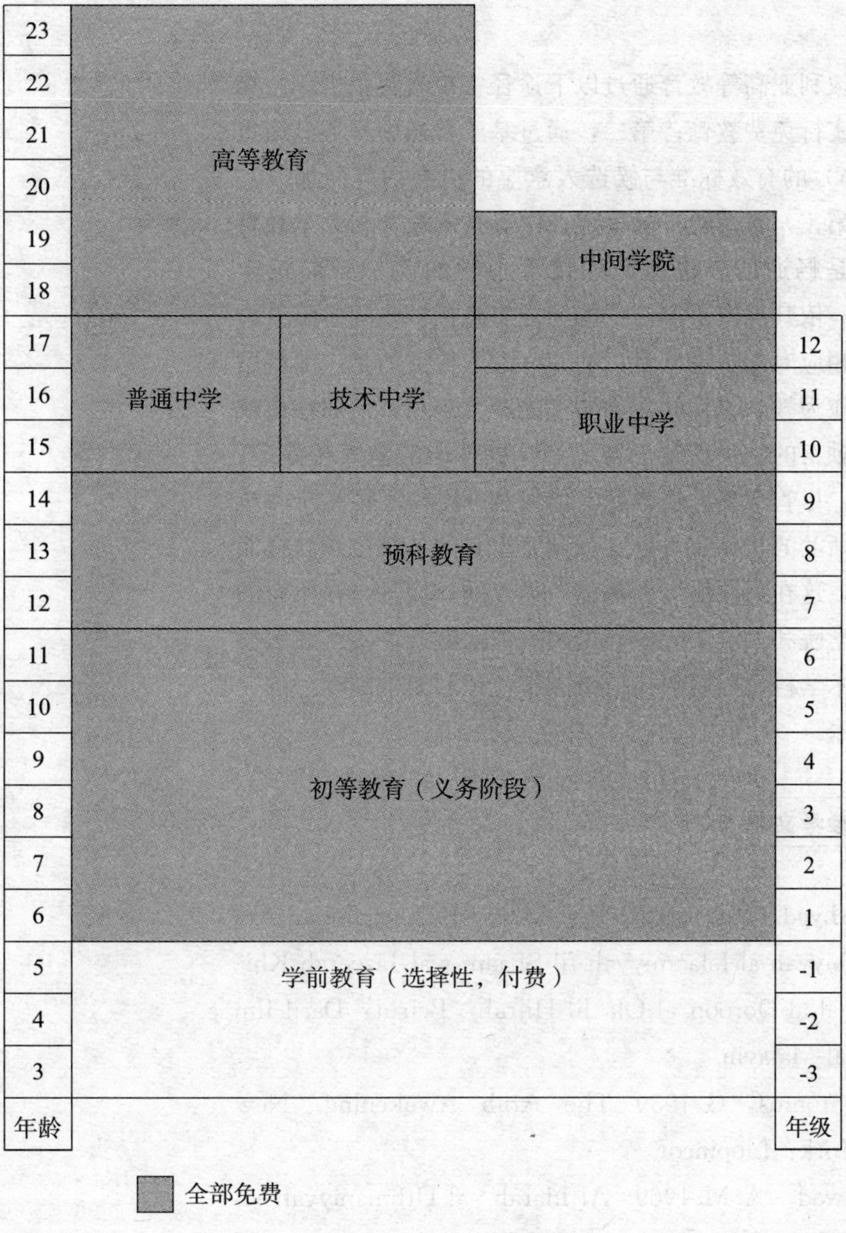

小结

叙利亚高等教育通过以下途径实现教育民主化。第一，实行免费教育；第二，通过基于普通中学考试绩点（GPA）的有效标准与候选人意愿的机会均等而加以实现；第三，教育晋升的渠道在中等技术教育与大学教育之间是畅通的，这将允许技术中学的前三到前三十名——依其规模而定——的毕业生直接被中间学院或大学中相应专业学院接受；第四，最为重要的是，那些用母语作为教学语言的大学的“先锋”角色，使那些禀赋高、勤奋的学生不致于与那些掌握外语的富人相混淆；第五，尽管存在世俗教育，但叙利亚维持了植根于阿拉伯伊斯兰的文化和教育。叙利亚以它的各级免费教育而自豪，这在阿拉伯世界是独一无二的。而且，在所有的中间学院和大学学院中，用阿拉伯语教学，甚至在医学和技术学科也采用阿拉伯语教学，叙利亚也是唯一的一个国家。

主要参考文献

1. Abyad，M. 1980 Al-Tarbiyah wal-Thaqaafah al-Arabiyyah al-Islaamiyyah fil Shaam wal Jazeerah Khilaal al-Qoroon al-Ola lil-Hijrah. Beirut：Daril-Ilm Lil-Malayin.
2. Antonius，G. 1939 The Arab Awakening. New York：Lippincot.
3. Awad，A. M. 1969 Al-Idarah al-Uthmaniyyah fi Wilayat Surya 1864－1914. Cairo：Daar al-Ma'aref.
4. Hourani，A. 1968 Arab Thought in the Renae-

sance：1798—1939. Beirut：al-Nahar.

5. Jundy，M. 1984 Taarekh at-Tarbiyah al-Islamiyyah. Cairo：Daar al-Wafaa'.

6. Lotsky，V. B. Modern History of Arab Countries. Translator A. Bustany Moscow：Dar al-Taqaddom.

7. Ministry of Education SAR（MOER）1997 Education in the Syrian Arab Republic 1996/97 Damascus.

8. Miri'i，E. 1996 Ebla：Tarikh wa Hadarat Aqdam Mamlakah Fi Suriya. Damascus：Dar al-Abjadiyyah.

9. Nashaby，H. 1988（ed.）At-Turath at-Tarbawy al-Islaamy fi Khams Makhtotat. Beirut：Daar al-Ilm lil-Malayin.

10. Rafeq，A. K. 1974 Al-Arab wal Othmaniyyon. Damascus：Atlas Library.

11. Shalabi，A. 1960 Taareekh al-Tarbiyah l-Islamiyyah. Cairo：Anglo Egptian.

12. Tootah，K. 1933 The Contributions of the Arabs to Education. New York：Columbia University press.

叙利亚大马士革大学助理教授

纳希尔·阿韦达（Nahil Aweidah）

第十七章　土耳其

一、从古代到坦志麦特[①]（1850年前）的教育

（一）奥斯曼帝国之前的古代土耳其教育

在中国的文献资料中，第一次提到突厥人出现在历史舞台上是在公元前220年。由此可以得出结论，突厥人在世界舞台上出现得较晚。像东方绝大多数民族一样，土耳其走过了一条与欧洲民族完全不同的发展道路。

古匈奴人和古突厥人的家乡常常被称做“中亚”，而实际上指的是在中国北部的阿尔泰山地区。这一地区的游牧民族常常过着半畜牧、半狩猎的生活。像现代的蒙古人那样，他们生活在可搬运的圆形的帐篷中，一年四季赶着自己的牲畜在山麓、高原游牧，然后回到平原。中国的万里长城把他们与南方肥沃的农田和盆地隔离了开来，但并未能阻挡住他们。他们常常越过长城入侵中国的领土，然

① 坦志麦特，土耳其语：改革。奥斯曼帝国在阿卜杜勒·迈吉德一世和阿卜杜勒·阿齐兹在位期间（1839—1876）推行的一系列改革，目的在于废除以神权为基础的旧政治制度，实施现代化国家的新制度。建立世俗学校新体系是其改革内容之一。——译者注

而却常常被农业民族的文化所同化并变成中国人。在匈奴迁移并入侵欧洲之后，突厥人建立了自己的草原帝国，史称戈科突厥（Gokturk）（552～745）。在这一时期的末期他们树起了两座鄂尔浑碑文纪念碑，①碑文用的是突厥草字和一些记号和符号，38个字母是北欧古字，还有中国的象形汉字，表达了古代土耳其人对宇宙的认识。在戈科突厥败落后，745～950年生活在东土尔克斯坦②的回鹘人（**现代土耳其人的祖先**）和新疆的农民——中国西部的居民，与自己的邻居建立了商贸关系，在贸易中使用了一种新的有14个字母的索格德③字母表，使之适应突厥系语言的黏着性。经过长期信仰阿尔泰的萨满教④之后，回鹘人认识并改信了早已从印度北部传到中国、朝鲜和日本的佛教。游牧的突厥部落继续向西迁徙，其间与当时征服了里海（Caspian Sea）东部和咸海（Aral sea）西部地区的伊斯兰征服者发生冲突，波斯人把那一地区称作“图兰”，或者突厥人居住的地方。在那里突厥人逐渐改信了伊斯兰教，建立了他们最初的王朝，即奥克苏斯河（Oxus）北部的喀喇汗（Karakhanid）王朝（940～1211年）和奥克苏斯河南部的伽色尼王朝（963～1186年）⑤。在这些部落

① 两座纪念碑（“阙特勤碑”和“毗伽可汗碑”）立于732年和735年，1889年在蒙古北部鄂尔浑河流域被发现。——译者注

② 土尔克斯坦，史地学上中亚细亚及中央亚细亚一个宽广地区的旧称。——译者注

③ 索格德，是古代中亚细亚的国家，大致在现在的乌兹别克斯坦和塔吉克斯坦的领域内。——译者注

④ 萨满教，以据说能治病并通鬼神的萨满为中心的宗教。主要指亚洲北部乌拉尔—阿尔泰一带的一些民族的各种宗教体系和宗教现象。萨满教的痕迹仍可见于已改信其他宗教的民族，如改奉基督教的芬兰—乌戈尔人、改信伊斯兰教的中亚和小亚细亚的突厥人、改信佛教的蒙古人。——译者注

⑤ 喀喇汗王朝，回鹘人政权；伽色尼王朝，突厥人王朝。这两个王朝曾联合灭亡萨曼王朝，瓜分其辖地。伽色尼王朝曾统治呼罗珊、阿富汗和印度北部。鼎盛期其疆域从奥克苏斯河一直伸展到印度洋。1040年，丧失了其在伊朗和中亚的领土。这个王朝在阿富汗东部和印度北部苟全至1186年，后被古尔人所灭。——译者注

的北面，在锡尔河与阿姆河①之间居住着属于突厥语系的奥古兹部落联盟②，他们后来建立了塞尔柱王朝（1038～1157）③，统治着波斯和称做安纳托利亚（Anatolia）的小亚细亚。

在伊斯兰教时代以前的教育，主要是使“每个人有正确的道德态度”。人们相信，儿子生来就应该像父亲，而女儿生来就应该像母亲。遵循着这样一条准则：“父亲教育他们的儿子，母亲教育她们的女儿。”在回鹘人中间除了中国文化的影响之外，看来文字已有了很大的发展。根据考古学家博塞特④的研究，回鹘人具有自己的简单的14个字母的索格德字母表，他们是发明或传播印刷术的先驱者，稍早于中国人。

从剽悍的游牧部落的好战的游牧生活向较平和的农耕生活过渡时期的教育思想和实践，可以从《我的祖父科尔科特的书》中找到。这本书描写了奥古兹部落的讲故事人或吟游诗人的12个故事。这些故事是在不同的时期和地点编撰而成的，在锡尔河（Syr-Darya）流域可能始于9～10世纪，在小亚细亚东北部可能起始于10～15世纪。这些故事反映了从前伊斯兰教时代向伊斯兰教时代过渡时期，从好战的“艾勒卜”⑤（Alp）向理智的苏菲派教徒⑥或击败异教徒的伊斯兰教勇士过渡时期，从游牧生活方式上升到农耕生活方式时期的文化变迁。奥古兹人不仅推崇强壮的身体，而且具有高尚的道德品质。一个勇敢的人不仅能因自己的行为自诩，而且更要以其他

① 锡尔河（Syr Darya）和阿姆河（Amu Darya），位于中亚细亚。——译者注

② 奥古兹人，6～11世纪定居在咸海沿岸地区的部族联盟。——译者注

③ 塞尔柱王朝的历史构成土耳其人在中近东历史的第一篇章。——译者注

④ 博塞特（Helmuth Theodor Bossert，1889－1961），德国语文学家、考古学家。曾在土耳其黑山发掘公元前8世纪赫梯城堡，发现双语言对照的铭刻，由此得以释读最古老的赫梯象形文字。——译者注

⑤ 艾勒卜·阿尔斯兰（Alp-Arslan，约1030－1072），塞尔柱人最早的三个伟大苏丹之一。1071年大败拜占庭军。艾勒卜在突厥语中意为雄狮。——译者注

⑥ 苏菲派是伊斯兰教的一个教派，宣扬泛神论神秘主义。——译者注

英雄为荣。尊崇德行、勇敢和对祖国的忠诚，把尊敬祖先作为最高的美德，诸如此类的这样一些价值观，一代一代地往下传。科尔科特是一位睿智的老人，是可汗（Khan）、王子和普通人的导师。他是一位无可争议的权威、民族精神的象征和发言人。他说："勇敢比财富更珍贵。"他教授荣誉、良知、信义和对祖先忠诚的法则。有一篇故事是关于一个被监禁的父亲的，他已被宣判死刑，因此他的儿子不必为父亲的耻辱而感到羞愧。儿童在 15 岁之前一直由家庭负责照料。

叙事诗中的 12 篇故事围绕着祖父科尔科特构成一个整体，这些故事在 14 或 15 世纪时被改写成课本。这些故事反映奥古兹人与他们的邻居——亚美尼亚人、罗马人（罗马尼亚或拜占庭人）、格鲁吉亚人的关系。这些故事描述了宗教有罪判决和实践、家庭结构、经济生活和政治组织。科尔科特的故事的基本目的是要捍卫国家的和平和秩序，保障奥古兹人的团结和荣誉。叙事诗的主人公是巴因基尔可汗（Bayýndýr Khan），他生活在喀山（Kazan）以北，是所有的奥古兹部落的首领。他从不挑起战争，但一旦与敌人交手，总以奥古兹人的胜利而结束战争。热爱和平的可汗成为众望所归的领袖。叙事诗宣扬这样一种思想："自我与他人对立"是一种假定的结构；各个群体之间不应对立，提倡允许多样性、忍耐、宽容、爱心、仁爱和妥协。如果个人对所有的人承担责任，整个社会就会捍卫个人的权利。母亲的权利与上帝的权利等同。在所有的故事中妇女都是积极的、起领导作用的和受人尊敬的英雄。一个名叫乌鲁兹（Uruz）的儿子，蔑视自己的父亲，或者说造自己父亲的反，扬言要离家去阿卜哈扎（Abhaza），还要皈依基督教并娶神甫的女儿为妻。凯斯特勒（Koestler）指出，在第十三部族中某些人可能改信犹太教。

另一本关于早期土耳其教育的史料集《幸福伦理》，反映的是伊斯兰教的影响。这本书的作者是优素福·哈斯·哈杰布（Yusuf Has Hajib），写于 1069 年。书是用回鹘、索格德字母写成的，是献给喀喇汗王朝的哈桑·伊本·苏莱曼·阿斯兰（Hasan Ibn Suleiman Aslan）可汗。该书采用教学的对话形式写成，对话在可汗与其他三人之间展开。可汗代表正义，另三个人分别代表智慧、理性、满意。在这本书中知识被看做最高的善，诚实被看做最精明的行为。只有通过教育，人才能成为真正的人。因此，家长在道义上有责任为自己的孩子提供适当的教育。该书的第六十三节及后面的若干节，有几段关于教育的建议和至理名言，现摘录如下：

亲自教育每个孩子，别把他们托付于他人；

不要让孩子迷茫徘徊，因为他们可能会越走越远；

教给孩子知识和品德，因为幸福就在这两个世界中；

为儿子找个好新娘，把女儿嫁出去，最好是根本没生女孩。

在最后几行中表现出对女性的偏见，这既是作者本人的观点，也表明妇女在新接受的伊斯兰教中处于相对次要的地位。这一思想不同于《我的祖父科尔科特的书》中表现的游牧民族的思想。

另一本具有重要教育意义的书是《突厥语百科辞典》，作者是喀什的马哈茂德（Mahmut of Kashgar）。该书1072～1074年写于巴格达（Baghdad），写这本书的目的是要把突厥语介绍给说阿拉伯语的民族并把这种语言教给他们。与上述那些书一样，在这本书中也没有一本正经的、学究式的教育痕迹，而常常是用文化的和非正式的手段对年幼的孩子进行教育。这样的手段有：重视养成卫生习惯；孩子入睡前母亲给孩子唱温柔的摇篮曲；用正确的方法护理孩子和训练孩子大小便；必要时对不听话的孩子要利用鬼怪去恐吓和惩罚他们；在做各种各样的游戏时让孩子正确地说出自己周围的动物和植物的名称。马哈茂德认为，突厥语“道德”一词，表示并用在科学、哲学和理念中。这本辞典还阐明了诸如以下突厥谚语的语言学意义：“知识是地位的标志”；“听智者所言，照他们所言去做”。书中还为有效地学习突厥语提出了以下一些方法原则。

（1）从简单的例子过渡到一般的规则，这就是说要多用归纳法，少用演绎法，这是伊斯兰教讲道时所遵循的法则。

（2）应用日常生活中的例子、诗歌和谚语。

（3）通过语言来接近文化。

（4）多次重复和背诵，以提高教学效果。

马哈茂德对自己的建议身体力行，撰写、编撰和多次修改自己的这本书。他在这本书中在旧的亚洲世界图旁边增加了一张圆形的世界地图。旧图中没有包括1071年被塞尔柱人打败的拜占庭，塞尔柱人当时正忙于巩固自己在小亚细亚（安纳托利亚）所取得的军事胜利。

伊朗的塞尔柱王朝是出身于萨珊王朝①的突厥入侵者建立的一个新国家。11世纪奥古兹—突厥人征服了一系列国家，其中有伊朗的大部分、阿塞拜疆、库尔德斯坦、中亚细亚的一部分、伊拉克、小亚细亚、亚美尼亚。以他们的首领塞尔柱的名字命名，他们被称作塞尔柱—突厥人。塞尔柱人采用了在穆斯林征服了伊朗之后保留下来的波斯官僚的语言、管理国家的专门技能和传统。他们的教育具有以下特点：（1）政治家们爱好艺术和科学；（2）具有正规的和非正规的教育机构；（3）出现了“艾塔伯克”②这样的称谓。

塞尔柱王朝的一些有名的统治者，诸如图格里勒·贝伊、艾尔斯兰、马利克沙阿、尼扎姆·穆尔克（《政治论》一书的作者）以及桑贾尔③，都

---

① 萨珊王朝（224～651），古代伊朗王朝。——译者注

② 艾塔伯克，塞尔柱帝国时期对高级官员（太傅）的称谓。——译者注

③ 图格里勒·贝伊（Tugrul Bey），杰出的统帅和精明的政治家，突厥塞尔柱人萨曼王朝的建立者。他在1063年去世时已经完成了创建包括中、西伊朗和美索不达米亚在内的大帝国的伟业。艾尔斯兰（Alpaslan），图格里勒的王位继承人。马利克沙阿（Melikshah），艾尔斯兰的王位继承人，他登基后继续扩大领土，当他在1092年去世时，塞尔柱帝国已包括整个伊朗、美索不达米亚全境以及叙利亚（包括巴勒斯坦在内），直抵埃及的边界。尼扎姆·穆尔克（Nizam-al Mulk），艾尔斯兰和马利克沙阿的两朝首相，始终大权在握，负责帝国的组织工作。桑贾尔（Sancar），马利克沙阿的儿子之一。马利克沙阿去世后塞尔柱帝国处于分裂状态。桑贾尔控制的呼罗珊王国日渐强盛繁荣。他曾取得过一些战争的胜利，但在1153年的战争中被俘成为阶下囚。此后，塞尔柱人在他们过去的大帝国的领土上已不再拥有真正的权利。——译者注

对马德拉萨①学者表现出极大的信任和尊敬。在加扎利②之后的塞尔柱帝国的组织，建立在把政治—军事事务与对宗教事务负责的哈里发③政权进行世俗分离的基础之上。这些事务由首相或国务秘书予以协调，但以苏丹的名义进行。当时流传着这样一句箴言：

> 真正的学者不屈服于王公贵族，（但）真正的王公贵族总是要求教于学者。

在政府各个部门工作的政界人物，是在马德拉萨受的教育。在伊斯兰教中，“乌力马”④（学者）指的是僧人和教士。塞尔柱人努力在阿纳托利亚建立并维持一个伊斯兰国家，为了这个国家他们血战到底。1040年，图格里勒·贝伊在尼沙普尔⑤建立了第一所塞尔柱人的马德拉萨。此后，艾尔斯兰和他的首相尼扎姆·穆尔克在巴格达⑥建立了几所马德拉萨。很快，马德拉萨就扩展到所有的大城市中，诸如穆苏尔（Musul）、巴士拉、赫拉特、伊斯法罕、默夫⑦、阿穆尔（Amul）、莱伊（Ray）、图斯（Tus）。新马德拉萨具有以下功能和目的：

（1）捍卫伊斯兰教逊尼派教徒的信仰，在政治上反对什叶派；

（2）培养为帝国服务的官吏；

---

① 马德拉萨（Madrasa），阿拉伯文指学校。穆斯林国家的一种高等教育机构。20世纪以前，马德拉萨一直起着教经学院和法学院的作用，课程以《古兰经》为主。除伊斯兰教义学和法律外，还教授阿拉伯语语法和文学、数学、逻辑，在某些情况下也教自然科学。学校免收学费并提供膳、宿、医疗便利。教学通常在院子里进行，基本上是背诵教科书和教师的讲义。教师向他的学生颁发准许重复他的言辞的证书。它培养神职人员、国家机关工作人员和穆斯林小学的教师。——译者注

② 加扎利（Ghazali，1058—1111），伊斯兰法学家、教理学家和神秘主义者。——译者注

③ 哈里发，穆斯林国家的统治者。奥斯曼帝国的苏丹也使用这个称号，直至1924年土耳其共和国成立为止。——译者注

④ 乌力马，穆斯林的学者或宗教、法律的权威，尤指在土耳其的学者。——译者注

⑤ 尼沙普尔（Nishapur），城市名，现在伊朗境内。——译者注

⑥ 巴格达（Baghdad），城市名，现为伊拉克首都。——译者注

⑦ 巴士拉（Basra），伊拉克东南部港市；赫拉特（Heart），城市名，现在阿富汗境内；伊斯法罕（Isfahan），城市名，现在伊朗境内；默夫（Merv），穆尔加布河下游的绿洲。——译者注

(3) 保证奥古兹部落成员对国家的忠诚；

(4) 培养穆斯林学者、毛拉或教士；

(5) 管理新占领地区人民的教育；

(6) 从穷人中选拔并提升人才，让他们为国家服务；

(7) 引导政治家关心科学和教育，为大众服务。

教学语言是阿拉伯语，这是《古兰经》的语言。教学方法基本上是死记硬背，靠背诵来记忆。除了主要城市外，每所学校只有一位专职教师，配备几名助手。每所学校的学生人数不等，从 40 人到几百人。例如，在科尼亚①（13 世纪安纳托利亚的塞尔柱人的首都），就有 15 所马德拉萨，共有学生 600 名左右。

学校的经费状况足以雇用许多教师并维持学校的运转，学校中的人员包括教师、助教、辅导教师、阿訇和学生。工资、津贴和奖学金的数额，从教师最高工资每年 800 第纳尔②到学生至少 10～15 第纳尔的奖学金。此外，还要为学生提供膳宿。马德拉萨还有专门的经费用来购买书籍、灯油、取暖用的燃料油以及住宅一般养护专款。

在塞尔柱人统治安纳托利亚的近两百年间，历史事件层出不穷：伊康（Iconium）的塞尔柱人、拜占庭人、当地农民与小亚细亚游牧的土库曼人之间的战争、冲突和纠纷从未间断，令人永远不会忘记的几次十字军远征以及 1240 年蒙古人对安纳托利亚的征服，动摇并削弱了塞尔柱人在安纳托利亚的地位。塞尔柱人建立了许多文化机构和商贸机构，其中有马德拉萨、医院、清真寺、商队旅馆等。尽管连年的战争制造了不利条件，塞尔柱人还是在安纳托利亚为土耳其的统治打下了文化基础，导致了本地居民和从交战国来的移民最终皈依了伊斯兰教并实现了土耳其化。能取得所有这些成就要归功于他们在不同文化的人们的教育或文化交流方面所实施的整合政策。1277 年，科尼亚附近的卡拉曼③的穆罕默德·贝格（Mehmet Beg）

---

① 科尼亚（Konia），土耳其城市。——译者注

② 第纳尔，货币单位。——译者注

③ 卡拉曼（Karaman），土耳其城市。——译者注

大胆地发布命令宣布："从现在开始土耳其语应该成为宫廷和国家的官方语言。"这明显地暗示了在这之前土耳其语不是官方语言。随着伊康的塞尔柱人即将衰亡，与拜占庭接壤并与之交战的西北边陲的奥斯曼土耳其人，为接管和替代塞尔柱人的苏丹地位做着准备。

塞尔柱人首创并发展了诸如阿希斯（Ahis）兄弟会这样的非正式的教育组织。这一组织在许多方面与西方的共济会①相似。它授以自己的成员实践方面的和理论方面的知识，包括读写算（3R）、宗教基础、个人卫生和公共卫生、行为的道德准则。在教学过程中学生一会儿系上围裙，一会儿解下围裙。这用来象征关门和开门：对苦难、剥削、贪婪、痛苦、肉欲、说废话以及邪恶的诱惑要关上门；但对慷慨大方、知足、有耐心、诚实、可信任和可靠要敞开大门。为了不嫉妒别人就要紧紧地闭上眼睛，为了不恶骂别人就要紧紧地闭上嘴，为了不犯通奸罪就要紧紧地系上腰带。与此相反，对于慷慨大方，阿希斯兄弟们就应张开双手，敞开大门欢迎"天赐的客人"，铺上餐桌招待饥饿的人。旅行家伊本·拔图塔②生动地证明了，在整个安纳托利亚领土上的阿希斯兄弟们，认真地按照对他们的教导生活着，热情地接待访问他们国土的外国客人。

（二）奥斯曼帝国的学校教育和教师的培养

总的说来，这一阶段土耳其人的教育继承了塞尔柱人的教育，其中包括麦克名卜和昆它布学校和书籍。在土耳其人关于建立小学的特许状中，对学校、校舍、教师宿舍、操场和教室等作了规定。小学或初等学校通常设在当地的清真寺内或清真寺附近。人们称它们为"邻居"（Mahalle）或"清真寺学校"（Sibyan）。这些学校的创办者通常是宗教慈善机构、国家知名人士或受到当地社会尊敬的人士。学校的费用，尤其是教师的工资，通常从宗教慈善机构的捐赠收入中支付。为了在任何地方都保持穆斯林的习惯，清真寺附设

① 共济会，世界上最大的秘密团体，旨在传授并执行其秘密互助纲领。它起源于中世纪的石匠和教堂建筑工匠的行会。——译者注

② 伊本·拔图塔（Ibn Battuta，1304—1368），中世纪阿拉伯最伟大的旅行家，著有历史上著名的《游记》。该书具有持久的历史和地理价值。——译者注

的小学一律都要阅读阿拉伯原文的《古兰经》，对经文既不翻译也不解释。伊本·赫勒顿（Ibn Khaldun，1332—1405），阿拉伯历史学家、社会学家，证实了童年时代阅读、崇敬和热爱《古兰经》的重要意义。对于阿拉伯儿童来说，毫无疑问这是在学习他们自己的文化遗产；而对于他们的土耳其同龄人来说，这仅仅是学习书本并成为书本的既瞎又哑的守卫者。

虽然在有些学校中孤儿享有很大的优先权，但其他学校都给予本地区所有5～6岁的男女儿童同样的机会。在完全掌握阅读之前所有的儿童都坐在同一间教室中，在一个教师的看管之下，这个教师称为Hojha。学校中不分班级或年级。苏丹的王子们有专门的学校，那就是在学校院子中专门圈出一块地方作为他们学习的场所。某些清真寺学校由于得到当地的热情支持，为学生提供服装和饮食，还提供零花钱。为了鼓励学习和作为对小孩子们所受的苦的补偿，苏丹和他的高级官员们会时不时地做出一些表示，例如，给孩子们很少一点点钱。小学生在学校中跪坐在铺着自己从家里带来的草垫或毯子的地上，或坐在有椅垫的座位上。书本放在一张张X形的低矮的书桌上，孩子们学习读书，复习学过的东西，死记硬背教师指定的功课。某些祈祷仪式用土耳其语教。体罚是一种制度，而不是例外。对女孩的惩罚是打她们的手，对男孩的惩罚是打他们的脚。在开始每天的学业时，就像平常的仪式一样，教师要对每一个孩子说："肉体是你的，骨头是我的！"这样，教师就有权以任何他认为合适的方式惩罚孩子。一位教育家侯赛因·阿里（Huseyinoglu Ali）在他的《教学方法》（1453年）中提出，体罚能有效地治愈孩子们的不良行为和懒惰。他认为，"鞭打甚至能把野兽驯服"。苏丹的孩子不像普通人的孩子那样受到那么多的体罚，但在他们教室的墙上挂着弓和树枝。弓用来捆住孩子的脚，把他们的脚往上放在一个合适的位置上。这种"训言"式的教育制度看来是很有效的："舍不得棍棒，糟踏了孩子。"这种看法直至今天在西方学校中还是很流行的。16世纪的一位德国旅行者发现，奥斯曼学校中的体罚不像当时的西方学校那样严酷。这种通常称做Hojha的"清真寺学校"的教师，都读完了由马德拉萨提供的专门课程。

作为帝国创建者的土耳其人不仅对学习实用艺术和科学感兴趣，而且对形而上学的纯理论研究也很感兴趣。从埃及、伊朗和西亚各国建设得很好的马德拉萨回国的学者们，把在伊玛目①加扎利（Imam Ghazali ）和伊本·拉什德（Ibn Rushd）的追随者之间发生的关于对信仰与理性思考的关系的一个古老的论争带回了家。例如，科学的现实与信仰的真实对抗吗？征服者，1478 年苏丹穆罕默德②在一次选拔一批穆斯林学者前提出了这个极为困难的问题。在思考了几星期之后，支持加扎利的不相容性观点的学者，与伊本·拉什德坚持的对立观点展开了辩论，伊本·拉什德对西方的文艺复兴产生过重大影响。学者们的意见是，人的精神本身是脆弱的，必须就在那里停止，听从对教义的信仰。苏丹显然认同这一观点，此后，这一观点成为并一直是土耳其的法律。这标志着所有看来与已确立的信仰相对立的科学探究和思考的终结。土耳其人以异端邪说或背叛教义为理由控告许多年轻人和有才华的人。

在征服了君士坦丁堡（Constantinople）之后不久，苏丹把八座教堂改造为马德拉萨，其中包括有名的阿亚·索非亚教堂。1463～1471 年苏丹开设了一所新的联合学校，今天这所学校仍叫做法蒂赫库里亚（Fatih Kulliya）。它以一所清真寺为中心，围绕着清真寺的是几所马德拉萨、一所小学、一所医院、一座图书馆、几间公共澡堂、几家旅馆和一个公共食堂。关于课程的思考不是结论性的，但是最初可能教授某些推理性的科学和自然科学，像数学、医学之类的学科，然而很快就中止了，因为担心与逊尼派教徒的信仰不一致。

仿照征服者，苏丹穆罕默德二世提出的样板，苏莱曼一世③有了自己的苏莱曼库里亚，它是由锡南（Sinan）设计和建造的，锡南

① 伊玛目，阿拉伯文原意为“师表”，是伊斯兰教社会的首脑。又可用做大教理学家的荣誉称号。——译者注

② 穆罕默德二世（Mehmed Ⅱ，1432－1481），奥斯曼帝国的真正奠基人，杰出的军事领袖。1451～1481 年在位。——译者注

③ 苏莱曼一世（Süleyman Ⅰ the Magnifigent，1494－1566），奥斯曼帝国苏丹，1520～1566 年在位。——译者注

是奥斯曼帝国的建筑大师。苏莱曼的联合学校是由若干所学校和学院组成的，有一些旅馆和服务设施支撑这些学校，所有这些学校和服务设施都很得体地分布在清真寺庭院的周围。它至今还矗立在那里，象征着帝国的骄傲。根据当局授予的特许状和付给教师的工资可以推断，土耳其的马德拉萨，包括那些新建的和奉献给苏丹自己的那些马德拉萨在内，看来是为教授伊斯兰教而专门建造的。学习期限为1～2年，但必要时可以延长。

学生根据其水平分类，不同水平的学生所进的学校有不同的名称：

（1）Talaba，即清真寺学校；

（2）Softa 或 Suhta，即马德拉萨的低年级；

（3）Danishmand，即马德拉萨的高年级。

所有各级学校的教学语言都是阿拉伯语，这种状况最终导致把社会一分为二，一部分人是有文化的人，称为乌力马，他们懂阿拉伯语；另一部分人是文盲，称为朱切拉，他们只会说土耳其语。这些只会说母语的土耳其人的社会地位必然不高。教学大纲或课程看来组合为三组专业（宗教与法律、自然科学、工具性科学）：

（1）宗教与法律，加深学习伊斯兰教的知识，其中包括：经注（Tafsir），即阐释可兰经的经文；圣训（Hadith），即先知的言论及检验其真理性；费格赫教律（Fiqh），即系统地、历史地研究伊斯兰教法律；Kelam，即对宗教教义作出合理解释的伊斯兰教哲学。

（2）自然科学，包括哲学、数学和天文学。

（3）工具性科学，包括逻辑学、修辞学、演说术、写作、美学。

最后一组实用性科学可以看做与拜占庭人在败落前所更新的自由教育的三艺和四艺相对应的，其区别在于土耳其人把西方的自由教育及其2R的基础看做中等教育。当时的教育观产生了极其危险的后果。

伊斯兰教高级教师（Sheykh'al Islam），是伊斯兰教法典的主要说明官，他负责管理宗教事务、教育、文化、宗教慈善机构、市政管理和司法。他身居高位，在官阶上位于第二，仅次于首相。马德拉萨的教师（Mudarris）的地位仅次于伊斯兰教高级教师，享有某种程度上的行政自主权和学术自由或豁免权，他们虽然会受到法庭审判，但通常被免于死刑。毛拉卢特菲的案件是个例外，可能类似苏格拉底的案例。

传教士称做 Imam-Hatibs，他们是国家公职人员。城镇的地方长官和法官称做 kadis，他们通常都是马德拉萨的毕业生。初等学校的教师主要教授阅读和一些书写，他们是由专门的教学计划培养出来的，其教学计划中包括阿拉伯语、阿拉伯语法、文学、修辞学、伦理学讨论、教学论、数学和地理学。算术包含在地理学中，而历史也是地理学的一部分，或者与地理学放在一起进行教学。有必要对师资培训计划的特殊要求，即伦理学讨论和教学论作一些说明。这两门课程看来是很独特的，是土耳其人的发明。但是在对未来教师的教学计划中没有伊斯兰教法律。教师被当地社会接纳并是受尊敬的社会成员。先知穆罕默德说："教师像是照亮现世和来世的蜡烛。"教育被更普遍地看做使人成为真正的人的途径。土耳其人把一个有教养的人与一个普通的人明确地区分开来，下面这个轶事反映了这一鉴别。

> 从前有一位父亲，他对他的儿子说："你永远也成不了一个真正的人。"后来他的儿子当上了大臣。儿子把他的父亲带到了自己的办公室。这位大臣说："父亲，你看到了吧，我已经成了大臣。"他的父亲说："是的，我看到了你已经成为大臣。但是我对你说的是你不能成为一个真正的人，而不是说你不能成为大臣。"

1550 年以后，在苏莱曼一世统治的鼎盛时期，马德拉萨像这个国家一样逐步走向衰落。马德拉萨曾是这个国家的一部分并为这个国家服务。一些学者，例如，高知·比格（Kochi Beg）和哈提普·切莱比（Khatip Chelebi）分别于 1631 年和 1656 年提交了全面改革教育的报告，但毫无结果。马德拉萨难逃其衰落的命运。尽管马德拉萨的课程存在严重的缺点（没有自然科学学科）和时代错误，还存在着愚民倾向，耽于后退而不是奋勇前进，但 1600 年以前的马德里萨在以下几个方面是有功劳的。（1）位于市中心的大清真寺周围的物质条件及学术生活的质量和标准很高。(2) 有奖学金的学生可以获得免费的、条件优越的食宿，或者只需支付价格低廉的食宿费。(3) 其教育哲学是“要赢，要学习”；要求马德拉萨的学生能爱护自己，经常自愿参加国家分配的排忧解难的工作。

除了上面已提到的1453年出版的侯赛因·阿里的《教学方法》一书外，还应提到另外三位学者及其关于土耳其教育的著作和思想，他们是：基那里扎德·阿里（Kynalyzade Ali，1510—1572）、卡蒂布·切莱比和易卜拉欣·米泰费里卡。①下面简要介绍他们的功绩。

基那里扎德以叙利亚总督阿里帕夏的名义于1564年写了一本书，该书由三章组成：实用伦理学、家庭关系伦理学和国家管理政治学。关于家庭伦理学，基那里扎德强调了父母与子女之间的温和的、平和的关系对男女儿童心理发展的重要性。在政治学这一章中，他区分了两个不同类型的概念：美德和堕落。公正的、仁爱的行政官员应该履行全能之神的意志和维持秩序，要努力为他的人民谋福利。国家的领导人必须：(1) 以平等的态度对待每一个人；(2) 在进行分配时要贯彻公平原则；(3) 决不收受礼物或贿赂；(4) 很好地了解敌人；(5) 不感情冲动地或匆忙地作出决定。基那里扎德的理想的国家模式（反映在《公正循环》一书中），看来受到新柏拉图主义者法拉比②的《有德行的城市》的鼓舞，或者更直接地来源于亚里士多德的《政治学》一书。他设法躲避或幸免了加扎利的教权主义者对持不同哲学观点和信念的学者的迫害。

卡蒂布·切莱比是一位自学成才的科学家，他的观点大大地超前于他所处的时代，是一位为了奥斯曼帝国的复兴和启蒙而奋斗的孤独的战士。在他的几十部著作中有一部百科全书，这是一部有1.5万个词条的评注性辞典。他指出了理性的政治与伊斯兰教法典之间的区别。他赞成世俗的国家，但谨慎地避免与伊斯兰教法典发生冲

---

① 卡蒂布·切莱比（Katib Chelebi，1609—1656），土耳其历史学家、地理学家、文献学家。易卜拉欣·米泰费里卡（Ibrahim Muteferrika，1674—1745），土耳其外交家。——译者注

② 法拉比（Farabi，约878—约950），穆斯林哲学家。阿拉伯世界认为他是继亚里士多德之后最伟大的哲学权威。他的大部分著作论述治国之道。——译者注

突。他强调了学习3R（阅读、书写和算术）和自然史的重要性以及用第一手原始资料进行教育的必要性。他向读者介绍亚里士多德的“黄金法则”时要求节制和妥协，而不是极端意见的冲突。他批评了马德拉萨的“工具科学”和阿拉伯语的教学，要求教授3R来取而代之。一个人在学习哲学时必须知道该在那里停步，不得越伊斯兰教之雷池。因此要回避那些不知道或不懂的人。一个人应如实地表现自己。每个人都应牢记苏格拉底的教诲：“要了解你自己。”虽然其他人不能及时地做出评判，但一个人应该信奉上帝。在教授和学习科学时必须依据恰当的顺序，每一门所要学习的科目都可能是另一门科目的知识储备。卡蒂布·切莱比超越了自己的时代，形象化地表述了现代的“学习三角形”理论，根据这一理论，每一层都是自己上面各层的基础。

易卜拉欣·米泰费里卡本是匈牙利籍战俘，后改奉伊斯兰教成为穆斯林。1727年他把印刷机引进土耳其并操作了土耳其的第一台印刷机。虽然犹太人在1492年、格利高里教会的亚美尼亚人在1567年、东正教的希腊人在1627年就有了自己的印刷机，穆斯林在印刷方面并不具有优越性。米泰费里卡（意为“天意的传达者”）认为，蒙昧是造成这种落后的主要原因。1689年在对维也纳的战争中失败之后奥斯曼帝国的力量削弱了，这也是改革的时期。米泰费里卡抓住了这一有利的史称“郁金香时代”的时代精神。他是第一个为马德拉萨的学生印刷土耳其—阿拉伯语词典以及自然科学和社会科学教科书的人。在第一个百年内，印刷的书籍总量达180种，这一事实表明这位战俘是一位多么杰出的人。

除了上述的那些思想家外还有两位科学家。制图专家海军将官庇里·赖斯（Piri Reis）在16世纪初画出并制成了一套非常精确的世界地图。但是由于在一场海战中作战不力，庇里船长被处死了。博物学家埃尔祖鲁姆①的易卜拉欣·哈基（Ibrahim Hakký，1703—1780），在达尔文的进化论提出之前就在自己1576年写成的《认识

① 埃尔祖鲁姆（Erzurum），土耳其东部的省及其省会。——译者注

论》中提出了某些相似的思想。他超前于自己的时代，谨慎地注意到，“那些批驳这种知识的人，实际上是对他们自己的信仰犯罪”。穆罕默德·阿里·帕夏（Mehmet Ali Pasha）在埃及开罗于1835年第一次出版了他的这部书。这一事实表明，易卜拉欣·哈基对奥斯曼的宇宙学或马德拉萨的教育的成果没有产生什么影响。

（三）恩德朗（Enderun）和土耳其苏丹的近卫军教育

依据穆斯林的传统，马德拉萨是培养学者和国家官员的教育机构，土耳其人发明了一种特殊的、世界上独一无二的教育机构，这种学校叫做恩德朗，它与马德拉萨是平行的，其宗旨是培养苏丹的“仆人”，即“近卫军”。这是一类新式的士兵，最初是从经过挑选的基督教徒家庭中招募新兵，称做“壮丁”或“新兵”。恩德朗学校把这些新兵培养成保卫国家的专业军团的士兵。土耳其人在进行这种独特的转化或强制教化的实验方面看来是相当成功的。许多大权在握的、掌握着帝国命运的政治家，就是这一过程的产物。应该指出，作为最终产品的近卫军、作为一种学校的恩德朗以及作为选择体制的过程，三者之间存在着紧密的联系。

1. 男孩的选择

每隔三到五年，苏丹的专门的侦察员就会去搜寻拟招募的新的天才。招募的对象看上去应该是健康的、强壮的、英俊的男孩，年龄在8～20岁。每年总共招募三千名左右的男孩，但是散居在鲁美利亚①或巴尔干（Balkans）、阿尔巴尼亚（Albania）、塞尔维亚（Serbia）、希腊（Greece）、保加利亚（Bulgaria）和匈牙利（Hungary）的基督教徒家庭，约四十个家庭才有一个男孩被挑选入伍。孤儿、家庭中的独生子以及已婚的人，被免除兵役；犹太人、俄国人以及牧人的儿子，还有土耳其人，由于某种原因也不被征召入伍。

征召来的新兵被带到伊斯坦布尔，对他们举行割礼②并开始教

① 鲁美利亚（Rumelia），原奥斯曼帝国在巴尔干的领地。“鲁美利亚”意为“罗马人（即拜占庭人）的土地”。——译者注

② 割礼，犹太教、伊斯兰教的一种仪式，把男性教徒的生殖器包皮割去少许。犹太教在婴儿初生时举行，伊斯兰教在童年时举行。——译者注

他们伊斯兰教义，教他们念清真言："除安拉外再无神灵，穆罕默德是安拉的使者。"①在完成了这些仪式之后，这些男孩被送到被挑选出来的土耳其人家庭中生活三至五年，学习语言、文化和伊斯兰教的祈祷。在完成了这一适应过程之后，这些男孩被准予注册并进入七所新生学校中的一所，这些学校设在伊斯坦布尔市内或在伊斯坦布尔附近。他们在这些学校中与战俘一起接受军事训练和基本训练，这些战俘占全体学生的五分之一。根据法律和习俗，他们的地位相当于苏丹的武装部队的"奴隶"。那些达到了标准的人被选派进设在托普卡珀宫②内的恩德朗学校。那些不合格的人成为土耳其帝国近卫军中的一名普通的职业士兵。

2. 恩德朗学校

被称做核心男孩的学生继续接受教育，学习如何在苏丹的行政部门中工作，掌握自然科学和伊斯兰教的科学，发展自己的身体适应能力，掌握某些职业技能或艺术才能。恩德朗提供一种理论教育。除了在马德拉萨教授的伊斯兰教科学外，恩德朗还教授土耳其语、波斯语、文学、历史和数学。根据当时的教学内容和被邀请来任教的学者的情况可以推测，恩德朗实际上是一种文科学校，其水平远高于马德拉萨。恩德朗也要求进行适合于学生的才能和兴趣的体育或军事训练，例如，射箭、骑马、投掷标枪、摔跤，还要学习美术(the fine arts)③，例如，音乐、诗歌、书法、小型精细画、绘画和书籍装订。设在宫内的音乐学校称为麦什可罕（Meshkhane)。

3. 近卫军团

整个体系通常称为苏丹的奴隶（Yenicheri Ocak)，苏丹本人也是这支部队中的一员，是这支部队中的一号士兵。苏丹的奴隶在达到退役年龄之前是不准结婚的，也不准经商。在和平时期和战争时期，他们一直有效地为苏丹服务直至1850年。这支部队培养出了79

① 清真言是伊斯兰教的信仰声明。念清真言是伊斯兰教的五功之首，穆斯林一生至少诵读一次。诵读时要高声、正确、诚心，深刻地体察其含义并衷心赞服。——译者注

② 托普卡珀宫，在土耳其境内伊斯坦布尔市。——译者注

③ 这里的美术包括绘画、雕塑、建筑、文学、音乐、戏剧等。——译者注

位首相、3 位伊斯兰教高级教师、36 位海军将官，还有许许多多官员。根据盖尔纳（Gellner）的说法，虽然建立这支部队的最终目的是为了防止国家政权的腐败，但这支部队仅仅是延缓了这一腐败过程，而最终它自己也变成了国家政权中的一个腐败部分。虽然近卫军的将士们改信了伊斯兰教并向他们灌输要保卫伊斯兰教的思想，但他们并不服从伊斯兰教的法律，或者并不受到伊斯兰教法律的保护。他们只不过是苏丹的奴隶而已，没有任何机会或希望去重新获得自己的自由。近卫军权高位重，致使旨在把他们与行贿者隔离开来的政策屡遭失败。他们变成了国家的负担，抵制所有的改革和革新措施。近卫军最终被粗暴地遣散。1826 年，一支新的军队取代了它，这支军队称做“新军”。恩德朗学校经历了坦志麦特（改革）时期，并在某种程度上一直持续到 1909 年发生的青年土耳其党人执政时期。历史证明马德拉萨是比较稳定持久的。

二、从坦志麦特到土耳其民主（1850～1950 年）

（一）军事学校：铺路和引路

1770 年，当时蒸汽机成了英帝国的象征，法国启蒙运动的学者们热衷于出版新版《百科全书》，德国哲学家康德（Kant）开始写作《纯粹理性批判》，而俄国战舰环航欧洲，从波罗的海到地中海和爱琴海，烧毁了停泊在切什姆（Cheshme）基地的奥斯曼战船。在惊慌失措或绝望之中，土耳其人抗议威尼斯允许俄国舰队通过亚得里亚海（Adriatic）。1773 年在伊斯坦布尔举行了第一所海军工程学校开学典礼。这所学校的科学课程以几何学为基础。由于所有的数学类学科都统称为几何学，以后建立的工程学校一般都称做“几何学者之家”。在现代土耳其，工程人员仍被称做“几何学家”。马德拉萨教授由加扎利和伊本·赫勒敦①所倡导的哲学类课程，显然已经中断了或者已不起作用了。马德拉萨的教师再也不知道或者不记得欧几里得②了。因此新学校不得不开始教授 3R（阅读、书写和计算）、现代语言（法语和英语）、数学和海运科学。二十多年之后的

1793年，开办了第一所军事工程学校，教授军事科学，例如，炮学、军事工程学和制图学。正如学校的名称所表明的，这所学校的课程是以几何学、算术、物理学和地理学为基础的。海军学校编制了新的教学大纲，这份大纲的制定是对土耳其教育所进行的革命。

表 17-1　第一所军事工程学校的教学计划（1793年）*

第一年	第二年	第三年	第四年
书法	计算	地理学	圆锥截面
听写	几何学	三角学	微积分
技术制图	地理学	代数学	力学
阿拉伯语	阿拉伯语	地形测量学	生物学
平面几何学	法语	战争史	信号学
数字运算			爆破学
法语			钻探理论
			军事工程学

*资料来源：Akyüz，*Türk Egitim Tarihi*，1994，p. 126.

学生每周要到实地工作两天，进行操练、练习，运用自己掌握的理论知识。派遣高年级学生参加社会实际工作，要求他们把所观察和研究过的地区绘制成地图并把图带回来。苏丹谢里姆三世③受到法国革命的警示，竭尽全力地企图使国家、军队和王室现代化，但是被1807年反动力量的阴谋所遏制，他本人也被处死。伊斯坦布尔的希腊乡镇于1805年获准办起了一所医科学校。这所学校不知何故于1812年被关闭了。第一所国立医科学校和都市外科学院创办于1827年。其四年的教学计划包括：阿拉伯语、土耳其语、法语、语

① 伊本·赫勒敦（Ibn Khaldum，1332—1406），阿拉伯历史哲学家、历史学家、社会学家。——译者注

② 欧几里得（Euclid），古代最杰出的数学家，以《几何原本》而闻名。——译者注

③ 谢里姆三世（Selim Ⅲ，1761—1808），奥斯曼苏丹，具有革新热情。1806年被穆斯塔法四世下令绞死。——译者注

法、听写、写作、土耳其语和阿拉伯语的植物名称和药物名称、宗教、解剖学图表集、医学科学概论、外科实习。

医科学校的教学语言是法语，外科学院的教学语言是土耳其语。除了取缔近卫军的“核心”和避开比克特西教团①之外，1826 年建立了一支新军，奥斯曼的乌力马（穆斯林学者）竭尽全力地反对奥斯曼王室的所有革新和复兴措施。伊斯兰宗教界的拼死抵抗或自卫贯穿于整个坦志麦特时期直至共和国的土耳其，即使在今天斗争仍以“政治伊斯兰”的名义继续着。

苏丹穆罕默德二世②继承了谢里姆三世的事业，遣散了近卫军，组建了一支新军。他需要受过教育的官员来管理和领导仿照法国拿破仑之后的军队建立起来的这支军队。现有的军事工程学校培养的毕业生极少，远不能满足需要。1827 年奥斯曼军队被埃及军队打败，其后果就是匆匆忙忙地采取了一些激进的措施。1830 年，舰队司令哈里勒·赖法特·帕夏（Halil Rýfat Pasha）向苏丹穆罕默德二世报告：“如果不遵循欧洲的路线，即理性的或世俗的教育路线，土耳其人除了返回亚洲之外无路可走。”1831 年，土耳其人办起了成人训练班，教新军的未被任命的军官学习阅读和书写，并最终于 1834 年成立了一所军事科学学院。在此之后不久，挑选了一些学生去欧洲各国首都学习并邀请那里的教授来土耳其的军事科学学校授课。当时组建了两个层次的学校：（1）由八个年级组成的预科部；（2）教军事技能和技术的高级部。

预科部：

一年级：2R，即掌握由两个字母组成的单词；

二年级和三年级：3 R，即掌握由三个字母组成的单词；

四年级和五年级：宗教和伊斯兰教基础；

---

① 比克特西教团，土耳其伊斯兰教托钵教团。该派承认十二伊马目，认为第四代哈里发与安拉和穆罕默德一起形成为三位一体的崇拜对象。——译者注

② 穆罕默德二世（Mahmud Ⅱ，1785—1839），奥斯曼苏丹（1808—1839 年在位）。尽管奥斯曼帝国屡战屡败并丧失领土，他的西方化改革却有助于加强国力。他在教育方面的改革措施包括实行小学义务教育制，开办了一所医科学校，派遣学生去欧洲留学。——译者注

六年级：作战训练手册和军法；

七年级和八年级：阅读文学作品，有选择地写作，会使用词典、正式的往来公文和书信，起草和写作文。

高级部：

读完八年级的100名学生进入高级部。高级部的课程有：工程学、地图制作、实用地形测量学、实用几何学和几何科学。

该军事学院于1834年提出了一份雄心勃勃的、但不切实际的科学教学计划。这份计划不断发展完善，直到1847年之后在坦志麦特时期才最终完成。那些仅仅受到过一点这样的科学教育的军官，成为把现代课程渗透进坦志麦特时期的其他教学机构中去的先驱者。

（二）坦志麦特时期的改革（1839～1876年）

在以苏丹名义发布的、由大首相穆斯塔法·瑞希德·帕夏（Mustafa Reshid Pasha）宣布的坦志麦特时期的公告《1839年帝国御园敕令》中没有提到公共教育。但是可以断定，只有由国家完成的教育改革才有可能采取如此激烈的措施。在1856年颁布的帝国敕令肯定了对欧洲教育、科学和资本的利用之前，继苏丹穆罕默德二世即位的苏丹阿卜杜勒·迈吉德一世①，1845年给自己的高级官员发出咨文，对在教育方面没有取得任何进步深感失望。苏丹在咨文中指出，**必须使旧学校中的教育现代化**，在必要时，应引进新的公共教育形式，为了人民现在和将来的幸福改善全国的普通教育和职业教育。

成立于1846年的普通学校部在1857年与普通教育部合并。苏丹的咨文也是早就需要的重大改革和革新的启动信号。这场改革是以《1847年敕令》的名义发动的。根据苏丹的指示，彻底修改了清真寺学校的教学计划。新的教学计划包括：字母表，土耳其语——

① 阿卜杜勒·迈吉德一世（Abdülmecid Ⅰ，1823—1861），奥斯曼苏丹，1839—1861年在位。他曾颁布两项重要的社会政治改革法令《御园敕令》（1839年）和《帝国敕令》（1856年）。法令规定，所有公民在法律面前一律平等，基督教徒臣民有公民权和政治权。在教育改革方面，他增设了教育部，创办军事预备学校，建立中学，在巴黎成立了一所奥斯曼学校（1855年）。——译者注

书写两个或三个字母的单词，道德信仰——叙述简短的、有教育意义的历史故事，书法，关于伊斯兰教的宗教知识，诵读两次古兰经（不必背诵），算术——四则运算，奥斯曼简史，地理学概论。为了进行新引进的书写练习，苏丹亲自为学生提供了书写用的石板。儿童 7 岁开始接受学校教育，在学校中持续学习四年，没有每年的升级考试或留级，但在四年学习终了时要进行毕业考试。毕业考试不及格的学生留在学校直到年满 13 岁。

这无疑是果敢的、勇敢的改革举措。但是《1847 年敕令》所发起的真正革命发生在中等教育领域中。前面已经指出，在清真寺学校这样的初等学校与马德拉萨之间没有其他教育机构。18 世纪成立的第一批海军和军事工程学校，制定并管理他们自己的小学和中学的教学计划。

在坦志麦特时期建立了三种新型的学校，它们是：拉什迪亚（Rushdiya）、伊达迪亚（Idadiya）和苏丹尼亚（Sultaniya）。拉什迪亚是初级水平的四年制补偿学校；伊达迪亚是为进入高等教育和职业教育作准备的四年制学校；苏丹尼亚是水平高于拉什迪亚，但包括伊达迪亚的六年制中学，是奥斯曼的第一所高级中学。由于没有真正的大学，在伊斯坦布尔建立的第一批奥斯曼的苏丹尼亚［例如，加拉塔萨雷伊（Galatasaray）和达鲁沙发卡（Darüshafaka）］以及在坦志麦特后期建立的达特奇卡（Datchka），制定了关于学士学位的国家标准，后来这一标准被共和主义者采纳并继续执行。1848 年在伊斯坦布尔开办了第一所师范学校，为拉什迪亚培养教师。1852 年在伊斯坦布尔只有 12 所拉什迪亚，而到了 1874 年已有约 18 所拉什迪亚。1853 年，在奥斯曼帝国的各大城市中共有 25 所拉什迪亚。坦志麦特的领袖们在 1846 年就决定创办一所大学，这一设想到 1863 年才得以实现，奥斯曼当时的一批杰出的学者成为这所大学的教师。大学的校舍是木结构的，1865 年在一场大火中被焚毁，一起烧毁的还有从国外进口的约 4 000 册书籍。

坦志麦特时期在教育方面的重大突破发生在 1869 年，当时萨杜拉·帕夏（Sadullah Pasha）陈述并起草了《普通教育法令》，这个法令是对法国要求建立现代高级中学的外交照会的响应。1869 年法令以下列前提为根据，旨在建立一个合适的基础。

（1）工商业得不到发展的原因在于没有培养出必需的劳动力；

（2）根据本法令建立的现代教育体系，能培养出既能发展文化又能发展工业的专家；

（3）一味模仿不可能发展工业，只有在发展科学和技术的基础上工业才能得到发展；

（4）清真寺学校和清真寺学校的教师不适宜于完成自己的任务，拉什迪亚教师的情况也好不到哪儿去，因为他们是遵循同样的清真寺学校传统工作的。

因此，这场改革提出了以下目标：

（1）实施普及的义务初等教育；

（2）更新和编制所有各级学校的教学计划；

（3）建立教学计划编制高级教育委员会；

（4）在所有的村庄和农村地区建立清真寺学校；

（5）在所有的城镇建立拉什迪亚；

（6）在所有的城市建立伊达迪亚；

（7）在地区首府建立苏丹尼亚——高级中学；

（8）在伊斯坦布尔建立男子师范学院和女子师范学院；

（9）在伊斯坦布尔新建一所大学；

（10）在合适的和发达的居民点建立女子拉什迪亚；

（11）培养能翻译法文教科书的合格的教师；

（12）建立国家督导制度，督察由教会提供的宗教课程；

（13）在培养出本国教师之前从国外引进担任科学学科教学的教师；

（14）拉什迪亚和伊达迪亚的经费按以下比例分担：国家分担 25％，地方分担 75％；

（15）实验计划先在伊斯坦布尔试行，然后在全国范围内推广。

苏丹尼亚相当于西方的高级中学，它们只建在某些重要的城市中心，是在拉什迪亚之上的六年制中等教育机构。最初的三年称做普通级班，采用伊达迪亚的教学计划。最后三年称做高级班，分成科学和文学两个分支，由学生自选。

1869年的法令所设想的建在伊斯坦布尔的大学，1870年在霍杰哈·塔赫辛·埃芬迪（Hojha Tahsin Efendi）的干练的领导下才得以建成。他所进行的有关向公众开放生计课程和举办晚间讲座的生动的实验，遭到了马德拉萨追随者的粗暴反对。1872年另一个实验遭夭折后，这所大学于1873年关闭，学生不足百人。一年之后的1874年，试办大学的思想再次复苏，但这次大学设在金角湾（Golden Horne）斜对面的佩拉（Pera）区的名为加拉塔萨雷苏丹尼亚建筑群中，与位于法蒂赫区保守的马德拉萨保持合理的安全距离。根据1869年的法令，这所新大学有三个系或学院：（1）艺术和科学学院；（2）法律学院；（3）自然科学和数学学院。

这所大学在师范专业教育、职业教育和非正式的公共教育方面作出了重大贡献，发挥了先驱者的作用。1857年创办了第一所农学院，1857年又创办了第一所林学院。为了培养工头或技术人员，1874年开办了一所矿学院。为了培养法庭办事员或书吏，1862年开办了一所三年制的中学和第一所现代语言译员学校。1864～1868年，欧洲的鲁美利亚省省长米撒特·帕夏（Mithat Pasha）为有犯法行为的儿童开办了几所寄宿学校。儿童在这些学校中除了学习3R，还能学习传统艺术和手工艺技能。他还是建立女子职业学校的先驱者。在伊斯坦布尔为13岁以下的儿童建立了一所五年制的工艺和手艺寄宿学校。毕业生获得在金属加工厂、机械工厂和细木工厂中当学徒、助手和师傅的资格。1864～1869年还新建了一些女子职业教育学校，制造军人制服和内衣之类的军需品。

公务员在四年制的米尔基亚（Mülkiya）接受高等教育或职业教育。米尔基亚是与军事学校相对应的培养文官的国家行政管理学校，创办于1859年。这所学校的第一批毕业生成为1873年后建立的伊达迪亚的教师。1867年还开办了市民医学院，与1834年建立的军事医学院相对应。这所学校具有很强的激进性，它不仅培养出优秀的专门职业者，还培养了一大批青年土耳其党的成员或未来的革命者。

坦志麦特的主要政治家之一是齐亚·帕夏（Ziya Pasha，1825—1880），他是卢梭的《爱弥儿》的翻译者。他直言不讳地反对马德拉萨，成为保守的马德拉萨的众矢之的。穆斯塔法·发齐尔·帕夏（Mustafa Fazýl Pasha）是青年土耳其党的创始人之一，从巴黎用法文给苏丹阿卜杜勒·阿齐兹①写了封信，信中说："除非教育与宗教分离，除非世俗化，否则国家和伊斯兰教将会双双衰败或垮台。"但是，青年土耳其党人把坦志麦特看做世俗化的尝试，因此构成对国家的一种威胁，国家力图制止坦志麦特的发展或力图减缓坦志麦特的发展速度。知名度较小的坦志麦特的一位教育家是工程师易卜拉欣·埃德赫姆·帕夏（Ibrahim Edhem Pasha），他的《给我的孩子们的忠告》，是东方与西方、科学与信仰的一种独特的混合物或特别的妥协。他还翻译了一篇优秀的几何学论文。

总之，坦志麦特改革创造了由几种学校组成的现代学校体制：清真寺学校、拉什迪亚、伊达迪亚和苏丹尼亚、师范学院和大学。除极少数例外，这些学校绝大部分设在伊斯坦布尔。但在坦志麦特作出改革决定后经过了一代人的时间，帝国中只有近20%的学校仍在实施现代课程，而70%以上的学校仍处在马德拉萨传统的阴影之中。这种状况引起了一位教育部部长的感慨："如果不是为了学校，他将很好地管理教育。"他并不是在抱怨学校，而是在相当幽默地抱怨马德拉萨对学校所持的相当无情的敌对态度。简言之，尽管存在着各种各样的障碍，坦志麦特成功地创办了拉什迪亚、伊达迪亚，并按西方的传统为这些学校培养了教师。虽然大学没有达到自己的目标，但是职业学校填补了空缺。坦志麦特在以下几个方面的改革尤其成功：

（1）引进了书写、数学、历史学、地理学和某些自然科学；

（2）在课堂教学中采用了现代教学技术和手段；

（3）在学校中教授土耳其语和现代外语（即法语）。

① 阿卜杜勒·阿齐兹（Abdülaziz，1830—1876），奥斯曼苏丹，1894—1908年在位。他实行改革，建立了新行政区，成立国务委员会，实施公共教育，设立新型大学，颁布第一部奥斯曼民法典。——译者注

土耳其语成为了教学语言，这可能是改革所取得的最伟大的成就。

奥斯曼人创造了历史，但却没有顾得上把历史写下来。奥斯曼的历史教科书实际上只不过是收集了一些官方认可的事实，按年代顺序排列这些史实，因为这些史实都是宫廷书记官写下来的。坦志麦特带来了对历史的新的认识：必须论证“我们是谁？我们在做什么?”这样的问题，还打开了通向理解历史的本来面目的新窗户。公平地说，应该强调一点：如果他们没能做得更好，这不是因为他们没有很好地理解，而是因为他们没能得到资金和政治上的支持。1869 年的法令阐明的许多视野广阔的思想，总的看来，成为改革的有效模式。下面这个事实为坦志麦特制造了不少障碍：虽然存在着普通教育部，但马德拉萨、军事学校、私立学校、外国学校和职业学校及高等职业学校，都分别由级别相同的政府各部主管，这些部门之间缺乏有效的合作和协调。

（三）从君主政体到共和国（1878～1923 年）

坦志麦特的政治成果之一就是奥斯曼帝国于 1876 年有了它的第一部宪法。但是这部宪法的寿命很短，也没有进行什么值得称道的实验。皇帝陛下阿卜杜勒—哈米德二世① 利用宪法授予苏丹的权力，无限期地解散议会直至 1908 年。这一过渡时期史称“绝对君主政治”。坦志麦特时期教育改革的目的是要形成由不同种族组成的奥斯曼民族以拯救帝国，而可能更现实的是苏丹坚持自己的政策并要形成一个穆斯林民族。因此，具有建设性的和反映历史本来面目的坦志麦特计划，被技术学校和职业学校所取代了。虽然私立学校和专科学校还在发展，但普通学校、师范教育、书籍和出版，遭到宫廷严厉的、神经质的谴责。普通教育部出版了教育年鉴。在马德拉萨的暗中活动所施加的压力之下，学校中增加了宗教课程的科目和课

① 阿卜杜勒—哈米德二世（Abdülhamid Ⅱ，1842—1918），奥斯曼苏丹，1876—1909 年在位。1876 年即位后于同年颁布第一部奥斯曼宪法。1877 年对俄战争失败后解散议会，翌年停止实行宪法。在内政方面，他曾经实行教育改革，创办了 18 所职业学校，1900 年建立伊斯坦布尔大学。全国各地都设中小学和军事学校。——译者注

时。1880年开办了第一所法学院。1883年征收教育税，即向农民加收10%的税。1885年，在卡斯塔莫努（Kastamonu）开办了一所伊达迪亚，这是在伊斯坦布尔之外开办的第一所伊达迪亚。培养小学和中学教师的师范学校，于1891年合并为一所师范学院。总督赛义德·帕夏①设想，建立一所世俗的大学可能不会构成对王权前途的冒犯。于是在1900年这所大学第四次重新开办。1904年，哈希姆·帕夏（Hashim Pasha）任教育部部长时，对三年制小学的教学计划进行了大修订：小学教学计划中包括进了宗教教规、古兰经和读经，而且所有三年期间都必须学习这些科目。

对教学计划的这种修订肯定不是退回到以读古兰经为主的清真寺学校，但其基调深深浸透着伊斯兰教精神。同一年（1904年），一位出生于俄国喀山（Kazan）的历史学家尤素福·阿克苏拉（Yusuf Akçura）在埃及发表了一篇用土耳其文写的《三种政策》的文章。在自己的这篇文章中他得出结论：坦志麦特的奥斯曼主义失败的原因仅仅是因为狂热地追求摆脱基督教徒的影响，他们力图让政治家们相信，穆斯林和信仰基督教的奥斯曼人再也不能和睦地生活在一起。苏丹所遵循的伊斯兰教教义的政策，虽然执行起来是很困难的，但并不是不可能的。这一政策要求，对于奥斯曼土耳其人来说，唯一的出路就是土耳其化。一年以后，军事学院的一位年轻

① 赛义德·帕夏（Said Pasha，1822—1863），奥斯曼帝国的埃及总督（1854—1863）。——译者注

毕业生穆斯塔法·凯末尔舰长①，他显然读过阿克苏拉的《三种政策》，也了解1905年法国世俗国家运动的结局，他对自己的朋友说：“正是我们干一番事业的时代来到了。”1908年青年土耳其党人成功地废黜了苏丹并宣布恢复宪法，但不久他们就分裂成两派：奥斯曼主义者阵营和伊斯兰主义者阵营。1911年开办了第一所女子伊达迪亚，随后于1913年又开办了第一所女子苏丹尼亚。1915年生效的私立学校章程，一直沿用至20世纪60年代。关于第一所奥斯曼大学的法令，终于在1919年颁布。正是在这一年，具有600年历史的帝国衰亡，土耳其独立战争爆发，时间的巧合正是命运的拨弄。穆斯塔法·凯末尔，达达尼尔海峡（Dardanelles）的战斗英雄，等到了帝国的灭亡，实现了自己的预言。

在帝国灭亡和共和国诞生之时，只有10%的男人和不到1%的妇女是识字的。四分之三的国民散居在偏僻的、新石器时代的小村庄中。在这样的条件下能做些什么？如何去做？奥斯曼的有识之士显然分属不同的派别，他们提出了各种各样的解决方案。阿克苏拉的文化的或民族的土耳其主义，并没有完全进入帝国的议事日程。而在《青年作家》一书中，赛斐丁②号召他这一代的作家用通俗的民族语言即土耳其语言写作。另一位理智的民族主义者泰金·艾勒

---

① 穆斯塔法·凯末尔（Mustafa Kemal，1881—1938），又译基马尔，奥斯曼帝国将军，土耳其共和国缔造者、杰出军人、政治改革家，第一任总统（1923～1938）。1919年5月15日希腊军队占领了伊兹密尔，他领导了民族抵抗运动。5月19日凯末尔在萨姆松登陆后即召开了国民代表大会，并于1920年4月在安卡拉成立大国民议会，号召穆斯林共御外侮。在大国民议会上通过了新宪法，他被选为主席，代行总统、总理职权，从而结束了中世纪以来的伊斯兰形式的统治。1921年1月，大国民议会通过根本法，改国名为土耳其。与希腊军的战斗以1922年9月9日土耳其军队收复伊兹密尔而告结束。1923年10月29日成立土耳其共和国，凯末尔任总统。他重视发展民族经济，鼓励国家社会主义经济。1924年宣布废除哈里发制度，对内实施社会改革计划，革除一切男尊女卑制度。1928年大规模地开展对土耳其文字（以罗马字代替阿拉伯文）和历史的研究以激发民族感情。1933年被大国民议会授予“土耳其之父”称号。1938年11月10日病故于伊斯坦布尔。——译者注

② 赛斐丁（Omer Seyfeddin，1884—1920），短篇小说家，土耳其最伟大的现代作家之一。——译者注

卜（Tekin Alp）在他的报告中指出，“土耳其人正在寻找民族精神”。一些年轻的诗人出版了格卡尔普①的著名诗集《红苹果》。它许多年以来一直是土耳其青年作家的理想的主要源泉。世俗民族主义者或1910年的土耳其主义者即“家乡”派，从未赢得受重视的政治契机。诗人塔菲克·菲克莱特②在他的诗作《普罗米修斯》中号召对世俗的、人文主义的认同：

我就是我，你就是你，

我们既不是上帝，也不是奴隶。

他的呼号已消失得无影无踪。

（四）对文化现代性的探索（1923～1950年）

1920年在安卡拉第一次召开了大国民议会。在那里，民族主义运动领袖穆斯塔法·凯末尔谨慎地在一面墙上张贴了一条标语：“统治权属于人民！”这句口号的含义是：权力不属于全能之神，也不属于帝国王朝！早先宣布的共和国，是这一思想问世的信号，是土耳其革命的肇端。革命的主动精神表现为要通过创造一种新型的土耳其人、新型的土耳其社会和新型的土耳其文化来拯救土耳其的处于“半殖民地状态中的厌倦了战争的农民”。因此，这是要清除种族灭绝的威胁。但是，伊斯兰教的文化遗产能与革命的共和国相安无事吗？显然这是两种截然不同的战略：第一种是一个“土耳其伊斯兰共和国”，而第二种是支持世俗共和国的民族文化。第一种选择看来是困难的，让人想起马德拉萨与学校之间长期存在的纠缠不休的对峙，第二种选择就要容易得多。虽然有一些像穆罕默德·阿基夫·厄索伊（Mehmet Akif Ersoy）那样开明的穆斯林学者，真诚地认为并提倡“有胡须的 hojhas”可能更有效，应让其发挥作用。凯末尔宣布，“文化应该是土耳其共和国的基础”，这种文化不是从奥斯曼人那里继承来的“绝对的文化”，而是一种有活力的文化，能通过教

① 格卡尔普（Ziya Gökalp，1875—1924），社会学家、作家、诗人，土耳其民族主义运动中最重要的知识分子和发言人之一。——译者注

② 塔菲克·菲克莱特（Tevik Fikret，1867—1915），土耳其诗人，现代派土耳其诗歌奠基人。——译者注

育政策和土耳其共和国的目的而重新进行创造的文化：

> 我们革命的目的，是要交给土耳其共和国的人民
>
> 一个现代的、文明的社会，
>
> 无论从词义上还是从实质和形式上，
>
> 都是现代的和文明的。

说以上这些话的时间肯定早于实际这样地去做；但如何去做呢？在宣布共和国成立（1923年）之后，1924年3月3日土耳其共和国颁布了构成一个系列的三部法律：

（1）撤销宗教慈善机构牧师职务和宗教法庭；

（2）包括所有的马德拉萨在内的所有的教育机构（但伊斯坦布尔大学除外），都置于教育部的领导之下；

（3）关闭哈里发①办公室，流放奥斯曼王朝的遗属。

《教育统一法》的第三款授权教育部对所有的教育捐赠进行财政监督。但第四款授权教育部开放培养阿訇—哈蒂布（牧师—传教士）的专门学校，开放伊斯坦布尔大学中培养通晓伊斯兰教义的学者的神学院——伊拉希亚（Ilahiya）。马德拉萨被关闭了，但开办了29所新学校来培养突然失宠的阿訇。20世纪30年代初，这些新开办的学校也关闭了。

相继采取了一个又一个勇敢的、具有决定性意义的、相互补充的步骤和措施。1924年，穆斯塔法·凯末尔致信教师代表大会：

> 老师们！你们是新一代创造者。共和国需要保卫者，希望他们成为身体强壮的、有知识的和高尚的保卫者。

在发出军事号召的同时，还提出了在初等教育学校中男女同校的原则。几个月后，凯末尔在萨姆松（Samaun）宣布："科学是生活最可靠的向导！"自伊玛目加扎利宣布伊斯兰教义的至高无上的地位之后，这是第一次公开的挑战。若干年之后，这一箴言被镌刻在安卡拉大学的墙上。还是在1924年，美国教育家约翰·杜威在土耳其研究土耳其教育时曾建议成立一个部级的国家教育委员会，还提出了一个有名的政策性口号："每个工厂都是一所学校，每所学校都

---

① 哈里发，伊斯兰教国家政教合一的领袖的尊号。——译者注

是一个工厂。”这听起来是很有道理的，但在当时的土耳其，没有许多学校或工厂。在把杜威的这一“工作—学校”的思想付诸实施之前，土耳其教育家们花了将近15年的时间来严肃思考它。

1925年，取缔了所有的神秘的或秘教组织，关闭了与宗教有任何亲密关系的庙宇。两年之后，所有各个层次的公共教育都免除学费，并修改了从瑞士引进的民法。1927年，凯末尔向国民代表大会发表的讲话中，第一次出现了“世俗性”一词，虽然在这之前已为世俗性做好了所有的法律准备，不事张扬地做了许多工作。1928年，修改并采用了拉丁字母表。不久后开办了民众学校或训练班，教国民学习新的拉丁字母表。教师与他们的成人学生一起掌握拉丁字母表。法律要求土耳其学生进土耳其初等学校。第一次不用阿拉伯语而用土耳其语做祈祷，不久之后就用土耳其语诵读古兰经。

1928年取消了宪法中“伊斯兰教是国教”的条文。不久后世俗性原则写进了共和人民党党章的附则中，土耳其民族主义者阿克库拉（Akcura）被任命为新成立的历史基金会主席。为了复兴已被遗忘的语言，土耳其语言学会接受历史基金会的领导。1931年，开办了人民之家和人民院，其任务是为进入共和国学校的学生的家长提供教育。这些文化中心把社区的人集合在一起，从它们的新颖的教学计划中获益更多的可能是年轻人。神学院被关闭了，因为它招不到足够数量的学生。1933年，在庆祝共和国成立十周年的大会上，在某些学者的帮助下改组了半自治的伊斯坦布尔大学，这些学者是从纳粹德国逃出来的并接受教育部的领导。1934年，取消了伊斯兰教的和世俗的荣誉称号和名义上的头衔。一个新国家正在走向成年，并为自己所取得的成就而骄傲。在1938年凯末尔去世前，对宪法又进行了一次修改，宣布土耳其共和国为“世俗国家”。长期以来的理想终于成了现实。一年以后，于1939年在安卡拉召开了第一次国民教育大会。

表 17-2　中学教学计划：学年、学科和周学时（1937～1938 学年）

学科	初级中学			高级中学 核心课程：文科＊，理科＊＊			
	一年级	二年级	三年级	一年级	二年级	三年级＊	三年级＊＊
土耳其语	5	4	4				
文学				3	3	5	2
历史	2	2	2	2	2	3	1
地理	2	2	2	2	2	1	1
公民学		2	2				
社会学					2	2	
心理学				2			
哲学						3	
逻辑学					2	1	
数学	5	4	4	5	4	2	8
科学			3				
化学和实验				2	2	1	2
物理和实验				1	1	0.5	1
生物和健康		2	3				
自然科学			3	3	2	1	1
外语	5	4	4	5	5	5	3
书法	2						
体育	1	1	1	1	1	1	
绘画	1	1	1				
音乐	1	1	1				
军训：男孩		2	2	2	2	2	2
女孩		1	1	1	1	1	1
缝纫（女孩）	2	1					
护理	1						
自由活动(男孩)	2						
周课时	31	31	30	32	31	32	30

资料来源：Akyüz，1994。

共和国学校开始时继续实施奥斯曼的“3＋3＋3＋3”学制，这一学制起初被改成“6＋3＋3”模式，后来改成“5＋3＋3”模式。五年制的初等学校代替了三年制的伊波蒂戴（Iptidai）和三年制的拉什迪亚，三年制的伊达迪亚变成了中等学校“奥尔塔”（orta），苏丹尼亚改名为“利斯”（Lise）（高级中学）。初等学校主要学习“3R”（读、写、算），而不是古兰经，还要学习生活研究、历史、地理、科学和公民学、手工、绘画和音乐，所有的学科都用土耳其语教。中学（奥尔塔和利斯）是新的中等教育的第一级和第二级。

课程的积极性和世俗目标是显而易见的，因为在正式的教学计划中不要求诵读古兰经或研究伊斯兰教义。在公共教育现代化的同时，年轻的共和国为培养初等学校的教师作出了极大的努力。早年的师资培训计划反映的是奥斯曼的伊斯兰特点，而20世纪30年代的师资培训计划则成为新的世俗教育的不可分割的一部分。城市中的公共教育就具有这样的特点。在城市之外生活着农民，他们占人口的75％～85％。在第二次世界大战期间，土耳其共和国在教育方面保证了两项重大项目的完成：（1）“以实现社会改革为目的的教育动员计划”，这一计划一般称做“农村学校”；（2）发展与普通学术性学校平行的“职业技术”中等学校，这种学校为工业生产或为最终实现工业化培养迫切需要的劳动力。

根据官方公布的第一个项目计划，农村学校设计为五年制的男女同校的寄宿制工作学校，它是在五年制初等学校之后，层次高于初等学校的一种机构。学生是通过考试选拔的。农村学校的设计看来是为了实施杜威关于工作与教育相结合的思想。要求农村学校的毕业生一身兼二职，既是学校的教师，又是社区的领导人。学生实际上是自己为自己建造学校、宿舍、工厂和车间等；他们生活在一起，一边工作一边学习。许多家长认为教育就是在教室中学习“3R”，因此当他们看到自己的孩子手拿镐头和铁锹在田野上努力地工作时深感惊愕。有的家长既反对这种创新，也反对“男女同校的寄宿学校”的思想。清真寺学校是男女同校的，但它的对象不是少年①。根据机构设置法（1940年），只有高水平的大学毕业生才能被任命为农村学校的教师。据谣传，左派渗透到学校中去所造成的危害，可能比几个左派教师所能造成的危害更大一些。

抵制了参加第二次世界大战的所有压力和诱惑，直到战争结束土耳其始终保持自己的中立。不仅农村学校，而且整个国家和民族在战争年代都饱受煎熬。大批的军队被动员去保卫国家，他们消耗了有限的资源，造成了基本口粮、消费品的短缺，物价哄抬，黑市大发横财，引起了人民普遍的不满情绪。

1945年是共和国命运中的一个转折点。同盟国宣告，土耳其共和国有资格作为一个自由的西方民主国家。土耳其毫不迟疑地作出了相应的反应并成立了民主党，与执政的共和人民党相对立。土耳其有98%的人信伊斯兰教，88%的人说土耳其语，这个国家看来正沿着正确的道路走向现代化。但困难仍很多。四分之三的土耳其人仍然生活在新石器时代的小乡村中，直到最近政府才试图通过对农村学校问题的争论来改变这种状况。而土耳其人所谓的“城市”，实际上是工业基础极其薄弱的城市型的农业乡镇。土耳其既没有城市，也没有现代国家的工业支柱。1946年的大选结果令人大吃一惊。共和党政府艰难地保持了自己的执政地位。原因不在于民主党，而是民间的反对派力量确实十分强大。共和党及其政府修正了自己的革命策略，使之适合于赢得定于1950年举行的下一次大选的战略。

在共和党执政期间，有许多国务活动家、政治家和教育家在从帝国向现代国家过渡的道路上为自己的国家献身。在他们之中，作为领袖和教育大师的土耳其之父凯末尔，当然是独一无二的、无与伦比的。在凯末尔逝世之后一位哲学教师成为了教育家，他就是哈桑·阿里·尤瑟尔（Hasan Ali Yucel）。身为教育部部长，几乎整整十年他都高人一等，使其他人相形见绌。从动员全民扫盲到发展初等教育、中等教育、农村教育、职业技术教育、师范教育、成人教育和非正式教育计划（例如，翻译世界文化遗产）乃至高等教育的自治，他成为一位传奇部长和无可争议的“国民教育冠军”。他传达

① 这里的少年指13～19岁的少男少女。——译者注

了自远古以来就有的一句话："知道他们自己。"他说，无论对于一个民族还是对于个人，"重要的是知道你是谁!"1940～1941学年，高级中学的古典学科分支把拉丁语作为选修学科，有5个学时。但由于政治压力，1949年后中止了选学拉丁语。随着反对派民主党力量的空前增强，1946年，尤瑟尔部长向保守派的挑战让步。

1947年，某些国会议员建议把宗教课程作为抵制或防止共产主义思想传播的措施。1949年，共和党的核心人物决定，应由学生的家长来判断自己的孩子是否需要上宗教课，而且只在公立学校的四至六年级教宗教课，还决定教育部也可以开放培养阿訇—哈蒂布的课程。

三、从学校教育到社会教育（从1950年至今）

（一）民主是为了进步还是为了复兴

在大选获胜之后，民主党在1950年5月执政。民主党利用了伊斯兰逊尼派正教对世俗化的反对并得到了农民的支持。1950年6月，民主党取消了刑法中禁止用阿拉伯语祈祷的条款，要求每天祈祷五次，实际上中止了自1928年以来实施的用土耳其语进行祈祷的实践。其理论基础是：共和党政府曲解了"世俗化"，把它看做对"宗教的自由修行"的限制。1950年11月，宗教课程进入了学校教学计划中，取消了应由家长决定其孩子是否上宗教课的规定。不希望自己的孩子上宗教课的家长可以申请豁免。1953年，宗教课作为必修课程增补到小学师资学校的九、十年级的教学计划中。1954年，农村学校与小学师资学校合并。1956～1957学年，宗教和伦理学课程重新进入初级中学的教学计划中，1966～1967学年，这两门课程作为选修课进入高级中学的教学计划中。家长必须通知学校他们是否希望引进这两门学科。1959年，建立了高等伊斯兰教学院。

土耳其著名作家佩亚米·萨法（Peyami Safa）写道，从共和的土耳其向民主的土耳其的过渡，可以或者看做反革命，或者看做对伊斯兰教的民主复兴，最终导致20世纪80年代的"土耳其—伊斯兰的融合”。萨法曾是1924年土耳其革命的捍卫者，在1950年民主党获胜后成为革命的反对派，于1962年出版了《东西方的融合》。他感到有义务在这本书中说明自己观点的转变。

> 在20世纪30年代，处于国家的控制和书刊检查制度的压力下，我不得不与革命的国家意识形态妥协。现在可以充分享受1950年民主党所保证的思想自由，我决心要表达自己真实的观点。

萨法对他曾经衷心拥护的土耳其革命的“历史和哲学基础”提出了质疑和批评，下面是他提出的几个论点：

(1) 不懂得历史就不可能取得任何进步；

(2) 否定过去可能是国家生活中的重大灾难；

(3) 没有持不同意见的哲学家就不可能有民族的自我意识；

(4) 向多元化的转变是革命的真正准则；

(5) 扫盲应该发挥多种作用，其目标应是实用的。

哲学准备不足是奥斯曼的遗产，这不能仅仅归咎于共和党。起初是格卡尔普（Gokalp），后来是作家埃里西吉尔（Erisirgil）都赞同这样一个观点：质问的自由是任何哲学冒险的前提条件。如果对自然科学宽容，那么随之而来的应是对哲学的宽容。萨法在作出了上述结论之后全心全意地拥护民主党的政纲，该纲领的主要内容如下：

——在共和党执政35年之后我们既没有实现工业化，也没有实现现代化；

——世俗化不是现代化的先决条件；

——科学与宗教之间不存在冲突；

——文明不能不建立在宗教的基础之上；

——土耳其革命没有纲领性文件，共和党人没有信仰；

——自上而下的革命得不到人民的支持；

——土耳其革命不是领袖（凯末尔）一个人的事。

这就是民众反抗土耳其世俗化的生动的宣言。观点是直截了当的、相当明确的，但不公平！可能除了日本之外，没有一个国家能够从零开始在一两代人的时间内实现工业化。没有世俗化，土耳其革命就不会把自己降低到“与时代不合的坦志麦特”吗？革命的关键问题不是意识形态，而是生存。对于凯末尔来说，对西方帝国主义最好的防卫就是西方文明本身。建立在教义和信仰基础上的宗教与建立在怀疑和追究基础上的科学之间存在的冲突，是永远也解决不了的。

但是，在伊斯兰教复兴背后隐藏的现实问题是完全不同的。虽然土耳其的世俗化充分保证了信仰自由，但是从意识形态和法律上把伊斯兰教与强大的国家机器隔离开来，对于伊斯兰教来说如果不是侮辱也是公开的打击。伊斯兰教无论作为国家还是政纲都是同样优秀的，但是伊斯兰教如果没有始终站在它背后的国家组织，如果没有税收的支持，它就成了跛子。与世界上其他地方的穆斯林一样，土耳其的穆斯林力图恢复其在奥斯曼帝国衰落前所拥有的那种权力。作为国家民主代表的伊斯兰教主义者，拥有议会的席位，议会宣布“统治权属于国家”。于是，在这个长长的序曲中，开始了伊斯兰教的民主复兴并取得了某些进展。

（二）人口统计学问题：数量还是质量

民主的“1946年精神”的口号是：“世俗化不是偶像崇拜，不是无神论或宗教敌视”，除了联合政权和1960年、1971年和1980年代表“世俗共和党”利益的三次军事政变的短暂时期之外，民主精神一直保持着影响。民主党的政纲归结为《五点纲领》：水、道路、土地、信贷和农民的清真寺。死亡率逐步下降，预期寿命迅速上升，从平均35岁上升到60岁。人口的国内迁移处于上升势头。建成的道路使农民能平生第一次来到城市并发现城市。土地和信贷改善了居民的日常经济状况。新建的大教堂和翻新了的伊斯兰教寺院的尖塔，象征着在农村中保存着的伊斯兰教精神。

人口统计说明，土耳其社会正在发展并且正在迅速地变化。人口以每年2.5%的速度增长，这一人口增长率足以使全国人口每20年左右增加一倍。但更重要的是，由于人口迁移，农村以近5%的速度城市化，人口增长速度提高了一倍。农民处在农村推、城市拉的风口浪尖上，他们开始在城市定居，但未能成为城里人。由于他们可以得到的就业机会极为有限，他们在别人的土地上匆匆地建成了自己的陋室。他们在城市中创造了新的移民区。他们成为自己的雇主和雇员。每当大选时，各个政党向他们允诺天下任何事情：赦免罚款和债务，缓交税款或退还税款，将很快地为他们提供免费的市政服务，如供应电和自来水，铺设道路、提供公共交通。这样的陋室数量迅速增加，开始超过了城市本地的居民的房屋，并且开始包围了传统的农商结合的城市，这样的城市不具备现代大城市所应具有的技术设施。移民的人数超过了城市居民。非正式教育或社会教育所起的作用第一次超过了正规教育。城市正在变成大的乡村，出租车中播放的阿拉伯风格的忧郁的音乐；"快速交通"是土耳其人的一个发明，汽车一装满乘客马上就开走。来自农村的移民在社会和经济方面不能与城市相融合，只能同与自己有着相同背景的人集结在一起。于是城市变成了历史上形成的同乡会的博物馆，这些同乡会代表了安纳托利亚①的文化差异。学校超员情况一年比一年严重。学校从二部制变为三部制。在农村化的环境中，在学校课时减少并聘用代课教师的条件下，教育质量迅速恶化。无论是市政部门还是政府都不能解决这些重大问题。开始动工的一些工业项目使这一状况变得更糟糕，因为这些项目通常优先选择都市或靠近都市的地区。由于中央政府和地方政府承认了自己的无能，新的城市居民开始注意并尽可能好地去解决自己的问题。在经济方面，这是一个与时代不相符的野蛮的资本主义。

凡乎所有的人都认为，只有通过教育才能解决所遇到的问题，因此要求历任教育部部长去创造奇迹。人民信任他们，他们也不能让人民失望。农村人口与城市人口的比例从 1950 年的 70∶30 逆转为 2000 年的 30∶70，这一事实表明了所遇到的社会经济问题有多么严重。根据现代化理论，这一问题被看做"人口统计的变迁"，从农村人口变为城市人口，从农业人口变为工业人口，用更专业的语言说，就是从高出生高死亡率模式转变为低出生低死亡率模式。在整个这一时期，起初是人口激增，然后增长率逐渐放慢，最终达到稳

① 安纳托利亚，土耳其位于亚洲的部分。——译者注

定增长。在欧洲，这一过渡时期起始于1650年左右，300年后完成了这一时期，即从17世纪50年代至20世纪50年代。随着年人口年增长率从2.5%下降到1.5%，土耳其看来正在用50年的时间完成了这一过渡时期。这比现代化的平均进程至少快了几倍。这也反映了土耳其面临的教育问题更为严重。

表17-3　人口增长：小学统计数字（1923～1992学年）

学年	学校	学生（千）		教师（千）	
		男孩	女孩	男教师	女教师
1923～1924	4 894	273	63	9.0	1.2
1930～1931	6 598	315	174	11.5	4.8
1940～1941	10 596	661	294	14.6	6.0
1950～1951	17 408	1 017	600	26.7	9.2
1960～1961	24 398	1 800	1 066	48.9	14.0
1970～1971	38 232	2 893	2 120	87.5	45.3
1980～1981	45 507	3 087	2 567	126.1	85.5
1990～1991	50 669	3 634	3 236	135.7	98.4

资料来源：Akyüz，1994，第304页。

表17-4　人口增长：中学统计数字（1931～1991学年）

学年	学校	学生（千）		教师（千）	
		男孩	女孩	男教师	女教师
1930～1931	83	20.1	6.9	0.84	0.22
1940～1941	252	69.1	26.2	2.42	1.45
1950～1951	440	50.1	19.0	2.44	2.09
1960～1961	776	241.2	76.9	9.11	4.16
1970～1971	1 842	569.7	213.7	18.58	9.87
1980～1981	4 103	786.5	393.7	20.35	10.58
1991～1992	7 078	1 497.7	905.0	32.50	18.60

资料来源：Akyüz，1994，第308页。

从 20 世纪中期至 1990 年，全国人口几乎增加了 5 倍，从 1 200 万增至 6 000 万，学校的统计数字反映了这一惊人的激增。

在用数字说明问题时应该强调指出以下几个趋势。

（1）无论在初等教育层次上还是在中等教育层次上，共和国的教育都取得了可观的成就。即使考虑到人口的自然增长，小学的数量也增加了一倍，中学的数量增加了近 17 倍。

（2）小学的入学率提高了 5 倍，其中女孩入学率提高的速度比男孩快近 4 倍。因此，1990 年，小学的性别比已接近 1（＝0.9）。

（3）中等教育层次上所取得的成就更令人难忘。注册的学生数提高了 18 倍：与人口的自然增长相比，男孩的入学率提高了 15 倍，女孩的入学率提高了 26 倍。

（4）小学教师的总人数提高了 4.6 倍，其中女教师增长的速度比男教师快 4 倍。中学教师的总数几乎增加了 10 倍，其中女教师数量的增长明显地快于男教师。

（5）学校中的性别比：与 20 世纪 20 年代全体学生和教师的数字相比，一个值得注意的趋势是，20 世纪 20 年代的性别比学生为 1∶4，教师为 1∶3；而在 20 世纪 90 年代，女学生与男学生的比例为 2∶3，女教师与男教师的比例为 2∶2。

如果把学校中的性别比作为衡量“世俗化的尺度”，那么可以得出一个可靠的结论：土耳其共和国和社会在最近的 70 年间世俗化程度大大提高。

在数量如此增长的情况下，为应对由于学校、学生和教师数量以空前速度增长而引发的大挑战，就必须保持和维持教育质量。首先，学校变得比过去任何时候更拥挤了。其次，不得不实施二部制或三部制，课时减少了一半或三分之二。这可能解决了教学空间的问题，但找到合格教师却成了一个问题。国家的经济虽然发展了，但仍必须想方设法地与通货膨胀作斗争，教师的社会地位低决定了其工资报酬很低。几乎每一个希望得到教师所能得到的微薄薪酬的人都可以成为教师。用于建造新校舍的预算极为有限或极少，而又没有钱用于旧校舍的维护、修理和翻新。为 30～40 名学生设计的教室容纳了80～90名学生。教具和教学设备极为稀少，实验室状况也是如此。学校图书馆往往仅在工作时间内开放，图书馆的藏书仅仅是教学所需的那些书本。学校教科书根据教育部的大纲几年编写和印刷一次，印刷成本极低，印刷质量极差，毫无吸引力。出版学校教科书成为一项业务量大但质量差的工作。学校内在的结构问题，可以由高质量的热情的教师来补偿。在供求规律的作用下，好教师从农村迁入城市，从小城镇迁入大城市，从贫穷地区迁入富裕地区，从公立学校转到私立学校。为学生升入中学和大学提供家庭教师的私人补习教师公司，慷慨地为优秀教师提供职位。普通的公立学校的学生未必能叫出能成为自己的榜样的教师的名字。出现了这样一种消极的后果：优秀生不愿意毕业后成为教师。只有五年级以下程度的学生才会选择教师职业，因为他们不适合从事其他职业。

政客们和官僚们向人民允诺开设各级新学校。教育部的官员在各地开办新学校时都铭记着这样一句口号："一位校长，一个官位。"官员们认为学校已足够了。公众和媒体都认识到，公共教育的整体质量在急速下降。人民牢记这样一句古老的谚语："动身早，路上迁徙的队伍就会井然有序。"这句谚语的意思就是：质量可以等待或以后去谋求。标准在持续下降，教育部部长除了向人民许愿和在学校的章程中炫耀自己之外就没有其他事可做。他们能做的就是这些事。人们期待他们以改革的名义来使学校中的事情变得好一些，而他们修改的是：教学大纲、课程、课时数、学年数、评估和考试制度、教科书、制服、衬衫或裙子的长度，做了任何他们所能做的无助于改进教育质量的事情。因此，考察任何一所学校，规章制度似乎至少修改了若干次。部长的任期不很稳定。就像天气一样，人人都在谈论天气，但任何人都不能对天气做点什么。在整个教学过程中，学生成为诸如此类的改革的牺牲品。

（三）两难选择：普通教育还是技术教育？男女分校还是综合学校？私立教育还是公共教育？用英语还是用土耳其语？缴学费还是免学费？

20世纪50年代之后土耳其教育面临着若干两难选择问题。虽然工业和经济的发展都需要职业技术学校的毕业生，但普遍的趋势却是朝着相反的方向发展：诸如医学、法律、工程之类的白领职业更受青睐。中产阶级家庭希望自己的儿子能升到社会的上层或者娶一位出生于上层阶级的姑娘为妻。大部分中等学校和技术学校都不是男女同校的。男校和女校所用的教学大纲是不一样的。经济和民主政治迫切需要的正是男女合校的普通教育和技术教育，男孩和女孩应在同一间教室里或在同一个校园内。一所学校应实施几种教学计划。

教育家和设计者们讨论并制订了各种方案，但是政界没有下决心去完善这些方案。采用美国的方案还是欧洲的或法国的方案，各种意见莫衷一是，相持不下。如果我们办了综合高中，那么，土耳其的高级中学将是什么命运？在1960年举行的全国教育大会上，教育家们商议了一个月，好不容易才把高级中学定义为“为升大学作准备的学校”。如果高级中学负有这样的使命，那么每个人都会优先选择高级中学。为什么不选最好的呢？土耳其教育家十分珍爱苏丹尼亚，他们希望能保证苏丹尼亚的高标准。他们成功地创办了近七十所不同的高级中学，所有这些学校的毕业生至少都有资格申请并进入大学。经过革新的缜密的入学考试或就业考试制度，旨在筛选不合格的而不是选择合格的。因此，那些没能进入大学的中学毕业生，是否成了一个非常严重的问题了？某些人主张取消高等教育的入学考试，但未能提出其他合适的方案。开放大学并不像人们曾期望的那样是一付医治社会弊病的灵丹妙药。它能够弥补中等教育的不足，但弥补不了高等教育或技术教育的不足。

对外语和计算机科学的高等教育学位的竞争是最激烈的。关于就业市场的大部分广告中都提出对这两种人才的需求，即使他们还没有获得大学的文凭。问题在于如何才能获得这两种技能呢？最近几十年来的两难问题之一就是：教授一门外语还是用外语进行教学。用外语进行教学的私立学校，看来在教授外语方面也是更为成功的。中等收入的家庭不可能负担私立学校所索取的高学费，他们迫使教育部办起了一类新的学校——阿纳多鲁学校（Anadolu Schools）。这种学校用外语教授数学、科学之类的选修学科，这样学生就能学到一些外语。这样一来，为了贯彻“机会均等”的原则，所有的人都要求进入阿纳多鲁学校或高级中学。通情达理的教育家们进一步说服大家，教授土耳其语是与学习外语同样重要的事情。如果外语替代了母语，岂不是退回到了现代马德拉萨的时代？由于对痛苦的历史经验还记忆犹新，教育家不愿承担解决这一问题的责任。每个人都认为至少掌握一门外语是很重要的，但没能找到一种不伤害土耳其语教学的外语教学方法。教授外语的私立学校深孚众望，从而使“私人外语辅导班”成为一项有数百万美元收入的事业。虽然“机会均等”原则仍是国民教育实施的一项重要原则，但是土耳其人不无讽刺地指出：“每个人都是平等的，但有些人的平等多一些。”社会上层的五分之一的人得到55%的GNP，而剩下的五分之四的人只能得到45%。在要求教育改革的呼声中，那些负担得起教授一两门外语的私立学校的学费的人，就能在高等教育的入学考试中得到更好的进外语大学的机会，并在毕业时有好工作在等待着他们。这就应了这样一种经典的“社会经济状况”范例：有好的家庭背景，就有好的学校，就有好的教育，也就有成功的生活。许多土耳其家庭渴望在某一点或某一阶段上打破这一恶性循环。他们尽其所能地送自己的孩子进补习班，但却拒绝缴纳教育税或支付公立学校的费用。但另一方面，国家义正词严地声明，虽然根据宪法国家有责任提供免费的和义务的基础教育，但公民至少要分担中等教育的费用，还要做好支付高等教育学费的准备，无论是公立高等教育还是由非营利的基金会承办的高等教育。不久前修改了宪法，使教育付费合法化。

（四）两难：伊斯兰教的还是世俗的或土耳其—伊斯兰的结合

上面已经指出，1924年的《教育统一法》关闭了马德拉萨，规定阿訇—哈蒂布学校培养举行宗教仪式所需要的阿訇和哈蒂布。约有20所这样的学校幸存到20世纪30年代初。虽然土耳其没有教士阶级，但存在着阿訇和哈蒂布，他们负责操办与基督教的弥撒相类似的宗教仪式。阿訇是社会上年长的、受人尊敬的人。他们不是专职人员，但可以要求他们领导在清真寺中举行的祈祷仪式。哈蒂布是宣讲者，他们对每逢星期五或在特殊的日子聚集到清真寺来的信徒们讲话。这两种职能可以由同一个人履行。共和主义者建立这种学校的目的就是要培养开明的并能教导其他人的穆斯林学者。1951年，恢复了这样的学校，学制为七年。1960年举行的第七次教育大会要求关闭约15所这样的学校，因为它们不能履行法律规定的任务。但到1962年，这样的学校增加到26所，达到了20世纪30年代的数量。1971年，教育部部长奥雷尔（Oral）把它们变为在三年制初级中学之上的三年制的职业高级中学。1972～1974年，它们只招收初级中学的毕业生。但是，在1974年的联合政府的领导下，恢复了第一个三年周期。联合政府还决定，由负责宗教教学的教师教授普通伦理和道德课程。1973年颁布的教育基本法的前言，保证了教育制度的几项改革。第一，把五年制的小学与三年制的初级中学合并，以实现不间断的"八年基础教育"的思想。第二，关于高级中学的新的观念。这一新观念认为，高级中学的任务有三项：（1）为培养自己的学生进入高等教育作准备；（2）为培养自己的学生直接进入工业或服务行业就业作准备；（3）同时为生活和高等教育作准备。第三，对阿訇—哈蒂布教育提出了新的、大胆的建议。这是八年制基础教育的合乎逻辑的必然结果："阿訇—哈蒂布教育的对象仅仅是男孩，职业学校必须达到中等教育水平！"这仅仅是因为伊斯兰教不允许妇女成为牧师和讲道者。这是合乎逻辑的，因为所有的技术教育和职业教育都将建立在八年义务基础教育之上。

尽管有这样的政策性建议，1974年的联合政府还是开放了第一轮学制周期，并改造了原来的七年制阿訇—哈蒂布学校。1975年，国家教育委员会挖了教育部的墙角（但在教育部的控制下），宣布阿訇—哈蒂布学校与普通高级中学地位相同，具有普通高级中学的所有权利，具有学士学位授予权。这就意味着，阿訇—哈蒂布的后备人才可以申请并参加所有高等学校的考试。在两年之内开办了230所阿訇—哈蒂布学校，于是创造了与1924年《统一教育法》所设想的与世俗公共教育并行的伊斯兰教育。新的教育制度与埃及的双轨制相似。在埃及，国家世俗学校和爱资哈尔伊斯兰学校并存。1995～1996学年，土耳其有561所学校，有学生49.2万人，教师1.7万人。如果加上一所伊斯兰小学和一所伊斯兰大学，就可以名正言顺地称之为“土耳其的爱资哈尔”。于是找到了一条恢复旧的马德拉萨的伪合法道路。除了高级中学的标准课程之外，阿訇—哈蒂布学校每周还要花11～18个课时去学习伊斯兰教的专门学科。虽然伊斯兰教学科的分量并不十分重，但重要的是造成了这样一个事实：标准的高级中学（世俗的）课程中夹带了伊斯兰教的世界观。例如，可以让学生学习现代生物学，但拒绝接受进化论观点。1981年举行的第十次全国教育大会要求，给予所有6～14岁的土耳其学生八年基础教育。1982年的宪法对世俗化是一个沉重的打击。宪法不是规定让学生进八年制基础学校，而是规定了从四年级开始直到中学毕业一直要进行宗教教育；不是进行普通教育或传授关于宗教的客观知识，而是只教授逊尼派的伊斯兰教义。宪法的条文是自相矛盾的。宪法前言的第一段保证了宗教信仰的自由，然而在第三段中却说，小学和中学必须教授宗教文化和宗教伦理。1984年，有80所培养阿訇—哈蒂布的阿纳多鲁学校用英语教学。1990年，在这些学校中注册的女孩有约7万人，其中5万人在初级中学，2万人在高级中学。1989～1990学年，8 000名毕业生中只有不到1 000人（或只有12%的人）申请读神学院；2 000人注册古兰经读经班（这种读经班让人想起清真寺学校），但在教育部的督促下，这一人数后来上升到5 000人，教师人数也达5 000人，其毕业生有15万人。人数像滚雪球一样增加。在德国发展起来的狂热的穆斯林团体宣布自己是他们建立起来的伊斯兰国家的哈里发。在不久前召开的一次“土耳其同一性”大会上，这些狂热分子的一名领导人公然宣布，他们不是土耳其共和国的公民，而是整个穆斯林世界的成员。他们在土耳其政界的代表宣称，他们要以阿訇—哈蒂布学校为基地建立一支伊斯兰复兴志愿军。问题的症结在于，激进的穆斯林不承认除伊斯兰教之外的人与上帝之间沟通的任何媒介。激进分子甚至鼓吹对力图建立世俗国家的所有人发动战争，其理由是这些人不是穆斯林。这是否如同在伊朗和阿尔及尔上演过的夺权的彩排？许多土耳其人都感到惊讶并很担忧。

（五）“不间断的八年制学校”的前景，关于军队作用的辩论：干涉还是中介

上文已简要地提到了转变为民主主义者的共和主义作家萨法对土耳其革命的批评意见。一群自称为“光源”的知识分子，根据萨法提出的观点于1973年出版了一本书：《土耳其的问题：知识分子的观点》。他们在这本书中不仅提出了问题，还预见了解决问题的办法。但这本书并没有引起人们的注意，流传不很广。但是，显然也有一些人相当认真地对待这本书，并写了《国家文化计划》一书作为对它的修正。《国家文化计划》一书是1983年由国家规划组织出版的，后来被改编为半官方文件《国家文化政策》。1984～1989年，这一计划的名称变为《土耳其—伊斯兰的结合》，获得很高的知名度，这只不过是因为它正式地或实实在在地提倡这样的一种结合。但事实上，“结合”一词是复兴伊斯兰的骗人的伪装。这一计划依据的尤其是这样两个假设的前提：（1）存在着一种不变的文化核心；（2）这个核心就是宗教。根据这一计划，所有的文化表现，诸如教育的、语言的、科学的、媒介的、审美的和意识形态的机构和它们的计划，都应对照伊斯兰教义予以修正。后来，签署了这一计划的政治力量仿佛没有发现隐藏在“结合”伪装后面的和字里行间的目的。其结果就是：在1986～1996年的十年间，土耳其共和国一方面力图成为欧洲联盟的一员，另一方面又稳步地向政治伊斯兰方向转移。土耳其人开始互相询问：“我们的共和国是否还是世俗的?”如果不是，是否应该像当年法国人那样建立“第二个共和国”？人们不知道该走伊朗的道路还是阿尔及利亚的道路。从1986年起，世俗化的呼声很高。人民把世俗化作为理所当然的事已有将近六十年的历史了。这是共和国作出的最大的贡献，是不能改变的。

但是，人民逐渐明白了，不管政权还俗主义的理由是什么，都是对国家的破坏。各种讲习班、专题讨论会、专栏作家、教师、学

生，所有的人都在谈论这些问题并写作有关这些问题的文章。把妇女的头发和脸包起来的穆斯林头巾，成为各地的共同标志。也出现了为保卫世俗国家而举行的集会和游行示威。在这场运动期间于1995年举行了大选。支持民主政治的中左派投票者分化成两个派别，中右派投票者的情况也是如此。由于分裂，伊斯兰福祉党（Islamic Refah Party）脱颖而出，获得了21%的选票成为了第一大党。结成联盟是不可避免的。这个新政府加快了从民主政治向原教旨主义者的伊斯兰教转化的过程，宣布如果能得到修改宪法所需要的绝大多数选票，他们就会搬掉通向土耳其伊斯兰共和国道路上的所有的合法的障碍。

这是世界末日前的警钟。1996年2月，在国家安全委员会的会议上，将军们提出了国家安全问题。这不是最后通牒，而是为坚持政权还俗主义原则政府必须采取的一系列紧急措施。在这一系列措施中最关键的是“不间断的八年制基础教育学校”，采取这一措施实际上就是要关闭阿訇—哈蒂布学校的初级中学部分。关于这一措施，连续几个月都是全国媒体的第一号议题。为了挽救自己的成为争议的学校，伊斯兰教义者提出了5+3(=8）学制的方案，这是与“不间断性”原则相违背的。

要共和还是要福祉？国家等待着宪法法院对这一问题作出最终裁决。福祉党对此作出的反应是：千方百计地鼓动自己的热烈的、忠诚的追随者，让他们相信，对福祉党的迫害仅仅是一种托词，是为了证实军队参与政治斗争是正确的。一些穆斯林在完成了星期五或星期日的祈祷仪式后举行游行示威。他们斗志昂扬地手举伊斯兰绿色小旗，反对并谴责总统批准的并得到军队支持的现政府。

为了保卫民主制度，土耳其军队曾分别于1960年、1971年和1980年（间隔为10年）三次进行干预，每次都是为了保卫自由的和世俗的民主制度。第一次在1960年，是为了使国家的农村中坚力量非政治化。第二次干涉发生在1971年，这次干涉的时机是很不成熟的，未能对正在发展中的政治趋势产生任何影响就夭折了。第三次干涉发生在1980年，事实上这场干涉不过是城市知识分子的非政治化，是要复兴伊斯兰教而不是为了民主或世俗化。自从使农民和市民脱离政治舞台以来，政治舞台变成了保守的市区。所以，1997 年的这次干预，军队把自己力量的重心放在支持世俗教育上，以此为掩护避免了公开干预。在这样的情况下，军队就能对任何不符合宪法的使教育实行双轨的做法说“停止”。土耳其军队总是领先采用并改进西方的现代的教育，因此它这样做是没有什么差错的。作为世俗共和国的保卫者，军队跨出了第一步，而把余下的工作留给平民们做。共和国面临的一个伦理问题是：对于不相信民主并企图消灭议会民主的政党，应给予其多少民主？世俗政党表现出了对伊斯兰教的宽容，现在伊斯兰教主义者就应该转变态度，接受并宽容世俗的共和国。就像共和国的公民一样，各个政党也必须就基本价值和先决条件等问题达成协议。各个政党还必须懂得，议会的大多数未必就代表民主社会的意志。

没有可预测未来的水晶球。不管怎么说，前途是光明的。关于所发生的变化的社会政治指标和人口统计指标说明，尽管存在着结构性缺陷，土耳其共和国和土耳其文化实实在在地取得了进步。如果土耳其能和平地摆脱目前的困境，不引起人民的争斗，这就是它为世界历史作出的独特的贡献。对所有的现代国家来说，从英国到美国、法国、意大利、俄罗斯、西班牙、伊朗和阿尔及利亚，都在革命之后发生过内战。土耳其完全有可能去改变或终止这种历史模式。土耳其人通常在正规教育或学校领域中寻找解决他们的社会问题的办法。可以预料，现在就可以在学校之外，通过社会或与社会合作找到解决某些问题的办法。土耳其期待着教育部进行早就该实施的改革。教育部是一个庞大的官僚机构，下设约 40 个司，这样的机构是无力承担改革重任的。为了把 70 种不同类型的高级中学精简为 3 种类型，教育部下设的司也必须精简为 5～6 个。这就意味着，在没有官僚机构干预的情况下，外部运作敢于冒巨大的风险。这可能就是本节小标题“从学校教育到社会教育”的含义：学校之后的终身教育或继续教育。

现在简单说几句有关 1997～1998 学年土耳其教育体系的统计数

字。在59 105所各种类型的公立教育机构中（从幼儿园到大学）学习的儿童和青年已超过1 600万人；在7 500所幼儿园中有35万名以上的孩子；在45 649所小学中学习的儿童超过1 300万人；在近6 000所中学中（所有各种类型的中学：普通中学、职业中学和技术中学）有300多万名学生。在上述所有公立教育机构中工作的教师有65.6万人。

高等教育体系由53所国立大学和19所私立大学构成。

私立教育机构有5 678所，有100多万名儿童和青年在那里学习（514所幼儿园有1.3万名孩子，777所小学有15.7万名儿童，441所中学有5.9万名学生）。①

① 资料来源：《土耳其教育制度》，安卡拉，1999年，第14、18页。

土耳其学制图

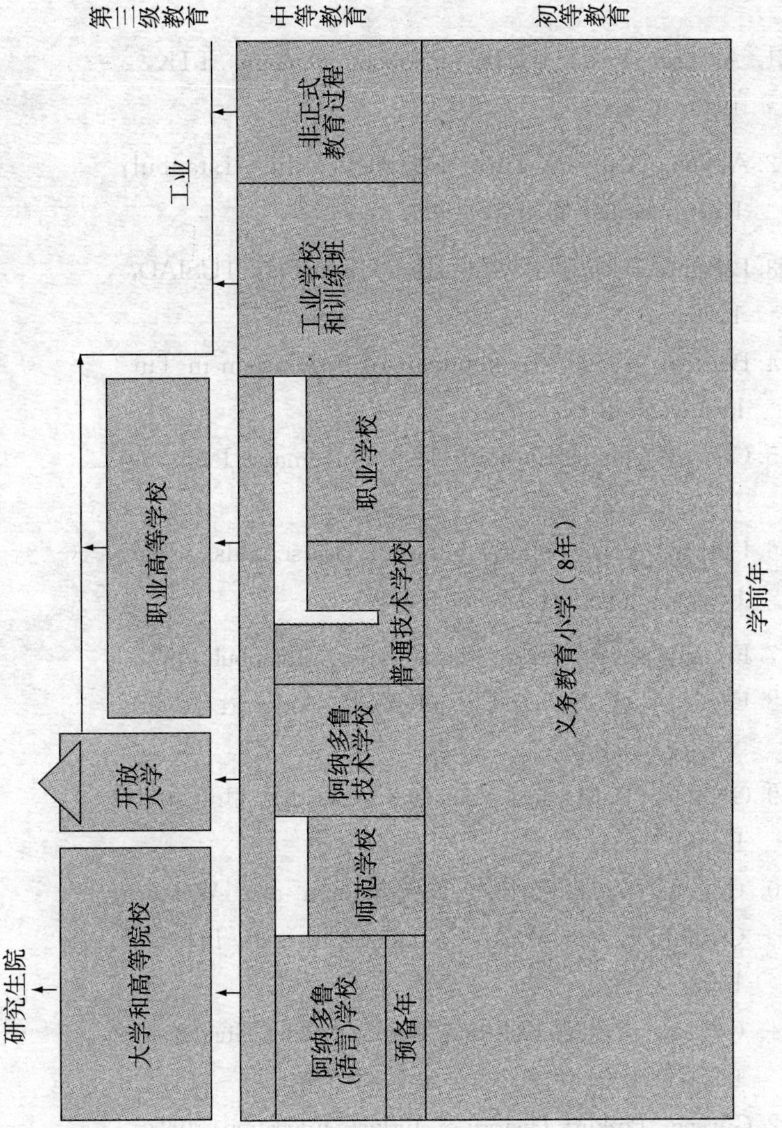
第三级教育
中等教育
初等教育
研究生院
大学和高等院校
开放大学
职业高等学校
工业
阿纳多鲁(语言)学校
预备年
师范学校
阿纳多鲁技术学校
普通技术学校
职业学校
工业学校和训练班
非正式教育过程
义务教育小学（8年）
学前年

主要参考文献

1. Akçura，Yusuf. ÜçTarz-i Siyaset. Ankara：TTK，1904.
2. Akyüz，Yahya. Türk Eĝitim Tarihi. İstanbul：Kültür Koleji Yayini，1994.
3. Baloĝlu，Zekai. Türkiye'de Eĝitim. İstanbul：TUSIAD，1990.
4. Berkes，Niyazi. Development of Secularism in Turkey. Mc Gill U，1964.
5. Cahen，Claude. La Turquie pre-ottomane. Istanbul：IFEA，1988.
6. Duben，A&C Behar. Istanbul Households. Cambridge University Press，1991.
7. Ergin，Osman. Türkiye Maarif Tarihi. İstanbul，1977.
8. Erişirgil，E. Neden Filozof Yok? Ankara：Maarif Yayinevi，1957.
9. Gellner，E. Muslim Society. Cambridge University Press，1981.
10. Gökalp，Ziya. Turkish Nationalism and Western Civilization. New York：Columbia University Press，1959.
11. Güvenç，Bozkurt. Kültür ve Eĝitim Ankara. Gündoĝan，1995.
12. Güvenç，Bozkurt. History of Turkish Education，1998.
13. Inalcik，Halil. The Ottoman Empire Classical Age：1300-1600. London：Wei-denfeld and Nicholson，1973.
14. Kazamias，A. M. Education and Quest for Moderni-

ty. London：Allen，1966.

15. Lewis，Bernard. The Emergence of Modern Turkey. London：Oxford，1968.

16. Roux，Jean-Paul. Turquie. Paris：Librairie Arthaud，1979.

17. Ülken， Hilmi-Ziya. Türkiye'de Çağ̂daş Düşünce Tarihi. Konya：Selçuk Y，1966.

18. Yücel，H.-Ali. Iyj Vatandaş ili Insan. Ankara：Kültür B，1956.

土耳其总统高级顾问，哈塞特普大学教授，博士
博兹库尔特·古文契（Bozkurt Güvens）

第十八章　美国

对 17 世纪上半叶新英格兰①清教徒②的观点和行为进行研究可以使人们对教育和学校教育两个概念作出重要区分。独立战争③之后，人们致力于革命成果的保存，于是许多人主张，必须在国家资助的学校里实施公民教育。那些计划的制定者有效地论证了实施教育的责任应从家庭转到学校。基于这一点，传统的宗教和教育间的关系逐渐弱化，而学校教育的世俗基础逐渐形成。19 世纪 20 年代和 30 年代的免费公立学校运动是重要的，因为这场运动促成了由国家资助的面向所有儿童的义务教育的实施。在 19 世纪的最后 25 年里，美国创建了中等学校。到了 1918 年，一直争论不休的中学课程模式终于得以有效地确立。第二次世界大战后，尤其是 20 世纪 50 年代，

① 17 世纪初为追求宗教自由和政治自由，清教徒陆续离开祖国前往美洲，在北美大陆建立了 13 个殖民地，并划分为北部、中部、南部三大地区，其中北部殖民地称为新英格兰，移居这里的多是英国的清教徒。——译者注

② 17 世纪初欧洲宗教改革运动之后分离出来的基督教派别之一，其特征是更认真地过圣洁的生活，希望完全按照圣经的原则生活；重视阅读有关神的话语；重视讲道。——译者注

③ 独立战争（1776～1783 年）为英属北美 13 个殖民地反抗英国殖民统治、争取民族独立的革命战争，又称北美独立革命或美国革命。——译者注

人们开始认识到中等教育不仅对于个人发展很重要，而且对于整个国家的防御、生存和繁荣具有同等重要的作用。也正是在这个阶段，美国人尽管不是很情愿，但还是作出种族隔离是违反宪法的决定。自从20世纪60年代以来，政治领导者们一直在强调：公立教育对于一个必须在全球经济竞争中求生存的民族来讲是多么的重要。也是在这一时期，美国社会的性质显而易见地发生了重要的变化，即从工业社会发展到了后工业社会。这种变化要求人们审慎地审视传统的教育结构，以便建立一个适应新时期国家各项改革的教育结构。

一、新英格兰清教徒和17世纪最初的学校法令

就在英联邦国王查理士一世于1625年开始执掌朝政的时候，清教徒开始了移居新英格兰的伟大壮举。对于许多英国人来讲，查理士一世的政策显得过于倾向天主教而压制清教徒。直到1629年许多清教徒认为他们完全有理由移居新英格兰——位于北美洲的未来的美国——继续自己的生活方式，而不是在英国饱受迫害。在1630年的上半年，大约有一千多名男人、女人和孩子乘坐15条海船从英国来到了马萨诸塞。探险的消息怎么会传播得如此之快，至今还不是十分清楚。这些消息大概是通过传统的交流渠道也就是人们经常碰面的地方传播开来的，诸如铁匠铺、小客栈、法庭，自然还有教堂。他们不喜欢国王，非常渴望过一种基于自己宗教信仰的生活，而不希望受到来自政府的干涉和强加给他们的不同信仰。在很短的时间内，成百上千的人们卖掉了他们的农场和大多数的家用物品，离开了他们家族世代生活的土地，准备航海去新英格兰。

在到达新英格兰后不久，清教徒们开始注重发展教育。据说波士顿拉丁文法学校成立于1635年，正好是清教徒到达后的第五年。哈佛学院也于1636年成立。现在非常著名的《马萨诸塞州教育

法》①分别于1642年和1647年由州议会通过。这两项法令提醒为人父母者有义务监管并教育他们的孩子。他们有必要对这两部法律进行考察，因为世世代代的美国人都认为它们是很重要的。根据一些学者的说法，“免费的普及教育”这一理念就起源于早期的新英格兰。一位早期教育史学者认为，马萨诸塞法律不仅提出了一些新的教育思想，而且奠定了美国公立学校系统的“基石”。然而，在论述马萨诸塞海湾殖民地教育法的重要性和影响力时，不可忽视清教徒在形成新英格兰教育诸多特点中所起的重要作用。

然而，来到马萨诸塞的清教徒并没有废除家庭这种重要的也许是最重要的教育机构。清教徒坚信每一个人都有某种特殊的天赋——有些事情他（她）可以做得非常好。确保孩子的各种天赋得到正确的培养正是家庭的责任，而忽视孩子的天赋就是抛弃了造物主的礼物和自己的责任。因此，济贫法和教育法都规定必须让所有儿童学会从事某种有用的行业，学会识字读书，以及理解所在社区的宗教原则。一个受过适当教育的人是能读写的、有信仰的，而且是努力工作的。在那一时期，履行其教育责任的家庭通常安排自己的孩子去做学徒。男孩子们通常参加非常广泛的学徒活动，女孩子们一般要学习怎样履行家庭主妇的责任。孩子的师傅不仅要负责向孩子传授各种职业技能，而且要继续对孩子进行学徒教育。

把《1642年教育法》定义为家庭教育法而不是学校教育法也许更为确切。在《1642年教育法》的第一条中，州议会宣布这条法律考虑了“许多父母和师傅严重忽略了教育孩子参加学习、劳动和其他对于一个公民来说非常有益的工作”。重要的是，这条法律并没有要求殖民者建立学校。它的目的是想提醒父母们，培养孩子是他们的责任，让孩子学会怎样读书，如何理解并遵守国家的法律，以及

① 又称《1642年和1647年教育法》。清教徒们坚信每个人通过阅读《圣经》能够直接和上帝沟通，因而，1642年马萨诸塞州制定了法令，要求各地指派专门人员监督和帮助父母们和雇主们进行家庭教育和学徒训练，否则予以惩罚。这也是北美殖民地最早的教育法令。但该法令未提及建立学校的问题。1647年又颁布了法令，弥补1642年关于学校教育的不足，对于如何设置学校作了具体的规定。——译者注

如何理解和遵循宗教教义而生活。它还要求每个城镇的官员们确保父母们履行他们的义务。

显而易见的是，海湾殖民地的领导者曾经留意并关心孩子们的行为及父母和孩子之间的关系。1646 年，州议会宣布："任何 16 岁以上的已具备充分理解力的孩子殴打或诅咒自己的父母都可以被判处死刑"，除非"有充分的证据说明孩子的父母极端忽视对孩子的教育"。然而，州议会也允许孩子仍有权利在父母的保护下不被处死或免于惩罚。1648 年，州议会又修改了 1642 年法律，目的是提醒城镇的官员们：良好的教育对于任何公民来说都是非常有益处的。许多父母和师傅仍然"过于放任和忽视他们自己的责任"。忽略自己责任的父母和师傅由于他们的过失将会被罚款 20 先令。

1647 年法律要求，50 户以上的城镇须指定一人负责教育所有的适龄儿童学习读书和写字。教师的薪金应由孩子的父母、师傅来负担，或由全体居民共同承担。这条法令进一步要求，当一个城镇增加到 100 户或更多人家时，就必须建立一所为年轻人进入大学作准备的文法学校。当然，大学就是哈佛，如果不回英国，这就是殖民地的年轻人可以上的唯一一所大学。有条件履行但未履行这条法律的城镇将被罚款 5 英磅。1647 年法律也许是史无前例的，但是它与清教徒的思维方式和信仰并不冲突。清教徒是新教徒，且应该是能读书、会写字的，这样人们才能阅读和研究《圣经》。另外，他们还应学习某种更高深的内容，尤其是学习拉丁文、希腊文和希伯来文，因为这些语言对于研究《圣经》是非常必要的。清教徒们跟随马丁·路德，因为他的语言能力是上帝赐予的礼物；尽管路德尽力限制使用自己的语言，但他的这种能力是魔鬼无法夺走的。路德争辩说，尝试通过神父的布道来学习《圣经》是愚蠢的，因为对语言学习的忽视使人们不能对《圣经》得出正确的解释。

州议会的记录表明，1642 年、1647 年和 1648 年的法律并没有起到应有的作用。1654 年州议会记录表明，有很多孩子和学徒或不尊敬他们的父母，或不服从他们的师傅，也不服从地方长官的管理，结果造成了家庭混乱，使父母和师傅深感沮丧。

从这些法律条款中可以推导出这样的结论：清教徒的家庭在到达新英格兰后不久就瓦解了。或许得出这样的结论更为合适：在一片全新的、完全不同的土地上，清教徒的家庭渐渐形成了一种新的生活方式。家庭受到官方的极大关注，表明家庭被认为是至关重要的。同时也表明清教徒们确信：社区的每一位成员都有责任参与年轻一代的监管和教育。家庭是如此重要，以至于制定了多项法律以保持家庭作为主要教育机构的地位。

清教徒的学校教育不是从初等教育开始的。在 17 世纪早期，基本的读写教育、基督教生活方式教育和公民教育与训练都不是学校的责任，而是家庭。进一步接受教育——以便成为城镇的官员或教堂的管理者——是中等教育的功能。海湾殖民地最初有关教育方面的两项努力，一是 1635 年建立了波士顿拉丁学校，目的是为学生进入哈佛作准备；二是 1636 年建立了哈佛学院。拉丁学校是一所文法学校，后来成为中等学校的专用名词。最初文法学校学习年限是七年，后来改为四年。文法学校教师接收的注册学生已在家里或者是在“家庭幼儿学校”(dame schools)①中学会了读书写字。虽然大多数教师用大半的时间进行语言教学，但拉丁文法学校的课程并不像“拉丁文学校”字面表达的那样狭窄。对语言的强调起源于文艺复兴时期古典文学教育的复兴。新教徒对此进一步强调，把重点放在了读写能力的教育上。

美国的清教徒并不想从这个世界隐退，只是想通过一种基于《圣经》的生活而改变世界。他们对探究神学并不感兴趣，但却十分重视神学在日常生活中的应用。文法学校并不是一种从事宗教教育的学校，宗教教育是家庭的责任。文法学校注重语言教育，因为语言具有实践性。

文法学校及其所代表的积极方面并没有持续很长时间。到 17 世

① 一译“主妇学校”，英国和美国由老年妇女在家中开办的简陋的初等学校。宗教改革后产生于英国，由一名老年妇女招收邻近贫家的子女，主要学习简单的拼音、识字以及初步的书法和计算，按周酌收少量学费。17 世纪 30 年代，英国移民将此种学校带到北美新英格兰。19 世纪 20～30 年代美国公立学校运动兴起后，与公立小学合并。——译者注

纪末期，文法学校就开始衰落了。一些城镇开始减少对文法学校的资助，有些城镇甚至关闭了文法学校。文法学校的衰落可以视为学校教育正在发生着社会所期待的重大变化的信号。虽然各城镇没有遵守 1647 年法律，但是却增加了对书写、算术学校和私立职业学校的资助。在那里，学生可以学习写作、计算等科目，以便可以从事文书和记账员等职业，而那些学科恰恰是文法学校教师很少关注的。在两代移民之间兴起的书写、算术学校和私立职业学校，标志着社区的价值观念发生了转变。海湾殖民地建立者的儿女们把他们的孩子送到与自己儿时不同的学校中学习。

哈佛学院对早期新英格兰的贡献不仅仅限于培养了人数不多的学生。哈佛学院早期的贡献之一是编撰年鉴，这对那些从事航海或农业种植的人来说是必不可少的非正规教育的工具。年鉴包括了天气信息、月亮和潮汐运行等内容。到 1687 年出版的 44 本年鉴中，有 41 本是由哈佛学院毕业生编撰的。在年鉴中人们还可以学到重要的科技知识。例如，在 1656 年，托马斯·谢泼德①依照托勒密②的宇宙论发表了一篇关于天文学的论文。三年后，谢泼德的这些学说又出现在一篇诠释哥白尼③著作的论文中。

在新英格兰建立第二所大学耶鲁学院的想法来自于康涅狄格“宗教殖民地”熟悉的教堂生活。1701 年，耶鲁学院召开第一次董事会议，作出了一项殖民者必须到美国来传播新教教义的决定。根

① 托马斯·谢泼德（Thomas Shepard，1635—1677），美国天文学家。——译者注

② 托勒密（Ptolemaic，90—168），生于埃及，“地心说”的集大成者。于公元 2 世纪在《伟大论》中提出“地心说”。重要著作有《天文学大成》、《地理学》、《天文集》和《光学》。——译者注

③ 哥白尼（Copernicus，1473—1543），伟大的波兰天文学家，日心说的创立者，近代天文学的奠基人。主要著作《天体运行论》，被称为“自然科学的独立宣言”。——译者注

据贾奇·塞缪尔·休厄尔①的建议，仿照著名的荷兰大学把耶鲁学院建在了都市。

二、国家计划

美国社会在18世纪末发生了重大变化。正是那个时期，殖民者宣布他们脱离大英帝国而独立。从1776年持续到1783年的美国独立战争刺激了美国工业的发展。战争时期的物资需求、民族工业产量的提高以及其他因素都导致了商业和工业的繁荣。战后，政治思想的民主化也得到了发展。这一时期社会上关心的重大问题有：土地改革、人权自由、公民权以及废除奴隶制。

革命的拥护者们希望战争的胜利果实能够得以巩固。为了确保这个新国家的新公民能够选择正确的生活方式，就必须建立一个能向公民传授各种正确生活方式的教育体系。许多人坚信人是具有可塑性的。作为启蒙思想的拥护者，他们相信审慎的且有效的教育是真实可行的。他们努力建立具有美国特色的学院、语言、文学、价值观和学校体系。他们竭尽全力，试图通过学校、新闻界、牧师、艺术家的作品、法庭、政治议会等一切手段去培养美国式的性格和智慧。他们成功地借鉴了启蒙运动的经验，坚信教育确实可以创造一切。他们制定方案去创造完美、自由且不会质疑新的社会与政治秩序的美国人。

---

① 贾奇·塞缪尔·休厄尔（Judge Samuel Sewall，1652—1730），生于英格兰，1661年随家人移居马萨诸塞，作家、教育家。1667～1671年就读于哈佛学院。自1673年至1730年去世前几个月一直坚持写日记，既包括自己的日常生活、活动的各个方面，也记载了与之交往的社会名流，是17世纪美国生活的写照，具有多重价值。他极力反对奴隶制，代表作为《约瑟的出卖》。——译者注

许多计划都采纳了托马斯·杰斐逊①早期为弗吉尼亚州撰写的建议。他的这个计划被认为是一个国家计划。他提出，所有的儿童都应接受学校教育，无论他富有还是贫穷，都应该一样地使用共和国的教育经费。因为他的这个论点强而有力且令人瞩目，所以他的法案发挥了持久的作用。杰斐逊在他 1779 年提出的《普及知识法案》中提到了自由与教育之间的关系。他认为，所有的政府都有可能变为专制政府，阻止专制滋生和自由丧失的最好办法就是尽可能有效和普遍地开启民智。

杰斐逊制订了一项计划，即根据人口数量在每个行政区内建立学校。在学校里，学生要学习如何读书、写字和算术。他主张以历史书籍作为教材来学习阅读，这样，在学习阅读的同时，也能使学生学习古希腊、罗马、英国和美国的历史。他极力反对当孩子们的判断力还不足以成熟到进行宗教探究的年龄就把《圣经》和《圣约书》放到孩子们的手中；强调学习历史是因为历史能让学生明白，他们有权利决定社会的进程，同时也给予了他们从政的知识。他警告说，如果人们没有接受能使他们参政的学校教育，政府将会被少数人所操纵，并最终走向堕落。

杰斐逊为文法学校推荐了传统的课程。他建议的课程包括拉丁文和希腊文、英语语法、地理、高等数学，也就是说包括一般的和十进位的分数、带小数的分数，还有平方根和立方根的知识，目的是进行智力训练。他认为，欧洲的学校已经开始缩减文法学校 8～15 岁孩子的拉丁文和希腊文课程，但是，就像身体的成长一样，这个年龄段是大脑最容易接受并牢记知识的阶段，所以更为适合教孩子们学习语言。

杰斐逊非常关心教师对学生的影响，这与他之前的许多教育家和哲学家是一致的。他要求教师宣誓忠诚，并且确保公民忠诚。很

---

① 托马斯·杰斐逊（Tomas Jefferson，1743—1826），美国第三任总统（1801～1809）。《独立宣言》的起草人之一。主要教育论述有《普及知识法案》、《弗吉尼亚宗教自由法令》、《弗吉尼亚大学校址、课程和政策的报告》以及许多讨论教育问题的通信。——译者注

明显，他担心易受外界影响的文法学校学生错误地受到反对共和国学说的影响。拥护启蒙思想的美国人认为塞缪尔·哈里森·史密斯①和塞缪尔·诺克斯②就是这一时代的代表。史密斯同意亚里士多德和其他人关于国家有权坚持所有儿童都必须接受公立教育的观点。他认为，义务教育的益处是显而易见的，因此，国家在实施义务教育时会得到民众的普遍认可。

史密斯想让所有5～18岁的男孩都进入小学。5～10岁的学生学习阅读、写作和算数，并且必须牢记且能表达具有教育意义的“道德责任”，描述“自然现象”或者表现出“准确的想象力”。埃尔德(Elder)开始研究普通历史、地理，以及说明农业和机械实际情况的自然法则。他还建议设立学院和国立大学。每所学院招收200名学生并且从该学区中的每一所初级学校接收获得奖学金的学生。学院的学生要继续学习更深层次的各科知识，同时也开始研究“古典文学”。要给那些有能力的学生增加一些新学科：诸如现代语言、音乐、绘画、舞蹈和击剑。史密斯建议允许把这些附加学科作为对“勤奋和有才能学生的奖励”。学院中每年都要挑选十分之一的学生进入国立大学继续学习有关科学和文学的最高深的知识。

诺克斯反对教会专制，也反对建立教会。像史密斯一样，诺克斯相信公立教育比私立教育、家庭教育更好。在公立学校中，学生可以从竞争中受益。在合格教师的监管下，学生希望得到表扬、超越同伴和与同伴竞争的动机能够得以满足。同时，与私人教育环境相比，在学生众多的学校里更容易发现不合格的教师。

对诺克斯来说，合适的教育应包括英语、法语、拉丁文和希腊文的经典知识，古希腊和古罗马的风俗习惯，古代和现代的年历表，古代史，现代史，道德、法律和政府执政的准则，数学及其各分支

---

① 塞缪尔·哈里森·史密斯(Samuel Harrison Smith，1714—1785)，生于马萨诸塞。是一个著名的有影响的人，往往被视为“绅士”的代表。对公共事务非常热心，他代表社区参加州议会，对教育提出过很多建议。——译者注

② 塞缪尔·诺克斯(Samuel Knox，1766—1817)，美国公立学校运动的支持者，关心教育，主张课程的实用性与多样化。——译者注

以及建立在数学基础上的科学、天文学、所有不同内容的自然和实验哲学，还有绘画、击剑和音乐。这种课程是面向全体学生的，无论他们将来进入商界、政界还是学术界。

史密斯和诺克斯的文章发表以后，连续几代的美国人都在用心地研究、检验他们的观点。1786～1799 年发表的其他一些有关教育的文章都有一个共同信念：美国人有能力将自己的世界建设得更好，并具有超越地区特性、思考整个民族需要的能力。其中一位作者就是本杰明·拉什①。他在教育上的努力反映了他对启蒙思想的信仰：人自身可以通过不断地学习而得到提高。与诺克斯不一样的是，拉什不愿意放弃宗教教育或把宗教教育放到特殊学校中去。他承认，他对于宗教在教育中地位的认识与同时代泛滥的那些似是而非的观点截然相反。他认为，现代观点坚持在学生没有完全达到运用理性能力的时候不应该对他们进行宗教教育，但他仍认为在孩子们小的时候，应该允许他们学习其他的学科并发展其他的兴趣和爱好。此外，拉什还认为，基督教的教义与他培养优秀共和国公民的观点是完全一致的。

拉什认为，爱国主义既含有情感因素又含有智力基础。因为学生们会在其生命最初的 21 年中形成最强烈的偏见和对友谊的看法，所以必须认真地制定他们的教育计划；他们的起居、饮食以及彼此间的联系都必须加以管理。拉什甚至对诺克斯所说的“公共”或“学术”教育提出质疑。他认为：让所有的学生都远离家庭，聚集在同一屋檐下学习，可以把他们培养成学士，但绝对不会把他们培养成优秀的基督徒和共和国公民。当年轻人不学习的时候必须把他们彼此分开，这时家庭才有机会履行其在教育过程中的义务和责任。

拉什对于女性教育的支持也是基于建设良好共和国的愿望。实际上，他坚信只有当女性认同了国家的法律并且被灌输了强烈的国家责任感之后，对男性的教育才会产生效果。他解释说，男性的观点和行为常常受到女性的影响。另外，既然孩子的第一印象来自于

① 本杰明·拉什（Benjamin Rush，1746—1813），医生、教师，当时的激进分子，一个充满了矛盾的人。激烈反对奴隶制，倡导给女性更好的教育，支持免费的公立学校。——译者注

女性，那么女性就应该同男性一样对国家承担义务。

三、公立学校运动①

1828年，安德鲁·杰克逊②总统的当选常被看做美国历史上一个新时代来临的标志性事件，一个通常被看做属于普通人的时代和进行社会改革的时代。社会改革时期是人民面对选择的时代。一个充满争论的时代，是选择努力改革社会、经济和政治生活的重要部分还是保持原样的时代。不可改变的是，这是一个人们只有努力适应已经发生的变化而别无选择的时代。在这样一个时代里，既存在着那些赞成新生活方式的人们，又存在着一些宁愿以自己熟悉的方式生活的人们。在19世纪早期，新民族面临着大量的发展和选择，这些都将会极大地影响人们的生活、工作、商业以及政府管理。作为一个新的逐渐发展的民族，必须改变自己的行为方式，使革命时期的夸张与社会、政治生活的现实相符。两种观点争论的焦点是：实行民主政治还是贵族政治。

当1791年美国在罗得岛建立第一家纺织厂时，伴随工业主义的问题也出现了。不久之后，那些重视且试图保持小农经济、延续农业社会的人们不得不和那些努力发展商业、建设资本主义社会的人们展开斗争。工业和商业的进步促进了城市的快速发展，但人们也在担心，城市会成为社会问题和人类问题的滋生地。

战后整个国家和城市都在迅速发展。1790～1830年，美国人口的增长超过了300%，从39万人增加到128万人。按照现在的标准，这些城市也许并不是太大，但是其中增长速度最快的城市纽约，到1830年已经有将近20万人。在城市人口迅速增长的同时，农业主义

① 公立学校运动是指美国19世纪初以建立公立初等学校、实施国民初等教育为主旨的运动。——译者注

② 安德鲁·杰克逊（Andrew Jackson，1767—1845），美国第七任总统。1828年当选为总统，1832年连任。任职期间，大大扩大了总统的权力，并停止设立美国国家银行；在各州拒绝执行国会法令期间，坚定地阻止了南北卡罗来纳州解散合众国的企图，使内战推迟了30年。——译者注

者所担心的事情也频繁出现了。水源污染、街道上垃圾遍布、猪群四散、夜晚纵火、犯罪和贫穷成了城市生活的基本特征。到 1840 年，纽约的贫民窟在许多方面甚至比伦敦的状况还要糟糕。当城市逐渐发展的时候，城市中滋生的问题以及居住在城市中的穷人的问题逐渐凸显出来。在那些由于社会和经济地位而被隔离起来的人口密集地区，个人的不幸被转化成了社会问题和责任。到了 19 世纪 20 年代，社会已很难继续无视这些问题的存在，比如学校短缺，禁酒、奴隶制，监狱和收容所的状况，妇女的角色和权利，以及工人组织表达自身需要的权利等。19 世纪 20 年代到 30 年代，国家领袖们想在许多方面保持国家稳定和秩序的愿望越来越强烈了；并且像他们的前任一样，领导们看到了教育不仅是解决社会问题的关键，还是一种保持社会秩序的方式。于是在 19 世纪 20 年代，一场推进和扩展公立学校的教育运动开始了。尤其是在美国的东北部，那些参与这场运动的人并没有选择建立一种国家教育体系，相反，他们一个社区一个社区、一个州一个州地逐一建立了许多体系。这些体系不久之后就变得非常相似，随后就成为共同的谈论焦点，就好像确实存在着一个国家教育体系。

没有什么人、组织或任何理由可以因建立公立学校而得到贷款，但是可以从州政府税收以及地方财产税中得到资助。这种公立学校接收各种生活背景的学生，不向父母收学费。公立学校的发展是社会有关方面寻求解决众多社会问题和实现多种目标的结果。许多妇女对女性缺乏受教育机会表示不满，强烈呼吁扩大女性受教育机会，而且承担了为学校做助手的责任。男性工作者通过他们的组织帮助传播这样的观念：所有公民都有受教育的权利。政治家们有许多理由支持建立一个统一的国家教育体系，从而教育人们对政府和建立社会秩序承担责任，并教育移民了解美国的生活方式和政府管理方式，促进社会统一。

社会各界也采取不同的方式促进公立学校的发展。一些群体组织为国家立法提交了许多建议书和解决方案。一些人通过快速增长的杂志和报刊去提倡或了解公立教育的益处和危险。公立中学吕克昂①是代表公共教育利益的另一个信息来源，并成为争论的焦点。19世纪20～40年代，人们一直在为是否应该用公共经费为全民提供教育的观点而争论不休。他们的目的并不像共和国早期的政治家那样明确动听。然而，他们的努力却更为有效。

除了让人们相信所有的孩子都有受教育的权利和政府有责任为他们提供教育之外，19世纪早期的公立学校的改革者又将这种思想付诸实践。他们在学校中引进了年级制，建立了教师培训学院，采用不同的教学管理办法，并对学校行政和管理实行集权制。他们努力建设校园和装备校舍。他们创造、保护并分配教育资源。更重要的是，他们尝试模仿欧洲尤其是德国，建立全国统一的教育体系来代替那种盲目坚持传统学校模式的保守机制。

那个时代最著名的教育家是贺拉斯·曼②。作为马萨诸塞州教育委员会的部长，贺拉斯·曼致力于使人们信服他们的兴趣和实施公立学校教育是互为补充的。他建议学校可以通过传授共和主义的原则和基督教教义来促进社会的统一。他还致力于阻止学校被某些特殊利益吸引并极力劝说学校应避免争端，以免陷入矛盾。到贺拉斯·曼1848年辞职的时候，他已是全国公认的教育专家。由他编辑的持续时间长达10年的《公立学校杂志》以及他为教育委员会撰写的12份年度报告，共同构成了有关19世纪教育问题和事件的重要文献。

在任职期间，贺拉斯·曼努力表明他对学校提出的建议与他的任职竞选信念和渴望是一致的。贺拉斯·曼在他的12份年度报告中几乎涉及了公立教育的每一个方面，其中包括：改善校舍问题；当地学校委员会的特征和构成；公众的漠不关心是学校的主要敌人；对受过训练且合格的教师的需求问题；教授读书和拼写的最有效的方式；图书馆建设；学校纪律问题；巩固学校，防止不同的宗教信

① 吕克昂本是古希腊时期亚里士多德派讲学的学园名称，在19世纪的美国指公立中学。——译者注

② 贺拉斯·曼（Horace Mann，1796—1859），美国教育家。毕生致力于美国公共教育事业的发展，努力奠定美国公立学校的基础，被称为“美国公立教育之父”。著有《十二年度报告》、《教育演讲集》、《关于青年人的若干思考》等。——译者注

仰妨碍学校发展；在健康和卫生学方面指导学生；等等。他认为在脱离了欧洲的美国，教育有消除社会中人为差别的力量。公立学校将成为保持社会这台机器平衡运转的轮子。它通过教育使各阶层的人民学会如何创造新的财富，去防止革命的发生和重新分配财富的必要性。公立学校是美国社会和制度的堡垒。

贺拉斯·曼在位的 12 年给马萨诸塞州的学校带来了明显的进步，诸如公立学校每年的费用都成倍地增长，并且新建了许多学校；男性教师的工资提高了 62%，女性教师的工资提高了 51%；根据新的教育理论改革了教育方法和管理方法；增加了新课本，扩大或建造了图书馆；开设了新的高级中学，私立中学不再比公立学校重要了；进入学校的孩子比以往任何时候都要多。

尤其要感谢贺拉斯·曼所作的努力：全国各州的小学课程都得到了扩展，增加了自然科学、音乐和绘画。他力争在学校中进行必要的职业训练，发展学生毕业以后所需要的技能。很显然，贺拉斯·曼是马萨诸塞公立学校杰出的改革家，在国家的其他地方也有广泛的影响。然而，我们不应把所有的进步都归功于贺拉斯·曼个人。公立学校的创建是人们面对自身生活的变化作出个体的和群体的反应的结果。

另一位公立学校的重要奠基人是亨利·巴纳德①，他几乎与贺拉斯·曼齐名。1838 年他向康涅狄格州众议院提交了一个法案，提倡建立公立学校委员会。康涅狄格州指定巴纳德对学校状况进行调查，为立法机关准备报告并提出建议，召开全郡教育会议，为政府编辑教育周刊，做一切对推进公立学校有益的事情。于是，他提供了1 200多所学校统计数据，召开了本郡教育会议，并把会议发言分发给其他的公众会议，访问了 200 所学校和州内的几乎三分之二的教师，同时还编辑、出版、发行了 6 万册《美国教育杂志》。

① 亨利·巴纳德（Henry Barnard，1811—1900），美国康涅狄格州第一任教育视导长。致力于公立学校运动，与贺拉斯·曼齐名。大量翻译北欧各国教育文献，并附有欧美教育家的注释，在《美国教育杂志》等刊物上连续刊登 30 年。为改善美国的公共教育制度提供可以参考的广泛而详细的情报。——译者注

像这一时代的其他学校改革家一样，巴纳德非常熟悉普鲁士的学校体系。他发现普鲁士学校系统是“令人尊敬的”，因为这个系统结构合理，极大地满足了普鲁士社会的需要。巴纳德想表达的观点是明确的：康涅狄格州也应该有一个相类似的学校系统。然而，普鲁士学校系统的一个重要特点就是强制。而在康涅狄格这是不可能的。即使是由政府建立一个学校系统，然后尝试强制公民服从系统的要求，公众的舆论也会毁了它。令巴纳德困惑的是公众却情愿接受生活中其他方面的强制。

随后，巴纳德开始了一次长达 15 个月的旅行，在全美搜集有关教育发展历史的材料。作为一名管理者和政治家，巴纳德对教育文献的贡献意义深刻，因此有助于明确定义一种新的社区学院和一种新的职业。他编辑的《美国教育杂志》和他的其他著作，为他人撰写美国或欧洲教育史提供了大量的资料。他的贡献还在于通过给教师、管理者、学校委员会成员提供有用的信息，帮助形成学校日常教学管理的规范。

1852 年，在马萨诸塞州，第一部义务教育法颁布了。到 1870 年，已有十几个州颁布了类似的法律。到 1918 年，美国所有的州都通过了类似的立法程序。然而，义务教育的实施却受到经济、政治和社会等诸多因素的制约。南北战争之后，迅速发展的工业急需高质量的劳动力。正是在这个时期，实施大众普通教育的中等学校也随之发展起来。

四、中等学校

1890 年之后，美国中等学校的规模迅速扩大，注册人数迅速增长，但在当时中等学校还是一种规模相对较小的新兴学校。在 1889～1990 年，只有 202 963 名学生就读，不到全国人口的 1%，即便如此，当时仍有许多教育者对是否开设中等学校的问题展开争论。许多人仍然坚持它是一种培养公民的学校，而不应是为学院作准备的学校。就像先前的公立学校一样，中等学校将是所有公民的儿女们共同学习生活和工作的地方。

美国最早的中等学校可能是波士顿的英语中学，建立于 1821 年，是英语学校的典范。1826 年，波士顿开设了一所女子英语学校，但是两年之后就被关闭了，因为有太多的女生要求入学，校方无法满足这么多人的需要。取而代之的是，波士顿官方扩大了公立学校的规模。1825 年在纽约开设了一所男子中学。1827 年马萨诸塞州法律规定，500 户以上的城镇除了开设普通学校的普通课程外，必须增加几何、美国史、图书管理、天文学和测量术等课程。4 000 人以上的城镇必须另外提供拉丁文、希腊文、历史、修辞学和逻辑学等课程。但在现实中，这条法律往往被忽视，因此两年后便被更改为允许所有的城镇提供这些教育。然而，马萨诸塞州法律确实可以作为其他各州改革的范本。

到 1861 年美国内战前夕，全国一共有大约 300 所中等学校。到 1880 年增加到 800 所，1910 年已超过了 10 000 所，然而，这些中学大多数只是公立学校的适度扩展。在许多地方，中学被建在小学校舍中。通常的情况是，本地的公立学校增加了拉丁文、几何和中学课程中一些少数学科，然后就宣布设置了中学部。

19 世纪末，许多高等学院对申请入学者非常不满。因此，国家教育委员会开始关注中等学校的问题，并任命了一个十人委员会①。该委员会发表了一份报告，详尽地陈述了关于中等学校课程的各种不同观点。十人委员会的报告引起了一场激烈的争论。争论双方就中等学校是为大学作准备还是为生活作准备展开了讨论，双方都认为自己是唯一正确的。人们热衷于讨论什么是学校最好的课程，什么样的学校课程将会最大程度地发展人的智力，而不是提倡把中等学校看做一种向学生灌输国家文化生活甚至西方文明的公共机构。同时，中等学校也被看做一个为未来的职业（狭义的）、工作或大学作实用性准备的阶段和场所。

---

① 十人委员会，全称“中等学校学科十人委员会”，1892 年设立。美国就中等学校课程设置进行调查并提出建议的组织。主席 1 名，大学校长 4 名，中学校长 2 名，教授及中学教师各 1 名，教育行政官员 1 名。——译者注

随着中等学校入学率的逐渐提高，一些教育者发现公众对中等学校的关注程度也在提高。从 1893 年十人委员会报告到 1918 年“中等教育改组委员会”（CRSE）①会议间的 25 年里，美国的中等教育发生了一场革命。十人委员会为少数人策划了一种学校，中等教育改组委员会为所有人提供了一种学校，且非常普遍。中等教育改组委员会建议，所有的孩子在 18 周岁前应一直待在中等学校。中等教育改组委员会并不认为中等学校是大学的准备，而是公立学校系统的重要部分。主要从发展个人智力的角度考虑，中等学校应成为改善个人状况及改良社会的工具。中等教育改组委员会同时也注意到教育心理学对教育理论的许多最新贡献，对传统的教育理念提出了有力的挑战。这个委员会还指出，中等学校学生的能力和态度差异较大，虽然学校已认识到这种差异，但还需要给予更多的关注。中等教育改组委员会提出七条教育目标：（1）健康；（2）掌握读、写、算、口头和史学表达方面的基本方法；（3）高尚的家庭成员；（4）职业；（5）公民资格；（6）有效地利用闲暇；（7）道德品格。中等教育改组委员会的报告和目标被广泛地接受了。不久，这七条目标就作为报告的“基本原则”，要求数以千万的师范院校学生牢牢记住。同时教育这些学生明白：当一个国家的国民变得越来越多样化的时候，实现上述七条教育目标的综合中学会有助于整个国家的社会团结。

在 19 世纪末的最后 25 年中，教育者在对中等学校的目标进行争论的同时，一些人成功地把手工训练引进学校教学当中。1876 年，在费城百年展览会上，莫斯科帝俄技术学院的示范教学使得美国教育者对手工训练这种方法产生了抵触情绪。俄罗斯的教育系统把手工训练教学同实际的操作过程分离开来。这种分离促使美国教育者认为：手工训练不是实际的职业培训而是文化培训。如果这样考虑，手工训练就成为一种自由学习。

---

① 中等教育改组委员会，为中学课程的改革而成立。1918 年发表《中等教育基本原则》报告，首先确立了新的中等教育的目标及原则，由此带动美国中小学课程发生了深刻的变革。——译者注

19 世纪 80～90 年代，正当教育者对手工训练的价值优劣进行争论的时候，这种培训方式开始进入学校教学。到 1900 年，有关手工训练的争论已经发生变化。许多教育者，尤其在那些学校注册率急剧上升的城市里，已开始认识到工业主义将是美国生活的永久特征。职业教育成为青年一代为新的社会经济秩序作准备和解决工业发展带来的相关问题的途径。职业教育在某种程度上结束了罢工和劳工暴动，提高了美国工厂的效率和生产力，并促使美国在国际市场上与德国、日本成功地进行商业合作。

职业教育运动——后来叫做“工业”教育得到了许多方面的支持。生产者需要有技能的工人，社会工作者和社会改革者把职业教育看做一种治疗贫穷和许多社会疾病的手段，教育家把职业教育看做吸引学生的一种方式。联邦经费也开始支持美国的职业教育。

第一年，职业教育联邦委员会（the Federal Board for Vocational Education）分配了 150 万美元。到 1926 年，委员会的经费就提高到 700 万美元。州政府可以提供与联邦经费相配套的资助，如培训教师，并且为那些从事管理或指导农业教育、家政教育和为一些特殊工作开展职业培训的教师发放工资。课程将会完全地、直接地与技能或职业有关。例如，当学生在职业教育计划中需要进一步提高时，职业教师将开设数学、英语和科学等学科。

人们普遍认为，职业教育是为那些学习迟钝的学生或为那些在社区中不属于优势种族或社会群体的学生开设的。同样重要的是，美国人相信：中等学校是为其子女未来工作作准备的，这些工作能使他们进入更高的社会经济阶层。只要社会经济状况能为大多数人提供可以赚钱谋生的工作，这个信念就有利于学校的发展。然而，当经济衰退时，学校却因其不能控制的事件的出现而受到指责。

在 20 世纪初的十年中，就业指导运动开始出现。第一次世界大战之后，许多人相信新发展起来的心理测验能使学生得到准确的评估和筛选，并以此为根据安排学生学习那些可以使他们获得成功的课程。然而，这个工具并不是十分完美的。因为工作的成功有赖于诸多的外在因素，所以学校不能保证学生一定会在未来的工作中获得成功。

20 世纪 60 年代，职业教育的批评者认为，职业教育过于狭窄，不能对国家的经济变化作出适当的应对。他们还批评说，因为职业教育仅限于中等学校，所以职业教育无法包括那些初中毕业后就离开学校的学生。甚至到了 1969 年，职业教育的拥护者仍然不满意它的地位和实际的作用。

世纪之交，教育者预言中等学校将成为美国教育系统的永久部分。1890 年，只有不到 7%的适龄青年在中等学校就读。到了 1920 年，一代人之后，中学生的比例就已达到了适龄青年的三分之一。随着越来越多的年轻人进入中等学校，教育者努力改变中等学校的课程计划，以期满足学生的需要和渴望。然而，美国中等学校的课程计划仍然主要取决于国家的学院和大学。

20 世纪 20～30 年代中等学校入学率逐渐上升，在某种程度上逐渐丧失了一些选拔的功能。实际上，虽然中等学校总的入学率变化并不大，但由于人口出生率逐渐下降，实际的中学入学率仍然在迅速提高。30 年代许多本来应该离开学校去找工作的年轻人仍然留在了学校，因为即使有少量工作，也很难找到。公共事业振兴署（WPA）甚至出资鼓励一些学生继续留在学校中学习，而不要去竞争甚为缺乏的工作岗位。教育者也随着学校人口特点的变化，确定了新的学校教育概念和目标。

到 19 世纪末美国的公立教育体系结构如下：八年小学适用于 6～14 岁儿童；中等学校适用于 14～18 岁学生；大学的学生从 18～22 岁；更高等的学校延续到 26 岁。学生数量在 1880 年 687 万的基础上增加了一倍多，占全国人口比从 17.8%增长到 20.7%。这一期间，教师数量从 20 万提高到 39 万。

20 世纪初期小学的课程设置略有变动，主要开设：英语、阅读、语法、写作、数学、地理、历史、科学、绘画、音乐、手工劳动、体操和自然等课程。宗教信仰不作为一门独立课程来设立。根据所设课程内容来判断，八年小学教育主要是给学生提供基础知识，能完成八年小学教育获得基础知识的学生得以继续学习中学的课程，完成中等教育。

19 世纪末 20 世纪初是美国社会经济进一步发展的时期。城市文化的发展、现代工业和技术的进步对公立教育提出了更新、更高的要求。快速发展的工业、科学和技术要求人们具有在迅速变化的世界里运用知识的实践能力。生活本身需要独立的、积极的、受过教育的和有创造力的人。为了造就这样的公民，美国需要新的学校、新的课程、新的教学方法和接受全新培训的教师。19 世纪末，以实用主义哲学思想为基础的新学校模式和教育学概念正在美国形成。渐渐地，实用主义不仅仅是一种哲学，更成为人们普遍接受的正确的“美国的生活方式”，且被广泛宣传，也就是说实用主义渐渐成为一种以“有用”为标准的文化概念。通过“有用”这个棱镜来界定个人修养的观点变得十分流行。与英国的教育培养具有高深文化的绅士相反，也与德国注重基础知识的获得不同，美国人则把“有用”这个概念推向了极致。这个概念有共同的社会基础并符合当时的生活状况。实用主义的教育学不仅标志着美国教育的发展进入了一个新的时代，而且对其他资本主义国家的学校教育也产生了一定的影响。这一现象可以由以下事实来解释：实用主义吸收了美国教育者的不同思想，摒弃了一切平庸次要的观念，创造了一个完整而详尽的教育概念，以满足美国社会的各种需要。

众所周知，世界上实用主义教育最突出的代表当属约翰·杜威①。他的著作《民主主义与教育》一书于 1916 年出版，是他三十多年在美国许多大学进行理论和实践活动的成果总结。19 世纪末，人们又为实践主义赋予了绝对新的理由与内容，这种以实用主义为标志的实践主义精神最好地适应了新的需要，也正好适应了美国学校教育对新实践主义的渴望。在选择学校目标时有用成为最可靠的具有决定性的标准。人们拒绝客观知识，却认可客观知识的应用并赋予了它绝对化的意义。实用主义教育学反对传统的“学院式学习”，代之以“做中学”。这是一个全新的教育概念：反对把知识强

① 约翰·杜威（John Dewey，1859—1952），美国哲学家、心理学家、教育家。美国实用主义哲学的集大成者，实用主义教育思想的创始人。——译者注

加于学生，主张发展学生的个性；反对内在训练，主张自由活动；反对在课本和教育者的帮助下学习，主张通过“经验”来学习；反对为将来作准备，主张最大程度地利用现在。在杜威的概念中，学生成为太阳，所有的教育手段都应围绕着学生转。学生本身必须参与教育过程的设计，教师成为一名资深的领导者。按照杜威的观点，教师必须能让学生在学习过程中积极思考。杜威认为，传统教育学过于重视向学生传授现成的学习材料，过于重视再生产这些知识的需要，却不考虑孩子自己的需要和兴趣。杜威的教育学概念得到了广泛的认同，他本人也被邀请到许多国家访问，如俄罗斯、中国、日本、墨西哥、英国和土耳其。

五、二战后的批评和改革

20 世纪 40 年代和 50 年代早期，教育者强调学校要满足所有学生的需要，无论学生的能力是多么出类拔萃，还是多么低下平庸，学校都必须帮助学生做好人生的准备，成为一名好公民。在中等学校的概念发生转变之后，也要求其课程作出相应的变化，传统的学术内容已不再合适。一些进入中等学校的学生学习能力较低，另一些学生的智力则比普通学生落后一到两年。因此，课程内容必须减少，或者必须设计一种完全不同的学习课程，去满足这些学生的需要和能力。例如，在圣路易斯（St. Louis）提供了九种选择：经典的、科学的、普通的、商业的、绘画、音乐、家政、工业艺术以及经过调整的一般学科。后来，与此相类似的，以满足所有学生在民主社会中工作和生活需要的教育被称做“生活适应教育”。

二战即将结束的时候，对公立教育的批评开始了。早在苏联发射人造卫星之前，对公立教育的批评就引起了人们的注意，尤其是引起职业教育家的关注。1957 年 10 月 5 日早晨，所有的报纸都报道：苏联成功地发射了第一颗人造地球卫星。这颗 22 英寸直径的球体卫星大约每隔一个半小时绕地球一周，并向地球发回信号。卫星的轨道和大小已向美国专家表明，苏联在火箭技术方面已经取得了显著的进步。1957年11月3日，苏联给予美国第二次更为强烈的打击。他们的第二颗卫星在更高的轨道上运行，比第一颗卫星重六倍，由于装有一个空气调节设备，所以卫星携带了一条狗。国防部紧急宣布，美国将于1957年12月4日从卡纳维拉尔角（Canaveral）发射第一颗卫星。12月4日来临了，可美国的卫星却需要维修。到12月6日，尝试第一次发射，结果在两秒钟之内就彻底失败了。1958年1月31日“开拓者一号”发射成功，但并没有使美国停止恐惧。这是因为“开拓者一号”并不比苏联的第一颗人造卫星大多少，却比苏联的第二颗人造卫星小得多。

苏联在空间战上的成功使得美国教育界对美国教育状况的批评瞬时变得令人信服起来。联邦政府迅速采取几项措施去促进教育发展并为之提供经费。反对联邦政府介入并为公立教育提供支持的传统观点立即显得不合时宜。政府招募来自不同学科的学者们改革更新学校的课程。教育者们被赋予了一个新的使命，即提供“优质”教育。几乎有一个时代，教育讨论的焦点都集中在强调基础知识的结构上面。

当时的许多书籍都对美国学校与苏联学校进行了比较：苏联的孩子一周上6天课。他们必须完成以下课程：10年数学，4年化学，5年物理，还有6年生物。相比之下，美国学生科学课程学得太少，全美学生中只有一半人选修物理课程，且只学一年。大约有三分之二的学生学习化学，但也只学一年。苏联中学毕业生掌握的科学知识甚至比大多数美国大学毕业生还要多。

二战后，除了培养科技精英外，学校目标被重新设计了好几次，不同的目标之间有时甚至互相对立。简言之，改变学校目标的核心就是要为学生提供以前从来没有开设过的课程。1950年，有四分之三的中等学校适龄青年在学校学习。到1970年，中等学校已经变得很普及了，约有90%的符合条件的学生都在中学就读。美国工业化的进程已发展到不再依赖市场去完成职业的社会化，并且为那些认为学校教育不能满足他们的需要、目的和教育背景的人提供初级职业培训。市场现在需要人们把成功地完成中等教育作为最初级的入场券。但当学校教育针对苏联卫星发射这一事件进行调整时，这一新的需要被搁置一旁。教育者被允许，甚至被强迫把有限的资源和专门技术集中起来去培养一批新的技术精英。但是在培养精英的同时，新的学校人口却在快速增长。结果是那些被描述为“没有学术头脑”的学生又被冠上贫穷的、被剥夺权利的、处境不利的、不同文化背景的等新的头衔。不久，这些长久以来一直被忽视的学生开始受到关注。美国社会的政治资源和优先权不得不重新进行配置。约翰·肯尼迪①宣扬“新疆界”政策，并要美国人为他们的国家利益而战。约翰逊·林登②总统改变了肯尼迪的策略，推行“伟大社会”的施政纲领，试图完成罗斯福③总统的新政，即完成 20 世纪早期进步主义者的工作，转而试图拓展民粹派的工作。这个逐渐积累起来的社会理想所支撑的是：所有公民的孩子都应一起进入好学校。

几年以来美国人对苏联卫星的反应使最高法院 1954 年通过的决议蒙上了一层阴影。1964 年的《民权法》强调：美国教育委员会的委员“要在两年之内，对在美国本土及其占有地包括哥伦比亚地区在内的各级各类公共教育机构中，由于种族、肤色、信仰或原籍国别等原因导致的个人受教育机会不平等的现象进行调研并向总统和国会作出报告”。

1966 年的《科尔曼报告》（*Coleman Report*）④特别关注六个种族和少数民族受教育的机会，包括黑人、美洲印第安人、亚裔美国人、生活在美洲大陆的波多黎各人、墨西哥裔美国人和除墨西哥裔美国人及波多黎各人以外，经常被称做大多数人的白人。调查者努

① 约翰·肯尼迪（John F. Kennedy，1917—1963），美国总统（1961～1963）。——译者注

② 约翰逊·林登（Johnson B. Lyndon，1908—1973），美国总统（1963～1969）。——译者注

③ 富兰克林·罗斯福（Franklin D. Roosevelt，1882—1945），美国总统（1933～1945）。——译者注

④ 1964 年，美国联邦政府授权芝加哥大学社会学和教育学教授科尔曼组织一个小组，在全美范围内对学校进行调查，目的是检验不同家庭出身的学生学业成绩差别的主要原因，以创造一个教育机会更加均等的社会。1966 年，该小组发表了题为《教育机会均等》的综合研究报告，也称《科尔曼报告》，对美国以后的教育政策产生了很大的影响。——译者注

力搜集了四个领域的信息。(1) 他们努力确定在美国的公立学校中，不同种族和人种的学生在何种程度上被彼此隔离。(2) 他们试图确定是否所有的学校确实为所有的学生提供了平等的教育机会。为了证实这一条，对学校以下几个方面的工作进行了检测：图书馆、教材和实验室；课程（学术的、商业的和职业的）；教师资格特征，如受教育程度、教学经验、工资、态度和口语能力；学生特征，包括社会经济背景、父母受教育的程度、学术目标以及其他态度方面的指标。(3) 他们试图通过标准测验来确定学生学到了多少东西。(4) 他们试图区分学生的成绩与学生所在学校类型之间的关系。

《科尔曼报告》得出许多结论而且经常被证实。许多读者接受了报告中这样一条结论：学校中不同种族的学生混合在一起，不但不会伤害白人学生，而且有利于帮助来自弱势群体的学生。美国在用向月球发射宇宙飞船来表明自己在空间技术方面的卓越成就之前，就已将根除贫穷纳入国家的议事日程。当教育者们还在忙于出席各种会议去讨论知识结构的重要性和含义，推进强调民主和优质教育并重的课程改革和出版新教材时，约翰·肯尼迪总统已开始关注贫困问题。约翰逊·林登声明他正在向贫困宣战。到 20 世纪 60 年代中期，教育者们面临着一个新的但却不可能完成的任务，即消除贫困，以实现约翰逊总统提出的“伟大社会”的理想。1965 年，美国国会颁布了《初等和中等教育法》。由于国会提供资金，许多教育服务机构被引入各级各类学校，除了为课程改革提供资源、指导和服务外，还试图满足处境不利学生的医疗、营养、社会和心理需要。

在 20 世纪 70 年代早期，美国就宣布要实现教育机会均等，但要真正实现教育机会均等的目标就不那么容易了。人们通常认为，中产阶级的孩子很少受穷，而且如果能为贫穷的孩子提供教育补偿计划，也可以使他们摆脱贫困。因此，似乎实施了补偿教育计划，就能使学校中所有阶级、种族和少数民族的孩子受到真正平等的教育，从而学到摆脱贫困所需的技能。

让公共教育承担消除贫困新使命的主要困难是：制定社会规划的人们、政府官员的顾问们和政治家们，企图在不改变美国社会任何基本制度或经济状况的前提下消除贫困。美国人只是想要一个更好的社会，而不是一个完全不同的社会。结果是，为消除贫困而设计的方案，其目标不是指向贫困的成人而是儿童。因此，经费被发放到为贫困儿童设立的特殊计划中。后来，人们发现为贫困儿童设立的特殊计划并没有改善成人的经济地位。奇怪的是，这已成为并持续成为人们指责消除贫困的教育计划效果不明显的一个原因。

六、批评和改革：20 世纪 60～90 年代，削弱公共教育的理论基础

一种观点认为：20 世纪 70 年代早期的公立学校已不再是有效的教育机构，而且公立教育的理论基础也逐渐遭到破坏。在 60 年代中期，学校经常被描述成令人悲伤的甚至是孩子们的危险地带。孩子们经常被描述为僵化官僚教育体系的无辜牺牲者，这个体系中充满了不动脑筋地坚持无意义原则的，有时是仅仅能胜任的，有时又是不胜任的、麻木的甚至是持有种族歧视观点的教师和管理者。因此，改革者不坚持为一所学校或所有的学校涂上警告的黄色或危险的桔黄色也就不足为怪了。

由于人们对公立教育越来越不满意，且学校改革的尝试屡遭挫败，于是各种公共和职业部门都对选择性学校产生了兴趣。当选择性学校的概念受到广泛关注时——但仍然只是私立学校及其倡导者对它具有持久的兴趣——就把择校的实验研究描述成一场独立的、具有凝聚力的运动是会令人产生误解的。一些参与者和支持者渴望远离单纯训练、枯燥乏味、毫无乐趣可言的公立学校，因为公立学校一向与街道、游乐场等其他教育机构尤其是电子媒体等学生乐于活动和学习的场所缺乏联系。另一些人想要远离他们认为无法公正有效地教育全国各少数民族的学校教育体系。

教育家们提供的计划旨在选择公立学校体系，而非选择学校。他们认为，有意建立种族隔离学校是不平等的且是违反宪法的，并特别指出在美国的北部和南部仍然有大量的人抵制学校废除种族隔

离。教育家们反对继续延续双种族的教育体系，在这个体系中，大约有 90%的孩子都被要求进入种族隔离的学校。一个体系是为穷人的，另一个体系是为中产阶级的。那些为穷人和少数民族开办的学校并不像那些为中产阶级的孩子开设的学校一样高效有益。对一个需要接受较高教育的技术工人的社会而言，学校教育的低效将付出高昂的代价。公众付费，但教育状况却很糟糕，公众不得不再次投资接受教育，因此接受了不恰当教育的人还得接受再教育。无法提供真正平等的教育机会是一种恶性循环——糟糕的教育状况，会导致卑下的工作或者失业、家庭不稳定、群体和个人缺少竞争力。因此，人们强烈要求学校承担起促进社会进步的历史使命。

在 20 世纪 80 年代早期，公立教育明显呈现出多样化的趋势。《国家报告》广泛受到媒体的关注并给一些教育家们带来了希望。然而，研究考察那些支持公立教育的因素又使人感到沮丧。1982 年的情况表明，美国人越来越关心公立学校资金短缺的问题，希望联邦政府一定要解决这个问题。公众希望华盛顿当局为公立教育增加资金并不是一个虚构的未来，然而在经费普遍缩减而不是扩展福利和社会服务计划的年代里提高联邦政府对教育的投资似乎是不可能的。多年以来，公立学校的经费一般仅占联邦政府总经费的 10%左右。

1983 年，美国人被告知，由于美国公立学校的状况使得国家正处于危险之中。对一些人来说，《国家处于危险之中：教育改革势在必行》和其他的国家报告听起来像是近年来一直谈论的问题，并没有赋予什么新东西。争论和批评的内容无非是有关学校的课程：已开设的课程、学生选修的课程和没有被选修的课程、学生对传统课程的掌握程度以及对有关学科的增加和删减等问题。

自从 1983 年《国家处于危险之中：教育改革势在必行》报告发表以来，至少有 30 个关于教育的国家级研究报告、290 个州级研究小组报告、2 个网络电视评论专题节目以及主流的报纸和杂志的相关内容都包含了公立教育的问题。然而，20 世纪 80 年代关于提高教育质量运动似乎只是为了一些学生，而不是面向全体美国学生的。

1983年，在美国已有5 000多万学生、300万教师在10万所学校中学习、工作。但是，各州之间教育资源和人员的状况差异很大。例如，犹他州每年花到每个学生身上的平均费用为2 500美元，而加利福尼亚州则是犹他州的三倍。根据新要求，公立教育体系将发展成为现代化的体系。1990年，讨论结果在有总统参与的《美国2000年学校发展计划》中有所体现。学校现代化的战略目标如下：

——改善学前教育状况，目的是为孩子上学作准备；

——把高中学生入学率提高到90%；

——为学生承担公民责任且更成功地参与国际合作作准备；

——提高科学和数学的教学水平；

——通过在每一所学校中形成纪律和秩序的氛围来提高学生的道德品质；

——促进成人教育现代化，使他们的知识和技能在国际市场中富有竞争力。

尽管各州根据自己的具体情况制定了这些战略目标，但却显示了改善公立教育现状并向现代化迈进的一致方向。首要目标是联邦和州政府提高学校教育经费。在1983～1993年的十年间，学校教育经费提高了一倍，从1 000亿美元提高到2 000亿美元。应该关注国家教育标准的发展和推广。美国学校教育的历史与欧洲的大不相同。既然美国没有封建制度，除了南部有一些成分以外，国家避免了教育的双轨制，即对穷人和富人分别实施的教育。19世纪70～90年代，各州制定的有关普通学校教育的法令实际上促进了公立综合中学的发展。这样的学校把所有的学生都放在同一屋檐下，为他们提供了学术的、普通的和职前的课程。与欧洲不同，应用知识在美国通常是受到尊重的。适于生活的教育概念是持久的。这种思想在实践中的表现是大约75%的高中学生只必修英语、社会研究——主要是美国史——还有物理，其余的时间都用于学习应用学科。例如，家政、驾驶、护理、化妆等。

只有25%的人接受了完全的中等教育，其余的人从来就不学习几何、地理、物理、化学或外语。当人们对苏联和美国学校的课程进行比较时，许多反对生活适应教育的批评者认为美国学校教育的状况已经退到了苏联发射第一颗人造卫星之前。

美国学制图

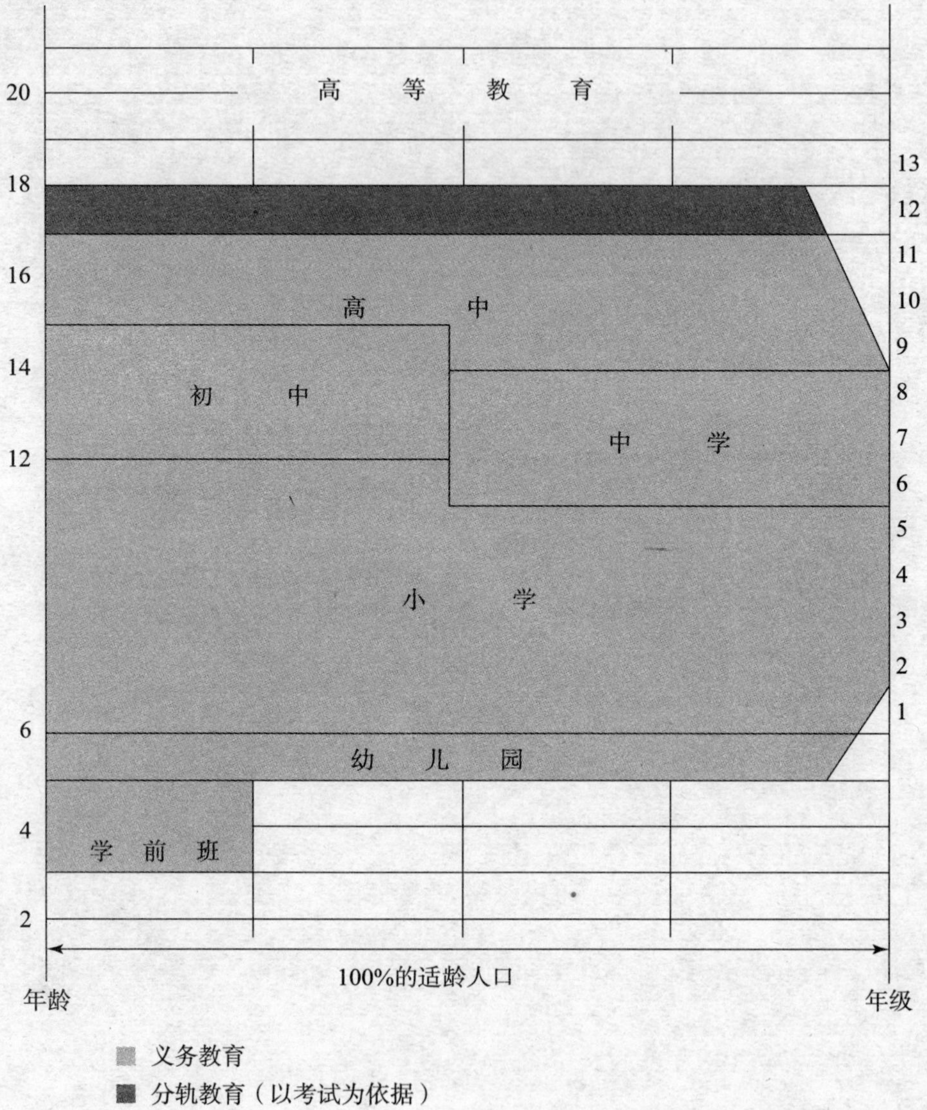

高等教育
20
18
16
14
12
6
4
2
13
12
11
10
9
8
7
6
5
4
3
2
1
高中
初中
中学
小学
幼儿园
学前班
100%的适龄人口
年龄
年级
义务教育
分轨教育（以考试为依据）

主要参考文献

1. Sol Cohen (ed.). Education in the United States: A Documentary History. 5 volumes. New York: Random House. 1974.
2. Lawrence A. Cremin. The Transformation of the School: Progressivism in American Education, 1876—1957. New York: Alfred A. Knopf. 1962.
3. Jurgen Herbst. The Once and Future School: Three Hundred and Fifty Years of American Secondary education. New York: Routledge. 1996.
4. Jurgen Herbst. And Sadly Teach: Teacher Education and Professionalization in American Culture, Madison Wisconsin: University of Wisconsin Press. 1989.
5. Michael B. Katz. The Irony of Early School Reform: Educational Innovation in Mid-Nineteenth Century Massachusetts. Boston: Beachon Press. 1968.
6. Herbert M. Kliebard. The Struggle for the American Curriculum, 1893—1958. Boston: Routledge & Kegan Paul. 1986.
7. Edward A. Krug. The Shaping of the American High School, 1920—1941. Madison. Wisconsin: University of Wisconsin Press. 1972.
8. Diane Ravitch. The Troubled Crusade: American Education. 1945—1980. New York: Basic Books. 1983.
9. Davis Tyack. The One Best System: A History of American Urban Education. Cambridge, Massachusetts. 1974.

10. Davis Tyack and Elisabeth Hansot. Managers of Virtue: Public School Leadership in America, 1820—1980. New York: Basic Books. 1982.
11. Arthur G. Wirth. Education in the Technological Society: The Vocational-Liberal Studies Controversy in the early Twentieth Century. Scranton, Pennsylvania: Intext Educational Publishers. 1972.
12. Martin Luther, Letter to the Mayors, reprinted in Robert Ulich, ed. Three Thousand Years of Educational Wisdom (Cambridge: Harvard University Press. rev. ed., 1963), p. 226.
13. Robert T. Sidwell, Writers, Thinkers and Fox Hunters Educational Theory in the Almanacs of Eighteenth-Century Colonial America, History of Education Quarterly, vol. 8, no. 3 (Pall 1968), p. 276.
14. David Tyack, Forming the National Character: Paradox in the Educational Thought of the Revolutionary Generation, Harvard Educational Review, vol. 36, no I (Winter 1966), p. 32.

美国佛罗里达大学教授
欧文·乔恩宁迈耶 (Erwin Johanningmeier)

结束语
世界教育遗产中的全人类价值

几个西方国家和东方国家从古代到现在的教育史已掠过我们的眼前。本书中的材料促使人们思考许多问题。主要思考两个问题。第一，思考由各民族历史发展的特点所决定的教育史的唯一性。第二，思考每个民族为受人类社会发展的普遍规律所制约的世界教育宝库所作出的贡献。

尽管本书的作者都赞同预先安排好的本书的结构，但各章在结构和内容上还是存在着差异。其原因是不言而喻的。每个民族都有它自己的命运、历史以及经济和社会—政治背景，这必然会反映在各章的内容和结构中。另外，资料本身也反映了作者的学术专长。例如，荷兰教育这一章的主要特征是该国学校的历史和在不同的历史时期出版的教科书。瑞士教育这一章展示了教育思想和观念的发展。在日本教育这一章中作者主要陈述家庭教育的意义。

显然，不同的作者对某些特定问题的重要性的认识是不一样的。作者观点的差异强调的是本书主题的一个重要方面：教育史的复杂性。如果忽视各位作者所讨论的问题，也就不能理解整个世界教育史。

读者能领会教育史的复杂性，也能理解过去的教育家们所面对的挑战的多样性。而且每个人不可能不注意到各位作者的立场的差异和对教育史实和教育理论所持的各种不同的政治态度。这表明了教育史与政治现实的关系，尤其当教育史上的某些特定的事件被理解成社会阶级和群体的利益的显现时。只有这样，才能使历史研究达到必要的深度。

受篇幅的限制叙述必须简明扼要，这就导致作者不得不放弃许多史料，甚至牺牲了分析的深度。在不大的篇幅内让读者了解一个国家千年以来教育实践和理论的形成和发展的传统，这是相当困难的。这就决定了本书只能概括地叙述每个民族在成长中的一代的教育领域中的丰富遗产。

本书各章作者对不同问题的强调并没有违背叙述的逻辑，突出了教育史上的基本问题。这些基本问题有：教育史的分期及其特点；随着历史条件的改变教育和教学目的和任务的相应变化；应培养的与时代要求相符的个性品质；具体的时代所推出的教学和教育的基本手段；通过对成长中的一代提出新的教育和教学要求来积累教育知识和实践经验。

本书中的材料再一次证实了以上这一情况。在历史发展的长河中各民族都经历过类似的时期：古代、中世纪和现代。差别仅在于每个时期起始和结束的年代不同（虽然在时间上相距不远）。

本书的作者们表明了，一个特定的民族向下一代提出的教育目的，通常与另一个民族向年轻人提出的教育目的是不完全一样的。在相似中存在着差异。这恰恰反映了一个民族的文化和传统赖以形成的条件的唯一性。这种唯一性是由许多因素决定的，其中最重要的是语言、信仰、历史传统、价值观念和理想、生活方式、礼节、独特的自然环境。然而也不应过高地估价民族特点的作用。许多不同民族的教育遗产都具有许多共同的特点。这反映了通过民族特点表现出来的人类的思想、利益和需要彼此是很接近的。我们应该知道这些共同点，因为这些共同点能帮助我们找到理想的教育模式的根据。

不同民族的教育遗产中的全人类价值，可以追溯到人类历史的早期。我们可以说说民间教育学。原始社会为理解教育年轻人的目的和手段跨出了经验主义的最初几步。原始社会所作出的努力反映了教育实践中的成功与失败，反复地、稳定地和集中地反映在具体的格言和忠告中。史前时期留给人类的是关于年轻人的平等的公共教育的独特经验。这是非常有效的，因为它反映了青年人的日常生活。原始社会的生产力发展水平很低，这就决定了每个有工作能力的社会成员都必须参加物质生产过程，在这样的社会中所有的青年人都必须受到为未来的工作作准备的训练。儿童参与部落生活的过程，就是要让儿童熟悉生产活动经验，获得技能和知识。

在全民参加劳动和没有私有财产和剥削的环境下，每个社会成员都有权获得使他成为享有所有权利的社会成员的技能。如果没有适当的智力和体力训练，是不可能做到这一点的。所有的儿童和少年获得了能帮助他们制造工具和生产粮食的技能和知识；他们养成了团队精神，做好了提供相互帮助的准备。他们敬重老人，守纪律，他们陶冶品格，培养忍耐力和增强体力。所有这一切是在工作中获得成功并成为社会一员的主要条件。后来，随着书面语言的出现，人民的道德规范就有了文字记载。例如，芬兰人的《卡勒瓦拉》、土耳其人的《我的祖父科尔科特的书》和俄国人的《莫诺马赫大公的蒙训篇》。古代的所有各种宗教都从人民的教育实践中借用了道德格言。在《圣经》、《古兰经》和其他经书中许多道德规范都被理解成上帝的召唤并具有了宗教的意义，用来调整上帝与信徒之间的关系。出现了专门的宗教道德：忠诚并仰慕上帝或神灵，不容忍异端邪说，**认识到自己的宗教排他性**，谦恭、忍耐等。与此同时，在宗教经文中也包含了民间教育学中早已形成的道德规范。这些道德规范起了调节人际关系的作用。“尊敬你的父亲和母亲”、“不杀生”等诸如此类的规范，不具有严格的宗教性。它们涉及的是日常生活方式，是人民智慧的精华，为积极地教育新一代作出了贡献。在宗教经文中既包含了宗教戒律，也包含着简单的道德箴言。这一事实使这些经文变得非常灵活，适用于任何场合，适用于任何社会等级的人。

本书的读者会注意到，宗教教育在中世纪取得优势地位，这是一个普遍的过程。民间教育学的道德格言，逐渐被由宗教当局所界定的规范所代替。同时，国家之间的贸易关系的发展要求学校教育的世俗化。绝大部分中世纪学校是办在清真寺和教堂中的。这些学校的主要学科是诵经，而且常常用的是外语或日常生活中不用的语言。在欧洲，这样的语言就是拉丁语，在中东就是阿拉伯语和波斯语，在远东就是汉语。平民百姓不懂这些语言。文艺复兴和启蒙时期的一些主要学者为什么要求把母语作为学校中使用的语言，其原因就在于此。

17～18 世纪的欧洲启蒙运动时期以及后来在东方，为揭示具有普遍意义的模式提供了很有教益的范例。在封建社会中诞生的资本主义生产关系，促进了教育实践的发展，唤醒了对发展个性的兴趣。正是在那时形成了从幼儿园到大学的教育机构形式，在以后的几个世纪内有组织、有目的的教育体系的结构就成型了。同时开始了教育学脱离哲学的过程，教育学获得了作为一门独立的科学所应具有的全部特性。所有这些事实显露了建立在自由、平等、博爱观念基础上的一种新的意识形态。人们称之为启蒙，这是一种敌视封建社会的意识形态。教育被看做整个社会和每个个人发展的重要条件。由此产生了一种信念，即每个儿童不管其社会出身、种族和民族如何，都具有可教育性。启蒙运动证明了不同民族的教育遗产中具有以下普遍特点：教育对于国家发展的社会功能；社会的发展有赖于居民的识字程度和所获得的书写技能，有赖于个人为进入工作世界所作准备的程度，有赖于科学和文化。

启蒙运动的伟大哲学家们认为，在学校中使用本国语，是形成民族认同感和建立国家的首要条件。宗教和教会过去曾起过民族团结的作用，此时已不能应付社会—文化发展的挑战，甚至常常阻碍社会—文化的发展。学校变成了保卫传统和文化的拯救者，把传统和文化传递给年轻的一代。**为所有的人，而不仅仅是为精英提供教育，是经济和社会发展的保证，对此人们有了越来越清晰的认识。**如果说宗教改革运动破坏了欧洲宗教的统一，那么启蒙运动则破坏了许多国家的宗教教育并推动了人类社会—文化的进步。

19世纪下半叶，实际上世界各国都建立了大众化的初等学校，在西方和东方的许多国家中都设置了教育部。对教育的管理权从教会手中转移到政府手中，由教会的权力变为世俗的权力。当时的一个普遍现象之一就是，许多国家，尽管它们的经济和社会—政治发展水平不同，都颁布了关于公立初等教育的法律。这些初等学校彼此很相似：提供世俗教育，摆脱宗教影响，用母语教授作为必学科目的阅读、书写和算术。许多教育学家都看到了把义务教育延长到初级中学的必要性。当时在许多国家中都出现了中学申报者人数急剧增长的现象。但中学尚未做好招收如此大量学生的准备。这就导致了筛选机制的出现，即所谓的“智商”（IQ）。实际上这是阻止出身于低收入家庭的孩子接受完全中等教育的一种很得心应手的工具。**这一新办法诞生于美国，然后扩展到英国和其他欧洲国家。**

但是，从20世纪中期开始就要求建立在初等教育、初级中等教育和高级中等教育之间没有障碍的学校。这就是要求提供义务的完全中等教育，不允许根据所谓的“能力”来划分孩子。后来又要求削减选修科目，扩大基础教育，增加所有学生必学的科目的数量和课时。

纵观历史，学校的发展是与教育科学的进步同步的。对现代正规教育和教育理论的比较分析，使我们能追踪一种新的学校模式和科学模式是如何建立起来的。这对于教育家来说是很重要的，因为这可以把来自不同国家的教育家们的教育研究引向一致的方向，从而去改善各国的学校。这种新的模式是世界教育遗产的具体体现。

20世纪90年代以来的统一学校运动有哪些组成部分？我们将尽可能根据本书提供的材料对其中的某些成分作出说明。这些成分包括：新一代的学校课程；旨在发展批判性和创造性思维的新的教学方法；新的学校课程和新的教学方法所需要的学校生活的人道化和民主化。每个国家都要选择自己的学校改革的道路。这取决于这个国家的经济、社会和政治发展状况。但是本书涉及的所有国家都承认这样一个不可辩驳的真理：一个社会的成功发展有赖于其社会成员的教育，即所谓的“人力资源”。20世纪末的生活表明，只有教育高度发达的社会，才能在经济、社会和政治发展中起主导作用。对教育发达的国家的研究证明了这一点。**现在世界上还有10亿左右的文盲，1.3亿儿童没有进学校，40个国家尚未制定义务教育法。**历史经验迫使许多国家把教育变成免费的、人人都可接受的、强制的。诸如1948年《世界人权宣言》、1959年《儿童权利宣言》和1989年《儿童权利公约》之类宪章的出现，其原因之一就在于此。这些文件涉及的不仅仅是每个人有接受有效教育的普遍权利，还涉及要为每个人创造接受继续教育的条件。

在人类历史的不同时期都普遍地接受了对必要的、足够的初等教育以及后来对中等教育的要求。人类社会发展到20世纪末，提出了必须组织继续终身教育的要求，要求不断地学习、创新和完善已获得的知识和技能。终身教育不仅仅具有经济意义，它能给予个人实现其潜力的可能性。

教育史上批评学校教育的例子比比皆是。只要看一看从古代到现代的教育家们和哲学家们就教育问题所撰写的著作，对此就可以一目了然。在本书中提到的这些著作反映了时代、国家和民族的特点，但其共同点是对当时学校的批评。他们坚定地认为学校教育必须改善，这种信念导致了建立在教育科学基础上的新的教育思想、概念和理论的提出。对学校的批评也是永恒的教育遗产之一。它起始于最初的教育著作，一直延续到当代。这种批评一方面揭露了社会发展中的缺陷，因为学校是经济和政治发展的反映，是社会关系和文化的反映；但另一方面，这种批评也说明了学校不能满足在一个特定时期社会发展所提出的要求。为迎合这种批评而进行的任何教育改革，最终都要继之以由另一个时期的需要所引起的改革。如果学校改革者的活动仅局限于对学校进行批评和分析，那么，教育和社会发展都不可能取得任何进步。但是，这样的批评总是包含着对改进教育的积极的建议。

学校是一种复杂的机制，是社会的一种保守的模塑品。学校不仅仅只是学生和教师，它还有校舍、教学设备、教科书和儿童生活组织，等等。如果这个复杂的机制由于改革而前进，提高到新的水平，这时社会在自己进步的道路上又向前迈出了一步，又向学校提出了新的任务，又在酝酿对学校的新的改革。历史证明，学校的改革是无止境的，总是伴随着并受制于社会的历史发展。

批判性分析总是伴随着教育知识的不断积累。每一次学校改革，每一次改进现状的努力，都会带来新的思想、新的观念，用来替代遭到批评的、“要取消的”学校实践所依据的思想和观念。教育学知识的积累过程就是这样进行的。而且，教育家还借鉴了心理学、社会学和人类学之类的其他科学。这样，教育理论就得到了逐步丰富和革新。教育理论的丰富是与社会的改革同步进行的，因为教育理论和实践的全部革新都植根于社会和政治的变革之中。革新是对教育实践领域进行研究的结果。

对其他国家所取得的教育成就具有经久不衰的兴趣，这是教育史上反复出现的一种现象。读者可以从本书中发现无数这样的例子。古代哲人忠告年轻人要不仅不惜余力地在本国，还要在国外为自己找到好老师。我们可以在这里提一下中世纪在欧洲、日本、中国和印度出现的云游学生，这些人为了寻找值得尊敬的教师游历了许多国家。他们在外国受到了教育之后回国，把知识传给自己的同胞，把其他国家的文化和知识介绍给自己的国人。国外的游历使他们了解了其他民族所取得的成就，并教育他们要尊重他们千辛万苦才找到的恩师所在的国家。对其他民族文化和传统的理解，在某种意义上是知识交流的一种形式，是尊重其他民族的一种形式。到了

20世纪下半叶，出国访学、注册国外的学院和大学成为了一种普遍现象，成为了教育的功能之一。

谋求通过其他民族的教育经验来解决本国教育问题的趋势，后来变得越来越明显。这种趋势以不同的方式表现出来。17世纪，伟大的捷克教育家夸美纽斯的著作在欧洲教育家中间激发起了广泛的兴趣。他的“将一切事物教给全人类”的思想，被欧洲进步的学者们所接受。他应邀去了瑞典、波兰、匈牙利、英国和其他国家，这是因为夸美纽斯能满足当时的社会需要：给予所有的儿童起码的基础知识。班级授课和课堂教学方法、学校中新的教育过程、本国语的使用以及当时所诞生的其他创新思想，适应了许多国家的需要。夸美纽斯是一位提议把这些思想付诸学校实践的教育家。夸美纽斯教育思想的全人类价值，决定了他的思想得到广泛流行。教育经验传播的另一个例子是18世纪的互教方法，即十分流行的导生制。年长的学生在教师的指导下教其他学生阅读、书写和算术。这就是所谓的贝尔—兰开斯特制，这是一种教许多儿童“3R”的廉价的方式。这种方法起源于印度，在许多欧洲国家中以及在非洲被广泛使用。甚至俄罗斯的政治犯——十二月党人，19世纪上半叶在西伯利亚也采用了这种方法。

20世纪初的标志是杜威的思想和方法在许多国家的传播。杜威是美国教育家和哲学家，他在20世纪的上半叶系统地陈述了一种新的教育范例。在19世纪的最后30年内几乎在世界所有国家建起的“学习的学校”（文法学校），已不能满足时代的需要了。杜威的理论包括通过做来学习以及学习要适应生活等观念。杜威教育思想指导下的新学校要取代那些传授烦琐的、脱离现实生活的知识的“学习的学校”。他的教育思想的目标是要培养能适应资本主义现实的、务实的和有活力的新人，他们的功利主义的技能在日常生活中必然是对他们有帮助的。杜威应邀访问过许多国家，如土耳其、中国、日本、墨西哥、英国和苏联。应该注意到，邀请他访问的国家在社会结构和经济发展水平方面是各不相同的。

古典的教育方法在20世纪遭到了蒙台梭利、帕克赫斯特和彼得森的批评。对世界教育史的研究表明了，不仅是教育理论，而且教育实践都是相互借鉴的。众所周知，每个国家都是在周密地研究了其他国家是如何解决类似的问题之后才建成了大学、中学甚至小学。美国的耶鲁大学仿照的是荷兰的模式，哈佛大学仿照英国模式。本书为我们提供了许多通过改造其他国家的经验来建立本国的中小学和大学的例子。1876年在美国的费城举办了俄国职业教育展览会，展出了俄罗斯帝国专科学校的收藏品。结合综合教育的俄罗斯职业教育制度，不仅在美国的学校中，而且在某些欧洲国家中得到采用。

本书中的材料表明，所谓的教育的全球空间是如何创建的，教育的全球化使思想、知识、经验和成就可以经常不断地交流。对别国的教育经验，各国可以采纳，也可以拒绝。无论是采纳还是拒绝，都要进行思索、分析，权衡利弊，而最终使教育理论和实践又向前跨出了一步。

教育史教导我们，任何教育上的重大问题对所有的民族来说都具有普遍性。在这里应该指出，在任何国家中无论是整个教育事业还是某个问题的发展，都有赖于这个国家的经济、社会、政治和文化的发展。

民主化的进步、人力资本的发展和今天人类在教育领域中所遇到的其他问题，也证明了需要共同解决人类的问题，克服社会矛盾。

今天的教育学要求我们全力解决对所有各族人民都有价值的、能使他们团结起来相互靠拢的问题。

教育是可以也应该成为制定未来的学校政策的方向标。世界各国都意识到了这一点。无怪乎上面提到的联合国教科文组织和联合国的文件尖锐地提出了世界各国的教育工作者团结起来共同致力于年轻一代的教育，把此看做人类摆脱战争、贫穷，创造发展经济、社会、政治条件的重要手段。

教育史给了我们许多有益的教训。以我们今天解决得很差的一个问题为例。这里说的是企图通过不许年轻人学习本国的语言、历史和传统来同化这个民族。在这种情况下受害的不仅是这个被压迫的、作为同化对象的民族，作为压迫者的一方也是受害者。破坏其他民族的精神生活的人，不可能是自由的和道德高尚的人。在所有的国家中，争取独立的斗争、为保存民族文化和传统而展开的斗争，都结合着教育上的要求。这样的要求有：用本族语进行教育，为所有的儿童提供教育机会。历史教导我们，这样的斗争早晚会取得胜利。

过去的教育遗产帮助我们形成教育思想和教育观点，形成对未来的教育工作负责的态度。因此，认识历史上的这些重大问题，理解这种或那种教育理论和实践的弱点，有助于我们确定教育史的预示功能。历史全景能让我们确定今天的主要问题，评价提议的解决方案，确定并表述将来的目的和任务。

K. 萨利莫娃

N. L. 多德